Irene Hardach-Pinke · Gerd Hardach
(Hrsg.)
Deutsche Kindheiten

Irene Hardach-Pinke · *Gerd Hardach*
(Hrsg.)

Deutsche Kindheiten

Autobiographische Zeugnisse 1700–1900

Athenäum Verlag
1978

Quellenverzeichnis der Abbildungen

Atelier Umstätter, Berlin
S. 219, Bild 2

Bildarchiv Foto Marburg im Forschungs-
institut für Kunstgeschichte der Philipps-
Universität Marburg
S. 65, Bild 1, 2, 3
S. 141, Bild 1, 2
S. 173
S. 175, Bild 1–3
S. 255, Bild 2
S. 289, Bild 2
S. 335, Bild 1

Dithmarsches Landesmuseum, Meldorf/
Holst.
S. 219, Bild 1

Kunsthalle Hamburg
Schutzumschlag

Privat
S. 187
S. 217

S. 219, Bild 3, 4
S. 253
S. 255, Bild 1, 3, 4
S. 287
S. 289, Bild 3
S. 333
S. 335, Bild 2, 3, 4

Schirmer Verlag, München
S. 189, Bild 1, 3

Städelsches Kunstinstitut, Frankfurt/M.
S. 63
S. 65, Bild 3
S. 95
S. 97, Bild 1–4
S. 139
S. 141, Bild 3–4

Staatsbibliothek Berlin
S. 189, Bild 2
S. 289, Bild 1, 4

CIP-Kurztitelaufnahme der Deutschen Bibliothek

Deutsche Kindheiten:
Autobiographische Zeugnisse 1700–1900 /
Irene Hardach-Pinke; Gerd Hardach (Hrsg.)
– 1. Aufl. – Kronberg/Ts. : Athenäum-Verlag, 1978.
    ISBN 3–7610–8015–8
NE: Hardach-Pinke, Irene [Hrsg.]

© 1978 Athenäum Verlag GmbH
Kronberg/Ts.
Umschlagentwurf: Gerhard Keim, Frankfurt/M., unter Verwendung des Gemäldes „die Hülsenbeck'schen Kinder" von
Philipp-Otto Runge.
Gesamtherstellung: Friedrich Pustet, Regensburg
Printed in Germany
ISBN 3–7610–8015–8

Vorwort

Dies Buch ist eine Sammlung autobiographischer Zeugnisse der frühen Kindheit. Es kommen Männer und Frauen, Angehörige verschiedener sozialer Schichten zu Wort, die in Lebenserinnerungen von ihrer frühen Kindheit berichten. Als frühe Kindheit bezeichnen wir den Lebensabschnitt bis zum siebten Jahr. Dieses Alter als Ende der Kindheit anzusehen, hat in der Rechtsgeschichte eine lange Tradition vom römischen Recht über einige mittelalterliche Weistümer bis hin zum preußischen Allgemeinen Landrecht von 1794. Zedlers Universal-Lexikon aus dem 18. Jahrhundert nennt als Grund, das Alter eines „Kindes" bis in das siebte Jahr zu setzen: „. . . weil man gemeiniglich um diese Zeit einen stärkeren Gebrauch Leibes und der Seelen an demselben bemerket".[1]

Um den historischen Zusammenhang zu wahren, haben wir uns auf Autobiographien beschränkt, deren Verfasser zwischen 1700 und 1900 in Deutschland oder im deutschsprachigen Ausland geboren sind. Aus den autobiographischen Zeugnissen sollen Kindheiten in ihrer Zeit, der Zeit des Erlebens und der Zeit des Erzählens, unmittelbar sprechen. Die Gesellschaft der Zeit und nicht eine Theorie der Kindheit ist der Bezugspunkt.

Die Autobiographie als historische Quelle findet seit einigen Jahren wachsendes Interesse. Ihre Authentizität ist zwar nach wie vor umstritten; aber sie führt in Bereiche, für die andere Quellen nur spärlich fließen, und darin liegt ihr besonderer Reiz. Und wenn die einzelne Autobiographie unzuverlässig erscheinen mag, so ergibt die Zusammenschau einer Vielzahl von Autobiographien doch eine gegenseitige Ergänzung und Korrektur. So vermitteln die Autobiographien ein realistisches und plastisches Bild der frühen Kindheit in ihrer historischen Entwicklung, und im Spiegel der Kindheit auch ein Bild der Gesellschaft.

Obwohl zu den nach wie vor wertvollen älteren Arbeiten in den letzten Jahren einige neue gründliche Arbeiten zur Theorie und Entwicklung der Autobiographie gekommen sind, ist man offensichtlich noch weit entfernt von einer vollständigen bibliographischen Erfassung aller Autobiographien; die Gesamtzahl für den Zeitraum 1700 bis 1900 dürfte in die Tausende gehen. Die Texte dieses Bandes sind eine Auswahl aus dreihundert Autobiographien, die wir zum Thema durchgesehen haben; wir haben solche Texte ausgewählt, die uns besonders repräsentativ für eine Zeit und ein soziales Milieu erschienen.

Die Einleitung soll in den aktuellen Stand der Geschichte der Kindheit einführen, Gesellschaft und Familie als sozialen Hintergrund der Kindheit darstellen, und die besonderen Probleme der Autobiographie als historische Quelle eigener Art zeigen.

Bei der Zusammenstellung des Bildteils haben uns zahlreiche Personen und Institutionen unterstützt, denen wir zu großem Dank verpflichtet sind: Als Institutionen das Dithmarscher Landesmuseum, Foto Marburg, der Schirmer Verlag München, das Städelsche Kunstinstitut Frankfurt, die Stiftung Preußischer Kulturbesitz in Berlin; als Personen Frau Ruth Heinemann, Frau Gerlinde Müller, Herr Dr. Nissen, Herr Dr. Jürgen Schilling, Herr Umstätter und Frau Barbara Weisel.

Den Kollegen Prof. Dr. Heinz Maus und Prof. Dr. Georg Auernheimer danken wir für die Durchsicht des Manuskriptes und zahlreiche Verbesserungsvorschläge, den Teilnehmern zweier Seminare für anregende Diskussionen.

Irene Hardach-Pinke
Gerd Hardach

Inhalt

Erster Teil: 18. Jahrhundert

(Hinter dem Namen der Autoren steht ihr Geburtsdatum)

I. Bäuerliche Kindheiten

II. Kleinbürgerliche Kindheiten

III. Bürgerliche Kindheiten

IV. Adelige Kindheiten

Zweiter Teil: 19. Jahrhundert

Einleitung

Einer Sozialgeschichte der Kindheit entgegen

scher Wandel vermutet, der mehr auf die Gesellschaft einwirkt, als daß er von ihr abhinge. „Psychogenese", die Einstellung zu Kindern und der Umgang mit Kindern, hat für De Mause als autonome historische Variable eine Bedeutung, die der Bedeutung der Produktivkräfte in der materialistischen Geschichtsauffassung vergleichbar ist.

Im Unterschied zur psychohistorischen Geschichte der Kindheit soll unser Textbuch bewußt ein Beitrag zu einer sozialhistorischen Geschichte der Kindheit sein. Kindheit ist nur in der Gesellschaft möglich und nur im Zusammenhang der gesellschaftlichen Totalität zu verstehen. Diesen an sich selbstverständlichen Satz bestätigen eindrucksvoll die Geschichten der „wilden Kinder".[7] Sowohl die ideengeschichtliche Geschichte der Kindheit von Ariès, als auch die psychohistorische Geschichtsschreibung der Kindheit neigten aber in den letzten Jahren dazu, ihren Gegenstand Kindheit von den allgemeinen gesellschaftlichen Bedingungen der Zeit zu isolieren. Struktur und Entwicklung der „traditionellen" und „modernen" Gesellschaft blieben verschwommen. Die Darstellung sprang zwischen verschiedenen Jahrhunderten, zwischen den geographischen Räumen und zwischen gesellschaftlichen Schichten ohne präzise Differenzierung, sprang auch ohne deutliche Unterscheidung zwischen der Geschichte des Alltagslebens und der Geschichte der Ideen. Unsere Voraussetzung bedeutet, daß man Kindheit, wenn man sie historisch verstehen will, im sozialen Gefüge ihrer Zeit betrachten muß. Das ist bisher erst wenig geschehen. In der Geschichtswissenschaft, auch in ihrer modernen Interpretation als „historische Sozialwissenschaft", finden Kindheit und Alter vorerst kaum statt; Geschichte ist immer die Geschichte der demographischen Aktivbevölkerung. Unser Textbuch ist ein Versuch, Kindheit als selbständigen Teil der Gesellschaft vorzustellen; die Einleitung über Gesellschaft und Familie soll auch den Lesern ohne historische Vorkenntnisse die historische Einordnung der autobiographischen Zeugnisse erleichtern.

Zu einer sozialhistorischen Geschichte der Kindheit gehört eine systematische Aufarbeitung der Quellen. Die Geschichtsschreibung der Kindheit muß sich ihre Quellen, die abseits der Routine der etablierten Geschichtswissenschaft liegen, erst erschließen. Bei dieser Suche hat die theoretische Fragestellung oft stärker selektierend gewirkt, als einer möglichst umfassenden historischen Information zuträglich ist. Wir wollen mit unserem Textbuch den Versuch unternehmen, eine bestimmte Quellengattung möglichst vielseitig und in ihrem Zusammenhang sprechen zu lassen, ohne die Auswahl durch inhaltliche Thesen zu präjudizieren. Das Ergebnis rechtfertigt unseres Erachtens den Versuch. Man wird die Zeugnisse nicht leicht in die eine oder andere Theorie der Kindheit einordnen können. Es wird von großen und kleinen Familien berichtet, von Zuneigung und Abweisung, von aufopfernder Sorge der Eltern um ihre Kinder ebenso wie von großer Gleichgültigkeit, es gibt Berichte über genaue Familienplanung und über die fatalistische Hinnahme von unerwünschten Geburten; es wird von guten Familien und von schlechten Familien erzählt. Die Anerkennung dieser historischen Mannigfaltigkeit ist eine wichtige Voraussetzung für eine zukünftige Geschichtsschreibung der Kindheit. Die Autobiographie ist nicht die einzige Quelle zur Geschichte der

Kindheit, aber es ist eine Quelle, die die Vielgestaltigkeit von Kindheitserfahrungen besonders gut zum Ausdruck bringt. In der Geschichtswissenschaft ist die Autobiographie als Quelle im Unterschied zu der mehr auf Öffentlichkeit gerichteten Memoirenliteratur bisher kaum anerkannt; der letzte Abschnitt der Einleitung diskutiert daher einige methodische Aspekte der Arbeit mit Autobiographien.

II. Gesellschaft

1. Politische Konturen

Zwischen dem Deutschland des 18. Jahrhunderts und der deutschen Gegenwart liegt die Entfaltung der bürgerlichen Gesellschaft und in ihrem Gefolge die Industrielle Revolution, ein Einschnitt, der viele Strukturen unterbrochen hat, so daß die historische Distanz nicht nur in der Zahl der Jahre gemessen werden kann. Die gesellschaftliche Wirklichkeit des 18. Jahrhunderts muß erst wieder mühsam aus verstreuten Quellen rekonstruiert werden. Diese Aufgabe ist trotz vieler Beiträge der Sozialgeschichte und der Wirtschaftsgeschichte, der Rechtsgeschichte und Medizingeschichte, noch keineswegs gelöst. Für das 19. Jahrhundert ließe sich, obwohl es uns in Vielem näher ist und die zeitgenössischen Quellen wesentlich dichter fließen, das gleiche sagen. Wenn so viele Einzelheiten unklar sind, ist das Gesamtbild ein Wagnis; und daß auch das bestinformierte Gesamtbild einer Zeit nur einen kleinen Ausschnitt aus der gesellschaftlichen Totalität wiedergeben kann, liegt auf der Hand.

Die feudale Gesellschaft hielt sich in Deutschland länger als in den westeuropäischen Ländern. Vor allem hielt sie sich, was im internationalen Vergleich schon den Zeitgenossen auffiel, in der altertümlichen politischen Ordnung des alten Reiches, das im frühen Mittelalter aus dem Zerfall des fränkischen Reiches entstand und erst 1806 unter dem Ansturm des napoleonischen Frankreich endgültig unterging.[8] Das Deutsche Reich des 18. Jahrhunderts teilte sich in 157 weltliche Territorien, 80 geistliche Territorien und 51 Reichsstädte. Zwischen diesen nahezu dreihundert Reichsständen gab es enorme Unterschiede nach Größe, Macht und Ansehen, aber formal war der Graf von Isenburg-Büdingen-Marholz-Wächtersbach ein Landesherr so gut wie der Kurfürst von Brandenburg, das Städtchen Isny im Allgäu eine Reichsstadt so gut wie Frankfurt am Main. Wenn Heinrich Jung, genannt Stilling, ein bekannter Kameralist, Schriftsteller und Arzt, Ende des 18. Jahrhunderts von Marburg nach Süddeutschland reiste, konnte er jeden Tag bei einem anderen Landesherrn einkehren. Der Kameralist Crome setzte seinem Heimatland, der Herrschaft Kniephausen mit knapp 3000 Einwohnern, in seiner Autobiographie ein wohlwollendes literarisches Denkmal. Nächst den Reichsständen gab es noch die nahezu 1500 Mitglieder der Reichsritterschaft, die auf ihren Gütern souveränitätsähnliche Rechte beanspruchten.

Die territoriale Zersplitterung mit ihren zahllosen politischen Grenzen und Zollbarrieren, Stadtmauern und Fürstenhöfen wirkte vielfältig in das Alltagsleben hinein, ebenso wie die vielen Kriege, die sich durch die Geschichte des 18. Jahrhunderts zogen. Jede Generation des 18. Jahrhunderts erlebte nicht nur einen, sondern mehrere Kriege, die denn auch manchmal als fernes Gewitter, manchmal als Kuriosität, manchmal als drückende Last, sich in den autobiographischen Zeugnissen des Alltagslebens spiegeln: Spanischer Erbfolgekrieg 1701/14, Nordischer Krieg 1700/21, Österreichischer Erbfolgekrieg und Schlesische Kriege 1740/48, Siebenjähriger Krieg 1757/63, Bayerischer Erbfolgekrieg 1778/79, schließlich die Revolutionskriege ab 1792, in denen die Herrschenden das Gespenst der Revolution bannen wollten und schließlich zwar nicht ihr eigenes Ende, aber das Ende des alten Reiches herbeiführten.

Vom Frieden zu Lunéville 1801 bis zum Wiener Kongreß stand die deutsche Geschichte ganz unter dem Einfluß Frankreichs; die fünfzehn Jahre der napoleonischen Ära bedeuteten eine völlige Umkrempelung der äußeren und inneren Gestalt Deutschlands. Bereits im Frieden von Lunéville 1801 wurde die deutsche Westgrenze an den Rhein verlegt. Das gesamt linksrheinische Gebiet und später auch noch Norddeutschland von Münster bis Lübeck wurden französisch. Rechts des Rheines entstand aus der Vielzahl geistlicher und weltlicher Territorien und Reichsstädte eine Gruppe von Satellitenstaaten unter französischem Protektorat; nach der Gründung des Rheinbundes legte Franz II. 1806 die deutsche Kaiserkrone nieder und war fortan nur noch Kaiser von Österreich.

Die Hoffnung, daß aus dem Sieg über das napoleonische Frankreich ein deutscher Nationalstaat hervorgehen würde, erfüllte sich nicht. An die Stelle des alten Reiches trat 1815 der Deutsche Bund, eine lose Verbindung von 39 Bundesstaaten, die die Nutznießer der napoleonischen Flurbereinigung waren. Der Versuch der Revolutionäre von 1848, auf dem Territorium des Deutschen Bundes ein neues Reich zu schaffen, scheiterte. Aus der preußisch-österreichischen Rivalität ging schließlich nach dem dänischen Krieg von 1864 und dem Bürgerkrieg von 1866 das kleindeutsche oder großpreußische Kaiserreich von 1871 hervor.

Die politische Entwicklung gab die Wegmarken vor, an denen sich die privaten Erinnerungen ebenso orientierten wie die offizielle Geschichtsschreibung: Die Franzosenzeit, die 1848er Revolution, die Reichsgründung 1871 nach den drei Kriegen von 1864, 1866 und 1870/71. Allerdings konnten private und öffentliche Erinnerungen charakteristisch divergieren. In Hermann Enters' Erinnerungen erscheint der Krieg von 1870–71, der so viele Geschichtsbücher füllt, eher beiläufig als eine zusätzliche Last in einem mühevollen Leben. „Es war gerade Sonntagnachmittag, als ich aus der Arbeit kam, daß mir meine Frau die Einberufungsorder entgegenhielt. Nun stürzten meine Luftschlösser und Kartenhäuser, die ich mir gebaut hatte, schnell meine Schulden zu bezahlen, viel arbeiten und vorwärts streben, jählings zusammen. [. . .] Es waren während des Krieges noch mehr Schulden dazugekommen, hauptsächlich die Miete war nicht bezahlt worden. Da hieß es, doppelt wachsam sein und arbeiten. Na, wie ich da geschuftet habe."⁹

2. Ständische Gesellschaft

Die Menschen des 18. Jahrhunderts wurden in einen Stand geboren, dem sie in der Regel bis zu ihrem Tode angehörten. Noch das Preußische Allgemeine Landrecht von 1794, fünf Jahre nach der Französischen Revolution, hielt strikt an der ständischen Gliederung der Gesellschaft in Adel, Bürger und Bauern fest. Der Adel war der Herrenstand. „Dem Adel, als dem ersten Stande im Staate, liegt, nach seiner Bestimmung, die Verteidigung des Staats, so wie die Unterstützung der äußeren Würde und inneren Verfassung desselben hauptsächlich ob".[10] Bürger im weiteren Sinne waren alle Einwohner, die weder zum Adel noch zum Bauernstand gehörten; Bürger „im eigentlichen Verstande" waren dagegen nur jene, die Wohnsitz und Bürgerrecht in einer Stadt hatten. Den Bürgern war der Besitz von Bauernstellen verwehrt; umgekehrt durften die Bauern ohne Erlaubnis des Staates weder selbst ein bürgerliches Gewerbe treiben, noch ihre Kinder dazu widmen.

Es gab nur wenige freie Bauern, wie die preußischen „Köllmer". Die meisten Bauern waren nicht nur Staatsuntertanen, sondern auch Privatuntertanen des landsässigen Adels. Die Untertänigkeit kannte viele Abstufungen, von den „Freibauern", die von Abgabe und Diensten befreit waren, aber noch der Patrimonialgerichtsbarkeit unterstanden, bis zur förmlichen Leibeigenschaft.

Das Grundmuster der ständischen Sozialordnung, wie es im Preußischen Landrecht von 1794 fixiert wurde, findet man in allen weltlichen und geistlichen Territorien des alten Reiches wieder, auch in den Reichsstädten, in denen es das Patriziat als besondere Form des Adels ebenso gab wie ländliche Untertanen im Umkreis der Stadt. In katholischen Gegenden wurde die Geistlichkeit formell noch als der „erste Stand" bezeichnet; die evangelische Geistlichkeit war in ihrem Gesamtcharakter auf das Predigtamt ausgerichtet und bürgerlich. Neben der Geistlichkeit hatte das Militär mit dem Aufbau der stehenden Heere seit Ende des 17. Jahrhunderts in mancher Hinsicht einen besonderen Status innerhalb der ständischen Ordnung, in geringerem Maße auch die Beamtenschaft. Daneben gab es besondere Gruppen und Schichten wie die französischen Hugenotten, die Juden und andere Minderheiten, die in einzelnen Regionen oder Städten einen besonderen Status hatten.[11]

Die Stände waren in sich vielfältig gegliedert, und diese innere Differenzierung war im sozialen Leben präsent und ebenso wichtig wie die Differenzierung der Stände gegeneinander. Die große Mehrheit der Bevölkerung lebte auf dem Lande als Bauern oder Landarbeiter, Dorfhandwerker oder Heimarbeiter. Der Bauernstand war in sich nach dem Umfang des Besitzes gegliedert: Ganze Stellen, halbe Stellen, viertel Stellen und so weiter bis zur Dorfarmut ohne Boden und ohne Haus. Die Bezeichnungen für die einzelnen Schichten wechselten von Region zu Region. F. W. A. Bratring unterschied um 1800 vier Klassen innerhalb des brandenburgischen Bauernstandes. Bauern im engeren Sinne waren die Besitzer von Bauerngütern, und zwar je nach dem Umfange ihres Landes Ganzbauern (Vollhüfner), Dreiviertelbauern, Halbbauern. Kossäten oder Kothsassen besaßen nur den vierten Teil eines Bauerngutes und konnten kein Gespann stellen; noch geringeren Besitz hatten die Halbkossäten. Köthener, Käthner oder Büdner besaßen keinen abgabefähigen Acker, sondern nur wenig Gartenland und „ernährten sich meistenteils von Handarbeiten". Einlieger oder Hausleute wohnten in kleinen Wohnungen ohne Land, die sie entweder selbst besaßen oder gemietet hatten, und lebten von Handwerken oder Tagearbeiten.[12] Zwischen Kossäten und Käthnern schieden sich die bäuerliche Schicht im engeren Sinne, die überwiegend von der eigenen Wirtschaft lebte, und die unterbäuerliche Schicht, die wenig oder gar kein Land besaß und überwiegend von Lohnarbeit oder ländlichem Heimgewerbe lebte. Nach Bratrings Angaben gehörten in Brandenburg um 1800 nur noch etwas weniger als die Hälfte der Familien (46%) zur bäuerlichen Schicht, etwas mehr als die Hälfte (54%) zur unterbäuerlichen Schicht. In anderen Gegenden des Reiches konnte der Anteil der bäuerlichen Schicht noch geringer sein. In Sachsen z. B. waren 1750 nur noch 40 Prozent der ländlichen Bevölkerung Bauern, 60 Prozent Gärtner, Häusler und Inwohner.[13] Untersuchungen schwäbischer Herrschaften zeigen, daß auch in Südwestdeutschland im 18. Jahrhundert die unterbäuerlichen Schichten der Seldner und Häusler gegenüber den Bauern überwogen.[14]

Bäuerlicher Besitz war ein Maßstab für die Integration in die ständische Ordnung, mußte aber nicht einen zureichenden Lebensstandard bedeuten. Man schätzt, daß 70 bis 80 Prozent der Bauern kaum Überschüsse erwirtschaften konnten und daher bei schlechten Ernten unweigerlich in Not gerieten.[15] Bei den Bauern des Steigerwaldes und des Spessarts, als Beispiel für arme Gegenden, war „Brotwassersuppe mit etwas Milch geschmälzt das Frühstück; gequellte Kartoffeln mit Sauermilch das Mittagessen; Brotwassersuppe das Nachtessen".[16] Kleinbäuerliche und unterbäuerliche Schichten mußten gleichermaßen versuchen, durch Nebentätigkeiten ein Zusatzeinkommen zu erzielen. Das war die soziale und wirtschaftliche Basis der ländlichen Heimindustrie, vor allem des in armen Gegenden weit verbreiteten Spinnens und Webens.

Neben der im Großen und Ganzen schlechten wirtschaftlichen Lage bedrückte die schlechte rechtliche Lage den Bauernstand. Es gab, wie oben bereits erwähnt, nur wenige wirklich freie Bauern; die meisten Bauern und Landarbeiter waren irgendeiner Herrschaft unterworfen: Grundherrschaft über den Boden der Bauern, Leibherrschaft über die Person der Bauern und Landarbeiter, Gerichtsherrschaft. Von Nord nach Süd entlang der Elbe und dem Böhmerwald zog sich durch das alte Reich die Trennungslinie zwischen westelbischer Grundherrschaft und ostelbischer Gutsherrschaft. In der Grundherrschaft waren die Bauern in der Regel erbliche Inhaber der Bauernstellen, das Eigenland des adligen oder kirchlichen Grundherrn war klein, die Abhängigkeit bestand vor allem in Geld- und Naturalabgaben, gewissen Gesindediensten und Beschränkungen der Freizügigkeit. Die „versteinerten" Formen der west- und südwestdeutschen Leibherrschaft, Leibeigenschaft und Eigenbehörigkeit hatten wirtschaftlich an Bedeutung verloren. In der Gutswirtschaft gruppierten die Bauernstellen sich um den adligen Gutsbetrieb oder landesherrlichen Domänenbetrieb. Weit entfernt von der selbstgenügsamen Idylle, als die das Verhältnis manchmal dargestellt wird, standen Rittergut und Bauernwirtschaft in ständigem Konflikt. Die Gutsbetriebe waren marktorientiert, expansiv, und übten dauernden Druck auf die zugeordneten Bauernwirtschaften aus: einmal durch die Einziehung von Bauernstellen zum Gutsbetrieb („Bauernlegen"), dann durch die Beanspruchung von Diensten der Bauern. Die Gutswirtschaft wurde im wesentlichen nicht mit eigenen Arbeitskräften, sondern mit unentgeltlichen Hand- und Spanndiensten der abhängigen Bauern betrieben. In der Zeit des Arbeitskräftemangels nach dem dreißigjährigen Krieg hatten die Feudalherren die „zweite Leibeigenschaft" durchsetzen können, die die Bauern und ihre Familien in persönliche Abhängigkeit vom Gutsherren brachte, ihr Besitzrecht verschlechterte, sie zur Arbeit und zum persönlichen Gesindedienst zwang. In Mecklenburg hatte das Bauernlegen ganze Dörfer in die unterbäuerliche Schicht gedrängt, und es kam vor, daß Leibeigene samt ihren Familien nicht nur mit dem Gut den Besitzer wechselten, sondern persönlich wie Sklaven verkauft wurden.[17] Die bekannten Typisierungen der „vorindustriellen Großfamilie" haben bisher zu wenig bedacht, was dieses schroffe Hineinregieren der Gutsherrschaft in die innersten bäuerlichen Familienangelegenheiten für die Familie als soziale Einheit bedeutet haben muß.

Im Bürgerstand verlief eine deutliche Trennungslinie zwischen höherem und niederem Bürgertum.[18] Das Preußische Landrecht von 1794 zählte z. B. zum höheren Bürgerstand: „Alle öffentliche Beamte (die geringeren Subalternen, deren Kinder in der Regel dem Canton unterworfen sind, ausgenommen); Gelehrte, Künstler, Kaufleute, Unternehmer erheblicher Fabriken, und diejenigen, welche gleiche Achtung mit diesen in der bürgerlichen Gesellschaft genießen".[19] Der besondere Status dieser bürgerlichen Oberschicht kam u. a. darin zum Ausdruck, daß Adlige ohne Statusverlust Frauen aus dem „höheren Bürgerstand" heiraten durften. Zum niederen Bürgerstand, dem Kleinbürgertum, gehörten die zünftigen oder unzünftigen Handwerker, die Schulmeister, Gastwirte, Krämer. Am unteren Ende des Kleinbürgertums gab es die große Schicht der Gesellen, und Lehrlinge, der Tagelöhner und Dienstboten, der „Eigentumslosen" und „Armen", die im allgemeinen auch rechtlich vom Vollbürger geschieden waren als „Schutzbefohlene" mit eingeschränktem Bürgerrecht oder überhaupt als unterständische Schicht.

Die Zunftverfassung, die zwischen bürgerlicher Oberschicht und unterständischer Schicht einst den festen Kern kleinbürgerlicher Existenz bildete, blieb zwar bis zum Ende des alten Reiches äußerlich bestehen, war aber im 18. Jahrhundert bereits in der Phase des Verfalls. Neue Gewerbe entstanden außerhalb der Zunftverfassung. Mit dem Reichszunftgesetz von 1731 und den darauf aufbauenden territorialen Zunftgesetzen wurden die Beschränkungen der Meisterstellen, die Begrenzungen der Gesellen- und Lehrlinge, die ein Meister halten durfte, und die Verbote verlegerischer Beziehungen zwischen Zunftmeistern aufgehoben, so daß auch innerhalb der Zunftverfassung ein ökonomischer Differenzierungsprozeß einsetzen konnte. Die statistischen Durchschnittsziffern müssen vor dem beschaulichen Bild des Zunftmeisters im Kreise seiner Gesellen und Lehrlinge als Idealtyp warnen; in den größeren Städten kam nur eine zusätzliche Arbeitskraft, ob Geselle oder Lehrling, auf je einen Meister, in kleinen Städten auf jeweils zwei

Meister oder noch mehr. Hinter diesen Durchschnittswerten stand eine beträchtliche Kluft zwischen wenigen handwerklichen Unternehmern mit zahlreichen Arbeitskräften und einer großen Masse kärglich lebender Einzelmeister, die nur ein Geringes von der unterständischen Schicht trennte.

Angesichts des wachsenden Interesses an proletarischen Selbstzeugnissen[20] darf ein Hinweis nicht fehlen: Die ständische Gesellschaft kannte Armut, aber sie kannte kein Proletariat als eigenen Stand. Bezeichnungen wie „unterbäuerliche" und „unterbürgerliche" Schicht weisen darauf hin, daß die unterste soziale Schicht, so bedeutend sie quantitativ war, mehr außerhalb als innerhalb der ständischen Ordnung existierte, da ihr die Teilhabe an politischer Herrschaft und an Besitz, das Kriterium der ständischen Integration, fehlte. Die Sozialhistoriker behelfen sich oft mit dem scheinbar paradoxen Begriff des „Standes der Standeslosen". Erst die bürgerliche Gesellschaft weist den Besitzern und Anbietern von bloßer Arbeitskraft einen präzisen sozialen Ort im ökonomischen Funktionszusammenhang und damit in der Gesellschaft zu; die ständische Gesellschaft sah am unteren Ende der ständischen Gliederung nur eine gleichsam amorphe Masse, eine diffuse „Armut", mit fließendem Übergang zum Vagabundentum und zur Kriminalität. Der Umfang dieser unterständischen Schicht war beträchtlich. Die unterbürgerliche Schicht in den Städten machte Ende des 18. Jahrhunderts zwischen einem Drittel und der Hälfte der Bevölkerung aus,[21] die unterbäuerliche Schicht auf dem Lande nach den oben genannten Schätzungen noch mehr. In den Manufakturen, im Bergbau, vor allem aber im ländlichen Heimgewerbe, in dem die unterbäuerliche Schicht ein notdürftiges Auskommen suchte, entstand im 18. Jahrhundert ein Vorläufer des modernen Fabrikproletariats.

Die ständische Ordnung in Recht und Tradition der Zeit ebenso wie in dem Bild, das die Geschichtswissenschaft von ihr entwirft, ist immer nur die allgemeine Regel, die die Verhältnisse auf einen Begriff bringen soll. Nähert man sich der sozialen Wirklichkeit im Detail, wie es in den autobiographischen Zeugnissen vermittelt wird, dann läßt die allgemeine Regel oft genug im Stich. Die ständische Ordnung hielt im Prinzip an einer Trennung von Stadt und Land fest, aber in der Realität waren die Grenzen fließend. Viele Bürger bewirtschafteten als Ackerbürger Land, das nicht in die Agrarverfassung einbezogen war; umgekehrt war für die kleinbäuerlichen und unterbäuerlichen Schichten die gewerbliche Produktion, in welcher Form auch immer, oft ein unentbehrlicher Erwerb. Im Verlag waren Stadt und Land oft institutionell verbunden, die Stadtbürger als Verleger, die ländlichen Untertanen als Verlegte.[22]

Ähnlich entziehen individuelle Schicksale sich oft der strikten Einordnung in die Standesgrenzen zwischen oben und unten. Positionen, die im Prinzip Wartestellen bis zum Aufstieg in die nächsthöhere Schicht sein sollten, wurden oft zu Dauerexistenzen. Davon zeugen die zahllosen Kandidaten der Theologie, die sich um Hauslehrerstellen beim Adel und Bürgertum drängten, die brotlosen Magister an den Universitäten, die Handwerksgesellen, die nie zu Meisterstellen kamen. Die Autobiographien, als eine literarische Quelle, zeigen vielfach die soziale und materielle Not gerade der bürgerlichen Standeslosen. Solange der hoffnungsvolle

Kandidat der Theologie und zukünftige Pfarrer sein Dasein als Hauslehrer fristete, gehörte er sozial und wirtschaftlich zur Gruppe der Domestiken. Biedermann schrieb aus der Perspektive des 19. Jahrhundets über die Verhältnisse um die Mitte des 18. Jahrhunderts: „Die Gehalte der Hofmeister, Secretäre und Verwalter (welche damals ziemlich unterschiedslos mit zum Hausgesinde gerechnet wurden) standen in dem gleichen Verhältnis; man bekam einen Geistlichen als Hofmeister für 18–20 Thlr., für eben diesen Preis einen Secretär oder ‚Hauskellner' (Haushofmeister). Ein Verwalter war etwas theurer".[23] Das galt zwar bei freier Station, aber wohlgemerkt für ein ganzes Jahr. Maurergesellen und Zimmergesellen konnten um die gleiche Zeit etwa 6–7 Taler im Monat verdienen, Meister 8–9 Taler.[24] Biedermann meinte, daß 10 Taler von 1750 etwa die Kaufkraft von 15 Talern von 1850 hatten, und bei der Einführung der Reichwährung 1871 galten 15 Taler 45 Mark; aber solche Vergleiche sagen natürlich nicht sehr viel.

Es gab in gewissem Grade eine Mobilität in der ständischen Gesellschaft. Nobilitierungen kamen vor, umgekehrt auch sozialer Abstieg aus dem Adel; Klöden berichtet, wie sein adelig geborener Vater den Stand verlor, Unteroffizier und dann Subalternbeamter wurde. Etwas häufiger war der Aufstieg vom Bauernstand oder vom niederen Bürgerstand der Handwerker und Krämer, Schulmeister und Subalternbeamten zum höheren Bürgerstand. Diesen für die ständische Gesellschaft untypischen Fällen sozialen Aufstiegs verdanken wir es, daß autobiographische Zeugnisse früher Kindheit über den Adel und die dünne bürgerliche Oberschicht hinaus, die die Verfasser und wohl auch das Leserpublikum der Autobiographien stellten, in kleinbürgerliche, bäuerliche oder sogar unterständische Milieus reichen. Einige der in unseren Autobiographien vertretenen Pfarrer, Künstler und Universitätsprofessoren hatten Handwerker oder Bauern zu Vätern, und gerade dieser soziale Aufstieg machte ihnen ihre Lebensgeschichte mitteilenswert.

Die große Mehrheit der Bevölkerung im 18. Jahrhundert war arm. „Die Armut bei diesen elenden, teuren und nahrungslosen Zeiten": Dieser Satz aus den Nürnberger Ratsprotokollen des Jahres 1741[25] ist ein besserer Zugang zum Alltagsleben im 18. Jahrhundert als die dem Historiker gewohnten Begriffe wie Absolutismus und Aufklärung, Barock und Rokoko, Merkantilismus und Manufakturen. Die Not war ständiger Begleiter im Volksleben und erreichte in den Hungerkrisen 1708–1712, 1739–1741 und 1771–1774 katastrophales Ausmaß. In solchen Jahren aßen die Armen Gras und Disteln. Über den Winter 1770–1771 schrieb Ulrich Bräker in seinen Erinnerungen: „die Noth stieg um diese Zeit so hoch, daß viele eigentlich blutarme Leuthe kaum den Frühling erwarten möchten, wo sie Wurzeln und Kräuter finden konnten. Auch ich kochte allerhand dergleichen und hätte meine jungen Vögel noch immer lieber mit frischem Laub genährt, als es einem meiner erbarmungswürdigen Landsmännern nachgemacht, dem ich mit eignen Augen zusah, wie er mit seinen Kindern von einem verrekten Pferd einen ganzen Sack voll Fleisch abgehackt, woran sich schon mehrere Tage Hunde und Vögel sattgefressen.[26]" In einem Bericht über die Dörfe des Erzgebirges im Herbst 1771 liest man: „Das innere Elend der Orte wage ich mich gar nicht zu schildern [. . .] Nur erst vor 14 Tagen hatte man in der Gegend von Eibenstock zwei Kinder, die in den Wald gegangen waren, um sogenannte Schwarzbeeren zu holen, auf der Straße aus Mattigkeit umgefallen und tot aufgefunden . . ."[27] Die Armut, wie sie für das 18. Jahrhundert charakteristisch war, gehört nicht zu den invarianten Strukturmerkmalen der feudalen Gesellschaft. Der Lebensstandard war eine variable Größe, er änderte sich im langfristigen Rhythmus der Bevölkerungsentwicklung und der Wirtschaftsentwicklung. Beginnt man mit dem ausgehenden Mittelalter, in dem erstaunliche Mengen an Lebensmitteln konsumiert wurden und zahlreiche Feiertage das Arbeitsjahr unterbrachen, dann erscheint die Entwicklung ab 1500 als ein langfristiger Prozeß der Verarmung, der bis in den Pauperismus des 19. Jahrhunderts reicht. „Die Einkommen der breiten Massen sanken, die Nahrung wandelte und verschlechterte sich, die landwirtschaftliche Erzeugung stellte sich auf die Produkte ein, die dem Boden die größten Nährwerte abgewannen".[28] Das Bild der „guten alten Zeit" bedarf dringend der Korrektur, das ist inzwischen unbestritten. Andererseits ist es aber auch nicht so, daß die Menschen immer schlechter gelebt hätten, je weiter man in die Geschichte zurückgeht. Das Bild, das man sich von der materiellen Grundlage des Familienlebens in der ständischen Gesellschaft macht, muß sorgfältig differenziert werden nach Ort und Zeit.

Die Ursachen der langfristigen Entwicklung, insbesondere, wenn man im 15. Jahrhundert beginnt, der langfristigen Verarmung, sind umstritten. Man ist oft geneigt, ein Mißverhältnis zwischen Bevölkerung und Raum anzunehmen. Im 16. Jahrhundert hat die Bevölkerung deutlich zugenommen. Das 17. Jahrhundert, mit dem Dreißigjährigen Krieg und seinen Folgen, brachte in Mitteleuropa Stagnation, in einzelnen Regionen absoluten Rückgang der Bevölkerung. Im 18. Jahrhundert nahm die Bevölkerung wieder deutlich zu. Die Lücken wurden geschlossen, und es gab erste Anzeichen für die „Bevölkerungsexplosion", die dann das 19. Jahrhundert beherrschte. Aber war das alte Reich mit den etwa 30 Mio. Einwohnern, die es Ende des 18. Jahrhunderts hatte, übervölkert? Im Deutschen Kaiserreich lebte auf kleinerem Territorium um 1900 die doppelte Anzahl Menschen, rund 60 Mio., wesentlich besser, ganz zu scheigen von der Bundesrepublik, die auf noch kleinerem Raum seit den 1960er Jahren 60 Mio. Bewohner hat bei einem Lebensstandard, der alle historischen Erfahrungen übertrifft. Der entscheidende Punkt ist nicht, daß die Bevölkerung zu schnell wuchs im Verhältnis zu den natürlichen Ressourcen, sondern daß die Wirtschaft zu langsam wuchs. Die feudale Ordnung hemmte die wirtschaftliche Entwicklung, vor allem in der Landwirtschaft, auf der die alte Agrarverfassung schwer lastete; und da es keine Flucht nach vorn in die wirtschaftliche Expansion gab, wurde das Volk erbarmungslos ausgesaugt, um den Luxus und die Kriege der Oberschicht zu tragen.

Die Forschung nach den Ursachen der Verarmung führt weit ab von der Geschichte der Kindheit. Aber das Ergebnis, „die Armut bei diesen elenden, teuren und nahrungslosen Zeiten", gehört unmittelbar zur Sache, zur Realität der Kindheit in der ständischen Gesellschaft des 18. Jahrhunderts. Aus der heutigen Perspektive verschwimmen die ständischen Differenzierungen angesichts des überwältigenden Elends, das im 18. Jahrhundert die Masse der Bevölkerung beherrschte, und vor dem auch jene nicht bewahrt blieben, die in die ständische Gesellschaft integriert waren. In der zeitgenössischen Situation hatte die Not aber gerade nicht egalisierende, sondern im Gegenteil differenzierende Wahrnehmung zur Folge. Ein geringes Mehr an Landbesitz, ein kleines Haus, ein bescheidener Nebenerwerb durch Spinnen oder Weben konnten in einer Gesellschaft, in der viele noch an Hunger umkamen, die Existenz bedeuten. In den autobiographischen Zeugnissen findet man eine wache Konzentration auf kleinste, nahezu unmerkliche Differenzierungen, minutiöse Beobachtung von Statusmerkmalen im kleinen Rahmen der Dorfgemeinschaft. Wer ein großes Gespann hielt oder ein kleines, wer mit dem Korb ging oder mit der Kiepe, wer Schuhe trug oder barfuß ging, das wurde so ernsthaft registriert und respektiert wie der Unterschied zwischen Adelsmann, Bürger und Bauer.

3. Bürgerliche Gesellschaft

Aus heutiger Sicht erscheint oft die Industrielle Revolution als die große Wasserscheide, die zwei Epochen trennt: Die Industrialisierung veränderte die Kulturlandschaft und die Wirtschaftsstruktur, das Arbeitsleben und das Familienleben. Der Industriellen Revolution voran ging aber schon der historische Bruch zwischen feudaler und bürgerlicher Gesellschaft, der die Voraussetzungen der Industriellen Revolution schuf. Die Zeitgenossen empfanden diesen historischen Bruch, bevor noch die Industrielle Revolution mit Fabriken, Eisenbahnen und Sozialer Frage ihre Lebensumstände veränderte. Autobiographien des frühen 19. Jahrhunderts berichten über das 18. Jahrhundert mit bewußter Distanz, die in Jahren nicht zu messen ist, wie über eine längst vergangene Zeit. Hinter den Äußerlichkeiten, daß etwa Perücke und Zopf verschwanden, Umgangsformen, Recht und Sitte sich änderten, wurde ein tiefgehender Wandel der Gesellschaft erkannt. Die Menschen begannen, sich aus alten Abhängigkeiten zu lösen; das kulturelle Gefälle von der Stadt zum Land verringerte sich; die Privilegien des Geburtsadels wurden langsam, in Deutschland sicherlich zu langsam, zurückgedrängt.

An die Stelle der ständischen Differenzierung traten Klassen- und Schichtgrenzen neuer Art, die sich in der einen oder anderen Weise aus der Polarität von Arbeit und Kapital herleiteten. Als „arbeitende Klasse" hatte die alte ständische und ländliche Unterschicht in der bürgerlichen Gesellschaft eine ganz neue Bedeutung gefunden; die uneingelöste Emanzipationsforderung der ländlichen und städtischen Arbeiter beherrschte als die „soziale Frage" das 19. Jahrhundert. Nach einer Definition aus den 1860er Jahren waren die „arbeitenden Klassen" im wesentlichen identisch mit den Arbeitnehmern, die akademisch ausgebildeten ausgenommen: „Mit dem Namen der ‚arbeitenden Classen' werden hier dem Sprachgebrauch gemäß diejenigen Volksgruppen bezeichnet, deren Angehörige für andere Personen und zwar in der Regel ohne wissenschaftliche Kenntnisse zu diesem Zwecke zu bedürfen, gegen Entgelt thätig sind."[29]

Zwischen Arbeit und Kapital stand die ländliche Mittelklasse der Bauern – im

19. Jahrhundert noch von großer Bedeutung – und die städtische Mittelklasse der Kleinbürger. Die Unterschiede der Lebensweise in Stadt und Land traten im 19. Jahrhundert allmählich zurück; wir werden bei der Diskussion der Familie darauf noch eingehen. Dafür trat die gemeinsame ökonomische Lage immer mehr in den Vordergrund. Nach 1900 begann man in der Sozialwissenschaft, zwischen dem „alten Mittelstand" der Bauern, Handwerker und Händler und dem „neuen Mittelstand" der Beamten und Angestellten zu unterscheiden.[30]

An der Spitze der Gesellschaft machte ein zunehmend selbstbewußtes Besitzbürgertum dem Adel die ökonomischen Führungspositionen streitig. Ein wichtiger Einbruch war bereits die Reform der Agrarverfassung zu Beginn des 19. Jahrhunderts: Der Großgrundbesitz, bis dahin ein Privileg des Adels, stand seitdem jedem großbäuerlichen und großbürgerlichen Geldmann offen. Die Industrialisierung verschob im Verlauf des Jahrhunderts endgültig die wirtschaftliche Vorherrschaft vom Adel zum Großbürgertum. Aber der Adel behielt in Deutschland länger als in anderen Ländern trotz rückläufiger ökonomischer Bedeutung politischen Einfluß und soziales Prestige. Solange das Kaiserreich dauerte, blieb der Adel eine vom übrigen großen Besitz deutlich gesonderte soziale Schicht; Reste davon haben sich auch über 1918 hinaus und in Westdeutschland sogar über 1945 hinaus erhalten.

Eine Quantifizierung der deutschen Sozialstruktur im 19. Jahrhundert ist schwierig. Man kann schätzen, daß in Preußen zu den „arbeitenden Klassen" im zeitgenössischen Verständnis 1820 die Hälfte und 1860 knapp zwei Drittel der Bevölkerung gehörten, darüber die breite ländliche Mittelklasse der Bauern und die städtische Mittelklasse. Das höhere Bürgertum mit höchstens drei Prozent und der Adel mit weniger als einem halben Prozent der Bevölkerung fielen zahlenmäßig kaum ins Gewicht.[31] Im 20. Jahrhundert setzte sich die Polarisierung der Gesellschaft weiter fort; nach Geigers bekannter Untersuchung über die Sozialstruktur der Weimarer Republik gehörten 74 Prozent der Bevölkerung zur Arbeiterklasse, 18 Prozent zur alten Mittelklasse der Selbständigen, 7 Prozent zur neuen Mittelklasse der mittleren Beamten und Angestellten, 1 Prozent zur Kapitalistenklasse.[32]

Nicht die soziale Klassenstruktur, aber ein anderer für die historische Familiensoziologie wichtiger Aspekt der Sozialstruktur kommt in den Kategorien der Erwerbsstatistik zum Ausdruck. 1882 gab es bei einer Reichsbevölkerung von 45 Mio. ungefähr 21 Mio. Erwerbstätige. Von diesen waren 6 Mio. (26 Prozent) Selbständige, 4 Mio. mithelfende Familienangehörige (17 Prozent), 11 Mio. Arbeiter (51 Prozent), 1 Mio. (5 Prozent) Angestellte und Beamte. Diese Zahlen sagen über die soziale Klassenstruktur nichts aus, weil die Berufsklassen in sich zu heterogen sind; zu den Selbständigen etwa gehörten Industrielle und Bankiers, leitende Angestellte und Beamte so gut wie mittelständische Bauern und Handwerker und proletarische Heimarbeiter. Aber die Zahlen zeigen, daß Ende des 19. Jahrhunderts für 43 Prozent der Erwerbstätigen die Arbeit, als Selbständige oder mithelfende Familienangehörige, noch in direktem Bezug zum Familienverband stand; 56 Prozent waren Arbeitnehmer. Diese Relation hat sich dann im

20. Jahrhundert drastisch verschoben; 1970 waren in der Bundesrepublik Deutschland 83 Prozent der Erwerbstätigen Arbeitnehmer, nur noch 17 Prozent Selbständige oder mithelfende Familienangehörige.[33] Ein charakteristisches Merkmal der deutschen Gesellschaft im 19. Jahrhundert war das starke Bevölkerungswachstum. Das alte Reich hatte gegen Ende des 18. Jahrhunderts nach den Angaben von Biedermann etwa 30 Mio. Einwohner.[34] Die gleiche Einwohnerzahl wird für den Deutschen Bund 1816 genannt, davon 9 Mio. im preußischen Bundesgebiet, wobei daran zu erinnern ist, daß große Teile Österreichs und Preußens außerhalb des Bundesgebietes lagen.[35] Bis 1864 stieg die Einwohnerzahl des Deutschen Bundes auf 45 Mio. Das kleindeutsche Kaiserreich hatte im Gründungsjahr 1871 41 Mio. und im letzten Vorkriegsjahr 1913 67 Mio. Einwohner. Das bedeutete in den 48 Jahren von 1816 bis 1864 und in den 42 Jahren von 1871 bis 1914 ein durchschnittliches jährliches Wachstum von jeweils 1 Prozent. Ein Bevölkerungswachstum von 1 Prozent jährlich ist hoch; es heißt rein rechnerisch, daß sich die Bevölkerung alle 70 Jahre verdoppelt. In den früheren Zeiten hatte eine Verdoppelung der Bevölkerung Jahrhunderte gedauert.

Die europäische Bevölkerungsexplosion des 18. und 19. Jahrhunderts ist ein zentrales Thema der historischen Demographie und der historischen Familiensoziologie, aber auch der Wirtschaftsgeschichte, die die materielle Basis des Bevölkerungswachstums zum Gegenstand hat. Das Bevölkerungswachstum führte zunächst im 18. Jahrhundert infolge der langsamen Produktiventwicklung und der rücksichtslosen Ausbeutung der arbeitenden Bevölkerung zu einem allgemeinen Anschwellen des Elends, jenem verbreiteten „Pauperismus", von dem die zeitgenössischen Quellen übervoll sind. Biedermann, der das Deutschland des 18. Jahrhunderts ausführlich beschrieben hat, meinte, daß der Lebensstandard der Arbeiterschaft um die Mitte des 19. Jahrhunderts trotz der größeren Bevölkerung höher war als im 18. Jahrhundert, und begründete diese These mit zahlreichen Einzelbelegen.[36] Das ist für Meister und Gesellen des Handwerks wohl richtig, aber für die Masse der Taglöhner und Handarbeiter gab es keine Verbesserung, z. T. sogar eine reale Verschlechterung der Lebensbedingungen.[37] Elendsschilderungen aus den hungrigen 1840er Jahren stehen denen der großen Hungerkrise von 1771–1774 kaum nach. Das Elend der vierziger Jahre betraf nicht nur bestimmte von Strukturkrisen erschütterte Regionen und Berufe wie die schlesischen Weber, sondern war allgemein. Der Nationalökonom Bruno Hildebrand gab seinerzeit eine ergreifende Schilderung der Not der oberhessischen Bevölkerung in den 1840er Jahren. „Besitzen sie Kinder, so ist an Fleischnahrung nur selten zu denken, und in teueren Zeiten, wie im Winter 1846 bis 1847, erreicht die Not eine Höhe, die in den Schilderungen der irischen Armut Epoche machen würde. Diesen Winter wurden in Marburg zweimal bei 10 Grad Kälte Kinder auf offener Straße geboren. Die eine Mutter brachte mehrere Stunden lang mit dem nackten neugeborenen Kinde auf den kalten Steinen zu, bis sie endlich im Entbindungsinstitute unterkam. Der zweite Fall war noch schlimmer: Die Mutter fand mit dem eben geborenen Kinde kein Obdach, sondern wurde zur Stadt hinausgewiesen, und noch ehe sie den nächsten Hof erreichte, war das Kind erfroren. In anderen kurhessischen Gemeinden, welche keine Fabriken besitzen, war die Not nicht geringer. In Schmalkalden, Schlüchtern, Fulda und Hünfeld schlug man die Zahl der völlig Verarmten auf ein Drittel der ganzen Bevölkerung an, und in letzterer Stadt wurden sie von den Behörden zu völligen Bettlerzügen organisiert, welche täglich nach einem festgesetzten Turnus durch regelmäßige Umzüge in den einzelnen Stadtteilen und den angrenzenden Dörfern ihre Almosen zusammenbettelten".[38] Derartige Schilderungen sagen mehr über die Kindheit in der ersten Hälfte des 19. Jahrhunderts als die Familienbilder des Biedermeier.

Die Krise von 1846/47 war jedoch die letzte Hungerkrise „alten Typs". In der zweiten Hälfte des 19. Jahrhunderts begann mit der Beschleunigung der wirtschaftlichen Entwicklung der Lebensstandard sich zu bessern, zunächst langsam, aber nach der Reichsgründung doch deutlich. Der Monatsverdienst eines Arbeiters, im Durchschnitt von Industrie, Handel und Verkehr, betrug 1871 41 Mark und stieg bis 1900 auf 65 Mark oder 160 Prozent von 1871, bis 1913 auf 90 Mark oder 220 Prozent von 1871. Die Lebenshaltungskosten stiegen in den Gründerjahren, gingen in der Großen Depression stark zurück und stiegen bis 1900 wieder auf das Niveau von 1871, danach weiter. Der Reallohn betrug 1900 etwa 160 Prozent, 1913 etwa 180 Prozent des Niveaus von 1971.[39] Die Anfänge der Sozialversicherung mit der Krankenversicherung von 1883, der Unfallversicherung von 1884 und der Alters- und Invalidenversicherung von 1889 begannen, extreme Not zu lindern. Es versteht sich, daß man die Verbesserungen an dem Hungerniveau der Ausgangssituation messen muß, um einerseits ihre Bedeutung zu erkennen, andererseits aber auch nicht zu dem Trugschluß einer behaglichen oder auch nur materiell gesicherten proletarischen Kindheit im Kaiserreich zu kommen. Die Darstellungen der Kindheit in der proletarischen Autobiographien von Fischer, Bromme oder Rehbein für Deutschland, Holek für Österreich, sprechen für sich.

III. Familie

1. Die Familie als Sozialisationsinstanz

In der modernen Gesellschaft ist die Kernfamilie der typische soziale Ort nicht nur der Geburt, sondern auch der „zweiten, sozio-kulturellen Geburt" des Menschen, der primären Sozialisation und Enkulturation. Soziologen nennen eine Reihe von Eigenschaften, die die Kernfamilie in besonderer Weise befähigen, kulturelle Werte und Normen des täglichen Verhaltens von einer Generation zur nächsten zu vermitteln, die natürliche Existenz des Neugeborenen zur sozialen Existenz zu entwickeln.[40] Die Kernfamilie ist eine kleine überschaubare Gruppe mit besonders einfacher Beziehungsstruktur, gleichwohl großer innerer Differenziertheit, mit hoher Intensität der Beziehungen, mit großer Intimität und hohem Vertrauens- und Solidaritätsniveau, infolgedessen großer Prägungskraft und Konsistenz. Sie vermittelt Gesellschaft, ohne doch ganz in ihr aufzugehen, bewahrt als sozialer Raum eine eigenartige sozio-kulturelle Unabhängigkeit, Eigendynamik und besondere Toleranz; für die Persönlichkeitsentwicklung gilt diese relative Autonomie der Familie, die Abschirmung gegen Außeneinflüsse als ein wichtiges Moment.

Die für die moderne Gesellschaft so wichtige Institution der Kernfamilie war und ist bekanntlich nicht universell. Aus der Geschichte und dem inter-kulturellen Vergleich kennt man eine Anzahl funktionell äquivalenter Institutionen, die in anderen Kulturen an Stelle der Kernfamilie existierten und existieren. Aber im europäischen Raum ist die Kernfamilie doch schon recht alt. Die Voraussetzungen der Kernfamilie, die Retardierung des Heiratsalters und damit verbunden sowohl eine Verminderung der Geburten, als auch eine Vergrößerung des Abstandes zwischen den Generationen, datieren anscheinend seit dem 11. Jahrhundert.[41] Die ältere schematische Auffassung, daß die moderne Familie mit dem Übergang von der Großfamilie zur Kleinfamilie in der Neuzeit beginnt, läßt sich nicht mehr halten; die neuere Forschung geht davon aus, daß es am Beginn der Neuzeit verschiedene Familientypen nebeneinander gab, von denen die Kleinfamilie in West- und Mitteleuropa wahrscheinlich die verbreitetste war. Nicht die Veränderung der Familiengrößen, sondern die Veränderung der Beziehungen innerhalb der Familien war der entscheidende Wandel, der zur modernen Familie führte.[42]

Der Begriff *Familie* taucht in der deutschen Sprache erst um 1700 auf.[43] Er bezeichnete zunächst, als Weiterentwicklung aus der römisch-rechtlichen *familia*, die gesamte Hausgenossenschaft unter der väterlichen Gewalt. Erst hundert Jahre später, um 1800, erhielt der Begriff Familie seine moderne Prägung: Im engeren Sinne die Gemeinschaft von Eltern und unselbständigen Kindern (Kleinfamilie, Kernfamilie); im weiteren Sinne unter Einschluß der Verwandtschaft, zumal dann, wenn sie im gemeinsamen Haushalt wohnt. *Familie* meinte also vor 1800 etwas anderes als heute, und für die soziale Beziehung, die man heute Familie nennt, hatte man andere Begriffe; meistens Umschreibungen, die nicht die Gesamtgruppe bezeichneten, sondern die Beziehungen zwischen Mann, Frau und Kindern jeweils besonders benannten.

Hinter dem Wandel des Begriffs stand ein sozialer Wandel, der sich als ein Prozeß fortschreitender Individualisierung beschreiben läßt. Heute verhält sich das Individuum zur Gesellschaft unmittelbar. Alle erwachsenen Männer und Frauen besitzen diese Individualität, Kinder erreichen sie frühzeitig und die Tendenz ist, die Altersgrenze der Individualität vorzuverlegen; deutlich wird das zur Zeit an der Entwicklung vom Elternrecht zum Kinderrecht. Im 19. Jahrhundert verhielt sich das Individuum zur Gesellschaft vermittelt durch die Familie, vertreten durch den Familienvater. In der ständischen Gesellschaft des 18. Jahrhunderts verhielt sich das Individuum zur Gesellschaft vermittelt durch die Hausgenossenschaft. Das *Haus*, das man im 18. Jahrhundert auch als Familie bezeichnete, war der eigentliche Elementarbereich der ständischen Gesellschaft. Eltern und Kinder waren rechtlich in die Institution des *Hauses* eingebunden, ebenso die mitwohnenden Verwandten und im Falle der Produktionsfamilie die nichtverwandten Arbeitskräfte. „Das Haus bildet einen sozialen Körper der Schöpfungsordnung, in dem der einzelne je nach seiner familiären Rolle als Hausvater, -Mutter, Kind, Knecht oder Magd den Platz seines alltäglichen Lebens, den Raum für seine persönliche Entfaltung und für seine Pflichten, die Befriedigung seiner Bedürfnisse findet. Der soziale Status des Menschen ist vom Haus bestimmt, nur die Rolle des Hausvaters weist über das Haus selbst hinaus, indem er die Familie im „Außen" vertritt. Das Haus enthält potentiell alle Lebensbereiche, so etwa Arbeit und Konsum („Nahrung'), Erziehung, Gottesdienst. Die Person ist in das Haus hineinintegriert. Das Haus als Bestandteil und Analogon des Staates ist aber rechtlich hineingebunden in die Zwecke des politischen Gemeinwesens, seine soziale Funktion wird von der Obrigkeit kontrolliert und korrigiert, seine Gestalt ist schon vom institutionellen Ansatz her eine wesentlich rechtliche. Generell fehlt dem geschilderten Hausbegriff das Element des Abweisenden gegenüber der politischen Obrigkeit."[44] Das *Haus* hatte als Institution nicht die der modernen Familie eigentümliche relative Distanz zur Gesellschaft; es ging gewissermaßen als unterste politische und Verwaltungseinheit durch und durch in der Gesellschaft auf. Infolgedessen fehlte für das Haus auch das zur bürgerlichen Familie gehörende Spannungsverhältnis zwischen familiärer Autonomie und staatlicher Intervention. „Der ältere Familienbegriff vertrug infolgedessen, zumindest in bestimmtem Umfange, das obrigkeitliche Regiment über die Familie, die Familienpolizei. Die Realität des absolutistischen Staates weist eine kräftige Kontrolle der familiären Verhältnisse auf. Die Rechtsbeziehung zwischen Herrschaft und Gesinde erhielt in den Gesindeordnungen eine ins kleinste gehende Gestaltung; das Leben der Familie wurde auf der Konsumseite, etwa durch Kleiderordnungen, streng reglementiert; auch die persönliche Lebensentfaltung stand unter den Anforderungen einer von den Konsistorien gehandhabten Zucht und Ehrbarkeit. Vielfach scheint der Hausvater, dessen Autorität in bemerkenswerter Weise herausgestellt wird, eher als Organ der obrigkeitlichen Sittenpolizei angesehen worden zu sein."[45]

Die Binnenstruktur des *Hauses*, Rechte und Pflichten seiner Mitglieder, waren bis in Einzelheiten durch die Rechtsordnung geregelt, in viel stärkerem Maße, als dies später für die bürgerliche Familie des 19. Jahrhunderts zutraf. Während das Alltagsleben der bürgerlichen Familie sich im wesentlichen nach den informellen Regeln der Kleingruppe abspielt, gab es für das Alltagsleben im ständischen *Hause* ein System formaler Regeln. Diese Regeln normierten sowohl den im modernen Sinne arbeitsrechtlichen Bereich der Beziehungen zwischen Herrschaft und Gesinde, als auch den familienrechtlichen Bereich der Beziehungen zwischen Ehegatten und Kindern.

Das Gesinde hatte nicht Teil an der Solidarität, Intimität und Emotionalität der Kernfamilie. Man erkennt das deutlich an den Bestimmungen über Einstellung und Entlassung, und auf der empirischen Ebene an der hohen Fluktuation des Gesindes,[46] die auch in den autobiographischen Zeugnissen bekundet wird. Auch die zeitgenössische Hausväterliteratur mit Ratschlägen für die praktische Hauswirtschaft betont den arbeitsrechtlichen Charakter der Beziehungen zwischen Herrschaft und Dienstboten. Es war im Grunde erst die konservative Nostalgie des 19. Jahrhunderts, die die Stellung des Gesindes im ständischen *Haus* als Familienzugehörigkeit im modernen, bürgerlichen Sinne verklärte. Tatsächlich entsprach die Rolle des Gesindes im ständischen Produktionshaushalt, wenn man sie mit den Verhältnissen des 19. Jahrhunderts vergleicht, eher dem Betrieb als der Familie. Die Beziehungen zwischen Mann und Frau, Eltern und Kindern, hatten ihre eigenen Regeln. Das preußische Allgemeine Landrecht von 1794 unterschied beide Bereiche, Kernfamilie und Gesinde, auch systematisch: „Die Verbindung zwischen Ehegatten und Kindern, macht eigentlich die häusliche Gemeinschaft aus. Doch wird auch das Gesinde mit zur häuslichen Gesellschaft gerechnet".[47]

Die altersmäßige Abstufung der Rechtspersönlichkeit im allgemeinen Landrecht definierte *Kinder* bis zum Alter von 7 Jahren, *Unmündige* bis zum Alter von 14 Jahren; *Minderjährigkeit* dauerte, unabhängig vom Ort der Herkunft und Stand, bis zum Alter von 24 Jahren. Die elterliche Gewalt war vor allem väterliche Gewalt, für die Kleinkinder bis zum Alter von vier Jahren aber mütterliche Gewalt: „Vor zurückgelegtem vierten Jahr kann der Vater das Kind, wider den Willen der Mutter, ihrer Aufsicht und Pflege nicht entziehen".[48] Die Kinder waren zur Mithilfe verpflichtet, andererseits billigte man ihnen ein Recht auf Unterricht und Ausbildung zu: „Die Kinder sind schuldig, den Älteren in deren Wirtschaft und Gewerbe nach ihren Kräften hilfreiche Hand zu leisten. Es darf aber den Kindern dadurch die zu ihrem Unterricht und Ausbildung nöthige Zeit nicht entzogen werden".[49] Der Staat beanspruchte ein selbstverständliches Aufsichtsrecht für die im engeren Sinne familiären Beziehungen innerhalb des *Hauses*. Für den unfreien bäuerlichen Teil der Bevölkerung übertrug der Staat dieses Aufsichtsrecht der Gutsherrschaft: „Der Gutsherrschaft liegt besonders ob: für eine gute und christliche Erziehung der Kinder ihrer Unterthanen zu sorgen. Sie muß daher auf die Älteren ein wachsames Auge haben; und wenn dieselben bey der Erziehung etwas versäumen, die Kinder nicht ordentlich zur Kirche oder Schule schicken, oder sie nicht zur Arbeit oder irgend einem nützlichen Gewerbe erziehen, die Älteren zur Beobachtung ihrer Pflichten mit Nachdruck anhalten".[50]

Die Einbindung der kernfamiliären Beziehungen in die Rechtsordnung des *Hauses*, das als politische Einheit verstanden wurde, war wohl der wichtigste Unterschied der ständischen Familie zur modernen bürgerlichen Familie. Diese Einbindung hatte nichts mit der Größe der Familie zu tun, und galt unabhängig davon, daß die Institutionen des *Hauses* neben Familienverhältnissen im engeren Sinne auch Arbeitsverhältnisse regelte bzw. regeln konnte: Die ständische Normierung der kernfamiliären Beziehungen galt sowohl für die großbäuerlichen und großbürgerlichen Produktionshaushalte, als auch für die kleinbäuerlichen und kleinbürgerlichen Haushalte, die in ihrer Mehrheit mit der Kernfamilie personell identisch waren. Wenn, wie es in einzelnen neueren Ansätzen zur historischen Familienforschung geschieht, das ständische *Haus* als Großfamilie interpretiert und der modernen Kleinfamilie gegenübergestellt wird, so trifft das nicht den Kern der Sache.[51] Große Produktionshaushalte der Art, wie sie in der Hausväterliteratur beschrieben wurden, waren auf bestimmte Schichten in der ständischen Gesellschaft beschränkt; im 18. Jahrhundert stellten sie die Minderheit der Haushalte. Die Binnenstruktur dieser Produktionshaushalte, insbesondere die Stellung der nichtverwandten Arbeitskräfte, darf man sich nicht nach dem modernen Familienbegriff vorstellen. Die Arbeitskräfte unterstanden zwar der hausväterlichen Gewalt, waren aber in dieser Stellung von den Angehörigen der Kernfamilie deutlich unterschieden.

Die Realität der frühkindlichen Sozialisation in der ständischen Familie des 18. Jahrhunderts lag im Schnittpunkt von rechtlich – obrigkeitsstaatlichen Regelungen und materiellen Bedingungen. Einerseits nahm sich der absolutistische Staat, dessen Funktion insgesamt unter dem Gesichtspunkt der Sozialdisziplinierung betrachtet werden kann, unter anderem auch der Sozialisation an.[52] Seit dem 17. Jahrhundert konnten Vormundschaftsgerichte die väterliche Gewalt aberkennen, wenn der Hausvater seine Pflichten als Erzieher versäumte. Im 18. Jahrhundert wurde die Schulpflicht als Prinzip formuliert, wenn auch noch nicht durchgesetzt. Das Beispiel des preußischen Allgemeinen Landrechts zeigt, daß der Staat im Wege der rechtlichen Normierung des *Hauses* tief in die kernfamiliären Beziehungen eingriff. Auf der anderen Seite hatten die materiellen Bedingungen der Zeit ihre eigene Prägekraft. Letzten Endes lag es an der materiellen Situation der Familien, was man sich unter Aufsicht und Pflege, Unterricht und Ausbildung, unter der Mithilfe der Kinder „nach ihren Kräften", unter einer „guten und christlichen Erziehung" im einzelnen vorzustellen hat. Die Mehrheit der Bevölkerung war arm, und für die Kinder der Armen waren Mühe und Not die entscheidenden Determinanten der Sozialisation, weitgehend unabhängig davon, was Gesellschaft und Staat, Kirchen und pädagogische Schriftsteller, Gutsherrschaft und Eltern im einzelnen über die Sozialisation dachten.

Ob die Familie unter den rechtlichen und materiellen Bedingungen der feudalen Gesellschaft bereits alle die der modernen Familie zugeschriebenen Eigenschaften besaß und die daraus abgeleiteten Funktionen erbringen konnte, müßte erst noch eingehend untersucht werden. Manche Eigenschaften der modernen Kernfamilie wie Überschaubarkeit, einfache Beziehungsstruktur und Differenziertheit könnten relativ konstant, andere wie Vertrauens- und Solidaritätsniveau, innere Toleranz und sozio-kulturelle Unabhängigkeit könnten veränderlich im Wandel der Zeit sein.

Der Wandel der Familie im Übergang von der feudalen zur bürgerlichen Gesellschaft zeigt sich zuerst am Wandel des Begriffs. *Familie* als Bezeichnung des sozialen Elementarbereichs meint ab 1800 nicht mehr das ständische *Haus,* sondern in erster Linie die Lebensgemeinschaft von Eltern und unselbständigen Kindern. Das bedeutet einmal einen quantitativen Unterschied: Das Gesinde war im 19. Jahrhundert üblicherweise nicht mehr im Begriff der Familie eingeschlossen. Nun wird man diesen Unterschied nicht überschätzen, wenn man weiß, daß es im 18. wie im 19. Jahrhundert zahlreiche Haushalte ohne Gesinde gab. Wichtiger war der inhaltliche Wandel der Familie. Die *Familie* als *Haus* war als Grundeinheit der ständischen Gesellschaft ebenso politisch, gesellschaftlich und wirtschaftlich gegliedert wie die Gesamtgesellschaft. Die bürgerliche Familie des 19. Jahrhunderts wurde dagegen als ein sozialer Bereich ganz eigener Art der bürgerlichen Wirtschaftsgesellschaft gegenübergestellt. Während das Haus eine soziale Institution gewesen war, die ihren Ursprung wie die fürstliche und hausväterliche Gewalt im

Gottesgnadentum hatte, wurde die Familie in ihrer neuen Bedeutung als handelndes Subjekt verstanden, das sein sittliches, organisches Wesen von der Natur herleitete.[53] Der öffentliche Charakter wurde von der Familie allein durch den Familienvater repräsentiert, Frau und Kinder verschwanden gleichsam im abgeschlossenen Innenraum der Familie. Um die Mitte des 19. Jahrhunderts tauchte auch der Begriff des *Hauses* wieder auf, aber nun in der Funktion, restaurativen Gesellschaftspolitikern als Argument für eine weitere Stärkung der Gewalt des Ehemannes gegenüber Frau, Kindern und auch Dienstboten zu dienen: Jeder an seinem Platz.[54] Mit der Gegenüberstellung von Gesellschaft und Familie war zumindest im Prinzip eine Erhöhung der Macht des Ehemannes und Vaters gegenüber Frauen und Kindern verbunden; Frauen und Kinder hatten im ständischen *Haus* neben Einzelpflichten ja auch Einzelrechte gehabt. Familie wurde als konfliktlose Sphäre idealisiert, in der Rechtsstreitigkeiten zwischen Ehepartnern oder Eltern und Kindern nicht vorgesehen waren, so daß Frauen und Kindern auch keine individuellen Rechte zugestanden werden brauchten. Frau und Kinder waren gezwungen, sich dem Willen des Ehemannes und Vaters unterzuordnen. Im Zuge der restaurativen Legitimation der Familie scheint unter anderem auch die Ehescheidung im Vergleich zum späten 18. Jahrhundert wieder erschwert worden zu sein. Wilhelm von Kügelgen schrieb am 27. Juli 1844 an seinen Bruder: „Denke Dir, wie schrecklich, der seligen Krüdener ihr Mann zu sein! Auch würde dieselbe sich mit mir sehr erkältet haben, wir würden uns haben scheiden lassen, d. h. damals, denn jetzt wird das Scheiden etwas langwierig. Der König von Preußen druckt schon seit 4 Jahren an einem neuen Ehescheidungsgesetz. Endlich sind jetzt die Präliminarien erschienen, welche nur in einer Erschwerung der Form bestehen. So dürfen z. B. die Sühneversuche des Predigers nicht unter einem halben Jahr beendet sein. Ich glaube, daß in den meisten Fällen Mann und Frau sich gegen den sühneversuchenden Pastor verbinden, ihn zum Hause hinausschmeißen und wieder gut Freund sein werden. Warum man eigentlich die Scheidungen erschweren will, weiß ich nicht; sie sind wegen der Herzenshärtigkeit ein durchaus notwendiges Arzneimittel für die Gesellschaft. Bei gläubigen Christen sind sie gar nicht möglich. Wirklich schlechte Ehen aber bei Personen, denen das Gesetz Christi keine Autorität ist, mit der Gewalt der Bajonette zusammenhalten zu wollen, scheint mir ein kleiner Unsinn zu sein".[55]

Beim ersten Hinsehen paradox, im tieferen Zusammenhang aber durchaus verständlich, wurde der Staat im 19. Jahrhundert zum Hüter des staatsfreien Schonraumes Familie. Der von der unbeschränkten ehemännlichen und väterlichen Gewalt geprägte Familienbegriff erhielt im BGB von 1900 in wesentlichen Zügen gesetzliche Realität. Aber schon seit der zweiten Hälfte des 19. Jahrhunderts wurden individualrechtliche Forderungen erhoben, die sich gegen die Gewalt des Familienvaters richteten: einerseits von der Frauenbewegung zugunsten der Emanzipation der Frau, andererseits von Organisationen und Einzelpersonen zugunsten der Rechte des Kindes.

Der bürgerliche Familienbegriff des 19. Jahrhunderts beanspruchte Allgemeingültigkeit für alle Klassen und Schichten. Tatsächlich orientierte er sich aber implizit an den Lebensumständen des Bürgertums, d. h. der Trennung von Betrieb und Familie, der abgeschlossenen innerfamiliären Sphäre und der Anwesenheit einer Hausfrau, die sich nur mit dem Haushalt und der Kindererziehung beschäftigt. In bäuerlichen Familien wurde die Einheit von wirtschaftlichen und personalen Beziehungen länger aufrechterhalten, im Adel hatte das Familienleben noch stark repräsentative Züge und war enger mit dem Landbesitz verbunden. In der Arbeiterschaft war die Frau notwendigerweise erwerbstätig und konnte sich nicht viel um den Haushalt und Kindererziehung kümmern.

Kennzeichnend für die bürgerliche Familie war das von der Arbeit des Ehemannes getrennte Zusammenleben der Familienmitglieder, das durch innige Zuneigung gestaltet wurde und durch Aktivitäten wie gemeinsames Musizieren, Malen, in der Natur wandern, botanisieren usw. Die gemeinsamen Andachten traten gegenüber dem 18. Jahrhundert in den Hintergrund. Dem nach innen gerichteten, selbstgenügsamen Familienleben entsprach die behäbige, unrepräsentative Wohnkultur des Biedermeier, in deren Zentrum der runde Tisch im Wohnzimmer stand, um den sich die Familie sammelte. Die Liebe der Ehegatten und die Aufzucht der Kinder stellten Sinn und Zweck des Familienlebens dar. Kinder erhielten Kindermoden, eine Spielzeugindustrie, Kinderliteratur und Kinderzimmer, die allerdings im Laufe des Jahrhunderts mehr und mehr zu einem Ort der Verbannung wurden. Die bürgerliche Familie beinhaltete eine spezifische Arbeitsteilung zwischen Mann und Frau: Der Mann war für den Gelderwerb zuständig und vertrat die Familie nach außen, die Ehefrau wirkte im Haushalt und erzog die Kinder.

In der zweiten Hälfte des 19. Jahrhunderts sah das Vorbild der bürgerlichen Familie für das Kind im Haus schon wesentlich weniger gemütvoll aus: Der Vater war aufgrund der sich wandelnden Berufsstruktur häufig nur noch zu festgesetzten Zeiten in der Familie anzutreffen und mußte als Erzieher immer mehr in den Hintergrund treten. Auch änderten sich die Verhaltensregeln für einen Vater, und während er noch im 18. Jahrhundert emotional mit seinen Kindern Freud und Leid teilen durfte, mit ihnen jauchzte und weinte, galten derartige Gefühlsäußerungen gegen Ende des 19. Jahrhunderts als unmännlich. Väterlichem Ernst und Strenge entsprach ganz die Kleidung: während der bürgerliche Vater im 18. Jahrhundert sehr bunt angezogen war und im Hause stets den bequemen Schlafrock trug, war der bürgerliche Vater gegen Ende des 19. Jahrhunderts durch einen dunklen Anzug uniformiert, dessen Farbe von den Pietisten und dessen Schnitt vom Militär entlehnt war, und zu dem auch ein kurzer Haarschnitt gehörte. Dafür durfte der Vater nun einen Bart haben, was im 18. Jahrhundert nur Juden und Angehörigen von Sekten gestattet gewesen war.

Die bürgerliche Geselligkeit änderte sich in der zweiten Hälfte des 19. Jahrhunderts, statt der Teegesellschaften und Hausbälle, an denen Kinder selbstverständlich teilnahmen, entfaltete sich nun eine repräsentative Geselligkeit, von der Kinder ausgeschlossen wurden, und die häufig auch gar nicht mehr im Hause stattfand, sondern im Restaurant. Der repräsentative Charakter der bürgerlichen Familie von der Reichsgründung bis zum Ersten Weltkrieg äußerte sich in Lebensformen, die nun wiederum von der Aristokratie übernommen worden waren;

die Mutter überließ ihre Kinder Kindermädchen und Gouvernanten, um sich ganz der Repräsentation widmen zu können.

Im 18. Jahrhundert hatte die bürgerliche Mutter ihre Kinder auch häufig Wärterinnen, älteren Geschwistern oder Verwandten überlassen, weil sie durch ihre Tätigkeit in Haus und Garten gar nicht die Zeit hatte, sich den ganzen Tag um die Kinder zu kümmern. Die Arbeitsleistung, die in Haus und Garten zu erbringen war, war enorm, dazu kam, daß die Ehefrau häufig im Gewerbe half. Viele Güter wie z. B. Kleidung, Lichte, Seife usw. wurden im Hause selbst hergestellt, eine umfassende Vorratswirtschaft wurde betrieben und Obst und Gemüse mußten selbst gezogen werden, weil der Kleinhandel erst in den Anfängen steckte. In der ersten Hälfte des 19. Jahrhunderts änderten sich die Lebensumstände des Bürgertums. Seit der Ausweitung des Kleinhandels waren nun die Bedürfnisse des Haushlts durch Einkaufen zu decken, die gelackten Dielen brauchten nicht gescheuert zu werden, neuere Formen von Beleuchtung wie z. B. Petroleumlampen erleichterten das Leben. Die Ehefrau und Mutter hatte nun nicht mehr so viele produktive Tätigkeiten zu erledigen oder zu überwachen. Während vor dem 19. Jahrhundert die Aufzucht und Erziehung der Kinder stets als eine neben anderen Aufgaben der Frau gegolten hatte, und zwar nicht nur für die Bürger, sondern auch für die Bauern (die adlige Frau erzog ihre Kinder in der Regel nicht selbst), wurde die Sorge für das leibliche und seelische Wohl der Kinder die erste, vordringlichste und oft auch einzige Aufgabe der Frau im Besitz- und Bildungsbürgertum, wenn die materiellen Umstände es erlaubten. Die große Bedeutung, die der Mutter-Kind-Beziehung während der ersten Lebensjahre zugeschrieben wird, spiegelt die Verhältnisse, wie sie erstmals im 19. Jahrhundert in der oberen Schicht des Bürgertums auftauchten, denn hier hatte einmal der Vater die Rolle als wichtige Bezugsperson, die er noch im 18. Jahrhundert für seine Kinder hatte, verloren; andererseits übernahm die Mutter Aufgaben der Kinderbetreuung, die sie früher delegieren oder vernachlässigen mußte, um ihrer produktiven Tätigkeit in Haus und Garten nachzugehen. Die Bildung der bürgerlichen Kinder wurde im Laufe des 19. Jahrhunderts auch immer mehr von der Schule übernommen, die dadurch die Eltern, besonders die Väter, von den Aufgaben entlastete.

Im Großbürgertum verschwand das Familienideal, daß das Kind in den Mittelpunkt des elterlichen Interesses und der mütterlichen Aktivitäten stellte, in der zweiten Hälfte des 19. Jahrhunderts zugunsten der Repräsentationsaufgabe von Familie. Repräsentiert wurde z. B., daß eine Familie genug Einkommen besaß, um es der Frau zu ermöglichen, absolut nichts zu tun, oder gegebenenfalls in den Künsten zu dilettieren. Die psychische Situation der rechtlich völlig untergeordneten und von aller produktiven Tätigkeit ferngehaltenen Frau aus dem Großbürgertum ist in literarischen Zeugnissen vielfach beschrieben worden. Wenn auch im Kleinbürgertum die Kinderaufzucht als vorrangigste Aufgabe für die Ehefrau fortbestand und auch ständig ideologisch überhöht wurde, so blieb daneben das Ideal der müßigen Dame bestehen, die von Dienstmädchen betreut wurde, deren Kinder von Gouvernanten aufs feinste gebildet wurden, und die ihre Zeit mit der Ausstattung ihrer Erscheinung und repräsentativer Geselligkeit verbrachte. In der gesellschaftlichen Wirklichkeit war aber gerade die Kleinbürgersfrau mit vielen Kindern und einer im Gegensatz zu heute immer noch außerordentlich beschwerlichen Haushaltsführung weit von dem Ideal der müßigen Dame entfernt.

Länger als in anderen Ländern behielt der Adel in Deutschland eine soziale Sonderstellung, die seinem ökonomischen Aufgehen in der kapitalistischen wirtschaftlichen Oberklasse trotzte; und solange die soziale Sonderstellung währte, behielt auch die adelige Familie gegenüber der bürgerlichen Familie ihre besondere Prägung. Die Kinder des vermögenden Adels wurden nach wie vor von Erzieherinnen und Gouvernanten erzogen und nicht von den Eltern. Trotz der Schulpflicht wurden adelige Kinder auch im 19. Jahrhundert noch häufig ausschließlich von Hauslehrern unterrichtet und besuchten nie eine Schule. Daneben bestanden Pensionate und Erziehungsinstitute, die adeligen Kindern vorbehalten waren. Der besitzlose Adel, dem nur noch der Titel geblieben war, ernährte sich durch die Ausübung bürgerlicher Berufe. Töchter aus adeligem Hause lehrten Musik, Zeichnen, Sticken, verdingten sich als Gouvernanten in bessergestellten adeligen Familien oder unterrichteten in Pensionaten.

Über die Konkurrenz adeliger und bürgerlicher Werte und Alltagsnormen im Deutschland des 19. Jahrhundert ist viel geschrieben worden. In merkwürdigem Kontrast zur schnell fortschreitenden Industrialisierung behielt der Adel Glanz und Prestige; reiche Industrielle und Bankiers schätzten es vielerorts, neuadelig und möglichst feudal zu repräsentieren. Andererseits drang bürgerliche Kultur in den Adel ein. Allem voran die bürgerliche Familie, tüchtig nach außen, behaglich nach innen, mit ihrem unverkennbaren Statussymbol, der ostentativ nutzlosen Handarbeit. Hedwig von Bismarck berichtet, wie sie 1856 in Bad Soden bei der Herzogin Helene von Orléans eingeführt wurde: „An die Tafel schloß sich gleich der Tee an, zu welchem Fräulein von Bassewitz erschien. Jeder hatte eine Handarbeit, auch die Herzogin. Wir nicht, und sie forderte uns auf, doch künftig eine solche mitzubringen, da es die Gemütlichkeit des Verkehrs erhöhe."[56] Wilhelm von Kügelgen erlebte am anhalt-bernburgischen Hof ein wahres Prachtstück adeligen Hausfleißes: „Der Hof ist nun schon über acht Tage zurück. Ich bin von der Herzogin bei ihrer Ankunft sehr reich beschenkt worden, mit einem großen modernen Lehnstuhl, den sie mit ihrer eigenen Hand von oben und unten, hinten und vorne selbst mit Wolle behäkelt hat. Sie hat den ganzen Herbst und Winter daran gearbeitet. So schmeichelhaft mir nun dieses Geschenk ist, so unglücklich bin ich darüber, weil ich in der Welt Gottes nicht weiß, was ich damit anfangen soll. Denke Dir einen mit gestrickter Wolle überzogenen Stuhl, der aussieht wie ein Strumpf, der so groß ist wie eine Wohnung, in dem sich aller Staub festsetzt bis zum jüngsten Tage. Ich liebe feste, glatte Überzüge und hasse die Wolle, die sich hin und her schiebt und mir rauh und widerlich ist."[57] Die betonte Behaglichkeit des familiären Sozialisationsraumes erhielt ihren Sinn aus dem Kontrast zur Vereinzelung und Anonymität der Konkurrenzgesellschaft. Es scheint, daß auch die adlige Familie in der bürgerlichen Gesellschaft sich diesem Mechanismus auf die Dauer nicht entziehen konnte.

Die bäuerliche Familie verband auch im 19. Jahrhundert Produktions- und Privatsphäre. Im Unterschied zum 18. Jahrhundert waren ihre Mitglieder jetzt persönlich frei; mindestens dem Prinzip nach waren sie frei in der Wahl ihres Wohnortes und des Berufes. Aber wenn sich die bäuerliche Familie auch durch den Wegfall der regional unterschiedlich geregelten Bedingungen der bäuerlichen Unfreiheit vom Prinzip her homogenisierte, so blieben die durch regionale Bräuche und Sitten gestalteten Unterschiede der Lebensformen doch noch lange Zeit bestehen. Auch innerhalb einer Region konnte nicht von einer einheitlichen bäuerlichen Familie gesprochen werden, denn die familiären Beziehungen hingen ab von der Art und der Größe des Besitzes. Ob Bauer und Bäuerin z. B. auf dem Feld mitarbeiteten oder nicht, beeinflußte wesentlich die innerfamiliären Beziehungen. Die ländliche Gesellschaft blieb durchaus differenziert; daraus folgte für das Verhalten, „daß sich eines nicht für Alle schickte". Friedrich Paulsen hat die Differenzierung der ländlichen Gesellschaft in Schleswig-Holstein in der Mitte des 19. Jahrhunderts beschrieben:

„Nicht minder lag auch die soziale Struktur in einfacher und durchsichtiger Gestalt vor Augen. Das Dorf bildete eine übersehbare Lebensgemeinschaft. Das tragende Grundgerüst machten die selbständigen Bauernhöfe aus. Daran lehnten sich die Handwerke: alle notwendigen Arbeiten waren vertreten, jeder Handwerker hatte regelmäßig eine Anzahl Bauern als seine Kundschaft, der Müller, der Schmied, der Rademacher usw.; ihre Aufträge waren die Unterlage seiner Lebenshaltung. Dazu kam als eine dritte Gruppe der Pastor, der Schullehrer, der Arzt, der Beamte: sie standen einigermaßen außer oder über der Gesellschaft, sie mit Leistungen versehend, die nicht auf einheimischen, bodenständigen Künsten beruhen. Ebenso trat die soziale Schichtung, die Klassenbildung in primitiver Form faßlich zutage. Es gab Großbauern, sie waren mehr in den neuen Kögen heimisch, die nicht selbst mit Hand anlegten bei der Arbeit, dann eine sehr breite Schicht von mittleren Bauern, die regelmäßig mehr oder minder sich selber an der landwirtschaftlichen Arbeit beteiligten. Dann folgte eine Schicht kleiner Besitzer, die auf dem eigenen Landbesitz nicht mehr ausreichende Arbeit für die Familienmitglieder hatten und daher durch übernommene Dienste ihr Einkommen steigerten, sei es durch Fuhrdienste oder durch Krämerei, Tagelohn und Handwerk. Endlich kamen die eigentlichen Tagelöhner, die nur ein Haus mit Garten und vielleicht noch Land für eine Kuh oder ein paar Schafe hatten, sonst es mieteten, sie standen meist in regelmäßigem Arbeitsverhältnis zu einem Bauernhof, ihre Kinder gingen erst als Hütejungen, dann als Dienstboten in Stellung. Endlich am Rand eine sehr kleine Schicht von Armen, meist durch Krankheit und Unglück heruntergekommene oder auch durch eigene Schuld, durch Trunk und Trägheit verkommene Familien: sie lebten von gelegentlicher Arbeit und vom Betteln. Einige Insassen des Armenhauses, erwerbsunfähige Alte, unversorgte, meist uneheliche Kinder, Krüppel, Idioten, machten den Beschluß. So lag die Gliederung der Gesellschaft nach dem Besitz sichtbar vor Augen, man wußte von jedem Bauern, wieviel Demat Land er besaß, und von jeder Familie, in welchen Verhältnissen sie sich befand, sah auch, wie die Verhältnisse von dem Verhalten abhängig waren, warum diese Familie im Aufsteigen war, jene nicht auf einen grünen Zweig kommen konnte:

alles Dinge, die in der Großstadt unsichtbar oder doch undurchsichtig bleiben. Womit es denn doch wohl zusammenhängt, daß allerlei seltsame Meinungen hier so leicht sich durchsetzen, z. B. daß das ökonomische Ergehen des einzelnen von seinem Verhalten überhaupt nicht abhängig sei oder daß seine Verhältnisse nun eben von den Verhältnissen kommen und ähnliche. Hinzufügen möchte ich noch dies, daß die soziale Gliederung die Einheit der Lebensgemeinschaft nicht aufhob. Es gab in dieser Bauernschaft nirgends eine Spaltung, eine Kluft zwischen den Klassen, wie sie im Osten des Landes vorhanden ist, ja wie sie hier eigentlich die Grundlage der ganzen Gesellschaftsordnung bildet: die Spaltung in Rittergutsbesitzer und Tagelöhner, in offiziersfähige Familien und Gemeine, in Gebildete und Ungebildete, in Hochwohlgeborene und überhaupt Nicht-Geborene."[58]

Sobald ein Bauer es sich leisten konnte, kultivierte er den bürgerlichen Lebensstil. Franz Rehbein berichtet, ebenfalls aus Schleswig-Holstein, aber in der zweiten Hälfte des 19. Jahrhunderts: „Auf meiner neuen Dienststelle lebte ich förmlich auf. Ich hatte es ungleich besser getroffen wie vorher, und diente nun auf einem vollwertigen Marschhofe. Der Bauer selbst arbeitete nicht mit, sein Hof gestattete es ihm, sich lediglich mit der Aufsicht zu begnügen. Hierbei möchte ich doch einmal einschalten, daß man sich die heutigen Großbauern der fruchtbaren Distrikte Nordwestdeutschlands, und besonders der Marschen, durchaus nicht etwa als die dummen tranigen Tölpel von anno Tobak vorstellen darf, mit langem großknöpfigen Schlangengreiferrock und ewigen Miststiefeln. Ach nein, die haben sich dort verdammt modernisiert. In Kleidung und Auftreten messen sie sich heutzutage mit jedem honetten Bürgersmann, und ihre Söhne und Töchter wissen die Moden der Neuzeit genau so gut zu würdigen, wie die Sprößlinge eines Fabrikbesitzers oder Kommerzienrats. Dementsprechend sind auch Wohnungseinrichtungen, besonders die ‚Beststuw‘, vielfach ‚hochmodern‘. Teure Tapeten und elegante Polstermöbel gehören da zu dem ganz selbstverständlichen Hausbedarf. Leute wie mein Rethbur waren noch Ausnahmeerscheinungen in der Marsch, galten nicht als für vollwertig. Ältere Kleinbauern kleideten sich wohl noch so ‚zugeknöpft‘ wie etwa mein früherer Torfbauer Jochen Voß ‚ut Kaspel Kunkargen‘, die jüngeren unter ihnen indessen auch nicht mehr. Man braucht sich gar nicht zu wundern, wenn sich uns irgendein hochgewachsener, würdig aussehender Herr in tadellosem Anzug und mit schwer goldenem Kneifer auf der Nase als Marschbauer vorstellt. An der Bezeichnung ‚Bur‘ hält er in seiner heimatlichen Gegend allerdings noch mit altem Stolze fest; auswärts nennt er sich mit Vorliebe Landwirt oder Hofbesitzer. Das neuzeitliche allerorts gesteigerte Bildungsbedürfnis hat auch die meisten Marschbauern bewogen, ihre Söhne wenigstens eine Zeitlang auf bessere Schulen zu schicken und sie einige Kurse auf landwirtschaftlichen Lehranstalten absolvieren zu lassen. Ebenso erhalten Töchter vielfach Klavierunterricht. Überdies fehlt es auf keinem Hof an einer oder mehreren Zeitungen und landwirtschaftlichen Fachzeitschriften."[59]

Polstermöbel und Klavierunterricht als bürgerliche Statussymbole waren für die Masse der Bauern im 19. Jahrhundert unerreichbar. Aber über die Lehrer und die Pfarrer drangen Vorstellungen vom ‚richtigen‘, d. h. bürgerlichen, Familienleben auch zu ihnen, obwohl ja in der bäuerlichen Familie Erwerb und Lebensgemeinschaft nach wie vor eine Einheit bildeten. Ein Volksschullehrer berichtet aus einem westfälischen Bauerndorf um 1820:

„Am Abend des genannten Tages fand ich in der großen Wirthsstube fast meine ganze Schulgemeinde. Die Männer spielten Karten und tranken Branntwein, die Mütter mit ihren Kindern auf dem Schoße sahen zu und tranken mit. Die meisten meiner Schüler waren auch gegenwärtig, sahen dem Kartenspiel mit Andacht zu und tranken ab und zu aus dem Glase des Vaters. Gegen 8 Uhr erinnerten die Mütter dann die Männer aufzuhören und nach Hause zu gehen. ‚Johannes et is Tied, latt us gohen!' Aber Johannes erwiderte: ‚Drink no emol Lisbeth' Die Frau trank dann und wurde auf kurze Zeit wieder beruhigt. Meine erste Sorge war nun, die Kinder aus dem Wirtshause zu halten und dann auch auf die Mütter in dieser Beziehung zu wirken. Mit meinen Schülern war ich bald fertig, aber den Müttern konnte ich nicht beikommen. Ich machte daher durch meine Schüler bekannt, daß ich an den Sonn- und Feiertagen von 3–5 Uhr in der Schule für Frauen und Jungfrauen Vorträge halten würde. Am nächsten Sonntage war die Schule ganz voll. Ich schilderte nun das Leben von tugendhaften Frauen und Jungfrauen, gab praktische Winke für Kindererziehung, machte sie aufmerksam auf gute Sitten und schlechtes Betragen, schilderte den Segen der ersteren und die schlimmen Folgen des letzteren und munterte sie dann auf, das Gute zu wählen und das Böse zu verabscheuen. Am Schlusse wurde dann ein Choral, auch wohl ein anderes Lied eingeübt und gesungen. Nach kurzer Zeit ging keine Mutter mehr ins Wirtshaus. Ich gewann immer mehr Vertrauen bei diesen gutmüthigen Menschen. In jeder Angelegenheit wurde ich um Rath gefragt, und mein Rath wurde auch immer befolgt. Die Kinder lernten mit Lust und Eifer und keines versäumte je die Schule. Mit ganzer Seele hingen sie an mir. Sie zu bilden, war meine größte Lust und Freude. Am Sonntage versammelte ich sie in der Schule und führte sie nach Heddinghausen eine halbe Stunde weit zur Pfarrkirche, zu der vier Dörfer gehörten. Als nun der Frühling herankam, erklärten die Bauern und Tagelöhner, daß sie ihre Kinder im Sommer nicht zur Schule schicken könnten, denn im Sommer hätten sie nie Schule gehabt, und das müßte auch jetzt so sein. Die Gründe, die sie dafür angaben, bestanden darin, daß sie im Sommer der Herrschaft Dienste leisten müßten. Ein Kötter, der ein oder zwei Pferde hielt, mußte 18 Spanndienste, die Tagelöhner 18 Handdienste thun und zu jeder Zeit dazu bereit sein. Die Dienste dauerten von Morgens 8–12 und am Nachmittage von 2–6. Ich sah wohl ein, daß die Eltern, wenn sie der Herrschaft dienten, ihre kleinen Kinder zu Hause nicht ohne Aufsicht lassen konnten; aber es lag auch klar am Tage, daß die Schüler das, was sie im Winter gelernt hatten, im Sommer wieder vergessen würden. Ich machte ihnen daher den Vorschlag, im Sommer von 5 Uhr morgens bis 8, und am Nachmittag von 12–2 Uhr Unterricht zu ertheilen, womit sie ganz zufrieden waren. Es fehlte dann auch kein Kind in der Schule, und die Absentenliste hatte nie ein Kind zu verzeichnen. Die Kinder hingen mit ganzer Liebe an mir und ich habe in den 4½ Jahren nur einmal nöthig gehabt, ein Kind körperlich zu bestrafen. Im Sommer führte ich die Schüler an den zwei freien Nachmittagen in Feld und Hain und lehrte sie die heilsamen und schädlichen Pflanzen kennen. Ich war im ganzen Dorfe der Bauern Rathgeber, Arzt und Apotheker".[60]

Die Tatsache, daß Bauernkinder durch den Einsatz eines engagierten Lehrers auch im Sommer Unterricht erhielten, war im 19. Jahrhundert, zumindest in der ersten Hälfte, noch eine Seltenheit. Es galt als selbstverständlich, daß die Kinder auf dem Felde und bei der Ernte halfen oder die kleineren Geschwister betreuten. Im Laufe des 19. Jahrhunderts wurde erst langsam eine Kontrolle der Schulpflicht eingeführt. Dazu wieder Franz Rehbein, diesmal über seine Kindheit in Pommern in der zweiten Hälfte des 19. Jahrhunderts:

„Meine sechs Wochen in gutsherrlich von Damerowschen Diensten waren abgelaufen. Es wurde zwar versucht, mich noch länger dort zu behalten, doch konnte meine Mutter keinen weiteren Schulurlaub mehr für mich erwirken; die Kartoffelferien hatte ich ja ohnehin schon um drei Wochen überschritten."[61]

Der Bevölkerungsanstieg im 19. Jahrhundert führte dazu, daß die Versorgungsprobleme größer wurden; hinzu kamen regionale Probleme, die mit der Ablösung aus der Erbuntertänigkeit verbunden waren. So versuchten bäuerliche Familien, ihre Existenz durch Heimarbeit, z. B. durch Weben, zu sichern, andere bäuerliche Familien schickten ihre Söhne und Töchter in die Fabriken oder wanderten aus. In vielen Autobiographien, die dörfliche Kindheiten im 19. Jahrhundert schildern, tauchen Auswandererfamilien auf, die nach Amerika oder in das Banat ziehen, ihr Glück machen oder im Elend umkommen. Am Rande der dörflichen Gemeinschaft entwickelte sich die Heimarbeiterfamilie, die kein Land mehr besaß und daher das überkommene Brauchtum abstreifte, z. B. was das Heiratsalter, die materiellen Voraussetzungen für den Hausstand usw. betraf. In der Heimarbeiterfamilie mußten schon vierjährige Kinder als kalkulierbare Arbeitskräfte mitarbeiten und Tag für Tag monotone Tätigkeiten verrichten. Die proletarische Familie der Landarbeiter und Fabrikarbeiter war wie die bürgerliche Familie durch eine Trennung von Produktions- und Reproduktionssphäre gekennzeichnet, und bürgerliches Familienleben stellte auch für Arbeiter ein Leitbild dar. Aber in der gesellschaftlchen Wirklichkeit des 19. Jahrhunderts lebte die Arbeiterschaft in Bedingungen, die die Entfaltung eines Familienlebens kaum gestatteten. Der Tag des Arbeiters ließ kaum Zeit für die Familie, und in der Regel reichte ein Verdienst nicht aus, um eine Familie zu ernähren, so daß Frau und Kinder mitarbeiten mußten. Die materielle Existenz der Familie war ständig gefährdet durch unregelmäßige Entlohnung, Arbeitslosigkeit, Krankheit und Invalidität; von seinem Lohn konnte der Arbeiter kaum Ersparnisse zurücklegen und Anfänge einer Sozialversicherung gab es erst seit dem Kaiserreich. Die Arbeitszeiten waren so lang, die Wohnverhältnisse so elend, daß ein Familienleben als inniges Zusammensein von Eltern und Kindern kaum entstehen konnte. Diese Umstände trafen auch auf die Heimarbeiterfamilie zu, in der zwar Beruf und Privatsphäre noch unter einem Dach vereint waren, in der aber das Familienleben wie bei den anderen Proletariern völlig durch Zwänge des Broterwerbs unterdrückt wurde.

Kennzeichnend für die proletarische Familie war ein niedriges Heiratsalter, denn es wurde nicht gewartet, bis auch nur das notwendigste Hausgerät beisammen war. Die Zahl der Geburten stieg, weil Brauch, Sitte und traditionelles Wissen um Antikonzeptiva sich nicht mehr auf die Geburtenabstände auswirkten. Das Elend der proletarischen Kinder spiegelt sich in zeitgenössischen Dokumenten und Statistiken.[62]

Das Elend der Kinder ist nicht zu trennen vom Elend seiner Eltern und besonders der Mütter. Lily Braun hat zu Beginn des 20. Jahrhunderts dazu geschrieben: „Da die Proletarierinnen regelmäßig sehr jung in die Erwerbsthätigkeit treten, so kann von einer Zeit, die dem Haushaltungsunterricht gewidmet werden könnte, nur in ungenügendem Maße die Rede sein, ganz abgesehen davon, daß in der Häuslichkeit ihrer Eltern kaum viel für sie zu lernen sein dürfte. Wenn sie heirathet, versteht sie wenig von der richtigen ökonomischen Eintheilung des Einkommens und noch weniger von einer den Gesetzen der Hygiene entsprechenden Wahl und Zubereitung der Speisen. Sie ist auch des häuslichen Lebens viel zu sehr entwöhnt, als daß sie Gefallen daran finden könnte und die elende Wohnung, in der die Arbeiter fast stets zu hausen gezwungen sind, kann auch keine Anziehungskraft für sie haben. So geht sie meist gern in die Fabrik und in die Werkstatt zurück. Viel mehr aber als die Gewohnheit treibt sie nur zu häufig bittere Noth wieder zur Arbeit. Die Zunahme der Arbeit verheiratheter Frauen ist eine Thatsache, die überall grell ins Auge springt. Von je 100 Arbeiterinnen waren in Deutschland im Jahre 1882 13 verheiratet, im Jahre 1895 dagegen 16. Von den Industriearbeiterinnen sind in Österreich nach der letzten Zählung 24 pCT., in Frankreich sogar 30pCt. verheirathet. Dabei kann wohl kaum ein Zweifel darüber bestehen, daß die Zahlen noch viel zu niedrig gegriffen sind; sehr viele Frauen, die nicht andauernd, sondern etwa nur, wenn die Arbeitslosigkeit des Mannes sie dazu zwingt, erwerbsthätig sind, mögen ihre gelegentliche Thätigkeit in den Fragebogen der Zählungen kaum besonders vermerkt haben, und noch viel mehr – dabei kommen besonders die Frauen der Hausindustriellen in Betracht – haben es nicht für erwähnenswerth gefunden, daß sie ihrem Mann in ausgiebiger Weise Hilfe leisten.

Die Folgen der Erwerbsarbeit verheiratheter Frauen sind unter den bestehenden Verhältnissen die denkbar ungünstigsten. Sie treffen diejenigen am härtesten, die am schwächsten sind, die Kinder. Einem späteren Geschlecht wird es wie heller Wahnwitz klingen und doch ist es Thatsache: je mehr Kinder die Arbeiterin hat, je mehr also ihre Gegenwart zu Hause nöthig wäre, desto stärker ist die Nothwendigkeit, die sie hinaus zur Arbeit treibt. Ihren kleinen Kindern kann sie den Lebenssaft nicht geben, der aus ihren Brüsten quillt – die gesetzliche Schutzzeit von vier, höchstens sechs Wochen ist da nur ein ganz unzureichender Versuch, ihr zu helfen, – weil sie den Großen Brod schaffen muß. Und der Tod mäht in Folge dessen die armen kleinen Menschenblumen, als ob sie nicht mehr werth wären als die Blumen auf den Wiesen. Wachsen sie auf, so werden die Gefahren nicht geringer. Die Straße ist ihr Spielplatz, ihre Erziehungsanstalt; daß sie nicht immer, besonders in den Großstädten, eine günstigen Einfluß übt, daß der physische und moralische Schmutz, den sie vielfach ausströmt, an den Kindern hängen bleiben kann, bedarf keines Beweises. Die arme Mutter ist diesen Gefahren gegenüber nicht blind. Sie möchte ihre Kinder davor behüten und kommt oft auf die seltsamsten Auskunftsmittel: sie schließt die Kinder bis zu ihrer Rückkehr im Zimmer ein, sie bindet sie im Bettchen fest, wird grausam aus lauter ängstlicher vorsorglicher Liebe. Und dann kommt es zu jenen schrecklichen Unglücksfällen, von denen die Zeitungen so häufig berichten, und denen gegenüber der behäbige Bürger nicht genug über die ‚Rohheit' der proletarischen Mütter zetern kann. Die armen Kleinen kommen dem Ofen zu nahe und verbrennen, sie greifen in das Waschfaß, verlieren das Gleichgewicht und ertrinken, sie klettern zum Fenster, um doch wenigstens durch Hinausschauen die Langeweile zu vertreiben – Spielzeug, das sie beschäftigen könnte, haben sie ja nicht – und stürzen kopfüber auf den Hof, sie verwickeln sich im Bettchen und die Mutter findet, heimkehrend, ihr Jüngstes erstickt unter dem Kissen.

Neben all diesen äußeren und inneren Gefahren, die die Kinder der Proletarierin umdrohen, wenn die Mutter fern ist, gibt es aber noch andere, denen sie unterworfen sind, wenn die Mutter heimkehrt. Sie hat auch dann keine Zeit für ihre Kinder. Sie muß kochen, waschen, muß die Wohnung reinigen und die Kleidung in Stand setzen, sie ist viel zu abgehetzt, um an etwas anderes denken zu können. Einen erzieherischen Einfluß auf ihre Kinder kann sie nur in oberflächlicher Weise ausüben. Sie hat keine Ruhe, um ihre Wesen zu beobachten, sie ist geistig in Folge all' der unausgesetzten Arbeit zu stumpf geworden, um den kindlichen Geist durch den ihren zu befruchten. Verlassen die Kinder ihr Haus, so hat sie ihnen meist nichts, was ihr inneres Leben erfüllen und begeistern könnte, mit auf den Weg gegeben. Sie war schon eine gute Mutter, wenn sie sie rein und ordentlich hielt, ihnen ausreichend zu essen gab und sie nicht betteln schickte. Aber eine Freundin der heranwachsenden Kider hat sie nur in seltenen Fällen zu werden vermocht. Und doch beruht gerade auf dem geistigen und sittlichen Einfluß der Mutter ein gut Theil der Entwicklung der jungen Generation. Den Samen, den sie in Herz und Geist der Kinder streut, kann kein Lebenssturm völlig verwehen, aus ihm wächst häufig der starke Baum empor, der dem erwachsenen Menschen den einzigen Schutz gewährt. So wird die Überlastung der Mutter zum Fluch für die Kinder und für die Gesellschaft, deren Mitglieder sie sind, deren gute oder schlechte Entwicklung mit von ihnen abhängt."[63]

Die Sterblichkeit war bei proletarischen Kindern und Säuglingen besonders hoch. Die allgemeine Sterblichkeit sank in West- und Nordeuropa im 18. und 19 Jahrhundert; dabei ging die Sterblichkeit bei Kindern und Jugendlichen stärker zurück als bei Erwachsenen. „Es gab jedoch eine wichtige Ausnahme zu dieser Regel, daß der Rückgang der Sterbeziffer in den unteren Altersklassen am größten war. Bis in das letzte Drittel des 19. Jahrhunderts gab es keine Anzeichen für einen Rückgang der Säuglingssterblichkeit in den meisten Ländern Westeuropas. Vor dieser Zeit nahm die registrierte Säuglingssterblichkeit möglicherweise sogar eher zu als ab".[64] Erst Ende des 19. Jahrhunderts ging die allgemeine Säuglingssterblichkeit zurück, weil nun das Wissen um die „richtige" Säuglingspflege vorhanden war. Die schichtspezifischen Unterschiede traten nun aber noch schärfer hervor. Otto Rühle berichtet, daß in den Jahren 1906 bis 1909 die Säuglingssterblichkeit in Deutschland dort am höchsten war, wo Frauenerwerbsarbeit stark verbreitet war. „Selbst das Reichsamt des Innern hat sich in einer Denkschrift dem Eingeständnis nicht entziehen können, daß unter den Ursachen der Säuglingssterblichkeit Mangel an Ernährung und Pflege der Neugeborenen – unmittelbare Folgen der Frauenerwerbsarbeit – an erster Stelle stehen".[65] Erst im 20. Jahrhundert verringerte sich die Säuglingssterblichkeit so entscheidend, daß heute der Tod eines Neugeborenen als tragisches Ereignis angesehen werden kann, während er noch im 19. Jahrhundert ein trauriges, aber alltägliches Ereignis war, das sich in einer Familie häufig wiederholen konnte. In den Anfangsjahren des Kaiserreichs starben noch 24 Prozent der Neugeborenen im ersten Lebensjahr, in der Bundesrepublik Deutschland Ende der 1960er Jahre unter zwei Prozent.[66]

„Im erfolgreichen Kampf gegen die Säuglings- und Kindersterblichkeit wirkten viele Maßnahmen und Einrichtungen zusammen: Die Errichtung von Kinderkliniken und Kinderkrankenhäusern, die Entwicklung der Lehre und Forschung an den Hochschulen, die Ausbildung von Kinderärzten und Kinderkrankenschwestern, der Unterricht von Hebammen, Frauen und Mädchen in der Säuglingspflege, die Einrichtung der Säuglingsfürsorgestellen (Mütterberatungen), Säuglings-, Kinder- und Durchgangsheime, Kindertagesstätten (Krippen für Säuglinge und Krabbelkinder), Kindergärten für Kleinkinder, Horte für Schulkinder und Tagesheime, soziale Fürsorge für die Schwangeren, für die Mütter im Wochenbett und während der Stillzeit durch die Sozialversicherung (Wochengeld, Stillgeld), Einrichtung der Berufsvormundschaft, gesetzliche Regelung des Pflegekinderwesens (Reichsgesetz für Jugendwohlfahrt vom 9. Juli 1922) und des Kinderschutzes (Kinderschutzgesetz vom 30. März 1903), staatliche Aufsicht über die Seuchenabwehr, Impfungen, Tuberkulosefürsorge und Milchhygiene."[67]

Im 20. Jahrhundert setzte sich auch in der proletarischen Familie die Geburtenkontrolle durch; sie ließ die Faktoren, die bislang wesentlich die Geburtenfrequenz bestimmt hatten, nämlich das Heiratsalter und die Dauer der Ehe, unwichtig werden. Eine Verringerung der Kinderzahl bedeutete für die meisten Familien eine Verbesserung des Lebensstandards, die gerade auch den „geplanten" Kindern zugute kam. Demographisch gesehen bildet das 19. Jahrhundert in Deutschland eine Zwischenperiode des schnellen Bevölkerungswachstum; für die ersten Proletariergenerationen waren viele Geburten bei hoher Kinder- und Säuglingssterblichkeit typisch.

Selbst wenn die Kinder von früh auf mitarbeiteten, wie in der Heimarbeiterfamilie, trugen sie in der Regel doch nicht so viel zum Familienunterhalt bei, daß sie nicht doch eine ökonomische Belastung bedeutet hätten. Da ein Familienleben aufgrund des ständigen Zeit- und Platzmangels des Arbeiters kaum stattfinden konnte, brachte der Umgang mit den Kindern auch nicht viel emotionale Befriedigung für die Eltern, und da die Kinder sehr früh das Haus verließen, stellten sie auch keine Altersversorgung für die Eltern dar. Die Geburtenkontrolle zog im 20. Jahrhundert verspätet Konsequenzen aus dem ökonomischen Funktionsverlust von Kindern. Auch die proletarische Familie sah dann das Ziel der Kinderaufzucht in den Kindern selbst.

In den Autobiographien, die proletarische Kindheiten schildern, wird aber neben dem Elend des täglichen Lebens auch häufig solidarisches Handeln von Eltern und Kindern, besonders aber von Müttern und Kindern sichtbar, das den Eltern emotionale Befriedigung verschafft und die Kinder befähigt, selbstbewußt ihre Persönlichkeit in der Arbeiterbewegung zu entfalten.

Arbeit war bis ins 19. Jahrhundert hinein eine selbstverständliche Komponente des kindlichen Lebens, in der Art, in der heute Berufstätigkeit eine selbstverständliche Komponente des Erwachsenenlebens ist. „Die Kinderarbeit war eine soziale Tatsache, nicht ein soziales Problem."[68] Die Teilnahme der Kinder an der Arbeit im Hause, in der Landwirtschaft, im Gewerbe gestaltete die Eltern-Kind-Beziehung, und je nach Produktionsform wurden unterschiedliche Erwartungen an die Kinder gestellt bezüglich ihres Arbeitsvermögens und ihres sonstigen Verhaltens.

„Bis zur Neuzeit waren die meisten Kinder vermutlich nach Maßgabe ihrer physischen Kräfte in der Landarbeit und im Hause beschäftigt. Besondere Probleme stellten sich in diesem Zusammenhang nicht. Die nötigen Fertigkeiten und die zugehörigen sozialen Verhaltensweisen konnten durch Nachahmung erworben werden."[79]

Durch Teilnahme an der Arbeit erlangten die Kinder der Bauern und der Heimarbeiter ihre berufliche Qualifikation, die im Handwerk dagegen durch eine Lehre erworben wurde, also mit Hilfe einer spezifischen Institution. Aber auch in der Familie des Handwerkers leistete das Kind schon früh Nebenarbeiten, bevor es mit 13 oder 14 Jahren in die Lehre ging, häufig sogar noch später, wenn nicht genügend Lehrstellen vorhanden waren. Die Teilnahme an der Arbeit und an den Unterhaltungen der Erwachsenen bedeutete jedoch nicht zwangsläufig, daß das Kind als „kleiner Erwachsener" gesehen wurde, vielmehr ist anzunehmen, daß unter der notwendigen Berücksichtigung der physischen und psychischen Fähigkeiten des Kindes sich „typische" Kinderarbeiten entwickelten, wie z. B. das Hüten in der Landwirtschaft. Eine Beschreibung aus dem späten 18. Jahrhundert zeigt, wie ein etwa dreijähriges Kind „spielend" in Haus und Garten nützliche Fertigkeiten erwerben konnte:

„Noch jetzt denkt er oft mit einem Gefühl der süßesten Freude, und einer Wehmuth, die ihm nicht selten heiße Thränen ins Auge gießt, an die glücklichen Stunden seiner Kindheit zurück, wo er des Umganges seiner guten Mutter genoß; wo er neben ihr über die lachenden Wiesen seines Dörfchens hüpfte, das Gärtchen mit Kohl bepflanzen half, und das Gras unter der Sichel der Mägde fallen sah, was in ihm eine sonderbare Sensation hervorbrachte. Noch schweben ihm alle die Bilder seiner kindischen Glückseligkeit vor den Augen, wenn er seiner Mutter ein Bouquet von Blumen zur Kirche bringen, mit ihr die Garben des abgemähten Feldes zählen, den Schnittern Erfrischungen reichen, auf seinem Steckenpferde mit einem Ährenkranz um den Arm, an dem ein rothes Bändchen flatterte, nach Hause reiten, und denn auf ihrem Schoße einschlummern konnte. Solch ein herzliches, inniges, unbeschreibliches süsses Gefühl der Glückseligkeit hat er nie wieder in späteren Jahren empfunden, und wirds auch nie wieder empfinden".[70]

Die Realität der vorindustriellen Kinderarbeit müßte noch eingehend untersucht werden, ebenso wie die Frage, von welchem Alter an ein Kind als arbeitsfähig galt, in dem Sinne, daß es seinen Lebensunterhalt selbst verdienen konnte. Einen Anhaltspunkt geben z. B. die Bettelordnungen des Mittelalters aus Nürnberg und Augsburg. Dort heißt es über die Bettler: „Von ihren eigenen Kindern durften sie beim Betteln nur diejenigen bei sich haben, welche nicht über acht (in Augsburg nicht über zehn) Jahre alt und folglich noch nicht arbeitsfähig waren. Die Nürnberger Ordnung enthielt außerdem noch folgende Vorschriften. Den über acht Jahre alten Kindern von Bettlern sollten die Almosenherren einen Dienst in der Stadt oder auf dem Lande verschaffen".[71] Es darf aber nicht übersehen werden, daß im selben Zeitraum eine Handwerkslehre erst mit 13 oder 14 Jahren begann. Im 17. und 18. Jahrhundert arbeiteten jedenfalls nicht alle Kinder: die Kinder des Adels nahmen nicht an der Produktion teil, ebensowenig wie all die Kinder, für die keine Arbeit vorhanden war. Im Übergang von der feudalen zur bürgerlichen Gesellschaft war Kinderarbeit weit verbreitet, ebenso wie das beschriebene Betteln der Kinder. „Es gab Zeiten und Orte, in denen die Mehrheit der Kinder der Werktätigen im Alter von 6 Jahren bis 14 Jahren bettelten. Niemals in dem Jahrhundert von 1750 bis 1850 konnte man an einem Tag die Hälfte aller Kinder im Alter von 6 bis 14 Jahren in der Schule antreffen. Nur wenige Kinder im Alter von 8 und mehr Jahren – es sei denn, sie bettelten berufsmäßig – waren nicht irgendwie in die Arbeit auf dem Lande und in der Stadt eingespannt."[61]

In Deutschland führten erst die Folgen der industriellen Kinderarbeit dazu, daß sich die Öffentlichkeit mit den Inhalten von Kindheit beschäftigte und industrielle Kinderarbeit zum sozialen Problem wurde. Dabei wurde die Tatsache, daß schon kleine Kinder arbeiten mußten, um zu ihrem Lebensunterhalt beizutragen, für die unteren Schichten als ökonomisch und ethisch positiv bewertet; vermieden werden sollten jedoch Auswüchse und besondere Mißstände. So heißt es in einer Adresse an den preußischen König, die auf dem fünften rheinischen Provinziallandtag 1837 beschlossen wurde: „Ew. Majestät treu ergebene Stände haben sich veranlaßt gesehen, das Schicksal der Kinder in Erwägung zu ziehen, welche in geschlossenen Fabrikräumen, namentlich in Spinnereien, arbeiten; sie haben sich überzeugt, daß diese armen Kleinen in zu frühem Alter zur Arbeit benützt werden, und daß sie im allgemeinen zu lange, nämlich 13 Stunden des Tages, und zu anhaltend arbeiten müssen. Da sie nicht den gehörigen Unterricht erhalten können, so ist es nicht zu verwundern, wenn sie physisch und moralisch verkrüppeln. Getreue Stände haben es daher für nötig befunden, Ew. Königliche Majestät um ein Schutzgesetz für die bezeichneten Kinder zu bitten."[73]

1839 trat in Preußen, und damit in Deutschland überhaupt, das erste Gesetz zur Beschränkung der Kinderarbeit in Kraft. In den ersten beiden Paragraphen heißt es: „Vor zurückgelegtem neunten Lebensjahr darf niemand in einer Fabrik oder bei Berg-, Hütten- und Pochwerk zu einer regelmäßigen Beschäftigung angenommen werden. Wer noch nicht einen dreijährigen regelmäßigen Schulunterricht genossen hat oder durch ein Zeugnis des Schulvorstandes nachweiset, daß er seine Muttersprache geläufig lesen kann und einen Anfang im Schreiben gemacht hat, darf vor zurückgelegtem sechzehnten Jahre zu einer solchen Beschäftigung in den genannten Anstalten nicht angenommen werden. Eine Ausnahme hiervon ist nur da gestattet, wo die Fabrikherren durch Errichtung und Unterhaltung von Fabrikschulen den Unterricht der jungen Arbeiter sichern. Die Beurteilung, ob eine solche Schule genüge, gebührt den Regierungen, welche in diesem Falle auch das Verhältnis zwischen Lern- und Arbeitszeit zu bestimmen haben".[74]

Dieses Gesetz wurde nur ungenügend eingehalten. 1853 wurde die Kinderarbeit in Preußen durch Gesetz weiter eingeschränkt; das früheste Eintrittsalter in die Fabrik wurde stufenweise auf zwölf Jahre erhöht, Kinder bis zum vollendeten vierzehnten Lebensjahre durften nur sieben Stunden am Tage beschäftigt werden, und es wurde eine Fabrikinspektion mit Polizeibefugnis eingeführt.[75]

Die angeführten Gesetze betrafen aber nur die Kinder, die in Fabriken, Berg-, Hütten- und Pochwerken arbeiten; die Arbeit der Kinder im Handwerk, in der Heimindustrie und in der Landwirtschaft blieb ungeregelt. Die preußische Gewerbeordnung von 1845 enthielt Bestimmungen zum Schutze der Lehrlinge, es wurde Aufgabe der Ortspolizei, darauf zu achten, daß auf die Gesundheit und Sittlichkeit der Lehrlinge die gebührende Rücksicht genommen wurde. Durch die Gewerbeordnung von 1849 wurden Gewerberäte errichtet mit Überwachungsbefugnis, die Arbeitszeiten, Bestimmungen über Sonntagsruhe und Höchstarbeitszeiten festsetzen konnten. Die Gewerbeordnung des Norddeutschen Bundes von 1869 dehnte die preußische Kinderschutzgesetzgebung auf den ganzen Norddeutschen Bund aus und wurde 1879 im Deutschen Reich erweitert durch die Einführung der staatlichen und obligatorischen Gewerbeaufsicht.[76] In den folgenden Jahren wurde die Gewerbeordnung in Einzelregelungen novelliert, die besondere Gewerbezweige betrafen. Die wichtigste Novelle bildet das Gesetz zur Abänderung der Gewerbeordnung von 1891, daß das Mindestalter der in den Fabriken beschäftigten Kinder von 12 auf 13 Jahre heraufsetze und die Beschäftigung von schulpflichtigen Kindern überhaupt verbot. Die Ausnahme dieses Gesetzes auf die Konfektionsindustrie erfolgte 1897, auf die Tabakindustrie 1893 und 1907, und auf Werkstätten mit Motoren 1901.[77] Damit waren Fabrikschulen als Ersatzschulen nicht mehr zulässig. 1903 trat das „Gesetz betreffend Kinderarbeit in gewerblichen Betrieben" in Kraft (Kinderschutzgesetz), dessen Geltungsbereich auch Familienbetriebe einbezog. „Eigene" Kinder unter zehn Jahren und „fremde" Kinder unter zwölf Jahren wurden von aller Erwerbsarbeit in Werkstätten, Heimarbeit, Handel und Verkehr ausgeschlossen. Für bestimmte Gewerbezweige stellte das Gesetz absolute Verbote von Kinderarbeit auf.[78]

Die angeführten Gesetze zum Schutze der Kinder betrafen nicht die Landwirtschaft, in der unverändert die Masse der kindlichen Arbeitskräfte beschäftigt wurde. Selbst wenn die Schulpflicht eingehalten wurde, was auch noch im 20. Jahrhundert in den Erntemonaten häufig nicht der Fall war, so bedeutet das, daß die Kinder vor und nach der Schule zur Arbeit herangezogen wurden.

Die gesetzliche Beschränkung der Kinderarbeit schuf die institutionellen Voraussetzungen für eine „zweite Kindheit", in der nach der familiär bestimmten frühen Kindheit vor allem die Schule als universelle Sozialisationsinstanz wirken konnte. Nach dem in der Bundesrepublik Deutschland geltenden Recht ist Kinderarbeit generell verboten; Kind im Sinne des Gesetzes ist, wer noch nicht 14 Jahre alt ist.[79] Die Beschränkung der Kinderarbeit hat in der Verbindung mit der Schulpflicht die institutionelle Dauer von „Kindheit" beträchtlich verlängert; Kindheit dauert nach dem geltenden Jugendarbeitsschutzgesetz sieben Jahre länger als im preußischen Allgemeinen Landrecht von 1794 (7 Jahre), fünf Jahre länger als im preußischen Jugendarbeitsschutzgesetz von 1839 (9 Jahre).

2. Familiengröße und generatives Verhalten

Im Deutschen Reich kamen 1871 durchschnittlich 4,6 Personen auf einen Haushalt. Wenn man die Einpersonen-Haushalte ausschließt, die den Durchschnitt nach unten drücken, waren es 4,9 Personen. In der Bundesrepublik Deutschland kamen 1970 durchschnittlich 2,7 Personen auf einen Haushalt, oder 3,3 Personen unter Ausschluß der Einpersonen-Haushalte.[80] Der Mythos der vorindustriellen Großfamilie war also nicht völlig aus der Luft gegriffen; er verlängerte einen Trend, der in den letzten hundert Jahren dokumentiert ist, in eine fernere Vergangenheit, für die er dann allerdings nicht mehr dokumentiert, sondern nur angenommen wurde. Die Vorstellung von der „vorindustriellen Großfamilie" wird noch in neueren Veröffentlichungen herangezogen, wenn es darum geht, vorindustrielle Sozialisationsinstanzen zu charakterisieren; man verweist auf die Vielfalt der Funktionen der Familie und die große Anzahl der Personen, die dem Kind reiche Erfahrungsmöglichkeiten in der Familie lieferten. So heißt es über die Familie des 18. Jahrhunderts in Deutschland: „Dem selbstverständlichen Miteinanderleben von Kindern, Eltern, Großeltern, unverheirateten Verwandten, Knechten und Mägden im ,Ganzen Haus' entspricht auch psychisch eine Verfassung, die wenig mit dem gemein hat, was wir heute als typisch kindlich oder erwachsen empfinden."[81] Oder bei einem anderen Autor: „Auch die Anfangsgründe der Kulturtechniken – Lesen, Schreiben und ein wenig Rechnen – lernen die meisten Kinder bis in das 18. Jahrhundert hinein von den Eltern oder von den Großeltern, die ja auf dem Altenteil mehr Zeit dazu haben, sich um die Kinder zu kümmern. Überhaupt ist darauf hinzuweisen, daß was menschliche Nähe angeht, das Verhältnis der Kinder zu den Großeltern wärmer und – wenn man im Zeitalter der Aufklärung überhaupt davon sprechen kann – inniger ist als das zu den Eltern, deren Zeit durch mühevolle Arbeit mehr als ausgefüllt und deren Gefühlsleben von sachlich-nüchternem Denken überlagert ist. Nicht umsonst beginnt eine Reihe von plattdeutschen Redensarten mit der Formel ,Kinder un ole Lüüd'!"[82]

Es sind vertraute Bilder, die hier geschildert werden; Goode nannte das die „klassische Familie der westlichen Nostalgie".[83] Bedenkt man die wirtschaftliche und soziale Realität der ständischen Gesellschaft, dann wird bald klar, daß es sich dabei aber nur um seltene Ausnahmen handeln kann. Bei dem durchschnittlich späten Heiratsalter und der niedrigen Lebenserwartung der Zeit hatten nur wenige Kinder eine statistische Chance, ihre Großeltern bewußt zu erleben, ganz abgesehen davon, ob und von wem sie Lesen, Schreiben und Rechnen lernten. Wenn eine

Familie vier bis fünf Mitglieder hatte, wie man es in der Sozial- und Wirtschaftsgeschichte für Deutschland im 16. Jahrhundert als typisch annimmt,[84] dann ist die
statistische Wahrscheinlichkeit für andere Mitglieder als Eltern und Kinder nicht
sehr groß. Die neueren exakten Fallstudien der historischen Demographie bestätigen, daß der durchschnittliche Haushalt, die Gruppe der tatsächlich zusammen-
wohnenden Personen, in West- und Mitteleuropa im 16., 17. und 18. Jahrhundert
vier bis fünf Personen umfaßt hat.[85]

Das 19. Jahrhundert war ein Sonderfall. Die Industrialisierung führte zunächst
nicht zu einer Verminderung der Familiengröße, sondern brachte vorübergehend
wohl die größten Familiengruppen hervor, die durch Eltern und Kinder gebildet
unter einem Dach lebten. Bedingt war diese Entwicklung durch niedrigere Sterbeziffern und einem Anstieg der Geburten pro Familie, der erst mit der Einführung
der modernen Geburtenkontrolle wieder zurückging.[86] Und die Kinder blieben
länger in der Familie. In der vorindustriellen Familie wurden die Kinder, die nicht
mehr als Arbeitskräfte im Haus gebraucht und ernährt werden konnten, sehr früh
in fremde Dienste geschickt und schieden damit aus ihrer Herkunftsfamilie aus.
Die Industrialisierung schuf außerhäusliche Arbeitsmöglichkeiten, die das Ver-
bleiben in der Familie gestatteten; diese Entwicklung hatte bereits im 18. Jahrhundert mit der Ausbreitung der Heimindustrie begonnen.[87] Der Rückgang der Geburtenrate gegen Ende des 19. Jahrhunderts führte dann wieder zu einer Abnahme
der durchschnittlichen Familiengröße. Aus der Tatsache, daß die durchschnittliche Haushaltsgröße im wilhelminischen Deutschland den von der Sozial- und
Wirtschaftsgeschichte und insbesondere der historischen Demographie für das 16.
bis 18. Jahrhundert ermittelten Werten entspricht, ist demnach nicht auf eine einfache Konstanz zu schließen.

Die Familiengröße der vorindustriellen Zeit war das Resultat aus einer nach
heutigen Kriterien hohen Geburtenrate und einer niedrigen Lebenserwartung.
Aber wenn die Geburtenrate auch hoch war, so war sie doch eine soziale und keine
„natürliche" Variable. Es ist nicht richtig, wie es manchmal heißt, daß die Kinderzahl der Familien allein von der biologischen Fruchtbarkeit bestimmt war: „Damals ‚kamen' Kinder für die Mehrzahl der Menschen, ohne daß die Frage, ob erwünscht oder nicht, viel daran hätte ändern können; Kinder waren nicht in erster
Linie gewollt, sondern unvermeidbar . . ."[88] Ein Bericht aus dem 18. Jahrhundert
vermittelt einen ganz anderen Eindruck: „Indessen lernte ich bei diesem tätig-
keitslosen Amte eine historische Bemerkung, die mir sehr wert ist. Ich fand, da
ich einige Jahre im Konsistorio gesessen hatte, eine Sache merkwürdig, über welche schon mancher hinweggesehen haben möchte, nämlich, daß aus einem ansehnlichen Landstriche, der Vogelsberg genannt, gar keine Fornikationsfälle einliefen,
da doch aus allen übrigen Ortschaften alle Jahre Hurerei- und Ehebruchssporteln
zu erheben waren. Dies hielt ich einer genaueren Untersuchung wert und entdeckte folgenden Grund. Der Vogelsberg ist eine rauhe und gebirgige Gegend,
welche ohngefähr dreizehn Dorfschaften in sich faßt. Das Land ist unfruchtbar.
Die Leute haben daher wenig Viehzucht. Kartoffeln sind ihre tägliche Speise. Hier
und da wird etwas Rübesaat erbaut, von deren Öle sie ihre Kartoffeln fett machen.

Die wenige Butter, die sie erzeugen, wird verkauft, um die Abgaben zu bestreiten, die sehr gering sind. Dabei sind die Einwohner gesund und außerordentlich stark. Die Mädchen reifen schon im dreizehnten und vierzehnten Jahre. Hier nun ist durch die natürliche Lage aller Luxus verbannt. Und das ist die glückliche Ursache der Erleichterung der Ehen. Wenn der Bube sich fühlt, so sieht er sich nach einem Mädchen um, die sich auch fühlt. Und sie heiraten sich frisch weg, weil sie nichts von dem allen zu bedenken haben, was bei uns anderen Menschenkindern zu bedenken ist. Sie dürfen nicht fragen, wie sie standesgemäß leben, wie sie Weib und Kind ernähren wollen. Kartoffeln und Rüböl findet sich bei mäßiger Arbeit, und mehr brauchen sie nicht. Und daher kam es, daß unter diesen glücklichen Einwohnern alle Art der Unzucht unbekannt war. Im Vogelsberge gabs keine Huren, weil die Verbannung des Luxus die Ehen erleichterte. Aber beiläufig noch eine Merkwürdigkeit dieses Ländchens! Man fand bei keinem Bauer mehr als zwei Kinder. Was meinen meine Leser warum? Die Ursache war, weil das dritte Kind, nach altem Herkommen, dem Landesherrn leibeigen war. Daher machten die Schelme nie mehr als zwei. Starb eins, so war das bald wieder ersetzt. Aber solange die zwei lebten, mußte sich der Bauer vor dem dritten hüten. Beide Anekdoten, denke ich, sind für Gesetzgeber beachtenswert."[89]

Das traditionelle Mittel der Geburtenkontrolle war die Retardierung des Heiratsalters. Ein höheres Heiratsalter der Frauen bedeutete weniger Kinder in der Familie und auch weniger Kinder in der Gesellschaft; denn uneheliche Geburten kamen zwar vor, waren aber doch vergleichsweise selten. Die Retardierung des Heiratsalters wurde weiter oben bereits als ein langfristiges Strukturmerkmal der christlich-abendländischen Kultur genannt. Das bedeutet nicht, daß das Heiratsalter in jedem einzelnen Falle spät war, oder gar in allen Regionen zu jeder Zeit einem bestimmten Normalwert entsprach; die Bandbreite des ortsüblichen Heiratsalters, seine Veränderungen in der Zeit und die Ursachen dieser Veränderungen bedürfen noch eingehender Untersuchungen. Für die Stadt Gießen hat man im Zeitraum 1630 bis 1730 als durchschnittliches Heiratsalter der Frauen 25 Jahre, der Männer 28 Jahre errechnet; für das Dorf Heuchelheim im Zeitraum 1690 bis 1900 als durchschnittliches Heiratsalter der Frauen 25 Jahre, der Männer 26 Jahre.[90] Zum Vergleich: Im Deutschen Reich war das durchschnittliche Heiratsalter bei Erst-Ehen in den Jahren 1911 bis 1913 für Frauen 25 Jahre, für Männer 27 Jahre; in der Bundesrepublik Deutschland im Jahre 1970 für Frauen 23 Jahre, für Männer 26 Jahre.[91]

Neben der Variierung des Heiratsalters waren die Häufigkeit der Heiraten und die Dauer der Witwenschaft bekannte soziale Regulierungsmechanismen. In der ständischen Gesellschaft wurde die Erlaubnis zur Familiengründung oft vom Besitz einer Existenzgrundlage, einer Handwerker- oder Bauernstelle oder einer auskömmlichen Position im Staatsdienst, abhängig gemacht. Im Zuge der merkantilistischen Bevölkerungspolitik wurden aber auch Heiraten und Geburten gefördert, Junggesellen mit sanfter Gewalt zur Ehe gedrängt. „Den Hagestolzen war der Zutritt zu verschiedenen öffentlichen Ämtern untersagt, es wurde ihnen zeitweilen verboten, ein Handwerk zu betreiben, es sei denn, daß sie eine besondere

Erlaubnis dazu erhielten. Es finden sich besondere Hagestolzensteuern, so in Thüringen für alle unverheirateten Männer und Frauen aller Stände im Alter von über 25 Jahren; frühe Ehen (vor 20 Jahren) wurden durch Abgabenfreiheit auf eine Anzahl von Jahren, kinderreiche Familien (10 bis 12 Kinder) durch Prämien begünstigt. Ja, im krassen Widerspruch zu den Anschauungen jener Zeit wurden zur Vorbeugung von Kindesmord und Fruchtabtreibung die Strafen gegen außereheliche Geburten erlassen (Edikte Friedrichs d. Gr. 1746 und 1756)".[92] Die Edikte zeigen unter anderem auch, was man zeitgenössisch als frühes Heiratsalter und als kinderreiche Familie ansah.

Heiratsalter und Heiratshäufigkeit sind als Mittel gesellschaftlicher Geburtenkontrolle seit jeher bekannt. Dagegen gilt die These, daß es bereits in der ständischen Gesellschaft die Praktizierung von innerfamiliärer Geburtenkontrolle gab, oft als Überraschung. Die neueren Ergebnisse der historischen Demographie zeigen aber, daß der oben zitierte Bericht über die Familienplanung der Bauern im Vogelsberg keineswegs als extreme Ausnahme oder sogar als Fabel zu werten ist. Es war keineswegs so, daß in früheren Zeiten die biologische Fruchtbarkeit der Frauen nach der Heirat voll ausgeschöpft worden wäre. Die Geburtenabstände waren oft beträchtlich, und die Geburten hörten oft lange vor dem Ende der natürlichen Fruchbarkeit auf.

Über die Mittel der innerehelichen Geburtenkontrolle durch empfängnisverhütende Methoden oder durch Abtreibungen gibt es erst wenig Material.[93] Im 18. Jahrhundert scheinen aber Methoden wie „coitus interruptus" in breiten Schichten bekanntgewesen zu sein, ebenso wie die empfängnisverhütende Wirkung bestimmter Kräuter und die empfängnishemmende Wirkung des Stillens.[94] Mütter stillten besonders lange,weil während der Stillzeit eine neue Konzeption weniger wahrscheinlich war. So heißt es über eine Mutter-Kind-Beziehung in der zweiten Hälfte des 18. Jahrhunderts:

„Schack Fluur war das achte Kind aus dieser Ehe, und einer der lebhaftesten Jungen, die je auf einem Steckenpferde geritten haben. Da seine Mutter das öftere Wochenbette, so oft sie sich auch dazu bequemen mußte, ärger als den Tod scheute: so pflegte sie auch ihre Kinder gewöhnlich lange zu stillen. Schack hatte bereits schon das zweite Jahr erreicht, und fast alle seine zweiunddreißig Zähne im Munde, als er noch Muttermilch trank. Dafür war er aber auch ein derber fester Junge geworden, der keine einzige von den vielen Schwächlichkeiten kannte, welchen Kindern in den Städten durch eine allzufrühe Entwöhnung von ihren galanten Müttern, noch öfter aber durch die verdorbenen Säfte verbuhlter Ammen unterworfen sind. Als Schack entwöhnt wurde, konnte er schon eine Menge Wörter sprechen, deren einige er sich nach der Gewohnheit vieler Kinder selbst geschaffen hatte. So nannte er zum Beweis die Brust seiner Mutter, Hammeti. Traurig und unzufrieden schlich er nach seiner Entwöhnung herum, und klagte Tagelang über den Verlust seiner lieben Hammeti, bis ihn sein guter Appetit an andere Speisen gewöhnte."[95]

Untersuchungen über die innereheliche Fruchtbarkeit im 18. Jahrhundert zeigen breite Streuungen der Geburtenzahlen pro vollständige Ehe. So ergaben Fallstudien aus Hessen als Durchschnittswerte der Anzahl Geburten pro Familie für die Stadt Gießen 1630 bis 1680 6,4 Geburten, 1680 bis 1730 5,7 Geburten. Für das Dorf Heuchelheim fand man: 1690 bis 1720 5,2 Geburten, 1720 bis 1750 3,8 Geburten, 1750 bis 1780 5,9 Geburten, 1780 bis 1810 5,3 Geburten, 1810 bis 1840 6,0 Geburten, 1840 bis 1870 6,4 Geburten, 1870 bis 1900 5,0 Geburten.[96] In der Stadt Gießen waren in der sehr fruchtbaren Periode von 1630 bis 1680 29 Prozent der vollständigen Ehen mit neun oder mehr Geburten für 47 Prozent aller Geburten in dieser Familiengruppe verantwortlich.[97] Auch schon in der älteren wirtschaftshistorischen Literatur findet man Belege über die Streuung der Geburtenzahlen. „Süßmilch setzt die Durchschnittsfrequenz von 4 Geburten pro Ehe an, was durch die Berechnung Behrs bestätigt wird, der für Preußen für 1688 bis 1756 3,8 für 1757 bis 1805 4,6 festgestellt hat. Im Voigtland (Sachsen) betrug die Geburtenfrequenz nach Bein 1777 bis 1796 4,6 in den Städten, 1782 bis 1791 bloß 3,15 bis 3,48."[98] Diese Durchschnittszahlen beziehen sich auf alle Ehen, also auch auf diejenigen, die durch den Tod des einen Partners vorzeitig unterbrochen wurden.

Die Zahl der überlebenden Kinder in einem Haushalt war wegen der hohen Sterblichkeit kleiner als die Zahl der Geburten. Für den Zeitraum von 1650 bis 1800 nehmen die französischen Demographen Guillaume und Poussou an, daß 50% der Kinder vor Erreichung des 15. Lebensjahres starben.[99] Edward Shorter gibt an, daß zur Zeit des Ancien Régimes (16. bis Ende 18. Jahrhundert) die Säuglingssterblichkeit 25% betrug, daß also einer von vier Säuglingen starb, bevor er das Alter von 12 Monaten erreicht hatte, und daß weitere 25% einer gegebenen Gruppe von Neugeborenen das 21. Lebensjahr nicht erreichten.[100] Diese Angaben können in der Tendenz, die sie deutlich machen, für Deutschland übernommen werden. Es gab kaum eine Familie, die nicht ein oder mehrere Kinder durch den Tod verloren hatte. Im Durchschnitt überlebten zwei bis drei Kinder in einer Familie.

Die Ergebnisse der historischen Demographie zeigen die Abhängigkeit des generativen Verhaltens im 18. Jahrhundert von Zeit und Ort, daher lassen sich Verallgemeinerungen für längere Zeiträume und größere Regionen nur mit Vorsicht anstellen. Insgesamt gilt, daß das Heiratsalter und die durchschnittliche Kinderzahl pro Familie wesentlich breitere Streuungen aufwiesen, als das heute der Fall ist. Kinder konnten sehr junge oder sehr alte Eltern haben, je nachdem in welchem Alter die Eltern geheiratet hatten und je nachdem in welchem Ehejahr die letzte Geburt erfolgte. Die Geburtstätigkeit zog sich über eine viel längere Periode als in der modernen Familie, in der die Kinder meist in den ersten Ehejahren geboren werden.

Kinder konnten je nach innerfamiliärer Geburtenfrequenz und Sterblichkeit ebensogut gar keine, wie eines oder sieben Geschwister haben, während heute eine Schwester oder ein Bruder die Regel bilden. Während in der modernen Familie die Geschwister im Alter meist eng beieinander liegen, waren Geschwister im 18. Jahrhundert oft zehn und mehr Jahre auseinander. Daraus ergab sich, daß die Stellung in der Geschwisterreihe sehr durchgreifende Konsequenzen für die Erfahrungsmöglichkeiten des einzelnen Kindes haben konnte. Die jüngeren Kinder hatten in den älteren Schwestern oft „zweite Mütter", die die Wartung übernahmen, und in den älteren Brüdern „zweite Väter", die die moralische und intellektuelle Erziehung leisteten; ältere Geschwister mußten früh Verantwortung übernehmen und hatten daher kurze Kindheiten, erhielten in der Regel aber mehr Aufmerksamkeit als die mittleren Geschwister. Älteste und jüngste Kinder aus einer Geschwisterreihe erfuhren häufig mehr Zuwendung und Bildungsmöglichkeiten als ihre Schwestern und Brüder.

In den Autobiographien wird bei der Darstellung der eigenen Kindheit den Geschwistern wenig Bedeutung beigemessen, es wird höchstens das im Alter nächstliegende Kind als Spielgefährte beschrieben. Die Geschwisterreihe wird vielfach als Reihe von Geschwisterpaaren dargestellt, in der nur der jeweilige Partner als für die eigene Entwicklung wichtig anerkannt wird. Ein berühmtes Beispiel ist die Reihe der Geschwisterpaare in der Familie Grimm.

Die historische Demographie liefert als generelles Ergebnis für das 18. Jahrhundert Daten über das niedrige Durchschnittsalter der Bevölkerung und über den hohen Anteil an Kindern, die zeitweise über 40% der Bevölkerung ausmachten.[101] Für das Alltagsleben bedeuteten diese Angaben, daß überall Kinder anzutreffen waren, in den meisten Haushalten, auf Straßen, Plätzen, und das Eltern andauernd mit der Aufzucht der Nachkommen beschäftigt waren.

Ein Kind im 18. Jahrhundert machte in Deutschland nicht nur die Erfahrung, daß es überall viele Kinder gab, es erlebte auch, daß dauernd Kinder starben. Der Tod stellte sich anschaulich dar: Kinder standen an den Sterbebetten ihrer Eltern und Verwandten, sie erlebten deren Krankheit und Todeskampf, Kinder sahen die Leichen ihrer Geschwister und rangen oft genug selbst mit dem Tod. Diese Erfahrung des Sterbens von Kindern und Säuglingen war im 18. Jahrhundert noch generell, sie muß die Interpretation der Wirklichkeit entscheidend geprägt haben.

Es war im 18. Jahrhundert nicht ungewöhnlich, daß sich Schwangere die Sterbekleider vor ihrer Niederkunft zurechtlegten. Todesahnungen, die den Ahnenden selbst betrafen, waren häufig – ebenso wie die Wahrscheinlichkeit, daß sich diese Ahnungen erfüllten, besonders wenn sie eine Wöchnerin oder ein kleines Kind betrafen.[102]

3. Die Einstellung zum Kind

Die „Geschichte der Kindheit" als Geschichte der sich wandelnden Einstellung gegenüber Kindern geht oft davon aus, daß die hohen Geburtenraten und die hohe Säuglings- und Kindersterblichkeit nicht ohne Einfluß auf den Wert eines kindlichen Lebens für die Eltern und für die Gesellschaft gewesen sein können. Daher werden dokumentierte Verhaltensweisen von Eltern, sozialpolitische Maßnahmen und subjektive Äußerungen von Erwachsenen der oberen Schichten in Briefen, Tagebüchern, Autobiographien und anderen literarischen Zeugnissen mit Hilfe der demographischen Daten interpretiert, um Einstellungen gegenüber Kindern in der vorindustriellen Gesellschaft zu charakterisieren. So heißt es z. B. bei Philippe Ariès: „Die Vorstellung, daß solch ein Kind bereits eine vollständige menschliche Persönlichkeit verkörperte, wie wir heute allgemein glauben, kannte man nicht. Zu viele starben: ‚Sie sterben mir alle als Säuglinge weg', um noch einmal Montaigne zu zitieren. Diese Gleichgültigkeit war eine direkte und unausweichliche Konsequenz der Demographie der Epoche. Auf dem platten Lande hält sie sich bis ins 19. Jahrhundert, jedenfalls insoweit sie mit dem Christentum vereinbar war, das die unsterbliche Seele des getauften Kindes achtete".[103]

Diese These von Ariès über den Zusammenhang zwischen einer indifferenten Haltung der Eltern gegenüber ihren Kindern und der hohen Sterblichkeit der Zeit ist weitgehend übernommen worden; weder bei Ariès, noch bei anderen Autoren wird zwischen der Einstellung gegenüber dem Tod eines Säuglings bzw. Neugeborenen und gegenüber dem Tod eines älteren Kindes unterschieden. „Die hohen Sterblichkeitsraten bei Kindern verhinderten zwangsläufig, daß das Kind zum Mittelpunkt und Hauptgegenstand des elterlichen Interesses und der elterlichen Zuneigung wurde. In der Tat stützten sie die jahrhundertalte Überzeugung, viele Kinder würden gezeugt, damit wenige am Leben erhalten werden können, und sie führten zu einer merkwürdig gleichgültigen Einstellung gegenüber dem Tod von Kinder, ‚Ich habe zwei oder drei Kinder im Säuglingsalter verloren', schrieb Montaigne, ‚nicht ohne Bedauern, aber ohne Kummer'."[104]

Pinchbeck und Hewitt, von denen das angeführte Zitat stammt, sehen auch einen Zusammenhang zwischen Einstellungen der Eltern und der Anzahl der vorhandenen Kinder: Ist die Kinderzahl groß, so interessieren sich die Eltern nur wenig für das Leben und Sterben des einzelnen Kindes. Der behauptete Zusammenhang zwischen demographischen Gegebenheiten und dem Einstellungswandel der Eltern gegenüber ihren Kindern wird auch in der deutschen Literatur übernommen und ergänzt: „Ähnlich wie Pinchbeck und Hewitt wiederholt tun, läßt sich die These vertreten, ‚daß die Wertschätzung des Kindes an die Verminderung ihrer Zahl, verbunden mit einer erhöhten Chance des Überlebens, gebunden war."[105]

Der von Ariès, Pinchbeck und Hewitt, Lüscher u. a. behauptete Zusammenhang von demographischer Entwicklung und Einstellungswandel der Eltern gegenüber den eigenen Nachkommen kann aber mit den angeführten Argumenten nicht überzeugen; denn den Autoren zufolge findet die „Entdeckung des Wesens des Kindes" und die damit verbundene Entwicklung einer liebevollen Haltung gegenüber den Kindern seit dem 16. oder 18. Jahrhundert statt, während aber bis ins 19. Jahrhundert in allen Schichten die Kinder- und Säuglingssterblichkeit sehr hoch blieb, ebenso wie die Geburtenzahlen.

Daher ist es nicht vewunderlich, wenn in der neueren Diskussion das Verhältnis von demographischer Entwicklung und dem Wandel der Einstellung gegenüber den Kindern umgekehrt wird: Weil sich eine positivere Einstellung zum Kind herausbildete, pflegten die Mütter ihre Kinder besser, so daß die Kindersterblichkeit sank. Edward Shorter sieht in der hohen Säuglings- und Kindersterblichkeit das Resultat mangelnder Mutterliebe: „Wenn Kinder in großer Anzahl starben, wurde das nicht durch die Intervention eines der Kontrolle der Eltern entzogenen Deus ex Machina verursacht. Es war vielmehr die Folge von Umständen, auf die die Eltern einen erheblichen Einfluß hatten: die Kinderernährung, der Zeitpunkt der Entwöhnung, die Sauberkeit der Bettwäsche und die allgemeinen hygienischen Bedingungen, die das Kind umgaben. Ganz zu schweigen von den weniger greifbaren Faktoren der mütterlichen Fürsorge, wie: das Kind aufnehmen, zu ihm zu sprechen und ihm vorzusingen, ihm das Gefühl zu verleihen, in einem sicheren kleinen Universum geliebt zu werden. Jetzt wußten die Eltern, in einer abstrakten Weise, daß es schädlich war, Neugeborene in ihren eigenen Exkrementen liegen zu lassen oder sie vom zweiten Monat an mit Brei zu füttern. Gegen Ende des 18. Jahrhunderts war das Netz der medizinischen Versorgung eng genug geworden, daß vernünftiger Rat die interessierten Mütter erreichen konnte. Tatsache ist, daß diese Mütter gleichgültig waren, und darum gerieten ihre unschuldigen Kinder in jene gräßlichen Todesmühle, die die traditionelle Kinderaufzucht darstellte. Brauchtum und Tradition, ‚intérêt‘ und die erstarrte Emotionalität des Lebens zur Zeit des Ancien Régime waren eine todesähnliche Klammer. Als die Welle des Gefühls diesen Zugriff lockerte, ging die Kindersterblichkeit rapide zurück, und die mütterliche Zärtlichkeit wurde ein Teil der uns vertrauten Welt."[106] Auch Pincheck und Hewitt sehen die hohe Säuglings- und Kindersterblichkeit teilweise als Folge der negativen Einstellung der Eltern gegenüber ihren Kinder.[107] Und Lloyd de Mause faßt zusammen: „Die Geschichte der Kindheit ist ein Alptraum, aus dem wir gerade erst erwachen. Je weiter wir in die Geschichte zurückgehen, desto unzureichender wird die Pflege der Kinder, die Fürsorge für sie, und desto größer die Wahrscheinlichkeit, daß Kinder getötet, ausgesetzt, geschlagen, gequält und sexuell mißbraucht wurden".[108]

Diese These von der freundlichen bis sadistischen Gleichgültigkeit traditioneller Eltern gegenüber ihren Kindern wird kritisiert von David Hunt, der seine Argumentation ebenfalls auf der Basis subjektiver Äußerungen in zeitgenössischen Dokumenten und demographischer Daten führt. Hunt kommt zu dem Ergebnis, daß die Einstellung der Eltern gegenüber ihren Kindern im 17. und frühen 18. Jahrhundert nicht durch Gleichgültigkeit geprägt war, sondern durch Resignation.[109] Die Eltern mußten resignieren, denn sie bemühten sich um das Leben ihrer Kinder ohne Erfolg. Bei dem Stand des medizinischen Wissens starben die Kinder, ohne daß die Eltern viel daran ändern konnten.

Daß tatsächlich schon gegen Ende des 18. Jahrhunderts das medizinische Wissen für eine erfolgreiche Bekämpfung der Säuglings- und Kindersterblichkeit vorhanden war, wie es bei Shorter heißt, ist äußerst zweifelhaft. Nach dem Forschungsstand der Medizingeschichte war dieser Zeitpunkt erst hundert Jahre später gekommen; früher wäre ein besseres medizinisches Wissen bei den Lebensbedingungen der Masse der Bevölkerung auch nicht in adäquate Verhaltensweisen umsetzbar gewesen. „Doch sind Kinder in diesem Alter höchst empfänglich für Infektionskrankheiten des Magens und der Brust. Eine radikale Verringerung der Säuglingssterblichkeit ist demnach nur möglich, wenn man die Ursachen dieser Infektionen erkannt hat und wirksame Gegenmaßnahmen ergriffen werden können. Erst am Ende des 19. Jahrhundert war das notwendige Wissen vorhanden. Danach sank die Sterblichkeit ungeheuer schnell."[110] Die für die Senkung der Sterblichkeit bedeutsamen medizinischen Entdeckungen stammen aus der zweiten

Hälfte des 19. Jahrhunderts und aus dem 20. Jahrhundert. In diesem Zeitraum wurde auch reines Wasser in die Städte geleitet, Kanalisationen wurden gebaut, Seife hörte auf ein Luxusgut zusein, und mehr Menschen konnten sich besser ernähren und besser kleiden. Aber nicht alle konnten von dem medizinischen und sanitären Fortschritt gleichermaßen profitieren: seit dem 19. Jahrhundert ist die Säuglings- und Kindersterblichkeit ausgeprägt schichtspezifisch, sie wird von den hygienischen Verhältnissen in der Familie bestimmt, die vom Einkommens- und Bildungsniveau der Eltern abhängen.

Hygiene als Wissenschaft entstand im letzten Drittel des 19. Jahrhunderts; im 18. Jahrhundert war Sauberkeit als Frage des Anstands behandelt worden und nicht als lebenswichtiges Problem. Städte und Gemeinden mußten ohne Wasserleitung und Kanalisation auskommen, Abwässer flossen in die Rinnsteine, Unrat sammelte sich in den Straßen und in den Flüssen; die Senkgruben in den Häusern und in den Höfen wurden nur alle Monate, manchmal nur alle Jahre geleert. Die Gruben waren häufig durchlässig und verdarben das Brunnenwasser.[111] Die Wohnbedingungen der arbeitenden Bevölkerung förderten Krankheit und Siechtum: In einem Raum lebten meist mehrere Personen, die Zimmer waren schlecht belüftet, oft feucht und dienten als Schlaf-, Ess-, Koch- und Vorratsraum. Die persönliche Hygiene war ebenfalls ungenügend, Körper und Wäsche wurden nicht oft genug gewaschen, und die Seife war teuer. Die Erkenntnisse der Hygiene wurden erst langsam in entsprechende Verhaltensweisen umgesetzt. „Abwehr anstekkender Krankheiten, Überwachung der Nahrungsmittel und des Wohnungsbaues, Einrichtung und Betrieb der Wasserleitung, der Kanaliation, der Abdeckerei usw. übersteigen bei weitem die Leistungsfähigkeit des einzelnen und werden daher zu einer Aufgabe – nicht der geringsten – des Staates. Krankheiten, denen man früher so gut wie machtlos gegenüberstand, sind damit vermeidbar geworden."[112] Seit dem Ende des 19. Jahrhunderts war theoretisch das Wissen über die richtige Säuglings- und Kinderpflege vorhanden, es konnte aber erst in dem Maße zu einem Alltagswissen werden, in dem die Vermittlung dieses Wissens zu einer öffentlichen Aufgabe wurde und entsprechende Institutionen eingerichtet wurden. Das Wissen über die richtige Säuglings- und Kinderpflege allein hätte nicht zu einem so rapiden Sinken der Sterblichkeit in den unteren Altersklassen geführt, wenn sich nicht auch seit dem 19. Jahrhundert die Lebensverhältnisse für die Masse der Bevölkerung verbessert hätten.

In Schichten, deren materielle Lebensbedingungen noch im 19. Jahrhundert zu hohen Sterbeziffern in allen Altersklassen führten und in denen viele Überlebende in Vergleich zu anderen Schichten und im Vergleich zum 20. Jahrhundert krank und siech waren, läßt sich kaum die Einstellung der Eltern als entscheidender Faktor für die Säuglings- und Kindersterblichkeit annehmen. Im 18. Jahrhundert war Resignation gegenüber dem kindlichen Leben und Sterben genauso typisch wie Resignation gegenüber Leben und Sterben überhaupt.[113] Man denke nur an die vielen Frauen, die im Wochenbett starben, an ganze Familien, die durch Infektionskrankheiten dahingerafft wurden, und man versteht, daß nur die Fügung in „Gottes Willen" ein Weiterleben möglich machte. Der Tod eines Kindes wurde durch den christlichen Glauben zusätzlich verklärt: es kam direkt in den Himmel, wo es als Schutzengel für die Seinen sorgte. Es finden sich aus dem 18. Jahrhundert Zeugnisse, die nach unserem modernen Empfinden als Reaktion auf den Tod eines Kindes, eines Ehepartners oder der Eltern Gleichgültigkeit zeigen, aber auch Zeugnisse, aus denen tiefe Trauer über einen Todesfall spricht.[114] So ist empirisch nicht evident, daß Eltern in früheren Zeiten ihren Kindern stets gleichgültig, oder in einer anderen Weise eindeutig gegenüberstanden. Gerade der Tod eines Kindes löste sehr differenzierte Reaktionen aus. Manchmal spielte es auch eine Rolle, welches Kind starb, das erste oder das zehnte, ein Junge oder ein Mädchen.

In der Literatur zur Geschichte der Kindheit wird oft vernachlässigt, was Kinder positiv für ihre Eltern bedeuteten, welche objektiven Funktionen Kinder für ihre Eltern erfüllten; Eltern und Kinder existierten als Famililie nicht losgelöst von ökonomischen und sozialen Bezügen gleichsam auf einer Insel. Angesichts des kargen und ungesicherten Lebens, das die Masse der Bevölkerung in der ständischen Gesellschaft des 18. Jahrhunderts führte, mußte die Einbindung der Kinder in die materielle Existenzsicherung der Familie notwendig im Vordergrund stehen. Dabei konnten materielle Erwägungen je nach der Situation der Familie zu recht unterschiedlichen Einstellungen gegenüber Kindern führen. Im Züricher Oberland gegen Ende des 18. Jahrhunderts versuchten die landlosen Heimarbeiter, ihre Kinder möglichst schnell loszuwerden auf Nimmerwiedersehen; bei den landbesitzenden Heimarbeitern dagegen waren Kinder in großer Zahl erwünscht, weil hier jeder zusätzliche Verdienst in den Besitz floß.[115] Und zur gleichen Zeit, als in der bürgerlichen Pädagogik die „Entdeckung des Kindes" stattfand, scheint die Ausbreitung der verlagsmäßig organisierten Heimarbeit die altersspezifischen Unterschiede in der Unterschicht nivelliert zu haben. „Es ist nicht von der Hand zu weisen, daß mit der Heimarbeit die Stufen des menschlichen Lebens, die bisher durch manches Brauchtum voneinander geschieden waren, fließend werden. Die gemeinsame und gleiche Arbeit, mit der sich das fünfjährige Kind so gut beschäftigt wie Vater, Mutter und Großmutter, verwischt die natürlichen Grenzen der verschiedenen Altersklassen und Zivilstände mit den ihnen zukommenden Arbeitsfunktionen."[116]

Als allgemeine Regel kann man davon ausgehen, daß die Familie noch bis zum Ende des 19. Jahrhunderts als gesellschaftlicher Elementarbereich weit größere Bedeutung hatte als heute. Die Familie war oft die Produktionseinheit und die Grundeinheit der sozialen Sicherung; Kinder konnten ihre Eltern bei Krankheit und Alter unterstützen und eventuell einen Betrieb weiterführen. Diese Funktionen machten die Reproduktion des Familienverbandes unmittelbar sinnfällig; und man mußte bei der hohen Sterblichkeit der Zeit relativ viele Kinder in die Welt setzen, um sicher zu sein, daß einige überleben. Noch zu Beginn des wilhelminischen Deutschland betrug die Säuglingssterblichkeit wie in alten Zeiten ein Viertel der Neugeborenen. Aber nicht alles war Planung und Rationalität. In der Unterschicht war oft die Nahrung zu karg und zu unsicher, um einen Familienverband über längere Zeit zu tragen. Die Kinder mußten sich Arbeit suchen, wo immer sie sie fanden; oft, wie in dem zitierten Beispiel des Züricher Oberlandes, in weiter

Ferne, die einen dauernden Abschied von der Familie bedeutete. Auf der anderen Seite war für das obere Bürgertum schon im 18. Jahrhundert weder die Notwendigkeit der Mitarbeit der Kinder (oft auch gar nicht die Möglichkeit), noch die drückende Nahrungssorge gegeben. Es überrascht daher auch nicht, wenn man aus dieser Schicht Zeugnisse findet, in denen durchaus modern anmutend der Wunsch nach Kindern als ein Wert an sich erscheint: „Ich war indeß ganz wohlgemuth. Die ersten Andeutungen, daß meine Frau guter Hoffnung war, hatten mich, den Hoffnungsreichen, entzückt. Es war bei mir ausgemacht, daß mir der Himmel eine Tochter schenken werde; bei meiner Ansicht von dem Werthe des Weibes gingen alle meine Wünsche dahin, eine Tochter zu besitzen und darüber wachen zu können, daß sie zu edler Weiblichkeit sich entwickele. Sie sollte meine Mutter zum Vorbilde haben und so auch nach ihrer *Karoline* heißen. So sprach ich dann nach meiner Abreise von Wien so zuversichtlich von ‚unserer Karoline‘ in den Briefen an meine Frau, daß diese am Ende ganz besorgt wurde und mich auf die Geburt eines Sohnes vorzubereiten suchte, indem sie angab, nach den Bewegungen, welche sie fühle, zu urtheilen, sei das unter ihrem Herzen lebende Kind für ein Mädchen zu wild. Ich schwieg darüber, um sie nicht zu beunruhigen, ließ mich aber nicht irre machen und deutete die lebhaften Bewegungen dahin, daß *Karoline* in freudiger Ungeduld den Augenblick erwarte, wo sie zu ihrem Vater kommen werde. Mein Vertrauen wurde durch den Erfolg gerechtfertigt."[117]

Eine Quelle aus dem frühen 18. Jahrhundert bringt einige der vielfältigen Erwartungen, die sich an Kinder richten konnten und richteten, sehr schön zum Ausdruck. 1720 richtete eine Gruppe von Pfälzern, die nach Amerika ausgewandert waren, eine Petition an die englische Regierung, in der u. a. beklagt wurde, daß den Eltern gegen ihren Willen Kinder weggenommen worden waren; „. . . dadurch wurden sie der Freude der Gesellschaft und Erziehung ihrer Kinder ebenso beraubt, wie der Hilfe und Unterstützung, die sie später vernünftigerweise von ihnen erwarten durften."[118]

IV. Die Autobiographie der Kindheit als literarische Quelle

1. Die Autobiographie als literarische Kunstform

In Deutschland entwickelte sich seit dem 18. Jahrhundert die besondere literarische Form der Autobiographie, es entstand ein literarischer Idealtyp, dessen Hauptmerkmal die Darstellung der Entwicklung eines Individuums in der Auseinandersetzung mit seiner Umwelt ist.[119]

Die Autobiographie als Kunstform grenzt sich einerseits ab von Memoiren, andererseits von introspektiven Persönlichkeitsanalysen. Als Memoiren gelten Selbstdarstellungen, die den Autor vornehmlich als Träger eines Amtes oder Berufes beschreiben und seine Entscheidungen und Begegnungen in dieser Berufsrolle, z. B. als Staatsmann, Politiker, Künstler oder Gelehrter, in den Vordergrund stellen. Häufig beinhalten aber auch Memoiren autobiographische Passagen, z. B.

Schilderung der eigene Kindheit. Von introspektiven Persönlichkeitsanalysen hingegen unterscheidet sich die Autobiographie dadurch, daß sie die Darstellung der Auseinandersetzung des Individuums mit seiner Umwelt als ihr Hauptanliegen ansieht.

Dem Idealtyp der literarischen Kunstform Autobiographie entsprachen durchaus schon Selbstdarstellungen, die vor dem 18. Jahrhundert entstanden sind, auch wenn es sich bei ihnen nicht um die bewußte Wahl eines literarischen Genres handelte. Die Entwicklung der Autobiographie muß im Zusammenhang gesehen werden mit der Entstehung einer individualistischen Geisteshaltung, die eng mit dem Übergang zur bürgerlichen Gesellschaft verknüpft ist. Der Idealtyp der Autobiographie charakterisiert eine spezifisch bürgerliche Kunstform, der im 18. und frühen 19. Jahrhundert die französisch geschriebenen Memoiren des deutschen Adels gegenüberstanden und seit dem Ende des 19. Jahrhunderts die Arbeiterautobiographien.

Im 18. Jahrhundert drückte sich das neu erwachte Bewußtsein von Individuum und Individualität in einem breiten Interesse an autobiographischen Darstellungen aus: Selbstdarstellungen aus früheren Zeiten wurden gewürdigt und neu herausgegeben, Selbstdarstellungen von Zeitgenossen wurden initiiert und gesammelt, „klassische" Autobiographien entstanden, wie die von Heinrich Jung-Stilling und von Karl Philipp Moritz. Moritz und Jung-Stilling repräsentieren die beiden Geistesrichtungen, in denen sich der Individualismus zeitgenössisch ausdrückte, nämlich die Aufklärung und den Pietismus. Jung-Stilling befand sich mit der Schilderung seiner Lebensgeschichte aber schon nicht mehr voll in der pietistischen Tradition der Selbstdarstellung, denn in seiner Darstellung stand nicht mehr die Bekehrung im Mittelpunkt, die das Leben in ein „vorher" und „nachher" einteilte, sondern die Beschreibung der „wunderbaren Wege der Vorsehung". Jung-Stillings Lebensgeschichte wurde von Zeitgenossen viel gelesen und hat spätere religiöse Selbstdarstellungen geprägt.

Moritz als Vertreter der Aufklärung verfolgte ganz andere Ziele. Für ihn bildeten Selbstdarstellungen wichtige Dokumente, die Einblick in die menschliche Natur erlaubten und zu pädagogischen Diskussionen über Lebens- und Handlungsweisen anregten. Im Jahr 1783 gründete Karl Philipp Moritz das „Magazin der Erfahrungsseelenkunde", in dem Lebensbeschreibungen veröffentlicht wurden, mit dem Ziel, durch Selbstbeobachtungen Material zu gewinnen, um das Seelenleben des Menschen zu erforschen. Ein Jahr früher hatte er in einer Broschüre unter dem Titel „Aussichten zu einer Experimentalseelenlehre"[120] zur Abfassung von Selbstdarstellungen aufgefordert, denn: „. . . aus den vereinigten Berichten mehrerer sorgfältiger Beobachter des menschlichen Herzens könnte eine Experimentalseelenlehre entstehen, welche an praktischem Nutzen alles das weit übertreffen würde, was unsere Vorfahren in diesem Fache geleistet haben."[121] Moritz kritisierte an früheren Lebensberichten, daß ihnen die psychologische Tiefe fehle und sie nur oberflächliche Beobachtungen wiedergäben. Einem Lebensbericht, so forderte er, sollte scharfe Selbstbeobachtung zugrundeliegen mit „Aufmerksamkeit aufs Kleinscheinende".[122] Der Selbstbeobachter sollte „. . . die Geschichte seines

eigenen Herzens von seiner frühesten Kindheit an sich so getreu wie möglich entwerfen, auf die Erinnerungen aus den frühesten Jahren der Kindheit aufmerksam
sein und nichts für unwichtig halten, was jemals einen vorzüglich starken Eindruck auf ihn gemacht hat".[123]

Sammlungen von Selbstdarstellungen und Bekenntnissen wurden aber nicht nur
aus psychologischem, sondern auch aus historischem Interesse initiiert. Der
deutsche Historismus hatte die Einmaligkeit des historischen Gegenstandes herausgestellt und die Würdigung dieser Einmaligkeit zur Aufgabe der Geschichtsschreibung gemacht. Unter diesem historischen Aspekt gaben J. G. Herder und
J. W. Goethe Selbstdarstellunen von berühmten Männern aus verschiedenen Zeiten und Ländern und von Zeitgenossen heraus, um einen Beitrag zur Geschichte
der Menschheit und zur Geschichte der Befreiung der menschlichen Persönlichkeit zu leisten. Goethe übersetzte die Lebensbeschreibung des Benvenuto Cellini
(geschrieben 1558–1566) und schrieb zu dieser Arbeit im Jahre 1796: „Die Bear-
beitung des Cellini, in der ich schon ziemlich weit vorgerückt bin, ist für mich,
der ich ohne unmittelbares Anschauen gar nichts begreife, von größtem Nutzen;
ich sehe das ganze Jahrhundert viel deutlicher durch die Augen dieses confusen
Individui als im Vortrage des klärsten Geschichtsschreibers."[124] Goethe schuf
schließlich zu Anfang des 19. Jahrhunderts mit „Dichtung und Wahrheit" eine
Autobiographie, die für viele Literaturhistoriker den Idealtyp der Autobiographie
schlechthin darstellt. Goethe schilderte das Sicheinfügen des bürgerlichen Individuums in die Gesellschaft durch Bildung; und er verstand seine Selbstdarstellung
weder als religiöses noch als psychologisches Dokument, sondern allein als künst-
lerisches. Goethes Autobiographie wurde Vorbild für unzählige deutsche Bil-
dungsgeschichten.

Die künstlerische Autobiographie entfaltete sich im 19. Jahrhundert als eigene
Richtung, neben den Memoiren der Staatsmänner und Künstler. Das Gefühl der
politischen und gesellschaftlichen Machtlosigkeit des Bürgertums und die Verun-
sicherung, die der Wandel des täglichen Lebens unter dem Einfluß der beginnen-
den Industrialisierung mit sich brachte, führten zu einem literarischen Rückzug
in die Utopie, das Märchen, die Natur, den Traum und schließlich die Kindheit.
„In den Lebenszeugnissen tritt eine aggressive Parteinahme für die Kindheit- und
Jugendgeschichten der Verfasser, für die gelbe Postkutsche und den peitschen-
knallenden Schwager, für den Garten der Großeltern und das ländliche Pfarrhaus
hervor. Kaum war etwas Weite in das politische und wirtschaftliche Leben gekommen, so sehnte man sich schon wieder nach gemütvoller Enge".[125]

Im 19. Jahrhundert entstand die Autobiographie, die lediglich den Zeitabschnitt
der Kindheit umfaßt. In den nostalgischen Kindheitserinnerungen schlug sich
nicht nur die Flucht vor der Wirklichkeit nieder, sondern auch ganz allgemein das
Gefühl von „verlorener Zeit". Die Zeitgenossen wurden Zeugen von durchgrei-
fenden Veränderungen in ihrem täglichen Leben, und es wurde ihnen bewußt, daß
ihre Eltern und Großeltern noch ganz anders gelebt hatten. In vielen Autobiographien, die gegen Mitte des 19. Jahrhunderts geschrieben sind, deren Autoren aber
noch im 18. Jahrhundert heranwuchsen, werden die Veränderungen im täglichen

Leben beschrieben: die Kleidung, die viel von ihrem repräsentativen Charakter verloren hatte, Zöpfe, Perücken und gepuderte Haare, die verschwunden waren, die besseren Kommunikationsmöglichkeiten durch Post und Bahn, die Anfänge von Straßenbeleuchtung und Kanalisation, bessere Beleuchtung überhaupt, größeres Nahrungsmittelangebot, bequemere Häuser. Für die Entwicklung der Autobiographie als Kunstform ist neben dem historischen Bewußtsein das Bewußtsein vom repräsentativen Charakter eines Lebens von Bedeutung. „Das beeinträchtigt durchaus nicht die Einzigartigkeit des individuellen Charakters und Schicksals; im Gegenteil, je ausgeprägter die Persönlichkeit, desto mehr scheint in ihr eine ganze gesellschaftliche Tendenz, eine Generation, eine Klasse vielleicht, repräsentiert."[126] Der repräsentative Charakter des eigenen Lebens wurde gegen Ende des 19. Jahrhunderts auch in den Arbeiterautobiographien deutlich.

Zwischen bürgerlicher Autobiographie und Arbeiterautobiographie sind die Selbstdarstellungen anzusiedeln, die im späten 18. Jahrhundert und im 19. Jahrhundert von den Handwerkern und von „armen Leuten" geschrieben wurden. Am bekanntesten ist die 1789 erschienene Lebensgeschichte des „Armen Mannes im Tockenburg", Uli Bräker. Die Entstehung der deutschen Arbeiterautobiographie wurde in der Literaturgeschichte lange Zeit nur am Rande erwähnt.[127] Die Arbeiterautobiographie wurde nur als historisches Dokument oder als Darstellung eines neuen Berufsbereichs betrachtet.[128] Demgegenüber betont Ursula Münchow, daß in diesen Autobiographien der bürgerliche Persönlichkeitsbegriff des literarischen Genres abgelöst wird durch einen proletarischen Persönlichkeitsbegriff, und daß damit die Kunstform eine notwendige Weiterentwicklung erfuhr.[129] Die proletarische Persönlichkeit kann sich nur durch Integration in die gemeinsam handelnde Klassengemeinschaft entfalten. Nun haben aber nicht alle Arbeiterautobiographen ihr Leben als politische Reifungs- und Entwicklungsprozeß verstanden. Wolfgang Emmerich unterscheidet drei Typen von Arbeiterautobiographien, die allerdings nie in ihrer reinen Form auftreten: (1) Arbeiterautobiographien, die von klassenbewußten, organisierten Proletariern mit einer didaktischen Zielsetzung geschrieben wurden; (2) Arbeiterautobiographien von politisch unbewußten Arbeitern, in denen das Elend der Lebensumstände aus der Perspektive des Opfers beschrieben wird; (3) Arbeiterautobiographien, die den individuellen Aufstieg aus der Arbeiterklassen beschreiben.[130]

Diese Typen sind im Zusammenhang mit der Entstehungsgeschichte der Arbeiterautobiographie zu sehen. Die frühen deutschen Arbeiterautobiographien sind nicht in den Verlagen der Arbeiterbewegung erschienen, sondern wurden von bürgerlichen Herausgebern in bürgerlichen Verlagen publiziert. Die Herausgeber verfolgten sozialreformerische Intentionen, sie wollten auf die elenden Lebensumstände des Proletariats hinweisen, um das bürgerliche Publikum zu rühren und zu sozialen Zugeständnissen zu bewegen, wobei die Klassenstruktur der Gesellschaft an sich aber nicht aufgehoben werden sollte.

Die frühen deutschen Arbeiterautobiographien sind zu einem großen Teil von Pfarrern angeregt und herausgegeben worden: Der sozialdemokratische Pfarrer Paul Göhre gab vor dem Ersten Weltkrieg die Lebensgeschichte von Karl Fischer

(1903/4), Moritz Bromme (1905), Wenzel Holek (1909) und von Franz Rehbein (1911) im Eugen Diederichs Verlag zu Jena heraus; zur gleicher Zeit veröffentlichte der Pfarrer Friedrich Naumann den Lebensbericht von Franz Louis Fischer (1906) im Verlag „Die Hilfe", und der Pfarrer C. Moszeik ließ sein siebzigstündiges Interview mit einer ostpreußischen Arbeiterfrau in Berlin-Lichterfelde (1909) drucken. Während Friedrich Naumann und C. Moszeik durch die Veröffentlichung von Arbeiterautobiographien Sympathie und Verständnis für die Probleme der Arbeiterschaft bei einem bürgerlichen Publikum gewinnen wollten, ohne aber für gesellschaftliche Veränderungen einzutreten, verfolgte Paul Göhre durchaus eine agitatorische Absicht, nämlich ein Leserpublikum für die Sozialdemokratie zu gewinnen. Dieses agitatorische Interesse ist eindeutiger noch in seinen Zielen bei Adelheid Popp, August Bebel und vielen anderen vorhanden.

Ebenfalls 1909 publizierte der empirisch arbeitende Sozialpsychologe Adolf Levenstein Arbeiterschicksale mit der Absicht, um Verständnis für die Belange der Arbeiterschaft zu werben und um Material für Reformen „auf psychologischer Basis" zu sammeln. Er gab im Berliner Frowein-Verlag drei Sammelbände mit Lebensbeschreibungen von Arbeitern heraus. 1909/10 erschien im Ernst Reinhard Verlag zu München eine vierbändige Reihe Arbeiterautobiographien, in der auch Adelheid Popps „Jugendgeschichte" und Doris Viersbecks „Erlebnisse eines Hamburger Dienstmädchens" herausgegeben wurden.

In den sozialdemokratischen Parteiverlagen, J. H. W. Dietz Verlag und Verlag der Buchhandlung „Vorwärts", erschienen Arbeiterautobiographien, sieht man von isolierten Veröffentlichungen ab, erst seit 1910. Die Arbeiterklasse als Lesepublikum erreichten in größerem Umfang allerdings nur die Aufzeichnungen von August Bebel und mit einigem Abstand die Autobiographien von Adelheid Popp und von Bruno Bürgel.

Karl Fischers „Denkwürdigkeiten" hatten bei dem bürgerlichen Publikum eine „literarische Sensation" hervorgerufen, die Autobiographien von Bromme, Rehbein und Holek fanden schon nicht mehr ein vergleichbares Echo, denn der Reiz der Schilderung eines fremden Milieus verblaßte, und das Interesse des bürgerlichen Publikums an diesen Schilderungen erlosch. Arbeiter, die ihre Lebensgeschichte beschrieben haben, sind eine Seltenheit geblieben. Viele Arbeiterautobiographen hätten ihre Erinnerungen ohne die Ermutigung von Verlegern und Herausgebern sicher nicht bis zur Veröffentlichung gebracht. Dies trifft aber häufig auch auf bürgerliche Autobiographen zu. Seit dem 18. Jahrhundert haben Verleger und Herausgeber bekannte Persönlichkeiten zur Niederschrift ihrer Erinnerungen aufgefordert; oft bildete auch die Aussicht auf das Honorar für schlecht besoldete Gelehrte, Pfarrer und Künstler einen starken Anreiz zur Niederschrift ihrer Autobiographie. Andererseits wurden viele bürgerliche Autobiographien als Andenken für Kinder und Enkelkinder geschrieben und nicht zur Veröffentlichung bestimmt. Diese Autobiographien wurden häufig posthum überarbeitet und veröffentlicht von Familienmitgliedern oder Freunden.

Daneben existieren mannigfaltige Gründe für die Niederschrift der eigenen Lebensgeschichte: Rechtfertigung, Ergänzung für das übrige Werk, Beitrag zu einer

Sammlung von Lebensläufen oder einfach Freude am Schreiben während der Mu-
ßezeit im Alter. In jedem Fall sind aber Autoren von Lebenserinnerungen nicht
repräsentativ für die Berufsgruppe, der sie angehören; auch der Pfarrer, der eine
Autobiographie schreibt, unterscheidet sich eben darin von seinen Berufsgenos-
sen. Insgesamt gesehen gibt es so gut wie keine Autobiographien von Bauern, allenfalls von Angehörigen anderer Berufe, die aus dem bäuerlichen Milieu stammen. Völlig unterrepräsentiert sind auch Frauen, und zwar nicht nur im 18.,
sondern auch im 19. Jahrhundert, und nicht nur bei den bürgerlichen Autobiographien, sondern auch bei den Arbeiterautobiographien.

2. Die Autobiographie der Kindheit

Roy Pascal bezeichnet die Autobiographie der Kindheit als reinste Form der Autobiographie, weil in ihr die Entwicklung des Individuums in der Auseinandersetzung mit der Umwelt besonders deutlich geschildert wird: Das Kind wird sich seiner selbst nur in dem Maße bewußt, in dem es sich seiner Umwelt bewußt wird.[131]
Literarische Darstellungen der eigenen Kindheit finden sich einmal in Autobiographien, die sich auf die Beschreibung dieser Lebensphase beschränken, und zum
anderen in Selbstdarstellungen, in denen die Kindheit als „Vorspann" zur Darstellung der erwachsenen Personen dient. Die erst genannte Form der Autobiographie
der Kindheit stellt distanziert das „fremde Kind" dar, das der Autor einmal war,
und erhebt den Anspruch, sich allein der aufbewahrten Erinnerung als Auswahlprinzip bei der Schilderung der Kindheit zu bedienen; die zweite Form der Autobiographie stellt diejenigen Kindheitserinnerungen in den Vordergrund, die für
die spätere Entwicklung des Autors bedeutsam erscheinen.

„Damit besteht ein doppeltes Auswahlprinzip, einmal wird erzählt, an was man
sich erinnert, zum anderen das, was man für wichtig für die spätere Leistung hält.
Man muß zugeben, daß letzteres Prinzip niemals völlig fehlt, aber in Autobiogra-
phien, die sich auf die Kindheit beschränken, ist es viel weniger vordringlich."[132]
Dieser Beobachtung von Roy Pascal ist hinzuzufügen, daß die Autobiographie der
Kindheit, die sich auf diese Lebensphase beschränkt, wiederum entscheidend von
literarischen Trends wie z. B. dem der Idyllisierung der Kindheit geprägt wird.
So nahmen sich viele Autoren bei Darstellungen der eigenen Kindheit im 19. Jahr-
hundert explizit das „Buch der Kindheit" von Bogumil Goltz (geboren 1801) zum
Vorbild. Die Kunstform der Autobiographie, in der nur die Kindheit geschildert
wird, stellt einen gewissen Höhepunkt der Entwicklung dar, in deren Verlauf die
Darstellung der eigenen Kindheit immer mehr Gewicht genommen hat.

In der Geschichte der Autobiographie als Kunstform spielt die Darstellung der
Kinderjahre eine unterschiedliche Rolle. Im 18. Jahrhundert manifestiert sich
erstmals ein ausgeprägtes psychologisches und pädagogisches Interesse an der
Kindheit, das auf dem Wissen um die prägende Bedeutung von Kindheitseindrük-
ken beruht. So wurde in dem von K. Ph. Moritz von 1783–1793 herausgegebenen
„Magazin zur Erfahrungsseelenkunde" über das Problem Anlage – Umwelt diskutiert, über das Problem des Zusammenhanges der Entwicklung von Sprache und

Denken, über den Aufbau der Erinnerung beim Kind. Moritz schreibt in seiner Bestandsaufnahme der drei ersten Bände des Magazins: „Allein der V. scheint hier wohl zu weit zu gehen, und der Macht der ersten Endrücke zu viel zuzuschreiben, indem er fast das ganze künftige Eigenthümliche des Genies auf Rechnung derselben schreibt. Nach dieser Voraussetzung wäre es denn freilich möglich, vermittelst der ersten Eindrücke, die man mit Fleiß zu veranstalten suchte, Künstler und Genies von jeder Art hervorzubringen. – Aber so läßt der Geist der Menschen sich nicht von Menschen schaffen: er arbeitet sich selbst durch alle Hindernisse, und auch durch die Gewalt der ersten Eindrücke mit seiner angebohrnen eigenthümlichen Kraft hindurch. Die Grenzen der Pädagogik erstrecken sich wohl auf die Ausbildung, aber nicht bis auf die Bildung der Anlagen der Seele. Der Aufsatz des Herrn Fischer, welcher im zweiten Stück des zweiten Bandes S. 82 steht, verdient daher vorzüglich mit diesem Aufsatz verglichen, und dieser durch jenen zum Theil berichtigt zu werden. Einige Scenen aus seiner eigenen Kindheit, die Herr Sp. hier mittheilt, sind ebenfalls mehr in pädagogischer als psychologischer Rücksicht merkwürdig. Im dritten Stück des dritten Bandes S. 42 findet sich noch ein Beitrag zu den Erinnerungen aus den frühesten Jahren der Kindheit, der sich dadurch auszeichnet, daß die unangenehmen Vorfälle mehrentheils einen stärkeren Eindruck, als die angenehmen, auf den Verfasser gemacht haben, welches bei mehrern Personen, die ich kenne, und die von melancholischer Stimmung des Gemüths sind, statt findet. Nun ist die Frage: ob die häufigen unangenehmen Eindrücke in der Kindheit, jene melancholische Stimmung des Gemüths, oder ob die melancholische Stimmung des Gemüths, welche vorher schon da war, die unangenehmen Eindrücke hervorgebracht habe?"[133]

Im 19. Jahrhundert entstand eine Tendenz zur nostalgischen Idealisierung der Kindheit: Die Idealisierung der Kindheit stellte sich einmal als Suche nach der verlorenen, besseren Zeit dar, zum anderen als Fähigkeit des Kindes, sich eine eigene schönere Welt zu bauen, indem es sich über seine tatsächlichen Lebensumstände hinwegsetzt.

In den Autobiographien des 20. Jahrhunderts werden Kindheiten sowohl mit idealisierenden und nostalgischen Tendenzen geschildert, als auch unter psychoanalytischem und soziologischem Aspekt. Marianne Beyer-Fröhlich weist darauf hin, daß erst seit dem 19. Jahrhundert Beschreibungen „glücklicher" Kindheiten die Regel bildeten.[134]

Nun hängt die Beurteilung dieser Beobachtung davon ab, was als Kriterium einer glücklichen Kindheit angesehen wird, und diese Kriterien wiederum sind einem ständigen Wandel unterworfen. Ebenfalls einem Wandel unterworfen sind die Vorstellungen davon, was überhaupt die individuellen spezifisch kindlichen Erfahrungen ausmacht. Autoren z. B., die im 18. Jahrhundert geboren wurden und ihre Erinnerungen im gleichen Jahrhundert niederschrieben, schildern als Kindheit in erster Linie den Stand der Eltern, den häuslichen Umgang mit Religion, und die Fächer, in denen sie unterrichtet wurden. Gerade der Unterricht war noch ein individuelles, berichtenswertes Erlebnis, das im 19. Jahrhundert mit der Durchsetzung der Schulpflicht, des einheitlichen Lehrplans und der Jahrgangsklassen an Individualität verlor und aus den Autobiographien verschwand zugunsten anderer individueller, berichtenswerter Erlebnisse wie Lausbubenstreiche und Schülerfreundschaften. Waren es im 18. Jahrhundert in der bürgerlichen Autobiographie noch Attribute glücklicher Kindheiten, geachtete Eltern zu haben, ausreichend mit Nahrung, Wohnung und Kleidung versehen zu sein, Unterricht zu genießen und nicht zu viel geprügelt zu werden, so waren diese Attribute im 19. Jahrhundert der tüchtige Vater, die liebevolle Mutter, die Spielmöglichkeiten im Haus und in der Natur, das Weihnachtsfest. Weil die Autobiographie eine literarische Kunstform ist, und die Autobiographie der Kindheit im 19. Jahrhundert bestimmte Konturen erhielt, darf aus dem, was berichtet wird, nicht geschlossen werden, daß in der historischen Wirklichkeit gerade die berichteten Ereignisse Kindheit ausmachten. Wenn im frühen 18. Jahrhundert z. B. wenig über Spiel berichtet wird, kann das entweder bedeuten, daß Kindern wenig Zeit für Spiel eingeräumt wurde, oder aber, daß das Spiel ebenso wie Wohnung, Kleidung und Nahrung nicht als Thema für Autobiographien galt, es sei denn, es war mit berichtenswerten Ereignissen gekoppelt wie Unglücksfällen, Hunger, Frost und Not. Nicht alles, was Kindheit ausmachte, galt als berichtenswert, wie andererseits vieles berichtet wurde, was dem Autor während seiner Kindheit nicht wichtig erschienen war.

Die bürgerliche Pädagogik und die bürgerliche Literatur des späten 18. und des 19. Jahrhunderts sahen in der Kindheit, weil sie noch fern von Zwängen der Erwachsenenwelt war, eine besonders glückliche Zeit. Kindheit sollte die schönste Zeit des Lebens sein, ein Anspruch, der früher sicher nicht an eine Lebensphase gestellt wurde, die durch Hilfsbedürftigkeit und Abhängigkeit gekennzeichnet ist.

Ob eine Kindheit glücklich oder unglücklich verlief, ist in vielen Aspekten sicher nur an zeitgenössischen Vorstellungen zu beurteilen, andererseits sind Kindheiten mit der allgemeinen Verbesserung der Lebensverhältnisse tatsächlich „glücklicher" geworden. In der literarischen Darstellung der eigenen Kindheit gibt es seit dem 19. Jahrhundert eine Strömung, die dahin tendiert, Kindheit als besonders glückliche Lebensphase darzustellen. In Arbeiterautobiographien und auch in psychoanalytisch orientierten bürgerlichen Autobiographien findet man dagegen auch bewußte Distanzierung von dieser idyllisierenden Kindheitsbeschreibung.

3. Die Autobiographie als historische Quelle

Der besondere Charakter der Autobiographie als literarische Kunstform relativiert ihre Aussagen. Der Wert der Autobiographie als historische Quelle wird von der Fachwissenschaft bislang nur mit Vorbehalten und Einschränkungen anerkannt.[135] Eine Verzerrung der Wirklichkeit in der Autobiographie entsteht wohl in erster Linie dadurch, daß der Autor zu einem Zeitpunkt über Erlebnisse berichtet, an dem sie für ihn eine ganz andere Bedeutung haben, als zum Zeitpunkt ihres Geschehens, und daß er aus den ihm zur Verfügung stehenden Erinnerungen eine Auswahl treffen muß. Je nach seinem augenblicklichen Standort und je nach der

Absicht, die er mit dem Schreiben seiner Autobiographie verfolgt, wählt der Autor aus den erinnerten Tatsachen aus, setzt Akzente und gliedert sein Leben in Stationen. Eine Verfälschung der Wahrheit erfolgt auch durch literarische Vorbilder, die die Auswahl der Themen, den Aufbau und die Färbung des Stoffes beeinflussen. Eine Möglichkeit, bewußte Verfälschungen in Autobiographien aufzudecken, bildet der Vergleich mit anderen subjektiven Zeugnissen, wie Briefen und Tagebücher des Autors selbst oder seiner Angehörigen, und mit Autobiographien anderer Personen. Diese Möglichkeit, autobiographisches Material mit anderen Selbstzeugnissen zu vergleichen, ist aber schicht- und altersspezifisch begrenzt, so daß sich für Autobiographien der Kindheit nur selten Korrekturmaterial findet; und wenn, dann nur in Familien wie der von Wilhelm und Jakob Grimm, die als besonders schreibfreudige Familie nicht nur mehrere Autobiographien hinterließ, sondern auch einen reichen Briefwechsel, mit dessen Hilfe die Aussagen in den Selbstdarstellungen überprüft werden können. Selbst wenn Fehler durch Aufzeichnungen der Eltern oder sonstiger nahestehender Personen korrigiert werden können, bleibt das Individuum die einzige Autorität bei der Schilderung seelischer Vorgänge. Der Erwachsene, der seine Kindheitseindrücke wiedergeben will, muß sich in der Regel ganz auf seine Erinnerungen verlassen, weil Briefe und Tagebücher selten in der frühen Kindheit abgefaßt werden.

Die Subjektivität der Erinnerung bildet wohl die bedeutendste Fehlerquelle bei der Rekonstruktion der eigenen Kindheit. Sigmund Freud wies bereits auf die unbewußte Zensur hin, die Erinnerungen blockiert. Freud schreibt über Kindheitserinnerungen:

„In einer zweiten Abhandlung (1899 in der Monatsschrift für Psychiatrie und Neurologie veröffentlicht) habe ich die tendenziöse Natur unseres Erinnerns an unvermuteter Stelle nachweisen können. Ich bin von der auffälligen Tatsache ausgegangen, daß die frühesten Kindheitserinnerungen einer Person häufig bewahrt zu haben scheinen, was gleichgültig und nebensächlich ist, während für die wichtigen, eindrucksvollen und affektreichen Eindrücke dieser Zeit (häufig, gewiß nicht allgemein!) sich im Gedächtnis der Erwachsenen keine Spur vorfindet. Da es bekannt ist, daß das Gedächtnis unter den ihm dargebotenen Eindrücken eine Auswahl trifft, stände man hier vor der Annahme, daß diese Auswahl im Kindesalter nach ganz anderen Prinzipien vor sich geht als zur Zeit der intellektuellen Reife. Eingehende Untersuchung weist aber nach, daß diese Annahme überflüssig ist. Die indifferenten Kindheitserinnerungen verdanken ihre Existenz einem Verschiebungsvorgang; sie sind der Ersatz in der Reproduktion für andere, wirklich bedeutsame Eindrücke, deren Erinnerung sich durch psychische Analyse aus ihnen entwickeln läßt, deren direkte Reproduktion aber durch einen Widerstand gehindert ist. Da sie ihre Erhaltung nicht dem eigenen Inhalt, sondern einer assoziativen Beziehung ihres Inhalts zu einem anderen verdrängten verdanken, haben sie auf den Namen ‚Deckerinnerungen‘, mit welchem ich sie ausgezeichnet habe, begründeten Anspruch."[136]

Es ist umstritten, wie weit Kindheitserinnerungen überhaupt zurückgehen; die bei Sigmund Freud angegebene Bandbreite liegt zwischen zwei Monaten und acht

Jahren. Die moderne Entwicklungspsychologie hat auf der Grundlage von Befragungen ermittelt, daß die frühesten bewußten Erinnerungen von Erwachsenen in der Mehrzahl aus dem vierten Lebensjahr und späterer Zeit stammen.[137] Die Inhalte dieser ermittelten Erinnerungen unterscheiden sich qualitativ von den „Deckerinnerungen", die Freud als häufige Erscheinung ansieht. Über das Befragungsergebnis heißt es: „Es handelt sich um stark emotional betonte und als besonders bedeutsam erlebte Inhalte, die über eine lange Zeit als reproduzierbare Einzelerinnerungen verfügbar bleiben. Größere Zusammenhänge dagegen werden im allgemeinen erst vom Schuljahr an in späteren Lebensjahren noch erinnert."[138]

Autoren von Autobiographien erheben den Anspruch, Wahrheit zu rekonstruieren, denn die Rekonstruktion der wirklich gewesenen Vergangenheit bildet das wichtigste Strukturelement der Autobiographie. Demgegenüber läßt die Aufzählung der möglichen Verfälschungen von Wahrheit in der Autobiographie der Kindheit und die eingeschränkte Repräsentativität ihrer Autoren den Wert der Autobiographie der Kindheit als historische Quelle zunächst gering erscheinen. Autobiographien liefern aber Material über Lebensumstände, Lernprozesse und Erfahrungen während der frühen Kindheit, die aus keiner anderen Quelle zu gewinnen sind. Wegen dieser Einmaligkeit bleibt es ergiebig, Autobiographien als historische Quellen zu benutzen, solange der besondere Charakter der Quelle reflektiert und bei der Interpretation der Ergebnisse berücksichtigt wird.

Für unsere Auswertung von Autobiographien von Autoren, die zwischen 1700 und 1900 geboren wurden, haben wir als Fragen an die Texte Kriterien entwickelt, die einerseits aus den Texten selber stammen, weil es sich um Themen handelt, die dort unter dem Stichwort „Kindheit" behandelt werden, und die andererseits mit Hilfe von Ergebnissen der historischen Demographie, der Familiensoziologie und der Sozialgeschichte der Kindheit auf ihre Relevanz überprüft worden sind. Bei diesen Kriterien handelt es sich um fünf Erfahrungsbereiche: Bezugspersonen, materielle und soziale Umwelt, Lernen, Arbeit, Spiel.

Die Zuordnung des Materials zu einem dieser Kriterien ist nicht immer eindeutig, daher wurden oft mehrere Kritrien zusammengezogen, im bäuerlichen Bereich z. B. relativ häufig Arbeit und Spiel. Einige Kindheitsbeschreibungen wurden auch ohne Unterteilung übernommen, um den Erzählfluß nicht zu zerstören. Es war überhaupt unser Anliegen, den Charakter der Texte zu erhalten.

Die einzelnen Erfahrungsbereiche, die Kindheiten zwischen 1700 und 1900 geprägt haben, gewinnen im Laufe der Zeit unterschiedliches Gewicht. So werden z. B. materielle und soziale Umwelt und Spiel im 19. Jahrhundert häufiger und ausführlicher beschrieben als im 18. Jahrhundert. Kindheitsbeschreibungen aus dem 19. Jahrhundert sind in der Regel auch insgesamt wesentlich ausführlicher als im 18. Jahrhundert. Demgegenüber ist zu bemerken, daß fast alle Autobiographien aus dem 18. Jahrhundert zumindest kurze Angaben über Eltern und über die allgemeinen Lebensumstände während der Kindheit enthalten, im 19. Jahrhundert dagegen der großen Fülle von Kindheitserinnerungen viele Autobiographien gegenüberstehen, die Kindheit entweder gar nicht behandeln oder auf eine lyrisch-mystische Weise, so daß ihnen keinerlei Angaben über tatsächliche kindliche Erfahrungen zu entnehmen sind.

54

Als Kindheit wird in unserer Auswertung die Zeitspanne bis zum siebten Lebensjahr verstanden. Das siebte Lebensjahr, in dem das Kind seine bleibenden Zähne erhält, galt schon im Mittelalter als ein Einschnitt in der menschlichen Entwicklung.[139] Im 18. Jahrhundert bezog sich rechtlich der Begriff Kind auf das Lebensalter zwischen Geburt und sieben Jahren.[140] In den zeitgenössischen Autobiographien wird die Kinderzeit häufig nach dem sechsten oder siebten Lebensjahr von der „Knabenzeit" oder „Mädchenzeit" abgelöst. Im 19. Jahrhundert folgt auf die Kinderzeit die Schulzeit, die für das sechs- oder siebenjährige Kind begann.

In den Autobiographien wird der Wandel der Erfahrungen, die Kindheit ausmachen, deutlich. Autobiographien spiegeln diesen Wandel, freilich mit einer eigentümlichen Verschiebung. In ihnen wird die historische Wirklichkeit einerseits durch subjektives Erleben und Erinnern gebrochen, andererseits durch den besonderen Charakter der literarischen Quelle, die mit einer Verspätung von fünf bis sieben Jahrzehnten, die zwischen Erleben und Niederschrift liegen, Kindheit rekonstruiert.

Anmerkungen

1 Großes Universal-Lexikon aller Wissenschaften und Künste welche bisher durch menschlichen Verstand und Witz erfunden worden, Bd. 15, Halle/Leipzig 1737, Sp. 641.
2 Lloyd de Mause, Editor's Foreword. The History of Childhood: The Base for Psychohistory, in: History of Childhood Quarterly, 1 (1973/74), S. 1.
3 Vgl. David Hunt, Parents and children in History, New York/London 1970; Lloyd De Mause, Hg., Hört ihr die Kinder weinen. Eine psychogenetische Geschichte der Kindheit (1974), Frankfurt 1977; E. Shorter, Die Geburt der modernen Familie (1975), Reinbek 1977; Ders., Der Wandel der Mutter-Kind-Beziehungen zu Beginn der Moderne, in: Geschichte und Gesellschaft, 1 (1975). A. Armengaud, La famille et l'enfant en France et en Angleterre du XVIe au XVIIIe siècle, Paris 1975; F. Lebrun, La vie conjugale sous l'ancien régime, Paris 1975; J. L. Flandrin, Familles, Paris 1976. Fortlaufend: History of Childhood Quarterly, 1 (1973/74) ff.; ab 4 (1976/77) unter dem Titel Journal of Psychohistory.
4 Ariès, Geschichte der Kindheit, München 1975, S. 28.
5 Ariès, a.a.O., S. 559. Auf diesen Widerspruch, der die These der nicht-existenten Kindheit bereits sehr stark eingeschränkt, verweist u. a. Hunt, Parents and children in history, S. 34f., 47ff.
6 De Mause, Hört ihr die Kinder weinen, S. 85.
7 Vgl. L. Malson, J. Itard, O. Mannoni, Die wilden Kinder, Frankfurt 1972.
8 Vgl. G. Oestreich, Verfassungsgeschichte vom Ende des Mittelalters bis zum Ende des alten Reiches (Gebhardt, Handbuch der deutschen Geschichte, Bd. 11), München 1974.
9 H. Enters, Die kleine mühselige Welt des jungen Hermann Enters. Erinnerungen eines Amerika-Auswanderers an das frühindustrielle Wuppertal, Wuppertal² 1971, S. 84–85.
10 Allgemeines Landrecht für die Preußischen Staaten von 1794. Textausgabe. Frankfurt, Berlin 1970. 2. Teil, 9. Titel, § 1.

11 Vgl. W. Zorn, Sozialgeschichte 1648–1800, in: H. Aubin, W. Zorn, Hg., Handbuch der deutschen Wirtschafts- und Sozialgeschichte, Bd. 1, Stuttgart 1971, S. 574–607.

12 F. W. A. Bratring, Statistisch-topographische Beschreibung der gesamten Mark Brandenburg (1804–09), Berlin 1968, S. 69–53.

13 K. Blaschke, Bevölkerungsgeschichte von Sachsen bis zur industriellen Revolution, Weimar 1967.

14 G. Franz, Geschichte des deutschen Bauernstandes vom frühen Mittelalter bis zum 19. Jahrhundert, Stuttgart 1970, S. 225–226.

15 F. W. Henning, Dienste und Abgaben der Bauern im 18. Jahrhundert, Stuttgart 1969, S. 173.

16 W. Abel, Die Lage in der deutschen Land- und Ernährungswirtschaft um 1800, in: Jahrbücher für Nationalökonomie und Statistik, 175 (1963), S. 326.

17 H. Mottek, Wirtschaftsgeschichte Deutschlands, Bd. 1, Berlin ⁵1974, S. 351.

18 Vgl. Klaus Schwieger, Das Bürgertum in Preußen vor der französischen Revolution, Diss. Kiel 1971.

19 ALR, 2. Teil, 1. Titel, § 31. „Canton" war die Militärpflicht.

20 Vgl. W. Emmerich, Proletarische Lebensläufe. Autobiographische Dokumente zur Entstehung der zweiten Kultur in Deutschland, 2 Bde., Reinbek 1975.

21 W. Fischer, Soziale Unterschichten im Zeitalter der Frühindustrialisierung, in: Ders., Wirtschaft und Gesellschaft im Zeitalter der Industrialisierung, Göttingen 1972. H. Mauersberg, Wirtschafts- und Sozialgeschichte zentraleuropäischer Städte in neuerer Zeit, Göttingen 1960.

22 Vgl. R. Braun, Industrialisierung und Volksleben. Veränderungen der Lebensformen unter Einwirkung der verlagsindustriellen Heimarbeit in einem ländlichen Industriegebiet (Züricher Oberland) vor 1800, Erlenbach-Zürich/Stuttgart 1960.

23 K. Biedermann, Deutschland im 18. Jahrhundert. Erster Band: Politische, materielle und soziale Zustände, Leipzig 1854, S. 389.

24 A.a.O., S. 389–390.

25 Zit. nach W. Abel, Massenarmut und Hungerkrisen im vorindustriellen Europa. Versuch einer Synopsis. Hamburg/Berlin 1974, S. 183.

26 Ulrich Bräker, Lebensgeschichte und natürliche Abentheuer des armen Mannes im Tockenburg (1789), München 1965, S. 147.

27 Zit. nach Abel, a.a.O., S. 265–257.

28 Abel, a.a.O., S. 397.

29 Die arbeitenden Classen und die Arbeits- und Lohnverhältnisse, in: Jahrbuch für die amtliche Statistik des preußischen Staates, 2 (1867).

30 Vgl. u. a. E. Lederer, J. Marschak, Der neue Mittelstand, in: Grundriß der Sozialökonomik, 9. Abteilung, 1. Teil: Die gesellschaftliche Schichtung im Kapitalismus, Tübingen 1926.

31 G. Hardach, Klassen und Schichten in Deutschland 1848–1970. Probleme einer historischen Sozialstrukturanalyse, in: Geschichte und Gesellschaft, 4 (1977).

32 Th. Geiger, Die soziale Schichtung des deutschen Volkes. Soziographischer Versuch auf demographischer Grundlage (1932), Darmstadt 1967.

33 Stat. Bundesamt, Hg., Bevölkerung und Wirtschaft 1872–1972, Stuttgart 1972, S. 142. Die offiziellen Zahlen für 1882 berichtigt nach W. Hoffmann, F. Grumbach, H. Hesse, Das Wachstum der deutschen Wirtschaft seit der Mitte des 19. Jahrhunderts, Berlin, Heidelberg, New York 1965, S. 183 f.

34 Biedermann, a.a.O., S. 3.

35 W. Köllmann, Bevölkerungsgeschichte 1800–1870, in: H. Aubin, W. Zorn, Hg., Handbuch der deutschen Wirtschafts- und Sozialgeschichte, Bd. 2, Stuttgart 1976, S. 10.

36 Biedermann, a.a.O., S. 387–401.

37 Systematische Vergleiche des Lebensstandards in Deutschland im 18. und 19. Jahrhundert sind noch selten. Vgl. R. Engelsing, Zur Sozialgeschichte deutscher Mittel- und Unterschichten, Göttingen 1973. D. Saalfeld, Handwerkseinkommen in Deutschland vom ausgehenden 18. bis zur Mitte des 19. Jahrhunderts. Ein Beitrag zur Bewertung von Handwerkerlöhnen in der Übergangsperiode zum industriellen Zeitalter, in: W. Abel, Hg., Handwerksgeschichte in neuer Sicht, Göttingen 1970.

38 B. Hildebrand, Die Nationalökonomie der Gegenwart und Zukunft (1848), Jena 1922, S. 147–148.

39 A. V. Desai, Real Wages in Germany 1871–1913, Oxford 1968.

40 D. Claessens, Familie und Wertsystem. Eine Studie zur „zweiten, sozio-kulturellen Geburt" des Menschen, Berlin 1962, S. 153.

41 P. Chaunu, Le tournant du monde plain, in: Revue d'Histoire Économique et Sociale, 53 (1975). Ders., Histoire, science sociale, Paris 1974. Vgl. als eindringliches Beispiel E. Le Roy Ladurie, Montaillou, village occitan, de 1294 á 1324, Paris 1975.

42 Vgl. E. Shorter, Die Geburt der modernen Familie, Reinbek 1977.

43 Vgl. D. Schwab, Familie, in: O. Brunner, W. Conze, R. Kosellek, Hg., Geschichtliche Grundbegriffe. Historisches Lexikon zur politisch-sozialen Sprache in Deutschland, Bd. 2, Stuttgart 1975.

44 Schwab, a.a.O., S. 264.

45 Schwab, a.a.O., S. 279.

46 Vgl. W. Abel, Massenarmut und Hungerkrisen im vorindustriellen Deutschland, Göttingen 1972, S. 30, 50f.

47 Allgemeines Landrecht für die Preußischen Staaten von 1794. Textausgabe, Frankfurt, Berlin 1970, 1. Teil, 1. Titel §§ 3–4.

48 ALR, 2. Teil, 2. Titel, § 70. Für die altersspezifischen Abstufungen: 1. Teil, 1. Titel, §§ 25–26.

49 ALR, 2. Teil, 2. Titel, §§ 121–122.

50 ALR, 2. Teil, 7. Titel, §§ 125–126.

51 H. Rosenbaum, Hg., Familie und Gesellschaftsstruktur. Materialien zu den sozioökonomischen Bedingungen von Familienformen, Frankfurt 1974; I. Weber-Kellermann, Die deutsche Familie. Versuch einer Sozialgeschichte, Frankfurt 1974; Dies., Die Familie, Geschichte, Geschichten und Bilder, Frankfurt 1976.

52 G. Oestreich, Strukturprobleme des europäischen Absolutismus, in: Ders., Geist und Gestalt des frühmodernen Staates, Berlin 1969.

53 Vgl. zum bürgerlichen Familienbegriff Schwab, a.a.O., S. 287ff.

54 Vgl. Wilhelm Heinrich Riehl, Die Familie, 1854.

55 Wilhelm von Kügelgen, Lebenserinnerungen des Alten Mannes in Briefen an seinen Bruder Gerhard 1840–1867, bearbeitet und herausgegeben von Paul Siegwart von Kügelgen und Professor Dr. Johannes Werner, Leipzig 1925, S. 63f.

56 Hedwig von Bismark, Erinnerungen aus dem Leben einer 95jährigen, Halle 1921, S. 137.

57 Wilhelm von Kügelgen, Lebenserinnerungen des Alten Mannes in Briefen an seinen Bruder Gerhard, S. 109.

58 Friedrich Paulsen, Aus meinem Leben. Jugenderinnerungen, Jena 1909.

59 Franz Rehbein, Das Leben eines Landarbeiters, Darmstadt, Neuwied 1973, S. 149.

60 Peter Lübke, Aus dem Leben eines Volksschullehrers, in: Wilhelm Lübke, Lebenserinnerungen, Berlin 1891, S. 14 ff.

61 Rehbein, Leben eines Landarbeiters, S. 58.

62 Vgl. Otto Rühle, Das proletarische Kind. Eine Monographie, München 1911.

63 Lily Braun, Frauenarbeit und Hauswirtschaft, Berlin 1901, S. 11 ff.

64 E. A. Wrigley, Bevölkerungsstruktur im Wandel. Methoden und Ergebnisse der Demographie, München 1969, S. 169.

65 Rühle, Das proletarische Kind, S. 52–53.

66 Stat. Bundesamt, Hg., Bevölkerung und Wirtschaft 1872–1972, Stuttgart 1972, S. 112.

67 A. Peiper, Chronik der Kinderheilkunde, Leipzig 1965, S. 298.

68 R. H. Bremner, Hg., Children and Youth in America. A documentary History, 3. Bde., Cambridge (Mass.) 1970, Bd. 1, S. 103.

69 K. Lüscher, Perspektiven einer Soziologie der Sozialisation, in: Zeitschrift für Soziologie, 4 (1974), S. 363.

70 Schack Fluurs Jugendgeschichte. Ein Beitrag zur Erfahrungsseelenkunde, von C. F. Pockels, in: Magazin zur Erfahrungsseelenkunde, Bd. 4, 2. Stück, Berlin 1786, S. 109.

71 G. L. Kriegk, Deutsches Bürgertum im Mittelalter. Nach urkundlichen Forschungen und mit besonderer Beziehung auf Frankfurt am Main, Frankfurt 1868, S. 146.

72 J. Kuczynski, Studien zur Geschichte der Lage des arbeitenden Kindes in Deutschland von 1700 bis zur Gegenwart, Berlin 1968, S. 26.

73 Zit. nach Kuczynski, a.a.O., S. 90 f.

74 Zit. nach Kuczynski, a.a.O., S. 92.

75 Kuczynski, a.a.O., S. 100 f.

76 Vgl. W. Siebert, Kinder- und Jugendarbeitsschutz, in: Handwörterbuch der Sozialwissenschaften, Bd. 5, Stuttgart, Tübingen, Göttingen 1956.

77 Kuczynski, a.a.O., S. 135.

78 Vgl. H. Arend, Kleine weiße Sklaven, Berlin-Charlottenburg o. J. (1913).

79 Gesetz zum Schutz der arbeitenden Jugend. Vom 12. April 1976. BGBl. 1976 I S. 965.

80 Statistisches Bundesamt, Hg., Bevölkerung und Wirtschaft 1872–1972, S. 98.

81 Marie-Luise Könneker, Hg., Kinderschaukel. Ein Lesebuch zur Geschichte der Kindheit in Deutschland 1745–1860, Bd. 1, S. 11.

82 H. Muchow, Jugend und Zeitgeist. Morphologie der Kulturpubertät, Reinbek 1962, S. 72.

83 W. J. Goode, Industrialization and family change, in: B. F. Hoselitz, W. E. Moore, Hg., Industrialization and society, Paris, Den Haag 1966, S. 239.

84 Vgl. D. Saalfeld, Die Wandlungen der Preis- und Lohnstruktur während des 16. Jahrhunderts in Deutschland, in: W. Fischer, Hg., Beiträge zu Wirtschaftswachstum und Wirtschaftsstruktur im 16. und 19. Jahrhundert, Berlin 1971, S. 20. K. Blaschke, Zur Bevölkerungsgeschichte Sachsens vor der industriellen Revolution, in: Beiträge zur Deutschen Wirtschafts- und Sozialgeschichte des 18. und 19. Jahrhunderts, Berlin 1962, S. 140.

85 Arthur E. Imhof, Einführung in die Historische Demographie, München 1977; Ders., Hg., Historische Demographie als Sozialgeschichte. Gießen und Umgebung vom 17. zum 19. Jahrhundert, 2 Bde., Darmstadt, Marburg 1975; M. Mitterauer, R. Sieder, Vom Patriachat zur Partnerschaft. Zum Strukturwandel der Familie, München 1977; P. Laslett, R. Wall, Hg., Household and family in past time, Cambridge 1972.

86 E. A. Wrigley, Bevölkerungsstruktur im Wandel. Methoden und Ergebnisse der Demographie, München 1969, S. 184 f.
87 Vgl. H. Medick, Zur strukturellen Funktion von Haushalt und Familie im Übergang
  von der traditionellen Agrargesellschaft zum industriellen Kapitalismus: die protoin-
  dustrielle Familienwirtschaft, in: W. Conze, Hg., Sozialgeschichte der Familie in der
  Neuzeit Europas, Stuttgart 1976.
88 H. von Hentig, Vorwort, in: P. Ariès, Geschichte der Kindheit, München 1975, S. 15.
89 Carl Friedrich Bahrdt, Geschichte seines Lebens, seiner Meinungen und Schicksale. Hg.
  F. Hasselberg, Berlin 1922, S. 272 f.
90 A. E. Imhof, Die namentliche Auswertung der Kirchenbücher. Die Familien von Gießen 1631–1730 und Heuchelheim 1691–1900, in: Ders., Hg., Historische Demographie
  als Sozialgeschichte, Darmstadt, Marburg 1975, S. 315.
91 Stat. Bundesamt, Hg., Bevölkerung und Wirtschaft 1872–1972, S. 105.
92 J. Kulischer, Allgemeine Wirtschaftsgeschichte des Mittelalters und der Neuzeit (1928),
  München ³1965, Bd. 2, S. 24.
93 Vgl. J. T. Noonan, Contraception. A History of its Treatment by the Catholic Theolo-
  gians and Canonists, Cambridge 1965.
94 Imhof, Die namentliche Auswertung der Kirchenbücher, S. 477 ff.
95 Schack Fluurs Jugendgeschichte. Ein Beitrag zur Erfahrensseelenkunde, von C. F. Pok-
  kels, in: Magazin zur Erfahrensseelenkunde, Bd. 4, 2. Stück, Berlin 1786, S. 104 f.
96 Imhof, Die namentliche Auswertung der Kirchenbücher, S. 350 f.
97 Ders., a.a.O., S. 357.
98 Kulischer, Allgemeine Wirtschaftsgeschichte des Mittelalters und der Neuzeit, Bd. 2,
  S. 9.
99 P. Guillaume, J.-P. Poussou, Démographie historique, Paris 1970, S. 177.
100 E. Shorter, Der Wandel der Mutter-Kind-Beziehung zu Beginn der Moderne, in: Geschichte und Gesellschaft, 1 (1975), S. 286.
101 Vgl. P. Laslett, The world we have lost, London 1971, S. 108. Guillaume, Poussou, Démographie historique, Paris 1970, S. 186.
102 Eingehend über Todesahnungen von Schwangeren und anderen Personen wird berichtet im: K. Ph. Moritz u. a. Hg., Magazin zur Erfahrungsseelenkunde, Berlin 1783 ff.
103 Ariès, Geschichte der Kindheit, S. 99.
104 I. Pinchbeck, M. Hewitt, Kindheit und Familie im vorrestaurativen England, in:
  H. Rosenbaum, Hg., Familie und Gesellschaftsstruktur, Frankfurt 1974, S. 152.
105 K. Lüscher, Perspektiven einer Soziologie der Sozialisation. Die Entwicklung der Rolle
  des Kindes, in: Zeitschrift für Soziologie, 4 (1974), S. 363.
106 E. Shorter, Der Wandel der Mutter-Kind-Beziehungen zu Beginn der Moderne, in:
  Geschichte und Gesellschaft, 1 (1975), S. 286 f.
107 I. Pinchbeck, M. Hewitt, Children in English Society. From Tudor Times to the
  Eigtheenth Century, Bd. 1, London 1969, S. 302.
108 Lloyd De Mause, Hg., Hört ihr die Kinder weinen. Eine psychogenetische Geschichte
  der Kindheit, Frankfurt 1977, S. 12.
109 David Hunt, Parents and Children in History, New York, London 1970.
110 E. A. Wrigley, Bevölkerungsstruktur im Wandel, S. 169 f.
111 A. Peiper, Chronik der Kinderheilkunde, Leipzig 1965, S. 537.
112 Ders., a.a.O., S. 546.
113 Vgl. P. Goubert, Le régime démographique français au temps de Louis XIV, in: E. La-
  brousse u. a., Hg., Histoire économique et sociale de la France, Paris 1970, S. 28.

114 Vgl. z. B. Karl Friedrich von Klödens Jugenderinnerungen. Hg. von Karl Koetschau, Leipzig 1911, S. 26 f., Ulrich Bräcker, Der arme Mann im Trockenburg, München 1965, S. 149. Liselotte von der Pfalz, Briefe, Frankfurt, Wien, Zürich 1966, S. 24 und 300.

115 R. Braun, Industrialisierung und Volksleben, Veränderungen der Lebensformen unter Einwirkung der verlagsindustriellen Heimarbeit in einem ländlichen Industriegebiet (Züricher Oberland) vor 1800, Winterthur 1960.

116 A.a.O., S. 132.

117 Karl Friedrich Burdach, Rückblick auf mein Leben, Selbstbiographie. Leipzig 1848, S. 83 f.

118 Zit. nach H. Bremner, Hg., Children and Youth in America. A documentary History, 3 Bde., Cambridge (Mass.) 1970, Bd. 1, S. 25.

119 Vgl. Georg Misch, Geschichte der Autobiographie. Bd. IV, 2. Hälfte (Von der Renaissance bis zu den autobiographischen Hauptwerken des 18. und 19. Jahrhunderts), Frankfurt 1969.

120 Karl Philipp Moritz, Aussichten zu einer Experimentalseelenlehre, Berlin 1782.

121 Zit. nach H. Glagau, Die moderne Selbstbiographie als historische Quelle, Marburg 1903, S. 35.

122 Zit. nach Glagau, a.a.O., S. 36.

123 Zit. nach Glagau, a.a.O., S. 35 f.

124 Aus einem Brief an J. H. Meyer (Weim. A. Briefe Bd. XI, 54 f., 18. April 1796), zit nach Glagau, a.a.O., Anmerkung 1.

125 Marianne Beyer-Fröhlich, Die Entwicklung der deutschen Selbstzeugnisse, Leipzig 1930, S. 239.

126 Roy Pascal, Die Autobiographie. Gehalt und Gestalt, Stuttgart 1965, S. 74.

127 Vgl. Georg Bollenbeck, Zur Theorie und Geschichte der frühen Arbeiterlebenserinnerungen, Kronberg 1976.

128 Pascal, a.a.O., S. 146 f.; T. Klaiber, Die deutsche Selbstbiographie, Stuttgart 1921, S. 328.

129 U. Münchow, Frühe deutsche Arbeiterbiographien, Berlin 1973.

130 W. Emmerich, Hg., Proletarische Lebensläufe, 2 Bde., Reinbeck 1975, Bd. 1, S. 24.

131 Pascal, a.a.O., S. 104.

132 Pascal, a.a.O., S. 106.

133 K. Ph. Moritz, Revision der drei ersten Bände dieses Magazins, in: Magazin zur Erfahrungsseelenkunde, Bd. 4, 3. Stück, Berlin 1786, S. 14 f.

134 Beyer-Fröhlich, a.a.O., S. 241 f.

135 Vgl. Wolfram Fischer, Arbeitermemoiren als Quellen für Geschichte und Volkskunde der industriellen Gesellschaft, in: Ders., Wirtschaft und Gesellschaft im Zeitalter der Industrialisierung, Göttingen 1972.

136 S. Freud, Zur Psychopathologie des Alltagslebens, Frankfurt 1975, S. 45.

137 H. Nickel, Entwicklungspsychologie des Kindes- und Jugendalters, Bd. 1, Bern, Stuttgart, Wien 1975, S. 223.

138 Nickel, a.a.O., S. 223 f.

139 Vgl. Ursula Gray, Das Bild des Kindes im Spiegel der altdeutschen Dichtung und Literatur. Bern, Frankfurt 1974, S. 161 f. Ploss, Das Kind in Brauch und Sitte der Völker, Stuttgart 1876, Bd. 2, S. 242 f.

140 z. B. im Allgemeinen Landrecht für die preußischen Staaten von 1794, 1. Teil, 1. Titel, § 25.

ERSTER TEIL: 18. JAHRHUNDERT

I. Bäuerliche Kinder im 18. Jahrhundert

Georg Melchior Kraus (1737–1806), Stehende junge Bäuerin, mit einem Kind auf dem Arm, (Städelsches Kunstinstitut, Frankfurt/M.).

1

2

3

4

Ulrich Bräker

Ulrich Bräker, geboren 1735, schrieb seine Erinnerungen im Jahre 1785. Er war Baumwollgarnhändler und verdiente nur mit Mühe genug, um sich und die Seinen zu erhalten. Seine Bildung hatte er sich als Autodidakt erworben.

Die Autobiographie, in der Bräker seinen Kindern von seinem Leben berichtet, wurde erstmals 1789 von dem Verleger H. H. Füßli herausgegeben.

Bezugspersonen, materielle und soziale Umwelt, Lernen, Spiel, Arbeit

Ulrich Bräker wurde 1735 im Tockenburg (Schweiz) geboren als erstes Kind eines Kleinbauern und Salpetersieders; über seinen Vater schreibt er:

„Mein Vater war seine Tage ein armer Mann; auch meine ganze Freundschaft hatte keinen reichen Mann aufzuweisen . . . Alle unsre Freunde und Blutsverwandte sind unbemittelte Leuthe, und von allen unsern Vorfahren hab' ich nichts anders gehört. Fast von keinem, der das geringste Aemtli bekleidete."[1]

„Für mich ein wichtiger Tag. Ich sey ein Bischen zu früh auf der Welt erschienen, sagte man mir. Meine Eltern mußten sich dafür verantworten. – Mag seyn, daß ich mich schon im Mutterleibe nach dem Tageslichte gesehnt habe – und dieß nach dem Licht sehnen geht mir wohl all mein Tage nach! Daneben war ich die erste Kraft meines Vaters – und Dank sey ihm unter der Erde, von mir auch dafür gesagt! Er war ein hitziger Mann, voll warmen Blutes. O ich habe schon tausendmal drüber nachgedacht, und mir bisweilen einen andern Ursprung gewünscht, wenn flammende Leidenschaften in meinem Busen tobten, und ich den heftigsten Kampf mit ihnen bestehen mußte. Aber, sobald Sturm und Wetter vorbey war, dankt' ich ihm doch wieder, daß er mir sein feuriges Temperament mitgetheilt hat, womit ich unzählige schuldlose Freuden lebhafter als so viele andere Leuthe geniessen kann. Genug, an diesem 22. Dez. kam ich ans Tageslicht. Mein Vater sagte mir oft: Er habe sich gar nicht über mich gefreut: Ich sey ein armes elendes Geschöpf gewesen; nichts als kleine Beinerchen, mit einem verschrumpften Häutgen überzogen; Und doch hätt' ich Tag und Nacht ein gräßliches Zettergeschrey erhoben, das man bis ins Holz hören konnte, u. s. f. Er hat mich oft recht bös damit gemacht. Dachte: Ha, ich werd's auch gemacht haben, wie andere neugeborne Kinder! Aber die Mutter gab ihm allemal Beyfall. Nun, es kann seyn.

Am H. Weihnachtstag ward ich getauft, in Wattweil; und ich freute mich schon oft, daß es gerad an diesem Tage geschah, da wir die Geburt unsers Hochgelobten

Erlösers feyern. Und wenn's eine einfältige Freude ist, was macht's – giebt's doch gewiß noch viel kindischre? H. G. H. von Kapel aus der Au, und A. M. M. aus der Schamatten, waren meine Taufpathen; Er ein feuriger reicher Junggesell, Sie eine bemittelte hübsche Jungfer. Er starb ledig; sie lebt noch im Wittwenstand.

In meinen ersten Lebensjahren mag ich wohl ein wenig verzärtelt worden seyn, wie's gewöhnlich mit allen ersten Kindern geht. Doch wollte mein Vater schon frühe genug mit der Ruthe auf mich dar; aber die Mutter und Großmutter nahmen mich in Schutz. Mein Vater war wenig daheim; er brennte hie und da im Land und an benachbarten Orten Salpeter. Wenn er dann wieder nach Hause kam, war er mir fremd. Ich floh ihn. Dies verdroß den guten Mann so sehr, daß er mich mit der Ruthe zahm machen wollte. (Diese Thorheit begehen viele neuangehende Väter, und fodern nämlich von ihren ersten Kindern aus pur lauter Liebe, daß sie eine eben so zärtliche Neigung gegen sie wie gegen ihre Mütter zeigen sollten. Und so hab' ich auch bey mir und viel andern Vätern wahrgenommen, daß sie ihre Erstgeborenen unter einer ungereimt scharfen Zucht halten, die dann bis zu den letzten Kindern nach und nach völlig erkaltet.)[2]

Bräker berichtet über das Jahr 1738:

„Gewiß kann ich mich so weit hinab – oder hinauf – wo nicht gar bis auf mein zweytes Lebensjahr zurückerinnern. Ganz deutlich besinn' ich mich, wie ich auf allen Vieren einen steinigten Fußweg hinabkroch, und einer alten Baase durch Gebehrden Aepfel abbettelte. – Ich weiß gewiß, daß ich wenig Schlaf hatte – daß meine Mutter, um hinter den Großeltern einen geheimen Pfennig zu verdienen, des Nachts verstohlener Weise beym Licht gesponnen – daß ich dann nicht in der Kammer allein bleiben wollte, und sie darum eine Schürze auf den Boden spreiten mußte, mich nackt darauf setzte, und ich mit dem Schatten und ihrer Spindel spielte. – Ich weiß, daß sie mich oft durch die Wiese auf dem Arm dem Vater entgegentrug; und daß ich dann ein Mordiogeschrey anfieng, sobald ich ihn erblickte, weil er mich immer rauh anfuhr, wenn ich nicht zu ihm wollte. Seine Figur und Geberden die er dann machte, seh' ich jetzt noch wie lebendig vor mir. [. . .]

Um diese Zeit waren alle Lebensmittel wohlfeil; aber wenig Verdienst im Lande. Die Theuerung und der Zwölferkrieg waren noch in frischem Angedenken. Ich hörte meine Mutter viel davon erzählen, das mich zittern und beben machte. Erst zu End der Dreyßigerjahre ward das Baumwollenspinnen in unserm Dorf eingeführt; und meine Mutter mag eine von den ersten gewesen seyn, die Löthligarn gesponnen. (Unser Nachbar, A. F. trug das erste um einen Schilling Lohn an den Zürchsee, bis er eine eigne Dublone vermochte. Dann fieng er selber an zu kaufen, und verdiente nach und nach etlich tausend Gulden. Da hörte er auf, setzte sich zur Ruhe, und starb.) In meinen Kinderjahren sind auch die ersten Erdapfel in unserm Ort gepflanzt worden."[3]

Über die Nachbarn im Näbis:

„Der Näbis liegt im Berg, ob Scheftenau. Von Kapel hört man die Glocke läuten und schlagen. Es sind nur zwey Häuser. Die aufgehnde Sonne strahlt beyden gerad in die Fenster. Meine Großmutter und die Frau im andern Haus waren zwo

Schwestern; fromme alte Mütterle, welche von andern gottseligen Weibern in der Nachbarschaft fleißig besucht wurden. Damals gab es viel fromme Leuthe daherum. Mein Vater, Großvater, und andre Männer, sahen's zwar ungern; durften aber nichts sagen, aus Furcht sie könnten sich versündigen. Der Bätbeele war ihr Lehrer (seinem Bruder sagte man Schweerbeele), ein grosser langer Mann, der sich nur vom Kuderspinnen* und etwas Allmosen nährte. In Scheftenau war fast in jedem Haus eins, das ihm anhieng. Meine Großmutter nahm mich oft mit zu diesen Zusammenkünften. Was eigentlich da verhandelt wurde, weiß ich nicht mehr; nur so viel, daß mir dabey die Weil verzweifelt lang war. Ich mußte mäuslinstill sitzen, oder gar knieen. Dann gab's unaufhörliche Ermahnungen und Bestrafungen von den Baasen allen, die ich so wenig verstuhnd als eine Katze. Dann und wann aber stahl mich mein Großvater zum voraus weg, und mußt' ich mit ihm in den Berg, wo unsre Kühe waideten. Da zeigte er mir allerley Vögel, Käfer und Würmchen, dieweil er die Matten säuberte, oder junge Tännchen, den wilden Seevi,** u. s. f. ausraufte. Wenn er dann alles an einen Haufen warf, und's bey einbrechendem Abend anzündete, da war's mir erst recht gekocht. Anderer Buben, die etwa dabey seyn mochten, erinnere ich mich nicht mehr, wohl aber etlicher halberwachsener Meidlinen, die mit mir spielten. Ich gieng damals in mein sechstes Jahr; hatte schon zwey Brüder und eine Schwester, von denen es hieß, daß eine alte Frau sie in einer Butte gebracht."[4]

Und über das Jahr 1741:

„Mein Vater hatte einen Wanderungsgeist, der zum Theil auch auf mich gekommen ist. In diesem Jahr kaufte er ein groß Gut (für 8. Kühe Sömmer- und Winterung), Dreyschlatt genannt, in der Gemeind Krynau, zu hinderst in einer Wildniß, nahe an den Alpen. Das nicht halb so grosse Gütchen im Näbis hingegen verkaufte er dafür: Weil er (wie er sagte) sah, daß ihn eine grosse Haushaltung anfallen wolle; damit er für viele Kinder Platz und Arbeit genug hätte; auch daß er sie in dieser Einöde nach seinem Willen erziehen könnte, wo sie vor der Verführung der Welt sicher wären. Auch rieth der Großvater, der von Jugend an ein starker Viehmann war, sehr dazu. Aber mein guter Aeti verband sich den unrechten Finger, und watete sich, da er an das Gut nichts zu geben hatte, in einen Schuldenlast hinein, unter welchem er nachwerts 13. Jahre lang genug seufzen mußte. Also im Herbst 41. züngelten wir mit Sack und Pack ins Dreyschlatt. Mein Großäti war Senn; Ich jagte die Kühe nach; Mein Bruder G. nur 20. Wochen alt, ward in einem Korb hingetragen. Mutter und Großmutter, mit den zwey andern Kindern kamen hinten nach; und der Vater, mit dem übrigen Plunder, beschloß den Zug."[5]

Bräker berichtet über die folgenden Jahre:

„Unsre Haushaltung vermehrte sich. Es kam alle zwey Jahre geflissentlich ein Kind; Tischgänger genug, aber darum noch keine Arbeiter. Wir mußten immer viel Taglöhner haben. Mit dem Vieh war mein Vater nie recht glücklich; es gab immer etwas krankes. Er meinte, die starken Kräuter auf unsrer Waid seyen nicht

* Kuder = Werg.
** Wacholder.

wenig Schuld daran. Der Zins überstieg alle Jahr die Losung. Wir reuteten viel Wald aus, um mehr Mattenland, und Geld von dem Holz zu bekommen; und doch kamen wir je länger je tiefer in die Schulden, und mußten immer aus einem Sack in den andern schleufen. Im Winter sollten ich, und die ältesten welche auf mich folgten, in die Schule; aber die dauerte zu Krynau nur 10. Wochen, und davon giengen uns wegen tiefem Schnee noch etliche ab. Dabey konnte man mich schon zu allerley Nutzlichem brauchen. Wir sollten anfangen, Winterszeit etwas zu verdienen. Mein Vater probierte aller Gattung Gespunst: Flachs, Hanf, Seiden, Wollen, Baumwollen; auch lehrte er uns letztre kämbeln, Strümpfstricken, u. d. g. Aber keins warf damals viel Lohn ab. Man schmälerte uns den Tisch, meist Milch und Milch; ließ uns lumpen und lempen, um zu sparen. Bis in mein sechszehntes Jahr gieng ich selten, und im Sommer baarfuß in meinem Zwilchröcklin zur Kirche. Alle Frühjahr mußte der Vater mit dem Vieh oft weit nach Heu fahren, und es theuer bezahlen.

Indessen kümmerte mich alle dieß um kein Haar. Auch wußt' ich eigentlich nichts davon, und war überhaupt ein leichtsinniger Bube, wie's je einen gab. Alle Tag dacht' ich dreymal ans Essen, und damit aus. Wenn mich der Vater nur mit langanhaltender oder strenger Arbeit verschonte, oder ich eine Weile davonlaufen konnte, so war mir alles recht. Im Sommer sprang ich in der Wiese und an den Bächen herum, riß Kräuter und Blumen ab, und machte Sträusse wie Besen; dann durch alles Gebüsch, den Vögeln nach ,kletterte auf die Bäume, und suchte Nester. Oder ich las ganze Haufen Schneckenhäuslein oder hübsche Stein zusammen. War ich dann müd', so setzt' ich mich an die Sonne, und schnitzte zuerst Hagstecken, dann Vögel, und zuletzt gar Kühe; denen gab ich Namen, zäunt' ihnen eine Waid ein, baut' ihnen Ställe, und fütterte sie; verhandelte dann bald dies bald jenes Stück, und machte immer wieder schönere. Ein andermal richtete ich Oefen und Feuerherd auf, und kochte aus Sand und Lett einen saubern Brey. Im Winter wältzt' ich mich im Schnee herum, und rutschte bald in einer Scherbe von einem zerbrochenen Napf, bald auf dem blossen Hintern, die Gähen hinunter. Das trieb ich dann alles so, wie's die Jahrszeit mitbrachte, bis mir der Vater durch den Finger pfiff, oder ich sonst merkte, daß es Zeit über Zeit war. Noch hatt' ich keine Cameraden; doch wurd' ich in der Schule mit einem Buben bekannt, der oft zu mir kam, und mir allerhand Lappereyen um Geld anbot, weil er wußte, daß ich von Zeit zu Zeit einen halben Batzen zu Trinkgeld erhielt. Einst gab er mir ein Vogelnest in einem Mausloch zu kaufen. Ich sah täglich darnach. Aber eines Tags waren die Jungen fort; das verdroß mich mehr als wenn man dem Vater alle Küh gestohlen hätte. Ein andermal, an einem Sonntag, bracht' er Pulver mit – bisher kannt' ich diesen Höllensamen nicht – und lehrte mich Feuerteufel machen. Eines Abends hatt' ich den Einfall: Wenn ich auch schiessen könnte! Zu dem End' nahm ich eine alte eiserne Brunnröhre, verklebte sie hinten mit Leim, und machte eine Zündpfanne auch von Leim; in diese that ich dann das Pulver, und legte brennenden Zunder daran. Da's nicht losgehen wollte, blies ich . . . Puh: Mir Feuer und Leim alles ins Gesicht. Dieß geschah hinterm Haus; ich merkte wohl, daß ich was unrechtes that. Inzwischen kam meine Mutter, die den Klapf gehört hatte, herunter.

Ich war elend bleßirt. Sie jammerte, und half mir hinauf. Auch der Vater hatte oben in der Waide die Flamm gesehen, weils fast Nacht war. Als er heimkam, mich im Bett antraf, und die Ursache vernahm, ward er grimmig böse. Aber sein Zorn stillte sich bald, als er mein verbranntes Gesicht erblickte. Ich litt grosse Schmerzen. Aber ich verbiß sie, weil ich sonst fürchtete, noch Schläge oben drein zu bekommen, und wußte daß ich solche verdient hätte. Doch mein Vater empfand wohl, daß ich Schläge genug habe. Vierzehn Tage sah' ich keinen Stich; an den Augen hatt' ich kein Häärlein mehr. Man hatte grosse Sorgen wegen dem Gesicht. Endlich ward's doch allmälig und von Tag zu Tag wieder besser. Jetzt, sobald ich vollkommen hergestellt war, machte der Vater es mit mir, wie Pharao mit den Israeliten, ließ mich tüchtig arbeiten, und dachte: So würden mir die Possen am beßten vergehen. Er hatte Recht. Aber damals konnt' ich's nicht einsehen, und hielt ihn für einen Tyrann, wenn er mich so des Morgens früh aus dem Schlaf nahm, und an das Werk musterte. Ich meinte, das wär' eben nicht nöthig; die Kühe gäben ja die Milch von sich selber."[6]

Mit ungefähr acht Jahren wurde Ulrich Bräker Geißbube.

Anmerkungen

1 Ulrich Bräker, Der arme Mann im Tockenburg (1789), München 1965, S. 13f.
2 A.a.O., S. 15f.
3 A.a.O., S. 16f.
4 A.a.O., S. 19f.
5 A.a.O., S. 20
6 A.a.O., S. 24ff.

Johann Baptist Schad

Johann Baptist Schad, geboren 1758, war Professor der Philosophie. Der ehemalige Benediktinermönch widmete seine
Autobiographie „Fürsten, Staatsmännern, Religionslehrern
und Erziehern".

Bezugspersonen, materielle und soziale Umwelt

„Ich ward im Jahre 1758 den 20sten November zu Münsbach, einem Dorfe, damals zum würzburger Lande gehörig, und im Itzgrunde, einer sehr fruchtbaren
und romantischen Gegend zwischen Bamberg und Coburg liegend, geboren.
Meine Aeltern trieben Ackerbau, Bäckerei und Schenkwirthschaft. Beide waren
von einem streng-moralischen Charakter, den einzigen Punkt der religiösen Toleranz ausgenommen. Aber dieser Fehler kann ihnen nicht zugerechnet werden,
weil er dem Katholicismus wesentlich ist."[1]
Über den Vater wird berichtet:
„Ganz wider sein Verschulden durch eine große Schuldenlast niedergedrückt,
arbeitete er, bei einer ziemlich schwächlichen Gesundheit, rastlos, und genoß
kaum eine dürftige Nachtruhe bloß in der Absicht, damit keiner seiner Gläubiger
einigen Schaden leiden möchte, und er im Stande wäre, seine zahlreichen Kinder
(es waren deren eilf, die größtentheils noch sehr klein waren), nicht nur auf rechtli-
chem Wege zu ernähren, sondern ihnen auch eine Erziehung zu geben, wodurch
sie einst nützliche Staatsbürger und würdige Menschen werden könnten. Mein
Vater hatte beinahe eben so viele Schulden, als sein Haus nebst den dazu gehörigen
Feldstücken nach dem damaligen Preis liegender Güter werth war. Und dennoch
schlug er sich, selbst bei der 1771 eintretenden großen Theurung des Getreides,
mit seiner zahlreichen Familie sehr ehrenvoll durch. Er war so streng ehrlich, daß
er sich um keinen Preis auch nur den geringsten und geheimsten Betrug erlaubte.
Er unterließ auch nicht, seine Kinder bei jeder schicklichen Gelegenheit recht
herzlich zu ermahnen, ja keinem Menschen Unrecht zu thun, keinen im Handel
und Wandel zu betrügen, oder auf irgend eine Weise Jemandem zu schaden. Die
geringsten Fehltritte dieser Art wurden so strenge, so exemplarisch und klug bestraft, daß dem Thäter die Lust, so etwas wieder zu wagen, leicht auf immer vergehen mußte."[2]
„Aeußerst mäßig im Genuß der Lebensmittel, erlaubte er sich nie, wenn er nicht
auf einer Reise war, außer dem Hause den geringsten Aufwand für Essen und
Trinken zu machen. Nur die dringendsten Bedürfnisse wurden berücksichtigt. Ich
kann mich nie erinnern, daß er, um sich zu zerstreuen, eine fremde Schenke besuchte, und auch nur eine Kleinigkeit außer dem Kreise seiner Familie verzehrte.
Auch mit dem, was er im Hause selbst hatte, ging er äußerst sparsam um. Als Bäk-

ker und Schenkwirth, versehen mit weißem Brote, mit Bier, Branntwein, auch nicht selten mit jungem Traubenwein, lebte er beinahe so, als wenn er nichts dergleichen im Hause hätte. Nur selten erlaubte er sich ein halbes Maß Bier; dies geschah gewöhnlich nur, wenn er Abends vom Felde nach Hause kam. Er bearbeitete nämlich seine Felder selbst mit dem größten Fleiße. Nur höchst selten hielt er einen Taglöhner. Da er auch zu Hause viel zu thun hatte, und gewöhnlich nächtlicher Weise seine Bäckerei versah: so kann man sich leicht vorstellen, wie ermüdet und erschöpft er größtentheils vom Felde zurückkam. Und dennoch erlaubte er sich nicht immer die Erquickung durch eine kleine Portion Biers. Branntwein, den er selbst aus allerlei Früchten und Abfällen sehr gut zu bereiten wußte, sah ich ihn nie trinken. Nur kostete er denselben, wenn er einigen Vorrath bereitet hatte, um zu prüfen, wie er gerathen war. Bloß an Sonn- und Feiertagen setzte er Abends etwas mehr Bier auf, weil an dem Genuß desselben seine ganze Familie Antheil nehmen sollte. An solchen Tagen wurde auch etwas Fleisch aufgetischt, und von ihm unter seine Kinder so vertheilt, daß ihm nur wenig übrig blieb. An jedem Genuß ließ er die Seinigen Theil nehmen, und wenn es auch nur ein Käschen war. Nur in den Seinigen und für sie lebend, war ihm selbst die Entbehrung Genuß des Naturgefühls, das sich in jeder Erquickung seiner Kinder befriedigt fand.

Diese Strenge meines Vaters gegen sich selbst in Rücksicht auf sinnlichen Genuß, verbunden mit der sich ergießenden Vaterliebe, auch in Kleinigkeiten, wirkte sehr lehrreich und wohlthätig auf seine Kinder. Ueberzeugt von seiner Bereitwilligkeit, ihnen jeden unschuldigen und angemessenen Genuß, so viel es seine Armuth erlaubte, zu verschaffen, ließen sie sich auch willig die Opfer der Enthaltsamkeit gefallen, die er ihnen vorschrieb. So war nach seiner Vorschrift Wasser das gewöhnliche Getränke seiner Kinder; auch bei der Bedienung der Gäste war es streng verboten, etwas Bier zu trinken, was auch, so viel ich bemerken konnte, sehr genau beobachtet wurde.
[. . .]
Dieser hohe Grad von häuslicher Ehrlichkeit war aber auch zur Erhaltung des Hauswesens schlechthin nöthig. Denn wenn jedes Kind sich täglich auch nur die geringste Kleinigkeit zu entwenden erlaubt hätte, so würde sich mein Vater bei seiner großen Schuldenlast und seiner zahlreichen Familie auf keine Weise haben behaupten können. Er würde in die traurige Nothwendigkeit versetzt worden seyn, Haus und Hof zu verkaufen, wodurch er dann mit den Seinigen in das größte Elend würde gerathen seyn."[3]

In seiner materiellen Bedrängnis rief der Vater übersinnliche Kräfte zur Hilfe: „Diese Bemerkungen mögen hinreichend seyn, meinen Vater, als einen eifrigen Katholiken, zu entschuldigen, daß er im Drange der Noth zu eben solchen Zauberformeln und Zwangsgebeten, dergleichen die sind, welche man bei der Ausspendung der Sacramente und bei verschiedenen Weihungen gebraucht; und denen man nicht nur die Kraft des Teufels-, sondern auch des Gotteszwangs zuschreibt, seine Zuflucht nahm, und sogar auch seine Kinder zum Gebrauche derselben verleitete. Er hatte sich nämlich das sogenannte *Christophorus-* und *Coronagebet* zu verschaffen gewußt. Diese Gebete sollen die Kraft haben, daß auf

eine wunderthätige Art Geld herbeigeschafft werde. Von einigen seiner Gläubiger so hartnäckig geplagt, daß er in Gefahr kam, Haus und Hof verkaufen zu müssen, wodurch er mit seiner zahlreichen Familie in das größte Elend gerathen wäre, machte er einen Versuch zu seiner Rettung dadurch, daß er von seinen Kindern in einem bestimmten Kämmerchen, wo ein kleiner Altar, mit verschiedenen Heiligenbildern geschmückt, stand, jene Gebete einige Male verrichten ließ, in der treuherzigen Hoffnung, daß das Gebet unschuldiger Kinder den Himmel oder die Hölle bestürmen und die nöthigen Geldsummen erobern würde. Da aber diese Gebete keine Wirkung hatten, nahm er seine Zuflucht zum heiligen Rosenkranz, wovon er eine Menge hochgeweihter Exemplare von Bettelmönchen erhalten hatte, welche um die Wette logen, so daß jeder seinem Talisman eine wunderthätigere Wirkung zuschrieb, die der Papst demselben verliehen habe.
[. . .]
Dergleichen Wunderrosenkränze gab nun mein Vater seinen Kindern und befahl ihnen, mit ausgespannten Armen die vorgeschriebene Zahl von dem englischen Gruße und Vaterunser zu beten. In dem Kämmerchen, wo sie beteten, wurde selbst der katholische Gottesdienst, so wie er in den Kirchen gebräuchlich ist, nachgeahmt. Mein ältester Bruder machte den Priester, und gab nach geendigtem Gottesdienste mit einer kleinen Monstranz von Blech den Segen. Obschon nun diese Andachten den Erfolg nicht hatten, daß das Geld, welches mein Vater zur Befriedigung seiner Gläubiger nöthig hatte, durch ein Wunder dem Teufel oder Gott abgetrotzt wurde: so kamen doch bei dergleichen Gelegenheiten zufällig immer solche Umstände mit ins Spiel, welche die Gläubiger meines Vaters bewogen, von ihren ungestümen Forderungen abzugehen. Das bestärkte meinen Vater in dem Glauben, daß das Gebet unschuldiger Kinder immer bei Gott auf irgend eine Weise erhört werde, wenn auch kein Wunder dabei geschehe."[4]

Lernen

„Da mein Vater selbst äußerst thätig war und keine Zeit ohne nützliche Arbeit verstreichen ließ, so gewöhnte er auch frühzeitig seine Kinder dazu, so zwar, daß, wenn es nichts im Hause zu thun gab, die Zeit mit Uebungen des Lesens und Schreibens zugebracht werden mußte. Die kleinen Kinder von drei bis vier Jahren unterrichtete er selbst so weit, daß sie mit fünf Jahren, da er sie in die Schule schickte, schon so ziemlich lesen konnten. Als ein Knabe von sieben Jahren verstand ich schon, fertig in deutscher Sprache zu lesen und zu schreiben; aber auch lateinisch lesen war mir nicht fremd. Da nämlich mein Vater merkte, daß ich eine gute Stimme hatte, und viele Lust zur Musik äußerte, so bat er den Schullehrer, mich im Lateinischlesen und Singen zu unterrichten, was schon in meinem sechsten Jahre geschah. Ich machte in beiden so rasche Fortschritte, daß ich die lateinischen Messen, die mit Instrumentalmusik producirt wurden, mitsang, und auch nicht selten mich in Arien ganz allein hören ließ. Als ich das erste Mal eine Arie in der Kirche sang, bekannte mein Vater zu Hause, daß er sich der Freudenthränen nicht habe enthalten können. Dieses Bekenntniß war der lebhafteste Sporn, mich sowohl im Singen, als auch in allen Gegenständen, die in der Schule gelehrt wurden, immer mehr auszubilden. Als ein Knabe von acht Jahren hatte ich als Bauerssohn mehr gelernt, als gewöhnlich Kinder gebildeter und angesehener Aeltern bei höherem Alter. So geschickt und klug wußte mein Vater, bloß durch gesunden Verstand und Erfahrung geleitet, die natürlichen Anlagen seiner Kinder zu entwickeln, um ihnen Liebe zur Mäßigkeit, Ordnung, Thätigkeit einzuflößen, und sie dadurch eines der größten Güter, selbst bei drückender Armuth, nämlich der Genügsamkeit und Zufriedenheit, mit ihrem Loose theilhaftig zu machen."[5]

Der Vater berechnete Ausgaben und Einnahmen bei seiner „Ökonomie-Verwaltung":

„Diese klugen und edeln Kunstgriffe bei der Führung seines Hauswesens und Gewerbes setzte er öfter seinen Kindern umständlich auseinander, und legte ihnen die bestimmteste Rechnung von seinen Ausgaben und Einnahmen ab, theils, um sie zur strengsten Ehrlichkeit in Beziehung auf Alles, was verkauft und auf irgend eine Weise benutzt werden könnte, zu gewöhnen, und alle Lüsternheit, wodurch sie zu heimlichen Entwendungen konnten gereizt werden, niederzuschlagen; theils auch, um sie zu ihrer künftigen Lebensart und Wirthschaft vorzubereiten, und sie praktisch zu belehren, wie sie es machen müßten, um sich, so viel als möglich ist, vor dem Mangel der nothwendigsten Erhaltungsmittel zu schützen, und mit Ehren den Posten, den einem Jeden die Vorsehung anvertrauen würde, wenn er auch noch so unbedeutend zu seyn schien, zu behaupten."[6]

Der fromme Vater hatte den sehnlichen Wunsch, unter seinen Söhnen einen Priester heranzuziehen.

„Zu diesem Ende suchte er mich auch mit der hohen Bestimmung dieses Standes bekannt zu machen und einige entfernte Anstalten dazu zu treffen. Er kaufte einige lateinische Bücher, damit ich einstweilen lateinisch lesen und schreiben lernen möchte. Auch mußte ich schon im sechsten Jahre Musik lernen und die gelernten Arien in der Kirche singen. Sobald ich hinreichend lesen gelernt hatte, gab er mir seine schönen Bücher, vorzüglich sein Heiligenlegend von *Cochem*, zu lesen. Meine äußerst lebhafte Phantasie fand in diesem Buche die fruchtbarste und angenehmste Nahrung; und ich wurde so sehr in dasselbe verliebt, daß ich an Sonn- und Feiertagen nicht leicht aus dem Hause zu bringen war und mich einzig mit diesem Lesen belustigte. Ich freuete mich schon die ganze Woche hindurch mit regster Begierde auf diese Seelenweide. Im siebenten Jahre hatte ich nicht nur alle Historienbücher meines Vaters gelesen, sondern ich wußte auch die meisten noch so abenteuerlich verwickelten Geschichten bis auf die kleinsten Umstände Andern zu erzählen. In diesen Geschichten wird oft recht umständlich erzählt, wie der Teufel diesen oder jenen verstockten Ketzer lebendig geholt und in die Hölle geschleppt habe. Darüber freuete ich mich dann recht herzlich. Besonders aber entzückte mich die Geschichte der Höllenfahrt *Luther's*."[7]

Der Vater hielt seine Kinder zur Wohltätigkeit an: zwar war ihnen verboten, ohne Erlaubnis der Eltern etwas wegzugeben, aber sie durften abwechselnd im Auftrage des Vaters Almosen an Arme verteilen.

„Durch so schöne, wahre und fruchtbare Belehrungen suchte mein Vater in den Herzen seiner Kinder nicht nur den lebhaftesten Abscheu gegen alle Ungerechtigkeit zu erregen, sondern auch das heilige Feuer der Menschenliebe und Wohlthätigkeit zu erwecken und zu entflammen, und sie in jeder, ihrem Stande angemessenen, Tugend zu üben. Auch diese Belehrungen gehörten mit zu seinem Zeitvertreibe, besonders an Sonn- und Feiertagen, weil er zu seiner Erholung nicht auszugehen pflegte, und sich nirgendswo besser befand, als in dem Kreise seiner zahlreichen Kinder."[8]
Der Vater lehrte seine Kinder aber auch den Glauben an Hexen und Gespenster.

Spiel

„Kindliche Spiele" werden erwähnt, aber nicht beschrieben.

Arbeit

„Mein Vater hatte im ganzen Hauswesen eine Classification von Geschäften und Arbeiten, die unter den Kindern vertheilt waren, eingeführt. Mit jedem Jahre stieg jedes Kind zu einer höhern Classe. Das brachte eine vollkommene Ordnung in das Hauswesen. Jedes Kind wußte schon, sobald es frühe aufgestanden war, größtentheils, was es den Tag über zu thun hatte. Man gewöhnte sich so zu der bestimmten Arbeit, daß von Seiten der Aeltern kein Zwang, keine Drohung, kein Schelten nöthig war. Es bedurfte oft nur eines Winkes, um jedes Kind unverdrossen bei seiner Arbeit zu sehen. Es hatte auch noch die gute Folge, daß man die höhere Classe von Arbeiten als eine ehrenvolle Auszeichnung ansah, und sich auf das folgende Jahr, da man höher stieg, freuete. Ich wenigstens erinnere mich noch genau, wie sehr mich diese Art von Ehrgeiz belebte. Ich konnte oft die bestimmte Zeit nicht erwarten, da gewisse Arbeiten an mich kamen. So bat ich einst meinen Vater dringend, mir, da ich damals kaum acht Jahre alt war, zu erlauben, daß ich bei der Ernte mit meinen ältern Geschwistern das Getreide abschneiden dürfte. Als es mir erlaubt wurde, ging ich mit Freuden auf einen Gerstenacker, um mit denselben die Arbeit des Schneidens vorzunehmen. Ich wollte dabei meine Schwester, die drei Jahre älter war, als ich, übertreffen, und schnitt daher so eilfertig, daß mir die Sichel in die Spitze des kleinen Fingers der linken Hand fuhr und einen Theil davon abnahm. Nun wurde mir das Getreideschneiden verboten, bis nach der gemachten Eintheilung die Ordnung an mich kommen würde. Aber eine andere Art von Arbeit, zu der ich mich auch zu frühe hingedrängt hatte, wurde mir nicht abgenommen: und das war das Dreschen. Da ich schon mit dem sechsten Jahre anfing, Musik zu lernen, so ergötzte mich vorzüglich der genaue Tact, der beim Dreschen beobachtet wird. Ich wollte daher versuchen, ob ich den Tact bei diesem Geschäfte auch treffen könnte. Ich bat daher meinen Vater um die Erlaubniß, mit dreschen zu dürfen. Als es mir erlaubt wurde, so fand ich mich gleich in den nöthigen Tact, der nach der Anzahl der Dreschenden verschieden ist. Das gefiel mir eine Zeitlang sehr; aber endlich wollte ich doch wieder austreten, was mir aber nicht gestattet wurde. Ich mußte sogar zu Nacht mit aufstehen und an dieser Arbeit Theil nehmen, ob ich gleich kaum acht Jahre alt war."[9]

Der Junge lernte vom Vater den Glauben an Heilige und an deren Wundertätigkeit; in dem kindlichen Arbeitsleben führte das zu Konflikten.

„Durch einen Zufall wurde ich sehr unsanft von dem Altare der Frömmelei herabgeworfen. Mein Vater hatte mich selbst an den Schandpranger gestellt und dem öffentlichen Gespötte der Dorfkinder preisgegeben. Die Begebenheit, die dazu Veranlassung gab, und die Art, wie sich mein Vater dabei betrug, charakterisirt den höchsten Grad der Ehrlichkeit desselben zu genau, und machte auf mich für mein ganzes Leben einen zu bleibenden Eindruck, als daß ich diesen Vorfall nicht auseinander setzen sollte. Mein Vater hatte, wie ich schon bemerkt habe, seine Kinder zu einer beinahe rastlosen Thätigkeit angehalten. Besonders wurde ich in diesem Punkte sehr streng behandelt. Als ich nach *Banz* in der Qualität eines Singknaben kam, war ich noch nicht volle zehn Jahre alt. Und dennoch hatte ich schon in diesem Alter die meisten Bauersarbeiten, selbst einige schwere nicht ausgenommen, mitgemacht. Ich hatte z. B. schon drei Jahre lang das Getreide mit meinen Aeltern und stärkeren Geschwistern ausdreschen müssen. Auch sogar, wenn zu Nacht gedroschen wurde, war ich von dieser Arbeit nicht ausgenommen. Beim Getreideschneiden habe ich mich ein Mal mit der Sichel in einen Finger so schwer verwundet, daß ein Theil der Spitze desselben, abgeschnitten, auf das Feld fiel, wie ich schon bemerkt habe. Als ein Kind von vier Jahren hatte ich eine Heerde junger Gänse zu besorgen, so daß ich sie nicht bloß auf die Weide treiben und daselbst hüten, sondern auch für das nöthige Futter derselben, das auf dem Felde mühsam aufzusuchen war, im Hause sorgen mußte. So mußte ich auch späterhin für das Hornvieh Futter auf dem Felde grasen und in Körben nach Hause tragen, und im Herbste dasselbe auf Wiesen hüten. Sobald ich von der Schule nach Hause kam, war schon eine Arbeit für mich bestimmt, so daß ich nie Ruhe auf längere Zeit genießen durfte.

Einst kam ich an einem heißen Sommertage ganz ermüdet vom Felde, wo ich gegraset hatte, gegen Mittagszeit nach Hause. Aber anstatt mir einige Ruhe zu gönnen, jagte mich meine Mutter wieder auf's Feld, mit dem Befehl, einige Büschel Aehren zu lesen in einer Gegend, wo eben Getreide gebunden wurde. Meine Mutter sagte, das Mittagessen werde erst in einer Stunde fertig und es sei nicht recht, wenn ich diese Zeit mit Müßiggang verschwenden wollte. Traurig ging ich auf das Feld und setzte mich Anfangs unter einem schattenreichen Baume nieder, um ein wenig auszuruhen. Da sah ich mich um und erblickte unter einem anderen Baume drei kleine Büschel gelesener Gerstenähren. Da ich Niemand in der Nähe bemerkte, so vermuthete ich Anfangs, diese Büschel seyen hier niedergelegt und vergessen worden. Es fiel mir dann sogar ein, daß, weil ich so fleißig betete, der liebe Gott mir auf eine wunderbare Weise diese kleine Gabe zugedacht und durch eine unsichtbare Hand niedergelegt hätte, so wie dergleichen Wunder häufig in den Legenden der Heiligen vorkommen. Ich entschloß mich daher, noch eine Zeitlang zu warten und dann, wenn sich kein Eigenthümer zeigte, von dieser mir offenbar bestimmten Gabe Gottes Gebrauch zu machen. Als nun nach ungefähr einer halben Stunde Niemand kam, ergriff ich die Büschel und trug sie ganz andächtig, den Rosenkranz betend und Gott für seine Wundergabe dankend, nach Hause, in dem frommen Wahne, daß er für mich ein ähnliches Wunder, wie ehemals für *Agar*, gewirkt habe. Ich sagte aber meiner Mutter von diesem Wunderwahn kein Wort; sie lobte mich daher wegen meines vermeinten Fleißes recht sehr. Kurz darauf kam ein Knabe des Dorfes, der mir sagte, es hätten mich einige Leute gesehen, daß ich drei Gerstenbüschel, die sein wären, von dem Baume, wo er sie niedergelegt, genommen hätte. Er bat mich daher, ihm die Büschel wiederzugeben, mit der beigefügten Drohung, daß er es sonst meinem Vater sagen würde. Nun war es doch offenbar, daß mir Gott diese Büschel nicht, wie ich vorher wähnte, durch ein Wunder zukommen ließ. Ich hätte also die Büschel, als fremdes Eigenthum, zurückgeben sollen. Allein da ich den Verdacht der Dieberei scheute, so leugnete ich die ganze Sache. Der Knabe verklagte mich also bei meinem Vater, wohl wissend, daß diese Klage die gewünschte Wirkung haben würde, da mein Vater als der ehrlichste Mann im Dorfe bekannt war. Nun wurde ich durch die härtesten Züchtigungen endlich zum Geständniß gebracht. Nach diesem folgte eine frische Prügelsuppe, mit der empfindlichsten Strafpredigt gewürzt. Der Knabe forderte nun frohlockend von meinem Vater seine Gerstenbüschel. Aber mein Vater rief ihn zur Thüre hinaus und gab ihm, ohne daß ich davon etwas vermuthen konnte, den Auftrag, die Dorfjugend zusammen zu rufen, derselben meine begangene Dieberei zu erzählen und sich mit ihr vor unserm Hause zu versammeln. Er würde mir alsdann befehlen, die Büschel selbst durch das Dorf bis an sein Haus zu tragen und da abzugeben. Er sollte mich aber mit der Dorfjugend mit Hohn und Spott durch die Gassen bis an seines Vaters Haus verfolgen. Als mein Vater merkte, daß eine zahlreiche Dorfjugend vor seinem Hause versammelt war, gab er mir nun jenen Befehl. Ich fiel auf die Knie und bat ihn auf das inständigste, mit dieser Beschimpfung mich zu verschonen. Aber es half kein Bitten. Ich wandte mich an meine Mutter und flehete sie in dieser höchsten Noth um Hülfe an; aber auch sie war unerbittlich. Ich mußte also gehorchen. Doch wußte ich noch nichts von dem Auflaufe der Dorfjugend. Ich fiel beinahe in Ohnmacht, als ich diese ganz unerwartete Rotte vor mir sah, die mich mit dem muthwilligsten Spott und Hohngelächter empfing und aus vollem Halse mir zuschreiend: *Aehrendieb, Aehrendieb!* in dem wildesten Triumphe bis an das benannte Haus begleitete und mich dann wieder eben so ehrenvoll zurück führte. Aber die Strafe hatte noch kein Ende. Acht Tage lang mußte ich mein Essen auf der Ofenbank verzehren. Denn Diebe, sagte mein Vater, gehören nicht unter ehrliche Leute."[10]

Der Kontakt zu den anderen Dorfkindern blieb nach diesem Vorfall für immer unterbrochen. Schad flüchtete sich in die Lektüre.

Anmerkungen

1 Johann Baptist Schad's Lebensgeschichte, von ihm selbst beschrieben, Altenburg 1828,
   S. 1
2 A.a.O., S. 2
3 A.a.O., S. 5–8
4 A.a.O., S. 54 ff.
5 A.a.O., S. 10 f.
6 A.a.O., S. 13 f.
7 A.a.O., S. 101 f.
8 A.a.O., S. 28 f.
9 A.a.O., S. 9 f.
10 A.a.O., S. 126–130

Ernst Moritz Arndt

Der Professor in Bonn und patriotische Dichter Ernst Moritz
Arndt, geboren 1769, schrieb seine Erinnerungen im Winter
1839/40, um ein Stück Geschichte festzuhalten.

„Aber auch das Bedürfnis nach Abwehr war stark in dem Kämpfer, dessen reinste Vater-
landsliebe und Königstreue durch schwere Angriffe und Zweifel verdunkelt und verdächtigt
wurde; war Arndt doch zur Zeit der Abfassung seiner Selbstbiographie noch ein entamteter
Mann, durch eine formelle Untersuchung des Lehramts an einer preußischen Universität für
unwürdig befunden."[1]
Die Kindheit, die ungekürzt veröffentlicht wurde, schrieb Arndt aber auch um der Lust
willen, vergangene Dinge wiederzubeleben.

Bezugspersonen

Ernst Moritz Arndt wurde 1769 auf der damals schwedischen Insel Rügen als
zweiter Sohn seiner Eltern geboren. Der Vater war ein Freigelassener, der Sohn
eines Schäfers. Er hatte die Schule besuchen können, wo er rechnen und schreiben
gelernt hatte. Der Herr, Graf Putbus, hatte ihn als Jäger auf Reisen mitgenommen
und später zu seinem Gutsverwalter gemacht.

Der Vater von Ernst Moritz Arndt wird als stattlicher und gewandter Mann geschildert, der als Gleichgestellter mit den Honoratioren der Insel verkehrte.

Die Erziehung des Vaters war hart: „Denn des Unrechts, das ein lieber freundlicher Vater den Kindern ein paarmal mit dem Stock und der Rute angetan hat, und
das nach dem Brauche jener Zeit ein ziemlich allgemeines Unrecht war, will ich
nur kurz gedenken. Dieses Unrecht bestand darin, daß der kleine Trotzkopf, wenn
er gezüchtigt ward, nicht weinen noch viel weniger für die erlittene Strafe sich be-
danken und handküssen wollte; weswegen er in Verhältnis gegen seine tränen-
reicheren Brüder gewöhnlich die doppelte Bescherung erhielt."[2]

Das Erzieherverhalten der Eltern wird folgendermaßen geschildert:
„Unserer gewöhnliches Kinderhausleben ward durch die Sitte der damaligen
Zeit, durch die Umstände der Familie und durch den Charakter der Eltern bestimmt. Die Sitte war damals beides, feierlich und streng, und Kinder und Gesinde
wurden bei aller Freundlichkeit und Gutherzigkeit der Eltern und Herrschaften
immer im gehörigen Abstande gehalten. Es ward selbst in den untern Ständen im
allgemeinen ebensosehr, als man sich jetzt lotterig oder ungezogen gehen läßt,
nach einer gewissen Vornehmigkeit und Zierlichkeit gestrebt. Der Vater war von
Natur zu gleicher Zeit heftig und lebhaft und freundlich und mild, tummelte und
beschäftigte die Jungen meist draußen herum, im Hause aber überließ er sie, wie

es in diesem Alter sein mußte, fast ganz der Mutter. Die Mutter war von Charakter ernst und ruhig und eine Seele, die auf Schein und Genuß gar keinen Wert legte, auch kein Bedürfnis davon hatte. Diese Frau, welche ihre irdischen Sorgen und Geschäfte so treu und eifrig erfüllte, lebte doch fast wenig von irdischer Luft und irdischem Stoff. Kein Kaffee, kein Wein noch Tee ist fast jemals über ihre Lippen gekommen, Fleisch hat sie wenig berührt, sondern sich von Brot, Butter, Milch und Obst ernährt. Dieses mäßige Leben ward auch für die Kinder zur Regel gemacht, und wir älteren Bursche sind fast streng erzogen worden. Ebensowenig ward uns in Beschuhung und Bekleidung Weichlichkeit gestattet. War bei einem Nachbar, auch wohl bei einem Freunde, der wohl auf einer Meile Entfernung von uns wohnte, etwas zu bestellen, der Vater schrieb das Briefchen, das zahme Rößlein ward gesattelt, der Junge draufgesetzt, und ohne Mantel und Überrock, es mochte Sonnenschein oder Regen und Schneegestöber sein, mußte er mit seinem Gewerb' fortgaloppieren. Ja der Vater, noch jung und kräftig, fühlte mit unserer Pimplichkeit kein weichliches Mitleid. Fuhr er im Winter stundenweit mit klingendem Einspännerschlitten zu Verwandten oder Freunden, so mußten die älteren Buben zur Seite oder hinten aufhocken und, wenn sie fror, nebenbei springen, um sich zu erwärmen. Ja, mich erinnert's, wie ich als ein Junge von neun oder zehn Jahren im fremden Hause auf einem Stuhl oder Bett eingeschlafen lag, während die Männer Karten spielen; wie der Vater mich dann um elf oder zwölf Uhr nachts aufrüttelte und ich schlaftrunken in den Schlitten hinaus mußte; wie er dann zum Spaß recht absichtlich mehrmals umwarf, daß ich mich im Schnee umkehren mußte; wie ich denn auch immer alert sein mußte, wenn wir durch Koppeln und Dörfer kamen, die Schlagbäume zu öffnen. Wehe mir, wenn ich, mich aus dem Schnee herauswühlend, eine weibisch plinsende Gebärde gezeigt hätte! Was nun Beschädigungen, Zerreißungen und Verletzungen an Kleidern und Leibern und andre dergleichen Nöte betraf, welche die Jugend sich selbstwillig oder gar mutwillig ohne Auftrag zugezogen hatte, so mochte sie zusehen, sie vor den Augen des Vaters zu verstecken, geschweige, daß sie bei ihm Hilfe oder Mitleid hätte suchen können. Kam dergleichen zufällig vor sein Angesicht, so ward neben Schmerz und Not Mutwille und Unvorsichtigkeit noch gebührlich gezüchtigt. Böse Fälle von Bäumen oder Pferden, Versinkungen in Wasser und unter Eis und Wiederherausreißungen, wie alltäglich waren solche Geschichten!"[3]

Die Mutter war die Tochter eines kleinen Ackerbesitzers und Landkrügers, die wie ihr Mann eine bessere Erziehung genossen hatte, als man von ihrer Herkunft erwarten konnte.

Im Haus wohnte die Schwester der Mutter, Sophie, die sich der Kinder liebevoll annahm.

Mit den Jahren hatte sich die Familie auf fünf Söhne und eine Tochter ausgedehnt, zu denen sich später noch zwei Kinder gesellten. Als Spielgefährten werden jedoch nur der ältere Bruder Carl und der zwei Jahre jüngere Bruder Fritz erwähnt.

Materielle und soziale Umwelt

Die Familie des Verwalters lebte auf dem Gut Schoritz in einem großen, schönen Haus, das ein ritterliches und hochadeliges Ansehen hatte. In dem Haus spukte der ehemalige Besitzer, und ein paar goldige Wasserschlangen sollten in dem Teich hinter der Scheune hausen.

1775 oder 1776 zog der Inspektor Arndt eine halbe Stunde weiter auf ein Bauerngut mit einigen Dienstbauern, das er selber pachtete. Freunde liehen Geld, um diese Unabhängigkeit zu ermöglichen. Das Gut Dumsevitz war ein häßlicher Ort mit einem neuen, aber kleinlichen Haus, jedoch mit Obstgärten und einer schönen Umgebung.

Die Kinder wurden zum schlichten Leben angehalten; Essen und Kleidung waren einfach.

„Versteht sich, daß die Jungen des Pächters Ludwig Arndt Pächterjungen blieben, arme kleine Geelschnäbel, die in eigengemachten Jäckchen und Höschen und in geflickten Schnürstiefelchen vor den Herren ihre Bücklinge machen mußten. Aber die armen Schelme mußten doch schon ihre Bücklinge machen, und wie! Bei alltäglichen Gelegenheiten ging es alltäglich her, aber bei festlichen Gelegenheiten, bei Feierschmäusen, Hochzeiten usw., was waren das für Anstalten und Zurüstungen auch bei so kleinen Leuten, als die Meinigen waren! Ich erzähle aus den Jahren 1770 und 1780. Also stehe es!

Es ging bei solchen Gelegenheiten in dem Hause eines guten Pächters oder eines schlichten Dorfpfarrers ganz ebenso her, wie in dem eines Barons oder Herrn Majors Von, mit derselben Feierlichkeit und Verzierung des Lebens; aber freilich steifer und ungelenker, also lächerlicher und alberner. Es war nur der Perückenstil oder der heuchlerisch welsch und jesuitisch verzierlichte und vermanierlichte Schnörkel- und Arabeskenstil, der von Ludwig XIV. bis an die französische Umwälzung hinab gedauert hat. Noch lächelt mir's im Herzen, wenn ich der Putzzimmer der damaligen Zeiten gedenke. Langsam feierlich mit unlieblichen Schwenkungen und Knicksungen bewegte sich die rundliche Frau Pastorin und Pachterin mit ihren Mamsellen Töchtern gegeneinander, um die Hüften wulstige Poschen geschlagen, das oft falsche, dicht eingepuderte Haar zu drei Stockwerken Locken aufgetürmt, die Füße auf hohen Absätzen chinesisch in die engsten Schuhe eingezwängt, wacklig einhertrippelnd. Die Männer nach ihrer Weise ebenso steif, aber doch tüchtiger. Bei diesen hatten die großen Bilder des Siebenjährigen Krieges den welschen Geschmack etwas durchbrochen. Man mochte mit Recht sagen, es waren die komischen Transfigurationen Friedrichs II. und seiner Helden. Mächtige Stiefeln bis über die Knie aufgezogen, schwere silberne Sporen daran, um die Knie weiße Stiefelmanschetten, in den Händen ein langes spanisches Rohr mit vergoldetem Knopf, ein großer dreieckiger Hut über den steif einpomaderten und eingewächseten Locken und der langen Haarpeitsche – da war doch noch etwas Männliches darin. – Und die Jungen? Selbst diese kleinen, unbedeutenden Kreaturen mußten schon mit heran. O es war eine schreckliche Kopfmarter bei solchen Festlichkeiten. Oft bedurfte es einer vollen ausgeschlagenen Stunde, bis der Zopf gesteift und das Toupet und die Locken mit Wachs, Pomade, Nadeln und Puder geglättet und aufgetürmt waren. Da ward, wenn drei bis vier Jungen in der Eile fertiggemacht werden sollten, mit Wachs und Pomade draufgeschlagen, daß die hellen Tränen über die Wangen liefen. Und wann die armen Knaben nun in die Gesellschaft traten, mußten sie bei jedermänniglich, bei Herren und Damen, mit tiefer Verbeugung die Runde machen und Hand küssen.

Das Possierlichste bei diesen Abkonterfeiungen und Nachkonterfeiungen des feinen und vornehmen Lebens war noch der Gebrauch der hochdeutschen Sprache, welcher damals in jenem Inselchen auch für etwas Überaußes und Ungemeines galt und auch wohl gelten mußte, weil wenige damit ordentlich umzugehen verstanden, ohne dem Dativ und Akkusativ in einer Viertelstunde wenigstens einige hundert Maulschellen zu geben. Es gehörte nämlich unerläßlich zum guten Ton, wenigstens die ersten fünf bis zehn Minuten der Eröffnung und Versammlung einer Gesellschaft hochdeutsch zu radebrechen; erst wenn die erste Hitze der feierlichen Stimmung abgekühlt und die ersten Beklemmungen, welche der Überfluß von Komplimenten verursacht, über einer Tasse Kaffee verseufzt waren, stieg man wieder in den Alltagssocken seines gemütlichen Plattdeutsch hinunter. Auch französische Brocken wurden hin und wieder ausgeworfen, und ich weiß, wie ich mich in mir erlächelte, als ich das Welsche ordentlich zu lernen anfing, wenn ich an das *Wun Schur! Wun Schur! (Bon jour)* und *à la Wundör (à la bonne heure!)*, oder an die *Fladrun (flacon)*, wie das gnädige Fräulein B. ihre Wasserflasche nannte, zurückdachte, und wie die Jagdjunker und Pächter, wenn sie zu Roß zusammenstießen, sich mit solchen und ähnlichen Floskeln zu begrüßen und vornehm zu bewerfen pflegten."[4]

Lernen

Die Kinder wurden nicht mit frühem Lernen gequält, sondern durften spielen.

„Es hatte nicht seinen Grund in der Ansicht oder in dem Willen der Eltern, sondern in den engen und kleinen Umständen derselben. Es gab keine Schule in der Nähe, und ein rechter studierter Hauslehrer wäre ihnen zu teuer geworden. Einmal kam freilich einer an, ein alter, verlegener Kandidat, Sohn eines Kantors in der Stadt Bergen, namens Herr Krai. Ich erinnere mich dieser Krähe noch mit Schaudern. Er war früher mit unserm werten Hausfreund, Herrn Pastor Krüger zu Swantow, mehrmals als Gast bei uns gewesen, wo wir über seinen wunderlich zugeknöpften Rock und seine gelbe Perücke gelacht hatten: ein langer, dürrer und griesgrämiger Mensch mit einer ungeheuren Nase und tiefliegenden schwarzen Augen. Welche Angst aber, als er wirklich bei uns einzog und uns in seinem kleinen Zimmer zusammenkniff! Da waren die wilden Vögel eingefangen. Aber diese Angst nahm glücklicherweise ein baldiges Ende. Er verließ unser Haus zu unserm Jubel etwa nach acht Tagen, indem er meinem Vater in einem Briefe erklärte: er könne nicht bleiben, wo man dem Lehrer der Kinder so wenig Achtung erweise; meine Tante Sophie habe ihn einen guten Morgen kaum angeknixt, und meine

Mutter habe gestern statt *Herr Krai*, wie sich gebühre, *lieber Krai* gesagt."⁵
Im Herbst und Winter hielten die Eltern Schule mit den Kindern.

„Die Eltern hielten den Herbst und Winter, wo sie am meisten Muße hatten, ordentlich Schule mit uns; Schreiben und Rechnen lehrte der Vater, und die Mutter hielt die Leseübungen und machte unsere jungen flatternden Geister durch Erzählungen und Märchen lebendig, die sie mit großer Anmut vorzutragen verstand. Das Lesen ging aber in den ersten Jahren fast nicht über Bibel und Gesangbuch hinaus; ich möchte sagen, desto besser für uns. Sie war eine fromme Frau und eine gewaltige Bibelleserin, und ich denke, ich habe die Bibel wohl drei-, viermal mit ihr durchgelesen. Das Gesangbuch mußte auch fleißig zur Hand genommen werden, und den Samstagnachmittag mußten die Jungen unerläßlich entweder ein aufgegebenes Lied oder das Sonntagsevangelium auswendig lernen. Das geschah, weil sie eine sanfte und liebenswürdige Schulmeisterin war, mit großer Freude und also mit großem Nutzen. Muße aber hatte sie ungeachtet einer nicht starken Gesundheit, der vielen wilden Kinder und der großen Wirtschaft, die mit Sparsamkeit geführt werden mußte, mehr als die meisten anderen Menschen. Wann alles längst vom Schlaf begraben lag, saß sie noch auf und las irgendein frommes oder unterhaltendes Buch, ging selten vor Mitternacht zu Bette und war im Sommer mit der Sonne wieder auf den Beinen. Weil ich nun auch ein solcher Kautz war, der selbst im Knabenalter wenig Schlaf bedurfte und deswegen Lerche (Lewark) zugenannt war, so habe ich in jenen Kindertagen und auch später noch manche Abende und Nächte bis über die Gespensterstunde hinaus mit ihr durchgesprochen und durchgelesen."⁶

Spiel

Die Jungen spielten wilde Spiele, suchten Vogelnester und Igel und tummelten sich in Wald und Feld. Arndt berichtet, daß die Kinder viel spielten.

Arbeit

„Frühling und Sommer gingen freilich nicht ganz ohne Schule hin, indessen war die Schule unter den Gespielen in Feld und Wald und auf Wiesen und Heiden und unter Blumen und Vögeln wohl die beste. Doch ließ der Vater uns nicht immer bloß wild und wie aufs liebe Ungefähr herumlaufen, sondern wußte es meistens so einzurichten, daß wir bei dem Herumspringen und Herumspielen irgend etwas auszurichten und zu bestellen hatten. In der Zeit aber, wo auf dem Lande alle Hände angestrengt zu werden pflegen, mußten wir älteren Buben nach unsern kleinen Kräften auch schon mit heran, nämlich in der Zeit der Saat und der Ernte, vorzüglich in der letzteren. Da ward ich wohl zuweilen ein göttlicher Sauhirt oder Kuhhirt, und mein Bruder Karl, der Rossetummler, der eigentlich den mir abgestrittenen Namen Philipp hätte haben sollen, ein flinker Rossehüter. Ich erntete wegen meiner sorgsamen Gewissenhaftigkeit, nicht mißzuhüten, auch hier Lob ein, und noch leuchten mir die ersehnten glänzenden Abendröten, wo ich fröhlich meine Kuhherde in den Hof trieb und dann geschwind in der Dämmerung noch auf einen Apfel- oder Kirschbaum kletterte, wo ich süße Beute für mich wußte. Meistens aber hatte die freundliche Base Sophie schon für mich gepflückt und aufgehoben."[7]

Anmerkungen

1 Ernst Moritz Arndt, Erinnerungen aus dem äußeren Leben. Hrsg. von August Leffson, Berlin o. J., S. 12
2 A.a.O., S. 26 f.
3 A.a.O., S. 21 f.
4 A.a.O., S. 23 ff.
5 A.a.O., S. 18
6 A.a.O., S. 19
7 A.a.O., S. 20

Wilhelm Traugott Krug

Wilhelm Traugott Krug, geboren 1770, war Professor der
Philosophie in Leipzig, als er seine Autobiographie schrieb.
Er starb 1842. Die Autobiographie ist geschrieben, als wäre
sie zur posthumen Veröffentlichung bestimmt, wurde aber
schon 1825 veröffentlicht.

Bezugspersonen

Krug wurde 1770 in Radis in Sachsen geboren. Er hatte mindestens zwei Brüder.
„Mein Vater war ein schlichter Landmann, Pachter des dasigen Ritterguts. In
seiner Jugend hatt' er wohl Lust zum Studiren gehabt. Da es ihm aber an allen
Mitteln dazu fehlte, so hatt' er sich erst der Leinweberei, dann der Landwirthschaft
ergeben. Uebrigens ein verständiger, rechtschaffener und frommer Mann, nur zuweilen etwas herrisch, hitzig und auffahrisch. Meine Mutter (eine Verwandte des
bekannten Künstlers *Oeser*) war ihm in den ersteren Eigenschaften gleich, aber
von weit milderem und sanfterem Charakter. Dennoch stand er so ziemlich unter
ihrem Pantoffel. Denn sie war zugleich schön – so schön, daß selbst S. D. der damal regierende Fürst oder, wie er später von *Napoleon* betitelt wurde, Herzog von
Dessau, ein großer Kenner und Liebhaber der Schönheit, einmal geruhete, seine
fürstlichen Augen mit Wohlgefallen auf sie zu heften, wobei der guten Frau wegen
ihrer Schüchternheit und ihrer strengen Grundsätze so angst und bange wurde,
daß sie halb über Kopf davon lief – die Schönheit aber weiß gar oft den harten
Sinn der Männer zu brechen, ohne andre Waffen, als Blicke und Thränen, oder
auch ein wenig Schmollen, wenn jene sanfteren Waffen nicht ausreichen wollen.
Daher war meine Mutter, die mich als den jüngsten Sohn besonders lieb hatte, ja
mich zuweilen wohl gar etwas verhätschelte, auch oft mein Schutz gegen den Vater, wenn dieser nach der alten Erziehungsmethode wegen eines dummen oder
vorwitzigen Streichs, dergleichen ich nicht selten machte, seinen Feldstock etwas
unsanft auf meinem Rücken herumtanzen ließ. So erinn' ich mich noch mit Rührung folgender tragischen Begebenheit aus dieser frühern Periode meines Lebens.
Ich war ein leidenschaftlicher Liebhaber des Reitens. Wo ich daher einen Bau-
erburschen, der seine Pferde auf die Weide brachte, oder einen unsrer Dienstleute,
der mit seinen Pferden arbeitete, ansichtig wurde, bat ich dringend, mich doch ein
wenig reiten zu lassen. Das ging mir aber zu langsam; auch ward mein Bitten nicht
immer erhört, weil ich nichts zur Unterstützung desselben zu geben hatte. Nun
kam zuweilen ein Fleischer zu uns geritten, um Schlachtvieh zu kaufen. Sein Pferd
war ein kleiner munterer Polak. Ich ersahe mir also einmal die Gelegenheit, während der Fleischer mit den Eltern in der Stube verhandelte, das vor der Thüre ange-
bundene Pferd loszubinden, mich darauf zu schwingen und zum Hofe hinaus zu

jagen. Weil ich aber das Pferd nicht zu lenken verstand, oder weil die Bestie etwas hartmäulig war, so ging sie mit mir durch über Stock und Block, und ich stürzte herunter. Zwar nahm ich selbst keinen Schaden; aber das Pferd lief in alle Welt und war nur mit großer Mühe wieder einzufangen. Mein Vater war darüber höchlich ergrimmt und würde mich vielleicht halbtodt geschlagen haben, wenn nicht die Mutter mich mit ihrem Körper gedeckt und dem Vater endlich den Stock aus den Händen gewunden hätte.

Unter den Familiengliedern aber, welche auf meine Bildung Einfluß hatten, darf ich meine Großmutter nicht mit Stillschweigen übergehn, eine herzensgute Frau, deren Herzensgüte jedoch oft in Schwäche ausartete und daher von uns Kindern häufig gemisbraucht wurde. Auch war sie den äußern Andachtsübungen sehr ergeben, betete oft mit uns bis zum Ueberdrusse, besonders Abends beim Schlafengehn, wo wir vor Müdigkeit kaum noch die Augen offen erhalten konnten und daher meist bloß mechanisch nachlallten, was sie uns vorbetete. Gewiß das sicherste Mittel, Kindern solche Andachtsübungen zu verleiden. Ueberdieß hatte sie die Gewohnheit, wenn sie des Morgens ihre kleinen Geschäfte im Hause besorgte, dabei ein geistliches Lied zu singen. Eines Morgens, als sie ebendieß that, ward ich aufmerksam auf die Melodie des Liedes und brummte sie nach, weil sie mir gefiel. Meine Großmutter betrachtete dieses ganz unabsichtliche Akkompagnement als ein besondres Zeichen meiner Frömmigkeit, liebkoste mich deshalb und beschenkte mich mit einer kleinen Näscherei. Von der Zeit an hatt' ich natürlich früh nichts Angelegentlicheres zu thun, als meine Großmutter bei ihrem Morgengesange mit meiner Stimme zu begleiten. Ich wurde nun gelobt als ein recht frommes Kind, aus dem wohl einst ein großes Kirchenlicht werden könnte; man streichelte mir die Wangen, küsste mich und steckte mir auch etwas Süßes in den Mund. Welches Kind vermöchte solchen Anreizungen zur Frömmigkeit zu widerstehn, wenn auch diese Frömmigkeit nur, halb bewusstlos, erheuchelt war! Daher macht' ich mir auch kein Gewissen daraus, meiner lieben Großmutter, die mich selbst so schön zum Naschen angeleitet hatte, einmal ein paar Groschen zu entwenden, um mir dafür noch andre Näschereien zu erkaufen. So werden die meisten Eltern, ohne ihren Willen, die Verführer ihrer eignen Kinder; und es ist wahrlich nicht das Verdienst jener, wenn diese nicht so schlecht werden, als sie es unter den gegebnen Umständen wohl hätten werden können."[1]

Materielle und soziale Umwelt

„Dieses *Radis* – sonst ein kurfürstlich-sächsisches, jetzt (seit der viel beseufzten Theilung Sachsens) ein königlich-preußisches Dorf – liegt mitten im Walde und war damal fast von aller Welt abgeschlossen. Ein Fremder war daher eine seltne Erscheinung; und wenn einmal der dasige Rittergutsbesitzer, ein Kammerherr von *Bodenhausen*, der aber auf einem andern seiner vielen Güter wohnte, nach jenem Dorfe kam: so war es nichts anders, als wenn unser Herr Gott selbst angelangt wäre. Es war aber auch ein stattlicher Herr, groß, stark, und wohlgewachsen, von einer zahlreichen Familie und Dienerschaft umgeben, so daß er allen Dorfbewohnern, alt und jung, einen gewaltigen Respekt einflößte und mir noch jetzt so lebendig vor der Seele steht, als wenn ich ihn eben erst gesehen hätte. Späterhin ward das alles ganz anders. Ein lebenslustiger Erbe ließ sich dort nach dem Tode des alten Herrn nieder, sahe viel Fremde zur Gesellschaft bei sich, und lichtete auch zum Theil die umgebenden Waldungen. Ja es geht nun sogar eine große Landstraße, die von Berlin nach Leipzig und Halle, mitten durch das Dorf. Sollt' es daher einmal dem heiligen Vater in Rom einfallen, mich wegen der exemplarischen Frömmigkeit, die ich während meines Erdenlebens bewiesen, zu kanonisiren und meinen Geburtsort in einen Wallfahrtsort zu verwandeln: so dürfen die frommen Pilgrimme, wenn sie in die Gegend von Wittenberg auf dem linken Elbufer kommen, nur achtgeben, in welchem Dorfe man die Bauernhöfe und Gärten durchbrochen hat, um eine möglichst gerade Straße zu bekommen. Das ist der Ort, wo sich das merkwürdige Faktum meiner Geburt ereignete.

In der ländlichen Stille dieses heimlichen Oertchens ward ich auch auferzogen."[2]

Lernen

„Mit dem Unterrichte war es daheim nicht viel besser bestellt, als mit der Erziehung. Eine Zeit lang ging ich in die Dorfschule, um Lesen und Schreiben zu lernen und den ersten Religionsunterricht zu empfangen. Das dauerte aber der unbeschreiblichen Schlechtheit wegen nicht lange und nahm ein wahrhaft tragisches Ende. Die Bauerjungen machten mir und meinem Bruder weiß, ein junger Bauer, vor dessen Hof wir vorbei mussten, wenn wir in und aus der Schule gingen, hör' es gern, wenn man ihn *Schwerin* nenne – ein Name, der damal noch im Munde des Volks umlief, wie die Namen *Keith, Seydlitz, Laudon, Daun* u. a. aus dem nicht längst beendigten siebenjährigen Kriege. Wir waren einfältig genug, das zu glauben. Als wir daher vor jenem Hofe vorbei nach Hause gingen und den jungen Bauer seine Pferde eben ausspannen sahen, begrüßten wir ihn mit dem berühmten Namen, der aber für ihn ein Ekel- oder Spitzname geworden; wie und warum? weiß ich nicht mehr. Er hatte nun nichts Eiligers zu thun, als hinter uns her zu laufen und zuerst meinen Bruder mit dem Peitschenstocke fast halbtodt zu schlagen. Gleiches Schicksal würde mich unfehlbar betroffen haben, wenn ich nicht ein Zetergeschrei erhoben und dadurch aus unsrem eignen nicht weit entfernten Hofe Hülfe herbeigerufen hätte. Seit der Zeit durften wir nicht mehr in die Dorfschule gehn."[3]

Die Jungen erhielten einen Hauslehrer und wurden später in der Stadtschule unterrichtet.

Spiel und Arbeit

Ballspiele, Eislaufen und turnerische Spiele werden erwähnt. Wilhelm Traugott Krug wurde früh von seinem Vater zum Studieren bestimmt:

„Weil nun aber mein Vater in seiner Jugend selbst Neigung zum Studiren gehabt hatte, so wünscht' er, daß wenigstens einer von seinen Söhnen ein Gelehrter werden möchte. Und so ward ich dazu bestimmt, da man an mir sowohl Talent als Neigung dazu bemerkt zu haben glaubte. Denn während mein Bruder den Gänsen und Hühern nachging, saß ich oft in einem Winkel mit einem Buche in der Hand, ob ich gleich auch gern an manchen landwirthschaftlichen Arbeiten, besonders solchen, die eine stärkere Leibesbewegung foderten und wobei ich reiten oder fahren konnte, wie Erndten und Heumachen, theilnahm. Ich glaube daher, daß ich so gut, wie mein Bruder, ein tüchtiger Oekonom würde geworden sein, wenn man meiner Thätigkeit nicht absichtlich eine andre Richtung gegeben hätte."[4]

Anmerkungen
1 Wilhelm Traugott Krug, Meine Lebensreise, beschrieben von Urceus, Leipzig 1825, S. 13–17.
2 A.a.O., S. 12f.
3 A.a.O., S. 17f.
4 A.a.O., S. 23.

Gerd Eilers

Dr. Gerd Eilers, geb. 1788, veröffentlichte seine Erinnerungen 1856 als pensionierter preussischer Geheimer Regierungsrat. Die Erinnerungen sollten einen Beitrag zur „nationalen Selbsterkenntnis" liefern; die persönliche Lebensgeschichte, die den sozialen Aufstieg aus bäuerlichen Verhältnissen zum Schulbeamten schildert, sollte zurücktreten hinter der Darstellung der „großen Bewegungen und Entwicklungen".

„Was ich selbst im Leben geleistet, geht über Mittelmäßiges nicht hinaus; was ich aber auf meinem nicht gewöhnlichen Lebenswege von den großen Bewegungen und Entwickelungen des geistigen Lebens der deutschen Nation auf den Gebieten der Wissenschaft, der Schule, der Kirche und des Staats theils zuschauend, theils mithandelnd genauer kennen zu lernen Gelegenheit hatte, das scheint mir einer Beschreibung nicht unwerth."[1]

Die Kindheit, die kurz dargestellt wird, bildet den persönlichsten Teil des Buches und den Ausgangspunkt für den späteren Lebensweg.

Bezugspersonen

Eilers wurde 1788 im Küstenstrich zwischen Weser und Ems geboren.

„Mein Großvater, erblicher Besitzer des Eilers'schen Stammhauses, hinterließ neun Söhne. Der älteste erbte in hergebrachter Weise den Bauernhof, der folgende, ein sinniger mit Dichtertalent begabter Mann, blieb im väterlichen Hause, der dritte, Johann Dietrich, war mein Vater, der sich durch eigene Betriebsamkeit mit Hülfe seines ältesten Bruders und seines wohlhabenden Schwiegervaters ein nicht ganz unbedeutendes bäuerliches Besitzthum erwarb, der vierte siedelte sich ebenfalls im Dorfe an und arbeitete sich durch Urbarmachung einer größern Strecke wüsten Landes zu einem selbständigen Bauer empor, der fünfte, ebenfalls ein stiller Mann, wohnte bei meinem Vater, der sechste widmete sich dem Schreiberwesen und wurde Amtsschreiber in Rastede, der siebente wanderte aus, der achte mußte von seinen Brüdern unterhalten werden, der neunte endlich lernte das Bäkkerhandwerk und verband mit diesem Geschäfte Schenkwirthschaft und Krämerei."[2]

Der Junge wuchs auf dem Bauernhof des Vaters auf. Die Familie bestand aus Vater, Mutter, einem Onkel und sieben Kindern, zwei Söhnen und fünf Töchtern. Gerd Eilers war das jüngste Kind. Die Mutter schildert Eilers als gesunde, stets heitere Frau, die frisch und munter ihren vielen Pflichten nachkam, als erste aufstand und als letzte zu Bett ging. Sie verhütete alles, was den Vater verstimmte, hielt alles bereit, was ihm angenehm war und fügte sich so in seinen „Eigentümlichkeiten". Außerdem stand die Mutter der Nachbarschaft mit Rat und Tat zur Seite.

„Ihrer Neigung zur Gastfreundschaft und Wohlthätigkeit mußte mein Vater mitunter durch Hinweisung auf die Vorräthe Schranken setzen. Ein lebendiges religiöses Naturgefühl belebte ihr die sie umgebende Schöpfung. In jeder Blume, in jedem Heidekraut die Allmacht und Weisheit ihres eigenen Schöpfers bewundernd, fühlte sie sich fast pantheistisch mit der Natur verwachsen. Sie hatte daher auch Sinn und Verständnis für echte Volkspoesie, besonders für plattdeutsche Idyllen, welche ihre eigenen Anschauungen abspiegelten. Einen Unterschied zwischen Wahrheit und Dichtung erkannte sie so wenig, daß sie den farbigen Abglanz hochdeutscher Idyllen aus erkünstelten Stimmungen und Idealen albern *(neelk)* nannte. ,So is't nich', pflegte sie zu sagen, ,dat is man so'n neelk Gesegge': so ist es nicht, das ist nur so eine alberne neumodische Wortmacherei. Selbst Voß' ,Luise' und Pferdeknechtsidyllen, die uns entzückten, entgingen diesem Urtheile nicht.'³

Die Mutter war überzeugte Lutheranerin, las nichts anderes als die Bibel, Luthers Hauspredigten und jeden Sonntag nachmittag die auf diesen Sonntag fallende Predigt der Hauspostille bis an ihr Lebensende. „Für alle Vorkommnisse des Lebens, mochten es kleine oder große sein, hatte sie einen Bibelspruch bei der Hand, der ihr Urtheil und ihr Handeln bestimmte."⁴

Ihr lag nichts mehr am Herzen, als ihre Kinder im christlichen Glauben zu erziehen.

„Von Erziehung, als einer besondern Kunst, hatte meine Mutter keinen Begriff, sowie denn auch die plattdeutsche Sprache dafür keinen bequemen Ausdruck hat; denn das Wort *upptehn* wird doch eigentlich nur von der physischen Pflege kleiner Kinder gebraucht. Die ganze Erziehung lag in der sittlichen und religiösen Ordnung des Familienlebens. Für alles Thun und Lassen gab es kein anderes Motiv als das lutherische: ,Wir sollen Gott fürchten und lieben'. Dazu kamen passende Bibelsprüche und zur Anregung des Gemüths Gesangbuchverse. Alles dieses ging in der einfachsten und natürlichsten Weise vor sich."⁵

Dabei zeigte sich die Mutter aber tolerant gegenüber Angehörigen anderer Glaubensrichtungen, Katholiken, Juden, Reformierten.

„Mein Vater war ein denkender Mann, dem die Verstandes- und Urtheilsschwächen Anderer, besonders der reichern Bauern und der Beamten, oft nur zu stark in die Augen sprangen. Er hatte einen Spottgeist, dessen er erst im Alter ganz Herr werden konnte. Die Liebe zu meiner Mutter hatte sich im Zusammenleben zu einer Art altgermanischer Verehrung gesteigert. Er glaubte wirklich, es sei etwas Heiliges an ihr, was ihm die Beachtung ihrer Rathschläge und Aussprüche zur Gewissenspflicht mache. In der That ließ er sie im Hause schalten und walten wie sie wollte und gab Allem seinen Beifall was sie that; nur daß er zuweilen über die häufigen Besuche der Nachbarinnen spottete, die er Schnattergänse *(ole Göse)* nannte und in Verdacht hatte, daß sie mehr des guten Kaffees, als der Rathserholung wegen kämen. Sie dagegen betrachtete ihn als ihren Herrn, dem sie Gehorsam schuldig sei. Ohne seine Zustimmung unternahm sie nichts, was nur irgend von der gewöhnlichen Ordnung abwich."[6]

An den Winterabenden versammelte man sich am Herdfeuer:

„Ein solcher Winterabendkreis versammelte sich gern um den Feuerherd unsers Hauses; denn meine Mutter bemühte sich, es den Leuten recht behaglich zu machen, weil mein Vater nie ein Wirthshaus besuchte und sie selbst gern zuhörte und auch wol mitsprach. Den nächsten Kreis um den Feuerherd bildeten die Männer, an den beiden Seiten saßen die Frauen und Mädchen mit ihren Spinnröcken. Vor jedem Manne stand in der Nähe des Feuers eine zinnerne Kanne (Kroos) mit Bier gefüllt. Man begann das Gespräch mit den Neuigkeiten des eigenen und der benachbarten Dörfer. Dann erzählte der Schulmeister, was er vom Pfarrer gehört, oder in einem Buche gelesen. Den reichsten Stoff zu rührenden und grausigen Erzählungen, die der Schulmeister wahrscheinlich aus Girtanner schöpfte, gab die Französische Revolution. Bei solchen Erzählungen vergaßen die Frauen und Mädchen den Faden zu ziehen und die Räder zu drehen; denn der Schulmeister übertrieb die Uebertreibungen Girtanner's, um die Affecte des Mitleidens und Grausens möglichst zu steigern."[7]

Auch Gedichte wurden vorgetragen, die von einem alten Mann aus dem Dorf stammten, wie z. B. das folgende:

> „De leeve God van Himmelrik
> Verdeelt sin Gaven wunderlik
> Den Enen givt he Busch un Land,
> Den Annern givt he 'n Stav in de Hand.

Der alte Mann schrieb seine Gedichte nicht auf, – er konnte nicht schreiben – sondern trug sie mündlich in den Kreisen vor, die sich an Winterabenden um den Feuerherd zu versammeln pflegten."[8]

Materielle und soziale Umwelt

„Die Ländereien, welche mein Vater erworben hatte, lagen zerstreut und bildeten ein kleines Bauerngut, worauf 8–10 Stück Rindvieh und 2 Pferde gehalten werden konnten. Der Ertrag überstieg die einfachen Bedürfnisse der Familie und setzte meine Mutter in den Stand, ihrer Neigung zur Wohlthätigkeit und Gastfreundschaft zu genügen. Bienenzucht, die mein Vater als Lieblingsgeschäft in größerm Maßstabe betrieb, deckte reichlich den Kleiderbedarf der ganzen Familie, und ein vorzüglich guter Torfmoor wurde zum Erwerb des erforderlichen baaren Geldes, etwa 120 Thaler, benutzt. Die ganze Wirthschaft war geregelt. Ich erinnere mich nicht, meinen Vater oder meine Mutter jemals von Geld oder Geldmangel sprechen gehört zu haben. Die Familie bestand aus Vater, Mutter, Vatersbruder und sieben Kindern, zwei Söhnen und fünf Töchtern. Das Haus war nach Art der westfälischen Bauernhäuser gebaut: die Seitenwände des länglichen Vierecks von Ziegelsteinen, das Dach aus Sparren oben hoch in einem spitzen Winkel verbunden und mit einer dicken Lage von Ried bedeckt, vorn eine große Einfahrt, durch welche Wagen mit Korn beladen auf die Tenne fahren und entladen werden konnten, auf den beiden Seiten der Tenne Ställe für das Rindvieh und die Pferde, hinter der Tenne ein großer Raum, in der Mitte desselben der Feuerherd, an der einen Seite Eßtische und Küchengeräthe, an der andern Verschläge zu Bettstellen. Hinter dem Herde trennte eine Brandmauer den Theil des Hauses, worin sich die Wohnstuben befanden. Vor dem Hause stand ein großer schöner Lindenbaum. Neben dem Hause eine geräumige Scheune und eine kleine Gerberei. Das häusliche Leben bewegte sich in der festen Regel einer bestimmten Tagesordnung. Beim Aufstehen und Anziehen wurde kein Wort gesprochen. Wenn alle Glieder der Familie zum Frühstück versammelt waren, sprach der Vater mit entblößtem Haupte und gefalteten Händen: ‚Das walt' Gott Vater, Gott Sohn, Gott heiliger Geist' und betete das Vaterunser, die Kinder beteten die in Luther's Katechismus enthaltenen Gebete, und zum Schluß sprach die Mutter: ‚Jetzt frisch und fröhlich zur Arbeit.' Während des Frühstücks, welches für die Kinder aus frisch gemolkener Milch und Butterbrot, für Vater, Mutter und Oheim aus Kaffee bestand, wurden die Geschäfte des Tages kurz besprochen und angeordnet. Vor dem Mittag- und Abendessen wurden ebenfalls die von Luther angegebenen Gebete gebetet. Das Mittagessen bestand in der Regel aus Fleisch und Gemüse, des Sonntags aus Hühnersuppe und Pudding, das Abendessen aus Milchsuppe und Butterbrot. Alle Erzeugnisse des Guts: Mehlfrüchte, Gemüse, Schlachtvieh, Geflügel, Milch, Eier, wurden in der Familie verbraucht, und selbst der Ueberfluß nie verkauft. So wurde es zur Zeit meiner Jugend in allen andern unabhängigen Bauernfamilien des Dorfs gehalten. Wenn es in der einen Familie vorübergehend etwa an Milch oder Butter fehlte, so half eine benachbarte aus.''[9]

Der Vater besaß eine kleine Büchersammlung, die er sorgsam verschlossen hielt. „Nur zwei von diesen Büchern gab er in unsere Hände, die ‚Bekehrungsgeschichte der Grafen Struensee und Brandt' von *Münter* und die ‚Triebe der Thiere' von *H. S. Reimarus*. Die übrigen sah ich erst nach seinem Tode (1807). Es waren, soviel ich mich erinnere, Werke von *Wolff*, das ‚Leben Jesu' von *Heß*, Bücher über die Wahrheiten der natürlichen Religion und dergl. Die Schrift von Reimarus war mir natürlich ganz unverständlich; ich las nur die Paragraphen über Vögel, Bienen und Aale; desto mehr reizten die lateinischen Noten meine Wißbegierde.''[10]

Lernen

Eilers besuchte die Dorfschule, wo er rechnen und schreiben lernte. Er las die historischen Bücher des Alten Testaments. Der aufgeklärte Pastor des Ortes förderte den Jungen durch Privatstunden; Eilers wünschte daraufhin, weiter zu lernen und zu studieren. Da die Eltern ihm keine akademische Bildung bezahlen konnten, verdiente er sie sich später selbst; zum Teil lebte er von Spenden.

Spiel

„Im Uebrigen hatte ich volle Freiheit. Im Frühling, Sommer und Herbst brachte ich die Freistunden meistens im Walde zu, entweder allein oder in Gesellschaft anderer Knaben. Das Wild, die Vögel, die Fische in dem ziemlich breiten Bache hatten für uns stets neuen Reiz und boten Gelegenheit zu Beschäftigungen, deren wir nie satt wurden. Im Winter lockte Eis und Schnee. So ging es bis in mein zwölftes Jahr."[11]

„Ich verstand mich von allen gleichalterigen Knaben des Dorfes wol am besten auf Fischefangen und Vogelstellen. Die Aale fing ich in dem Bache, der sich durch Wald und Wiese schlängelte, mit Regenwürmern, die von einem Zwirnsfaden durchzogen waren, worin sich die Thiere, selbst die größern, so fest bissen, daß sie herausgezogen werden konnten. Zum Krammetsvogelfang bot ein kleiner uns gehöriger Waldstrich an einer Wiese die schönste Gelegenheit. Ich lösete oft 60 bis 70 dieser Vögel früh Morgens aus den Schlingen. Alle diese Beute in die Küche der Frau Pfarrerin zu tragen, gereichte mir zur herzinniglichsten Freude. Mein Jugendleben war überhaupt ein freudenreiches."[12]

Arbeit

Wird nicht erwähnt.

Anmerkungen

1 Gerd Eilers, Meine Wanderung durchs Leben. Ein Beitrag zur inneren Geschichte der ersten Hälfte des 19. Jahrhunderts. Leipzig 1856, S. 1
2 A.a.O., S. 10
3 A.a.O., S. 13
4 A.a.O., S. 16
5 A.a.O., S. 18
6 A.a.O., S. 21
7 A.a.O., S. 26f.
8 A.a.O., S. 14
9 A.a.O., S. 10ff.
10 A.a.O., S. 34
11 A.a.O., S. 30
12 A.a.O., S. 33

II. Kleinbürgerliche Kinder im 18. Jahrhundert

Georg Melchior Kraus (1737–1806), Stehendes Kind mit großer Kapuze (Städelsches Kunstinstitut, Frankfurt/M.).

1

2

3

4

Christian Gottlob Heyne

Die Biographie des Philologen und Schriftstellers Heyne, geboren 1729, enthält eine autobiographische Darstellung der
Kindheit und Jugend. Heynes Aufzeichnungen waren nicht
für den Druck bestimmt; sie wurden 1812 in seinem Nachlaß
gefunden.

Bezugspersonen, materielle und soziale Umwelt, Lernen, Spiel, Arbeit

„Mein guter Vater, *Georg Heyne*, war aus dem Fürstenthum Glogau in Schlesien
gebürtig; aus dem kleinen Orte Gravenschütz. Seine Jugend war in die Zeiten gefallen, da die Evangelischen den Bedrückungen und Verfolgungen der Römischen
Kirche in diesem Lande noch blos gestellt waren. Auch seine Familie, die das
Glück der Zufriedenheit in einem niedrigen aber unabhängigen Leben genoß, sah
durch den Bekehrungseifer ihre Ruhe gestört. Einige gingen zur Römischen Kirche über. Mein Vater verließ seinen väterlichen Aufenthalt; und suchte durch seiner Hände Fleiß in Sachsen sich den nöthigen Unterhalt zu verschaffen. ‚Was hülfe
es dem Menschen, wenn er die ganze Welt gewönne, und litte Verlust an seiner
Seele'! war der Gedanke, den die Scenen der Jugend am tiefsten in sein Gemüth
eingeprägt hatten. Kein günstiger Zufall beglückte je seine Entwürfe und die Bemühungen, seine Glücksumstände merklich zu verbessern. Eine Reihe von widri-
gen Vorfällen setzte ihn immer selbst unter die Grenzen eines mäßigen Glücks
herab. Sein Alter war daher der Armuth, und nun ihrer Gefährtin der Kleinmü-
thigkeit und Zaghaftigkeit gänzlich überlassen. Die Fabriken fielen damals zuse-
hends in Sachsen; und das Elend in dem Nahrungsstand ward an den Orten wo
Leinwandmanufacturen waren, ungemein groß. Kaum langte der Erwerb der
Hände noch zu, den Arbeiter selbst zu nähren; noch weniger seine Familie. Der
schrecklichste Anblick, den das Verderben der bürgerlichen Gesellschaft darstellen kann, hat mir immer der zu seyn geschienen, wenn der ehrliche, ehrliebende,
gewissenhafte Fleiß durch angestrengte Arbeit das Nothwendige nicht erwerben
kann; oder wenn der Arbeitsame nicht einmal für seine Hände Arbeit findet; und
mit übereinandergeschränkten Armen seine Unbeschäftigkeit, durch die er Hunger leidet, und die Seinigen darben sehen soll, beklagen muß
Ich ward in der größten Dürftigkeit gebohren und erzogen. Der frühste Ge-
spiele meiner Kindheit war der Mangel; und die ersten Eindrücke machten die
Thränen meiner Mutter, die für ihre Kinder kein Brod wußte. Wie oft sah ich sie
Sonnabends mit weinenden Augen die Hände ringen, wenn sie mit dem was der
angestrengte Fleiß und selbst durchwachte Nächte des Gatten gefertigt hatten,
wieder nach Hause kam, ohne den Käufer gefunden zu haben. Zuweilen ward ein
neuer Versuch durch meine Schwester oder durch mich gemacht; ich mußte mit

eben den Stücken Waare zum Kaufmann gehen, ob wir es nicht los werden könnten. Es gibt in diesen Gegenden sogenannte Kaufleute, die eigentlich nichts anders als Aufkäufer sind, die den Aermern die verfertigte Leinwand um den geringsten Preis abkaufen, und sie um den höchsten auswärts zu verkaufen suchen. Mit allem Stolze eines Satrapen sah ich oft einen und den andern dieser kleinen Tyrannen die ihm angebotene Arbeit zurückgeben, oder eine Kleinigkeit vom verlangten Werth und Arbeitslohn abbrechen. Die Noth zwang den Armen, ein Paar Groschen weniger seinen Schweiß zu verkaufen; und die Einbuße durch Darben wieder zu ersetzen. Diese Art von Anblick war dasjenige, was den ersten Funken von Empfindlichkeit in meinem kindischen Herzen rege machte. Statt von dem Schimmer der Wohlhabenheit dieser Reichen, die sich von gedarbten Brosamen so vieler Hunderte nährten, mich zur Furcht oder Scheu blenden zu lassen, war ich mit Grimm gegen sie erfüllt. Das erstemal, da ich in der Schule von Tyrannenmord hörte, ward die Vorstellung lebhaft in mir, ein Brutus an allen den Unterdrückern der Armen zu werden, die die Meinigen so oft in Mangel hatten schmachten lassen; und das erstemal fand die Bemerkung statt, die ich oft nachher zu machen Gelegenheit fand: daß der Unglückliche, mit Gefühl und einer gewissen Stärke der Seele bewaffnet, nicht das Aeußerste wagt und zum Verbrecher wird, ist blos eine Wohlthat der Umstände, in welche die Vorsehung ihn verstrickt; dadurch seine Wirksamkeit fesselt; ihn vor den verderblichen Ausbrüchen sichert. Daß der unterdrückende Theil des Menschengeschlechts gesichert sey, war im Plan der unerforschlichen Vorsehung im jetzigen System ein sehr wichtiger Gegenstand.

Meine guten Eltern thaten was sie konnten, und ließen mich in eine Kinderschule in der Vorstadt gehen. Ich erhielt das Lob, daß ich Alles geschwind begriffe; und viel Lust zum Lernen hätte. Mein Schulmeister hatte zwei Söhne, die von Leipzig wieder zurückgekommen waren, ein Paar verdorbene Menschen, die sich alle Mühe mich zu verführen gaben, und mich, da ich mich weigerte, durch Furcht und Schrecken, dann durch Mißhandlung aller Art, Jahre lang äußerst elend machten. Schon im zehnten Jahre hatte ich, um das Schulgeld aufzutreiben, einem Kinde meines Nachbars, einem Mädchen, Unterricht im Lesen und Schreiben gegeben. Da mich der gemeine Schulunterricht nicht weiter führen konnte, so kam es auf eine Privatstunde an, in welcher ich zum Latein angeführt werden sollte. Aber hierzu ward wöchentlich Ein guter Groschen erfordert; den konnten mir meine Eltern nicht geben. Lange trug ich diesen Kummer mit mir herum. Ich hatte einen Pathen, der ein wohlhabender Becker war, ein Halbbruder meiner Mutter. An einem Sonnabend ward ich zu diesem geschickt, um ein Brod zu holen. Mit nassen Augen trat ich in das Haus, und fand meinen Pathen von ungefähr da stehen. Befragt warum ich geweint hätte, wollte ich antworten; ein ganzer Strom Thränen brach los; kaum konnte ich die Ursache meines Schmerzes verständlich machen. Mein großmüthiger Pathe erbot sich wöchentlich den Groschen zu bezahlen. Zur Bedingung ward mir aufgelegt, ich sollte alle Sonntage kommen, und das auswendig gelernte Evangelium hersagen. Dieses hatte die gute Folge für mich, ich übte mein Gedächtniß; und lernte etwas mit Dreistigkeit vortragen.

Trunken vor Freude lief ich mit meinem Brode davon; schwang es einmal über das andere in die Luft; und baarfuß, wie ich war, sprang ich hoch auf. Darüber fiel mir mein Brod in die Gosse. Dieser Unfall brachte mich ein wenig wieder zur Vernunft. Meine Mutter freute sich der guten Bothschaft, die ich ihr brachte; mein Vater war weniger damit zufrieden. So gingen ein Paar Jahre hin; mein Schulmeister bestätigte, was ich schon selber lange wußte, ich könnte bei ihm nun weiter nichts mehr lernen.

Jetzt war der Zeitpunct, daß ich die Schule verlassen, und zur Lebensart meiner Väter übergehen sollte. Würde nicht der Handwerksmann bey Bedrückungen so vieler Art der Früchte seines sauern Fleißes und so mancher Vortheile, die dem nützlichen Bürger gehören, beraubt, so würde ich jetzt noch sagen: wäre ich doch im Stande meiner Väter geblieben! Wie viel tausendfaches Ungemach würde mir die Stunde noch fremd seyn! Mein Vater mußte es wünschen, bald einen erwachsenen Sohn zum Gehülfen seiner mühseligen Arbeit zu erhalten; und sah meine Abneigung mit großem Widerwillen. Ich hingegen wünschte sehnlich die lateinische Stadtschule besuchen zu können. Allein hierzu fehlten durchaus die Mittel. Wo sollte Ein Gulden Quartalgeld, die Bücher, und ein blauer Mantel herkommen? Wie sehnlich hing oft mein Blick an den Wänden der Schule, wenn ich vorbeyging!"[1]

Anmerkung

1 Christian Gottlob Heyne, Biographisch dargestellt von A. H. L. Heeren, Göttingen 1813, S. 5–10

Johann Heinrich Jung-Stilling

Johann Heinrich Jung, genannt Stilling, wurde 1740 geboren. Er schrieb seine Autobiographie 1777, als er in Elberfeld als Arzt praktizierte und mit großer materieller Not zu kämpfen hatte. Die Autobiographie wurde von Goethe, den Jung während des Studiums in Straßburg kennengelernt hatte, bearbeitet und ohne Wissen Jungs herausgegeben.

Die Autobiographie, die zeitgenössisch ein Publikumserfolg wurde, ist in der dritten Person geschrieben.

Bezugspersonen, materielle und soziale Umwelt, Lernen, Spiel, Arbeit

Johann Heinrich Jung wurde 1740 in Grund bei Hilchenbach in Westfalen geboren. Der Vater Wilhelm arbeitet zeitweise als Schulmeister, war aber im Hauptberuf Schneider und Häusler. Die Familie lebte im Hause des Großvaters zusammen mit der Großmutter Margarete und den beiden Töchtern der Großeltern. Als Heinrich, das einzige Kind seiner Eltern, ungefähr eineinhalb Jahre alt war, starb die Mutter. Die Großeltern und die Tanten kümmerten sich nun um den Jungen.

„Bei diesen Umständen war Wilhelm nicht imstande sein Kind zu versorgen, oder sonst etwas Nützliches zu verrichten. Margrete nahm also ihren Enkel in völlige Verpflegung, futterte und kleidete ihn auf ihre altfränkische Manier aufs reinlichste. Die Mädchen gängelten ihn, lehrten ihn beten und andächtige Reimchen hersagen, und wenn Vater Stilling samstags abends aus dem Walde kam und sich bei den Ofen gesetzt hatte, so kam der Kleine gestolpert, suchte auf seine Knien zu klettern, und nahm jauchzend das auf ihn gesparte Butterbrot; mauste auch wohl selbsten im Quersack um es zu finden; es schmeckte ihm besser als sonst der allerbeste Reisbrei Kindern zu tun pfleget, wiewohl es allzeit von der Luft hart und vertrocknet war. Dieses verbrocknete Butterbrot verzehrte Henrich auf seines Großvaters Schoß, wobei ihm derselbe entweder das Lied: ‚Gerberli hieß mein Hüneli'; oder auch: ‚Reuter zu Pferd, da kommen wir her', vorsang, wobei er immer die Bewegung eines trabenden Pferds mit dem Knie machte. Mit einem Wort! Vater Stilling hatte den Kunstgriff in seiner Kindererziehung, er wußte alle Augenblick eine neue Belustigung für Henrichen, die immer so beschaffen waren, daß sie seinem Alter angemessen, das ist, ihm begreiflich waren; doch so, daß immer dasjenige, was den Menschen ehrwürdig sein muß, nicht allein verkleinert, sondern gleichsam im Vorbeigang groß und schön vorgestellt wurde. Dadurch gewann der Knabe eine Liebe zu seinem Großvater die über alles ging; und daher hatten denn die Begriffe, die er ihm beibringen wollte, Eingang bei ihm. Was ihm sein Großvater sagte, das glaubte er ohne weiteres Nachdenken.

Die stille Wehmut Wilhelms verwandelte sich nun vor und nach in eine gesprächliche und vertrauliche Traurigkeit. Nun sprach er wieder mit seinen Leuten; ganze Tage redeten sie von Dortchen, sangen ihre Lieder, besahen ihre Kleider, und dergleichen Dinge mehr."[1]

Der Vater Wilhelm trauerte erst schwermütig dem Verlust seiner Frau Dortchen nach und suchte später Trost in der pietistischen Lehre. Wilhelms „Bekehrung" erfolgte durch Niklas, ein Mitglied einer frommen Gemeinschaft, die von der Produktion halbseidener Stoffe lebte, mit denen Niklas hausieren ging.

„Wilhelm kaufte von Niklasen einige Ellen Stoff, ohne sie nötig zu haben, und da nahm der gute Prediger sein Bündel auf den Nacken und ging, doch mit dem Versprechen, bald wiederzukommen; und gewiß wird Niklas den ganzen Giller durch Gott recht herzlich für die Bekehrung Wilhelms gedankt haben. Dieser nun fand eine tiefe unwiderstehliche Neigung in seiner Seele, die ganze Welt dranzugeben und mit seinem Kinde oben im Hause auf einer Kammer allein zu wohnen. Seine Schwester Elisabeth wurde an einen Leineweber Simon an seine Stelle ins Haus verheuratet, er aber bezog seine Kammer, schaffte sich einige Bücher an, die ihm von Niklas vorgeschlagen worden, und so verlebte er daselbst mit seinem Knaben viele Jahre.

Die ganze Beschäftigung dieses Mannes ging während dieser Zeit dahin, mit seinem Schneiderhandwerke seine Bedürfnisse zu erwerben; (denn er gab für sich und sein Kind wöchentlich ein erträgliches Kostgeld ab an seine Eltern) und dann, alle Neigungen seines Herzens, die nicht auf die Ewigkeit abzielten, zu dämpfen; endlich aber auch seinen Sohn in ebenden Grundsätzen zu erziehen, die er sich als wahr und festgegründet eingebildet hatte. Des Morgens um vier Uhr stund er auf, und fing an zu arbeiten; um sieben weckte er seinen Henrichen, und beim ersten Erwachen erinnerte er ihn freundlich an die Gütigkeit des Herrn, der ihn die Nacht durch von seinen Engeln bewachen lassen. ‚Danke ihm dafür, mein Kind!' sagte Wilhelm, indem er den Knaben ankleidete. War dieses geschehen, so mußte er sich in kaltem Wasser waschen, und dann nahm ihn Wilhelm bei sich, schloß die Kammer zu, und fiel mit ihm vor dem Bette auf die Knie, und betete mit der größten Inbrunst des Geistes zu Gott, wobei ihm die Tränen oft häufig zur Erde flossen. Dann bekam der Junge sein Frühstück, welches er mit einem Anstand und Ordnung verzehren mußte, als wenn er in Gegenwart eines Prinzen gespeiset hätte. Nun mußte er ein kleines Stück im Katechismus lesen, und vor und nach auswendig lernen; auch war ihm erlaubt, alte anmutige und einem Kinde begreifliche Geschichten, teils geistliche, teils weltliche, zu lesen, als da war: der Kaiser Oktavianus mit seinen Weib und Söhnen; die Historie von den vier Haymonskindern; die schöne Melusine und dergleichen. Wilhelm erlaubte niemalen dem Knaben mit andern Kindern zu spielen, sondern er hielt ihn so eingezogen, daß er im siebenten Jahr seines Alters noch keine Nachbarskinder, wohl aber eine ganze Reihe schöner Bücher kannte. Daher kam es denn, daß seine ganze Seele anfing sich mit Idealen zu belustigen; seine Einbildungskraft ward erhöht, weil sie keine andere Gegenstände bekam, als idealische Personen und Handlungen. Die Helden alter Romanzen, deren Tugenden übertrieben geschildert wurden, setzten sich unvermerkt, als so viel nachahmungswürdige Gegenstände in sein Gemüt feste,

und die Laster wurden ihm zum größten Abscheu; doch aber, weil er beständig
von Gott und frommen Menschen reden hörte, so wurde er unvermerkt in einen
Gesichtspunkt gestellt, aus dem er alles beobachtete. Das erste wornach er fragte,
wenn er von jemand etwas las oder reden hörte, bezog sich auf seine Gesinnung
gegen Gott und Christentum. Daher, als er einmal Gottfried Arnolds Leben der
Altväter bekam, konnte er gar nicht mehr aufhören zu lesen, und dieses Buch,
nebst Reitzens Historie der Wiedergeborenen, blieb sein bestes Vergnügen in der
Welt, bis ins zehnte Jahr seines Alters; aber alle diese Personen, deren Lebensbeschreibungen er las, blieben so fest in seiner Einbildungskraft idealisiert, daß er
sie nie in seinem Leben vergessen hat.

Am Nachmittag, von zwo bis drei Uhr, oder auch etwas länger, ließ ihn Wilhelm in den Baumhof und Geißenberger Wald spazieren; er hatte ihm daselbst einen Distrikt angewiesen, den er sich zu seinen Belustigungen zueignen, aber über
welchen er nicht weiter ohne Gesellschaft seines Vaters hinausgehen durfte. Diese
Gegend war nicht größer, als Wilhelm aus seinem Fenster übersehen konnte, damit er ihn nie aus den Augen verlieren möchte. War denn die gesetzte Zeit um,
oder wenn sich auch ein Nachbarskind Henrichen von weitem näherte, so pfiff
Wilhelm, und auf dieses Zeichen war er den Augenblick wieder bei seinem Vater.

Diese Gegend, Stillings Baumhof und ein Strich Waldes, der an den Hof grenzte,
wurde von unserm jungen Knaben also täglich bei gutem Wetter besucht, und zu
lauter idealischen Landschaften gemacht. Da war eine ägyptische Wüste, in welcher er einen Strauch zur Höhle umbildete, in welche er sich verbarg und den heiligen Antonius vorstellte, betete auch wohl in diesem Enthusiasmus recht herzlich.
In einer andern Gegend war der Brunn der Melusine; dort war die Türkei, wo der
Sultan und seine Tochter, die schöne Marcebilla, wohnten; da war auf einem Fel-
sen das Schloß Montalban, in welchem Reinold wohnte usw. Nach diesen Örtern
wallfahrte er täglich, kein Mensch kann sich die Wonne einbilden die der Knabe
daselbst genoß; sein Geist floß über, er stammelte Reimen und hatte dichterische
Einfälle. So war die Erziehung dieses Kindes beschaffen bis ins zehnte Jahr. Eins
gehört noch hierzu. Wilhelm war sehr scharf; die mindeste Übertretung seiner Befehle bestrafte er aufs schärfeste mit der Rute. Daher kam zu obigen Grundlagen
eine gewisse Schüchternheit in des jungen Stillings Seele, und aus Furcht für den
Züchtigungen suchte er seine Fehler zu verhehlen und zu verdecken, so daß er sich
nach und nach zum Lügen verleiten ließ; eine Neigung die ihm zu überwinden
bis in sein zwanzigstes Jahr viele Mühe gemacht hat. Wilhelms Absicht war, seinen
Sohn beugsam und gehorsam zu erziehen, um ihn zu Haltung göttlicher und
menschlicher Gesetze fähig zu machen; und eine gewissenhafte Strenge führte,
deuchte ihn, den nächsten Weg zum Zwecke; und da konnte er gar nicht begreifen,
woher es doch käme, daß seine Seligkeit, die er an den schönen Eigenschaften seines Jungens genoß, durch das Laster der Lügen, auf welchem er ihn oft ertappte,
so häßlich versalzen würde. Er verdoppelte seine Strenge, besonders wo er eine
Lüge gewahr wurde; allein er richtete dadurch weiter nichts aus, als daß Henrich
alle erdenkliche Kunstgriffe anwendete seine Lügen wahrscheinlicher zu machen;
und so wurde denn doch der gute Wilhelm betrogen. So bald merkte der Knabe

nicht daß es ihm gelung, so freute er sich und dankte noch wohl Gott, daß er ein Mittel gefunden, einem Strafgericht zu entgehen. Doch muß ich auch dieses zu seiner Ehrenrettung sagen; er log nicht, als nur dann, wann er Schläge damit abwenden konnte.

Der alte Stilling sah alles dieses ganz ruhig an. Die strenge Lebensart seines Sohnes beurteilte er nie; lächelte aber wohl zuweilen und schüttelte die grauen Lokken, wann er sah, wie Wilhelm nach der Rute griff, weil der Knabe etwas gegessen oder getan hatte, das gegen seinen Befehl war. Dann sagte er auch wohl in Abwesenheit des Kindes: ‚Wilhelm! wer nicht will, daß seine Gebote häufig übertreten werden, der muß nicht viel befehlen. Alle Menschen lieben die Freiheit.' – ‚Ja', sagte Wilhelm dann, ‚so wird mir aber der Junge eigenwillig.' ‚Verbeut du ihm', erwiderte der Alte, ‚seine Fehler, wann er sie eben begehen will, und unterrichte ihn warum; hast du es aber vorhin verboten, so vergißt der Knabe die vielen Gebote und Verbote, fehlt immer, du aber mußt dein Wort handhaben, und so gibt's immer Schläge.' Wilhelm erkannte dieses, und ließ vor und nach die mehresten Regeln in Vergessenheit kommen; er regierte nun nicht mehr so sehr nach Gesetzen, sondern ganz monarchisch; er gab seinen Befehl immer wenn's nötig war, richtete ihn nach den Umständen ein, und nun wurde der Knabe nicht mehr so viel gezüchtigt, seine ganze Lebensart wurde in etwas aufgeweckter, freier und edler.

Henrich Stilling wurde also ungewöhnlich erzogen, ganz ohne Umgang mit andern Menschen; er wußte daher nichts von der Welt, nichts von Lastern, er kannte gar keine Falschheit und Ausgelassenheit; beten, lesen und schreiben war seine Beschäftigung; sein Gemüt war also mit wenigen Dingen angefüllt: aber alles was darin war, war so lebhaft, so deutlich, so verfeinert und veredelt, daß seine Ausdrücke, Reden und Handlungen sich nicht beschreiben lassen. Die ganze Familie erstaunte über den Knaben, und der alte Stilling sagte oft: ‚Der Junge entfleugt uns, die Federn wachsen ihm größer, als je einer in unserer Freundschaft gewesen; wir müssen beten, daß ihn Gott mit seinem Guten Geist regieren wolle.' Alle Nachbarn, die wohl in Stillings Hause kamen, und den Knaben sahen, verwunderten sich; denn sie verstunden nichts von allem was er sagte, ob er gleich gut deutsch redete. Unter andern kam einmal Nachbar Stähler hin, weilen er von Wilhelmen ein Kamisol gemacht haben wollte; doch war wohl seine Hauptabsicht dabei, unter der Hand sein Mariechen zu versorgen; denn Stilling war im Dorf angesehen, und Wilhelm war fromm und fleißig. Der junge Henrich mochte acht Jahr alt sein; er saß in einem Stuhl und las in einem Buch, sah seiner Gewohnheit nach ganz ernsthaft, und ich glaube nicht, daß er zu der Zeit noch in seinem Leben stark gelacht hatte. Stähler sah ihn an und sagte: ‚Henrich was machst du da?'

‚Ich lese.'

‚Kannst du denn schon lesen?'

Henrich sah ihn an, verwunderte sich und sprach: ‚Das ist ja eine dumme Frage, ich bin ja ein Mensch.' – Nun las er hart, mit Leichtigkeit, gehörigem Nachdruck und Unterscheidung. Stähler entsetzte sich und sagte: ‚Hol mich der T . . . so was habe ich mein Lebtag nicht gesehn.' Bei diesem Fluch sprang Henrich auf, zitterte und sah schüchtern um sich; wie er endlich sah daß der Teufel ausblieb, rief er: ‚Gott, wie gnädig bist du!' – trat darauf vor Stählern und sagte: ‚Mann! habt Ihr den Satan gesehen?' ‚Nein', antwortete Stähler. ‚So ruft ihm nicht mehr', versetzte Henrich, und ging in eine andere Kammer.'[2]

Anmerkungen

1 Johann Heinrich Jung-Stilling, Lebensgeschichte (1777), München 1968, S. 35
2 A.a.O., S. 39–43

Ignaz Aurelius Fessler

Ignaz Aurelius Fessler, geboren 1756, schrieb seine Autobiographie im neunundsechzigsten Lebensjahr, um Rechenschaft über sein Leben abzulegen und als Erinnerung für Freunde und Feinde. Der ehemalige Kapuzinermönch schrieb seine Erinnerungen in Saratow (Rußland), wo er lutherischer Generalsuperintendent war. Bekannt wurde Fessler u. a. durch sein zehnbändiges Werk über die „Geschichte der Ungarn und deren Landsassen".

Bezugspersonen

Ignaz Aurelius Fessler wurde 1756 in Zurndorf (Ungarn) geboren, wo der Vater den herrschaftlichen Gasthof gepachtet hatte.

Fessler berichtet, wie seine Eltern nach Ungarn kamen:

„Bis zu dem *sechsten* Jahr meines Alters kann ich nur berichten, was mir von meiner Mutter *Anna Maria*, welche ihre Tage in klarster Besonnenheit verlebte, und jede Unwahrheit verabscheuet hatte, mehrmals war erzählet worden. Von ihr weiß ich, daß sie in Wien am 19. September 1729 geboren, von ihren frommen Eltern, Römisch-katholischer Confession, gottesfürchtig erzogen, einen wohlhabenden Seidenfabrikanten, *Kneidinger* genannt, zum Vater, und die Tochter eines Oberösterreichischen Landwirthes, *Haslinger*, zur Mutter hatte. Eine anmuthige Gestalt und bescheidene Verständigkeit machten sie in ihrer Jugend zum Gegenstande der Bewunderung; aber ihres linken Auges Verlust, durch ein Apostem im Kopfe in ihrem neunzehnten Jahre, sicherte sie gegen die Anfechtungen und Verführungen der Eitelkeit. Nachdem sie bald darauf Vater und Mutter verloren hatte, verließ sie mit ihrer jüngern Schwester *Wien*, und zog nach *Gatendorf*, – in alter Zeit der Gothen Wohnsitz, – am Layta-Fluß in Ungarns Wieselburger Gespanschaft, wo ihre Tante mütterlicherseits an den Hof-Kunstgärtner verehelicht war. Ihr Bruder, *Andreas Kneidinger*, zwei Jahre jünger als Sie, war auf Reisen, und trat hernach unter Begünstigung des Kammer-Präsidenten Grafen *Graszalkowitsch*, bei der Ungrischen Hofkammer zu Presburg, als Ingenieur in Dienst, nachdem er an dem Park und dem Schlosse auf der gräflichen Herrschaft *Gödöllö*, in der Pesther Gespanschaft, seine Kunstkenntnisse bewähret hatte. Er starb in Presburg i. J. 1801. Sein noch lebender Sohn *Andreas Kneidinger*, ein tief- und scharfdenkender Kopf, dienet dem Vaterlande als Hof-Secretair bey der Ungrischen Hof-Kanzelley in Wien; mütterlicherseits mein nächster und einziger Anverwandter, und auch geachteter Freund.

Aus einigen Erzählungen meines Vaters *Johann Georg Fessler*, Römisch-katholischer Confession, erinnere ich mich, daß er zu *Weingarten*, ich weiß nicht, ob in dem Churpfälzischen, oder in dem Algöwischen, um das Jahr 1710 geboren, in seinem zwanzigsten Jahre sich zum Oesterreichischen Waffendienst in dem Löwensteinischen Dragoner-Regiment hatte anwerben lassen, in dem Kriege gegen die Pforte i. J. 1737–1739 als Wachtmeister bei Mehadia, Orsova, Krotzka, und in der Vertheidigung Belgrads bis zu dem schimpflichen Belgrader Frieden gefochten, und nach dem Frieden zu Aachen seinen Abschied genommen hatte, um in Ungarn sich häuslich niederzulassen."[1]

Fesslers Mutter war sehr fromm, ihr oblag wohl in erster Linie die Erziehung des Kindes, denn der Vater wird als Bezugsperson nicht erwähnt. Fessler war das einzige Kind seiner Eltern, jedenfalls werden Geschwister nicht genannt.

Als Fessler zwei oder drei Jahre alt war, zog die Familie nach Presburg.

„Wir wohnten in dem Hause des Hutfabrikanten *Schütz*, eines Lutheraners; meine Mutter pflegte mit seiner Familie täglichen und vertrauten Umgang, erbauete sich oft an ihren häuslichen Gottesverehrungen, besuchte auch nicht selten ihren gemeinschaftlichen Gottesdienst in dem Lutherischen Bethause, ohne irgend einen Vorwurf des Gewissens; mich nahm sie immer mit sich, und hatte sowohl dort, als auch in den katholischen Kirchen, meinetwegen bisweilen Verdruß, wenn ich in dem Stuhl zwischen ihr und einem andern Frauenzimmer zu sitzen kam. Nicht neben jedem, aber wohl neben manchem Frauenzimmer fing ich, ohne zu wissen, warum, zu weinen an, und zu schreyen: ‚ich will nicht neben diesem Weibsbild bleiben.' Meine Mutter mußte mich wegführen. Eben so ging es mir auch in Gesellschaft bey manchen weiblichen Liebkosungen, wogegen ich sie von andern Frauenzimmern gern hinnahm, und eben so gern erwiederte. Sollte wohl ein gewisser *moralischer Ekel*, der in meinem reifern Alter von manchem, wenn auch noch so gebildeten und wohlgestalteten Frauenzimmer mich zurückscheuchte, sich schon so früh in mir entwickelt haben?

Im Laufe meines fünften Jahres lehrte mich meine Mutter, ohne fremde Mitwirkung, lesen und schreiben. Am Ende des Jahres las ich nicht nur fertig und richtig, sondern auch mit Ausdruck. Von nun an mußte ich mir alles Angenehme, das ich wünschte, durch Vorlesen verdienen. Das dürftige Einkommen meines Vaters nöthigte meine Mutter, unsern nothdürftigen Unterhalt durch anhaltenden Fleiß in Handarbeiten zu erwerben. Dazu verließ sie Sommer und Winter täglich um fünf Uhr des Morgens das Lager, und sie belohnte mich gern, wenn ich ihr sogleich folgte, mich zu ihr setzte und ihr vorlas. Eine unschätzbare Wohlthat für mich; meine Augen erlangten dadurch von meiner Kindheit an ausdauernde Kraft und ungemeine Schärfe, so, daß ich der Augengläser nie benöthiget seyn werde. Unser Hausaltar, vor dem täglich des Morgens und Abends gebetet wurde, bestand aus einem großen Cruzifix und aus einem Bildnisse der göttlichen Mutter. Auf dem Altar lag ein sammtnes Kissen, darauf ein großes Buch in Saffian gebunden, mit goldenem Schnitte, mit silbernen Heftspangen geschlossen. Täglich sah ich nach dem Gebete die Mutter darin lesen; mir war es streng verboten, hineinzusehen, oder es aufzuschließen. Mein Verlangen auch darin zu lesen wurde stets mit der Antwort: deine Zeit ist noch nicht gekommen, zurückgewiesen: es war eine *Bibel*. Zum Vorlesen waren lange nur *Heribert Rosweids Leben der Altväter und Ein-*

siedler und *Ribadeneira Leben der Heiligen Gottes* abwechselnd im Gebrauch. So wurde ich mit dem kirchlichen Himmel und mit den Heiligen der alten bessern Welt frühzeitig vertraut, und blieb mit den Freuden, wie mit den Unarten der Kinderwelt völlig unbekannt. So mannigfaltig auch in der Folge die dadurch empfangenen Eindrücke sich unter der Thätigkeit der Phantasie und Zucht des Verstandes in mir gestalten mochten, unauslöschlich blieben die Grundzüge derselben, das Erhabene und Heilige einer gottseligen Menschheit, in meinem Gemüthe; und nimmermehr, selbst nicht unter den Stürmen jugendlicher Leidenschaften, konnte ich in völliger Verfinsterung und Entwürdigung des Geistes untergehen.

Bald fing ich an, mir eine eigene, innere, schöne Welt und meine eigenen Freuden zu schaffen. Elemente und Stoff dazu boten mir *Rosweids* Altväter und *Ribadeneiras* Heilige dar. Wie sie mehr mit Gott im Himmel, als auf Erden gelebt hatten, so glaubte auch *ich* nur mit ihnen daselbst zu leben, weil ich unablässig an sie dachte und des Nachts von ihnen träumte."[2]

Materielle und soziale Umwelt

In Zurendorf wie auch in Presburg lebte die Familie in bescheidenen Verhältnissen. Der Vater war in Presburg Bediensteter, die Mutter verdiente etwas Geld durch Handarbeiten.

„Das Sorgen- und unruhvolle Leben in dem Czurendorfer Gasthofe wollte meiner Mutter nicht mehr behagen, nachdem der Blitz in die Kinderstube eingeschlagen, um die Wiege herum, auf der sie sitzend mich nährte, dann zum Fenster hinausgeflogen, und den davor stehenden alten Birnbaum zersplittert hatte. Mein Vater trat aus dem Pacht, und nahm Dienste bey dem Grafen *Arco* in Presburg, wohin meine Mutter ihm folgte. In meinem dritten Jahre, nach oftmaligem Fallen, ging ich aufrecht; ein Gängelband litt ich schlechterdings nicht, und gekrochen hatte ich nie. Das deutliche Sprechen in diesem Alter ward mir schwer; dem Wahne der Zeit und des Landes zu Folge, mußte die Zunge, wie sie es nannten, mir drei Mal gelöset werden.

Nach damaliger Sitte, kleideten fromme Eltern ihre Kinder, männlich und weiblich, nach vollendetem dritten Jahre ihres Alters, in ein ordentlich eingesegnetes Mönchs- oder Nonnen-Ordens-Gewand, nach neuerer Sitte macht man dreijährige Kinder lieber zu Husaren, Kosaken, Uhlanen. Das eine wie das andere mag sein Gutes haben; ich ging durch mein ganzes viertes Jahr nach dem Geschmacke meiner Mutter als Jesuit gekleidet; und nie hatte sie den Verdruß, daß ich mich im Sande oder im Kothe herumgesielt und besudelt hatte: vielmehr machte es ihr Freude, daß ich in meinem Jesuitengewande immer reinlich, ernsthaft und gravitätisch einherschritt, welches mir denn auch zur Gewohnheit geworden ist.[3]

Lernen

Die Mutter unterrichtete den Jungen im fünften Lebensjahr im Lesen und Schreiben und unterwies ihn auch ständig in Religion.

"[. . .] aber ernstlich nahm sie es mit dem Bestreben, die Beyspiele der Heiligen nachzuahmen, und täglich predigte sie mir, wie unnütz alles *Wissen* sey, wenn es nicht auch das *Thun*, als nothwendige Folge nach sich zöge.
Diese an sich wohlgemeinte, mütterliche Lehre hatte mich bald zum Affen der Heiligen gemacht; denn schon gaukelte mir wie ihnen, meine exaltirte Phantasie Erscheinungen vor, welche mich so heftig ergriffen, daß ich in Ohnmacht und Krämpfe verfallen, schon in meinem sechsten Jahre, nach der Einsicht des Arztes nur durch öfteres Blutlassen gerettet werden konnte. Da diess hernach regelmäßig zwei Mal im Jahre, bis in mein 26stes Jahr fortgesetzt wurde, so geschah damit auch alles Mögliche, durch Schwächung meiner Leibes-Constitution, den Kampf wider Fleisch und Blut mir zu erleichtern."[4]

Spiel und Arbeit

Fessler berichtet, daß ihm die Freuden und Unarten der Kinderwelt völlig unbekannt blieben. Er wuchs unter der ständigen Aufsicht der frommen Mutter auf, ohne Kontakt zu anderen Kindern. Er lebte in einer religiösen Traumwelt, in der die Heiligen seine Spielgefährten waren. Arbeit wird nicht erwähnt.

Anmerkungen

1 Dr. Fessler's Rückblicke auf seine siebzigjährige Pilgerschaft. Ein Nachlaß an seine Freunde und an seine Feinde, Breslau 1824, S. 1 ff.
2 A.a.O., S. 7–10
3 A.a.O., S. 6 f.
4 A.a.O., S.12

Franz Xaver Bronner

Franz Xaver Bronner, geboren 1758, begann mit der Aufzeichnung seiner Kindheits- und Jugenderinnerungen 1791
zu seiner eigenen Unterhaltung, nachdem er ein Jahr früher
eine Skizze seines Lebens verfaßt hatte, um sie einem Mäzen
zu überreichen. Bronner war zu dieser Zeit noch Priester in
Augsburg. Später verließ er den Priesterstand und lebte in
Zürich. Die Kindheit wird ausführlich geschildert, auch unter
dem Gesichtspunkt, welche Einflüsse die Erziehung auf
spätere Persönlichkeitszüge hat.

Bezugspersonen

Bronner wurde 1758 in dem Städtchen Höchstadt im Fürstentum Pfalz-Neuburg
geboren. Der Vater war Ziegler und führte einen ständigen Kampf gegen die Armut.

„Im ersten Sommer seines Ehestandes lief mein Vater täglich Morgens fünf
Viertelstunden weit, von Höchstädt nach Dillingen, um dort als Ziegelknecht bey
einem harten Herrn täglich um den Lohn von 15 Kreuzern fünfzehnhundert Zie-
gelsteine zu verfertigen. Fast jeden Abend eilte er wieder nach Hause zu seinem
Weibchen. Dabey aß er nichts zu Mittag als trockenes Brod, und trank Wasser
dazu. Bald nahm aber auch die Arbeit in Dillingen gänzlich ein Ende; und er mußte
sieben Stunden weit, bis nach Welden, einem Dorfe zwischen Augsburg und
Wertingen, gehen, um im Ziegelstadel daselbst Arbeit und Verdienst zu erhalten.
Weil es nun die Entfernung unmöglich machte, täglich nach Hause zu wandern,
so ward verabredet, er wolle jeden Sonn- und Feyer-Abend heim kommen. An
den übrigen Tagen der Woche blieb er im Walde bey Welden in einer aus Baumrei-
sern geflochtenen Hütte über Nacht. Abgefallenes Laub war sein Bett, ein Stein
sein Kopfkissen. Ein Knabe, der als Handlanger ihm die verfertigten Ziegel an die
gehörige Stelle tragen mußte, war sein Schlafgeselle. Sie tranken Wasser, das sie
im irdenen Kruge aus der nahen Quelle schöpften, und aßen Brod dazu. Aber sie
durften nicht mehr essen, als bereits für jede Mahlzeit ausgezirkelt war; denn sie
konnten sich nur dann verproviantiren, wenn ein Feyertag sie nach Hause rief. Fiel
nun eine ganze Woche ein (ohne Feyertag); so mußte der Laib zum Theile ver-
schimmeln, und der Staub gieng den Essenden, wie ein Rauch, zum Munde heraus.
O wie sehnte sich damals mein lieber Vater immer nach der Heimath zurück! Wie
bang erwartete ihn spät in der Nacht meine Mutter, um ihn sogleich mit Speise
und Trank zu laben!
In einer solchen Märzennacht fieng sich, wie mich mein Vater einst lächelnd
versicherte, mein frühestes Daseyn an. Möchte ich doch ausharrenden Muth, Ge-

duld, Kraft und Fähigkeit, jedes Ungemach zu besiegen, von ihm geerbt haben! Wer weiß, ob ich ihrer nicht noch sehr nöthig bedarf?

Um das Einlaßgeld zu ersparen, stieg mein Vater, immer mit Lebensgefahr, über die Stadtmauer herein. Er wußte eine Stelle, wo die Mauer an einen Schloßthurm stößt, und wo der Mörtel ausgespült war, und ein hoher Baum im Winkel stand, ganz geschickt zu seinem Vorhaben zu benutzen. Innen an der Stadtmauer führte eine steinerne Treppe zur Erde herab. Nur das Hinaufsteigen von außen hatte also seine Schwierigkeiten.

Neben der Zieglerarbeit verdiente mein Vater noch ein gutes Stück Geld, als Spielmann, mit seiner Geige und Querflöte. Ohne dieß hätte sein elender, obschon hart erworbener Zieglerverdienst zum Unterhalte nicht hingereicht. Aber wenn er an Sonn- und Festtagen bis Morgens um drey, vier oder fünf Uhr den jungen Burschen zum Tanze aufgespielt hatte, so mußte er, ohne zu schlafen, nach Welden laufen, um an seine strenge Arbeit zu kommen. Dennoch war's unmöglich, zur bestimmten Morgenstunde dort einzutreffen. Um also seinen Herrn zu befriedigen, arbeitete er unausgesetzt auch in den beyden Feyerstunden des Tages bis spät in die Nacht. Diese zu heftige Anstrengung von Kräften machte ihn in die Länge mißmüthig und mürrisch. Wenn er heim kam, und sah, daß sein Weib und die Großältern nicht eben so überaus sparsam, wie er selbst that, gewirthschaftet hatten; so verdroß es ihn, daß er sich so übermäßig plagen sollte, indeß zu Hause dennoch nichts zurückgelegt würde. Er hatte sich fest vorgesetzt, wohlhabend zu werden, oder auf ein grünes Zweig zu kommen, wie er sich ausdrückte, und dem Spitale in Höchstädt einige auf dem Hause haftende Schulden abzubezahlen, um von Zinsen befreyet zu werden. Aber bey so geringen Einkünften wollte sich nichts in der Geldkasse sammeln. Er maß die Schuld dem Leichtsinn meiner Mutter und der Großältern bey. So fieng sich der Hader in unsrer Familie an. Dazu kam dann noch die Schwangerschaft meiner Mutter. Wie diese zunahm, so nahm auch seine Furcht zu, sie alle würden bey Vermehrung der Mitesser nothwendig an den Bettelstab gerathen müssen. Mein Daseyn verscheuchte also, unschuldiger Weise, den Frieden vollends aus unserm Hause.

Im Winter, da in den Ziegelscheunen nichts zu verdienen war, kaufte der Vater zuvörderst auf den Dörfern sogenannte Ehschwing (das gröbste Werrrig) zusammen, half dann den Frauen grobes Garn zu Talglichtern oder Packsäcken spinnen, und machte Strohthüren vor die Ställe, Strohdecken für die Gärtner, Darmsaiten für Geigen und Spinnräder, Vogelhäuschen, Bienenkörbe, geflochtene Nester für Tauben und Canarienvögel etc. Diese beyden Arten Vögel zog er in Menge groß, und trieb einen kleinen Handel damit, der für uns nicht unbeträchtlich war.

Laub zur Streue für unsere Kuh, Eicheln für ein Schwein, und Brennholz sammelte er im Walde."[1]

Der Vater, der auch aus einer armen Zieglerfamilie stammte, war mürrisch, streng und immer von materiellen Sorgen gedrückt. Später arbeitete er bei seinem Bruder, dem Ziegler in Höchstadt, und war ständig bemüht, durch Nebenarbeiten oder durch einen anderen Beruf die finanzielle Misere zu lindern. Die Mutter war die einzige Tochter eines Zimmermannes und hatte das halbe Häuschen, in dem die Familie mit den Eltern der Mutter lebte, und einige Wiesen mit in die Ehe gebracht. Die Mutter bemühte sich sehr um die moralische Erziehung der Kinder, und als sie einmal ein Versprechen nicht hielt, war das eine große Enttäuschung für den jungen Franz Xaver Bronner. Die Mutter bearbeitete das wenige Land, das die Familie besaß, und versorgte die Kuh. Als das Land verkauft werden mußte, half die Mutter den Bauern bei der Ernte oder ging Ähren sammeln; im Winter spann sie Garn. Die Mutter bemühte sich, die Kinder bei ihrer Arbeit mitzunehmen, mußte sie aber bei Krankheit doch schon mal allein im Haus lassen, weil ihre Arbeit auf dem Felde für die Familie unentbehrlich war.

Franz Xaver Bronner, der erstgeborene, war ein schwaches und gebrechliches Kind, das viel schrie.

„Als ich einst, aus den Windeln losgewickelt, in der Wiege lag, und von meiner Großmutter zu essen erhielt, ward sie schnell abgerufen, und setzte das siedheiße Muß (Kinderbrey) zu mir ans Bettchen. Durch meine Bewegung neigte sich das Schüsselchen, und das herausrinnende Muß verbrannte mir den rechten Schenkel so sehr, daß man fürchtete, ich würde lahm und hinkend werden. Aber, Dank der Vorsehung! Mir blieb davon keine üble Wirkung zurück, als eine große handbreite Narbe, die jetzt kaum mehr zu fühlen ist.

Den häßlichen Saugzapfen (feuchtes Brod in ein Tüchlein gewickelt, das man in unsrer Gegend den Kindern darreicht, um sie zu stillen) wollte ich im dritten Jahre kaum ablegen. Meine Mutter füllte ihn mir öfters mit Wermuth, und einmal sogar mit Fischgalle an. Dann warf ich ihn freylich weg, aber ich suchte entweder die ältern wieder hervor, oder machte mir aus dem nächsten besten Lümpchen einen neuen. So viele Macht übten Gewohnheit und Sinnlichkeit, ungeachtet der Hindernisse von Seiten der Aeltern, über mich aus. Mein Vater sagte damals: ‚Bube, wenn du in deinem Leben so lange Kind bleibst, als du in deiner Kindheit den Zapfen trägst; so wirst du früher alt als klug.' Wahrlich, wenn nur der klug ist, der sich auf seinen Vortheil versteht, und nichts versäumt, was ihn befördern kann, so hat mein lieber Vater als ein Prophet gesprochen; denn noch bis diese Stunde frage ich mich vor keiner Handlung: Was nützt sie dir? sondern folge blindlings meinem Herzen oder Kopfe, nicht viel besser als ein Kind. – Am Ende fiel es meinem Vater ein, alle Saugzapfen, soviel er deren habhaft werden konnte, an der Pfanne rusig zu machen; da mochte ich endlich keinen berühren; denn ich fürchtete, wenn ich schwarze Lippen bekäme, ausgelacht zu werden. Diese Scheu vor Lächerleichkeit bewahrt mich und manchen Erdensohn vor tausend Thorheiten; und ich glaube bemerkt zu haben, alles, was durch wahren Witz lächerlich gemacht werden kann, habe wirklich auch eine schwache, falsche oder schiefe Seite, und Lächerlichkeit sey ein sicherer Prüfstein verfälschter Wahrheit.

Noch erinnere ich mich lebhaft, wie ich mich an der Stubenthür auf die Beine stellte, und von den Aeltern mit einem Apfel gelockt ward, frey und ohne mich anzuhalten, ihnen entgegen zu trippeln: Ich weiß auch, wie sehr wir uns freuten, als es gelungen war."[2]

Franz Xaver Bronner, Liebling seiner Mutter, hatte einen zwei Jahre jüngeren Bruder, der der Liebling des Vaters war, einen fünf Jahre jüngeren Bruder und einen noch später geborenen Bruder, der nach wenigen Wochen starb. Die Geschwister werden häufig als Spielgefährten erwähnt. Die Kinder besuchten Nachbarn, Handwerker und Tagelöhner, und waren viel bei den Großeltern, mit denen sie ja auch lange Zeit in einem Haus gewohnt hatten. Ein Streit zwischen Bronners Eltern, bei dem sich die Großeltern vor ihre Tochter stellten, um sie vor Schlägen zu schützen, führte dazu, daß sich die Großeltern eine andere Wohnung suchten.

Bronners Vater drohte öfter, er wolle seine Geige nehmen und seine Familie verlassen, was die Mutter in großen Schrecken versetzte, weil sie wußte, daß sie ihre Familie nicht alleine ernähren konnte. Jedoch machte der Vater seine Drohung nie wahr, sondern tat sein Bestes, um für die Seinen zu sorgen.

Als die materielle Lage der Familie sich weiter verschlechterte, kam Franz Xaver Bronner zu den Großeltern in Kost, blieb aber bei den Eltern wohnen.

Materielle und soziale Umwelt

Die Familie lebte in dem Städtchen Hochstädt in der Pfalz. Außer dem halben Häuschen, in dem sie wohnte, besaß sie einige kleine Wiesen, einen halben Acker und zwei Teile im Krautgarten.

Die Eltern hielten eine Kuh, die es den Kindern ermöglichte, jeden Tag saure gestockte Milch, ihre Lieblingsspeise, zu essen. Als diese Kuh notgeschlachtet werden mußte, war kein Geld da, um eine neue zu kaufen, und das Milchessen hatte ein Ende. Um so mehr waren die Kinder nun bestrebt, Obst zu stehlen. Auf ihren Raubzügen in den Kloster- und in den Schloßgarten erlebten sie viele Abenteuer, die ihre Unternehmungslust noch beflügelten.

„Nachdem unsere Kuh geschlachtet war, hatten wir einen guten Theil weniger Nahrung; man mußte Schmalz, Butter und Milch kaufen. Der Großvater hatte mich immer noch sehr lieb; er erbot sich, mich zu nähren. Ich war herzlich froh, von der geringen Kost der Aeltern in eine etwas bessere zu kommen. Es hatte immer geheißen: Sauerkraut und Brod, Erdäpfel und Brod, und wieder Sauerkraut und Brod etc. Jetzt hieß es doch: Suppe und Nudeln (Gebackenes), allerley Gemüße, und an großen Festtagen wohl gar Fleisch."[3]

Lernen

Als das letzte Brüderchen geboren wurde, erfuhr Franz Xaver Bronner auf seine Frage nach der Herkunft der kleinen Kinder, daß die Hebamme sie aus einem hohlen Baum im Krautgarten hole.

Mit etwa fünf Jahren kam Bronner zu den Nonnen in die Schule.

‚Der Bube ist alt genug, er muß in die Schule', sagte mein Vater, ‚so ist er unter Tages beschäftigt, und kommt uns vom Halse.' Ich ward also zu unsern Nachbarinnen, den Klosterfrauen, in die Unterweisung geschickt. Die Buchstaben konnte ich bald nennen; denn Vater und Mutter unterrichteten mich auch zu Hause. Aber es litt einigen Anstand, bis ich begriff, daß man im Lesen die Namen der Mitlauter nicht ganz, sondern nur den Anfangs- oder Endelaut davon aussprechen, und also, wenn Baum stand nicht Be-a-u-em sondern Baum lesen müßte. Als ich dieß gefaßt hatte, gieng mir das übrige leicht von statten. Meine Schulgespielen waren meistens kleine Mädchen oder sehr junge Knaben. Die Mädchen lerneten Lesen, Schreiben, Nähen, Stricken oder Spitzen klöppeln etc. Aber die Knaben buchstabirten beynahe alle im Namenbüchlein. Wenn sie größer wurden, schickte man sie zu den Schulmeistern.

Wollten die Nonnen uns belohnen, so gaben sie uns die Erlaubniß, in ihren schönen großen Garten zu springen, oder das Kripplein zu sehen, oder den heiligen Joseph heimzusuchen. Die groteske Vorstellung der Krippe des Herrn mit beweglichen Figuren, mit Holzhackenden oder den Pumpbrunnen ziehenden Männchen, oder einem umlaufenden Mühlrade und Springbrünnchen u. s. w. war das ganze Jahr in einem besondern Zimmerchen aufgestellt; eben so der heilige Joseph sitzend mit einem veilchenblauen Schlafrock, einer weißen Halsbinde und rother Schärpe bekleidet, in Lebensgröße, mit Gliedern, die durch einen Zug beweglich waren, sammt allen erdenklichen Zimmermanns- und Tischlers-Werkzeugen, aus Holz geschnitzt und nach der Natur bemahlt. O wie freuten mich alle die schönen Siebensachen! Nie konnte ich mich satt daran sehen. Die Klosterfrauen hüteten sich auch wohl, uns den Anblick ihres Heiligthums, so lange wir wollten, zu erlauben; und es schien, als wenn sie es absichtlich darauf anlegten, daß uns dasselbe immer neu bleiben sollte.

Wollte man uns aber bestrafen, so mußten wir entweder eine abscheuliche Brille mit Gläsern, wie große runde Fensterscheiben, auf die Nase setzen, und mitten in die Stube herausknien, oder wir wurden in die Waschküche gesperrt oder mußten gar den Kopf in ein Ofenloch stecken, das sich in einem finstern Holzkämmerchen befand, um die Ruthe zu empfangen, ohne den Nonnen ein Aergerniß zu geben.

Nun mochte mein Vater die Klosterfrauen nicht wohl leiden, erzählte von ihnen allerhand schnackisches Zeug, und nannte sie nur spottweise die Stiefelnonnen. Deßwegen achtete ich ihre Strafen und Verweise sehr wenig."[4]

Im Elternhaus beeinflußten aber auch Geschichten von Hexen und Gespenstern die kindliche Phantasie:

„Unser Hang zu abenteuerlichen Erzählungen erhielt eine vorzügliche Nahrung im Winter. Da versammelten sich Nachts die Nachbarsleute mit den Spinnrocken in unserer Stube, und plauderten gar zu gern von Gespenstern, Hexen, Zauberern, Truten, Poltergeistern, weißen Frauen, versunkenen Schlössern, gefundenen Schätzen, Alraunen, vom Unsichtbar- und Fest-machen, u. d. gl. Aufmerksam saß ich hinter dem Ofen in meinem Winkelchen, und wollte durchaus nicht zu Bette, obschon ich gar oft auf der Bank einschlief, wenn das Gespräch für mich nicht interessant genug war; oft getraute ich mir auch nicht mehr allein hinauszugehen, weil mich die Erzählungen von Gespenstern etc. sehr furchtsam gemacht hatten.

Meine Mutter gerieth öfters, wenn sie Nachts, an einem Fenster ohne Läden, in unserer Stube saß, in einen panischen Schrecken, und glaubte, der Böse schaue herein: einst hatte sich wirklich eine Katze auf das Fenstergesimse gesetzt; da fiel sie ohnmächtig von der Bank herab.

Im Winter ward uns einmal eine Henne krank, und legte ein Ey ohne die gewöhnliche harte Schale. Sorgfältig machte meine Mutter derselben ein Bette unter dem Crucifix zurecht, besprengte sie mit Weihwasser, und holte einen Kapuziner, um die Kranke zu benediciren. Der Kapuziner saß eben beym Abendessen, und wollte – vielleicht auch der Unwichtigkeit des Vorfalls wegen – nicht sogleich gehen; allein meine Mutter machte die Sache so dringend, daß der Pater endlich, obschon etwas verdrossen, mit ihr gieng. Noch glaube ich ihn zu sehen, wie er die Henne sammt der ganzen Stube segnete, kreuzte, besprengte und beräucherte. Zuletzt stellte er das kleine Becken, worin der Hexenrauch auf der Glut lag, zur Erde, hieß jedes von uns nach der Reihe, mit auseinander gespreizten Beinen, eine Weile darüber stehen, und murmelte aus einem schmutzigen Büchlein einige uns unverständliche Formeln her. Dann befahl er die Hühnersteige, die unter der Aeltern Bettstelle war, fleißig zu säubern, und reinen Sand hinein zu streuen, und verließ uns mit der Anweisung, wir sollten mit geweihten Kräutern die Räucherung öfters wiederholen. Wirklich ward die Henne des andern Tages wieder gesund. Damals dünkte mich, was Sand und Reinlichkeit bewirkte, ein großes unwidersprechliches Wunder."[5]

Der kleine Junge malte sich in Gesprächen mit seinen Brüdern eine Lage aus, in der er sich gerne befunden hätte:

„Noch weiß ichs, daß ich wünschte, tief in einem Walde, wo viel wildes Obst wüchse, auf einem hohen Baum ein geflochtenes Zimmerchen zu haben, in welchem ein Bett stünde, und ein Kasten mit Schneide-Werkzeugen, um allerley schnitzen zu können. Ich wollte mir eine Art Leiter an dem Baume befestigen, die zum Hinaufziehen zubereitet wäre, so daß Niemand mich überraschen oder in meiner Klause beunruhigen könnte. Immer glaube ich, dieser Wunsch habe etwas charakteristisches an sich. Eine Zurückgezogenheit, und gänzliche Anhänglichkeit an das, was ich eben liebe, die noch nicht aus meiner Seele verschwunden sind, leuchten daraus hervor."[6]

Der junge Bronner verübte in der Klosterschule viele Streiche, die von seinem Vater mit einem Lächeln quittiert, aber dennoch bestraft wurden.

‚Für die Stiefelnonnen ist der Bube zu meisterlos', sagte mein Vater, ‚ich will ihn zum Cantor schicken.' Meine Mutter führte mich den andern Tag hin. O wehe, da war eine ganz andere Zucht! Ich sah schon in der ersten Stunde allerley gräuliche Executionen. Da bekam einer mit der Ochsensehne einen mörderlichen Spanniol auf die gespannten Beinkleider; dort wickelte der Lehrer einem andern einen Mantel um den Kopf, damit er nicht schreyen könnte, und führte ihn in das sogenannte Speckkämmerlein, wo ihm entweder mit der Ruthe oder gar mit der Ochsensehne das nackte Sitzfleisch fürchterlich durchgegärbt ward. Wenn so ein Bube wieder heraus kam, wälzte er sich gewöhnlich vor Schmerzen auf dem Boden, und der Cantor stieß ihn wild lachend mit Füßen. Die geringste Strafe war, wenn man mit der Lederfeile auf die zusammengespreßten fünf Fingerspitzen, oder mit einer kurzen Ochsensehne, in der vorne eine bleyerne Kugel angebracht war, auf die offene Hand sogenannte Tatzen (Hiebe) bekam. O wie machte mich da die Furcht so ruhig! wie lernete ich mein Evangelium so fleißig lesen! Dennoch konnte es nicht fehlen, ich mußte manchmal eine der obigen Executionen an mir vollziehen lassen. Wenn die Schule zu Ende gieng, war ich wenigstens so froh, wie eine Meise, die dem Käfig entkommt.

Nun fieng ich auch an, das Schreiben zu lernen. Mein Vater konnte selbst ganz artige Buchstaben zeichnen, aber, was er geschrieben hatte, nimmer lesen. Da saß er nun an Sonn- und Feyertagen immer neben mir, einen Stecken oder eine Ochsensehne in der Hand, und schlug mich derb auf die Finger, wenn ich einen falschen Zug machte. Bey dieser Arbeit schwitzte ich allzeit große Tropfen. Kaum konnte ich die Buchstaben von freyer Hand mahlen, so wagte ich es, einen Danksagungsbrief an meine Ahnfrau zu schreiben."[7]

Den Mittelpunkt der häuslichen Erziehung bildete die religiöse Unterweisung: Es wurde dreimal am Tag laut gebetet, es wurde gesungen, das Kruzifix geschmückt, die Messe besucht und in frommen Büchern gelesen.

Spiel

Franz Xaver Bronner schildert ausführlich seine kindlichen Spiele. Als kleiner Knabe nahm ihn die Mutter auf dem Schubkarren mit, wenn sie zur Bleiche fuhr. Sie setzte ihn ins Gras und lehrte ihn Schnecken suchen, Blumenketten flechten und Äpfel und eßbare Schnecken in der Glut braten. Auch die Großmutter und den Vater durfte das Kind sehr früh bei Arbeitsgängen begleiten, was stets ein Anlaß zu neuen Spielen war.

„Wenn mein Vater nicht eben bey schlimmer Laune war, betrug er sich herzlich gut und freundlich gegen uns. Er saß oft bis Nachts 12 Uhr am Tische, und schnitzte für uns Kinder allerley Maschinchen zum Spielen. So verfertigte er z. B. kleine Handmühlen, auf der wir Sand abmahlen konnten; oder bohrte Löchlein in einen hölzernen Teller, und steckte kleine Tannenzweige darein, daß es aussah, wie ein Wäldchen, mit Jägern, Hirschen und wilden Schweinen bevölkert. Die Figuren wußte er selbst mit Mennig und Grünspan zu mahlen. Aber ich erinnere mich wohl, seine Jäger gefielen mir nicht; alle waren garstig gebückte Carricaturen, die zum Schießen bereit lagen und entsetzlich große Nasen hatten. Darin setzte er seine Hauptstärke, wenn er zeichnete. Dennoch begafften wir die bunte Arbeit mit Herzenslust, und beobachteten alle Handgriffe mit der angestrengtesten Aufmerksamkeit, um selbst Maschinen von unserer eigenen Erfindung zu bauen, oder allerley Figuren nachzuklecksen; Versuche, die uns gewiß nicht ganz unnütze waren, und immer geringe Uebungen unsrer jugendlichen Kräfte. Einst hatte ich eine Art Schöpfbrunnen gekünstelt, den ich einen Schnadrigengges nannte, ohne wirklich einen deutlichen Begriff mit diesem sinnlosen Worte zu verbinden. Ob das wohl nicht eine hübsche Anlage zu einem Hyperphysiker verrieth? Ich brachte ihn in die Stube, als eben der Metzger da war, der uns ein Schweinchen abgestochen hatte. Er bewunderte zum Spaße mein kindisches

Machwerk, und sagte, ich sollte bey ihm einsprechen, er wollte mir gewiß mit gutem Essen aufwarten. Das Lob that mir so wohl, daß ich nun immer an neuen Maschinen arbeitete."[8]

Später zog Franz Xaver Bronner mit anderen Knaben durch Wald und Flur, tobte mit ihnen auf der Gasse und badete in der Donau.

Arbeit

Bronner half gelegentlich im Haus und auf dem Felde. Er versorgte die Kuh, wenn die Mutter nicht rechtzeitig vom Felde nach Hause kam, ging mit der Großmutter zum Kümmellesen und mit dem Vater Eicheln, Laub und Holz sammeln. Bronner beschreibt diese Tätigkeiten im Zusammenhang mit Spiel oder ländlichen Freuden; Zwang und Arbeit waren für ihn gleichzusetzen mit Schule und Hausaufgaben.

„Wir durften zur Aerntezeit etwa vierzehn Tage lang nicht in die Schule gehen, weil man die Kinder zum Aushelfen im Felde brauchte. Meine Aeltern hatten sich genöthiget gesehen, ihr schönes Aeckerlein zu verkaufen, und konnten nun auf keinem eigenen Felde ärnten. Die Mutter weckte also uns Kinder Morgens beym Aufgang der Sonne, nahm einen Schubkarren mit, kaufte uns um einen Kreuzer Birnen beim Thorwächter, und führte uns über thauichte Wiesen ins Feld. Lieblich war es im Thaue zu laufen; aber wenn wir im Stoppelfelde giengen, stachen uns die scharfen Spitzen die Füße wund. Bald konnten wir nimmer auftreten. Aber die Mutter schaffte bald Rath, denn Mutterliebe ist erfinderisch; sie schnitt einen Sack aus ihrem Rocke, und machte uns auf dem Felde kleine Socken daraus. Hier giengen wir hinter den Garbenbindern her, und lasen die sparsam umherliegenden Aehren auf. Manchmal aber trafen wir einen guten Mann an, der ließ uns absichtlich mehrere liegen, oder reichte uns gar eine volle Garbe zum Geschenke. Wenn ich den Schnittern bey der Quelle Wasser holte, gaben sie mir etwas zu essen, und wenn wir mit lüstern Blicken an einer Gesellschaft, die eben speiste, vorbeygiengen, reichten sie uns immer ein gutes Stück dar."[9]

Anmerkungen

Franz Xaver Bronner, Leben von ihm selbst beschrieben, Bd. I, Zürich 1795, S. 15–19
2 A.a.O., S. 20 ff.
3 A.a.O., S. 62 f.
4 A.a.O., S. 41 ff.
5 A.a.O., S. 75 ff.
6 A.a.O., S. 75
7 A.a.O., S. 47 f.
8 A.a.O., S. 51 f.
9 A.a.O., S. 102 f.

Anton Günther

Anton Günther, geboren 1783, schrieb seine Autobiographie
1859. Die Autobiographie des Priesters und katholischen
Philosophen führt bis in das Jahr 1828. Sie wurde nach Günthers Tod von dem Herausgeber Peter Knoodt veröffentlicht
und zwar in einer Fassung, die einerseits gekürzt, andererseits
als Biographie bis zu Günthers Tod weitergeführt worden
war.
Die Kindheitsschilderung wurde ungekürzt veröffentlicht,
denn der Weg eines armen Handwerkersohnes zum Theologen war ungewöhnlich.

Bezugspersonen

Anton Günther wurde 1783 in einem Dorf in der Nähe von Zwickau im nördli-
chen Böhmen geboren. Der Vater war Schmied und suchte sich, als er von der
Wanderschaft heimkehrte, eine Frau, um das väterliche Haus samt Gewerbe zu
übernehmen; er wollte die Tochter eines Schmiedes heiraten, die das Handwerk
kannte und notfalls selber mitarbeiten konnte. Er lernte schließlich ein Mädchen
aus einer Schmiedefamilie kennen, von der es hieß, „. . . daß die Tochter des
Schmieds [während der Abwesenheit ihres Bruders zur Zeit seiner Wanderjahre]
demselben bessere Gesellendienste geleistet habe, als ihre selige Mutter, die es nie
zu einiger Geschicklichkeit im Gebrauche des Hammers und der Zange gebracht
hatte."[1]
Aus der Ehe des Franz Günther und der Anna Elisabeth Podlak ging 1783 der
erste von sechs Brüdern hervor:
„Am Tage darnach empfing ich die h. Taufe in der Pfarrkirche der Gemeinde,
die ihr Gotteshaus unter den Schutz der Apostelfürsten Petrus und Paulus gestellt
hatte. Bei der Taufe erhielt ich den Namen des h. Antonius von Padua, da mein
Taufpathe, unser Nachbar Groh, denselben Namen trug. Nebenpathen waren die
Ortsbäckermeisterin Johanna Weidlich und der Fuhrmann und Bauer Ignaz
Schenk aus dem nahegelegenen Dorfe Kunersdorf. Ich erwähne meiner drei Taufpathen nicht umsonst, denn sie haben mir in meiner Jugend viele Freude gemacht,
die ich ihnen heute noch nicht vergessen habe. Damals hatte nämlich das Verhält-
niß zwischen Täufling und Taufpathen noch eine sehr wichtige Bedeutung. Außer
den herkömmlichen Geschenken, die von den Pathen am Gründonnerstage gemacht wurden, setzte es nämlich immer noch manche kleine Freuden im Verlaufe
eines jeden Jahres ab."[2]
Der eine Pate brachte dem Jungen bis zur ersten Kommunion oft Kupferstiche
aus der Revolutions- und Kriegsgeschichte vom Markt mit. Die Patin beschenkte
den Jungen auch noch später in der Klosterschule mit Kuchen und Obst.

„Von meiner Mutter aber wurde ich angehalten, beim *Memento pro vivis* im h. Meßopfer stets meiner Pathen mit einem Vater unser zu gedenken. Denn die Freude, die uns Kindern von Seite der Eltern gemacht werden konnte, war nicht weit her, und die Gaben am Weihnachtsabende fielen meist sehr schmal aus; dafür lag aber auch nie, wie es sonst Sitte war, eine große mit Bändern gezierte Ruthe neben den Christgeschenken. Auch störten die Eltern uns nicht die kleinen Freuden, die wir an gewissen Dingen hatten. Dahin gehörte vor Allem die Freude, die uns im Frühlinge und Herbste der Vogelfang machte.

Wir hatten nämlich einen Onkel, den älteren Bruder unseres Vaters, der, obwohl ein gelernter Schmied, später, nachdem er sich verehlicht, einen Garnhandel angefangen hatte, und dem dieses Geschäft es erlaubte, seiner Vogelliebhaberei in Feld und Wald nachzugehen. Und weil er kinderlos war, nahm er gern die älteren Kinder seines Bruders mit sich bei seinen Papagenofahrten."[3]

Die Mutter wollte die Kinder noch etwas von der Arbeit verschonen und legte sich ins Mittel, wenn es um Spielen und Unterhaltung ging. Dem arbeitsamen Vater mißfielen die „Papagenofahrten" der Kinder, wegen der Zeitverschwendung:

„. . . dann erinnerte er uns an die Spindel und das Spinnrad, wozu in jener Gegend, in der man viel Flachs baute, die Kinder frühzeitig angehalten wurden; und er würde mit seiner Mahnung auch Ernst gemacht haben, wenn die Mutter sich nicht mit der Erklärung ins Mittel gelegt hätte: ‚Gönne ihnen doch diese Freude, die ja gar bald von der Arbeit abgelöst werden wird!' Die Arme sprach aus Erfahrung, denn seit ihrer Verehlichung hatten die guten Tage für sie ihr Ende gefunden. Sie trug nämlich ein schweres Kreuz auf ihren Schultern, ohne Murren und in christlicher Ergebung, und hatte überdies immer noch ein Wort des Trostes und der Ermunterung für ihren Mann, dem manchmal sein Kreuz zu schwer wurde."[4]

Der Vater hatte gegen seinen Willen das Schmiedehandwerk ergreifen müssen und wäre lieber Orgelbauer oder Uhrmacher geworden. Auch hatte er Schwierigkeiten mit den Bauern, seinen Kunden, die im Wohlstand lebten, ihn aber nicht bezahlen wollten.

„Dazu kam noch die Noth an Gesellen, da bei den Kriegen Oesterreichs mit Frankreich die Arbeiter immer seltener wurden, während meine Mutter ohne Nachtheil für ihre Gesundheit sich nicht jeder Arbeit unterziehen konnte. Und doch kam bei all diesem Jammer keine Klage über ihre Lippen, weil sie ihren Lebensgefährten schonen wollte, der an seinem Kreuze schwerer trug als sie. Und gerade dieses Beispiel von Ergebung in den göttlichen Willen war es, was unter Mitwirkung eines besonderen Vorfalles in dem Gemüthszustande meines Vaters einen Umschwung bewirkte."[5]

Durch ein Gleichnis während einer Predigt wurde der Vater dazu gebracht, sein Los zu akzeptieren und sein Schicksal mit Entschlossenheit zu tragen.

„Wenn nun aber auch mein Vater von seiner Melancholie geheilt war, so blieb ihm doch immer noch das Mitleid mit dem Schicksale seiner Frau, die von den drei letzten ihrer sechs Kinder, welche der übermäßigen Anstrengungen der Mut-

ter wegen als Schwächlinge zur Welt gekommen waren, keines über das vierte Jahr hinaus am Leben erhalten konnte."[6]
Die Geschwister werden nicht weiter erwähnt.

Materielle und soziale Umwelt und Lernen

Die Armut der Eltern machte sich ständig und überall bemerkbar. Dennoch erhielt Anton Günther gerade in seiner häuslichen Umgebung wichtige Bildungseinflüsse.

„Zum Verständnisse aber dessen, was ich hierüber mitzutheilen habe, muß ich die Leser auf etwas aufmerksam machen, was nicht jedem derselben bekannt sein möchte. Die Werkstatt eines Schmids in einer Dorfgemeinde vertritt die Stelle eines Casino in den Städten. Der Bauer kommt nämlich nicht nur dann in die Schmiede, wenn er etwas zu bestellen oder das Bestellte abzuholen hat, sondern auch dann, wenn er, was in der Welt Neues vorgeht, hören möchte. Denn er weiß, daß der Schmied von den Fuhrleuten zuerst erfährt, was ihnen auf ihren größeren oder kleineren Geschäftsreisen vorgekommen ist. In unserer Gemeinde aber hatten viele Bauern dem Fuhrwerk sich zugewendet, seitdem die Josephinischen Verordnungen das Loos des Landmanns verbessert, und seitdem sich in der Gemeinde die Industrie bedeutend gehoben hatte. Dieselbe befaßte sich namentlich mit der Bleicherei der Garne und Linnen, wozu die Lage des Orts besonders geeignet war. Derselbe lag nämlich an einem bedeutenden Gebirgswasser, an dessen Ufern zu beiden Seiten sich die schönsten Wiesenplätze befanden. So ergab sich allmälig ein lebhafter Verkehr zwischen der Hauptstadt des Landes und unserer Gemeinde, der nicht ohne Einfluß auf die Gedankenwelt derselben blieb. Sowohl die Handels- als die Fuhrleute brachten allerlei Schriften, die sie für geringes Geld von den hausirenden Juden kauften, von Prag nach der Heimat. Und diese Schriften wanderten dann von Hand zu Hand, von Haus zu Haus. So erzählte mir später mein Vater, daß einst ein Fuhrmann zu ihm in die Werkstatt getreten sei mit der Anrede: ‚Schmied, wisset Ihr was Neues? Wir brauchen nicht mehr zur Beichte zu gehen.‘ Und auf die Frage des Vaters, woher er diese Neuigkeit habe, gestand er ihm, daß er eine Bibel von Prag mitgebracht habe, in der das stehe. Mein Vater bewog ihn, diese Bibel ihm auf einige Zeit zu leihen. Und es befand sich, daß es eine Bibel mit einem Commentare unter dem Texte war, welcher Commentar aber von keinem Katholiken herrührte.

Bei diesem Vorfalle wie bei vielen andern Vorfällen kam es nun oft zu gewaltigen Debatten, und es war ein Glück für uns und die Andern, daß der Hufschmid viel besser beschlagen war, als die unwissenden Fuhrleute, die allen Unflath auf der Landstraße aufklaubten, um ihn zu Hause an den Mann zu bringen. Und was der Schmied nicht wußte, das wußten manchmal seine Schulkameraden und Nachbarn, die gewöhnlich ihre Feierabendstunden in unserem Hause bis in die späte Nacht hinein verplauderten. – Mit welcher Aufmerksamkeit hörte ich den Gesprächen dieser Leute zu, und wie leid that es mir und meinen Brüdern, wenn die

Mutter uns zu Bett in die Oberkammer transportirte, aus Furcht, es dürfe wohl nicht jedes Wort für die Ohren der Kinder sich eignen!"[7]

Der jüngere Kaplan des Ortes, der den katechetischen Unterricht in der Schule zu erteilen hatte, förderte seine Schüler durch die Einrichtung einer Jugendbibliothek, Einführung von Kirchengesang, durch Gespräche und Ausflüge. Durch diese Anregung entschlossen sich mehrere Kinder bemittelter Eltern zum Besuch von Klosterschulen in der Umgebung, um später auf das Gymnasium überzuwechseln.

„Wie aber war mir zu Muthe, als einer nach dem andern von meinen Kameraden sich die Haare für den Zopf wachsen ließ, der damals ein nothwendiges Erforderniß für den Eintritt in die Klosterschule war, oder wenn sie mit gepuderten Köpfen und Zöpfen in den Ferien nach Hause kamen, während auf mich das Schurzfell wartete! Und ein schlechter Ersatz war es, wenn ich wiederholt den Versuch machte, in einer Kammer unter dem Dache heimlich meinen Kopf einer Reform zu unterziehen, d. h. mich selber zu frisiren mit Hilfe eines Stücks Seife statt der Pomade und Roggenmehls statt des Puders, um mich im Spiegel als Studiosus zu beschauen. Einmal überraschte mich die Mutter bei dieser *Attitude*; und wie froh war ich, als sie zu lachen begann und mir blos zu verstehen gab, daß ich ja nicht in dieser Zurichtung unter die Leute gehen solle. Und darauf nahm sie einen Kamm und brachte meine Haare wieder in die alte bürgerliche Ordnung. Die Gute mochte wohl den närrischen Vorgang dem Vater mitgetheilt haben, denn von jenem Tage an gestand er mir wiederholt, wie gern er mich an die Piaristenschule nach Haida schicken würde, wenn er die Mittel dazu hätte. Gesetzt aber auch, fügte er hinzu, daß ich diese Auslagen bestreiten könnte, was dann, wenn die Zeit des Unterrichtes zu Haida zu Ende ist, und du, anstatt aufs Gymnasium zu gehen, wieder nach Hause zurückwandern müßtest? Würdest du dann nicht mit mir ausgelacht werden, weil wir etwas angefangen haben, ohne es ausführen zu können? Und dabei berief er sich auf das Gleichniß im Evangelium. Schau lieber Anton, fuhr er fort, entschließe dich zu meinem Handwerke! Ich kaufe dir dann ein Waldhorn, lasse dich in demselben unterrichten, und dann kannst du dir Jahr aus Jahr ein ein hübsches Stück Geld verdienen. Damals war es nämlich gebräuchlich, daß die Leichen bemittelter Familien unter Hörnerklang aus dem Hause abgeholt und bis auf den Gottesacker begleitet wurden."[8]

Schließlich konnte Anton Günther mit 13 Jahren doch die Klosterschule besuchen, denn Gönner sorgten für Freitische und Unterkunft.

Spiel und Arbeit

Außer dem Vogelfang im Frühling und Herbst werden keine Spiele erwähnt. Der Vater hielt die Kinder zur Arbeit am Spinnrad an. Arbeit im Gewerbe wird nicht erwähnt.

Anmerkungen

1 Anton Günther. Eine Biographie von Peter Knoodt, Wien 1881, S. 5f.
2 A.a.O., S. 6
3 A.a.O., S. 7
4 A.a.O., S. 8
5 A.a.O., S. 10.
6 A.a.O., S. 11.
7 A.a.O., S. 13f.
8 A.a.O., S. 17f.

Karl Friedrich Klöden

Karl Friedrich von Klöden, geboren 1786, war der Gründer
der ersten Gewerbeschule in Preussen und befaßte sich mit
brandenburgischer Natur- und Geschichtskunde. Seine Erinnerungen führen bis in sein 37. Lebensjahr, in dem seine
Lehr- und Wanderjahre hinter ihm lagen und er die „Höhe
des Lebens" erreicht hatte. Klödens Geschichte ist die Geschichte eines sozialen Aufstiegs aus den kümmerlichsten Le-
bensverhältnissen durch Bildung.

Die Autobiographie wurde posthum von Klödens Enkel
veröffentlicht als Gegenstück zu den heiteren Jugenderinnerungen Wilhelm von Küngelgens.

Kindheit und Jugend werden von Klöden ausführlich geschildert.

Bezugspersonen, materielle und soziale Umwelt

Klödens Vater war preussischer Unteroffizier, der seinen Adel aufgegeben hatte,
um gegen den Willen seines Vaters als 15-jähriger zum Militär zu gehen. Klödens
Mutter war die Tochter des Compagnie-Chirurgus, der in kärglichen Verhältnissen lebte, seine Kinder viel prügelte und seiner Tochter nur eine dürftige Erziehung gab.

Klödens Eltern heirateten ohne frohe Hoffnung auf die Zukunft: sie wußten,
wie gering der Sold eines Unteroffiziers war, und daß er nur unter den größten
Entbehrungen ausreichen würde, um die dringensten Bedürfnisse zu decken.

Klödens Mutter arbeitete, um Geld für den Hausstand mitzuverdienen.

„Meine Mutter war eine der geschicktesten Strickerinnen ihrer Zeit, eine Kunst,
die damals viel seltener und unbekannter war als jetzt. Besonders waren gestrickte
durchlöcherte und gemusterte grünseidene Geldbörsen mit übergeschobenen Me-
tallringen an beiden Enden allgemein beliebt, welche zu arbeiten, sie eine große
Fertigkeit besaß. Damit erhielt sie im ersten Jahre die ganze Wirthschaft; allein
im zweiten wurde sie von einer Tochter entbunden, und die Pflege des Kindes
raubte ihr viele Zeit, die sie durch Nachtwachen einzubringen suchte. Ihr Kind
war ihr einziger Trost, ihre einzige Freude, und die Entwickelung desselben zu
immer klarerem Bewußtsein gewährte ihr die süßeste Erquickung. Diesen Trost
hatte sie sehr nöthig, denn gar bald lernte sie mit Schaudern erkennen, in welch
eine Hölle sie gerathen sei, in welcher Umgebung sie künftig zu leben, mit welchen
Menschen sie künftig umzugehen habe – und wer die Zusammensetzung des damaligen Heeres kennt, wird sich ein Bild von der Existenz in einer Regiments-Ka-
serne machen können. Nur ein Drittel des Heeres bestand aus eingeborenen und

ausgehobenen Kantonisten und Landeskindern. Die beiden andern Theile waren Söldlinge, die sich oft nur anwerben ließen, um dem Zuchthause zu entgehen, und bei erster Gelegenheit wieder davon liefen; ein anderer Theil war zusammengesetzt aus Leuten, welche sich als notorische Taugenichtse ausgewiesen hatten, mit denen nichts anzufangen war, und welche man durch kein Correctionsmittel zur Ordnung bewegen konnte, es wäre denn durch die härtesten Strafen."[1]

Der Vater bemühte sich ebenfalls, die materielle Lage der Familie zu verbessern.

„Der Vater hatte inzwischen versucht, sich außer seiner Dienstzeit ebenfalls eine Nebenbeschäftigung zu verschaffen. Es war damals Mode geworden, an Spiegelrahmen, Sophas und anderen Meublen Schnitzarbeiten anzubringen und diese letzteren durch Auftragen eines polirten Kreidegrundes und Firnisses unächt zu vergolden. Mein Vater hatte Gelegenheit gesucht, diese Vergoldung zu erlernen, und begann, sich für Geld damit zu beschäftigen. Sie gelang ihm recht wohl, und er machte die Arbeiten in seinem Zimmer in der Kaserne. Leider wurden sie aber schlecht bezahlt, und es gab oft lange Pausen, ehe sich wieder etwas zu thun fand, da ihn nur wenige Meister beschäftigten.

Trauriger Weise starb meiner Mutter das erste Kind, nachdem es ein Jahr alt geworden war, am krampfhaften Zahnen. Verzweiflungsvoll und trostlos blickte sie zum Himmel. Ihr war es, als ob jede Lebensfreude für immer von ihr gewichen sei, bis endlich die Zeit den herben Schmerz linderte. Sie strickte wieder unablässig und hatte die Freude, daß sie als Lehrerin im Stricken einer Prinzessin empfohlen wurde, ich weiß nicht mehr welcher, die sie einige Monate lang unterwies. Eine Nebenhülfe war dringend nöthig; denn meine Mutter sah ihrer zweiten Entbindung entgegen.

Am 21. Mai 1786, Mittags um 12 Uhr wurde ich geboren. Es war Sonntag und zugleich der erste Revuetag, der während König Friedrichs Regierung unabänderlich feststand. Mein Vater war, während ich geboren wurde, in Parade auf dem damaligen Exerzierplatze im Thiergarten. Der Ort, an dem ich zuerst das Licht der Welt erblickte, war die Kaserne Holzmarktstraße 21 (jetzt die Spaziersche Maschinenbau-Anstalt) im östlichen Flügel, zwei Treppen hoch, etwa das dritte oder vierte Fenster von der Straßen-Ecke. Meine Eltern zogen aber bald nachher nach der sogenannten Baumgasse, der jetzigen Elisabethstraße."[2]

Klöden entwickelte ein inniges Verhältnis zu seiner Mutter, deren Einsatzbereitschaft und Energie er bewunderte, den Vater schildert er eher als schwachen Charakter.

„Wenig mehr als anderthalb Jahr alt, erkrankte ich an den Frieseln. Die Krankheit aber combinirte sich mit andern Uebeln und wurde langwierig und gefahrvoll. Meine Mutter wachte weinend an meinem Bette in Gebet und Arbeit, mich auf das Sorgfältigste pflegend. Ich magerte bis zum bloßen Knochengeripp ab und der Arzt erklärte mich für aufgegeben. Der Gedanke, mich zu verlieren, war meiner Mutter zu fürchterlich, um sich daran zu gewöhnen; sie hörte mit ihrer Pflege nicht auf, selbst als der Arzt ihr sagte, sie möge das Kind nicht mehr mit Arznei plagen, denn es sei Alles vergebens, und keine Hülfe mehr möglich. Eine Nachbarin kam, und deckte mich auf. Sie wollte an gewissen Merkmalen erkennen, daß die Hoffnung noch nicht aufzugeben sei. Meine Mutter ergriff diesen Strohhalm in ihrer Noth begierig, und setzte die Pflege nach wie vor fort. In der That fing ich an, mich wieder zu erholen, und meine Mutter hatte die Freude, mich durch ihre treue, unermüdet sorgsame Pflege und Wartung, wenn auch erst nach längerer Zeit gerettet zu sehen. Ich ward gesund, hatte aber das Laufen, das vorher schon ziemlich gegangen war, gänzlich verlernt, und mußte von neuem anfangen.

Meine Erinnerungen reichen natürlich so weit nicht zurück. Die früheste sehr dunkle und nebelhafte Erinnerung habe ich von einer Fahrt, bei der ich auf dem Schoße meiner Mutter in ihren Mantel eingehüllt zwischen Bäumen fuhr, durch eine Oeffnung sah, und nur ein grauer Himmel, das Plätschern des Regens und das Rollen des Donners ist mir als dunkler, stark verwischter Eindruck geblieben. Ich habe nachher erfahren, daß meine Eltern gegen Abend mit mir während eines Gewitters von Pankow nach Berlin fuhren. Ich war drei Jahre alt."[3]

Die Lebensverhältnisse der Familie verschlechtern sich ständig.

„Meine Mutter arbeitete inzwischen, so viel sie nur irgend vermochte. Leider waren nicht immer genug Bestellungen da, und wenn sie bloß auf den Verkauf arbeitete, mußte sie die Waaren oft so billig losschlagen, daß sie nicht im Stande war, Seide zu neuer Arbeit zu kaufen. Indessen wäre es allenfalls noch leidlich gegangen, wenn mein Vater nicht unglücklicher Weise ‚Freiwächter‘ geworden wäre. Dies war auch eine von den schlimmen Einrichtungen jener Zeit, welche den Menschen zur Verzweiflung treiben konnten. Der Compagnie-Chef konnte nämlich einen Theil seiner Compagnie, ich glaube den dritten, auf vier Monate beurlauben, und bezog inzwischen den Sold dieser Mannschaft für seine Privatkasse. Die Beurlaubten waren während jener Zeit dienstfrei. Die Landeskinder gingen dann nach Hause zu ihren Angehörigen und kehrten nach abgelaufener Zeit wohl ausgefüttert zurück. Diejenigen, welche ein Handwerk trieben oder Gegenstände zum Verkauf anfertigten, arbeiteten dann zu Hause ungestört um so fleißiger. Wer aber in der Kaserne seine Heimath hatte, mußte bleiben wo er war, behielt seine Wohnung, die Unteroffiziere auch meist ihre Schlafburschen, für deren Ueberwachung sie verpflichtet blieben; aber sie erhielten in vier Monaten keinen Pfennig Sold. Dieses Loos traf auch meinen Vater; er wurde Freiwächter und konnte nun sehen, ob er von der Luft zu leben vermöchte. Die Unteroffiziere waren dabei viel schlimmer daran, als die gemeinen Soldaten; letztere konnten sich ja durch Handarbeiten als Packträger, Handlanger, Schuhputzer, Kleiderreiniger, Helfer beim Wäscherollen und auf mancherlei Weise Nebenverdienst verschaffen; denn zu allen diesen Verrichtungen nahm man damals Soldaten an; der Unteroffizier aber durfte dergleichen nicht thun.

Das war eine *schlimme* Zeit; da war es sehr schwer, sich satt zu essen. Meine Mutter mußte die ganze Wirthschaft erhalten, und mein Vater, dessen Vergoldungsarbeiten längst aufgehört hatten, da sie aus der Mode gekommen waren, – mußte nothgedrungen stricken helfen, obgleich es ihm, trotz der guten Anweisung meiner Mutter, nicht sonderlich von Händen ging."[4]

Die Familie Klöden (vier später fünf Personen) wohnten in einem Zimmer zusammen. In der daneben liegenden Kammer mußten sie zwei Schlafburschen beherbergen.

Ende 1791 oder Anfang 1792 wurde die Schwester Friederike geboren. Im Juli 1792 zog der Vater in den Krieg gegen Frankreich. Die Mutter wurde um Neujahr 1793 von einem Sohn entbunden, ihre Brüder halfen den dringendsten Bedürfnissen ab. Zu Ostern 1793 mußte die Mutter mit ihren Kindern die Kaserne verlassen. Sie mietete eine kleine Behausung und war nun noch größerer Armut ausgeliefert. Karl Friedrich Klöden besaß nur eine Hose, ein Hemd und eine Weste. Mützen, Hals- und Schnupftücher kannte er auch im Winter nicht. Den Sommer über lief er barfuß. Er wartete seinen kleinen Bruder und beaufsichtigte seine Schwester, während die Mutter bemüht war, Geld für den Lebensunterhalt zu verdienen.

Lernen

Als Klöden etwa fünf Jahre alt war, bemühte sich die Mutter, ihm einige Kenntnisse im Lesen zu vermitteln.

„Es war um diese Zeit, daß ich die erste Bekanntschaft mit Büchern machte. Meine Mutter besaß nämlich Splittgarbers Lesebuch, und bemühte sich, wenngleich in sehr unterbrochenen Zeiträumen, mir daraus die erste Buchstabenkenntniß beizubringen, was mich wenig interessirte. Bei weitem mehr nahm die in jenem Buche befindliche Abbildung eines menschlichen Skeletes meine Aufmersamkeit in Anspruch, von welchem mir gesagt war, es sei der Tod. Ich betrachtete das Gerippe immer mit einer Art Schauder, und wenn ich des Abends die sehr spärlich erleuchteten gebrochenen Treppen der Kaserne hinunter gehen mußte, hielt ich mich so dicht als möglich am Geländer, weil ich mir einbildete, in den Winkeln stehe das Gerippe. Woher diese tolle Einbildung entstand, weiß ich nicht, aber sie hat mir oft die Hacken lang gemacht."[5]

Und weiter:

„Obgleich ich jetzt schon sieben Jahre alt war, konnte ich doch noch nicht lesen. Meine Mutter erhielt für mich den Eintritt in eine Armenschule; ich konnte sie aber nicht regelmäßig besuchen, weil ich meine Geschwister abwarten mußte; auch hatte ich wenig Lust zum Lernen. Es waren zwei Gebrüder, ich glaube Namens Jacob, welche die sehr zahlreich besetzte Schule hielten und von welcher jeder eine Abtheilung beschäftigte. Ich habe die Schule innerhalb vier Wochen etwa 14 Tage lang besucht. Was darin vorgenommen wurde, begriff ich nicht, und das ‚a, b, ab, b, a, ba' langweilte mich unendlich. Die beiden Pädagogen saßen im schlechtesten Anzuge mit baumwollenen weißen Nachtmützen auf den Köpfen, einen Stecken in der Hand da, und das Einzige was ich verstand, waren die Prügel, die es häufig regnete. Neu war mir die Strafe des Eseltragens. Auf ein braunes rundes Brett war ein Esel gemalt, der einem nach dem Andern um den Hals gehangen wurde. Ich begriff nur so viel davon, daß es geschah, wenn der Lehrer mit Einem unzufrieden war. Gelernt habe ich dabei eigentlich nichts, denn dazu war die Sache nicht angethan."[6]

Spiel

Klöden spielte in der Kaserne mit den anderen Soldatenkindern Ball, Drachenziehen, Zeck. Außerhalb der Kaserne, als die Familie bei einem Bauinspektor wohnte, spielte er allein oder mit den Geschwistern.

„Ich spielte tapfer umher, theils allein, theils indem ich meine Geschwister mit mir umherschleppte. Ein gewöhnlicher Tummelplatz unserer Spiele war die Communication vom Hamburger Thore bis zum Oranienburger und Rosenthaler Thore, so wie auch der Weg außerhalb des Thores. Bei gutem Wetter zog ich jedoch den Armenkirchhof vor, wo eine Unzahl von Schmetterlingen, oder wie wir sie nannten, ‚Kalitten' gefangen wurden. Dieser Ausdruck ist übrigens offenbar besser, als der grimmige Name ‚Schmetterlinge', mit dem weit besser Herkuleskeulen bezeichnet würden, als diese fliegenden gaukelnden Blumen der Schöpfung. Im Mai machten mir die Maikäfer viele Freude. Da diese aber verschwanden, wandte ich meine Liebe den dauerhafteren Mistkäfern zu, deren Gebahren und Gehabe ich auf das Sorgfältigste studirte. Ich bauete ihnen einen Stall an der Straße, schaffte ihnen Futter, und beobachtete genau ihre Lebensweise, doch wollte mir nicht gelingen, sie abzurichten. Vor anderen Insekten hatte ich jedoch seltsamerweise Furcht. So hatte ich eines Tages an der Mauer einen ganzen Bündel angenehm riechenden Krautes ausgerauft, um es in meinem Stall auszubreiten, wo es gute Dienste thun konnte. Plötzlich kroch aus dem Kraute ein langer schwarzer Käfer. Ich entsetzte mich und erhob ein furchtbares Angstgeschrei, als hätte er mich gepackt, und noch nach Jahren grausete mir die Haut, wenn ich daran dachte."[7]

Die Eltern beschenkten das Kind: Es wird eine Trommel erwähnt, später ein Bleistift. Den Bleistift erhielt er 1794 auf dem Jahrmarkt:

„Mein Vater hatte mir einen Bleistift gekauft. Es war der erste, den ich jemals erhielt; denn im Schreibebuche hatte ich meine Linien bis dahin mit einer Stricknadel gezogen. Ich empfand über dies Geschenk eine so unmäßige Freude, wie ich sie selten im Leben wieder gefühlt habe. Meinen Bleistift nahm ich mit zu Bette und that die ganze Nacht kein Auge zu."[8]

Arbeit

Klöden wartete die kleinen Geschwister und half bei Besorgungen. Es wird nicht erwähnt, daß die Kinder bei der Heimarbeit der Mutter halfen, während der Vater ja zu diesem Zwecke das Stricken lernte.

„Eines Abends in der Dämmerung war meine Mutter (wie wir es nannten) in die Stadt gegangen, um Arbeiten abzuliefern; ich schleppte meinen kleinen Bruder auf dem Arme fort bis zur Ecke der jetzigen Auguststraße, und setzte ihn dort auf die Erde, da er mir zu schwer wurde. Meine kleine Schwester war hinterher getrottet. Von dort mußte meine Mutter kommen, um zu unserer Wohnung zu gelangen. Mir schien es, als ob sie übermäßig lange ausbliebe. Es wurde dunkel; zum Spielen konnte man nicht mehr sehen; ohnehin war ich durch meinen Bruder an die Stelle gefesselt. Plötzlich kam mir in meiner kindischen Ungeduld der Gedanke, meine Mutter könnte verunglückt sein. Betrübt hob ich die Augen gen Himmel; da schien ein Stern zu wanken, und nun war ich überzeugt, Gott habei mir ein Zeichen gegeben, daß meine Mutter todt sei. Ich fing an zu heulen, meine Geschwister halfen; und schon kamen Leute und erkundigten sich nach dem Grunde unseres Jammers, da erschien meine Mutter und machte der Scene ein Ende. So weint der Mensch um eingebildetes Leid und läßt das wirkliche unbeachtet. Wie oft mögen höhere Wesen auf unseren Jammer mit ähnlichen Empfindungen blicken, wie wir auf diesen kindischen. Sind doch die Kinder von den Erwachsenen nur dem Grade der Erkenntniß nach verschieden."9

Anmerkungen

1 Karl Friedrich von Klöden, Jugenderinnerungen. Hg. von Max Jähns, Leipzig 1874, S. 18
2 A.a.O., S. 22
3 A.a.O., S. 23
4 A.a.O., S. 28f.
5 A.a.O., S. 32
6 A.a.O., S. 45f.
7 A.a.O., S. 42f.
8 A.a.O., S. 74
9 A.a.O., S. 44

Wilhelm Harnisch

Wilhelm Harnisch, geboren 1787, hatte sich auf Verlangen
mehrerer Freunde entschlossen, sein Leben zu beschreiben.
Er begann dieses Werk im Alter von 70 Jahren als emerierter
Pastor und Superintendent, der sich zeitlebens politisch und
pädagogisch betätigt hatte. Harnisch wollte sein Leben in drei
Teilen darstellen, weil drei Ideen sein Leben jeweils geprägt
hatten: „Mein Leben in Breslau hatte wohl die Lehrerbildung
äußerlich zur Grundlage, aber doch die Neubelebung des Va-
terlandes zum eigentlichen Ziel. Mein Leben in Weißenfels
gipfelte in der Lehrerbildung; mein Leben in Elbei gehörte
aber besonders der Kirche und ihren Missionen an."[1]
Wilhelm Harnisch starb im Alter von 77 Jahren, nachdem
er nur den ersten Teil seiner Autobiographie vollendet hatte,
der die Jahre von seiner Geburt bis zur Vollendung seines
35. Lebensjahres beschreibt.

Bezugspersonen

Wilhelm Harnisch war das elfte Kind seiner Mutter und das fünfte seines Vaters,
es folgte dann noch ein weiteres gemeinsames Kind der Eltern. Fast alle Geschwister starben früh. Als Harnisch etwa acht Jahre alt war, lebte er noch als einziges
von den Kindern seiner Eltern.

Harnisch beschreibt ausführlich den sozialen Status seiner Eltern in der Dorfgemeinschaft: Die Mutter stammte aus einer am Orte angesehenen Bürgerfamilie.
Sie heiratete sehr jung, mit 15 oder 16 Jahren, einen Chirurgus, dem sie sechs Kinder gebar. Der Chirurgus versäumte seine Pflichten, seine Geschäfte und ergab
sich dem Trunke. Nach dem Tod ihres ersten Mannes heiratete die Mutter den
zehn Jahre jüngeren Vater von Wilhelm Harnisch. Der Vater war von Stiefeltern
erzogen worden und hatte bei seinem Stiefvater das Schneiderhandwerk erlernt.
Er erlangte als Schneidermeister einen guten Ruf.

„Die Viehwirtschaft trug neben dem Handwerk auch noch etwas ein, so daß
meine Eltern zu einer bürgerlichen Wohlhabenheit gelangten, die sich auch in
ihren Kleidern und häuslichen Einrichtungen zeigte."[2] Trotz dieser bürgerlichen
Wohlhabenheit war die Mutter durch ihre zweite Heirat „bürgerlich etwas
herunter gestiegen".[3] Der bürgerliche Abstieg der Mutter manifestierte sich für
die Dorfgemeinschaft folgendermaßen:

„Daß sie war heruntergetreten, offenbarte sich dadurch, daß sie auch mit einer
sogenannten Kiepe (Korb auf dem Rücken) in's Feld ging und Futter für das Vieh,
wie Speise für Menschen von den Feldern wie aus dem Garten holte. Das thaten
ihre Anverwandten nicht, die höchstens Speise für den Tisch in einem gelben,

messingenen Handkorb aus den Gärten holten. Oft wurde meinem Vater und meiner Mutter gesagt, sie hätten das nicht nöthig; aber mein Vater gehörte nicht zu den Leuten, die sich leicht von Anderen aus ihrem Gange bringen lassen, und meine Mutter vollzog als eine gehorsame Hausfrau den Willen ihres Mannes, wenn auch wohl zu Zeiten mit Seufzen. Sie hatte auch in ihrer Jugend als eine Magd gearbeitet, sie hatte 16 Jahr mit einem dem Trunke ergebenen Mann gelebt und blieb eine Lastträgerin bis an's Ende ihres Lebens, nachdem sie 12 Kinder geboren und 11 davon begraben hatte."[4]

Beide Eltern waren arbeitsam. Jedoch war der häusliche Friede gestört durch den Jähzorn des Vaters, der sich besonders offenbarte, wenn der Vater sich widerwillig in der Landwirtschaft betätigen mußte. Der Vater „war mehr ein Mann der Zukunft, meine Mutter mehr eine Frau der Vergangenheit."[5] Die Mutter wird als treue Arbeiterin, sorgsame Mutter und gottergebene Frau geschildert. Auch der Vater war sehr fromm.

„Leider empfanden meine Mutter und ich gewöhnlich viel tiefer die Ausbrüche seines leidenschaftlichen Zornes, als die Segnungen seines feurigen Gebets; obgleich ich bekennen muß, daß auch im größten Zorne mein Vater doch nie, wie das im Bürgerstande oft geschieht, die Würde meiner Mutter verletzte. Auch habe ich selten eine ungebührliche Züchtigung erhalten, indem mein Vater auch noch im Zorne Gott vor Augen hatte. Von nichts aber war seine Frömmigkeit ferner, als von Scheinheiligkeit und maneriertem Wesen. Er gehörte zu den gesunden Naturen, die das waren, was sie schienen, gutmüthig und gottesfürchtig, gerecht im Geben und Nehmen, aber auch auffahrend, tobend und dabei zugleich wieder mild in der Beurtheilung anderer Personen und der äußeren Verhältnisse."[6]

Wilhelm Harnisch hatte als Säugling viel geschrien; er führte das später auf Kränklichkeit zurück. „Wie meine körperliche Erziehung gewesen ist, das weiß ich eigentlich nicht, wahrscheinlich bin ich als einziges Kind von zwölfen eher zu warm, als zu kühl gehalten, doch ließ es die Bürgerlichkeit und Natürlichkeit in meiner Erziehung nicht zu einer eigentlichen vollständigen Verweichlichung kommen."[7]

An einen Bruder, der mit zehn oder zwölf Jahren starb, erinnerte sich Wilhelm Harnisch noch dunkel. Gern besuchte er einen älteren Halbbruder und andere Verwandte. Gesellen, Lehrburschen und eine Dienstmagd werden erwähnt, weil sie von den Eltern auch zum Besuch des Gottesdienstes angehalten wurden. Der Vater beschäftigte zu Zeiten vier Gesellen und einen Lehrburschen, später mußte er alleine arbeiten, weil er nicht mehr genügend Aufträge erhielt.

Erwähnt werden auch die Nachbarn: Die Familie Harnisch wohnte zwischen einem Stellmacher und einem Schmied; so erhielt der Junge Gelegenheit, die Holz- und Eisenarbeiten anschaulich kennenzulernen.

Eine wichtige Bezugsperson war eine kleine Kusine, eine Tochter der väterlichen Schwester, die als Bettlerin herumstreifte. Diese Bettlerin war dem Jungen entsetzlich zuwider.

„Sie hatte eine Tochter. Diese nahmen meine Eltern zu sich, um sie der Verwahrlosung zu entziehen, woraus die Mutter nicht mehr zu retten war; am wenigsten von einem Bruder, gegen den sie das Widerbellungsrecht zu haben glaubte. Mein Vater hatte den an sich richtigen Grundsatz, das angenommene Kind wie sein eigenes zu behandeln. Aber ich weiß nicht, ob der häufige Anblick der Mutter mir das Kind so widrig machte, oder ob es selbst so widrig war; genug, mir war die Nähe dieses Kindes auf's Aeußerste unangenehm und ich gab ihm meinen Unmuth wol ungebührlich zu erkennen. Besonders drückend war es für mich, daß ich in einem Winter mit dem Kinde in einem Bette schlafen mußte. Ich verlangte dabei durchaus, nicht von ihr berührt zu werden, und geschah das, so stieß ich mit den Füßen, wie ein Wilder, das Kind (vielleicht 3 bis 4 Jahr jünger als ich) schrie mit Recht und ich erhielt die entsetzlichsten Prügel. Aber sie halfen nicht. [. . .] Doch ich muß noch einmal auf meine kleine Muhme zurückkommen, um die ich und das nicht mit Unrecht, oft stark gezüchtigt wurde. Es war nämlich dieses Kind an die herumziehende Lebensart gewöhnt, daß es täglich forttrödelte und gesucht werden mußte. Mein Vater band es deshalb an einen kleinen Klotz. Es nahm aber den Klotz unter den Arm und trödelte nun so herum. Da ward es denn an einen stämmigen Tischfuß gebunden. Trotz aller Bemühungen meiner Eltern ist doch späterhin das Kind, als es erwachsen bei Andern diente, verkommen. Ich habe deshalb einen entschiedenen Widerwillen gegen das Betteln der Kinder und kämpfe, wo sich mir die Gelegenheit darbietet, dagegen. *Die Bettelei ist eine hundertköpfige Natter.*"[8]

Als der Junge acht oder neun Jahre alt war, eröffnete ihm der Vater, daß er später studieren sollte, um Prediger zu werden, denn er sollte es einmal besser haben als die Bauern und Handwerker des Städtchens.

Materielle und soziale Umwelt

Wilhelm Harnisch wuchs in einem kleinen Ackerstädtchen auf. Die Familie wohnte in einem Haus mit Hof und Garten und unterhielt neben dem Handwerk eine kleine Landwirtschaft. Die Kleidung und häusliche Einrichtung zeugten von bürgerlicher Wohlhabenheit. Es waren religiöse Bücher im Haus vorhanden, später auch weltliche.

„Auch war eine kleine Hausbibliothek, außer Bibel, Hauspostille, Morgen- und Abendsegenbuch, wie Gesangbuch, vorhanden. Mein Vater vermehrte sie zu Zeiten wol durch ein neues Buch, von Herumträgern gekauft. Zu dieser Bibliothek gehörten der 100jährige Kalender, Fortunatus mit seinem Seckel und Wünschhütlein, der gehörnte Siegfried, die schöne Genovefa u. s. w. In den Winterabenden las ich daraus vor, oder mein Vater erzählte so etwas, wobei dann Gevattersleute aus der Nachbarschaft zugegen waren, die des Abends nicht arbeiteten. Neben jenen Büchern mußte ich auch fleißig die Zeitungen vorlesen, wovon ich natürlich nichts verstand. Nur hatte ich meine Freude daran, wenn viel Zucker und Rosinen aus Cuxhafen als angekommen gemeldet wurden."[9]

Um den Jungen auf eine Tätigkeit als Hauslehrer vorzubereiten, die der Eingang zum Pfarramt war, bekam er Klavierunterricht. Ein billiges Klavier wurde ange-

schafft, und zwischen dem Zuschneidetisch des Vaters und der Werkstätte der Gesellen aufgestellt, wo der Junge Vater und Gesellen vorspielen sollte. „In der Kleidung wurde es auch etwas merklich, daß ich studieren sollte. Statt der grauen
Leinwandhosen erhielt ich weißleinene, die nankingartig angestrichen waren;
auch erinnere ich mich, daß eine grüne Jacke und späterhin ein Rock Aufsehen
erregten. Für gewöhnlich wurden meine Haare, wie die andrer Schüler, in zwei
Zöpfe hinter einander geflochten, der vordere ward nach dem hinteren hingebun-
den, ging aber nach einiger Zeit ein; wahrscheinlich kam er aus der Mode. Des
Sonntags erhielt ich einen schwarzen Zopf mit Seidenband bewickelt. Bei meinen
krausen Haaren und meinem stämmigen Wesen mögen sich diese Zöpfe wunderlich ausgenommen haben. So viel weiß ich noch, daß Lehrer und Schüler die Zöpfe
gern erwischten und daran die zu Züchtigenden festhielten."[10]

Lernen

Die Familie besuchte regelmäßig den Gottesdienst, betete bei Tisch und las aus
religiösen Werken vor.

„Aber neben dem Kirchenbesuch gehörte das Vorlesen aus der Spangenberg-
schen Postille, worin auf Fragen die Sonntags-Evangelien und die Sonntags-Epi-
steln erklärt sind, auch zu den unerläßlichen Sonntagsbeschäftigungen. Der Vater
wußte sie fast auswendig; denn wenn ich las, so verbesserte er mich aus dem Kopfe.
Zum Morgen- und Abendgebet war ein schmales Büchlein vorhanden, dem der
Titel fehlte. Ich kann nicht leugnen, daß Manches darin vorkam, was in mir ganz
fremde Vorstellungen erweckte, z. B. das rosinfarbene Blut Christi und der wie
ein brüllender Löwe umhergehende Teufel, und wenn ich gleich es nicht für ein
großes Unglück halte, daß Kinder unvermittelte Sachen im Leben und in der
Schule empfangen, welche vielleicht erst nach 10 oder 20 Jahren vermittelt werden,
so bin ich doch als Erzieher der Meinung, man muß nach Möglichkeit dahin streben, den Kindern nicht so viel unvermittelte Sachen (Unverdautes) beizubringen
oder sich einsammeln zu lassen. Thorheit ist es jedoch, alles Unvermittelte durch
wörtelnde Erklärungen vermitteln und so die Kinder verflachen zu wollen."[11]
Wilhelm Harnisch hörte auch viele Märchen und Gespenstergeschichten. Der
Vater erzählte an den Abenden lange Geschichten von Hexen, die Kinder mästeten, um sie dann zu verspeisen. Der Vater brachte dem Jungen vor Eintritt in die
Schule das Buchstabieren bei und bemühte sich, die Bildung des Jungen durch Lesen zu fördern. Es wird nicht deutlich, ab welchem Alter Wilhelm Harnisch lesen
lernte, und ab welchem Alter er die Schule besuchte. Ab zehn Jahren lernte er bei
Privatlehrern Latein und Klavierspielen.

Spiel

Wilhelm Harnisch beschreibt einige Gruppenspiele. Einzelspiele fanden in Verbindung mit der Arbeit statt.

„Mit meinen Schulkameraden pflegte ich vielen Umgang. Wir spielen allerlei Laufspiele, als Verstecken und Suchen, Jagdspiele, Räuberspiele, gingen auch wol in den Wald, um Haselnüsse, schwarze Johannisbeeren, Himbeeren und Heidelbeeren zu suchen; letzteres auch in Gesellschaft mit Erwachsenen, in großen Töpfen den Ertrag sammelnd. Zerrissene Beinkleider und abgerissene Rockschöße machten nach dem Spielen und nach dem Haselnußsuchen oft große Sorgen."[12]

Er beschreibt auch den Spielplatz:

„Auf dem Gottesacker hatten wir unsern Spielplatz. Es ward auch jedes neue Grab bald zertrampelt. Ja beim Pferdemarkt ritt man auf dem Gottesacker die Pferde vor; und da die sämmtliche Schuljugend, Mädchen und Knaben, keine Abtritte besaßen, so verunreinigten die Mädchen den Gottesacker dicht an der Kirche auf der einen, die Knaben an der andern Seite; ein scheußlicher Anblick."[13]

Arbeit

„Ich wuchs auf, wie Handwerkskinder in kleinen Ackerstädtchen aufwachsen. So weit es der regelmäßige Schulbesuch erlaubte, auf den entschieden gehalten wurde, auch ehe es feststand, daß ich studieren sollte, nahm ich Theil an allen Garten- und Feldarbeiten; und mußte auch zu Zeiten beim Handwerk etwas helfen, indem ich alte Kleider, die gewandt werden sollten, auftrennte (die Nähe zerschnitt). Dabei gab es oft Schelte, wenn ich in das Zeug hineingeschnitten oder nicht sorgsam genug die Fäden ausgezogen hatte. Das Leben in Feld und Garten gefiel mir besser, als die Beschäftigung mit alten Kleidern. So ein Mahl im Freien zu Mittag Milchreis mit Schlackwurst, gehörte zu den Hauptgenüssen; auch ein gewöhnlicher Trunk im Freien, vor Allem aber, wenn es Meth war, schmeckte köstlich, zumal wenn wir dabei unter Kiefern oder Weiden neben den Aeckern lagerten. Auf dem leeren Erntewagen zwischen den Leitersprossen sitzend auf's Feld fahren oder oben auf dem Heuwagen kauernd vor den Stall fahren und vom Wagen aus gleich auf den Heuboden klettern, aus dem Garten Mohrrüben und Schoten mitholen und gelegentlich sich daran erquicken, das sind einfache liebe Jugenderinnerungen. [. . .] Es gab aber auch einige leidige Arbeiten für mich. Im Herbste waren die Bohnenstangen von ihren Ranken zu befreien, wobei schon die Kälte, auch zu Zeiten etwas Schnee eintrat. Kohlstrünke waren in derselben Zeit zu hacken, womit das Rindvieh gefüttert ward. Diese aber waren gewöhnlich von einem kalten Schweiß umhüllt und diese feuchte Kälte erzeugte Starrheit in der linken womit ich die Strünke zusammenhalten mußte. Im Sommer war eine der langweiligsten Beschäftigungen das Hüten der Bienen im Garten, die da schwärmen wollten, und noch langweiliger das Hüten und Umklappern des Weizens und der Gerste, woran sich die Sperlinge machten. Wie schön ist es jedoch durch solche Geduldsproben gegangen zu sein. Die letztere habe ich oft schlecht bestanden. In der Langweiligkeit strich ich öfter nach allen Seiten umher und ging viel früher weg gegen Abend, als ich sollte, um nur aus der Langeweile herauszukommen. Ich verweilte dann auf dem Wege, um die Zeit zu tödten. Bei dem Hüten der Bienen gab es mehr Abwechselung. Zu Zeiten kam der Vater in den Garten; die beweglichen Bienen gaben doch einen vorfallenden Gegenstand der Aufmerksamkeit. Selbst die Bienenkörbe in ihren verschiedenen Formen regten meine Einbildungskraft an. Ich vermittelte eine Aehnlichkeit zwischen jedem Korbe und einer Person in der Stadt und hatte also eine kleine lebendige Heerschaar vor mir. Die verschiedenen Gartenpflanzen und die Hoffnungen an den Obstbäumen wurden dabei auch beachtet. Einige Lattichblätter bildeten meine Küche; ich legte einen Stall für sie an und die Erdwühlereien, die ich dabei vornahm, dehnten sich immer weiter aus. Ich machte einen Garten, faßte ihn mit einem Erdwall ein und legte einen Backofen darin an. Solche Arbeiten setzte ich wol auf dem Hofe fort und formte Schüsseln und Teller aus Lehm.

Der größte Gewinn, den ich von den Hüterarbeiten hatte, bestand in der Geduld, die mir ein wenig eingeübt wurde. Die Uebung in dieser großen Kunst war mir um so nöthiger, als ich leider noch jetzt nicht gut waren kann und leicht ungeduldig werde, wenn eine Zeit ungenutzt vergeht."[14]

Wilhelm Harnisch half seiner Mutter auch im Haushalt und beim Kochen.

Anmerkungen

1 Wilhelm Harnisch, Mein Lebensmorgen. Zur Geschichte der Jahre 1787–1822. Hrsg. von H. E. Schmieder, Berlin 1865, S. XVII
2 A.a.O., S. 18
3 A.a.O., S. 26
4 A.a.O., S. 26
5 A.a.O., S. 26
6 A.a.O., S. 21
7 A.a.O., S. 23
8 A.a.O., S. 29f.
9 A.a.O., S. 41
10 A.a.O., S. 35f.
11 A.a.O., S. 19
12 A.a.O., S. 39
13 A.a.O., S. 36
14 A.a.O., S. 23ff.

Peter Lübke

Peter Lübke, geboren 1798, schrieb seine Erinnerungen für seinen Sohn auf. Diese Erinnerungen wurden 1891 in Wilhelm Lübkes Autobiographie gleichsam als „Vorspann" veröffentlicht:

„Wenn ich meiner Erzählung einen Abschnitt aus der Selbstbiographie meines Vaters vorausschicke, die dieser im hohen Alter auf meinen Wunsch niederschrieb, aber leider nicht vollendete, so glaube ich nicht blos den Boden deutlicher zu zeichnen, aus dem ich hervorwuchs, sondern auch für den tüchtigen, aus den schwierigsten Verhältnissen durch eigene Kraft sich herausarbeitenden, nach einem hohen Ideale mit nie ermattender Begeisterung ringenden Mann ein warmes Interesse voraussetzen zu dürfen. Außerdem aber gewährt seine schlichte, anspruchslose Erzählung einen merkwürdigen Beitrag zur Culturgeschichte der ersten beiden Decennien unseres Jahrhunderts, besonders zur Würdigung der damaligen Verhältnisse der Volksschule und ihrer Lehrer."[1]

Bezugspersonen, materielle Umwelt, Lernen, Spiel, Arbeit

„Am 3. Januar 1798 wurde ich, Peter Lübke, in Balve, einem Städtchen des ehemaligen Herzogthums Westphalen, geboren und am 6. ejusd. in der dortigen Pfarrkirche getauft. Meine Eltern waren Franz Wilhelm Lübke und Anna Gertrud Kremer aus Grevenstein. Mein Vater war seines Geschäfts ein Strumpfwirker, wobei er Wollspinnerei und Färberei betrieb. Er war ein ganz schlichter, aber sehr fleißiger und thätiger Mann, der vom frühesten Morgen bis zum späten Abend arbeitete. Sein Geschäft verstand er gründlich und seine Kunden bediente er mit der größten Gewissenhaftigkeit und Billigkeit; übrigens war er ohne Schulbildung. Etwas Schreiben konnte er, aber vom Zifferrechnen verstand er nichts. Von Buchführung war daher keine Rede, obgleich er sehr viele Kunden bediente. Sein vorzügliches Gedächtniß ersetzte die schriftlichen Notizen. Bei größeren Schulkenntnissen hätte er das Geschäft sehr ausdehnen und einen bedeutenden Gewinn erzielen können. Aber zum Reichwerden hatte er keine Anlage. Meine Mutter war hingegen eine sehr kluge, verständige, religiöse und tugendhafte Frau. Dabei war sie überaus häuslich, arbeitsam, fleißig, ohne Knauserei und Geiz, ja sie war überaus mildthätig, theilnehmend, hülfreich. In der ganzen Nachbarschaft holte man bei ihr Rath, Trost und Hülfe. Da wir zwei Gärten und einige Morgen Ackerland bewirthschafteten, so hielten wir eine Kuh und mästeten jährlich zwei Schweine. Allein die Mutter besorgte die ganze Haushaltung und die Gärten ohne Magd. Des Nachts flickte sie die Kleider für die Kinder, von vier Knaben, von denen ich der älteste war. Und trotz ihrer vielen Arbeit brachte sie uns Kinder, als wir noch klein waren, selbst zu Bette und ließ uns knieend das Abendgebet verrichten, das ich noch auswendig weiß. Dabei ging sie jeden Morgen zur heiligen Messe und nahm uns Kinder, ehe wir in die Schule gingen, mit. ,Wir wollen uns in der Kirche den Segen Gottes holen', pflegte sie dann zu sagen, ,denn an Gottes Segen ist alles gelegen.' In unserem Hause herrschte die größte Liebe und Eintracht zwischen Vater, Mutter und Kindern. Ich habe nie gehört, daß zwischen den Eltern ein unfreundliches Wort vorgefallen wäre. Der Vater bekümmerte sich nur um sein Geschäft, und nicht um die Erziehung der Kinder; diesen widmete sich aber die Mutter mit der größten Sorgfalt, und darin hatte sie eine besondere Gabe. Ein ernster Blick von der Mutter rührte mich mehr, als ein Tadel vom Vater. Ich erinnere mich nie, eine körperliche Züchtigung erhalten zu haben.

Als ich 5¼ Jahr alt war, wurde ich in die dortige Elementarschule gebracht, worin ich lesen, schreiben, biblische Geschichte und den Katechismus lernte. Andere Gegenstände kamen nicht vor, weder Rechnen noch deutsche Sprache, noch weniger andere Realien. Der Lehrer, *Schelte* mit Namen, war dem Trunke ergeben. Am Nachmittage schlief er regelmäßig in seinem Lehnstuhle, während der ganzen Schulzeit. Da nun jeder Schüler einzeln an den Katheder treten und seine Lection aufsagen mußte, so beeilte sich Jeder, dieses während seines Schlafes zu thun; alle Schüler aber waren mausestill, um den Lehrer nicht zu wecken; denn wenn er aufwachte, war er mißgestimmt und es gab Ruthenhiebe, zu welchem Zwecke er mehrere Birkenreiser zusammengebunden hatte. Daß man in einer solcher Schule nicht viel lernte, liegt klar auf der Hand. Als ich 10¼ Jahre alt war, kam ich zur ersten heiligen Communion und wurde dadurch der Schule entlassen, weil der damalige Pfarrer Brunswicker sagte, ich könnte in der Schule nichts mehr lernen. Das mochte sein; aber meine damaligen Schulkenntnisse erreichten, im Vergleich zur jetzigen Schulbildung, nicht die eines 8–9jährigen Schülers; ja im Rechnen sind diese viel weiter, weil bei uns kein Rechnen vorkam.

Als ich nun der Schule entlassen war, sollte ich meines Vaters Geschäft erlernen, wozu ich gar keine Lust hatte."[2]

Anmerkungen

1 Wilhelm Lübke, Lebenserinnerungen, Berlin 1891, S. VI
2 Peter Lübke, Aus dem Leben eines Volksschullehrers, in: Wilhelm Lübke: Lebenserinnerungen, Berlin 1891, S. 1–3

III. Bürgerliche Kinder im 18. Jahrhundert

Johann Ludwig Aberli (1723–1786), Ohne Bezeichnung (Städelsches Kunstinstitut, Frankfurt/M.).

1

2

3

4

1 *Johann Friedrich Dryander*, Familie Bruch im Stiefel, 1798 (Foto Marburg).
2 *P. E. Stroehling*, Bildnis des Joh. B. Rittershausen mit seinem ältesten Sohn Gottfried
   Konrad, 1791 (Foto Marburg).
3 *Daniel Chodowiecki* (1726–1801), Am Boden sitzendes Mädchen mit einem Kind auf
   dem Schoß (Städelsches Kunstinstitut, Frankfurt/M.).
4 *Johann Ludwig Aberli* (1723–1786), Ohne Bezeichnung (Städelsches Kunstinstitut,
   Frankfurt/M.).

Johann Ludwig Huber

Johann Ludwig Huber, geboren 1723, schrieb seine Erinnerungen im vierundsiebzigsten Lebensjahr als Ergänzung zu
seinen Gedichten. Huber war Advokat, württembergischer
Regierungsrat, und Dichter. Seine Gedichte schrieb er auf der
Bergfestung Hohen-Asperg, auf der er 1764 sechs Monate
lang inhaftiert war, weil er sich der Steuerpolitik des Fürsten
widersetzt hatte.

Bezugspersonen, materielle Umwelt, Lernen, Spiel, Arbeit

„Ich bin in dem Jahre 1723 zu Groß-Heppach gebohren, einem ansehnlichen Fle-
ken in einer der schönsten Gegenden Würtembergs, da, wo sich das Remsthal in
ein Korngefilde ausbreitet. Mein Vater war da viele Jahre lang Pfarrer, Freund,
Rathgeber und Vater seiner Gemeine. Da ist, izt noch, mein Bruder Beamter, und
pflanzt den Ruhm der väterlichen Redlichkeit fort. Ich bin in keine Schule gekommen, bis ich in meinem vierzehnten Jahre in das Kloster Denkendorf aufgenommen wurde. Denn wir Kinder hatten alle das Glük, von unserem Vater allein gelehrt und erzogen zu werden. Mein Vater war von schwächlicher Gesundheit, er
fühlte an sich selbst, die hohe Nothwendigkeit, bey dem Geschäfte der Erziehung
den Körper des Zöglings nicht zu versäumen. Was solte uns alle Weisheit der Welt
ohne Gesundheit? Ich wurde gewöhnt, meistens, selbst im Winter, barhaupt in
die Luft zu gehen, und gewislich wär ich, wenigstens des Sommers, wie die ge-
meinsten Kinder des Flekens, auch barfus gegangen, wenn meine liebe Mutter es
für anständig gehalten hätte. Der übrige Körper war leicht gekleidet, Sommers und
Winters mit einerlei Zeug. Kein Handschuh im härtesten Winter; und noch izt in
meinem hohen Alter weiß ich nichts von einer solchen Verwarung der Hände, und
habe sie auch nicht nöthig. Meine Nahrung, von früher Jugend an, war äußerst
einfach. Am Morgen eine Suppe, meistens von Milch, am Mittage Gartengemüse,
selten Fleisch, zwischen der Zeit nichts als Brod und Obst, entweder roh, oder
gedörrt; kein Bakwerk. Der Trank war frisches Brunnenwasser; äusserst selten
einige Schlüke Wein. Mein Vater trank keinen, ob er schon immer über hundert
Aimer in seinem Keller hatte. Von Thee und Cafee wußten weder Eltern noch
Kinder das geringste. Die Zeit des Schlafs ward nicht pünktlich zugemessen: aber
jeden Morgen, um 7. Uhr mußte ich, mit kaltem Wasser gewaschen, vollkommen
angekleidet, mit dem Morgenbrod versehen, und zum Auschiken oder zum Lernen bereit seyn. Die sogenannten Erholungs-Stunden, welche von den täglich ge-
sezten Lernstunden übrig blieben, wurden, ganz genau nach der Absicht meines
Vaters, zu Befestigung des Körpers, zum Hüpfen und Springen, zum Bergsteigen,
zum Ballspielen auf der Wiese, zum Kegelspiel, zum häufigen Baden in den Untie-

fen des klaren Rems-Flusses, und, selbst im härtesten Winter, zum Schleifen auf
dem Eise und zum Fahren auf Bergschlitten, in der Gesellschaft der bestgearteten
Jungen des Dorfes angewendet. Sind dies Kleinigkeiten? o mein ewig theurer Vater! ich danke dir, daß du sie nicht für Kleinigkeiten geachtet hast, ich danke dir
mein langes Leben! doch was habe ich dir nicht zu danken?

Ich komme auf die sittliche Erziehung. Die practische Religion, die begreifli-
chen Lehren von einem unsichtbaren höchsten Wesen, das ganz Weisheit und
Güte ist; von seiner alles umfassenden Sorge für seine Kinder, die Menschen; von
unsrer Pflicht, all unser Vertrauen auf ihn zu sezen, und, um seinetwillen, wie eine
einzige Familie, uns unter einander zu lieben; von den natürlichen Folgen eines
edlen oder unedlen Lebens, und von ihrem Lohn oder Strafe jenseits des Grabes,
dies war der erste Unterricht unsers Vaters, früher als Lesen und Schreiben. In den
Winterabenden sezte er sich zu uns, und gab jenem Unterrichte das Leben durch
Erzählungen leichtbegreiflicher Geschichten von guten und schlimmen Menschen
aus der Bibel und aus der Weltgeschichte. Sobald wir lesen konnten, gab er uns
die weise Sprüche des Salomo und Sirachs in die Hand, zwei himmlische Schriften,
die bey unsrer Erziehung der Jugend so unverantwortlich hintangesezt werden.

Mein Vater war ein freier Mann von tausend Vorurtheilen, von Teufeleien, die
die Ordnung Gottes stören könnten, von Hexereien, von Erscheinungen und
Nachtgespenstern, von Vorbedeutungen und Ahnungen und andern Träume-
reien. Er that sein äusserstes, uns für Anstekung zu bewahren; das war auf dem
Dorfe unmöglich. Er begegnete diesem Uebel mit der Erzählung vieler Geschichten von entlarvten Betrügereien dieser Art; er sandte uns sehr oft zur Nachtzeit
ohne Licht aus, um an dem andern Ende des Flekens etwas zu bestellen. Ohne
die mindeste Furcht sprang ich, in meinem zehnten Jahre, unbegleitet und ohne
Laterne in das, eine halbe Stunde entfernte, Filial Klein-Heppach oder in die nächsten Pfarrhäuser, um dort etwas auszurichten. Polissonerien, welche Muth zeigten, auf Schranken gehen, auf die höchste Bäume zu klettern, über breite Graben
zu sezen, Baurenpferde, ungesattelt, in eine tiefe Schwemme zu reiten, diese wußte
mein Vater wohl, aber er verbot sie uns nicht, weil sie Muth erforderten, und im
künftigen Leben nüzlich werden konnten. Es ist wohl keine Frage: ob die Erziehung auf dem Dorfe nicht etwas wild, ein wenig zu Rousseauisch ist? Aber unter
diesen halb-cultivirten Menschen hab' ich Treue und Redlichkeit, Muth des Lebens, Ausdauren in Geschäften, Genügsamkeit, und die hohe Tugend gelernt,
diese ohne Vergleichung nüzliche Klasse von Menschen, für meine Brüder zu achten, eine Tugend, die mir all' mein Leben und besonders meine Magistratischen
Aemter erleichtert hat.

So natürlich, so ungebunden an irgend eine sonst gewöhnliche Methode, war
auch meine Erziehung in Absicht auf Künste und Wissenschaften. In meinem
vierten Lebensjahre wurden mir zu gleicher Zeit die Alphabete von der Teutschen,
Lateinischen und Griechischen Sprache theils durch Grammatiken, theils durch
Vorschriften meines Vaters gezeigt. Mein Vater hatte in diesen drei Sprachen eine
sehr deutliche und leserliche Handschrift. Ich lernte sie in diesem Zeitpunkte auch
nachmalen. Im sechsten Jahre meines Lebens konnte sich sie lesen, wie sie ein

sechsjähriger Knabe lesen kann. Sogleich folgte die saure Arbeit des Auswendig-
lernens der Wörter und der Paradigmaten. Selbst in unsrer Muttersprache mußte
ich sehr oft decliniren und conjugiren, eine Uebung, welche in den Schulen so sehr
versäumt wird. Die Regeln des Syntaxes wurden vielmal gelesen sammt den beige-
sezten und mehreren von meinem Vater angegebenen Exempeln; aber sie wurden
nicht auswendig gelernt. Mit dem siebenten Jahre wurde die Verteutschung Latei-
nischer und Griechischer Schriften angefangen, und die Regeln der natürlichen
und zierlichen Zusammensetzung dieser beiden Sprachen in der Uebung des
Uebersezens gezeigt. Ausser der Methode, die gelehrte Sprachen auf die nemliche
Weise, wie die lebendigen, blos durch den Umgang zu lehren, gibt es keine leichtere und sichrere, als diejenige, die mein Vater angewandt hat. Immer wurde von
dem Leichtern zum Schwerern hinaufgestiegen, von den historischen Schriften der
Alten zu den philosophischen und poetischen Werken. Es war eine Ersparnis zum
mindsten der halben Lernzeit; daß mein Vater, bey dem Uebersezen, niemals die
mir fehlenden Worte in dem Wörterbuche nachschlagen ließ; sondern sie mir, mit
einer unbeschreiblichen Gedult, hundertmal aufs neue wieder sagte; und daß die
Uebersezungen niemals zu Papier gebracht, sondern immer nur mündlich damit
fortgefahren wurde.
   [. . .] Ich hatte eine Schwester von vortreflichen Naturgaben. Sie war ein Jahr
älter als ich. Aus eigenem Antrieb, und, als mein Vater ihre Lust bemerkte, nicht
ohne seine Aufmunterung, leistete sie mir, von den Alphabeten der gelehrten
Sprachen an, in allen meinen Lernstunden Gesellschaft. Ihre Gesundheit war nicht
recht fest, und meine liebe Mutter foderte einen Theil ihrer Zeit zu Erlernung der
Wirtschaft; sonst würde sie mich, kraft ihrer grössern Aufmerksamkeit, gewiß in
allem übertroffen haben. Meine Eltern hielten ihr eine Französin von dem fünften
Lebensjahre an; ich lernte diese Sprache mit ihr; und da mein Vater mich erst in
meinem zehenten Jahre in dem Hebräischen unterrichtete, worinn er sehr gelehrt
war, so wohnte sie zutheuerst auch den Lehrstunden dieser Sprache mit bei. Sie
war meine theure Gefährtin in allen meinen Vorbereitungs-Studien [. . .]
   Geziert mit jeder häuslichen Tugend ihrer Mutter und der brauchbaren Wissenschaft ihres Vaters würde sie das Glük einer eigenen Familie geworden seyn, aber,
nach meiner Trennung von ihr, nahm ihre Kränklichkeit zu; sie starb zu einer Zeit,
da ich in Tübingen selbst dem Tode nahe war – das erste Unglük meines Lebens,
das ich schmerzlich empfand."[19]

Anmerkung

1 Johann Ludwig Huber, Etwas von meinem Lebenslauf und etwas von meiner Muse auf
   der Vestung, Stuttgart 1798, S. 1–15.

Gustav Dinter

Gustav Dinter, geb. 1760, schrieb seine Autobiographie in den Jahren 1828/29 als Konsistorial- und Schulrat der Provinz Ostpreußen und Professor der Theologie an der Universität Königsberg. Dinter widmete die Schrift seinen Schülern zum Andenken. Der Herausgeber kürzte die Autobiographie um „manches Nebensächliche und Unwichtige" (z. B. Namen von Landsleuten und Dörfern.

Bezugspersonen, materielle und soziale Umwelt

„Geboren wurde ich in der kursächsischen, jetzt königlich sächsischen Mittelstadt Borna, drei Meilen von Leipzig, zwei Meilen von Altenburg, 1760 den 29. Februar, abends um 5 Uhr. Mein Vater, er hatte den Titel als Kammer-Kommissarius, war Rechtsgelehrter, der sich aber von jeher nicht von Prozeßführung, sondern von Gerichtshaltereien ernährt hatte. In seinen blühendsten Zeiten war er Gerichtshalter in vielen sächsischen Orten. Sein Vater war Bürger, Stadt-Chirurgus und Landrichter in meiner Vaterstadt gewesen. Die beiden Pfarrer meines Namens, die in Gablenz bei Zwickau angestellt waren, waren meines Großvaters Vater und Bruder. Die Familie soll nach alten Nachrichten aus *Irland* abstammen und Religionsverfolgungen halber das eigentliche Vaterland verlassen haben. Ein Bruder oder Oheim des ältern Pfarrers Dinter zu Gablenz war nach Schlesien gezogen und soll sich dort einiges Vermögen erworben haben. Von ihm stammt die einzige Familie dieses Namens, die ich außer meinem Vaterhause gefunden habe, ab. Einen sehr achtungswerten Offizier, einen Sprößling von ihr, lernte ich vor einigen Jahren beim Herrn General von Borstell in Königsberg kennen und freute mich der ehrenvollen Verwandtschaft. –

Mein Vater war einer der fröhlichsten Männer, die ich in meinem Leben gekannt habe. Er erfreute sich einer blühenden Gesundheit und Kraft, eines sehr reichlichen Auskommens, eines glücklichen Temperaments und, ohne sich leicht etwas zu versagen, genoß er doch alles so, daß er's lange genießen konnte. Seine Heiterkeit ging oft in das über, was man in unsern ernstern, steifern, aber drum nicht bessern Zeiten Ausgelassenheit, vielleicht gar Ungezogenheit nennen würde. Damals lachte man darüber. Jetzt davon nur einige Beispiele, damit man den Geist jener Zeit kennen lerne, und die Scenen, die mich von Jugend auf umgaben.

Meine Mutter hatte eine große Kaffeegesellschaft. Damals pflegte man den Zukker nicht in Stücken, sondern klar gestoßen, aufzusetzen. Was thut mein Vater? Er stiehlt der Mutter den Zucker, reibt Salz ihm so viel als möglich ähnlich, füllt damit die Schale, und die Mutter weiß nicht, warum die Gäste den Kaffee nicht trinken wollen, bis sie selbst ihn kostet. – Eine Nachbarin, Demoiselle Diez, war ganz allein bei meiner Mutter zu Tische. Nach der Mahlzeit setzten sich beide hin, um ein wenig Mittagsruhe zu halten. Der Vater kommt dazu und macht jeder mit

Kohle einen großen Schnurrbart. Dann weckt er leise die Mutter. Du, Frau, sag's der Diezin nicht. Ich habe ihr einen Bart gemacht! Als diese wieder schläft, redet er mit der Diezin ebenso. Endlich erwachen beide und können des Lachens sich kaum enthalten. Jede sieht den Bart der andern, ohne von ihrem Barte zu wissen. Endlich rollt ein Wagen vor. Sie springen auf. Nicht ans Fenster! schreit eine, wie die andere. Du hast einen Bart! Und der Spiegel überzeugt sie, daß sie beide betrogen sind.

Einer Demoiselle Hartmann stahl mein Vater einen Handschuh. Sie fordert ihn wieder. ,Sie sollen ihn haben, aber anders als Sie denken.' Zwei Tage darauf bittet er sie zu Tische. Die Mutter muß Schöpsgeschlinge (Därme) kochen. Der Vater schneidet den zarten Handschuh so klar als möglich und rührt ihn hinein. Demaiselle Lachmann ißt, ohne etwas davon zu merken. Nach Tische präsentiert er ihr den kleinen Überrest und versichert sie, das übrige haben sie im – Magen.

Ich könnte solcher Streiche, die er bis zu seinem sechzigsten Jahre, zum Tode meiner Mutter fortsetzte, bei Dutzenden erzählen."[1]

„Dieser lustige Dinter erzog mich. Ist's nun ein Wunder, daß ich in meinem Alter so lustig bin wie er?

Er konnte an seinen fünf Söhnen (von seinen zwei Töchtern ward eine tot geboren, die andere starb 24 Wochen alt) alles leiden, nur nicht Furchtsamkeit, Verlegenheit. Er war oft in der Woche vier Tage abwesend und reiste auf seinen Gerichtsbestallungen umher. Aber wenn er einmal zu Hause war, so sah er's sehr gern, wenn seine Jungen um ihn her schwärmten. Mehrmals schickte er mich, denn Furchtsamkeit litt er durchaus nicht, im Finstern in den Garten. Gustel, hole meine Tabakspfeife aus dem Garten. Sie liegt an (dem und dem) Orangeriebaume! Wehe dem, der dann nicht gegangen wäre! Sogar auf den Oberboden schickte er mich in der Nacht, ohne Licht. Die Mutter war ängstlich. ,Der Junge kann doch die Treppe herunterstürzen!' Besser einer weniger, rief er einmal erzürnt, als einen unbrauchbaren Hasen. Daher war auch unter uns allen von Aberglauben keine Spur.

Er that sich auf Mut und Geistesgegenwart seiner Kinder etwas zu gute. Einst besuchte ihn ein seit mehreren Jahren entfernt gewesener Freund, Lieutenant Pistorius. Wir mußten unsere Künste zeigen. Ich mußte Gellerts Fabeln hersagen, ein anderer mußte Klavier spielen. Nun, sagte Pistorius, was macht denn dieser? indem er auf einen zeigte, der noch nichts gethan hatte! D. Den laß gehen! Der hält Dir eine Predigt ex Tempore, über was Du willst. P. Das muß ich hören! Du! F. komm her, predige einmal. F. Wovon soll ich denn predigen? P. Vom Soldatenstande. Ich bin ja Soldat! F. ging einige male in der Stube auf und nieder, dann trat er (damals zehn bis elf Jahre alt) unerschrocken auf, verneigte sich und sprach: Der Soldatenstand, meine Zuhörer, hat seinen Ursprung vom Teufel. Denn hätte der Teufel Adam und Eva nicht verführt, so brauchten wir keine Soldaten. P. Verfluchter Junge, halt das Maul! Ich mag von deiner Predigt nichts weiter hören!

Aus eben dem Grunde sah es mein Vater auch gern, wenn seine Söhne an den Geburtstagen der Eltern, die stets durch große Gastereien gefeiert wurden, bei Ausbringung der Gesundheiten öffentlich (vom Hauslehrer ausgearbeitete)

Glückwünsche deklamierten. Ich war noch gar nicht schulfähig, sondern hatte noch die Kindermagd, als ich am 27. Dezember (an des Vaters Geburtstage) deklamierte: ‚Auch ich freue mich, daß Sie geboren worden, und uns der heilige Christ Sie heute aufs neue schenkt. Den Tod beschwöre ich, er soll Sie nicht ermorden!' – – Das übrige habe ich vergessen. Aber das Pathetische: Den Tod beschwöre ich, das der kleine Junge laut herschrie, blieb mir immer noch in lebendigem Andenken."[2]

Wer zu zeitig anfängt, wild zu sein, wird auch meist zu zeitig ernst. Mein Vater schien in der That zu glauben, dies sei bei mir der Fall, und suchte mich auf diese Weise mit meinem kindischen Ernste lächerlich zu machen. In meiner Vaterstadt stand, da ich ein ungefähr siebenjähriger Knabe (eher drunter als drüber) war, ein Major von Ranzau in Garnison, dessen Gemahlin, eine große Kinderfreundin, mich oft neben sich setzte, küßte u.s.w. Der Major trat ein, als dies eben geschah, und schrie: Junge, was machst du? Du machst mir meine Frau untreu! Das leide ich nicht. Ich fordere dich! Auf Pistolen! Der kleine Narr, der von Duellen unter dem Militär viel gehört hatte, nahm die Sache für Ernst. Es wurden Pistolen geholt und geladen. Der Major schoß zuerst. Ich blieb unverwundet. Ich schoß, und der Major fiel. Ich erschrak nicht wenig, weinte, und der Major stand lachend wieder auf. Der Vater lobte meinen Mut, machte mich aber öffentlich lächerlich, daß ich Kind mich für wichtig genug gehalten hatte, um von einem Major gefordert zu werden. Die Sache demütigte mich empfindlich! Aber ein gewisser frühzeitiger Ernst blieb mir doch.

Ich war früher, als es der Knabe sonst zu sein pflegt, ernster Besucher des Gottesdienstes, die Heiligung desselben hoch ehrend, die Entweihung tief empfindend. Mein Pate, der ehrwürdige Superintendent Richter, war der erste, der als Prediger durch seine Würde und Deklamation auf mich wirkte. Ich konnte damals natürlich das Ganze einer gut disponierten Predigt noch nicht übersehen; aber einzelne Züge blieben mir unvergeßlich. Richter schloß einst eine Predigt über die Herablassung Gottes zu den Menschen in ernstem, langsamem, würdevollem Tone mit den zwei Zeilen des alten Gesangbuchs:

> Daß er uns so hochgeacht't,
> Sich mit uns befreund't gemacht!

Die Thränen drangen dem Knaben Dinter ins Auge, Idee und Ton drangen ihm ins Herz.

Doch ich kehre wieder zur Behandlung, die ich in dieser Periode im Vaterhause erfuhr, zurück. Der Vater fing an, mich selbst zum Zeugen, ja zum Teilnehmer an seinen possierlichen Streichen zu nehmen. Zur Mutter, die das nicht recht billigte, weil sie besorgte, der Vater könnte an Achtung bei dem Sohne verlieren, antwortete er einmal in meiner Gegenwart: Der Junge muß sehen, wie ein ehrlicher Mann lustig sein kann."[3]

Zwar förderte der Vater ein freimütiges Verhalten der Söhne, war aber körperlichen Unternehmungen gegenüber ängstlich.

„Zu ängstlich war mein Vater in Bezug auf alles, was körperliche Übungen betrifft. Klettern durfte keiner von uns, kaum auf einem Stuhle stehend zum Fenster hinaussehen. Junge, du nimmst ein Unglück! hieß es sogleich. An Baden im Flusse, an Schwimmen durfte nicht gedacht werden. Nicht einmal aufs Eis gehen durfte ich je. Von dieser Übertreibung trage ich noch jetzt die Folgen. Ich habe nie glitschen (in Sachsen nennt man's zuscheln) gelernt."[4]

Der lustige Vater wurde von dem Sohn sehr bewundert.

„Daß ich einen solchen Vater liebte, versteht sich von selbst. Aber er wurde auch bei seinen Bauern, wo er Gerichtsverwalter war, geliebt, und sein Exempel, sein Glück in seinem Stande, machten, daß ich gern in den Wunsch meiner Mutter einstimmte und erklärte: Ich werde die Rechte studieren. Meinem guten Vater war das auch angenehm, und er nahm mich von der Zeit an mehrmals auf seine Gerichtsbestallungen mit. Die Edelleute sollten mich kennen und lieben lernen. Von ihnen sollte ich einst Brot haben.[5] Zu mir, da vom Versäumen die Rede war, sagte er einmal: Studieren mußt du. Aber das merke dir: Du lernst oft unter Menschen mehr, als unter Büchern. – Etwas Wahres liegt auf jeden Fall darin. Aber wer's nachmachen will, hüte sich vor Übertreibung. – In die Stadtgesellschaften wurde ich häufig mitgenommen, doch nicht so oft in die größern (der Versäumnisse wegen), als in die kleinen Familienzirkel. In meiner Vaterstadt herrschte damals eine Sitte, die ich sonst fast nirgends gefunden habe, und die gewiß Nachahmung verdient. Drei bis vier Familien schlossen sich vertraulicher aneinander an, die an Vermögen sich ziemlich gleich standen. Jede gab jährlich ungefähr zwei große Gastmähler, bei denen es hoch herging. Außerdem aber hielt man's so: Eine Familie schickte zur andern und ließ bitten, sie sollte heute eine Stunde zeitiger essen. Um sieben Uhr wolle man sie besuchen. So war man lustig, ohne einigen Aufwand. Jede hatte gegessen, ehe man zusammen kam. Bier, Tabak und Karten war das einzige, was man darbot. Die Karten wurden nur angenommen, wenn es die Erschöpfung des Gesprächs oder die Abwechslung forderte. So war man zwei bis drei Stunden vergnügt, und um zehn Uhr ging man nach Hause. Es war Regel, daß die Kinder, wenn sie über sieben Jahre alt waren, mitkamen. Sie spielten für sich. Die Erwachsenen sprachen für sich. Man genoß freundschaftlichen Umgang oft und ohne viele Kosten. Mit den großen Gastereien dagegen wurde es übertrieben. Unter sechzig Flaschen Wein wurde dann bei meinem Vater nie getrunken, und oft stieg's bis auf achtzig, wobei natürlich nicht alle Köpfe in Ordnung blieben. Kindergesellschaften kamen nur bei dem Superintendenten vor, und auch da nur Sonntags, folglich ohne alle Schulversäumnisse.

Man klagt jetzt häufig, daß die heranwachsenden Kinder zu viel in Gesellschaften gezogen werden. Ich mißbillige es nicht, wenn es erst nach abends sechs bis sieben Uhr geschieht, oder Sonntags. Die jugendliche Fröhlichkeit gewinnt dabei, und diese sendet den Menschen desto rüstiger zu den ernstern Studien zurück. Die Masse des Wissens kann vielleicht verlieren. Aber die Liebe zur Sache und die Kraft, mit der sie ergriffen wird, gewinnt."[6]

Der Mutter blieben nach dreizehn Schwangerschaften fünf lebende Söhne.

„Meine Mutter, Johanne Josephe, geborne Krüger, eines Rechtsgelehrten zu Borna einzig hinterlassene Tochter, war in ihrem fünften Lebensjahre schon vater-

und mutterlos, von einer alten Großmutter erzogen, an welcher ihr doch das Herz weit weniger gehangen hatte, von welcher sie weit weniger angenommen zu haben schien, als von dem Winkelschullehrer Freiwald, dem sie mit mehrern Töchtern der Gebildeten der Stadt zur Erziehung und zum Unterrichte anvertraut worden war. Von ihm redete sie stets mit hoher Begeisterung. Ihm schien sie ihr ganzes geistiges Leben zu verdanken. Unvermerkt keimte dadurch schon frühzeitig das hohe Ideal von Lehrerseligkeit in mir, das sich erst später so vollständig entwickelte. Ihre Hauptcharakterzüge waren echte Religiosität, etwas Romantisches, Liebe nicht ohne Ernst, eine berechnende Klugheit, die jedoch überall den Anstand berücksichtigte, und (das will ich nicht ableugnen) ein gewisser Anstrich von weiblicher Eitelkeit, die nahe an Putzsucht grenzen mochte. Alle diese Dinge hatten auf mich einen nicht unbedeutenden Einfluß.

Als ich sieben Jahre alt war, kamen meine zwei ältern Brüder aufs Gymnasium, der vierte war der zartern Geistesbildung noch nicht fähig, und der fünfte war noch nicht geboren. Ich war also der, an den sich in sechs glücklichen Jahren das Mutterherz so ganz, so innig anschloß. Ich freute mich, wenn mein Vater zu Hause war und mich schwärmen, ja wohl wild sein ließ. Aber ich war nicht minder fröhlich, wenn er abends von seinen Gerichtsbestallungen nicht nach Hause kam. Dann setzte ich mich erst auf den Schoß, später an die Seite der Mutter. Da ließ ich mir von ihr erzählen, vorlesen, oder ich las ihr vor. Wir hatten ein altes geschmackloses Bilderbuch in Folio. Aus dem erklärte sie mir die Bilder. Oft mußte ich ihr erzählen, was ich beim Hauslehrer gelernt hatte. Die Schriften der Beaumont, samt Lady Senser, Lady Spirituelle, und wie die Damen alle weiter heißen, wurden gelesen und besprochen. Dadurch bekam der vom Vater allerdings wild erzogene Junge etwas Sanftes, Enthusiastisches, das ihm noch heute wohlthut."[7]

„Meine Freimütigkeit, die der Vater anregte, ward von der Mutter wenigstens nicht gehindert. Sie hatte einst der Mode zu Ehren sich einen gewaltigen Reifrock, dessen unterer Umfang mit Inbegriff der Schleppe zehn Ellen betrug, für Gevatterschaften und ähnliche Feierlichkeiten machen lassen. Als sie ihn zum erstenmal anhat, läßt sie mich rufen, daß ich sie in ihrem Glanze sehen soll. So wie ich in die Stube eintretend sie erblicke, rufe ich: O pfui, Mama, so siehst du aus wie ein Spektakel! Sie nahm's nicht übel, wunderte sich jedoch über meinen schlechten Geschmack. Ein andermal war bei meinen Eltern Kaffeebesuch, und die Frau Majorin von Bolweritz, damals die vornehmste Frau der Stadt, war auch eingeladen. Auch wir Kinder wurden vorgestellt. ‚Gustel, küsse der Frau Majorin den Rock!‘ G. ‚Ich werde ja der Frau Majorin den alten Rock nicht küssen. Dafür küsse ich ihr lieber den Backen:‘ Das wurde hochgerühmt, und selbst von der Mutter dem Vater als etwas seinem Sinne entsprechendes dargestellt.

Daß sie, die Frau eines Mannes, der jährlich 1800 bis 2000 Thaler verdiente und ein großes Haus in der Stadt machte, auch wohl um des Adels willen, von dem er lebte, machen mußte, daß sie auf Putz viel hielt, war ihr nicht zu verdenken. Und daß sie auch ihre Kinder gern putzte, war die natürliche Folge. Gustav gefiel sich im Staate, aber genügte doch hierin der Mutter nicht, die mit Recht zürnte, als er einst an einem festlichen Tage, mit schönen pfirsichblütfarbenen, mit golde-

nen Gürteln und Knöpfen geschmückten Hosen angethan, im Garten umher-
springend, in eine Grube geriet, die seine Hosen für immer, und ihn für diesen
Tag unbrauchbar machten.

Wohlthätigkeit predigte sie mir nie, aber sie übte sie und ließ mich sehen, wie
sie segnend sich glücklich fühlte."[8]

Wichtigste Bezugsperson während der frühen Kindheit waren jedoch weder
Vater noch Mutter, sondern die Kinderfrau.

„Zum Ungehorsame hingegen durfte uns diese Freimütigkeit nie verleiten.
Denn mein Vater forderte strengen, oft sehr strengen Gehorsam, und war dann
unerbittlich.

Nur ein Beispiel will ich hiervon anführen:

Die ersten Schläge, die ich von ihm erhalten zu haben mich entsinnen kann, ja
vielleicht die einzigen, die ich von ihm erduldete. Johanna Wiese, meine Wärterin,
wurde von mir innig geliebt. Bei Tische fragte der Vater: Gustav, wen hast du am
meisten lieb? G. Zuerst habe ich den lieben Gott lieb, darnach habe ich meine
Hanne lieb, nachher habe ich Vater und Mutter lieb. V. Das ist dumm, Junge. Du
mußt erst Vater und Mutter lieb haben, nachher deine Wiesenhanne. Nun sag's
noch einmal! Ich blieb beim vorigen. Beim wiederholten Befehle rief ich: Es ist
aber nicht wahr! Nun bekam ich derbe Schläge. Aber nichts brachte mich dahin,
die Ordnung zu ändern. Wiesenhanne kam, nahm mich auf die Arme, lief mit mir
zu ihrem Vater, einem alten verabschiedeten Unteroffizier. Dort blieb ich eine
Nacht. Des andern Tags verreiste mein Vater, und bei seiner Zurückkunft wurde
der Sache nicht mehr gedacht."[9]

„Da meine Eltern oft in Gesellschaft waren, wohin sie das Kind unter fünf Jahren selten mitnahmen, so wurde mir das genannte Mädchen, fünfzehn bis achtzehn
Jahre alt, zur Aufseherin und Gesellschafterin gegeben. Diese ging sehr gut mit
mir um. Von ihrem Walten und Wirken nur einige Züge.

Blitz und Donner erschreckten mich nicht wenig. Ich soll anfangs dabei gezittert
und geweint haben. Was thut Hanne, um mich von dieser Furcht zu befreien? Sie
versichert mich (und das Knäblein hätte ihr wohl noch etwas Lächerlicheres geglaubt), wenns blitzt, so putzen die lieben Engelchen im Himmel die Lichter und
werfen die Schnuppen auf die Erde. Wenns donnert, dann sind die lieben Engelchen lustig und trommeln vor Freuden im Himmel auf die Tische und Bänke! Und
Gustel freute sich nun über wenig Dinge so sehr, als über das Donnern und Blit-
zen."[10]

„Als ich der Wärterin nicht mehr bedurfte, erhob meine Mutter meine Hanne
zur Würde der Köchin, und sie blieb mehr als zwanzig Jahre in meines Vaters
Hause, bis ein Fehler, der nicht hierher gehört, aber Feuersgefahr drohte, ihren
Abschied nötig machte. Während meines dritten Amtes habe ich sie noch unter-
stützt und ihren Sarg bezahlt, den einzigen Sarg, der in meinem Leben aus meinem
Beutel bezahlt worden ist."[11]

Gustav Dinter wuchs in einem wohlhabenden Elternhaus auf, in dem sowohl
in der Kleidung als auch im Stil der Haushaltsführung auf Repräsentation Wert
gelegt wurde.

Die Familie wohnte in einem Haus mit Garten und besaß zwei weitere Gärten.
„Behandelt wurde ich als Knabe nicht nach neuern Grundsätzen, vielmehr als
ob man's darauf anfinge, mich zu verweichlichen. So weit als ich zurückdenken
kann, bekam ich früh meine drei Schalen Thee, nachmittags Schlag drei Uhr ebensoviel Kaffee. Der Tisch bei meinem Vater war täglich sehr gut besetzt und mußte
es sein, um des oft unerwartet uns besuchenden Landadels willen, von dem mein
Vater lebte. Wir Kinder bekamen von allem. Nur in einem Stücke ging's streng
her: Wir durften keine Speise verweigern. Wer die erste verweigerte, bekam mit
der Erklärung: Du hast heute keinen Appetit, auch von keiner der folgenden. Das
war von gutem Einflusse auf unser Leben. Wir lernten alles annehmen, alles vertragen. So oft Wein vorkam (und das geschah nicht selten), bekamen wir Kinder
allezeit unser Gläslein, mußten auch nach damaliger steifer Sitte selbst bei zahlreichen Gesellschaften jedes Tischgenossen Gesundheit besonders nippend trinken,
und zu unserer großen Qual die Rangordnung dabei streng beobachten. Verweichlichung, Verwöhnung ging bei keinem von uns aus dieser Erziehungsart
hervor."[12]

Lernen

Die erste Lehrerin des Kindes war die Wärterin „Wiesenhanne".

„Von ihr hatte ich als vierjähriges Kind schon, also ehe ich zum Hauslehrer kam,
das Buchstabieren und Lesen gelernt, natürlich nach der alten und ältesten Methode: Er, e, i, c, h, Reich u.s.w.; aber doch in einem neumodischen Geiste. Gustel,
es regnet heute. Wir müssen in der Stube bleiben. Wir wollen a, b, c spielen. Sie
sagt vor, ich sage nach und lerne die Buchstaben. Ebenso mit dem a, b, ab, und
den folgenden Übungen. Sie überredete mich, es sei ein Spiel, das ich mit ihr
spielte, und es ging.

Die zehn Gebote lehrte sie mich nun freilich zeitiger, als ich sie hätte lernen sollen, wenigstens zeitiger, als ich wußte, was ehebrechen sei."[13]

„Meine Wiesenhanne lehrte mich auch allerlei Verslein nicht nur hersagen, sondern sogar singen. Die Wahl mag aber wohl meinem damaligen Alter nicht angemessen gewesen sein. Wenigstens erinnere ich mich noch zweier solcher Liedlein,
die beide unpädagogischen Inhalts waren. Das eine war ein Krieg zwischen Mann
und Frau. Ich spielte den Mann und Wiesenhanne die Frau. Es fing sich an:

> M. Machst du denn alle Tage
> Mir nichts als Not und Plage,
> Du garst'ge, böse Frau?
> Du schnitzest mir die Bahre
> Und machest meine Haare
> Noch eh' ich altre grau!
> F. Du kannst es recht erzählen!
> Ich werde dich nicht quälen!
> Du bist mein Plagegeist.

Das übrige habe ich vergessen. Nur so viel weiß ich: Zuletzt rief der Mann drohend:

Wo ist mein spanisch Rohr?

Und die Frau gab gute Worte. Damit hatte der Hauskrieg ein Ende. – Ich gäbe etwas drum, wenn ich das Lied noch vollständig ergänzt erhalten könnte. Meinem Vater gefiel dies Liedlein und der drohende Ton, in dem es der Knabe sang, so wohl, daß ich oft mit meiner Hanne in die Gesellschaften geholt wurde, um es öffentlich zu singen."[14]

Die Mutter widmete sich der religiösen Erziehung. „Sie hatte ein Buch, betitelt: Müllers himmlischer Liebeskuß, und mit stattlichen Kupfern verziert. Zum Ansehen gab sie mir's; aber nie sahe ich sie darinnen lesen. Von den Bildern sind mir noch mehrere erinnerlich; z. B. auf einer Seite stand ein Bild des Todes in altdeutscher Form: Knochengeripple. Zwischen den Rippen stand eine punktierte Seele, welche die ebenfalls punktierten Hände betend aufhob. Darüber die Bibelstelle: Wer wird mich erlösen aus dem Leibe dieses Todes? Anderswo sah man die Teufel in Menschenherzen mit Hörnern und Klauen abgebildet. An einem dritten Orte zwei Engel, die einem Sterbenden die punktierte Seele zum Munde herauszogen. Ein mutwilliger Besitzer des Buchs hatte der Seele schwarze Schuhe mit roten Absätzen gemalt. Der elfjährige Gustav mußte natürlich lachen. Die Mutter bemerkte es und sagte: Lache über das Bild, so viel du willst. Über die Sache giebt's nichts zu lachen."[15]

Die Richtung der Erziehung und des Unterrichts bestimmte jedoch der Vater. Der Unterricht erfolgte später durch einen Hauslehrer und noch später auf einem Berliner Gymnasium.

„In manchen Dingen scheint mir's mein Vater fast übertrieben zu haben, wiewohl er im Geiste der damaligen Gymnasien handelte, in dem Geiste, in dem er selbst erzogen worden war. Von Zeichnen, von Musik war bei meiner Bildung gar nicht die Rede. Der Junge mag Lateinisch und Griechisch lernen, und das recht. Wenn er so vielerlei anfängt, so treibt er keines recht, und bringt es in keinem weit. In Bezug aufs Tanzen hatte er einen andern Grundsatz. Ob etwa der Wunsch, seine Söhne bei den Bällen paradieren zu sehen, daran Anteil hatte, mag ich nicht entscheiden. Er ließ mich und den mir folgenden Bruder zeitig das Tanzen lernen. Ich war damals zwölf Jahre. Er warf einst die vielleicht nicht ganz grundlose Idee hin: Wenn die Jungen zu spät tanzen lernen, so mischen sich Liebschaften in die Tanzstunden. Jetzt können sie an so etwas noch nicht denken. Mein Tanzmeister war der Schornsteinfeger, Herr Holand; ein Fall, der kaum oft vorkommen dürfte, daß der Mann, der vier Tage in der Woche in schwarzem Ornate die Stadt durchstreift, an den übrigen Tagen ganz als Elegant gekleidet den Demoisellen der gebildeten Familien Tanzstunden giebt."[16]

Der Hauslehrer nahm den Jungen bei Besuchen in der Nachbarschaft mit:

„Nach dem Herzen des Vaters handelte er darin, daß er, wenn er Sonntags die benachbarten Landprediger besuchte, mich häufig mitnahm. Ich lernte bei solchen

Besuchen mancherlei, und mein Gefühl wurde bisweilen seltsam aufgeregt. Ein alter, wie man mir sagte, gelehrter und redlicher Pfarrer wurde von Herrn Stecher gefragt: Haben Sie heute viel außerordentliche Amtsverrichtungen? Antwort: Nichts, nichts, lieber Freund, als so ein lumpiges Sechsgroschen-Leichelchen. Es war das einzige Kind eines armen Tagelöhners, das mit dem Segen begraben wurde. Für die Handlung erhielt der Pfarrer sechs (sächsische) Groschen. Gustav sah die Begräbnisfeierlichkeit mit an, und der Schmerz der fast untröstlichen Eltern erschütterte ihn tief. Er konnte den sonst ehrwürdigen Mann nicht wieder ansehen, ohne mit empörtem Menschengefühle an das lumpige Sechsgroschen-Leichelchen zu denken."[17]

Spiel und Arbeit

Spiele und Kindergesellschaften werden erwähnt, aber nicht beschrieben. Mit dem Vater mußte der Junge Karten spielen, was für ihn aber mehr eine Anstrengung als ein Vergnügen war.

Arbeit

Wird nicht erwähnt. An einer späteren Stelle der Autobiographie wird aber bemerkt, daß Dinter als Knabe die Akten des Vaters las und sehr genau über die väterliche Arbeit bescheid wußte.

Anmerkungen

1 Gustav Dinter. Bearbeitet von Dr. G. Fröhlich. Greßlers Klassiker der Pädagogik, Bd. XXI, Langensalza 1902, S. 24 ff.
2 A. a. O., S. 26 f.
3 A. a. O., S. 36 f.
4 A. a. O., S. 39.
5 Damals bestanden noch Patrimonialgerichte, d. h. Amtsgerichte, welche die adligen Gutsbesitzer durch die von ihnen angestellten Rechtsgelehrten abhalten ließen. Später (1848) wurden diese Patrimonialgerichte aufgehoben. Anmerk. des Herausgebers. A.a.O., S. 37.
6 A. a. O., S. 37 ff.
7 A. a. O., S. 29 f.
8 A. a. O., S. 31.
9 A. a. O., S. 28 f.
10 A. a. O., S. 34.
11 A. a. O., S. 36.
12 A. a. O., S. 42.
13 A. a. O., S. 34.
14 A. a. O., S. 35.
15 A. a. O., S. 30.
16 A. a. O., S. 39.
17 A. a. O., S. 46.

Johanna Schopenhauer
geb. Trosiener

Johanna Schopenhauer, geb. 1766, schrieb ihre Erinnerungen
am Ende ihres Lebens. Sie war zu der Zeit eine bekannte
Schriftstellerin. Mit ihrer Autobiographie wollte sie ein Sit-
tenbild ihrer Zeit entwerfen. Das Fragment „Jugendleben
und Wanderbilder" wurde posthum von der Tochter der
Autorin veröffentlicht.

Bezugspersonen

„Am fernen Strande der Ostsee, in der alt-ehrwürdigen, damals noch freien
Reichsstadt Danzig, erblickte ich am neunten Juli des Jahres 1766 das Licht der
Sonne zum ersten Mal. Ich kam an einem Posttage, deren es damals nur zwei, und
nicht wie jetzt, sieben in der Woche gab, zur Welt, deshalb wollten Einige behaupten, meine Ankunft sei an diesem Tage meinem Vater nicht ganz bequem gewesen,
weil sie in seinen Geschäften ihn störte; demohnerachtet erregte sie große Freude,
um so mehr, da sie meinen Eltern für den Verlust ihres Erstgebornen, eines Knaben, wenigstens einigen Ersatz bot.

Ich erhielt in der Taufe den Namen Johanna Henriette, denn meine Mutter hatte
auf ihrer großen und einzigen Reise von zwei und zwanzig Meilen, von der sie
immer gern erzählte, in Königsberg ein kleines allerliebstes Mädchen gesehen, das
Johanna hieß und Hänschen genannt wurde. Und so hieß denn auch ich ein paar
Jahre hindurch Hänschen, bis man es für anständiger hielt, mich in eine französische Jeanette zu übersetzen.

Zu meinem sehr großen Glücke blieb ich nicht lange das einzige Kind; während
des Verlaufs von sieben Jahren wurden mir noch drei Schwestern geboren, von
denen zwei mir schon in die Ewigkeit vorangegangen sind, die jüngste aber noch
in Danzig lebt.

Christian Heinrich *Trosiener*, mein Vater, zählte sich zwar nicht zu den reichsten, aber doch zu den angesehenen und wohlhabenden Kaufleuten der großen
Handelsstadt. Der in Rußland wurzelnde, damals sehr blühende Zweig seines Geschäftes, der jetzt ganz verdorrt ist, ließ keine Art von Sorge in ihm aufkommen.
Auch war er fröhlicher und lebhafter Gemüthsart, dabei verständig, von unbe-
stechlicher Redlichkeit und unbeugsam republikanischem Sinne. Angebornes Talent und wohlbenutzte Lebenserfahrungen ließen den fast gänzlichen Mangel gelehrter Schulkenntnisse bei ihm wenig gewahren; als Mann des Volks stand er bei
seinen Mitbürgern aus dem Mittelstande in Ehren und Ansehen, denn wann hätte
wohl jemals eine Republik, selbst die kleinste, ohne Oppositionspartei bestehen
können?

In seinem Äußern hatte er etwas Imposantes, seine Amtskleidung auf dem Rathhause, der faltenreiche, mit Sammet breit aufgeschlagene Mantel von schwerer schwarzer Seide, die lockenreiche, weißgepuderte Alongeperücke, die bis auf den Rücken herabreichte, gaben dem großen wohlgewachsenen Manne ein recht stattliches Ansehen. Für die damalige Zeit hatte er bedeutende Reisen gemacht, war in Warschau, Petersburg und Moskau gewesen, hatte in Frankreich, besonders in Lyon, mehrere Jahre zugebracht, und nicht nur die Sprachen dieser verschiedenen Länder, sondern auch eine gewisse geistige und körperliche Gewandtheit sich angeeignet, durch die er auch in seiner äußeren Erscheinung sich vortheilhaft auszeichnete.

Ueber alle diese lobenswerthen Eigenschaften warf indessen eine nicht zu zähmende Heftigkeit des Charakters zuweilen ihren sie verdunkelnden Schatten, welche denen, die ihn nicht genau kannten, den Umgang mit ihm verleidete. Gerade wenn man es am wenigsten erwartet hatte, konnte die unbedeutendste Veranlassung zu wildestem, freilich sich schnell wieder legendem Zorn ihn aufbringen. Dann erbebte vor seiner Donnerstimme das ganze Haus; wir Kinder waren ohnehin gewöhnt, uns still zu verhalten, wenn es hieß: ,der Vater kommt', doch alle andern Hausgenossen, bis auf Hund und Katze, liefen ihm dann voll Angst aus dem Wege.

Nur meine liebe sanfte Mutter ließ durch ein solches häusliches Ungewitter sich nicht aus der Fassung bringen; sie wartete in großer Gelassenheit, bis ihr Alter ausgetobt hatte. Sie predigte ihm nicht, sie schmeichelte ihm nicht, sie redete ihm sogar nicht zu; aber sie verstand es, ihn ganz unmerklich zu besänftigen und ihren grimmigen Löwen dahin zu bringen, daß er fromm wie ein Lamm seiner Uebereilung sich innerlich schämte. Uns, jung wie wir waren, entging dies nicht, und wir hatten ihn deshalb nur um so lieber, denn ein Kindergemüth weiß jedes rein menschliche Gefühl gleich anzuerkennen.

Eine gewisse altfränkische Galanterie gegen unser Geschlecht hielt übrigens meinen Vater stets ab, sich gegen unsre Mutter merklich zu vergessen. Während seines langen Aufenthalts in Frankreich hatte er sie sich wahrscheinlich angeeignet, und sie war zur zweiten Natur ihm geworden, ohne jedoch in's Lächerliche zu fallen. Jetzt ist diese alte Sitte dermaßen aus der Mode gekommen, daß meine Leser kaum verstehen werden, was damit eigentlich gemeint ist; sogar uns Töchtern kam diese mildere Sitte zu Gute. In einer ruhigen Stimmung konnten wir als ganz kleine Mädchen vom Vater alles erhalten, was wir wünschten; sobald wir nur nicht zudringlich ungeschickt oder in unserm Verlangen gar zu unverständig uns bezeigten.

Mit wenigen Strichen ist das Bild meiner Mutter Elisabeth, geborne Lehmann, recht getreu und charakteristisch darzustellen. Ein kleines zierliches Figürchen mit den niedlichsten Händchen und Füßchen, ein Paar große sehr lichtblaue Augen, eine sehr weiße feine Haut und schönes langes lichtbraunes Haar, so war sie in der äußern Gestalt.

Hübsch angezogen sein, war ihre Freude, auch mein Vater sah seine kleine Frau gern geputzt und nahm, ohne daß sie ihn dazu aufzufordern nöthig hatte, jede Gelegenheit wahr, welche seine Geschäftsverbindungen ihm boten, um aus Lyon mit Kleidern, Blonden und Hauben, aus Italien mit den schönen Blumen sie zu beglücken, die damals in jenem Lande aus Eierhäutchen und Seidenwürmer-Kokons der Natur täuschend nachgebildet wurden.

Zur rührigen Hausfrau, in dem Sinne der damaligen Zeit, eignete meine Mutter ihrer Natur nach sich wenig, auch war mein Vater keineswegs gesinnt, dieses von ihr zu verlangen; er war völlig damit zufrieden, daß sie die Oberaufsicht über ihr Hauswesen recht verständig zu führen verstand. Uebrigens war sie an ihrem Nähtisch vom Morgen bis zum Abend für sich und die Ihrigen beschäftigt; das alte Sprichwort: was ihre Augen sehen, wissen ihre Hände zu machen, galt im vollsten Maaße von ihr.

In Hinsicht auf das, was in unsern Tagen von Frauen und Mädchen gefordert wird, war freilich die Erziehung meiner Mutter nicht minder vernachlässigt worden, als die der Mehrzahl ihrer Zeitgenossen. Ein Paar Polonaisen, ein Paar *Murkis* auf dem Klavier, ein Paar Lieder, bei denen sie selbst sich zu accompagniren wußte, Lesen und Schreiben für den Hausbedarf, das war so ziemlich Alles, was man sie gelehrt hatte. Doch Mutterwitz, natürlicher Verstand und jene rege, den meisten Frauen eigne Auffassungsgabe entschädigten sie für den Mangel an erworbenen Kenntnissen.

Bis zur Erscheinung von ,Sophiens Reise von Memel nach Sachsen', hatte sie außer Gellert's Schriften blutwenig gelesen. Romane standen in jener Zeit in sehr schlechtem Kredit, doch bei diesem machte meine Mutter eine Ausnahme, weil er zum Theil in Danzig spielte, und Hermes, der Verfasser desselben, eine Zeitlang in unserer Vaterstadt gelebt hatte. Außer Gellert's schwedischer Gräfin, höchst langweiligen Andenkens, hatte sie noch nie ein Buch dieser Art gelesen, und sie eröffnete durch diese Lektüre sich eine ihr bis dahin ganz unbekannt gebliebene Quelle von Genuß, deren Unversiegbarkeit weiterhin noch ihr spätestes Alter erheiterte.

Und nun! Adam! ehrlicher vieljähriger Diener Deines Herrn; Kasche! Du treue, sorgsame Pflegerin meiner hülflosen Kindheit, Du, die ich so herzlich lieb hatte, und doch im Verein mit meinen Schwestern täglich neue Ungezogenheiten zu Deiner Plage ersann; gute redliche Seelen, möge man es mir nicht verargen, daß ich im Hintergrunde dieses Gemäldes meiner Familie Euren bescheidenen Gestalten ein Plätzchen anweise, wie ihr es im Leben in derselben nicht unrühmlich ausfülltet.

Beide vermischen sich mit einen frühesten Erinnerungen; gleich bei meiner Geburt nahm Kasche mich in ihre treuen Arme und theilte sich in der Sorge für mich mit meiner Mutter, die im Widerspruch mit dem Hausarzt und dem damals allgemeinen Gebrauch fest darauf bestand, mich keiner Amme anzuvertrauen.

Kasche war meine erste Lehrerin; von ihr lernte ich, noch früher als meine Muttersprache, polnisch sprechen; so wollte es mein Vater in der Ueberzeugung, daß durch die sehr schwere Aussprache dieser Sprache, die jeder andern, welche man späterhin erlernt, sehr erleichtert werde. Der Erfolg hat wenigstens bei mir diesen

Grundsatz durch Erfahrung bestätigt; polnisch Lesen habe ich indessen nie gelernt, weil Kasche selbst nicht lesen konnte, und da diese Sprache in unserm Hause
bald völlig außer Gebrauch kam, indem meine Mutter sie nicht verstand, so habe
ich sie sehr schnell gänzlich vergessen. Abends beim Schlafengehen nahm Kasche,
als ich noch kaum sprechen konnte, mich auf den Schooß, als ich größer wurde,
stellte sie mit gefalteten Händen mich vor den Tisch hin und ließ mich beten:

,Das walte Gott Vater, Gott Sohn, Gott heiliger Geist. Amen!'

Das war mein ganzes Abendgebet, was es eigentlich sagen wollte, wußte ich nicht,
kümmerte mich auch gar nicht darum, mochte aber nicht ohne dasselbe in's Bette.
Während ich einschlief, sang Kasche mit heller tremulirender Stimme: Nun ruhen
alle Wälder, abwechselnd mit: Nun sich der Tag geendet hat; ich hörte aufmerksam zu, bis der Schlaf mich übermannte, und weder die ruhenden ,Vieh, Menschen, Städt' und Felder' im ersten, noch die ,schwarzen Nachtgespenster' im
zweiten Liede, haben jemals den mindesten üblen Eindruck auf meine Phantasie
gemacht.

Uebrigens war Kasche eine Witwe in mittleren Jahren, aus der Gegend um
Thorn herum, wo in jener Zeit in den niedern Ständen die polnische Sprache noch
die herrschende war. Jungen Mädchen seine Kinder anzuvertrauen war damals ein
Unerhörtes, und der wichtige Posten einer Kinderfrau wurde nur von erfahrenen
Personen ausgefüllt, die nachmals, wie unsere Kasche eben auch, als Glieder der
Familie, der sie treu gedient hatten, bis an ihr Ende in Ehren behalten wurden.

Adam war ein vielseitigeres Genie, gleich Molière's Maître Jacques im Geizigen
bekleidete er in unserm Hause die Stellen eines Kammerdieners, Hausknechts, La-
kaien, Kellermeisters, sogar die eines Haushofmeisters, und zwar mit eben so viel
Redlichkeit als Geschick. Er nahm meiner Mutter all jene Details des Hauswesens
ab, die selbst zu verwalten ihr zu beschwerlich fiel, und besorgte zugleich alle be-
deutenderen Einkäufe, sogar bis auf den des fetten Mastochsens, den mein Vater
nach dem damaligen allgemeinen Gebrauch im Herbste zum Wintervorrath ein-
schlachten ließ.

Adam war der Einzige im Hause, der meinem Vater alles recht zu machen verstand, was selbst meiner Mutter nicht immer gelingen wollte; dafür nahm er freilich zuweilen es sich heraus, ein Wörtchen mit darein zu sprechen, doch wurde
er nicht leicht unbescheiden, und ließ sich schnell wieder in seine Schranken zu-
rückweisen. Höchst selten brach eines jener oben erwähnten häuslichen Donner-
wetter über seinem Haupte aus, und fast nie ein recht schweres.

,Unser Herr ist auch ein rechter Narr!' monologisirte Adam einst für sich allein, indem er gleich nach einem solchen Gewitter, das er schweigend über sich
hatte ergehen lassen müssen, den Theeapparat herein trug.

,Meinst Du Adam?' erwiederte ihm unerwartet mein Vater, indem er im Sopha
hinter dem Theetisch sich aufrichtete, wo Adam ihn nicht bemerkt hatte. Adam
sank vor Schrecken fast in die Kniee; doch fiel darüber kein Wort zwischen Herrn
und Diener; Beide thaten, als wäre nichts geschehen, und die Sache war zu ihrer
Ehre abgethan und vergessen."[1]

Der Buchhalter des Vaters, Herr Moser, war täglicher Tischgenosse. Im Nachbarhaus wohnte der Prediger der englischen Gemeinde, Dr. Jameson, der ein wichtiger Erzieher für das Mädchen wurde.

Materielle und soziale Umwelt

Johanna Schopenhauer beschreibt die für die Architektur ihrer Heimatstadt Danzig typischen „Beischläge":

„Balkone sind diese Beischläge nicht, eher möchte ich geräumige, ziemlich breite Terrassen sie nennen, die, mit großen Steinplatten belegt, längs der Fronte des Hauses sich hinziehen, zu denen einige breite bequeme Stufen hinaufführen und die straßenwärts mit steinernen Brustwehren versehen sind.

Zwischen den aneinander stoßenden Beischlägen der zunächst benachbarten Häuser bilden vier bis fünf Fuß hohe Mauern die Grenze; blecherne Röhren führen der auf derselben ruhenden steinernen Rinne das Regenwasser von den Dächern zu, die diese durch den Rachen kolossaler, zuweilen recht kunstreich in Stein gehauener Wallfische oder Delphinköpfe wieder ausströmen läßt . . .

Und welch' einen Spielplatz bot in meiner Jugend der Beischlag den Kindern! so sicher, so bequem! Dicht unter den Augen der oben am Fenster nähenden und strickenden Mutter, die zuweilen es nicht verschmähte, mitten unter ihnen des milden Abends zu genießen. Bei leidlichem Wetter brachten wir mit unsern Gespielen alle unsere Freistunden in diesem Asyl zu, das noch den unschätzbaren Vorzug besaß, daß wir unsers lärmenden Treibens wegen weniger gescholten wurden, weil es hier bei weitem nicht so lästig wurde, als im Hause selbst."[2]

Johanna Schopenhauer beschreibt ferner das Leben und Treiben in dem großen Hafen und wichtigen Handelsplatz, die armen Flösser, die im Frühling das Getreide aus Polen brachten, die polnischen Leibeigenen, deren Frauen mit ihren Säuglingen auf dem Rücken auf dem Felde arbeiteten, daneben die reichen Kaufleute, die polnischen Adeligen, die jüdischen Händler und die Mennoniten.

Die Damen der Danziger Gesellschaft trugen Reifröcke sowie mit Drahtgestellen und Roßhaar unterbaute Haartürme.

„Auch die Kleidung der Männer war von der jetzigen himmelweit verschieden, junge Elegants fingen allmählich an, den Perrücken den Abschied zu geben und ihr eigenes, gepudertes Haar, en aile de pigeon frisirt, zu tragen. Die Haarbeutel blieben indessen, nur in etwas kleineren Dimensionen, und ohne Postillons d'amour. Pantalons, Gilets und Fracks waren noch nicht erfunden. Die Röcke hatten beinahe den Schnitt der jetzigen Hofkleider, man trug sie in allen Farben, sogar weiße mit reichen Stickereien in Gold oder bunter Seide, und dazu passende, gestickte seidene Westen. Aeltere Männer, wie zum Beispiel mein Vater, trugen auch wohl Röcke von dunkelfarbigem Sammt, bei einer Weste von Gold-Glacé, und sahen recht stattlich und anständig in dieser Kleidung aus. Manschetten und Jabots von Brüsseler Spitzen waren im Putz unerläßlich; vor Allem aber, bei Alt und Jung, der Degen, ohne welchen einige Jahre früher Niemand, zu der höheren Bürgerklasse gehörend, sich auf der Straße gezeigt hätte. Mein Vater und seine Zeitgenossen bedauerten noch immer, daß die Herren nicht mehr, wie noch vor Kurzem, an der Börse Degen trugen, um dadurch von ihren Gehülfen sich zu unterscheiden. Um keinen Preis wäre er in Gesellschaft, in Konzert oder auf den Ball ohne ein solches unschuldiges Mordgewehr erschienen, und manche Thräne habe ich heimlich vergossen, wenn Adam es verlegt hatte, der Wagen vor der Thür hielt und ich über dem Suchen darnach die schönste Anglaise versäumen mußte.

Stiefel wurden nur bei üblem Wetter getragen, selbst die ältesten Männer gingen täglich, ohne Besorgniß sich zu erkälten, in Schuhen und seidenen Strümpfen einher; in einer Gesellschaft, wo Damen zugegen waren, in Stiefeln zu erscheinen, wäre höchst ungezogen gewesen. So wollte es damals die unter dem höheren Bürgerstande allgemein herrschende Etiquette, welche besonders, wenngleich auf andere Weise, auch den Frauen manchen Zwang auferlegte. Ohne von einem Bedienten, oder in dessen Ermangelung von ihrem Jungfermädchen sich folgen zu lassen, hätte keine Frau aus den höheren Ständen auch nur den kleinsten Weg über die Straße zurückgelegt; keine ging in die Läden, um ihre Einkäufe selbst zu besorgen, die Kaufleute waren darauf eingerichtet, die verlangten Waaren zur Auswahl in die Häuser zu schicken. An öffentlichen Orten, auf der Promenade oder im Theater ohne männliche Begleitung zu erscheinen, galt für unschicklich; da aber die Männer nicht minder als jetzt mit Geschäften überladen, Brüder und Vettern aber nicht immer zur Hand waren, so mag diese strenge Sitte zu der häuslichen Lebensweise der Frauen nicht wenig beigetragen haben.

Ergötzlich aber war es anzusehen, wie die Phantasie der Mütter bei der äußern Erscheinung ihrer Söhne freien Spielraum sich vorbehielt. Die Mädchen wurden mit einiger Abänderung nach der eben herrschenden Mode gekleidet, aber die Knaben liefen bis in das sechste oder siebente Jahr fast karnevalsartig geputzt einher, weil man die Kleidung ihrer Väter zu solchen Modifikationen nicht herleihen wollte.

Die polnische Nationaltracht war die gewöhnlichste, und auch für die Knaben die bequemste, sobald man nur nicht auf den Einfall gerieth, sechsjährige Bübchen zu Starosten umformen zu wollen. Aber da gab es auch noch Duodez-Husärchen, Chineserchen, Ungarn, Tyroler. Zwei meiner Vettern zeichneten, der eine als holländischer Matrose, der andere als Großsultan sich aus; letzterer war mit allem Zubehör ausstaffirt, mit Säbel, Turban, Reiherbusch, sogar mit einem mit blitzenden Steinen und Gold ausgelegten hölzernen Dolch, den er im Gürtel trug.

In andern Städten wurde dieser wunderliche Gebrauch vielleicht noch weiter getrieben, denn eine Berliner Dame, welche meine Mutter besuchte, brachte uns sogar einen allerliebst-niedlichen Hamlet von fünf Jahren in vollem Theaterkostüm zum Spielgesellen mit."[3]

Über ihre eigene Kleidung berichtet Johanna Schopenhauer, daß sie als sechsjähriges Mädchen wie das kleine Louischen auf einem Kupferstich von Chodowiecki aussah: mit einem kattunenen Kleid, mit einer feinen weißleinenen Schürze und einer kleinen Flor-Dormeuse auf dem Kopf, unter der ein gepudertes Toupet hervorsah.

Lernen

„Kaum hatte ich das dritte Jahr meines Lebens zurückgelegt, als ich schon täglich zweimal, Vormittags und Nachmittags, in eine kaum zweihundert Schritt von meinem elterlichen Hause entfernte Schule auf ein paar Stunden geschickt wurde. Kurz wie der Weg war, fehlte doch nicht viel daran, daß ich nicht eines Tages auf demselben vom ungewöhnlich tief gefallenen Schnee, wie von einer Lavine verschüttet worden wäre; Agathe, unser Jungfermädchen, wie man in Danzig die Kammermädchen zu nennen pflegte, Agathe nahm meine kleine ziemlich schwere Person auf den Arm, weil ich zu Fuße nicht fort konnte, sie wollte einem hinter uns her jagenden Schlitten aus dem Wege laufen, glitt aus, fiel auf die Knie und rutschte mitten in einen vom Winde seitwärts an den Häusern zusammengeweheten, mehrere Ellen hohen Schneehaufen hinein, aus welchem wir alle Beide, ich von ihrem Arm emporgehalten, kaum mit den Köpfen heraussahen. Es war zur Mittagszeit, und die Straße daher völlig menschenleer, aufstehen konnte Agathe nicht, so lange sie mich auf dem Arme hielt, die Stimme versagte ihr vor Kälte und Angst. Schon schwanden ihre Kräfte, schon war sie im Begriff mich sinken zu lassen, Gott weiß, was noch aus uns geworden wäre; da erschien gleich einem rettenden Genius Herr Moser, half uns tapfer schreien und brachte dadurch Leute aus der Nachbarschaft herbei, die uns thätigeren Beistand leisten konnten.

Stillsitzen lernen war Alles, was fürs erste von mir gefordert wurde; anfangs protestirte ich sehr laut gegen diese Zumuthung, doch Niemand kehrte sich daran. Ich mußte den sauren Weg zur Schule gehen, und ging schon am zweiten Tag ihn gern, denn außer mir waren noch zwanzig Kinder aus der Nachbarschaft, Knaben und Mädchen, zu dem nämlichen Zweck dort versammelt, von dem ich aber nicht rühmen kann, daß er dadurch sonderlich gefördert worden wäre.

Die düstere Schulstube, mit ihren getäfelten Wänden von durch die Zeit gebräuntem Eichenholz, in der wir dennoch so fröhliche Stunden verlebten, das große, aus mehr als hundert kleinen runden Scheiben zusammengesetzte Fenster stehen noch sehr lebhaft in meiner Erinnerung. In der Ecke dieses Fensters thronte in ihrem geräumigen Sorgstuhl eine *uralte Frau* mit schneeweißem Haar, in etwas fremdartiger, sehr sauberer, aber einfacher Tracht.

Das Alter hatte ihr Auge mit einem immer dichter werdenden Schleier umwoben, doch ihren heitern Sinn nicht zu umdunkeln vermocht. Deutsch sprach sie wenig und ungern, sie war eine geborne Französin und hatte, als Hugenottin, ihres Glaubens wegen, aus ihrem schönen Vaterlande flüchtig werden müssen, aber sowohl die Tracht, als Sitten und Sprache des französischen Bürgerstandes beibehalten. Ihr Alter und ihr schwaches Gesicht erlaubten ihr nicht, ihren beiden, auch schon ziemlich bejahrten Töchtern in Leitung der Schule beizustehen, aber sie war doch gern mitten unter den Kindern.

Mich hatte sie zu ihrem Liebling erkoren, ich durfte dicht zu ihr hinflüchten, wenn das Getobe der wilden Knaben mir zu arg wurde. Dann nahm sie mich auf den Schooß und sagte allerlei leichte französische Worte und Redensarten mir vor, die ich zu ihrem großen Vergnügen wie ein gelehriger Papagei nachplapperte und zuletzt auch wirklich verstehen lernte.

Der Name dieser Frau wird in der Kunstgeschichte unsrer Tage nie untergehen, denn sie war die Mutter des in seinem Fach bis jetzt noch unerreichten *Chodowiecki.*"[4]

„Fast sechs Jahre war ich alt, hatte von Anfang bis Ende Weissens damals Epoche machendes Abc-Buch durchstudirt, diesen ersten erfreulichen Verkündiger der unabsehbaren Reihe von Kinderbüchern, die bis auf den heutigen Tag ihm gefolgt sind und noch folgen werden; ich hatte die schönen bunten Bilderchen in demselben nachgemalt, so gut es gehen wollte, und war folglich der Schule völlig entwachsen, die ich bis dahin besucht hatte.

Doch was sollte, was konnte nun an die Stelle derselben treten? Jameson vertändelte manche Abendstunde mit mir, aber Wunderkinder waren ihm ein Gräul, und ich war noch so jung! *Let the little victims play,* sprach er freundlich, wenn meine Mutter schalt, weil ich mit meiner damals noch nicht vierjährigen Schwester Lotte es zu arg trieb. Weder meine Mutter noch ich verstanden diese Worte; als ich englisch gelernt hatte, verstand ich sie wohl, aber die eigentlich tiefe, ernste Bedeutung derselben haben erst viel später Leben und Welt mich erkennen gelehrt.

Damit denn doch etwas geschähe, wurde einstweilen ein Sprachmeister für mich angenommen, der beste in der Stadt, denn er war der einzige; ein alter, stumpfer Franzose, der seine Muttersprache halb vergessen und keine andere gelernt hatte. Der Unterricht währte nur einige Monate, mein Vater wurde bald gewahr, daß ich bei dem guten Alten nur retrograde Fortschritte machen könne, und beschränkte sich einstweilen darauf, so viel wie möglich französisch mit mir zu sprechen, um nur das Wenige, das ich spielend mit aus der Schule gebracht, mich nicht ganz verlernen zu lassen.

Indessen bedurfte ich doch einer ernsteren Beschäftigung, als meine übrigens zärtlich geliebten Puppen mir gewähren konnten, obwohl ich deren Haushalt auf sehr anständigen Fuß eingerichtet hatte und mit großem Eifer ihm vorstand; und so mußten sich meine Eltern doch endlich entschließen, dem damaligen allgemeinen Gebrauch Folge zu leisten und unerachtet meiner großen Jugend einen von allen Seiten ihnen empfohlenen Kandidaten der Theologie mir zum Lehrer zu geben, der die Verpflichtung übernahm, jeden Morgen eine Stunde mit mir zuzubringen. Die Anordnung des Unterrichts, den er mir ertheilen sollte, blieb dabei ihm völlig überlassen. Als ich ihm vorgestellt wurde, blickte er freilich das kleine sechsjährige Ding verwundert an, daß man zur Schülerin ihm aufbürden wollte, doch er hatte sein Wort gegeben; der Versuch wurde gewagt, und es ging besser damit, als wir alle Beide erwarteten.

Kandidat Kuschel, so hieß mein neuer Lehrer, war der Sohn eines nicht bemittelten, aber sehr rechtlichen Handwerkers. Der Vater war gestorben, der zweite Sohn noch zu jung, um dem Gewerbe desselben gehörig vorstehen zu können; die Sorge für die alternde Mutter fiel zum großen Theil dem älteren zu, der seinen mit Unterricht außer dem Hause gewonnenen Erwerb freudig zu ihrer Pflege verwandte.

Des Himmels Segen ruhte darauf; sein einfaches, anspruchsloses Betragen, gleich entfernt von kriechender Demuth und hochfahrendem Wesen, erwarb ihm allgemeine Achtung, seine Milde und Herzensgüte die Liebe seiner Schüler. Sein Lehrtalent wurde von Jedermann als ausgezeichnet anerkannt, und der Tag hätte aus noch einmal so vielen Stunden bestehen mögen, es hätte nur von ihm abgehangen, sie alle zu besetzen; er begnügte sich damit, zu leisten, was menschliche Kräfte vermögen.

Es ist sehr schwer, immer und unter allen Umständen von dem schönen menschlichen Glauben zu lassen, der jedem Kinde auf Erden seinen unsichtbaren Schutzengel zugesellt, Dank sei dem meinigen, im Fall er wirklich existirt, daß er in die Hände solcher Männer, wie Jameson und mein neuer Lehrer es waren, die Aufgabe legte, mich auf das mannigfach bewegte Leben vorzubereiten, daß mir, wie den meisten meiner Zeitgenossen, ohne daß man es damals ahnen konnte, bevorstand.

[. . .]

Ohne zu philanthropischen Spielereien sich herabzulassen, wie sie damals durch die neuerfundene Basedowsche Lehrmethode eben anfingen, Mode zu werden, wußte mein Lehrer, bei stetem Wechsel der Gegenstände seines Unterrichts, meine Aufmerksamkeit und Wißbegierde dermaßen zu erregen und zu fesseln, daß ich seiner Ankunft immer mit Freuden entgegensah, und nach Beendigung der Stunde, die er mir täglich gab, mit der Bitte, doch noch ein wenig zu bleiben, ihn weidlich plagte, weil er nur selten sie zu erfüllen vermochte.

Jameson sah, mit welcher Leichtigkeit und welchem Vergnügen ich auffaßte, was man mich lehrte, und hatte große Freude daran. Selten ließ er jetzt einen Tag vergehen, ohne mich mit zu sich zu nehmen; sein ganzer Hausstand wurde dann zu meiner Unterhaltung in Bewegung gesetzt. Sein großer pechschwarzer Kater, Tamerlan, und sein kleines schneeweißes Hündchen, Frei geheißen, machten ihre besten Künste mir vor; Jungfer Konkordia, die alte Haushälterin, fütterte mich mit Bonbons und schälte mir Apfelsinen; er selbst ergötzte mich unendlich durch allerlei artige Zauberkünste, die er mit Hülfe einer außerordentlich zierlichen Elektrisirmaschine hervorbrachte, oder erzählte mir Märchen und allerlei Merkwürdiges von Thieren und Pflanzen und fremden Ländern. Dabei lernte ich nach und nach Englisch, fast ohne es gewahr zu werden; ich lernte es wie meine Muttersprache, für's erste nur plaudern, dann aber auch lesen und schreiben.

Ein Mädchen und Englisch lernen! Wozu in aller Welt sollte das ihr nützen? Die Frage wurde täglich von Freunden und Verwandten wiederholt, denn die Sache war damals in Danzig etwas Unerhörtes. Ich fing am Ende an, mich meiner Kenntniß der englischen Sprache zu schämen, und schlug deshalb einige Jahre später es standhaft aus, auch Griechisch zu lernen, so sehr ich es innerlich wünschte, und so freundlich auch Jameson deshalb in mich drang.

Der Widerwille gegen den Gedanken für ein gelehrtes Frauenzimmer zu gelten, lag schon damals, wie eben noch jetzt, in meiner jungen Seele, so viel Rühmliches mir auch mein Kandidat von Madame Dacier und Frau Professorin Gottsched sagte, die obendrein meine *Landsmännin war.*

So verging ein Jahr ungefähr, einige Monate drunter oder drüber? ich weiß es nicht und habe es nie gewußt, den ,dem Glücklichen schlägt keine Stunde!' und es giebt kein glücklicheres Wesen auf Erden, als ein frohes, gesundes, geliebtes Kind, wie ich es war; die ganze Welt lachte mich an, vom ersten Januar bis zum Sylvestertage war es Frühling in mir und um mich her. Alles, was mich umgab, blühte in erfreulichem Wohlstande, fern von dem friedlichen Dach, unter welchem ich den ersten süßen Traum des Lebens träumte, blieben Sorge, Kummer und Noth!"[5]

Spiel und Arbeit

Johanna Schopenhauser erwähnt mehrmals Spiele mit Puppen, bei denen sie die Mutter und die Puppen ihre Kinder waren. Arbeit wird nicht erwähnt.

Anmerkungen

1 Johanna Schopenhauer, Jugendleben und Wanderbilder, in: Gedanensia, Beiträge zur Geschichte Danzigs, Bd. III, Danzig 1884, 5–9.
2 A.a.O., S. 16.
3 A.a.O., 105 f.
4 A.a.O., S. 20 ff.
5 A.a.O., S. 38–41.

Friedrich Bruch

Friedrich Bruch, geboren 1792, schrieb die Erinnerungen für seine Familie. Nach seinem Tod wurde die Autobiographie für den Druck überarbeitet, Stellen mit „intimerem Charakter" wurden weggelassen. Bruch war in Straßburg Professor der Theologie.

Bezugspersonen, materielle und soziale Umwelt

Friedrich Bruch wurde 1792 in Pirmasens geboren. Sein Vater trug den Titel eines Hof- und Feldapothekers und mußte als Staatsdiener Uniform tragen. Apotheke und Titel hatte er von seinem Vater geerbt, der nach Pirmasens gezogen war, als die Stadt Residenz wurde.

„Hier nun, in dieser Militärcolonie, ließ sich mein Großvater nieder. Auf der linken Seite des Exerzierhauses, von demselben durch eine Straße und einen Graben getrennt, oberhalb des Schloßplatzes, baute er sich ein geräumiges Wohnhaus, hinter welchem er einen ziemlich ausgedehnten Gemüse- und Grasgarten anlegte. In demselben wurde die Apotheke, mit dem Schilde zum Mars, eingerichtet und der Plafond mit vier Gemälden, die vier Welttheile darstellend, geschmückt. Auf allen Büchsen und Gläsern war der Kopf des Mars mit einem ungeheuern Helmbusch zu schauen. In dem oberen Stockwerke legte mein Großvater eine sehr schöne Materialkammer an; auf dem Speicher war in einer Abtheilung eine Menge von Kisten für die Kräuter; in dem Keller wurden, in einem besondern Abschluß, die Provisionen der Wasser, Syrupe u.s.w. aufbewahrt. In dem Hofe war das Laboratorium. Alles war auf das Zweckmäßigste eingerichtet und wurde unter meinem Großvater und Vater in einer Ordnung und Reinlichkeit erhalten, wie solche heutzutage wohl in wenigen Apotheken anzutreffen sein dürften.

Außerdem legte mein Großvater jenseits des Exerzierplatzes einen zweiten sehr geräumigen Garten an, in welchem er sich auch ein kleines Wohnhaus errichten ließ.

Aus diesen Anlagen und Bauten scheint mir hervorzugehen, daß die Vermögensverhältnisse meines Vaters in gutem Stande waren. Einträglich mußte jedenfalls die Apotheke sein, obgleich noch eine zweite Apotheke in der Stadt war, welche abwechselnd mit der meines Großvaters die Lieferungen für die Regierung zu machen hatte."[1]

Die Mutter war die Tochter eines Arztes.

„Mein Vater hätte keine glücklichere Wahl treffen können, denn meine Mutter war wie gemacht für ihn. Sie war eine Frau von eindringendem Verstande und ungewöhnlicher Thätigkeit. Das Hauswesen hielt sie in der besten Ordnung; ihre Sparsamkeit wußte Alles zu Rathe zu halten und wurde der Grund des Wohlstandes, der in meinem elterlichen Hause herrschte. Die Erziehung der Kinder leitete sie vorzüglich und mit ebenso viel Verstand als Liebe. Einer Uneinigkeit zwischen meinem Vater und meiner Mutter weiß ich mich nicht zu erinnern. Gegen das Regiment, das sie im Hause führte, that mein Vater nie Einsprache, und in den Grundsätzen der Erziehung waren sie einig.

In Gesellschaft war meine Mutter, zumal in jüngeren Jahren, wo sie noch nicht kränklich war, ein sehr belebendes Element. Sie konnte sehr heiter sein, und es fehlte ihr nicht an Witz. Ihr praktischer Verstand hatte sie bei allen Frauen ihrer Bekanntschaft in große Achtung gesetzt. Bis in ihre letzten Lebensjahre war sie für den ganzen Kreis ihrer Bekannten die allgemeine Rathgeberin. Tag für Tag kam man, sie wegen dieser oder jener Angelegenheit zu consultiren, und es gab Frauen, die keine Wasche machten, ohne zuvor meine Mutter um Rath gefragt zu haben.

Allein schon in ihrem 40. Jahre begann sie zu kränkeln. Sie erreichte zwar ein Alter von 61 Jahren, aber sie mußte durch schwere Krankheiten hindurchgehen. In ihren letzten Lebensjahren wurde sie so schwach, daß sie nicht mehr ausgehen konnte. Ich erinnere mich, daß, wenn ihre Freundinnen sie besuchten, sie dieselben gewöhnlich mit den Worten empfing: ‚Sie finden mich noch immer am Leben!‘

Mein Vater pflegte sie mit unendlicher Zärtlichkeit. Mit ihr starb ihm das ganze Glück seines Lebens weg: von dem Augenblick ihres Todes an sehnte er sich selbst nach dem Abschied.

Mein Vater hatte kein anziehendes Aeußere. Er war ziemlich groß, aber die Blattern hatten auf seinem Gesichte arge Verwüstungen angerichtet und ihn auch eines Auges beraubt. In seinen früheren Jahren konnte er sehr heftig sein; diese Heftigkeit verlor sich aber nach und nach, großentheils durch den stillen Einfluß meiner Mutter. Er besaß einen natürlichen Witz, der ihn in Gesellschaften zu einem sehr belebenden Elemente machte. Mäßig war er in hohem Grade. Der einzige Exceß, den er sich erlaubte, war der Tabak, den er gern rauchte.

Er war ein sehr geschickter Apotheker und hielt seine Apotheke in der musterhaftesten Ordnung. Als in der stürmischen Zeit der Revolution längere Jahre kein Arzt mehr in Primasens war, wandten sich die Kranken in der Stadt und in den umliegenden Dörfern an ihn. Um diesem Bedürfnisse zu entsprechen, schaffte er sich nach und nach eine kleine medicinische Bibliothek an, in der er fleißig studirte. Er war in den Kuren, die er unternahm, auffallend glücklich. Ein eigener Scharfsinn, eine Art von Divinationsgabe ließ ihn die Natur und Ursachen der Krankheit richtig erkennen. Daher kam es, daß er schnell, ohne daß er jemals Kranke besucht hätte, zu einer ausgedehnten Praxis gelangte. Bis von Bitsch kamen die Landleute, um ihn zu consultiren. Diese Praxis setzte mein Vater nur so lange fort, bis ein erfahrener Arzt sich in Pirmasens niederließ. Doch geschah es bis in seinen letzten Lebensjahren zuweilen noch, daß Personen, denen er mehr Vertrauen einflößte als der Arzt, ihn dringend angingen, ihre Kranken zu heilen.

Am 13. Dezember 1792 wurde ich geboren. Ich war das sechste Kind, welches meinen Eltern geschenkt wurde. Das älteste unter den Geschwistern war mein Bruder Louis, welcher Apotheker wurde und nach dem Tode meines Vaters die

Apotheke in Pirmasens übernahm. Auf ihn folgte meine älteste Schwester Friede-
ricke, welche sich zuerst mit Herrn Weitzel, dem geistreichen Pfarrer von Auweiler, und nach dessen frühem Tode mit einem weitlosen Vetter, dem Pfarrer Bruch
von Steinselz verheirathete.

Das dritte Kind meiner Eltern war ein Sohn, Christian. Dieser wurde Uhrmacher. Nachdem er einige Jahre in Auweiler und in Frankfurt conditionirt hatte, ließ
er sich in Pirmasens nieder. Später entsagte er der Uhrmacherei. Er wurde königli-
cher Salzfactor, Bürgermeister von Pirmasens, Landrath und wurde in seinen
späteren Jahren als Deputirter in die Landstände von Baiern ernannt. Er war ein
intelligenter, grundehrlicher Mann, der als Bürgermeister seiner Vaterstadt große
Dienste leistete und auch allgemein in hoher Achtung stand. Auf diese drei Kinder
folgten zwei Knaben, Friedrich und Gottlieb, die aber beide früh starben. Dann
wurde ich geboren.

Mir folgten noch zwei jüngere Geschwister, meine Schwester Lene und ein Bruder Namens August. Die erstere, ein munteres, geistreiches, ungemein gutmüthi-
ges Mädchen, war lange Jahre die treue Pflegerin meiner Mutter, die auch mit
unendlicher Liebe an ihr hing. Nach dem Tode der Mutter verpflegte sie mit gleicher Treue den Vater bis zu seinem Ende. Hierauf nahm ich sie auf einige Zeit zu
mir. Später zog sie zu meinem Bruder Christian, und nach dem frühen Tode seiner
Frau besorgte sie ihm sein Hauswesen und unterstützte ihn in der Erziehung seiner
Kinder. Mein jüngster Bruder August, ein hübscher munterer Knabe, starb im
9. Jahre an den Rötheln.''[2]

„Unsere Hausgenossenschaft war zahlreich. Vater und Mutter und Großmutter
mit sechs Kindern bildeten schon eine ziemliche Anzahl. Hiezu kam der Proviser.
Da nun auch die Magd, nach damaliger patriarchalischer Sitte, mit der Familie
speiste, so versammelten sich täglich elf Personen um unsern Tisch.

Ich war meiner Großmutter Liebling und mußte in ihrem Zimmer schlafen.
Hier las sie mir oft aus Starks Gebetbuch den Abendsegen vor oder zur Abwechslung eines der Gellertschen Lieder. Hundertmal hat sie mir die Geschichte der Ge-
noveva, von dem Hähnchen und dem Hühnchen, von dem Pfannkuchen, der Füße
bekam u.s.w. erzählt. Die vielen kleinen Volkslieder, die sie aus ihrer Kindheit her
von Sulz mitgebracht hatte, sang sie mir gern vor, bis ich sie auswendig wußte.
War sie unwohl, so verlangte sie, daß ich mit ihr auf ihrem Zimmer speiste. Je mehr
sie mich liebte, desto ängstlicher war sie um mich besorgt. Aus lauter Zärtlichkeit
verweichlichte sie mich. Doch verdankte ich ihr, daß ich gern zu Hause war und
arbeitete.''[3]

Lernen

„In diesen Revolutionsstürmen waren auch alle Bildungsanstalten, bis auf die Pri-
märschule, untergegangen. Früher befand sich in Pirmasens eine lateinische
Schule, die großentheils von den Freipredigern bedient wurde, und die mein ältester Bruder noch besucht hatte. Diese hatte aufgehört. Die beiden Primärschulen
hatten zwei Würtemberger zu Lehrern, die noch zu Landgrafs Zeiten waren her-

beigezogen worden. Der eine war der Herr Lachenmeyer, der andere hieß Hardt. Beide waren treue Lehrer, allein freilich nach der Methode der alten Zeit. Was hätten sie auch leisten können in Schulen, wo 100–120 Kinder jeden Alters sich zusammendrängten? Von dem Zustande dieser Schulen wird man sich einen Begriff machen können, wenn ich sage, daß Winters jeder Schüler ein Stück Holz mitbringen mußte: damit wurde die Schulstube geheizt.

Herr Lachenmeyer war übrigens ein vortrefflicher Mann. Wohlwollend im höchsten Grad, voll Liebe zu den ihm anvertrauten Kindern, beseelt von einer aufrichtigen Frömmigkeit, besaß er viele Eigenschaften, die den guten Lehrer auszeichnen müssen. Nur waren seine Kenntnisse nicht sehr ausgedehnt. Er schrieb eine schöne, solide Schrift und hatte das Rechnen in Adam Rieses Rechenbuch studirt. Der Orthographie war er so ziemlich mächtig. Von der Geographie wußte er das Unentbehrlichste. Geschichte aber, Naturgeschichte u.s.w. waren ihm beinahe ganz unbekannt. Seine Schüler liebte er und war sehr sanft und freundlich mit den Kindern. Selten erzürnte er sich, noch seltener strafte er. Aber seine Lehrmethode war ganz die alte. Ein Theil der Schulstunden verstrich damit, daß er die ABC-Schützen einen nach dem andern herzutreten und das ABC aufsagen ließ. Dann kam es an die, welche an dem a b = ab waren. Die dritte Classe war die der Buchstabirenden. Endlich kam die oberste Classe an das Lesen. Zum Lesebuch diente nur das Neue Testament. Das einzige, was man in dieser Schule lernte, wenn man sie vom 6. bis zum 14. Jahre besuchte, war Lesen, Schreiben (in der Orthographie brachte man es aber nicht weit) und das Rechnen nach den vier Species. Die Kunst, sämmtliche Abtheilungen der Schüler in beständiger Thätigkeit zu erhalten, war den damaligen Lehrern noch unbekannt. Man wird es dem trefflichen Lachenmeyer nicht zum Vorwurfe machen, daß er damit nicht vertraut war.

Meinen Eltern war er sehr theuer. Er war ihr Gevattermann, und noch klingt in meinen Ohren der freundlich in echt schwäbischer Mundart gesprochene Gruß, wenn er bei ihnen eintrat: Ich (emp)fehle mich, Herr Gevatter, oder Frau Gevatter! Er kam viel zu uns und war so oft er erschien herzlich willkommen.

Sein College Hardt stand, was das Wissen und die Lehrmethode betraf, auf dem gleichen Punkte. Er war in seiner Schule viel strenger und ließ nicht selten den Stock gewaltig fungiren. Ueberhaupt hatte er einen weit weniger freundlichen Charakter. Aber er war ein ziemlich guter Musiker und der nothwendige Dirigent aller Concerte, die in Pirmasens gegeben wurden, die aber freilich einen gebildeten musikalischen Geschmack wenig befriedigt haben würden. Der musikalische Lieblingsschriftsteller des Herrn Hardt war Pleyel. Ich erinnere mich, daß er zu sagen pflegte: Einen besseren Componisten gebe es nicht. Von seinem musikalischen Geschmack mag man sich daraus einen Begriff machen, daß er seinen Schülern bei jeder Gelegenheit folgende Regel vorschrieb: ‚Wo mer en' Agremännle (agrément, Triller) anbringe ka, mueß mers nit versäume.'

Ich mochte etwa sechs Jahre alt gewesen sein, als ich zu Herrn Lachenmeyer in die Schule geschickt wurde. Morgens und Abends wanderte ich mit meinem ABC-Buch dahin. Ich sehe dieses ABC-Buch noch. Auf der Decke prangte ein

Trompeter mit einem ungeheuern Helmbusche. Daneben stand das bekannte Verslein:

> Ein jeder lern sein Lection,
> So wird es gut im Hause stohn.

Wie fleißig ich aber auch die Schule besuchte, so lernte ich durchaus nichts, und jeden Tag, wenn ich das ABC aufsagen sollte, wiederholte sich die doppelte Scene, daß ich zuerst unmäßig lachte und am Ende weinte. Dieses kam daher: der gute Herr Lachenmeyer hatte für alle Buchstaben, um sie die Kinder unterscheiden zu lassen, eigene Benennungen. Das R war das Männle mit dem Ränzle; das X das Männle mit dem Schwänzle; das D das Männle mit dem runden Buckel, u.s.w. Wenn er mich nun fragte: wie heißt das Männle mit dem Ränzle? so kam mich ein unwiderstehliches Lachen an. Nun war es mit dem Aufsagen aus. Endlich wurde Herr Lachenmeyer unwillig und zankte mich: dann wandelte sich das Lachen in Weinen. Schluchzend kehrte ich auf meinen Platz zurück.

Herr Lachenmeyer war über meine vollkommene Ungelehrigkeit untröstlich. Noch erinnere ich mich, daß er zu meinem Vater sagte: ‚Herr Gevatter, ich mueß Ihne sage, der Fritz wird nie lese lerne.'[4]

„In kleineren Städten hat die Jugend eine Freiheit, die ihr in größeren Städten durchaus abgeht. Ich genoß dieselbe in desto größerem Maaße, als ich in Primasens überall bekannt war, und benützte sie, um ohne Scheu bei Handwerksleuten aller Gattung einzutreten und sie bei ihrem Gewerbe zu beobachten. So wurde ich mit der Hantirung der Schlosser, Schreiner, Drechsler, Buchdrucker u.s.w. vertraut; hie und da, wo ich genauer bekannt war, legte ich wohl selbst Hand mit an und half den Leuten bei ihrer Arbeit. Die so gewonnenen Fertigkeiten sind mir später oft zu statten gekommen.

Zu Hause, wenn meine Eltern mich nicht zu den tausenderlei Dienstleistungen gebrauchten, von denen ich oben gesprochen, war meine liebste Beschäftigung Zeichnen und Malen. Der Sinn dafür erwachte bei mir sehr frühe. So weit ich zurückdenken kann, zeichnete und malte ich; alle meine Schreibbücher waren von frühem an mit Illustrationen bedeckt. Leider war Niemand in Pirmasens, der mir in dieser Kunst die geringste Anleitung hätte geben können; ich war also dabei auf meine eigene Erfindungsgabe beschränkt. Selten geschah es, daß mein Vater, wenn einmal ein wandernder Bilderkrämer in unser Haus kam, mir einige schlechte Holzstiche für ein paar Kreuzer kaufte. Ich zeichnete daher ab, was mir nur immer vorkam, Bilder, die ich in Büchern fand, solche, welche die Wände unseres Hauses und die Häuser unserer Bekannten schmückten. Wenn ich in einem Hause ein Bild sah, das mich fesselte, so suchte ich es mir so deutlich als möglich einzuprägen, um es daheim zu reproduciren. Gelang es mir nicht gleich, so ging ich sechs- bis achtmal in jenes Haus, bis ich das Bild so völlig in mich aufgenommen hatte, daß ich es aus dem Gedächtnisse nachzeichnen konnte. Dies war für mein Auge eine sehr nützliche Uebung, und meine Fertigkeit, mich durch aufmerksame Anschauung eines Kunstwerkes ganz zu bemächtigen, mag wohl darin ihre erste Begründung haben. Einigen Impuls erhielt meine Liebe zum Zeichnen durch einen Apothekergehülfen, der einige Jahre in unserem Hause zubrachte. Er hieß Jacobi und war ein treuer, intelligenter Mensch. Er malte Blumen, zwar sehr dürftig, aber doch zur Bewunderung der Pirmasenser. Unter seiner Anleitung fing ich auch an, Blumen und Früchte zu malen. Meine Kunstfertigkeit in dieser Beziehung wurde bald im ganzen Städtchen bekannt. Daher wurde ich von den Damen des Ortes mit Bitten bestürmt, für sie Stammbuchblättchen zu verfertigen. Gott weiß, wie viele Gewinde von Rosen und Vergißmeinnicht ich so gemalt habe! Von einem Kameraden lernte ich auch das Silhouettiren und das Vergolden des Glases, und wir verfertigten zusammen eine Menge von Silhouetten, die ich mit Arabesken umgab, zu denen ich die Muster aus allerlei Büchern zusammenbrachte.

Gern hätte ich mich auch mit Lectüre beschäftigt, wenn nicht die guten Bücher so selten gewesen wären. Meine erste Lectüre war der Robinson, welchen mir die Tochter des Geheimen Rathes Jäger (sie wurde späger die Frau des Pfarrers Jaeger an Alt St.-Peter in Straßburg), die mich in Affection genommen hatte, lieh. Von ihr erhielt ich noch andere Bücher. Am interessantesten war mir die Kupfersammlung zu Basedows Elementarwerk, die mir zum Zeichnen Modelle lieferte. Viele Bücher bezog ich auch von einer Leihbibliothek. Leider fanden sich in derselben beinahe nichts als die schlechten Gespenster- und Ritterromane von Cramer, Spieß u. A., die ich aber mit dem größten Interesse verschlang. Wie glücklich wäre ich gewesen, wenn mir damals einige gute historische oder literarische Schriften in die Hände gefallen wären. Solche waren aber in meiner Vaterstadt nicht zu finden."5

Spiel

Friedrich Bruch spielte mit anderen Kindern im Freien, malte und las.

Arbeit

„Obwohl selten Besuch kam, war in unserem Hause doch viel Abwechslung. Jede Jahreszeit brachte nämlich ihre besonderen Beschäftigungen mit sich, sowie auch ihre besonderen Vergnügungen, und da ich nie viel zu lernen hatte, so konnte ich an allem ungehindert Antheil nehmen. Dabei wurde ich zu vielen Arbeiten in der Apotheke angezogen. Die meisten Commissionen mußte ich machen. Je nach der Jahreszeit mußte ich auf dem Markt das Obst einkaufen, aus dem Garten die Gemüse nach Hause tragen, die Raupen von den Krautstöcken ablesen, auch wohl im Garten graben und pflanzen. Für die Apotheke mußte ich helfen die Kräuter abzupfen und auspressen. Ich wurde angehalten, Wurzeln zu schneiden und Pulver zu stoßen. Gegen Neujahr mußte ich helfen Schachteln überziehen, Rauchkerzchen und Storax bereiten zu Neujahrsgeschenken an die Kunden. Viele Tausende von Schildern für Büchsen und Gläser habe ich gemalt und geschrieben, zuweilen auch mit Vergoldungen auf den Porzellanbüchsen angebracht.

Kam im Herbst der Tag, wo das Schwein geschlachtet wurde, so half ich das

Schwein stechen und die Würste hacken. Wurde Birnen- oder Zwetschenmus gekocht, so mußte ich Stunden lang den Kessel rühren, kurzum, ich versah in gewisser Beziehung die Functionen eines Factotum."[6]

Anmerkungen

1 F. Bruch, Kindheit- und Jugenderinnerungen. Aus seinen schriftlichen Aufzeichnungen
  mitgetheilt von Th. G., Straßburg 1889, S. 5f.
2 A.a.O., 7ff.
3 A.a.O., S. 14.
4 A.a.O., S. 11ff.
5 A.a.O., S. 23f.
6 A.a.O., S. 14f.

IV. Adelige Kinder im 18. Jahrhundert

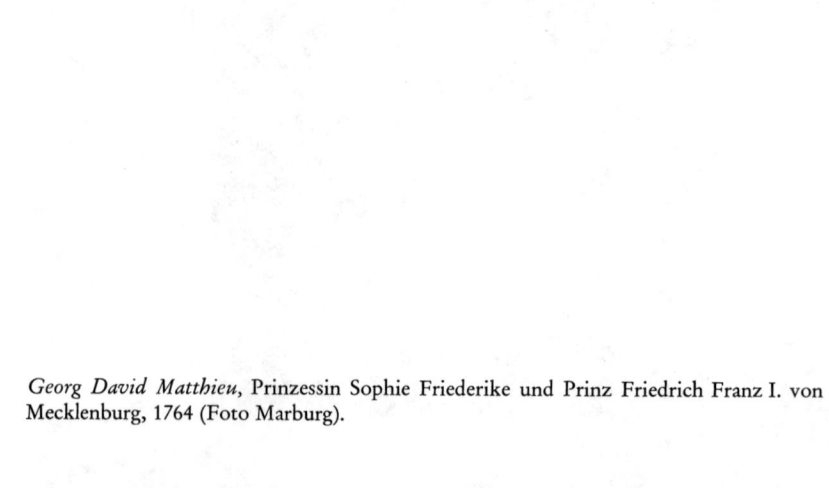

Georg David Matthieu, Prinzessin Sophie Friederike und Prinz Friedrich Franz I. von Mecklenburg, 1764 (Foto Marburg).

1

2

3

1 *Anton Wilhelm Tischbein,* Frau von Borries mit ihren Kindern um 1770, (Foto Marburg).
2 *Anton Wilhelm Tischbein,* Die kleine Prinzessin von Braunfels um 1760, (Foto Marburg).
3 *Joh. Heinrich Tischbein,* Georg August Wilhelm, Graf zu Solms-Laubach, 1744 (Foto Marburg).

Wilhelm Ludwig Victor,
Graf Henckel von Donnersmarck

Graf Henckel von Donnersmarck, geb. 1775, schrieb seine
Erinnerungen als königlich preussischer Generallieutenant
a. D. und veröffentlichte sie 1846 mit einer Widmung an den
Prinzen von Preussen. Die Erinnerungen sollten der Geschichtsschreibung Material liefern, aber sie waren auch für
Freunde und Angehörige und nicht zuletzt auch zur eigenen
Freude geschrieben. „Es sind die köstlichsten Stunden meiner
selbst gewählten Muße gewesen, in denen ich diese Erinnerungen ausarbeitete."[1] Die Kindheit wird knapp geschildert.

Bezugspersonen

Graf Henckel von Donnersmarck wurde 1775 in Potsdam geboren. Zwei Jahre
später zog die Familie nach Bartenstein in Preussen, wohin der Vater als Kom-
mandeur des Graf Anhaltischen Infanterie-Regiments versetzt worden war. Der
Vater „. . . war Johanniter-Ritter und hatte im siebenjährigen Kriege bei der Pra-
ger Schlacht den Orden pour le mèrite erhalten. Den großen rothen Adlerorden
empfing er, als derselbe von Anspach an das Haus Preußen überging. Meine Mutter, die Nichte meines Vaters, war eine geborene Gräfin *Lepel* aus Nassenheide
in Pommern. Mein Vater war ein für seine Zeit feingebildeter Mann, von edler
Denkungsart, einem hohen Ehrgefühl, feurig und lebhaft in allen seinen Unternehmungen, streng und ernst im Dienste, höchst liebenswürdig im gesellschaftlichen Umgange und mir ein unvergeßlicher, liebevoller, väterlicher Freund."[2]
   Der Großvater väterlicherseits hatte das Vermögen verzehrt, so daß der Vater
über keine Mittel verfügte und in erster Ehe eine reiche Kaufmannstochter heiraten mußte. „Mein Vater, stolz auf seinen Adel, wie aller Schlesische Adel damaliger Zeit, der mit der größten Mühe Alles erforscht hatte, um seine sechszehn Ahnen herauszubringen und dadurch den St. Johanniter-Orden zu erwerben,
welcher damals nicht anders zu erhalten war, sprach eigentlich nicht gern von dieser Parthie, da sie ihm ganz zuwider gewesen war. Ich erinnere mich aber doch,
daß er mir einstmals erzählte, daß, da er in Potsdam in Garnison gestanden und
seine Frau hätte bei Hofe erscheinen müssen, er sie bei verschlossenen Thüren
habe tanzen, und eine anständige Reverenz machen, lehren lassen. Obgleich sie
leidenschaftlich gern getanzt, so soll es doch immer mit wenigem Anstande geschehen sein; worüber mein Vater dann immer außer sich war. Nachdem sie ihm
zwei Töchter geboren, starb sie im vierten Jahre ihrer Verheirathung an der Aus-

zehrung. Ihre Mutter setzte die beiden Töchter, welche mein Vater mit ihr erzeugt hatte, zu Universalerbinnen ein, er selbst ging leer aus; ja nach meines Vaters Tode mußte meine Mutter noch die Hochzeitskosten bezahlen. Mein Vater sagte aber doch immer, daß seine erste Gattin eine sehr achtungswerthe Frau gewesen sei."[3]

Die Geburt des Sohnes Wilhelm aus zweiter Ehe wurde von den Familien mit großer Freunde aufgenommen. Zu den vornehmen Paten zählte der damalige Prinz von Preussen. Zu der Mutter hatte das Kind ein schlechtes Verhältnis, hing dagegen sehr am Vater, der ihm 1793 auf dem Totenbett sagte: „Du hast einen Fehler begangen – dich zu viel auf mich zu verlassen und deine Mutter etwas negligiert zu haben; sie wird es dich fühlen lassen."[4] Außer den Halbschwestern aus der ersten Ehe des Vaters hatte Henckel von Donnersmarck noch einen jüngeren Bruder und eine jüngere Schwester, die er in seinen Kindheitserinnerungen nicht erwähnt, mit denen er aber später Kontakt hielt.

Materielle und soziale Umwelt

In Potsdam lebte die Familie in dem Haus neben der Garde du Corps-Kaserne, das dem Vater gehörte. In Bartenstein bewohnte die Familie ebenfalls ein Haus. Während des Feldzuges 1778 bezogen Mutter und Sohn Winterquartier in Dresden. Aus der Perspektive des 19. Jahrhunderts beschreibt Henckel von Donnersmarck die Offizierskleidung während seiner Kindheit und Jugend: „Die Hüte wurden ohne Riemen getragen, mußten also äußerst fest sitzen; die Escarpe stets auf der Weste. Die Westentaschen wurden schon allmälig kleiner; aber noch viele Stabsoffiziere trugen in der linken Tasche derselben die Escarpadenquasten, Tabacksdose und die Stulpenhandschuhe, doch so, daß die Stulpen heraushingen. Die Halsbinde war ungefähr drei Finger breit, dazu stets ein Jabot oder eine Halskrause. Alles natürlich frisirt und gepudert. Das Regiment hatte vier Locken auf jeder Seite, zwei und zwei über einander. Damit die Frisur fest saß, wurde dieselbe mit einem Pinsel durch den Kamm mit warmer Pommade durchspritzt und dann gleich darauf gepudert, so daß es wie candirt aussah; dazu ein durch Puder möglichst dick gemachter Zopf von beliebiger Länge, aber doch jedenfalls bis in die Taille, mit einer großen Cocarde versehen. Ich erinnere mich, in Bartenstein bei dem Regimente meines Vaters einen Capitain von Schallenfels gekannt zu haben, dessen Zopf auf die Erde schleppte, und den er daher beim Exerziren in die Rocktasche steckte. Er brauchte 70–80 Ellen Zopfband."[5]

Lernen

„Zuerst einer französischen Mademoiselle Barthelemi, von der französischen Colonie aus Berlin, übergeben, bekam ich im sechsten Jahre einen Hofmeister Rumbaum von der Königsberger Universität, der an der Auszehrung starb, nachdem er nur einige Jahre bei mir gewesen war. Er war harthörig, und daher habe ich mir das laute Sprechen angewöhnt, so daß meine Mutter bis an ihr Ende eine stereo-type Redensart, so wie sie mich sah, wiederholte: ‚Aber Wilhelm, schrei' doch nicht so!‘ – Rumbaum war überdies im höchsten Grade Hypochonder. Ich erinnere mich noch sehr lebhaft, daß unser Haus in Bartenstein abbrannte; wir hatten lateinische Stunde: ich war, wie natürlich, sehr zerstreut und bange; er wollte aber, es sollte fortgefahren werden, und da wir ganz nahe an der Hausthür waren, so meinte er, es sei noch immer Zeit zum Hinauskommen; bis denn der Balken in der Stube krachte, und wir zum Fenster hinaus mußten! Wir wohnten nach diesem Brande zu meinem großen Ergötzen Alle in verschiedenen Häusern. – Ich habe Physiognomien stets sogleich unauslöschlich im Gedächtniß behalten, weit weniger die Namen; daher kann ich mich noch heute einer Menge Gesichter von Menschen aus Bartenstein erinnern, die ich damals gesehen habe.

Ich bekam einen zweiten Hofmeister, der aus Leipzig verschrieben wurde. Es mochte ein redlicher Mann sein, wie er auch in seiner spätern Anstellung bewiesen, aber er war herzlich einseitig und beschränkt, schlug jedoch ein sehr kräftiges Lineal. So wuchs ich denn heran unter den reichhaltigen Ohrfeigen meiner Mutter und dem Lineal meines Herrn Kühlwein, und kann jetzt mit Offenheit bekennen, daß meine Erziehung recht mangelhaft betrieben wurde. Man überhäufte mich mit Lehrern und Stunden, aber leider hatte mein Vater zu viele Geschäfte; es bekümmerte sich also eigentlich Niemand darum, ob ich etwas lernte oder nicht.“[6]

Spiel und Arbeit

Werden nicht erwähnt.

Anmerkungen

1 Wilhelm Ludwig Victor Graf Henckel von Donnersmarck, Erinnerungen aus meinen Leben, Zerbst 1846, S. IX.
2 A.a.O., S. 1.
3 A.a.O., S. 3.
4 A.a.O., S. 12.
5 A.a.O., S. 10f.
6 A.a.O., S. 5.

Gräfin Elise von Bernstorff
geborene Gräfin von Dernath

Gräfin Elise von Bernstorff, geb. 1789, Witwe des ehemaligen preussischen Ministers für auswärtige Angelegenheiten, schrieb ihre Erinnerungen 1835 nach dem Tode ihres Mannes; zu diesem Zeitpunkt hatte sie sich mit einer kranken Tochter ins Erzgebirge zurückgezogen. Sie zeichnete ihre Erinnerungen für ihre Kinder und Enkel auf mit „gewissenhaftester Wahrheit". Elise von Bernstorff starb 1867. Ihre Enkel veröffentlichten das stark gekürzte Manuskript nach ihrem Tode.

Herkommen und Kindheit werden kurz geschildert, auch schon in Hinblick darauf, mit wem das Kind verkehrte und in welchen Kreisen es sich bewegte.

Bezugspersonen, materielle und soziale Umwelt

Elise von Bernstorff verbrachte die ersten sieben Jahre ihres Lebens in dem Geburtsort Kopenhagen, auf dem Landgut der Familie oder auf Reisen. Der Vater Magnus Graf von Dernath stammte aus Holstein und stand bis 1796 in dänischen Diensten als „Rath im Kommerz-Kollegium und dienstthuender Kammerherr beim König".[1] Die Familie lebte über ihr Vermögen, das durch Spekulationen des Großvaters sehr geschrumpft war, so daß der Vater den Dienst quittieren und Kopenhagen meiden mußte.

Über die Mutter Charlotte geborene Gräfin Bernstorff (die Tochter Elise heiratete später den Bruder der Mutter) heißt es anläßlich einer Trennung von der dreizehnjährigen Tochter: „Diese Trennung war sehr bedeutend für mich, weil ich während derselben erst recht innewurde, wie sie mich liebte und mit welcher Zärtlichkeit ich an ihr hing. Durch den Ernst ihres Wesens und die Strenge im Ton, die sie ihren Grundsätzen nach, immer gegen ihre Kinder anzunehmen pflegte, hatte sie mir bis dahin mehr Ehrfurcht eingeflößt; jetzt aber überraschte mich fast überwältigend ihre Zärtlichkeit, und der Ausdruck derselben in ihren Briefen beglückte mich mehr, als ich es auszusprechen vermag."[2]

Elise von Bernstorff wuchs bis zum 6. Lebensjahr, in dem ihr Bruder Andreas geboren wurde, als Einzelkind auf; zwei ältere Brüder, beide mit Namen Fritz, waren früh gestorben.

„Ich habe nur sonnige, glückliche Erinnerungen aus meiner frühen Kindheit. Ebenso heiter wie der Sommer mit seinen ländlichen Freuden verstrich mir der Winter in Kopenhagen. Die Einsamkeit, in der ich aufwuchs, weil mir Schwestern versagt und die Brüder mir entrissen waren, empfand ich keineswegs als solche, zumal nicht, ehe ich eine Gouvernante bekam, denn da spielte ich den ganzen Tag bei meiner Mutter im Zimmer umher, meistentheils mit Puppen, die ich wie Kinder liebte.

War die Mutter nicht zu Hause, so unterhielt mich ihre schwarze oder ihre blonde Schilling, zwei Schwestern, die in ihrem Dienst standen, oft auch der Kammerdiener Wald, mit dem ich bekannt geworden war, während er meine Mutter frisirte. In seiner vielseitigen Kunstfertigkeit schuf er mir herrliche Landschaften aus Moos und lehrte mich allerlei Niedlichkeiten. Meine Eltern ruhten indeß nicht, bis sie mir eine Gefährtin gegeben hatten; sie fanden solche in der Tochter eines alten Freundes der Familie, Charlotte Clausewitz, deren Vater gestorben war und die Seinigen in sehr bedrängter Lage hinterlassen hatte. Charlotte, mit mir gleichen Alters und schon früher meine Gespielin, ward mir also als Pflegeschwester beigesellt, während ihr Bruder Gottlob von den Großeltern Bernstorff aufgenommen und von der Großmutter leider sehr verzogen wurde.

Charlotte war ein hübsches, durch ihr stilles melancholisches Wesen für Viele anziehendes Kind; aber sie paßte nicht eben sehr zu ihrer Gespielin, der immer lachenden Lilli (so nannte man mich zu meinem unaussprechlichen Verdruß in meinen jüngeren Jahren). Sie war eine sehr schwermüthige Natur, und sie gefiel sich in dieser Melancholie. Ich erinnere mich meines Erstaunens, als sie, im Alter von 6 bis 7 Jahren, mit sentimentaler Miene mir gestand, daß ihr der todte Baum im Garten lieber sei als6der grüne, weil er besser zu ihrer Stimmung passe."3

Der Sommer wurde häufig bei den Großeltern Dernath in Holstein verbracht, oder es wurde aufs Land in die Nähe von Kopenhagen gezogen. Über den Sommeraufenthalt in Rudegaard heißt es:

„Mein größtes Vergnügen war indeß damals der Umgang mit der alten Haushälterin Sagern, die mit mir spazierte und mir Märchen erzählte. Es machte mir Freude, ihre kleinen Habseligkeiten zu verstecken; einmal schnitt ich sogar den Schoß ihrer Kontusche ab und verkündete nun triumphirend, ich hätte sie modernisirt."4

Der Vater erwarb ein Gut, auf dem er im Sommer 1796 den Geburtstag seines Schwiegervaters, des dänischen Staatsministers, verbunden mit einem Erntefest feierte:

„Nachdem wir Kinder den Großvater bekränzt, ihm auch wohl Verse hergesagt hatten, verkroch ich mich zwischen seinem Sessel und dem meiner Großmutter, die beim schönsten Wetter auf dem Schloßhof, dem großen Thorweg gegenüber, aufgestellt waren. Aus diesem trauten Versteck heraus freute ich mich bewundernd und staunend des ländlich prächtigen Aufzuges von so viel gut berittenen Bauern und der Menge bekränzter und mit Laubdächern versehener Wagen, auf welchen Bauern und Bäuerinnen laut jubelnd Kränze und Tücher schwangen. Beim folgenden Tanz auf dem festlich geschmückten und gedielten Hofraum wurde auch ich oft mit in die Reihen gezogen. Die Erhitzung beim Tanzen mußte ich jedoch mit dem ersten Kranksein meines Lebens büßen, denn in der Nacht befielen mich böse Krämpfe, die auch zwei bis drei Jahre hindurch von Zeit zu Zeit nächtlich wiederkehrten; auf mich machten sie aber so wenig Eindruck, daß ich nie begriff, weshalb sie meiner Mutter so viel Thränen kosteten. Die Kuren, die man mich dagegen brauchen ließ, namentlich die unzählig vielen Blutegel, mit denen man mich quälte, schienen gar keinen Einfluß auf das Uebel auszuüben, thaten dagegen meiner bis dahin kernfesten Gesundheit wohl dauernden Schaden."5

In Kopenhagen hatte das Kind viel Umgang, besonders in der Familie eines Onkels, eines Grafen Baudissin, mit der es gemeinsam ein Kinderkränzchen besuchte, das abwechselnd in den Elternhäusern stattfand.

„Eines dieser großen Kinderzirkel erinnere ich mich mit besonderem Entzükken. Es mag wohl am 27. Januar 1797 gewesen sein. Meine Gouvernante, Fräulein Randahl, hatte ein vortreffliches Mahl in meiner Küche bereitet, die ich zu Weihnachten erhalten hatte und die so groß war, daß ich, die ich ein sehr großes Kind war, aufrecht darin stehen konnte. Zwei Tage hatte die gute sachkundige Randahl gekocht, gebraten und auch das Amt eines Konditors versehen, wobei Charlotte und ich ihr helfen durften. Endlich als dieses herrliche Souper im unteren Saal auf einer, wie mir schien, unabsehbar langen, aber niedrigen gedeckten und servirten Tafel aufgetragen war, da fühlte ich mich überglücklich. An beiden Enden der Tafel machten Charlotte und ich die Honneurs und legten vor; den verdünnten und versüßten Wein kredenzte uns der herrliche Großvater Bernstorff. Ich sehe den großen, edlen, schönen Greis, wie er mit so freundlichem Vergnügen unsere Tafel umkreist, nach manchem der Gerichte fragt, Einiges kostet und unsere wirthschaftliche Geschicklichkeit rühmt; ich höre seine sonore Stimme, mit der er, eines unserer kleinen Gläser ergreifend, Gesundheiten ausbringt, die der ganzen Tischgesellschaft, die des Geburtstagskindes, die des väterlichen Hauses. Ach der letzte Wunsch ging nicht in Erfüllung, da dieses liebe Haus bald darauf aufgelöst ward."6

An zwei Wochentagen speiste die Familie bei den Großeltern Bernstorff" ... wonach es mir dann vergönnt war, in den Zimmern meiner Großmutter ihre Rückkehr von der Tafel zu erwarten. Die Flügelthüren wurden dann alle geöffnet und ich flog dem Zuge entgegen, an dessen Spitze der holdselig lächelnde Großvater ging, die Großmutter ganz patriarchalisch führend, mir Zuckerbrot oder schöne Aepfel darreichend und mich an der Hand zurück in die traulichen Gemächer bringend, wo er so gern mit mir zu tändeln pflegte."7

Eine weitere Bezugsperson war Sophie von Blücher, die als zwanzigjährige 1790 der Charlotte von Bernstorff anvertraut wurde und später deren Bruder Joachim heiratete. Die Kindheitserinnerungen beschreiben Sophie von Blücher im Hochzeitskleid und im Hofstaat:

„Außerordentlich gefiel es mir, wenn die beiden hohen Frauen in vollem Staate sich an den Hof begaben. An den im Januar sich folgenden Geburtstagen des Königs und des Kronprinzen wurden alljährlich die Roben angelegt. Dies waren Kleider von schweren weißseidenen Stoffen. Das meiner Mutter war von Atlas mit matten Sternen besät."8

Dem Winter in der Nähe des Hofes in Kopenhagen folgte ein Sommeraufenthalt auf dem Lande.

Elise von Bernstorff wurde als Kind bei Tisch stets äußerst streng gehalten, so daß sie nur verbotenerweise Nüsse naschen konnte. Sie schreibt, daß sie für die adligen Verhältnisse der Zeit wenige und auch nur schlichte Kleider besaß.

Lernen

Sophie von Blücher brachte dem Kind stricken und buchstabieren bei. Religionsunterricht wird erst im Zusammenhang mit der Konfirmation erwähnt.

„Ich lernte also gern und leicht, hatte aber leider eine Virtuosität im Vergessen; dazu kam, daß ich eigentlich nur weiblichen Unterricht empfing, einen Unterricht, der in meinem vierzehnten Jahr ganz aufhörte und bis dahin durch unser Nomadenleben sehr oft unterbrochen ward, wenn meine Erzieherin ihn auch wirklich, sobald wir an Ort und Stelle waren, immer wieder mit großem Eifer aufnahm."[9]

Spiel

Außer dem Kinderkränzchen wird häufig das Spielen mit Puppen erinnert. Als die dänische königliche Familie einige Wochen bei dem Großvater wohnte, durfte Elise von Bernstorff mit den Puppen einer Prinzessin spielen:

„Die Zeit der Anwesenheit dieser hohen Gäste in unserer Familie war eine Festzeit für mich, denn ich durfte viel bei der kleinen Prinzeß Caroline (geb. 1793) sein und mit ihren köstlichen Puppen spielen. War ich doch eine so passionirte Puppenfreundin, daß ich mich fast aller meiner Puppen erinnere, von dem ersten Wickelkinde an bis auf die letzte von Gottlob Clausewitz mir abgeschwatzte Puppendame. Einen in hellblauen Atlas gekleideten wächsernen Knaben, der die schönen hellblauen Augen öffnen und schließen konnte, liebten meine Mutter und ich gleich sehr. Er ward so verzogen, daß er seinen beständigen Sitz in ihrem Salon vor dem Spiegel hatte. Das verdroß die bösen Oheime so sehr, ihnen war der kleine Liebling so im Wege, daß Onkel Fritz, der viel jüngere Bruder meiner Mutter, ihn einmal in unserer Abwesenheit zerstörte. Nie habe ich ihm diesen schlechten Spaß verzeihen können, da ich doch gern vergaß und es vergab, wenn er immer wieder durch seine lang ausgestreckten Spazierhölzer mich zum Fall brachte."[10]

Sie spielte auch gerne in ihrer Puppenküche:

„Kurze Zeit darauf verbrannte ich mich in Kopenhagen so jämmerlich, daß meine Mutter, als sie die kleine Invalide bei ihrer Heimkehr erblickte, ihre Fassung gar nicht wieder zu erringen vermochte. Mein zwölfjähriger Onkel Magnus hatte mit mir sehr eifrig Kochen gespielt und es nicht bemerkt, daß mein Halsstrich sich an einer kleinen Lampe, über der wir Wasser wärmten, entzündete. Als ich schon ganz in Flammen stand, fachte er sie durch Dareinschlagen noch mehr an, dann erst umfaßte er mich und erstickte auf diese Weise die Flammen, die mir schon mein Haupthaar verbrannt und die Wimpern versengt hatten. In der Angst seines Herzens nahm er mich bei der Hand, um mich hinauf zu führen, weil die Großmutter gerade oben bei ihrer Tochter Luise war. Noch jetzt fühle ich es, wie die Kälte des großen Flurs meine Wunden schmerzlich berührte.[11]

Arbeit

Wird nicht erwähnt.

Anmerkungen

1 Gräfin Elise von Bernstorff geborene Gräfin von Dernath. Ein Bild aus der Zeit von 1789 bis 1835. Aus ihren Aufzeichnungen. Berlin 1897, S. 16.
2 A.a.O., S. 25.
3 A.a.O., S. 2f.
4 A.a.O., S. 4.
5 A.a.O., S. 5.
6 A.a.O., S. 6.
7 A.a.O., S. 7.
8 A.a.O., S. 10.
9 A.a.O., S. 22f.
10 A.a.O., S. 12.
11 A.a.O., S. 11.

ZWEITER TEIL: 19. JAHRHUNDERT

V. Proletarische Kinder im 19. Jahrhundert

Theodor Hosemann, In einer Proletarierwohnung, 1852 (Privat).

1

2

3

Hermann Enters

Hermann Enters, geboren 1846, war Schlosser und wanderte 1882 mit Frau und sechs Kindern nach Amerika aus. Seine Jugenderinnerungen schrieb er im Alter von 75 Jahren in einem Brief an seine Geschwister in Deutschland nieder. Das Manuskript wurde 1969 aufgefunden und als sozialhistorisches Dokument veröffentlicht.

„Liebe Brüder und Schwestern!

Ich habe mich entschlossen, meine Erinnerungen von meiner frühesten Kindheit Euch hiermit zu überreichen, vielleicht schaffen diese Erinnerungen ein Vorurteil betr. unserer Eltern und unter uns aus der Welt, welches nötig ist, um die Harmonie und friedliches Nebeneinander zu leben. Nötig umsomehr, weil Liebe und gegenseitige Achtung unter uns niemals vorhanden war, und dieses sollte doch die erste Voraussetzung in einer Familie sein, weil es sich in unserer Familie nicht um irgendwelche Eifersucht um die Hinterlassenschaft unserer Eltern handeln kann, sondern nur allein, um sich gegenseitig das bißchen Leben so schwer wie möglich zu machen, Unsinn und Blödsinn zugleich."[1]

Bezugspersonen, materielle und soziale Umwelt, Lernen, Spiel, Arbeit

Hermann Enters wurde 1846 in Barmen geboren als erstes von den neun Kindern des Webers Carl Wilhelm Hermann Enters und seiner Frau Wilhelmine geb. Mengel. Der Vater webte im Lohn für Verleger. Über die Einstellung der Eltern zu ihren Kindern schreibt Hermann Enters: „. . . die Kinder waren in ihren Augen bloß dazu auf der Welt, daß sie den Eltern Geld ins Haus brachten und minderwertig dabei gefuttert wurden, anstatt Verständnis zu zeigen, daß die Kinder auch eine bessere Zukunft hätten, was doch bei verständigen Eltern die erste Voraussetzung sein sollte. Von dem allen hatten unsere Eltern keine blasse Ahnung."[2]

Die Lieblosigkeit der Eltern gegenüber ihren Kindern erklärt Enters mit ihrer eigenen harten Kindheit: „Sie selbst, wenigstens unsere Mutter, hat auch in ihrer Kindheit keine Elternliebe empfangen. Im Gegenteil, sie hat ihre Kinderzeit am Marterpfahl gestanden und ist als Kind von 7–8 Jahren von einem zum anderen gestoßen und ausgebeutet worden. Sie hatte nichts anderes erlebt wie Kinderausbeutung. Das war ihr Naturgesetz, deshalb strebte sie auch mit aller Macht, daß ich schon mit 13½ Jahren täglich 15 Stunden ununterbrochen in die Fabrik kam, wo ich geistig und körperlich zu Grunde gerichtet wurde.[3]

Hermann Enters Erinnerungen gehen bis in sein viertes Lebensjahr zurück:

„Erste Erinnerungen

Ich sah, daß unser Vater ein Weber war. Er hatte einen Webstuhl in Operation, d. h., er war selbständig. Ob er das schon früher war in der Aue, weiß ich nicht, wohl sagte er später, er hätte bei Heimendahls in der Mauer als Geselle gearbeitet, wo die spätere Gottschalks Maschinenfabrik war. Auf demselben Flur, wo unsere Eltern lebten, lebten auch Leute, die sich Keppler schrieben. Der Mann war Rotfärber, und unsere Eltern und besagte Keppler waren sich nicht gut, spachen nicht zusammen. Deren zwei Kinder gingen später mit mir zur Schule, es waren zwei ordentliche Kinder. Der Mann war ein Hesse, später fand ich raus, daß die Hessen in Barmen und Elberfeld sehr unbeliebt waren. Unten im Haus lebten die Ottenbruchs selbst. Die hatten einen großen Scheerrahmen, oder ob es eine andere Maschine war, es liefen aber Fäden darüber, und der Abraham, ihr Sohn, sang immer dasselbe, wenn er das Rad drehte: „Ninge, nange, ning, de Dampmasching".

Auf einen guten Sonntagmittag, wir waren gerade beim Essen, kam unser Ohm Georg (Öhm Pitter) in seiner vollen Husarenuniform zu Besuch. Ich staunte, wußte nichts zu sagen. Ich sah zum ersten Mal, daß ich einen Onkel hatte und noch dazu, er war Husar. Er war zwei Jahre älter als unser Vater, kam also von Übung oder von Schleswig-Holstein, kurz, ich kam aus dem Staunen nicht heraus. Sowas Schönes hatte ich noch nicht gesehen.

Ich war vier Jahre alt und weiß nicht mehr zu berichten, als daß unsere Mutter immer häßlich über die Frau Keppler sprach. Die Ursache weiß ich nicht. Da haben wir bloß ein Jahr gelebt und zogen dann in die Kluse, was zu Elberfeld gehört. Es war dies ein langes stattliches Gebäude, die Hälfte davon bewohnten Neuhoffs. Die ganze Straßenseite unten war die bekannte Neuhoffsche Seidenfärberei. Eine Hälfte war streng abgeschlossen von der anderen. In der einen Hälfte lebte die Familie Neuhoff, die andere Hälfte war vermietet. Es lebten vier Familien drin. Unsere Eltern lebten unten direkt über der Färberei. Mein Vater hatte zu der Zeit zwei Webstühle. Eine Treppe höher wohnte ein Bandwirker, zwei Treppen höher wohnte ein Stellmacher, der machte Leitern. Sein Name war Balz. Der Bandwirker hieß Eichenberg. Dann wohnte noch ein anderer Weber in dem Haus, sein Name war Stock, der hatte einen großen Sohn, der hieß Rupprecht. Stock war Witwer und kam gesellschaftlich viel zu uns. Ich erinnere mich, daß er immer Vaters Hund zankte. Wenn der Hund fraß, dann sagte Stock immer: „Betschen met han!" Der Eichenberg hatte eine Tochter, die hieß Emilie (Milliken), der Balz ebenfalls eine, die hieß Julchen (Julleken). Diese zwei Mädchen waren meine Gespielinnen.

Im Mai waren wir dazu gezogen, und im Februar im Bendahl hatte ich auch ein Brüderchen bekommen, August hieß er. Sonderbar, von meinem Schwesterchen Emma weiß ich bis dahin nichts zu berichten. Es muß wohl Mutter ihr Liebling gewesen sein und ihr immer an der Schürze gehangen haben, während ich den kleinen August betreuen mußte, der wenig oder gar keine richtige Pflege hatte. Denn unsere Mutter hatte einen schweren Stand, da sie neben dem Haushalt für die zwei Webstühle spulen mußte. Auf einem Webstuhl arbeitete sein Bruder Karl, auf dem andern mein Vater selbst. Ich erinnere mich, daß ich da auch schon auf das Spulrad gesetzt wurde und es lernen mußte. Auch war ich bald 5 Jahre und mußte oder sollte dann im Herbst zur Schule gehen, behufs dessen nahm mich mein Vater jeden Abend auf den Schoß und lehrte mich das ABC. Er hatte dann seine kleine Süberschere in der Hand und lehrte mich, indem er mit der Schere auf die Buchstaben zeigte. Ich hatte also so schon eine Vorschule, und es war auch von Nutzen für mich, denn ich war in der Klasse und Abteilung immer einer der Besten im Lesen, Schreiben und Rechnen. Durch die viele Arbeit, die unsere Mutter zu verrichten hatte, blieb der kleine Bruder August sehr zurück, war kränklich und bekam O-Beine. Er konnte nicht laufen lernen, war zu schwach und war immer unterleibskrank. Er war zwei Jahre alt und konnte noch nicht laufen, da machte Vater von Brettern einen Wagen, da wurde er drin gelegt, und ich mußte ihn jeden Tag fahren. Den Wagen nannten wir Bollerwagen.

Nachdem ich 5 Jahre alt war, ging ich nach Unterbarmen in die Schule (Müller Schule). Unser Vater war in dieselbe Schule gegangen, bei dem selben Lehrer, er sagte, Bätz Müller. Ich kam, wie gesagt, gut voran. Außer Lesen, Schreiben, Rechnen wurde uns besonders noch gelehrt, was der liebe Gott für einen guten Mann war und ebenso der König. Es wurden immer Lieder gesungen, wo nur Gott und der König gelobt wurden.

Mein Vater arbeitete in der Zeit für de Barrys in Unterbarmen. 1848 war ja die Revolution gewesen, die Folge war, daß die Kaufleute noch immer ihr Eigentum des Nachts bewachen ließen. Die Weber, die für besagte Kaufleute arbeiteten, mußten Anfang der 50er Jahre abwechselnd Nachtwache tun, wurden dann gegen Mitternacht mit Butterbrot und Kaffee bewirtet und kamen dann morgens heim. Was war ich immer glücklich, wenn mein Vater die Nachtwache hatte, wußte ich doch, wenn er heimkam, daß er uns ein Wachtbutterbrot mitbrachte. Es war eine dicke Schwarzbrotbutter mit Weißbrot drauf, und wir ließen sie uns gut schmekken. Auf der anderen Seite der Straße in der Kluse war die Schöllersche Rotfärberei, und mein Vater lag mit dem Schöller auch in Streit. Mein Vater hatte sich etwas erlaubt zu tun, was ihm der Schöller verbot. Es war auf dem Schöller sein Eigentum. Er hatte an einem Baum was verbrochen, ich glaube, Zweige abgehauen. Den schwatten Schöller sah er für seinen größten Feind an, er sagte die häßlichsten, aber auch die dummsten Worte, wenn er von dem schwatten Schöller sprach. Natürlich sah ich meinen Vater als Kind für den klügsten und besten Mann an, die Erkenntnis, daß es dumm war, was er sprach, ist mir erst später aufgegangen.

Während wir in der Kluse lebten, fingen sie an, das Landgericht zu bauen. Unser Onkel Karl heiratete, die Hochzeit war gleich über der Haspeler Brücke, das erste Haus, wo später die Kaspersche Wirtschaft war, derzeit war es ein Privathaus. Wir waren auf der Hochzeit und ich erinnere mich, daß 2 Körbe da waren mit Backwaren, in einem waren Brezeln und in dem andern Zwieback und dergleichen. Es muß da wohl hoch hergegangen haben, besonders der Korb mit den Brezeln hat mir sehr imponiert. Die neue Tante Minna ebenfalls, sie hatte ein graues Hochzeitskleid an und, wie unsere Mutter sagte, es wäre von Seide gewesen. In derselben Reihe Häuser, das letzte Haus war eine Wirtschaft, Adam Stoll eignete dieselbe, brach kurze Zeit nach der Hochzeit Feuer aus und brannte vollständig nieder, wobei dem Stoll 2 junge blühende Mädchen verbrannten. Wir konnten das gräßliche Feuer von der Kluse aus sehen. Das Haus wurde später wieder aufgebaut und war dann bekannt und frequentiert als die Schultesche Wirtschaft.

Hinter unserm Hause in der Kluse ging es steil herauf bis an die Eisenbahn, links ab bis an die Bendahlerstraße war ein großes Feld, wo wir die Windvögel fliegen ließen. Es ist der Platz, wo später das Arresthaus drauf gebaut wurde. Es war derzeit ein großes, freies Feld, in der Mauer lebten noch Leute, wo eine Kuh hielten und die dort weidete. Wie lange wir nun in der Kluse gelebt haben, weiß ich nicht, wohl weiß ich, daß ich 1852 auf 53 meinen Eltern den ersten Neujahrsbrief geschrieben habe und ich voller Andacht am 1. Januar 1853 denselben meinem Vater überreichte, also ich war 6 Jahre alt. Der Neujahrsbrief lautete: ‚Alles, was Euer gutes Herz erfreut, wünscht Euch, geliebte Eltern, heut, Euer dankbarer Sohn Hermann Enters.‘

Leid, Sorgen und Not

Unsere Eltern hatten aber auch schon mit Not und Sorgen zu kämpfen. Dazu kam, daß Vater 25 Taler bezahlen sollte, es war derzeit noch kein Freizügigkeitsgesetz. Wer von einer Stadt nach der anderen ziehen wollte, mußte 25 Taler bezahlen, aber wo sollten sie die hernehmen. Es ging ihnen damals schon schlecht, und ich erinnere mich, daß 1853 mehrere Leute nach Amerika auswanderten und unser Vater sagte, wir wollen auch nach Amerika gehen, do schmieten se de halwen Köppe tum Fenster rut. Aber das war leichter gesagt als getan. Jedoch glaube ich, wenn die Mittel dagewesen wären, er den Schritt getan hätte. Es war nun die höchse Zeit, daß er die 25 Taler bezahlen mußte, allein er konnte das nicht und entschloß sich, wieder nach Barmen zu ziehen. Wir zogen aus der Kluse nach der Haspelerstraße in Unterbarmen·in Klüsernes Haus. Unten im ersten Stock, der Klüsener, war Sattler. Wir wohnten hinten heraus, hatten 2 Stuben, Vater hatte bloß einen Webstuhl. Es dauerte nicht lange, so bekamen wir wieder ein Brüderchen, Wilhelm hieß er. Er starb aber, ich glaube, er war bloß 3–4 Monate alt. Mutter sagte, er hätte die Kopfkrankheit gehabt, und ich sehe noch, wie mein Vater mit dem kleinen Kästchen in der Droschke nach dem Kirchhof fuhr. Der Weg von der Kluse nach der neuen Wohnung konnte man gut in 15 Minuten machen, und wir waren bald wieder bei der Aue, und ganz nah hatte ich zur Schule. August mit seinen krummen O-Beinen lief längs Stühle. Emma mußte ich zur Aue in die Kinderschule (Kindergarten) bringen. Auch der Bollerwagen kam noch öfter in Anwendung. Die Wohnung war zu klein für uns, trotz unserem armseligen Möblement, der Webstuhl nahm zuviel Platz.

Die Not fing an, sich feste bei uns einzubürgern. Der Vater fluchte oft, er konnte die Bedürfnisse unserer Familie nicht befriedigen. Hunger haben wir schon damals gelitten und nicht allein wir Kinder, sondern auch die Eltern. Was das Brot kostete, wurde wöchentlich öffentlich angeschlagen, und ich erinnere mich, daß mich

Mutter öfters schickte und ich sehen mußte, ob das Schwarzbrot noch nicht billiger geworden war, von Weißbrot war überhaupt keine Rede. Ich lief, so schnell ich konnte, und sah in dem kleinen Kasten, der an einem bestimmten Platz in der Straße hing: Das 7 pfündige Schwarzbrot kostete von dem Datum an so und so viel. War es 2 Pfennige billiger geworden, dann machte Mutter ein freundliches Gesicht, war es aber wieder 2 Pfennige teurer geworden, dann kam ein Donnerkeil aus Vaters Mund. Kurz, das Verdienst reichte nicht aus, um sich satt zu essen, und öfters schickten mich die Eltern nach Großmutter auf den Hesselnberg. Damals hieß es ‚Im Siepen‘, ich aß dann mit den Großeltern zu Mittag.

Mein Großvater war Rotfärber. Die Müllerschule lag gerade in der Mitte von unserer Wohnung und der der Großeltern. Das war immer eine große Wohltat, wenn ich zu Großmutter mittags gehen konnte, als nach Hause von der Schule. Einmal saß ich mit Großvater am Tisch beim Essen. Ich war so hungrig, Großvater aß schon, das Essen war so heiß, und ich verbrannte mir den Mund. Da sagte Großvater: „Hett dek dine Motter dat Blosen nich gelährt?"

Auf einen Sonntagabend, Vaters Freund, Daniel Dörr, war bei uns zu Besuch, bevor ich zu Bett ging, wollte ich noch mal nach dem Hof. Es war ein stürmischer Abend. Als ich die Haustür aufmachte und wollte heraustreten, kam ein Windstoß und schlug die schwere Tür zu und an dem kleinen Finger meiner linken Hand ein Stück ab. Ich kam zu schreien und hatte ein Stück vom Finger ab. Der Dörr sagte zu meinem Vater: ‚Wellm, lot he den Finger in Essig hollen, dann geht dat wer gut.‘ Das wurde getan, und ich habe geschrien vor Schmerzen und konnte die ganze Nacht nicht schlafen. Am andern Morgen hing das Stück Finger an der Türe.

Auch hatte mein Vater derzeit einen Spuljungen, ein vollständiger Beweis, daß Mutter die Arbeit nicht alle bewältigen konnte. Richard Röser hieß er. Als mal eines Tages etwas nicht recht war und er den Jungen ausfragen wollte, konnte er aus dem Jungen nichts herausbringen. Der Junge stellte sich dumm oder wollte nichts sagen. Ich wußte aber das Richtige und wollte Vater sagen, was die Ursache war. Ich stand bei den zweien, daraufhin schlug mir mein Vater so ins Gesicht, daß mir Nase und Mund blutete und sagte: ‚Heww ek dek gefrogt?‘ Es war ein großer Erziehungsfehler. Man soll Kinder immer sprechen lassen, was sie zu sagen haben. Da waren unsere Eltern sehr rückständig drin, und ich bin noch öfter an Kopf und Gesicht geschlagen worden für dieselbe Ursache, auch von Mutter. Die Wirkung ist die gewesen, daß ich mein Lebenlang zu ängstlich gewesen bin, wenn ich mitsprechen konnte und wollte und immer zu ängstlich war, diejenigen, die es hörten, wären nicht damit einverstanden. Ja, es ist so, wie man erzogen wird, was ihm angewöhnt wird, schleppt man das ganze Leben mit sich herum. Der Spuljunge ist dann von uns gegangen, ob von selbst oder ob Vater ihn weggeschickt hat, weiß ich nicht.

An seine Stelle kam ein Mädchen, Minna Beck war sein Name. Wenn Vater nach dem Kontor ging und lieferte, dann ging die Beck mit mir im Busch auf Bergmanns Kopp, und wir suchten Beeren und machten Heidbündel. Bei der Gelegenheit fanden wir ein Nest mit Eiern, und weil das Mädchen die Eier in die Hand nahm, und ich hatte mal gehört, daß man die Eier nicht berühren durfte, dann gingen die alten Vögel nicht mehr drauf, nahm ich das Nest und wickelte es in meinen Kittel, den ich ausgezogen hatte, weil es so warm war. Als ich später das Nest noch mal sehen wollte mit den Eiern, da hatte ich es verloren.

Auch haben wir in dem Jahre in Klüseners Haus eine Überschwemmung erlebt, und am tiefsten stand das Wasser vor unserem Haus. Es sah schauerlich aus, wie die armen Menschen in Waschfässern über die Straße schifften, aber es hat nur einen Tag gedauert. Wir haben, glaube ich, 2 Jahre in dem Haus gelebt. Die Wohnung war aber zu klein für uns, und Vater mußte eine neue suchen."[4]

Anmerkungen

1 Die kleine ‚mühselige Welt des jungen Hermann Enters. Erinnerungen eines Amerika-Auswanderers an das frühindustrielle Wuppertal, Wuppertal 1971, S. 24.
2 A.a.O., S. 74.
3 A.a.O., 97f.
4 A.a.O., S. 26–32.

Paul Löbe

Paul Löbe, geboren 1875, war sozialdemokratischer Politiker. Er war u. a. Mitglied der Weimarer Nationalversammlung, Mitglied des Reichstags und Reichstagspräsident. Im Faschismus war er von 1933 bis 1944 in Haft.
Nach 1945 war Paul Löbe wieder für die Sozialdemokratie tätig. Seine Erinnerungen veröffentlichte er als Reihe von Artikel in der Zeitschrift „Das Sozialistische Jahrhundert". Auf Drängen von Freunden und Lesern faßte er 1949 die Artikel zu einer Autobiographie zusammen.

Bezugspersonen, materielle und soziale Umwelt, Lernen, Spiel, Arbeit

„Als der 29jährige Tischlergeselle Heinrich Löbe aus Freiburg in Schlesien im September 1873 dem 20 Jahre alten Dienstmädchen Pauline Leuschner aus Wohlau die Hand zum Ehebunde reichte, war Armut bald ihr treuester Begleiter.

Der Tischler hatte bei seinem Wanderleben durch Norddeutschland, das ihn schließlich zurück nach Liegnitz in Schlesien führte, zum Sparen kaum die Möglichkeit gehabt. Das Mädchen aber wurde beim Abgang aus der Schule mehr aus Gnade und Barmherzigkeit von einem Onkel in das einfache Speisehaus am Kohlmarkt in Liegnitz aufgenommen, ohne je auf verdienten Lohn Anspruch zu erheben. Es begnügte sich mit der ‚Schlafstelle' und dem Essen, bis es den zukünftigen Lebensgefährten traf.

Der junge Handwerker zimmerte mit Hilfe der Kollegen an seiner Hobelbank die notwendigsten Möbel, Tisch und Bett, Stuhl und Schrank, einfach und solide, so daß unsere Mutter noch nach 70 Jahren darin schalten und walten konnte. Wäsche, Geschirr und Hausrat mußten langsam vom kargen Wochenlohn abgeknappst werden. Da in rascher Folge sieben Geschwister dem Ältesten folgten, von denen allerdings vier im frühen Kindesalter starben, blieb Schmalhans der Familie all die Jahre treu.

Was man im Bürgerhaus die ‚gute Kinderstube' zu nennen pflegt, war freilich bei uns sehr eng und ärmlich. Wir wohnten in einer Stube mit Alkoven. Das war der landesübliche Ausdruck für ein Nebengelaß, fast immer ohne Fenster, höchstens mit einem Luftloch von 25 Zentimeter im Quadrat. Darin standen für uns drei Bettstellen, eine für den Vater, der früh um sechs in die Möbelfabrik ging, eine für die Mutter, die das Kleinste, ein Mädchen, zu sich nahm, eine für uns drei Jungen, zwei lagen in der üblichen Kopfrichtung, in der Mitte der dritte, zu Füßen.

Als wir für diese Belegschaft zu groß geworden waren, quartierte man uns auf den Hängeboden um. Hier lagen abgetrennte kleine Kammern, direkt unter dem Dach. In unsere brachte man eine Bettstelle und dort hinauf türmten wir nach der

Abendsuppe, um uns auszuschlafen. Die Kammer hatte zwei Luftlöcher. Das eine lag so tief, daß wir uns auf den Bauch legen mußten, wenn wir auf den Hof sehen wollten, das obere öffnete uns den Blick in die Welt der Schornsteine und Dächer. Es kam vor, daß eine lungernde Hauskatze aufs Deckbett fiel oder uns auf die Brust sprang, aber daran gewöhnten wir uns.

Bei aller Knappheit der Lebensführung litten wir doch in den Jahren des Friedens niemals wirklichen Hunger. War die Butter zum Frühstück zu teuer, dann wurden die Brotschnitten mit Weißkäse, Sirup, Pflaumenmus oder Apfelmus bestrichen, was beim Mitnehmen in die ‚Freiviertelstunde' nur den Nachteil hatte, daß der Aufstrich herunterlief. In unserem Keller standen ein paar Tonfäßchen mit Sauerkraut, Senfgurken und Sauergurken. Der Vater legte sich ein paar Scheiben davon aufs Brot, wir nannten das die grüne Wurst.

Zur Hauptmahlzeit gab es am häufigsten Kartoffeln in jeder Form, so daß der Vers von Mund zu Mund ging:

> Kartoffeln in der Früh,
> Kartoffeln in der Brüh,
> Kartoffeln samt ihrem Kleid,
> Kartoffeln in alle Ewigkeit!

Zur Abwechslung kamen aber auch Hirse, Graupen, Erbsen und Bohnen auf den Tisch. Freitags, wenn das Kostgeld zu Ende ging, aßen wir zu sechsen Blut- und Leberwurst für zusammen 20 Pfennig mit Sauerkraut und Stampfkartoffeln. Am Sonnabend, wo es noch knapper zuging, gab es Hering. Diese einfachen Gerichte genügten uns, dafür war ja sonntags der Fleischtag mit einem Pfund Schweinefleisch für 60 Pfennig und Kartoffelklößchen, wobei die Mutter froh war, wenn noch ein Eckchen Fleisch für Montag übrigblieb. Wie früh sich dabei die Sorge ums tägliche Brot von den Eltern auf uns Kinder übertrug, das zeigte sich in einer kleinen Szene bei der Geburt unseres einzigen Schwesterleins. Als der sechsjährige Bruder bei diesem Ereignis ein paar Tränen vergoß, beantwortete er die mütterlich-besorgte Frage nach dem Grund mit kindlicher Offenheit: Jetzt würden ihre Klagen, daß es nicht reicht, ja noch häufiger werden. Meine Bedenken wurden beschwichtigt, daß solch ein kleines Wesen ja nicht viel brauche, und damit habe ich mich dann trösten lassen. Im übrigen galt die Parole: Salz und Brot macht Wangen rot!

In meiner frühesten Erinnerung sehe ich mich auf dem engen Hofe eines Liegnitzer Hinterhauses im Sommer barfuß am Erdboden sitzen und mit einem abgebrochenen Löffelstiel den Sand zum Spielen zusammenkratzen. Im Winter verlegten wir den Schauplatz unserer Spiele auf den aus Stoffresten geknüpften Stubenbelag, wo wir mit Knöpfen, Kastanien und Eicheln allerhand Figuren der eigenen Phantasie zusammensetzten.

Am Tisch saß die Mutter und nähte bis in die tiefe Nacht hinein auf Holzrahmen mit Eisenstiften wollene Mützen und Kapuzen, bis ihr die müden Augen zufielen. Oder sie häkelte Umhängetücher, womit sie zwei bis drei Mark in der Woche verdiente. War am Sonnabend das geforderte Pensum in der Wollwarenfabrik von

Beer abgeliefert, dann begann die Reinigung der kleinen Wohnung, das Waschen und Flicken von Kleidern und Unterzeug, das auch ihren Sonntag, den ‚Feiertag‘, meist ausfüllte. Es lag ein stilles unbewußtes Heldentum über diesen Proletarierfrauen im letzten Viertel des vorigen Jahrhunderts, deren Hände nie ruhten und denen das Leben nur wenig Freude schenkte. Wir Kinder mußten bald bei der Heimarbeit helfen, doch die eintönige, langweilige Näherei im engen Gelaß trieb die älteren von uns auf die Suche nach einer abwechslungsreicheren Tätigkeit. Morgens, ehe die Schule begann, trugen wir Frühstücksgebäck aus, nachmittags Zeitungen, zwischendurch schlichen wir zum Bahnhof, um den Dienstmännern unlautere Konkurrenz zu machen, indem wir Reisenden ihre Koffer in die Stadt brachten. Wir waren glücklich, wenn wir dabei mit 20 Pfennig fürstlich belohnt wurden, aber auch zufrieden, wenn nur ein mageres Fünfpfennigstück die Mühe lohnte.

Mit zwölf Jahren machte ich bereits den wohlbestallten Laufburschen in dem Scheiblerschen Schuhgeschäft in der Bäckerstraße, reinigte morgens um 6 Uhr den Laden und den Bürgersteig, putzte die Schuhe, holte das Frühstück ein, um dann gegen 7 Uhr in die Schule zu traben. In den Mittagstunden galt es, Schuhreparaturen zu den Kleinmeistern zu tragen und abzuholen, Gänge in die Stepperei zu machen, Sohlenleder zu schneiden und mächtige Langschäfter, halb so groß wie ich selbst, aus dem Braun der ursprünglichen Farbe des Leders bis zu glänzender Schwärze zu wienern. Diese Tätigkeit setzte sich nach der Schule bis zum Ladenschluß um 8 Uhr und auch am Sonntagvormittag fort. Dafür gab es pro Woche eine Mark ‚Lohn‘, und diese Mark spielte eine recht ansehnliche Rolle im Gleichgewicht des Haushaltes. Jüngere Geschwister fuhren gelegentlich Kohlen mit mir aus. Bald vermochte ich einen Zentnerkorb auf dem Rücken in die Keller zu schleppen und so die Mutter auch bei dieser schweren Arbeit, die sie für das im Hause befindliche Kohlengeschäft übernommen hatte, zu entlasten. Schneeschippen und Eishacken gingen im Winter noch nebenher.

Wir verrichteten all diese Arbeiten nicht widerwillig, waren im Gegenteil stolz, wenn wir der Mutter, die doch für alles sorgen mußte, ein paar Groschen bringen konnten. Nur wenn wir in schönen Sommerabendstunden gleichaltrige Kinder im Spiel frohlocken hörten, während wir unserer ‚Berufsarbeit‘ nachgingen, beschlich uns manchmal ein leises Weh.

Im beglückenden Gegensatz zum gleichmäßigen Alltag standen die großen Feste des Kirchenjahres, vor allem das Weihnachtsfest. In den deutschen Klein- und Mittelstädten war es um 1880 noch von einem romantischen Schimmer umgeben. Die Wachskerzen des Tannenbaums waren noch nicht von den elektrischen Glühbirnen verdrängt, Kronleuchter und Scheinwerfer minderten noch nicht seinen warmen, traulichen Zauber. Der fröhliche Einzug der Kinderschar in die weihnachtliche Stube ist uns fürs ganze Leben im Gedächtnis geblieben. Unser Weihnachtsbaum trug noch vergoldete Nüsse und Äpfel, Pfefferkuchen und Zuckerkringel. An seiner Spitze schwebte ein Engel, von dem bunte Papierketten herabhingen, die wir selbst geschnitten und geklebt hatten.

Was unterm Baum an Geschenken lag, waren überwiegend ‚nützliche Sachen‘, die wir auf alle Fälle haben mußten: Strümpfe und Handschuhe, Taschentücher, Hauspantoffeln und ähnliches. Das eigentliche Spielzeug bildeten der Baukasten, die Schäferei, Puppen und Zappelmann, Abziehbilder. Technisches Kinderspielzeug ‚zum Aufziehen‘ war noch selten und ging schnell kaputt, während die Bausteine immer wieder viele Stunden lang unsere Phantasie anregten. Wenn aber gar ein Kinderschlitten oder Schlittschuhe sich unter die Geschenke mischten, war das schon eine recht große Gabe. Nach meiner Erinnerung hatten wir damals viel öfter einen richtigen Winter mit geschlossener Schneedecke, mit Schneemännern und den Pferdeschlitten, deren Glöcklein durch den Wintertag schallten.

Im Hause aber dufteten Streuselkuchen und Mohnsemmeln, wofür die Mutter schon seit Mitte November jeden Sonnabend zwei Pfund Mehl und ein Pfund Zucker sparen mußte. Wurden diese Herrlichkeiten aber gar durch eine Weihnachtsgans ergänzt – das Pfund für 50 Pfennig –, dann war der Höhepunkt der kulinarischen Genüsse erreicht. Der sympathische Vogel in der Pfanne mußte natürlich für drei bis vier Mahlzeiten reichen, aber die frohe Stimmung reichte noch länger, bis Silvester und Neujahr, ehe der Alltag sie wieder ablöste.

Trotzdem kamen wir alle in der Volksschule vorwärts, und daß wir ‚gut gerieten‘ und bald in den ersten Bänken unserer Klasse saßen, war in jenen Jahren wohl die einzige Freude, die den etwas düsteren Hintergrund der elterlichen Welt aufhellte. Überhaupt bildete das harmonische Zusammenleben der Familie in den Jahren unserer Kindheit einen Ausgleich gegenüber mancherlei materieller Not. Die schwere Jugend der Eltern, unser eigenes Gefühl der Abhängigkeit und Unselbständigkeit schützte uns vor Anmaßung und Rechthaberei. Des Vaters Wahlspruch ‚Alles verstehen heißt alles verzeihen‘ entsprang einer tiefbegründeten Toleranz und Selbsterkenntnis. Wer seine eigenen Mängel ehrlich erkennt, ist duldsam gegen die Fehler des Nachbarn. Das wurde nicht als Grundsatz aufgestellt, aber im Leben geübt und galt auch in der eigenen Familie. Jugendlicher Übermut wurde durch einen Verweis oder noch öfter durch gutes Zureden, durch Belehrung gedämpft, körperliche Züchtigung war selten. Rutschte der Mutter wirklich einmal bei einer krasseren Ungezogenheit der heranwachsenden Bengel die Hand aus, so verfehlte die Drohung: ‚Ich werde es schon dem Vater sagen!‘ gänzlich ihre Wirkung. ‚Soll ich, wenn ich abends müde von der Arbeit komme, anfangen, die Kinder zu züchtigen, statt mich an ihnen und mit ihnen zu freuen? Nein, ich will ihnen ernst sagen, warum sie sich gut benehmen sollen. Das ist sicherlich nützlicher als Prügel!‘ – wie sie in diesen Zeiten leider fast zur Tagesordnung gehörten, in der Schule und daheim.
[. . .]
Die in der Schule erworbenen Kenntnisse im Lesen setzten mich bald instand, dem von der Arbeit heimkehrenden Vater die Reichstagsberichte aus dem ‚Liegnitzer Anzeiger‘ vorzulesen, was ihm selbst bei dem kleinen Druck schwerfiel. Mit wachsendem Verständnis verfolgte ich die väterliche Anteilnahme an den politischen Anklagen, die sich bei den Debatten von Bebel, Liebknecht, Auer, Gril-

lenberger zu lauten Zustimmungsäußerungen, ja zu freudiger Begeisterung steigerten. So erwachten wir Jungens im letzten Jahrzehnt des vorigen Jahrhunderts
zu politischem Interesse."[1]

Anmerkung

1 Paul Löbe, Der Weg war lang. Lebenserinnerungen, Berlin-Grunewald 1954, S. 7–14.

Otto Krille

Otto Krille, geboren 1878, veröffentlichte seine Jugenderinnerungen 1914. Der ehemalige Fabrikarbeiter war zu der Zeit freier Schriftsteller und arbeitete für sozialdemokratische Publikationsorgane.

Bezugspersonen, materielle und soziale Umwelt, Lernen, Spiel, Arbeit

Die ersten Erinnerungen meines Lebens gehen zurück auf das Armenhaus, ein trauriges schwarzes Gnadenhäuschen, mitten in mageren Feldern, dazwischen ein schmaler Weg, auf dem man nicht straucheln konnte, ohne fremdes Eigentum zu verletzen. Was vorher war, weiß ich nur aus dem Mund der Mutter.

Mein Großvater väterlicherseits war Wächter auf dem Rittergut Zschaiten bei Riesa in Sachsen, der Vater meiner Mutter der herrschaftliche Kutscher Hornauer auf Schloß Saathain bei Elsterwerda in Preußisch-Sachsen. Mütterlicherseits steckte die Rasse voll Eigenwille, Kraft und Zähigkeit. Eine Tante der Mutter ging bei Besuchen, hoch in den Achtzigern, den elfstündigen Weg von Saathain nach Großenhain noch mit Rüstigkeit zu Fuß.

Mein Vater, der Maurer Friedrich August Krille, hatte auf dem Rittergute Börnersdorf bei Gottleuba eine Stelle als Spiritusbrenner bekommen, wo er einige Jahre mit der fünfköpfigen Familie lebte. Das Einkommen war karg, und zum Unheil brannte der Teil des Gutsgebäudes nieder, in dem sich die Brennerwohnung befand. Das unversicherte Mobiliar verbrannte, die Familie des Brenners kam knapp mit dem nackten Leben davon. Den Feldzug von 1866 hatte mein Vater unverletzt durchgehalten, 1870 erhielt er bei St. Privat eine Kugel in den Tornister, kam aber nach einem Jahre heil zurück. Die Angst und Sorge des Kriegsjahres steht der Mutter unauslöschlich im Gedächtnis. Der Vater pflegte nie ohne Abscheu von den blutigen Szenen zu erzählen.

Im Mai 1878 brach das Unglück rasch und wuchtig in den häuslichen Frieden. Das älteste Kind von drei Knaben und einem Mädchen, der Lieblingssohn des Vaters, lag auf den Tod krank. Ehe er jedoch die Augen schloß, brachte man der bangenden Mutter den Gatten mit zerschmettertem Bein heim. Ein wildes Pferd, dem er Bewegung machen sollte, hatte ihn an einem Kreuzweg so unglücklich abgeworfen, daß er gegen den Meilenstein fiel. Ein Hufschlag brach den Unterschenkel mitten durch. Der herbeigeholte Arzt legte das Bein in eine Mulde, aber so ungeschickt und leichtsinnig, daß Knochensplitter in die Flechsen stachen. Es entstand Wundfieber und zuletzt Starrkrampf. Man konnte dem Verunglückten nur mit Gewalt ein wenig Milch zwischen die aufeinandergepreßten Zähne flößen. Wenige Stunden nach dem Tode des Sohnes starb auch der Vater.

Neun Wochen darauf, am 5. August, wurde ich geboren und vermehrte die Not,

unter Tränen gewachsen, mit Tränen begrüßt. Wenn von meiner blassen Gesichts-
farbe gesprochen wurde, hörte ich immer, sie sei zurückzuführen auf die zwei Leichen, die die Mutter in ihrer schweren Zeit gebettet hatte.

In dieser Lage brauchte die Mutter Unterstützung. Die konnte aber nur in der
Heimat des Gatten werden, in Zschaiten. Die bäuerlichen Gemeinden sind nicht
geneigt, etwas zu tun, wozu man sie nicht durch das Gesetz zwingen kann. Die
Mutter machte der Gemeinde den Vorschlag, ihr eine geringe Summe zu geben,
mit der sie eine gebrauchte Nähmaschine kaufen konnte. Darauf wollte sie in
Dresden für sich und die Kinder den Unterhalt verdienen. Der Gemeindevorstand
mit dem Rittergutsbesitzer lehnte das ab und zwang die Mutter, nach Zschaiten
zu übersiedeln. Dort blieb ihr nichts übrig als die Gutsarbeit, die schwere und
schlecht entlohnte. Zur Wohnung erhielten wir das Armenhaus, mit einer Stube
zu ebener Erde und einem nach der Stiege offenen Bodenraum. Es stand ein Stück
abseits vom Dorf, gleichsam um damit anzudeuten, daß die Insassen nicht gesellschaftlich gleich berechtigt mit den übrigen Dorfbewohnern waren. Das Entwür-
digende darin empfanden wir Kinder erst später, oder wenn uns die Bauern- und
Häuslerkinder damit beschimpften, aber die Mutter litt sehr darunter, noch lange,
als wir uns schon in dem Nebenhäuschen eines Krämers eingemietet hatten. Ihr
ganzes Bestreben ging darauf, dem Armenhaus zu entgehen, das sie nicht verschuldet und noch weniger verdient hatte.

Die folgenden Jahre waren Ewigkeiten der Not und Sorge. Alle Tage und die
halben, vielfach auch die ganzen Nächte waren erfüllt von Arbeit. Die Gutsarbeit
dauerte im Sommerhalbjahr von fünf Uhr morgens bis abends sieben Uhr mit drei
Stunden Pause. Sie wurde mit siebzig Pfennigen im Tag belohnt. Das Winterhalb-
jahr forderte Arbeit von Tagesgrauen bis zur einbrechenden Dunkelheit, ungefähr
um fünf Uhr. Dann erhielt die Mutter täglich sechzig Pfennig. Wir waren drei
Knaben und ein Mädchen. Für jedes Kind erhielt die Mutter wöchentlich fünfzig
Pfennig Gemeindeunterstützung.

Die Arbeit auf dem Gut war schwer, für eine Frau in besonderem Maße. Die
Mutter trug alles in einer aufopfernden Weise, die mir heute noch Bewunderung
abringt. Wenn sie abends nach Hause kam, nähte sie für sich, für uns Kinder und
andere Leute, oder sie fertigte Kränze aus getrockneten Blumen, die wir im Sommer gepflückt hatten oder während der Blütezeit von den Bauern für wenig Geld
kauften. Auf diese Art gelang es der Mutter, uns zwar karg aber ehrlich zu nähren
und zu kleiden.

Fleisch gab es sehr, sehr selten, aber wir hatten einen guten Geist im Haus. Das
war unsere vielgeliebte Katze, ein außergewöhnlich großes Tier. Mit ihr lebten wir
alle in einem innigen Verhältnis, und sie vergalt uns die Liebe, mit der wir alle Bissen mit ihr teilten. Sie jagte leidenschaftlich und brachte oft nachts oder am Morgen einen Hasen, ein Kaninchen oder ein Rebhuhn heim. Sie teilte ebenso redlich
alles mit uns, oder besser, sie schenkte es uns, denn von dem Braten bekam sie
nicht immer ehrlich den sechsten Teil. Sie war sehr klug. Wenn sie nichts gefangen
hatte, sprang sie auf das Fensterbrett über der Tür und kam durch das offene
Schiebefenster in die Stube. Hatte sie aber schwere Last, so kratzte sie so vernehm-

lich an der Tür, daß man es im Schlafe hörte. Eines Tages blieb sie aus und war von da an verschwunden. Vielleicht hat ein Jäger sie erschossen. Wir waren tiefbetrübt, und ich glaube, daß ich geweint habe. Es war sicher die beste Katze, die je gelebt hat, und geschaffen, ihrem ganzen Geschlecht Ehre zu machen.

Die Brüder leisteten, wenn sie nicht zur Schule gehen mußten, kleine Dienste bei den Bauern. Ich war auf die Hut der Schwester angewiesen, und wenn sie beschäftigt war, blieb ich allein, eingeschlossen. Dann saß ich am Fenster, blickte den Wolken und Vögeln nach, wenn nicht das Töchterchen des nächstwohnenden Bauern sich zum Armenhaus fand und durch die Scheiben mit mir spielte.

Die Verlassenheit ward mir manchmal zum Verhängnis. Schon drei Wochen nach meiner Geburt mußte die Mutter mich den Geschwistern überlassen. Waren diese fortgegangen oder in der Schule, passierte es, daß sich der Kleine aus der Wiege arbeitete, oder größer geworden, mühsam zum Fenster kroch, auf dem Wege aber von Tisch und Bank fiel. Eine ausgerenkte Schulter, Verstauchungen und Verrenkungen der Arme und Beine waren die Folgen dieser sehnsüchtigen ersten Geh- und Kletterversuche. Zwei Narben reden noch heute davon. Die Angst um mich machte der Mutter die Arbeit noch schwerer. Während der Frühstücks- und Vesperpause eilte sie, nach mir zu sehen, und aß ihr Brot auf dem Wege. Nach ihr betreute mich die Schwester am rührendsten.

Die Armenhauskinder waren ziemlich rechtlos. Kam es zu den bei Kindern häufigen Streitereien, wurde die Schuld uns aufgeladen; wir sollten die Sünden der ganzen Dorfjugend tragen. Die zwei Brüder klagten der Mutter einige Male die Bosheit der Bauernjungen, die ohne Grund mit Schlägen über sie hergefallen waren. ‚Ich kann euch nicht helfen, wir sind arm, die Bauernsöhne bekommen immer recht. Wenn man euch schlägt, so schlagt wieder, daß es nach Feuer stinkt!' sagte die Mutter. Und das Rezept half überraschend.

Von unserer Seite duldete die Mutter kein Unrecht, aus moralisch-erzieherischen und mütterlichen Gründen, denn sie mußte auch besorgt sein, ihr Mutterrecht zu behalten. Man hatte früher einer armen Witwe kurzweg die Kinder genommen und der Zwangserziehung überwiesen, den Grund bildeten harmlose Jugendstreiche, Obststibitzen und ähnliche Sünden. Selbst die Kinder der reichsten Bauern gingen in fremdes Obst; das gehört ja zur Kindheitsromantik im Dorf. Was man aber bei anderen lächelnd hingenommen hätte, drohte bei uns zum Verbrechen zu werden, denn das ganze Dorf fühlte sich berufen, uns zu erziehen. Doch das ging nur, solange die Bosheit zu tragen war. Einmal wurden wir einer häßlichen Hautkrankheit beschuldigt, und der Lehrer spielte, aufgestachelt durch den Gemeindevorstand, darauf an. Darauf ging die Mutter entschlossen mit uns zur Stadt, ließ uns von einem Arzt untersuchen und sich bescheinigen, daß wir eine gesunde zarte Haut und keine Spur einer Krankheit hatten. Das Ende vom Lied war, daß der Gemeindevorstand die Kosten der Untersuchung, den verlorenen Tagesverdienst der Mutter bezahlen und der Lehrer in der Schule vor den anderen Kindern seine Beschuldigung zurücknehmen mußte, eine harte Nuß für den eitlen Mann. Wir blieben in Zukunft unbehelligt.

Die Beihilfe der Gemeinde für jedes Kind war lächerlich gering, und da man

uns schon in das Dorf genötigt hatte, sollte nach Meinung der Mutter der Gemeindevorstand den Beitrag auch so bemessen, daß wir nicht zu hungern brauchten. Aber der Gutsbesitzer zusammen mit dem Vorstand meinte, es reiche aus, und
die Amtshauptmannschaft als vormundschaftliche Behörde stimmte ihnen, natürlich auf deren Anraten, bei. Doch ihr Erstaunen mag nicht gering gewesen sein,
als sie durch einen Rechtsanwalt die Klage der Mutter erhielten. Sie kam nicht zum
Austrag, denn Gutsbesitzer, Gemeindevorstand und Amtshauptmannschaft waren jetzt überzeugt, der Beitrag müsse erhöht werden. Die Mutter erfreute sich
fernerhin eines Respektes, der sie oft zur Fürsprecherin der Tagelöhnerwünsche
beim Gutsherrn machte, und der Inspektor sagte ihr eines Tages: ‚Sie sind ja der
reinste Sozialdemokrat.' Natürlich kannte die Mutter diese Menschengattung gar
nicht.

Der Gutsinspektor brachte uns viel Sympathie entgegen. Das kam wohl von der
vielseitigen Tätigkeit der Mutter, im Gutshof und auf dem Felde; er gab ihr häufig
die Aufsicht oder schickte sie mit Roß und Wagen über Land. Hatte er Zeit und
Lust, nahm er mich mit in die Felder. Darüber bekam er freilich einmal einen Rie-
senschreck. Von einer Wiese mit gehäufeltem Heu wollte er rasch zu den Kartof-
felfeldern. Ich sollte einstweilen dableiben, legte mich in einen Heuhaufen und ließ
mich in dem duftigen Bett vergraben. Aus dem Schlummer wurde ich recht unsanft
geweckt. Erschreckte und besorgte Gesichter beugten sich über mich, zwanzig
Stimmen fragten gleichzeitig, ob es mir geschadet habe, und ich ahnungsloser Tor
blinzelte in die Sonne und fand keine Erklärung für die Aufregung. Das Rad eines
vollen Heuwagens war über mich hinweggegangen. Der Arm voll Heu, mit dem
ich zugedeckt war, hatte wunderbarerweise den Druck so gemildert, daß ich nichts
verspürte. Der Inspektor, dem man den Vorfall erzählt hatte, kam herangestürmt
und war erfreut, mich heil zu sehen.

Von Natur erfinderisch, wußte die Mutter auch den dürftigsten Kleidern ein
hübsches Aussehen zu geben. Wir hörten in der Folge manchmal von spitzen Wei-
berzungen, die Armenhauskinder seien besser gekleidet als die Bauernsprößlinge.

Es kam auch der Tag, an dem wir ins Dorf ziehen konnten, in die menschliche
Gesellschaft. Das Armenhaus stand eine Zeit leer. Dann nahm es eine alte Frau
auf, die bessere Tage gesehen hatte. Sie schaltete ehemals als vermögende Frau im
Gasthof. Dann kam ein hübsches Schankmädel und nahm ihr den Mann weg. Er
verpraßte mit der Jungen das Vermögen, behandelte die eigene Gattin schlecht,
als alles zugrunde gegangen war, starb er. Für die Frau war das Ende Armenhaus
und Kinderspott; sie hatte sich zuletzt dem Trunke ergeben. Die Gemeinde mußte
sogar für das Reinigen der Stube sorgen. Die Lebensschicksale der Frau machten
sie für mich zu einer interessanten geheimnisvollen Person. Auch hatten Not und
Laster nicht alle guten Linien in ihrem Gesichte verwischt.

Das Unglück hat einen merkwürdigen dunklen Reiz, ein fesselndes Grauen.
Den Glücklichen, Aufsteigenden kann man wohl bewundern und beneiden, aber
voraussetzungslose Sympathie und Liebe vermag nur das Unglück, verschuldet
oder unverschuldet, hervorzurufen. Meine Phantasie verband die Erlebnisse der
Frau mit allem, was an düsteren Vorstellungen im Gedächtnis lebte. Wenn ich ihr

etwas holen oder das Essen hintragen durfte, bedeutete das immer ein wenn auch noch so kleines Erlebnis, denn der Kreis des Wunderbaren war klein im Dorf. Die Entdeckungsfahrten in Wald und Feld übten den stärksten Reiz auf mich aus. Wir Kinder sammelten die Blüten der Königskerze und das Tausendgüldenkraut, die dann getrocknet an die Apotheken in der Stadt verkauft wurden, holten von den Wiesen die Zittergräser für Winterkränze. Im Moor nahmen wir den armen Kiebitzen die Eier weg. Sie wurden in der Stadt gern gekauft. Auch das verbotene Fischen in der Elbe wurde mit Grundangeln betrieben. Im Frühjahr zogen die Brüder nächtens an einen breiten und tiefen Graben zum Hechtstechen. Die Fische wurden durch ein Licht angelockt und dann mit einem langen Stab mit zwei stählernen Zinken gespießt. Aus den Wäldern trugen wir die Kieferäpfel und Tannenzapfen in Säcken nach Hause. Sie boten guten Ersatz für Holz und Kohle. So machte uns die Not erfinderisch und wirtschaftlich, und mehr als andere konnten wir mit vollstem Recht sagen, daß wir uns vom Busen der Natur ernährten.

Um den Frieden war es nicht sonderlich bestellt im Dorfe. Der Hader in und zwischen den Familien spielte sich oft auf der Dorfstraße ab, wobei die Wirkung auf die Jugend wenig erzieherisch war. Ich erinnere mich zweier, besonders krasser Fälle.

Einmal hatte das Wortgefecht zwischen zwei Frauen fast eine Stunde gedauert, und der Eifer war auf beiden Seiten groß. In geschützter Position, etwas erhöht auf dem Komposthaufen hinter der Mauer ihres Gehöftes stand die eine und ließ die gröbsten Geschütze spielen. Als alles nichts fruchtete und der Feind unerschüttert stand und parierte, drehte sie sich um, hob die Röcke, und hell und mild leuchtete die Achterseite die Dorfstraße hinunter.

Eine Familie war ob ihres Streites geradezu berühmt. Vater und Söhne zankten sich mitten auf der Straße schallend laut um Kleinigkeiten. Dieser ewige Kriegszustand wurde unterbrochen, als der Vater starb. Die zahlreichen Verwandten eilten zum Begräbnis herbei. Friede und Würde waltete während der Feierlichkeiten. Das Trauergefolge sang andächtig mit dem Schulchor: ‚Wie sie so sanft ruhn.‘ Die erfahrenen alten Leute aber schüttelten bedächtig die Köpfe und meinten, der Verstorbene sei ein so großer Streithans gewesen, daß er wahrscheinlich auf die Ruhe der Seligen verzichten werde. Sie sollten recht behalten. Beim Leichenschmaus säuselte es, erst noch tränenfeucht, dann ward es lauter und heftiger, worüber die Leute auf der Straße stehen blieben. Plötzlich wurde die Tür aufgerissen, ein Erbe flog kopfüber aus der Stube, ein zweiter folgte, die anderen drängten nach, und dann erhob sich auf der Straße eine wütende Prügelei über die Erbschaft, so daß der selige Alte in den sagenhaften himmlischen Höhen seine größte Freude daran gehabt haben wird. Sein streithafter Geist wirkte über das Grab hinaus.

Die Dorfschule, in der ich die notdürftigen Kenntnisse vom Wissen der Welt erhielt, hat keine Spuren in meinem Gedächtnis hinterlassen. Nur eines Guckkastens erinnere ich mich, in welchem neben Landschaften auch die Geburt Christi zu sehen war. Zu jeder Szenerie gehörten mehrere Bilderausschnitte. Sie wurden in Abständen horizontal in den hohen Kasten geschoben und ergaben in einem Spiegel am Guckloch oben ein bühnenartig in die Tiefe gehendes Bild. Wenn der

Lehrer mit uns zufrieden und guter Laune oder durch private Angelegenheiten vom Unterrichte abgehalten war, ließ er uns in den Kasten schauen, was uns selbstverständlich mehr freute, als der trockene Unterricht des nicht sehr begabten Mannes. Diese kleine Farbenwelt reizte meine Phantasie zu märchenhaften Träumen.

Die Gemeinde mit dem Kirchen- und Schulpatron, dem Rittergutsbesitzer, an der Spitze, sparte an den Schulausgaben. Es war natürlich, daß sie keine gute Lehrkraft bekamen. Zudem ging die Feldarbeit dem Schulunterrichte stets vor. Der Mutter fehlte es an der Zeit, nachhaltiger geistig auf uns einzuwirken. Gespenster- und Schauergeschichten belebten die ersten kindlichen Jahre. An den Winterabenden sammelten sich oft Frauen und Mägde in unserer Stube. Sie hatten einen unerschöpflichen Schatz solcher Geschichten. Ich mußte zeitiger unters Dach zu Bett. Dann zog ich die Decke über den Kopf und lauschte doch angestrengt auf jedes Geräusch, das durch die Hülle drang, bis ich in Ängsten eingeschlafen war. Unwetter und Stürme packten das kleine freistehende Haus kräftig. Ich fürchtete mehrmals, mitsamt dem Dach davongetragen zu werden.

Mein Traumleben ward bevölkert von den Gestalten der gehörten Erzählungen. Sie verführten mich sogar gelegentlich zu Nachtwandlungen und nahmen den freundlichen, lichteren Erscheinungen den Raum. Die Angst vor dem Unbekannten ging wie ein stärkerer Kamerad neben meiner Seite, ein anhänglicher Genosse meiner ganzen Kindheit.

Trotz der Not stand die Mutter unserer geistigen Entwickelung nicht gleichgültig gegenüber. Wo sie konnte, leitete sie uns an. Sie verfügte auch über gesunden Witz und einen Fonds von Energie, der sie nie im Stich ließ. So wirkte das Vorbild einer so innerlich starken und prächtigen proletarischen Frau auf uns bedeutender, als es die glühendste Beredsamkeit eines Schullehrers vermocht hätte.

Zu anderen als den notwendigsten Schulbüchern reichten die Mittel nicht aus. Einmal kam mir ein kleines Heft mit gelbem, zerrissenem Umschlag zu Gesicht. Darauf stand ‚Götz von Berlichingen mit der eisernen Hand‘. Es war ein Heft der Reclamschen Universalbibliothek, das ich mit Interesse durchlas, meine erste Bekanntschaft mit der deutschen Literatur. Später fiel mir noch ein größeres Buch mit Biographien ‚berühmter Männer‘ in die Hände. Da erfuhr ich zuerst etwas von Schiller und daß er ein großer Dichter gewesen. Ich erinnere mich auch an eine Abhandlung über Christian Friedrich Daniel Schubart und Theodor Körner. Die anderen Männer habe ich vergessen. Ihre Lebensgeschichte hat mich nicht gefesselt. Die Flucht Schillers aus der Karlsschule und Körners Teilnahme am Lützowschen Freikorps entfesselten meine Begeisterung und Phantasie. Ich dachte mir viele solche Geschichten aus und mich als Helden im Mittelpunkt.

Wie in mir die Liebe zum Theater erwacht ist, obgleich ich nur einmal eine Marionettenvorstellung gesehen habe, weiß ich heute nicht mehr. Ich suchte, was von der älteren Schwester noch an Puppenfragmenten übrig geblieben war, zusammen, behängte sie mit allerlei bunten Flecken und spielte selbst mit, das große Kopftuch der Mutter als Mantel oder Königspurpur benutzend.

In dem kleinen, rebenbewachsenen Hause des Krämers Marschner, der ersten

Wohnung nach dem Armenhause, ward das Leben ein wenig milder. Die beiden Brüder waren der Schule entwachsen und taten auf Bauernhöfen Knechtsdienste. Für Mutter, Schwester und mich ward es dadurch erträglicher, und im Ganzen habe ich wohl von allen Geschwistern am wenigsten in die Hungerpfote beißen müssen.

Frühzeitig regte sich der Träumer in mir. Stundenlang konnte ich über einem Ding sitzen und aus ihm allerlei Eigenheiten locken. Hier stießen die Temperamente zusammen, denn die Schwester war ganz das Ebenbild der Mutter, rührig, umsichtig und praktisch, und besaß dabei doch eine zärtliche Vorliebe für Verse. Sie ward nun in zweiter Linie meine Erzieherin, wobei es nicht stets friedlich abging: sie war kräftiger und verwalkte den störrischen Zögling, wenn es nötig war. Sorgfältig überwachte sie Gang und Haltung, half meiner Vergeßlichkeit mit Klapsen, ließ aber auch an ihrem Vorrecht der Erstgeburt nicht rütteln. Es kam häufig zu Streit, der in den meisten Fällen mit meiner Unterwerfung endete. Wie groß ihre Liebe war, erkannte ich erst später ganz.

Als sie, konfirmiert, auch in fremden Dienst kam, schüttelte die Mutter das Tagelöhnerjoch ab."[1]

Anmerkung

1 Otto Krille, Unter dem Joch. Geschichte einer Jugend, Berlin 1914, S. 1–17.

Paula Ludwig

Paula Ludwig, geboren 1900 in Altenstadt (Voralberg), war
Dichterin. Sie veröffentlichte ihre Kindheitserinnerungen
zwei Jahre vor ihrer Emigration aus Deutschland im Jahre
1938.

Bezugspersonen, materielle und soziale Umwelt

„Mein Vater stammte aus Schlesien. Seine Vorfahren sind dort Förster, Feldhüter
und Grenzwächter gewesen.

Mein Vater war Tischler, machte Schränke, Orgelschreine und Särge.

Oft hat er in einem Sarg geschlafen, wenn die Müdigkeit ihn übermannte und
er zu faul war, nach Hause zu gehen. Ein paar Hobelspäne als Kopfkissen.

Er kannte die Großstadt, nannte sich aufgeklärt; Rot und Grün waren seine
Lieblingsfarben: Grün, weil die Bäume grün sind, Rot, weil die Freiheit rot ist!

Als Handwerksbursche zog er vom Norden nach dem Süden. Er ging über die
Donau und sah zum erstenmal das Hochgebirge. Jeder Paß reizte ihn, darüber zu
steigen. Er kostete das Wasser der Wildbäche, schmeckte die Luft der Firne, rief
aus: hier ist die Freiheit, hier wolle er bleiben.

Sein Zukunftswunsch ging nach einem Häuschen am Bergrand, einer kleinen
Werkstatt und einem friedlichen Leben unter immergrünen Tannen.

Gerade dann sprach er am sehnlichsten von diesem Traum, wenn er einen seiner
Anfälle hinter sich hatte, wenn er getobt, Möbel zerschlagen und uns und die
Nachbarn zu Tode geängstigt hatte.

Ich weiß nicht, auf welcher Straße in Tirol mein Vater meine Mutter kennen
lernte. Sie war heimisch in Österreich, und unsere Urgroßmutter saß damals noch
auf ihrem kleinen Bauernhof, aber sie hatte so viele Kinder und Kindeskinder, daß
wir als die letzten kaum noch mitzählten. Meine Mutter war als Stubenmädchen
bei einer Gräfin in Dienst gewesen, bevor sie meinen Vater heiratete. Sie erzählte
uns nicht gern von der Vorgeschichte ihrer Ehe, sagte nur: ‚Er hat so gut reden
können.‘

Ungewöhnliche Wohnsitze suchte mein Vater für seine Familie aus. Meine
Schwester, das erste Kind, wurde in einer halben Ruine geboren.

Wo immer ein Turm von einem Abhang winkte, ein einsames Gemäuer aus dem
Tannendickicht schaute, ein zerfallenes Kloster sich hinter einem Hügel versteckte, da überall hinein wäre er am liebsten gleichzeitig gezogen. Ja, er machte
die Wahl seiner Arbeitsstätte abhängig von solchen Wohngelegenheiten. Nirgends
blieb er länger als ein Jahr, die Pässe reizten ihn immer noch und die fremden Täler.
Zuletzt ging er über den Arlbergpaß und kam in das Land der lieblichen Hügel,
der Obstbäume und Maisfelder.

Mit Falkenauge spähte er umher, und siehe: vor ihm auf einem Berg, einsam und uralt grüßte ihn ein Turm, ein graues Schlößchen, wie es urälter und wilder nicht sein konnte."[1]

In diesem Schlößchen auf dem Berg wurde Paula Ludwig geboren. Der Vater arbeitete unten im Dorf bei einem Orgelbauer. Er freute sich sehr über die Geburt seiner zweiten Tochter, obwohl er sich als zweites Kind einen Sohn gewünscht hatte, und nannte die kleine Paula „Vaterkind".

„An meine ersten Kindheitsjahre habe ich nur eine Erinnerung: ich sehe ein goldenes Licht und höre eine singende Stimme.

Meine Mutter erzählt: sie habe mich im Sommer stets unter die alte Eibe gesetzt, obgleich man sagt, das sei ein Totenbaum, aber sie konnte mich auf diesem Platz vom Haus aus so gut beobachten. Da habe ich geduldig ganze Nachmittage gesessen, mit Steinchen gespielt, manchmal auch ganz still dem Wind zugeguckt, wie er in den Bäumen blätterte, und mich ergötzt an den dicken Hummeln, die sich an die Blumen hängten.

Das leise Rauschen des Windes, das Summen der Bienen und der Grillen Zirpen – alle diese Geräusche vereinten sich in meinem Kinderohr zu einem einzigen Ton; dem seligen Wiegenlied der sommerlichen Mutter. Auch die gelben, grünen und roten Farben schmolzen in meinem Kinderauge zusammen zu einem einzigen goldenen Licht, das mich umkreiste wie einen Keim, der eben der dunklen Nacht entsprossen. Nichts störte den großen, stillen Geist, der seine Hände über mich gebreitet hielt, beschwörend wie über die Pflanzen seines Erdreichs, und die Elemente des Lebens: Licht, Luft, Wärme und Wasser harmonisch mit meinem jungen Dasein vereinigte.

So lebte ich allein mit meinen Eltern und meiner Schwester. Manchmal klopfte ein Händler bei uns an, hin und wieder ein Landstreicher. Aber wir besaßen weiße und schwarze Kaninchen, ein zahmes Eichhörnchen und Leo, den Hund.

Am Sonntag führte mich der Vater an der Hand ein Stückchen in den Wald hinein, ließ mich einen Tannenzapfen finden, eine Erdbeere vom Ständlein pflücken, nach einer Eidechse greifen. ‚Fang sie, Vaterkind!' rief er und lachte, wenn ich weinte, weil die schnelle schon unter einen Stein geschlüpft war.

Als ich zwei Jahre zählte, verließen wir das Schlößchen am Berg und bezogen eine Wohnung im Dorf. Meine Schwester sollte zur Schule gehen, und der Weg wäre zu weit gewesen. ‚Nur für meine Kinder bringe ich ein solches Opfer!' klagte mein Vater."[2]

„Die Leute im Dorf sagten, mein Vater sähe aus wie König Peter von Serbien. Die schwarzen Haare, die dunkle Haut, die scharfen Falten im Gesicht, aber vor allem die aufgerissenen Augen, die wie Tollkirschen aus dem Weiß funkelten und, selbst wenn er sanft gestimmt war, einen wilden Eindruck machten. Auch wir, seine Kinder, ängstigten uns vor seinem wilden Blick. Auch wir fanden den Vater befremdlich unter den blondbraunen, gemütlichen Männern der Heimat.

Ich sage Heimat, aber da galten wir als die Fremden. Ich war stolz auf die hochdeutsche Aussprache meines Vaters, denn dafür hielt man seine schlesische Mundart. Unter den Kollegen war mein Vater beliebt, er war der ‚Rote Hund'. Er führte eine soziale Zeitschrift ein, hielt Versammlungen und ließ bei jeder Gelegenheit die Freiheit hochleben. Wenn er uns Kinder spazieren führte und etwas sehr Rotes sah, dann rief er laut: ‚So rot müßt ihr werden, wie die Schilder an der Elektrischen'.

Sein Gebaren war uns peinlich, seine Reden uns zuwider. Meine Mutter schwieg stets still, wenn er seine Ideen vortrug. Aber wenn er nicht da war, dann erzählte sie uns von der Stadt, vom Theater, von ihrem Leben als Stubenmädchen bei seinen Herrschaften, den großen Festen und Equipagen und, was uns den tiefsten Eindruck machte: ihre Gräfin habe immer im Bett hinterm Kopfkissen eine Schachtel mit Pralinen gehabt. Immer! Sie brauchte nur, wenn sie Lust auf Schokolade bekam, mit der Hand hinters Kopfkissen zu greifen! Unauslöschlich prägte sich mir diese Erzählung ein, und Gräfinnen sind seitdem für mich unzertrennbar von einer Bonbonniere hinterm Kopfkissen.

Meine Mutter sang den ganzen Tag Texte aus Operetten:

> Das ist im Leben häßlich eingerichtet,
> Daß bei den Rosen gleich die Dornen stehn . . .

Das sei aus dem Trompeter von Säckingen, erklärte sie uns und aus dem Zigeunerbaron sang sie:

> Die Liebe, die Liebe ist eine Himmelsmacht . . .

Am Sonntag wurden Ausflüge unternommen, in einer Waldschenke Rast gemacht, mit den Kollegen Bier getrunken. Mit großem Gesang ging es dann heim durch den nächtlichen Wald. Uns Kinder trugen sie wie Rucksäcke und wir schliefen schön geschaukelt ein. Aber das waren die Ausnahmen. Meist ging es schief. Dann stolperten wir verängstigt mit meiner Mutter über die Wurzeln am Wegrand heimwärts. Mein gefährlicher Vater nahm die Straßenmitte ein: er hatte seinen schlimmen Sonntag. Er war kein Trinker, aber die kleinste Menge genügte, ein einziges Glas Bier konnte ihn zum Rasen bringen. Zuerst wurde er heiter, zärtlich zu meiner Mutter und uns Kindern, brüderlich zu allen Leuten – aber dann genügte ein Blick, den er mißverstand, ein Wort, das ihm nicht paßte, und schon brauste er auf, um sich bis in die Nacht nicht mehr zu beruhigen. Da nützte kein Zureden, kein sanftes Beschwichtigen – da konnten die Bäume noch so grün sein, der Abend noch so mild – wie ein Rabiater verließ er die Gaststätte und den ganzen Weg hörte er nicht auf zu toben. Alles fiel ihm dabei ein, worüber er sich einmal im Leben geärgert hatte, und vieles, worüber er sich vielleicht in Zukunft noch ärgern müßte. Zu Hause angekommen, zerschmiß er die Tassen und Teller, zerschlug er die Möbel. Dem Hauswirt warf er die brennende Lampe ins Gesicht. Wir Kinder verkrochen uns unter den Betten – das reizte ihn aber noch mehr, daß seine Kinder sich vor ihm fürchteten! Es machte ihn ganz rasend. Er beschuldigte meine Mutter, daß sie uns Angst vor ihm eingejagt hätte, uns, die er doch nie geschlagen hätte. Und das war wahr, er schlug niemanden, er ließ seinen Zorn nur an den Gegenständen aus.

Am nächsten Tag war er dann wehmütig, bettelte uns um Küsse, nahm uns auf den Schoß, gab der Mutter sein Wochentaschengeld für neues Geschirr und am Feierabend machte er sich liebevoll an die zerschlagenen Stühle. Mit großer Sorgfalt leimte er sie wieder zusammen, setzte ein besonders edles Stück Holz ein, wo ein Teil herausgesprungen war, beizte und polierte die ausgebesserten Stellen, so daß sie am Ende fast schöner aussahen als vorher."[3]

„Ja, vor den Sonntagen war uns immer bange. Wie friedlich dagegen verlief die ganze Woche. Kaum aus der Werkstatt heimgekommen, stellte mein Vater sich an die eigene Hobelbank, schnitt und schnitzte, sägte und leimte: Kinderbänke für uns, Puppenstuben, einen unheimlichen Nußknacker, ein fabelhaftes Schaukelpferd!

[. . .]

Die Feierabende im Sommer führte uns der Vater auf seinem Fahrrad zwischen den Feldern spazieren. Damit aber jedes Kind gleich daran käme, setzte er das erste beim nächsten Meilenstein ab, holte das zweite und dann das dritte, immer wechselnd, und machte so mit uns die Reihe rundum.

Ich war damals erst vier Jahre alt und ich weiß noch, wie mir bangte, als ich plötzlich bei einem weißen Stein abgesetzt wurde und nun ganz allein unter dem Himmel saß, umgeben von den dichten Halmen der Maispflanzen. Ich fürchtete, mein Vater käme nicht mehr, und fast fing ich an zu weinen, da bog das Rad schon um die Ecke, statt meiner wurde mein Bruder an die Stelle gesetzt und ich dafür weitergefahren bis zu dem Holunderbusch, an dem schon wartend meine Schwester saß."[4]

Das Kind wuchs in der Dorfgemeinschaft auf, in der es sich geborgen fühlte.

Lernen

Paula Ludwig kam mit sechs Jahren in die Klosterschule, wo sie in erster Linie in Religion unterrichtet wurde, aber auch Lesen, Schreiben und Rechnen lernte.

„Zu Hause frugen sie längst nicht mehr, wie es mir in der Schule gefalle. Lauter Einser standen in meinem Zeugnis. Denn nicht nur die biblische Geschichte konnte ich gut, auch den Katechismus lernte ich auswendig. Bei der großen Prüfung errang ich jenes Preisbildchen, das nur der bekam, der alle Punkte kreuz und quer ohne Fehler beantwortete. Ja, man gestand mir zu, noch nie habe ein Mädchen sich dieses Bildchen verdient.

Schreiben, Lesen und Rechnen machten mir gleichfalls viel Vergnügen. Nur einen Kummer hatte ich, und das war das Singen. Sie sagten: ich sänge falsch! Oh, wie bemühte ich mich, wie war mein Herz so dabei, und gerade wenn ich am innigsten sang, dann war es für die andern gänzlich falsch gesungen. Doch weil mein Eifer so groß war, sagte Schwester Reimunda, sie wolle ein Auge zudrücken und mir nicht das Zeugnis mit einem Zweier verpatzen. Aber dies konnte meinen Schmerz über das Falschsingen nicht trösten. Zu meinem Zeugnis meinte meine Mutter im Scherz: es sei schon langweilig, immer nur diese geraden Striche!

Da ich so leicht und leidenschaftlich gern lernte, so nahm ich den Platz der Besten als etwas Selbstverständliches hin, und das Gefühl des Ehrgeizes blieb mir dadurch fremd. Oder war mein Ehrgeiz vielmehr so groß, daß er die Schulerfolge gering achtete, indem er seine Fühler in einen ganz anderen, höheren Raum ausstreckte?

War da nicht Gottes Auge, das unverwandt auf mich herabsah, und was war das für ein Wort: die Ewigkeit?

Jesus allein erkor ich mir zum Richter. Nur sein Lob wollte ich erringen, seinen Tadel schmerzlich fühlen. Mit ihm hatte ich ein geheimes Bündnis. Er wohnte so nah und süß im Allerheiligsten, er war immer da, zu jeder Stunde konnte ich hingehen und ihn anbeten.

Ich liebte Jesus, wie es heißt: mit ganzer Seele und mit allen meinen Kräften. Ich liebte ihn heimlich, als sei er nur mein Jesus. Es ging mich einfach nichts an, wenn da noch andere neben mir knieten. Nie hatte ich das Gefühl einer gestörten Zwiesprache.

Dennoch suchte ich am liebsten die Kirche in jenen stillen Stunden auf, die zwischen den Gottesdiensten lagen. Da konnte es sein, daß ich ganz allein in dem großen dämmrigen Raume weilte. Auf den steinernen Stufen, dem Tabernakel nicht zu nah und nicht zu fern, kniete ich unter dem roten Flämmchen der ewigen Lampe. Durch die farbigen Glasfenster fiel das Tageslicht so geheimnisvoll, und die Herzen der Heiligen ringsum schienen mit dem meinen zu klopfen und sich zu Jesu hinzusehen."[5]

Spiel

Die Kinder besaßen Spielzeug, das ihnen der Vater herstellte, und bekamen ein Märchenbuch geschenkt. Oft wurden Spiel und Arbeit verbunden.

„Ich war erst fünf Jahre alt und stand schon ganz im Dienst des Dorflebens. Angefangen von der Morgenmilch bis zur Abendsuppe gab es so gewaltig viel zu tun, daß ich während des Mittagessens nur halb auf meinem Stuhl saß und ungeduldig hin und her rutschte. Ja, dieses Mittagessen war die Kummerwolke, die mit Schatten, Blitz und Tränenregen in unsern blauen Spieltag einbrach. Meist nämlich kam ich zu spät, dann gab es einen schlimmen Empfang und Einsperren in der Kammer. Schuld an allem war die Kirchenglocke, die gerade dann Mittag läutete, wenn wir uns am weitesten draußen auf den Feldern befanden, wenn wir gerade eifrig dabei waren, den grünen Maismädchen die blonden Haare in Zöpfe zu flechten. Ja, dann erschreckte sie uns plötzlich mit ihrem lauten Getön. Was nützte es, daß wir sogleich losrannten – der spitzen Steine und des großen Zehs nicht achtend, mit hochklopfendem Herzen uns nahten: wir kamen doch zu spät! Manchmal waren sie erst beim Beten – dann schlich man heimlich hinzu und betete noch atemlos den Endvers mit: ‚. . . segne, was du uns bescheret hast . . .'

Saß man dann glücklich am Tisch, fürchtete man ein neues Ärgernis: die Eltern konnten zornig werden über die Kinder, die schon wieder das Haus umlauerten, am Fenster winkten und eilige Zeichen gaben. Immer war etwas los, nichts durfte man versäumen!

Da war die Frau des Schmiedes gestorben, da mußten wir Kinder zum Totenbeten gehen. In der guten Stube lag die Leiche schön aufgebahrt, zwischen Geranien, Fuchsien und Rosmarin. Die Fenster waren mit einem Tuch verhangen, dafür brannten viele Kerzen zu Häupten der Verstorbenen. Am Fußende stand die Schale mit dem Weihwasser und dem Buchsbaumzweig. Damit besprengte man nach dem Beten die Bahre. Aber ein zweites Schälchen war noch aufgestellt: gefüllt mit Kupfermünzen. Das war für uns! Jedes Kind, das ein Vaterunser betete, Weihwasser sprengte, durfte danach in das Schüsselchen langen und sich einen Kreuzer herausholen. Oft war auch ein Erwachsener da, der das Geld austeilte. Fleißig gingen wir zum Totenbeten – manchmal dreimal am Tag. An der Schwelle zeigten wir uns flüsternd die Gabe, denn es konnte geschehen, daß man für ein Beten gleich drei Kreuzer bekam. Von der Leiche weg eilten wir sofort zum Krämerladen und kauften uns für die Kreuzer Zuckerzeug oder eine Stange süßen Bärendreck oder das vielkernige Johannisbrot."[6]

Arbeit

„In unserm Dorf war es Brauch, daß im Sommer die Armenkinder über die Berge in das reichere Schwabenland zogen, wo sie sich während der Erntezeit bei den Bauern verdingten, Kind und Vieh hüteten. An einem bestimmten Tag wanderte die Schar los, jedes Kind sein Bündelchen in der Hand. Im September kehrten sie zurück. Manche trugen dann einen Gulden ins Tüchlein gebunden, andere hatten es weniger gut getroffen und nur das tägliche Brot war ihr Lohn gewesen. Alle aber sagten, daß es ihnen gut gegangen sei. Zu gern wäre auch ich mit diesen Kindern in das fremde Land hinter den Bergen gezogen – doch meine Eltern wollten nichts davon wissen. Es gab ja auch bei uns genug zu tun!

> Was machen die Kinder, was machen die Kinder?
> Sie tragen das Essen ins Heu,
> Den Topf mit Polenta, den Krug für die Mäher,
> Für die durstigen Schnitter den Steinkrug voll Most.
> Sie lesen die Ähren, sie binden die Garben,
> Sie sammeln die Spreu.
>
> Was machen die Kinder?
> Sie rollen den Kürbis, sie graben die Rüben,
> Sie brechen den Mais,
> Sie locken den Rettich, die erdenen Äpfel
> Heraus aus dem Acker und schütteln sie blank.
>
> Was machen die Kinder?
> Sie machen die Sonne, sie machen den Segen
> Und fragen nach Lohn nicht und nicht nach Dank.
> Zuletzt auf dem Wagen, dem turmhohen Wagen
> Sitzen die Kinder
> Und schreien huchei!

Mich verlangte die Löwenwirtin zum Kindhüten. Unter den Holunderbaum setzte sie mich mit dem Säugling.

Ich mußte seinen Schlaf bewachen, die Bremsen von ihm scheuchen und ihm etwas vorsingen, wenn er weinte.

> Weißt du, wieviel Mücklein spielen
> In der hellen Sonnenglut?
> Gott, der Herr, rief sie mit Namen,
> Daß sie all ins Leben kamen,
> Daß sie nun so fröhlich sind,
> Daß sie nun so fröhlich sind . . .

Nie wurde mir die Zeit lang bei diesem Singen und Wiegen – nur konnte es vorkommen, daß ich mit dem Kind zusammen einschlief, wenn es so still und heiß war. Zwischendurch kam die Wirtin, um nach uns zu sehen, und brachte mir auch zur Jause ein großes Stück Brot und eine dicke Scheibe gelben, großlöcherigen Käse, dazu ein Krüglein Most. – Für eine solche Jause verdingten wir uns auch zum Holzschichten. Das war eine Arbeit, die man verstehen mußte. Legte man ein Scheit falsch, so stürzte am Ende der ganze Holzstoß ein! Auch mußte so ein Holzstoß ein hübsches Aussehen haben, nichts durfte hervorstehen, nichts schief oder krumm sein. Meist schichteten mehrere Kinder zusammen um die Wette und der schönste Stoß erhielt einen Preis, nämlich den, daß alle davorstanden und sagten: das ist der Schönste!"[7]

„Im Frühling bekam ich noch eine andere Aufgabe, die ich mit Leidenschaft erfüllte. Man brauchte frischen Dung für die Gärten, den wir Kinder sammeln sollten. Es gab sogar ein paar Kreuzer dafür. Jedes Kind hatte ein Wägelchen und eine Schippe und damit suchten wir die Landstraße nach Kuhfladen und Pferdeäpfeln ab und schaufelten die Beute in unseren Wagen. Stets war ich allen Kindern voraus, schnappte ihnen den herrlichsten Mist weg, ja ich hielt mich dicht hinter den Fuhrwerken und lauerte auf die frische Gabe. Die roten Rösser waren mir besonders hold.

Als ich schon etwas älter war, vertraute man mir das Amt der Kuhhirtin an. Obwohl es dabei nicht viel zu tun gab, war es mir doch nicht langweilig. Die Weide, die meinem Bauern gehörte, grenzte nämlich an die Eisenbahnböschung, eine dichte Hecke, worauf man sitzen konnte. Da saß ich den ganzen Tag mit meinem Hirtenrütchen in der Hand und wartete auf den Schnellzug, der zweimal täglich vorübersauste. Wenn er herannahte, ging ein Zittern durch die Erde und durch mich und riß mir die Hand hoch, daß ich ja das Winken vor Aufregung nicht vergäße. Der Zug kam von Innsbruck und fuhr nach Zürich, und der nächste umgekehrt. Es hieß zwar, er führe noch viel weiter, bis nach Paris, aber dieser Stadtname sagte mir nichts, für uns war Zürich die große Stadt. Da sauste er hin, nie hielt er bei uns – vorbei – schnell wie der Blitz. Aber doch nicht so schnell, daß es mir entgangen wäre, wenn eine Hand am Fenster mein Winken erwiderte. Glückselig und stolz sann ich diesem Winken, dieser Hand nach."[8]

Anmerkungen

1 Paula Ludwig, Buch des Lebens, Leipzig 1936, S. 11 f.
2 A.a.O., S. 22 f.
3 A.a.O., S. 24–27.
4 A.a.O., S. 28–31.
5 A.a.O., S. 86 f.
6 A.a.O., S. 34 f.
7 A.a.O., S. 37 ff.
8 A.a.O., S. 44 f.

VI. Kinder von Bauern im 19. Jahrhundert

Bauerntochter in Hessen, um 1900 (Privat).

1

2

3

4

Magnus Jocham

Magnus Jocham, geboren 1808, schrieb seine Autobiographie in hohem Alter als Zeitvertreib. Er war Lycealprofessor
der Religion und erzbischöflicher geistlicher Rat. Die Autobiographie wurde posthum von einem Freund herausgegeben.

Bezugspersonen, materielle und soziale Umwelt, Lernen, Spiel, Arbeit

Der Vater besaß ein Bauerngut im Allgäu.

„Ich wurde geboren in Rieder, eine halbe Stunde von Immenstadt entfernt, am 23. März 1808 und an demselben Tage in der Stadtpfarrkirche zu Immenstadt vom Stadtpfarrer *Seitz* getauft. Ich hatte eine Schwester, die um ein Jahr und zwei Monate älter war als ich, und erhielt noch acht Brüder, von denen der nächste nach mir im ersten Jahre seines Lebens starb, der zweitjüngste aber, der im November 1821 geboren wurde, nur ein Alter von sechs Jahren erreichte. Wir andern alle mußten auferzogen werden.

In meiner Heimat waren in den frühesten Jahren meiner Kindheit außer meinen Eltern auch noch die Eltern und eine Schwester meines Vaters. Meine früheste Erinnerung reicht bis zum Tode meiner Großmutter, die am 5. Dezember 1811 starb. An meine Firmung, die ich in Sonthofen am 4. September 1810 vom Churfürsten und Bischof von Augsburg Clemens Wenzeslaus empfing, konnte ich mich als Knabe noch erinnern. Später ist mir dieß aus der Erinnerung entschwunden. Noch lebhaft erinnere ich mich, wie mich meine selige Mutter beim Flachsschwingen die zehn Gebote Gottes lehrte. Daß ich das Vater unser, den englischen Gruß und das apostolische Glaubensbekenntnis gelernt hätte, weiß ich nicht; ich habe dieß, soweit meine Erinnerung geht, immer gekonnt. Dasselbe gilt von der lauretanischen Litanei. Ich weiß keine Zeit, in der ich sie nicht gekonnt hätte. Auch meine jüngern Brüder lernten diese Gebete durch die tägliche Uebung in meinem Alter von zwei bis drei Jahren. Wenn man im Winter Nachmittags beim Spinnen einen Rosenkranz gebetet hatte, betete insgemein das kleinste der Kinder die lauretanische Litanei dazu. So lernte ich auch aus der täglichen Uebung die Erwekkung der göttlichen Tugenden: ‚Mein Gott und Herr, ich glaube Alles‘ . . . und das ‚allgemeine Gebet für die Anliegenheiten der Christenheit‘, das man jeden Abend gemeinschaftlich betete, durch diese Uebung in frühester Zeit auswendig.

Ich war kaum fünf Jahre alt, als mir mein Vater die Buchstaben des Alphabets auf ein Blatt schrieb und mich die Namen derselben lehrte. Ich kannte somit die Schriftbuchstaben vor den gedruckten, und es war mir gar nicht recht, daß man, als ich ein halb Jahr später in die Schule kam, daselbst andere Buchstaben lernen mußte. Ich ward so frühe in die Schule geschickt, weil ich meine Schwester, die über ein Jahr älter war als ich, begleiten sollte.

Sobald ich notdürftig lesen gelernt hatte, was aber erst im zweiten Winter geschah, mußte ich an den Winterabenden, während die Leute spannen und spuhlten, das große Leben Christi von Caspar Erhard und die Legende von Martin Cochem vorlesen. Da gab es oft bittere Thränen. Wenn ich falsch las oder nicht recht deutlich die Worte aussprach, wurde ich vom Vater streng zurechtgewiesen und getadelt. Das ,Betrachte, o christliche Seele!' womit die Abschnitte im Leben Jesu immer anfingen, ist mir recht zu Herzen gegangen und in der Erinnerung geblieben, wenn ich auch lange nicht Alles verstanden, was ich lesen mußte.

Mein Großvater, der auch meinen Namen führte, war ein strenger Mann. Er ging täglich nach Bühl in die hl. Messe, bei der ich schon mit sechs Jahren ministriren durfte. Hatte ich mich dabei unandächtig benommen oder etwas übersehen, so wurde ich schon auf dem Heimweg hart in's Gebet genommen. Auch meine Mutter, die fast alle Tage zur Messe eilte, überwachte mich strenge und stellte mir öfters vor, wie die heiligen Engel unsichtbar am Altare gegenwärtig seien und durch meine Unandacht beleidigt würden. Meine Mutter galt in der erstern Zeit beim Großvater wenig. Dieser hatte gewollt, daß mein Vater eine reichere Partie treffen sollte; außer dem konnte er gegen meine fromme und überaus arbeitsame Mutter nichts haben. Später wurde er ihr ganz gut und wollte nur von ihr bedient sein. Seine Tochter, die ihn zu verpflegen hatte, war eine ganz fromme Person, aber sehr ungeschickt. Diese hatte in früheren Jahren beim Großvater gar viel gegolten und war, ohne es zu wollen, an vielen Leiden meiner Mutter Ursache geworden. Letzteres konnte uns Kindern nicht verborgen bleiben. Allein gerade dieses steigerte in uns die Liebe zur Mutter. Die Mutter weinen zu sehen, was nicht oft geschah, war etwas Herzergreifendes. Wir wollten wieder gut machen, was Andere übel gemacht hatten."[1]

„Meine Eltern ertrugen alle Widerwärtigkeiten in Geduld und ungestörtem Frieden. Nie habe ich auch nur den geringsten Schein von einer Uneinigkeit zwischen ihnen bemerkt, am allerwenigsten, wo es sich um uns, um unsere Zurechtweisung und Bestrafung handelte. An Sonntagen vor dem Mittagessen fragte der Vater uns aus der Predigt aus, und wenn wir auch nur etwas Weniges uns gemerkt hatten, war er zufrieden. Dann las er das Evangelium mit der Auslegung von Goffine vor, und wir mußten aufmerken. Wir haben dabei freilich oft nicht viel verstanden, allein es war dieß eine Art Hausandacht.

Am meisten freuten wir uns immer auf die Charwoche. In den letzten Tagen dieser Woche nahm uns der Vater mit, wenn er den Oelberg und den Kalvarienberg besuchte. Auf dem ganzen Wege erzählte er uns vom Leiden Christi. Er wußte alle einzelnen Momente aus dem Leiden des Herrn ganz genau und wußte Alles so anschaulich und so freundlich darzustellen, daß wir meinten, wir sehen Dieß alles mit eigenen Augen. Er hatte in seiner Jugend mehrmal die Passionsvorstellungen in Staufen und Oberstdorf mitangesehen und dadurch und durch oftmalige Lesung der Leidensgeschichte eine ganz fixe Anschauung von diesem geheimnisvollen Leiden des Herrn gewonnen. Mit ähnlicher Freude erwarteten wir alle Jahre das heilige Frohnleichnamsfest und die Prozession, nach welcher der

Vater uns gewöhnlich bei einem Bäcker der Stadt gerahmte Milch mit Weißbrot, was wir sonst außer der Kirchweih nie bekamen, geben ließ.

Meine Mutter war sehr mitleidig und gab jedem Armen, der um Almosen kam. Einst war ein entfernterer Nachbar so in Schulden gekommen, daß man einen Zwangsverkauf vornehmen mußte. Meinem Vater, der auch eine Forderung hatte, wurde eine Kuh zugesprochen. Der Vater brachte die Kuh in den Stall und erzählte, man habe dem Nachbar alle Kühe verkauft. ‚Und du hast die Kuh annehmen können?' fragte die Mutter. Man hat beim Nachbarn ein Kind, das kaum vier Wochen alt ist. Mutter und Kind müssen Milch haben. Ich bitte dich, nimm die Kuh und und führe sie wieder in den Stall des Nachbarn! Ich könnte sie nicht ansehen in unserm Stalle, so lange Mutter und Kind ohne Milch sein müßten.' Auf diese Rede der Mutter band der Vater die Kuh los, und ich mußte dem Vater, der die Kuh an der Kette führte, dieselbe treiben, was ohne Mühe geschah. Wie man uns aufgenommen, weiß ich nicht mehr; aber zehn Jahre später hörte ich denselben Mann, der indessen Witwer geworden und ziemlich herabgekommen war, zu meiner Mutter sagen: ‚Agathe, ich vergesse dir's mein Leben lang nicht, daß du meinem armen, Weib und meinem armen Kinde die Kuh zurückgeschickt hast!'

Der dritte Bruder nach mir hatte in seinen Kinderjahren sehr böse Anfälle. Man fürchtete, es entwickle sich die fallende Sucht. Meine Mutter hatte unsäglichen Kummer; sie fürchtete, selbst Schuld daran zu sein, weil sie in der Zeit vor der Geburt des Knaben durch Ungeduld und zorniges Wesen sich versündiget habe. In ihrer endlosen Angst nahm sie ihre Zuflucht zum Gebete. ‚Alles kann man erbeten' war ihr Grundsatz. Sie betete Wochen lang. Einst, als sie längere Zeit vor dem Bilde der Schmerzenmutter im heiligen Grabe gebetet hatte und kniend eingeschlummert war, kam es ihr vor, als wenn die Mutter Gottes ihr die Hand reiche und zu ihr sage: ‚Gehe heim, deinem Kinde ist geholfen!' Und von dieser Stunde an bekam der Knabe keine Fraisen und keine Convulsionen mehr und blieb von all diesen Uebeln verschont bis zur Stunde, da er schon das sechsundsechzigste Lebensjahr angetreten und sonst Vieles ausgestanden hat. Sie erzählte dieses in den letzten Jahren ihres Lebens mir und dem wunderbar geheilten Bruder öfters.

In der Schule hatten wir einen sehr fleißigen Lehrer. Derselbe hatte früher das Schneiderhandwerk gelernt und war dann in sehr kurzer Zeit vom Dekan Breyer in Stiefenhofen vorbereitet worden, daß er zur Not Unterricht geben konnte. Er unterrichtete und lernte selber; es ging immer besser. Nebenbei trieb er seine Kleidermacherei. Sobald wir einige Fertigkeit im Lesen erlangt hatten, wurde uns die große biblische Geschichte mit den Belehrungen in die Hand gegeben. War das Lesen vorbei, so mußten wir die Geschichte noch einmal lesen; dann wurden die Bücher eingesammelt, und wir mußten das Gelesene auf die Schiefertafel niederschreiben. Oefters mußten wir es auch mündlich wieder sagen, und auf diese Weise brachte er es dahin, daß die meisten Schüler die biblische Geschichte sammt und sonders auswendig wußten und zugleich auch korrekt schreiben lernten. Denn sobald das Schreiben vorbei war, mußten die Bessern die Aufschreibungen der Schwächern zur Hand nehmen und die Fehler derselben verbessern, während diese das von den Bessern Geschriebene zu lesen bekamen ... Im Rechnen erlangte er mit uns eine bedeutende Fertigkeit. Wir konnten allmählig alle Rechnungsaufgaben in den Büchern von Holzapfel und Schmalzried lösen, und auch im Kopfrechnen hatten wir große Gewandtheit erlangt. Es wurde nur im Winter Schule gehalten, im Sommer waren die Kinder mit allerlei Arbeiten in Haus und Feld beschäftigt.

Zu Hause war außer dem Lesen der Legende, des großen Lebens Christi und des Goffine vom Lernen keine Rede. Von Hausaufgaben wußte man nichts. Zum Lernen sei die Schule da; in der Schule müsse man lernen, – dieß war die Ansicht der Eltern und der Kinder. Sobald die Schule aus war, mußten wir eiligst nach Hause gehen, und da warteten schon Arbeiten auf uns. Man betrieb damals in den meisten Häusern des obern Allgäu Leinwandweberei. Sobald die Kinder sitzen konnten, mußten sie spuhlen. Es war dieß mitunter, zumal wenn man schlechtes Garn hatte, eine verdrießliche Arbeit. Es brach der Faden, man verlor das Trumm,[2] der Schneller wurde zerzaust u.s.w. Dann wurden wir Knaben sehr frühe zur Reinigung des Stalles, zum Herrichten des Futters für das Vieh und zu allerlei Hausarbeiten angeleitet, die wir pünktlich verrichten mußten. Erst Abends nach sieben Uhr kam's zum Nachtessen, nach dem man schon Stunden lang hungerte; denn von Mittag an bis zum Abendessen bekam man durchaus nichts, außer man hatte besonders strenge Arbeit. Ueberhaupt war die Kost im Allgäu damals durchweg sehr einfach. Das Beste und Nahrhafteste waren die Milchspeisen, mit denen man sich nebst Kartoffeln zur Not sättigte. Fleisch hatte man nur an der Kirchweih und in der Fastnacht.

Während des Sommers wurden wir frühzeitig zu Feldarbeiten angehalten. Ich war kaum etwas über zehn Jahre, als man mir schon eine kleinere Sense kaufte, daß ich mit dem Vater zum Mähen gehen konnte. Es war dieß für einen Knaben eine sehr anstrengende Arbeit. Oft wurde ich so müde, daß ich nicht einmal am Morgenessen Teil nehmen konnte. Das Mähen hatte nämlich schon um vier Uhr begonnen und um sieben Uhr kam man zum Morgenessen. Zur Holzarbeit im Walde nahm uns der Vater auch sehr frühe mit. Auch da gab es recht ermüdende Arbeiten, z. B. das Holzsägen. An Sonntagen nahm uns der Vater, so lange wir noch kleiner waren, immer mit sich in die Kirche, und wir mußten jedesmal ihm zur Seite knieen. Sobald wir nur kümmerlich lesen konnten, kaufte er uns Gebetbüchlein, in denen wir während des Amtes die Meßgebete lesen mußten. Nachmittags nach der Christenlehre nahm er uns jedesmal mit sich in die hl. Grabkapelle zu Bühl, wo wir die vierzehn Stationen des Kreuzweges zu beten hatten. Auf diese Weise lernten wir eine Menge Gebete auswendig, die uns für's ganze Leben im Gedächtnisse blieben und bei verschiedenen Andachten gebetet werden konnten.

Eine ausgezeichnete Freude für uns Kinder war es, wenn zu bestimmten Zeiten der mütterliche Großvater oder dessen Töchter, die Schwestern meiner Mutter, oder dessen Sohn mit seinem Eheweib auf Besuch kamen. Alle diese Verwandten waren so gut gegen uns, brachten uns weißes Brot mit und redeten so freundlich mit uns, daß wir, an sehr strenge Zucht gewöhnt, uns jedesmal in eine ganz neue Welt versetzt glaubten, zumal wenn der Zumberger Großvater kam, wie wir den

Vater unserer Mutter nannten. Da waren denn auch Vater und Mutter und selbst der andere Großvater sehr heiter, und Alles war voll Friede und Freude, so daß man wünschte, ein solcher Tag sollte gar kein Ende mehr nehmen.

Zu andern Kindern kamen wir nur auf dem Schulwege, und da hatten wir es immer sehr eilig. In andere Häuser kamen wir nie, außer wenn wir etwas zu holen oder auszurichten hatten. Darum blieben wir auch sehr einfältig. Meine Schwester war schon über elf Jahre, und ich zählte über zehn Jahre, als wir beide noch fest glaubten, der heilige Nikolaus komme alle Jahre vom Himmel herab in unsere Heimat und bringe uns Geschenke. Von andern Schülern hatte ich einmal gehört, diese Nikolaus-Geschenke bringen der Vater und die Mutter; allein ich hatte es nie geglaubt. ,Wie sollte meinem Vater einfallen, mir Nüsse und Lebkuchen zu kaufen?' dachte ich mir und blieb bei meinem Glauben, bis die Mutter selbst uns belehrte.

Nachdem ich mit elf Jahren schon den sechsten Winter des Schulbesuches vollendet hatte, wurde ich aus der Werktagsschule entlassen und besuchte nur mehr die Sonntagsschule. Ich war von da an noch zwei volle Jahre bei den Eltern und mußte bei allen Arbeiten helfen in Haus und Feld vom frühen Morgen bis in die späte Nacht. Weil ich der älteste unter meinen Brüdern war, so meinte man, ich sei absolut notwendig zur Unterstützung der Eltern bei ihren vielen Arbeiten. Unterdessen mag ich doch manchmal meinen Wunsch, zu studieren und ein Geistlicher zu werden, ausgesprochen haben."[3]

Anmerkungen

1 Dr. Magnus Jocham, Memoiren eines Obskuranten. Eine Selbstbiographie, Kempten 1896, S. 1–4.
2 Anfang des Fadens.
3 A.a.O., S. 5–11.

Franz Michael Felder

Franz Michael Felder, geboren 1839, war Bauerndichter und
Volksschriftsteller aus dem Bregenzerwald.
Die Autobiographie war sein letztes Werk vor seinem frühen Tod im Jahre 1869. Felder hatte seine Erinnerungen dik-
tiert, weil seine eigene Handschrift schlecht leserlich war.
Nach diesem Originalmanuskript wurde die Autobiographie
1904 herausgegeben. Die Kindheit wird ausführlich geschildert.

Bezugspersonen

„Am 13. Mai des Jahres 1839, morgens zwischen 6 und 7 Uhr, kam ich in Schoppernau, dem hintersten Dorfe des inneren Bregenzerwaldes, zur Welt. Unter welchen Himmelserscheinungen, in welchem Zeichen des Mondes, ist von meinem
Vater nicht aufgeschrieben. Schön aber muß der Tag jedenfalls gewesen sein, denn
unsere Tagwerker waren gedungen, um endlich mit der ersten Feldarbeit, dem
Ausfahren des Düngers, auf unsere Wiesen, zu beginnen.

Nun aber schrie ich so gotterbärmlich, zeigte mich überhaupt so unzufrieden
in dieser Welt, daß man ernstlich besorgte, ich möchte gleich dem zwei Jahre früher geborenen Bruder Josef in den Himmel nachfolgen und auch ein Engelein
werden.

Das nun hätte sogar meine Taufpatin (das Gottle) nicht mehr gerne gesehen, da
es ja am Brüderchen schon den von jeder Taufpatin gewünschten, schuldlosen
Fürsprecher beim lieben Gott hatte.

Noch besorgter um das schwächliche Kind war der Vater. Zum Ausführen des
Düngers hatte er keine Lust mehr, und auch die Tagewerker schickte er nach dem
Morgenessen mit dem vollen Taglohn heim und ließ die fleißigen, kargen Nach-
barn darüber sagen, was sie wollten.

Später, als ich ordentlich wuchs und gedieh und mich überhaupt wie jedes andere Menschenkind benahm, soll er mehrmals geäußert haben: er halte es für eine
schlimme Vorbedeutung, daß ich ihn gleich beim Kommen durch die erregten Be-
sorgnisse von seiner Berufsarbeit ferne gehalten, den regelmäßigen Geschäftsgang
unterbrochen habe, und fast fürchtete er, daß ich niemals ein echter Bauer werde.
Dies nun würde ihm ungemein leid gewesen. Wie anders denn als Bauer sollte hier
zwischen diesen Bergen, im engsten schattigsten Achtale, ein wenig bemittelter
Mensch sein Leben durchbringen?"[1]

Franz Michael Felders Eltern hatten erst nach langer Wartezeit heiraten können.
Bei der Hochzeit im Jahre 1836 war der Vater 31 Jahre und die Mutter 36 Jahre
alt. Wichtigste Bezugsperson für den Jungen während der ersten Lebensjahre war

die Base, das „Gottle". Diese Base war die jüngste Schwester des Vaters, die mit im Haus lebte und das Kind hütete, wenn die Eltern auf dem Feld arbeiteten. Die Base litt an einem Gliederleiden und konnte keine Feldarbeit mehr verrichten. Sie war es, die die Augenkrankheit des Kindes entdeckte. Für diese Augenkrankheit hielt sich Franz Michael Felders Mutter schuldig, denn sie hatte sich während der Schwangerschaft vor den leeren Augen eines Blinden erschreckt.

Nachdem viele Haus- und Wundermittel angewandt worden waren, wurde ein Arzt hinzugezogen, der die Sehkraft des gesunden Auges zerstörte und das kranke nicht heilte. Diese Schreckensnachricht führte bei der erneut schwangeren Mutter zu einer verfrühten Niederkunft, bei der das Kind starb.

Franz Michael Felders Sehschwäche bestimmte von nun an die Haltung der Umwelt ihm gegenüber.

Aus Ängstlichkeit und Mitleid isolierten die Erwachsenen den Jungen von den Spielen der anderen Dorfknaben. Er wurde bedauert, wie ein Kranker behandelt und zu den Mädchen geschickt. Wenn er sich auch vorübergehend durch Tollkühnheit und Rauflust wieder einen Platz unter den Dorfjungen erobern konnte, so war er durch seine Sehschwäche doch bereits als Sonderling abgestempelt. Der Vater war Franz Michael Felders wichtigste Bezugsperson.

„Noch weiß ich's, wie ich bitterlich weinte, als einst der Vater sagte, daß am nächsten Markt der gelbe Weißfuß verkauft werden müsse. Hatte doch das gute Tier uns den Sommer hindurch mit süßer Milch versehen. Und wenn es drüben hinterm Hause am Fuß des tannengekrönten Berges stand und weidete, daß sein Glöcklein läutete, es sprang doch immer gleich auf den ersten Ruf von den anderen Kühen weg zu mir an das Gatter in der Mauer, welche die Gemeindeviehweide von den Heuwiesen abschloß. Willig ließ es sich in den Stall führen, an den Hälsling binden und melken. Und nun, da es weniger Milch gab und kein Kalb mehr trug, sollte es zum Danke dafür verkauft werden? ‚Nein, einfältiger Franzmichel', sagte mir der Vater freundlich und weich, ‚dafür muß dein Weißfuß nicht verkauft werden, dafür hab' ich ihm ja den Sommer hindurch gutes Futter gegeben in der Viehweide am Berg.'

‚Das ist von selbst gewachsen', murrte ich.

‚Aber ich muß Zins und Steuer und Abgaben zahlen zum Augenübergehen, daß man mir den Weideplatz überläßt.'

‚Das kann ich schon auch,' sagte ich stolz, und eilte, meine kleine Sparbüchse zu holen.

Lächelnd zählte der Vater, was ich zusammengespart hatte. Dann sagte er: ‚es müßte wenigstens zehnmal mehr sein, bis es kleckte. Denke dir nur, ich hätte einen Wagen zu machen für soviel Geld, also wenigstens eine Woche zu schaffen.'

Der Vater war nämlich nebenbei auch Wagner und hatte sich im langen Winter und an regnerischen Sommertagen mit seinem Handwerk schon manchen Gulden verdient. Ich stand oft neben ihm am Schraubstock und sah ihm so aufmerksam zu, daß es mir nie entging, wenn er, meine Aufmerksamkeit prüfend, nur ein Werkzeug nicht an seinen gewöhnlichen Ort legte. Es machte ihm sichtlich Freude, wenn ich ihn für jedes scheinbare Versehen ein wenig meisterte. Noch glücklicher jedoch machten ihn die vielen Fragen des Knaben, der es z. B. lange nicht begriff, warum denn andere Leute ihre Heuwagen nicht auch selber machten? Endlich war es aber gelungen, mich zu verständigen, wie und warum der Schneider Häs, der Bäcker Brot, der Wagner Wagen für alle zusammen mache. Ich begriff daher viel leichter, als er nun auch seine Gründe für das Verkaufen der Kuh an das früher Gesagte knüpfte, und da man mir dann ein ganzes Schnupftuch voll Birnen, die hier eine Seltenheit sind, und einen neuen Hut vom Markte mit heim brachte, war ich einstweilen gänzlich zufrieden gestellt.

Als aber nach etlichen Tagen auch die letzten der süßen Früchte verzehrt waren, begann mich etwas zu beunruhigen, was ich nicht ungern meine ersten Gewissensbisse nennen möchte. Es war doch Unrecht, herzlos im Genusse des treuen Tieres zu vergessen, welches ihm zum Opfer ward, indem ja der Vater von der am Markttag erhaltenen Summe für mich eingekauft hatte. Mir machte das wochenlang um so mehr Kopfarbeit, weil ich's ganz allein in mir verwerchen[2] mußte. Dem Vater nämlich wagte ich durchaus nichts mehr davon zu sagen, denn ich hatte das Gefühl, er müßt' es wie einen Vorwurf empfinden; und der Mutter vertraute ich's nicht an, weil ich gewohnt war, sie beide immer nur als eines anzusehen. Unsere anderen Kühe waren jetzt auch wieder von der Alp zurück, welche der Vater gemeinsam mit seinem Bruder Johann Josef und seiner verheirateten Schwester Serafine bewirtschaftete. Ich aber mochte jetzt nie mehr mit dem Vater in den Stall. Abends, wenn die Mutter die frisch ausgegrabenen Erdäpfel ob das Feuer brachte, abendlete[3] ich mit dem Gotte in der Stube und lernte von ihm das katholische Glaubensbekenntnis und das Vaterunser beten. Einmal nun nach einer kurzen Einleitung – ohne die ließ ich selten etwas durch – kam ich auf das verkaufte liebe Tier zu sprechen. Ich machte alles so klar, wußte soviel Gutes von der unglücklichen Kuh, und auf meiner Seele lag das ihr geschehene Unrecht so schwer, daß mir schließlich das Lächeln der sonst so zart fühlenden Base das Wasser in die Augen trieb. Das machte dann auch sie weinen. Während ihre zarte Hand mich neben sie hinzog und mir die Träne abwischte, begann sie ungewöhnlich ernst: ‚Du liebes gutes Kind! Wir Alle haben das einmal durchmachen müssen. Noch weiß ich's ganz gut, wie der Jakob, dein Vater, zum ersten Male auf den Viehmarkt ging mit seiner Lieblingskuh, die neben ihm aufgewachsen war. Er sah ganz bleich aus und zitterte, daß er das unwillige Tier kaum zu führen vermochte.‘

‚Und warum hat er es dann doch fortgetan?‘

‚O Gott! unser Vater war krank und vom Erlös mußte der Doktor bezahlt und mußten mir und den anderen Geschwistern Kleider für den kalten Winter gekauft werden.‘

‚Das war hart, Gottle, und da hat denn freilich auch die Kuh mithelfen müssen.‘

‚Gewiß, wie man für sie auch jahrelang sorgte, besser als man es für sich selber konnte.‘

Und noch manchen Abend redeten wir von ähnlichen Fällen, bis ich endlich begriff, wie dem Bauer seine Tiere nur Werkzeuge sind und wie die Not der Seinen, die Sorge ums tägliche Brot, auch den besten zuweilen wirklich hart gegen sie zu machen imstande ist. Klarer noch, aber auch unerträglicher war mir das im Winter, wo ich unsere sechs Kühe vom Vater mit der Ängstlichkeit versorgt sah, die man sonst nur für einen launischen Wohltäter, etwa so einen alten reichen Erbvetter, zu haben pflegt. Das Unwohlsein, das Kalben eines der Tiere und ähnliche Stallereignisse waren fürs ganze Haus höchst wichtig und brachten meine Eltern halbe Wochen lang fast um allen Schlaf. Da sah ich sie zittern für das, was der Schweiß und die blutige Sorge von Jahren ihres Lebens zusammengebracht hatte."[4]

Materielle Umwelt

Schoppernau war ein Dorf mit 500 Einwohnern. Die Familie Felder bewohnte ein Haus mit einer Stube, in der der Vater auch seine Wagnerwerkstatt unterhielt, und mit mehreren Kammern. Der Junge hatte eine eigene Schlafkammer nahe am Stall. Außer dem Kalender, der bei Kerzenlicht am runden Tisch gelesen wurde, kam keine Lektüre ins Haus.

Der Hausrat war spärlich, Felder erwähnt, daß seine Mutter nur die allernotwendigsten Küchengeräte besaß und nicht einmal über eine Reibe verfügte. Das Kanapee in der Stube war mit Buchenlaub gefüllt.

Lernen

Der Vater hielt seinen Sohn für einen Sonderling.

„Ich hätte es freilich nicht hören sollen, wenn er zuweilen zur Mutter sagte: ‚Sich selbst ist der Franz Michel doch auch etwas; für den Umgang mit anderen aber ist er viel zu empfindlich, und wir müssen ihn schon immer daheim behalten, wenn sein Wesen auch nur einige Festigkeit gewinnen soll.'

An diesem Gedanken hing der Vater so fest, daß er mich auch im folgenden Winter, wo ich schulpflichtig wurde, daheim behalten wollte. Ich sollte da von ihm und dem Gottle für den Hausgebrauch ein wenig lernen, wenn allenfalls etwas in mich zu bringen war. Er hatte deswegen mit unserem Pfarrer eine längere Unterredung, aus welcher mir ganz klar wurde, daß diese Ausnahme weniger wegen meiner Kurzsichtigkeit als meiner anderen Eigenheiten gewünscht wurde. Der Mutter tat diese Verhandlung weh, mir schnitt sie tief ins Herz, und wir beide atmeten tief auf, als der Pfarrer den Vater freundlich, aber entschieden zu widerlegen begann. ‚Erst auf diese Weise würde ich recht zum Sonderlinge werden, indem ich öffentlich nicht wie andere Kinder behandelt würde. Durchaus dürfe man die gebotene Gelegenheit nicht versäumen, mir im Umgange mit ihnen manches Ekkige noch rechtzeitig und auf unschädliche Weise abstreifen zu lassen.' Der Vater versprach endlich, den Versuch zu machen und geduldig zuzusehen, bis auch der Pfarrer durch die Erfahrung auf andere Gedanken gebracht sei.

Eines schönen Morgens im November holte Seppel, welcher vor kurzem vom Tannberge heim kam, mich in die Schule ab. Der Vater gab mir Weihwasser, während die Mutter sich die Augen wischte. Ich hatte mich recht auf die Schule gefreut, aber die Ängstlichkeit meiner Eltern machte mir etwas bang. Das währte jedoch nur, bis ich meinen Platz ganz hinten im untersten Stuhle der kleinen dunklen Schulstube bei den ABC-Schützen gefunden hatte. Vor allen diesen lag noch das Täflein, welches ich nur noch mit hatte, um zu zeigen, daß ich's vorsich und hintersich aufsagen könne. Ich tat das auch ganz herzhaft und der erfreute Lehrer klopfte mir freundlich auf die Achsel und sagte: ‚Richtig – wenn du deine Sache schon so gut machst, dann darffst du auch nicht mehr ganz im Dunkel bleiben. Komm nur da vorn heraus, denn du bist der erste von allen Diesjährigen, der ein Namenbüchlein bekommt.'

Ich merkte, daß mir das Weinen wieder nahe war. Aber wie damals in der Kirche sollte es mir jetzt nicht mehr gehen. Ich bat den Lehrer mit halb erstickter Stimme, mich ein wenig hinaus zu lassen. Als ich nun allein war, mußte ich aber nicht weinen, sondern lachen, so laut und herzlich, wie ich noch selten gelacht hatte. An den Wänden hinauf hätte ich mögen vor lauter Lust, und ich machte wirklich einige Freudensprünge, bevor ich wieder in die Schulstube, an meinen Ehrenplatz, zurückeilte. Nun wollte ich lernen, daß man davon reden sollte. Ich mußte das Recht verdienen, neben anderen Kindern in der Schule zu sitzen und auch mit ihnen in die Kirche zu gehen.

Das war mir anfangs der Sporn zu Fleiß und Ausdauer. Hundert Kinder hierzulande haben weder diesen noch einen anderen. Vom Lehrer hören sie von frühester Jugend an nichts Besseres, als daß er sie schon gehörig mustern[5] und eine Menge Ruten an ihnen zerschlagen werde. Wer den armen Geschöpfen die größte Furcht vor dem Lehrer einzujagen vermag, glaubt diesem am besten vorgearbeitet zu haben. Lust am Lernen zu wecken, fällt wenigen Eltern ein; vielmehr muß es der Lehrer fast für eine Gnade halten, daß man ihm auch diejenigen Kinder zuschickt, welche schon irgend einen Kreuzer verdienen könnten. Da glauben dann die Kinder, man müsse nur dem Lehrer zuliebe lernen, und wähnen, diesem durch ihre Nachlässigkeit einen rechten Possen zu spielen.

Etwas besser ist es freilich geworden, seit durch freiere Gesetze, die eine Volksvertretung im Staat und in der Gemeinde schufen, der Talentvollere auch beim Volke wieder zu einiger Geltung gelangte. Damals war's der größte Stolz eines Elternpaares, rechte Werchadern[6] zu erziehen, die für nichts als ihren Stall besorgt waren; jetzt möchte man denn doch auch in der Gemeinde und im Ländchen etwas gelten.

Mein Vater hatte schon damals derartige Wünsche. Er war daher überglücklich, daß sein Schüler sich über alles Erwarten gut hielt. Als ich ihm die ersten gedruckten Zeilen vorgelesen, hat er mich – geküßt, was bei ihm, wenigstens solang ich weiß, nicht jedes Jahr einmal vorzukommen pflegte. Dieser Beifall entzündete meine Lernbegierde mehr und mehr."[7]

Spiel

Weil der Junge bei seinem ersten Kirchbesuch in lautes Weinen ausbrach, wurde er nicht mehr zum Gottesdienst mitgenommen.

„Ein ‚Aber' ließ man keineswegs aufkommen. Ich mußte fortan heim, sobald es zum Gottesdienste läutete, und da in meinen abgetragenen Zwilchkleidern zusehen, wie der Vater aus dem Schlaf- und Ankleidezimmer neben der Stube, dem Gaden, kam, in seinen kurzen gemsledernen Hosen, und sich die von der Mutter kunstvoll gestrickten Strümpfe unter den Knieen festband. Dann legte er das Kamisol an, welches er als Hochzeiter getragen hatte, und schritt mit der Mutter, welche, wie alle Bregenzerwälderinnen, ganz in schwarze Glanzleinwand gekleidet war, der Kirche zu. Ich durfte nicht mehr mit. Nur mein feuchter Blick und meine Gedanken begleiteten sie. Das Gottle, welches ebenfalls jetzt immer daheim bleiben mußte, suchte vergebens mich zu besänftigen und zu unterhalten. Zuerst saß ich eine Weile schluchzend am Fenster, dann stellte ich einen Stuhl mitten in die Stube, warf ein Taschentuch über die Lehne und richtete da einen Altar auf. Tannenzweige mußten die Blumensträuße ersetzen, welche ich in der Kirche sah; Weidenruten waren meine Kerzen und Kuhschellen läuteten zu der Messe, welche ich in einem über die Kleider angezogenen weißen Hemde las, oder doch – da ich nicht lesen konnte – vor dem aufgeschlagenen Buche brummte. Wenn ich die Woche hindurch irgendwo einen Tuchrest auftrieb, machte ich eine Fahne daraus, und da ich kein rotes Tuch fand, schnitt ich mir einmal absichtlich in einen Finger, um ein weißes Stück mit meinem Blute zu färben. Bald gottesdienstete ich auch an Werktagen, so, daß meine Eltern auf die fromme Spielerei aufmerksam wurden.

Die Mutter freute das und sie war geneigt, darin den Ausdruck einer schönen religiösen Gesinnung zu sehen. Der Vater aber schüttelte bedenklich den Kopf. Ihm erregte es ernstliche Sorgen, daß Alles einen so tiefen Eindruck auf mich machte. Er beklagte es, daß ich mich jeder Liebhaberei, die der unbedeutendste Zufall anregte, mit Leib und Seele rücksichtslos hingab. ‚Ein armes Bäuerlein,' meinte er, ‚könne nicht wie ein Schmetterling durchs Leben fliegen und nach Belieben an jeder Staude hängen bleiben. Das müsse durch die Welt wie ein Saumroß, mit Scheuledern vor den Augen, daß es nicht rechts und links alles Verwirrende, Lockende und Schreckende, sondern bloß den schmalen, schlechten Weg vor sich zu sehen bekomme.' Trotzdem schnitzte er mir manches für meinen Altar, räumte für meine Spielerei unsere Rumpelkammer etwas aus und ließ auch die Verwandten, welche mir allerlei Schönes, Geeignetes einkauften, lächelnd gewähren. Ja er hatte doch auch seine Freude daran, daß ich Alles so schön und regelrecht aufzustellen, jeden Gegenstand in gefälliger Weise zu verwenden wußte. Zum Teil kam seine Freude wohl von der Wahrnehmung, daß ich nun den wilden Seppel, welcher den größten Teil des Jahres mit seinem Vater am Tannberg lebte, wo dieser eine Wiese und eine Alp besaß, weit weniger schmerzlich vermißte."[8]

Als kleiner Junge spielte er mit den Mädchen „Mutter und Kind" mit Puppen, später nahm er an den wilderen Spielen der Jungen teil.

„Aber die derben Spiele der Burschen mit ihren hölzernen Rossen und Kühen – den einzigen Spielsachen, die Eltern und Basen verschafften – hatten trotzdem für mich nichts Anziehendes. Vor den wirklichen lebendigen Rossen hatte ich soviel Furcht, daß ich sogar die geschnitzten und bunt bemalten niemals ohne geheimes Grausen anzusehen vermochte. Die aus Erlenholz geschnitzten Kühe, deren Euter wenigstens so groß sein mußte als ihr Bauch, waren mir schon etwas lieber. Zuwider jedoch blieb mir die Art, wie nun mit diesen Tieren gespielt ward, so natürlich sie auch dem Wesen des Bregenzerwälders sein mochte. Hier zwischen unseren Bergen kommt kaum ein Obstbaum auf und kein Feldbau will recht gedeihen. Die Kuh ist für die Bevölkerung das wichtigste Werkzeug. Nur durch sie läßt sich der Segen unserer Wiesen und Berge in Bares verwandeln. Ihre Milch, zu Butter und Käse bereitet, bildet bis in die neueste Zeit fast den einzigen Handelsartikel des abgeschlossenen Achtales mit seinen 17000 Einwohnern. Auch von den spielenden Knaben wurden ihre hölzernen Tiere nur als Werkzeuge behandelt, und schon das tat mir weh. Unmöglich konnte ich sehen, wie solch ein Tier auch nur in seinem schlechten Bilde geschlachtet, mit scharfem Messer zerstückt wurde, sobald man von ihm sagte, daß es zu wenig Milch gebe. Dieser dem Wesen des Knaben überhaupt eigene Umschaffungs- oder meinetwegen Zerstörungstrieb, der an seinen Kühen und Rossen sich nur durch das gewiß etwas verrohende Schlachten zu äußern vermochte, hat mich zuerst auf die wirklichen Kühe und ihre Stellung zum Menschen aufmerksam gemacht."[9]

Arbeit

„War mir früher das Los unserer Haustiere wegen ihrer vermeintlichen Abhängigkeit als ein sehr bedauernswertes erschienen, so mußte ich jetzt mehr und mehr uns selbst von ihnen abhängig sehen und bedauern. Nun konnte ich den Stall nur noch mit einer gewissen Scheu betreten. Ich war zuweilen recht böse auf die närrischen Tiere, um deretwillen der Vater im strengsten Winter mit Lebensgefahr die höchsten Berge besteigen mußte, um das im Sommer mühevoll gesammelte Heu an Tod drohenden Abgründen vorüber heimzuführen. Mehr und mehr verstand ich, warum die Summe löblicher Kuheigenschaften in der Regel nur durch Taler ausgedrückt wurde. Ich begann das harte Erdenlos des Kleinbauern immer schmerzlicher zu empfinden und den Wert des Geldes kennen zu lernen.

Jetzt auf einmal kam das bisherige Spielen und Herumklettern mir nicht nur ungemein einfältig, sondern geradezu wie ein großes Unrecht vor, welches ich Rücksichtsloser an den von ewiger Arbeit und Sorge gequälten Meinigen beging. Mit beinahe verächtlichem Lächeln wies ich die freundlichsten Einladungen bisheriger Gespielinnen zurück und blieb daheim, wo ich stets dem Vater zu helfen, der Mutter einen Gang zu ersparen suchte. Als einmal der Winter uns in die Stube sperrte und den Vater wieder beinahe ganz zum Wagner, die Mutter zur Stickerin machte, ward ersterem der Diensteifer des Knaben nur gar zu groß. Ich wollte auch mit Bohrer und Säge arbeiten, so daß die Sorge, ich könne mit den scharfen Werkzeugen mich beschädigen, ihn kaum noch ruhig arbeiten ließ; noch mehr beunruhigte ihn mein Eifer außer dem Hause, wenn ich etwa nur unter der Aufsicht der Base blieb. Er schickte mich mehrmals zu andern Kindern. Aber wer im schönen

Herbst, wo die abgemähten Wiesen bloß für unser Hüpfen und Spielen da zu sein schienen, dem so munteren Treiben entsagte, dem ist im Winter so etwas vergebens wieder empfohlen.

Die jungen Knaben, die noch nicht in die Schule geschickt werden, sind während der strengen Jahreszeit wahrhaftig zu bedauern. Den ganzen Tag und ein ganzes Halbjahr sollen sie ruhig in der kaum mit einem schlechten Heiligenbilde geschmückten Stube sitzen, wo es ihnen sowohl an erfreulicher Mannigfaltigkeit der Spielsachen, als an munteren Spielen fehlt, wie sie anderwärts Körper und Geist der Kinder üben und beschäftigen. Die Burschen sah ich da und dort bei der Spielkarte sitzen, welche mancher früher als das A, B, C kennen lernte. Die Mädchen dagegen hatten an den Stickereien älterer Schwestern oder der Mütter, ihre Geschicklichkeit mit gutem Erfolge versucht und arbeiteten jetzt am eigenen Stickrahmen für die kleine Sparbüchse. Mir gefiel das am besten. Ich ersuchte den Vater, mir auch für so eine schöne einträgliche Beschäftigung zu sorgen, wenn mir das Gottle seine Stickerei nicht anvertrauen dürfe. Es wollte ihm aber nichts Passendes einfallen, bis ich einmal dem Gottle eine seiner zierlichen Stickereien so gänzlich verdarb, daß dem Arbeitgeber der Stoff bezahlt werden mußte. Das wirkte. Zwar das erste Erträgnis meiner Leistungen war nur eine tüchtige Strafpredigt. Man traute aber ihrem Erfolge so wenig, daß man jetzt alles Ernstes für mich auf eine passende Beschäftigung sann. Endlich fertigte mir des Vaters geschickte Hand einen kleinen, ungemein einfachen Webstuhl und Vetter Weber, ein Nachbar, zeigte mir, wie man da aus rohem Garn Bänder für den Hausgebrauch anfertigen könne. In einem halben Tag war meine Lehrzeit überstanden. Zuerst gab's nun freilich zuweilen für mich noch sehr verwickelte Fälle und ich mag für mehrere Groschen Garn verdorben haben. Der Vater, sonst sehr sparsam, tröstete mich hierüber und sah mich lächelnd durch Schaden klüger werden.

Übung macht den Meister. Bald ging alles nach Wunsch, nur daß es meiner Arbeit lang vor dem Ende des Winters schon an Käufern fehlte. Da entstanden täglich dreißig bis fünfzig Ellen Band. Soviel aber wußte man unmöglich zu verbrauchen, obwohl man bei mir zehn Ellen für einen Groschen haben konnte, wovon dann so der dritte Teil als Arbeitslohn in meine Sparkasse fiel. Ich begann daher meine Ware als Hausierer im ganzen Dorf an den Mann zu bringen. Die Leute hatten ihre Freude an dem kleinen Händler. Ich befliß mich auch, gegen Jedermann artig zu sein, und da sich mir gegenüber kein Mensch einigen Zwang antun mochte, habe ich schon früh das Eigentümliche jedes meiner Kunden so gut herauszufinden vermocht, daß ich sogar die Redeweise zur Belustigung meiner Vertrautern ganz treu wiedergeben konnte. Der Beifall, den das fand, schärfte meine Aufmerksamkeit mehr und mehr. Auch mir selbst wurden meine Beobachtungen immer wichtiger. Ohne Mühe kam ich darauf, wie sich am leichtesten mit den Leuten verkehren, am meisten von ihnen erreichen läßt. Zum Schmeicheln freilich hatte ich zu sehr das gerade Wesen meines Vaters, mochte zu gern die gemachten Beobachtungen verwerten, aber ich wußte auch zu schweigen und verstand es, etwas Artiges zu sagen, ohne daß es geradezu eine Schmeichelei genannt werden durfte. Und je mehr ich andere Menschen beurteilen und nach der Verschiedenheit ihres Wesens zu behandeln mir angewöhnte, desto mehr ward ich mir auch meiner Eigenart bewußt.

Aber nicht nur beim Verkauf, auch bei Erzeugung meiner Ware hatte ich frohe Stunden. Zuerst arbeitete ich nur daheim und dünkte mich nicht wenig, wenn ich meinen Webstuhl auf den Tisch aufgestellt hatte und man dann zwischen die wuchtigen Hammerschläge des Vaters hinein mein kleines Schifflein im aufgespannten Garne rauschen hörte. Am kurzweiligsten war's, wenn auch das Gottle daheim blieb: da mußte es mir dann von der und jener Person erzählen, die mir durch etwas beim Hausieren an ihr Beobachtetes merkwürdig genug war, daß ich, um Näheres über sie zu erfahren, mir nicht nur ihr Aussehen, sondern auch Lage und Nummer ihres Hauses merkte. Das Gottle hatte eine ganz eigene Gabe, das Wesen eines Menschen bei seinem Kern zu erfassen und in wenigen Zügen wiederzugeben. In langen Sommertagen, die es allein oder mit mir zu Hause verbringen mußte, hatte es nur schon zu viele Gelegenheit, über die Schicksale seiner wenigstens äußerlich glücklicheren Schulgefährtinnen, ja aller Bekannten, nachzudenken. Es sagte auch oft, daß es seinen Trost gewinne in der Betrachtung menschlicher Verhältnisse und in der Erkenntnis, daß jeder sein Teil zu tragen bekomme oder sich selbst auflade. Da lerne es dann sein Leiden geduldig tragen, obwohl man das Wohltätige an eigenen Widerwärtigkeiten weit weniger einsehe, als an Heimsuchungen, die Gott anderen Menschen zugeschickt habe. Es war mir eine Wohltat und Genuß, vom klarsehenden, liebevollen Bäschen mir menschliche Dinge und Verhältnisse zeigen zu lassen.

Leider blieb es, wenigstens solange es sticken und gehen konnte, nur selten einmal daheim, wenn auch der Vater da war und mit seiner Wagnerei ein Gerumpel machte, welches noch Gesunderen als dem Gottle leicht einiges Kopfweh verursachen konnte. Die Stickerinnen, wenigstens die verheirateten, bleiben überhaupt nicht gerne allein zu Hause. Es plaudert sich ganz allerliebst, während die weiße, geübte Hand den kaum weißeren Faden durch den feinen Tüll auf und ab zieht, daß Nadel und Fingerhut immer wie im Takte dazu klappern. Drum geht die Stickerin fast jeden Tag mit ihrem Stock oder Rahmen zu irgend einer Nachbarin zur Stubat;[10] am liebsten selbstverständlich zu der, welche man heute schon auch von zwei anderen besucht werden sah. So recht vertraute Gespräche werden freilich auf der Stubat nur selten gehört. Man liebt es mehr, zu necken als offen zu sprechen. Zuweilen kommt man aber, aber nur ein klein wenig – ins Klatschen hinein, doch in der Regel pflegt in der wohltuenden Stubenwärme der gesunde Humor der Bregenzerwälder immer seine schönsten Blüten zu treiben. Das Gottle lebte in solchen Gesellschaften, wo es seine Leiden vergaß und sich wieder einmal den Anderen gleich fühlte, ganz neu auf. Es war auch so willkommen auf jeder Stubat, daß man sogar mich als sein Anhängsel mit samt meinem Webstuhl duldete. Aber wie gern ich zuweilen auch in größerer Gesellschaft arbeitete, um meine Künste zu zeigen, es wollte mir doch nicht recht behagen, wo ich vom Gesprochenen so wenig verstand, auf meine Fragen häufig nur ein Gelächter als Antwort erhielt und mir überhaupt wie das fünfte Rad am Wagen vorkommen mußte.

Ich begann daher, mir eigene Häuser, eigene Gesellschaft zu suchen. Wo es mir beim Hausieren besonders gut gefiel, blieb ich nun etwas länger, erzählte von der Bedeutung meines Geschäftes, frug, ob man nicht einmal meinen Webstuhl und mich daran arbeiten sehen möchte. Schenkte man mir bloß ein gefälliges Kopfnikken, so versprach ich, ohne noch auf eine Einladung zu warten, schon die nächsten Tage zu kommen. Die Leute ließen mich lächelnd gewähren, und mir war das genug, denn es machte mir wenig Sorge, die Hand zu bekommen, wenn man mir einmal den kleinen Finger überließ."[11]

Anmerkungen

1 Franz Michael Felder, Aus meinem Leben, hrsg. von Anton E. Schönbach, Wien 1904, S. 3 f.
2 Abmachen.
3 Zu abend essen.
4 A.a.O., S. 22–36.
5 Schelten.
6 Arbeitsame Person.
7 A.a.O., S. 53–56.
8 A.a.O., S. 51 ff.
9 A.a.O., S. 20 ff.
10 Besuch in der Stube.
11 A.a.O., S. 26–32.

Friedrich Paulsen

Friedrich Paulsen, geboren 1846, war Pädagoge und Philo-
soph, seit 1878 lehrte er als Professor in Berlin. Er bereitete
seine Jugenderinnerungen selbst für die Veröffentlichung vor,
erlebte aber ihr Erscheinen nicht mehr.

Bezugspersonen

„Am 16. Juli 1846 um die Mittagsstunde bin ich zu Langenhorn, einem Dorf an
der Westküste des Herzogtums Schleswig, meinen Eltern als ihr erstes Kind geboren. Ich blieb das einzige, drei jüngere Brüder starben bei der Geburt aus Mangel
an ärztlicher Hilfe. Meine Eltern waren Bauern; der Hof, auf dem ich geboren und
aufgewachsen bin, war kurz vorher von meinem Vater gekauft worden, sie haben
ihn bis in die Mitte der 80er Jahre bewohnt. Bis dahin bin ich jedes Jahr auf kürzere
oder längere Zeit dahin zurückgekehrt; ich hatte das Gefühl, hier meine eigentliche
Heimat zu haben.

Beide Eltern waren von Herkunft Nordfriesen, daher die friesische Sprache
auch meine Muttersprache ist."[1]

Der Vater stammte aus einer Schifferfamilie. Er wurde 1805 geboren und verbrachte die Kindheit auf einer Hallig.

„Das Leben auf der Hallig ist damit gegeben. Ein Anbau des Bodens ist nicht
möglich; wohl aber gewährt das kurze dichte, salzhaltige Gras des fruchtbaren
Marschbodens Kühen und Schafen genügend Futter; die Fläche wird in jedem Jahr
in zwei Hälften geteilt: Weide für den Sommer und Meedland, das für den Winter
das nötige Heu liefert. Jedes Haus hat seinen bestimmten Anteil an der Gräsung
und dem Meedland. Die Tiere bleiben im Sommer sich selbst überlassen, im Winter teilen sie mit den Menschen den engen Raum des Hauses, das in der Regel nur
Vordiele, Wohnstube, Pesel, Küche und Stall enthält: für mehr ist weder Raum
noch ein Bedarf; Heu und Feuerung werden auf dem Boden untergebracht. Die
Feuerung besteht aus dem an der Sonne getrockneten und geformten Kuhmist.
Pferde gibt es nicht; das Heu wird in großen Laken auf dem Kopf ins Haus getragen. Die Wirtschaft lag früher so gut wie ausschließlich in der Hand der Frauen:
die Männer gingen vom 15. Jahr ab zur See; regelmäßig kam Ende März oder Anfang April ein Schiff oder auch mehrere nach Wyck und holte die ganze seetüchtige
Mannschaft nach Amsterdam, die dann erst im Spätherbst oder Winter mit dem
gewonnenen Verdienst nach Hause zurückkehrte. Korn oder Mehl und Kartoffeln
mußten gekauft werden, ebenso der unentbehrliche Tee und Zucker. Wyck auf
Föhr war der nächste, Husum der entferntere Markt, wo man seine Einkäufe
machte. Im übrigen versorgte die Haushaltung sich selbst: Milch, Butter, Käse,
Fleisch, Wolle lieferte der Viehstand. Es wurde fleißig gebacken, außer dem lan-

desüblichen Schwarzbrot war stets auch allerlei Backwerk im Hause, das dem Besuch zur Tasse Tee vorgesetzt wurde. Tee war das jederzeit bereite Getränk, morgens und abends, vormittags und nachmittags; das Wasser ließ sich nur abgekocht
genießen und andere Getränke gab es nicht, abgesehen von Spirituosen. Die Wolle
wurde durch Hausarbeit, an der sich auch die Männer beteiligten, in Kleider und
gestrickte Sachen verwandelt. So lebten die Halligbewohner einfach, aber nicht
ärmlich, im ganzen auf gleichem Fuß. Der Einfachheit des äußeren Daseins entsprach die Gleichförmigkeit und Geschlossenheit des inneren Lebens. Der Kreis
der Kinder, die in dem Hause des Großvaters aufwuchsen, war groß genug, um
sich selber zu genügen; viel Umgang mit der Außenwelt gab es nicht, er wurde
auch durch den herrschenden Geist des Hauses nicht begünstigt. Die Schule führte
natürlich die Altersgenossen zusammen. Der Lehrer war ein alter ausgedienter
Schiffer, der seine kleine Schar mit Strenge, ja mit Härte regierte: ich habe von den
Tanten noch im späten Alter von seiner grimmigen Disziplin mit Bitterkeit reden
hören. Übrigens wurde bei ihm etwas gelernt; an Schulbildung übertrafen die
Halligbewohner überhaupt die Festlandbewohner. Auch innerhalb des Hauses
war die Erziehung streng; wenn der Vater zu Hause war, mußte die Kindergesell-
schaft mäuschenstill über der Arbeit sitzen; freilich, wie wäre sonst in der engen
Stube ein Auskommen gewesen? Ohne Zweifel hing die Neigung zu Einsamkeit
und Schweigen, die meinem Vater mit seinen Geschwistern eigen war, auch mit
dieser Jugendumgebung und Jugendgewöhnung zusammen."[2]

1845 heiratete der Vater, nachdem er zwanzig Jahre lang für Mutter und Geschwister gesorgt hatte.

„Er war ein reifer, in jeder Hinsicht fertiger Mann, als er in die Ehe trat. Ich
bin ihm in seinem vierzigsten Lebensjahr als sein erster Sohn geboren worden; als
älterer, gesetzter Mann steht er vor mir in der Erinnerung; sein Haar hatte er früh
verloren, daher er noch etwas älter aussah als er war. Dabei war er in vollkomme-
ner Kraft und Rüstigkeit, bis in sein spätestes Alter ist ihm körperliche Gesundheit
und Kraft treu geblieben. Auch geistig war er ein Mann von ungewöhnlicher Rüstigkeit. Das nordfriesische Wesen war in ihm in typischer Erscheinung dargestellt. Bedächtigkeit und Umsicht machten den Grundcharakter aus; klare Besonnenheit in der Überlegung und feste Energie in der Durchführung des gefaßten
Entschlusses gehörten zu seinem Wesen. Sein würdevolles Gesicht hatte den Ausdruck ruhigen Ernstes, die hellen blauen, aufleuchtenden Augen brachten einen
Zug von freundlicher Milde hinein: ich sehe ihn noch, wie er mir so, wenn ich später heimkehrend das Elternhaus besuchte, mit ausgestreckter Rechten entgegen-
kam. In der Rede war er zurückhaltend. Auch wenn er nicht seinen Schweigetag
hatte, und es waren ihrer nicht wenige im Jahr, machte er nicht viel Worte. Der
Inhalt der Rede war eigentlich niemals die Offenbarung persönlichen Wesens und
Empfindens. Von seinem Eigensten und Innersten zu reden hatte er Scheu; das
Objektive ist Gegenstand der Unterhaltung, das andere macht man mit sich selber
ab. Auch dies ist ein Zug, der einigermaßen zum friesischen Charakter gehört: er
meidet Intimität, und nicht bloß mit den Fernerstehenden, sondern auch mit den
Nächsten; eine gewisse Zurückhaltung, die auch als Kälte erscheinen kann, bildet

eine Seite seines Naturells. Dabei fehlt es nicht an Tiefe der Empfindung, aber sie scheut sich an die Oberfläche zu kommen. Sie fehlte auch dem Vater nicht, aber er zeigte sie kaum jemals; ich erinnere mich keiner Zärtlichkeitserweisung oder Liebkosung von seiner Seite, es sei denn, daß er mir als Kind einmal die Hand auf den Kopf legte. Ebensowenig trug er Sorge oder Kummer auf der Zunge oder stellte sie auf dem Gesicht zur Schau, auch wenn sie ihm tief ins Gemüt gingen; er verschloß die Dinge im Schrein der Brust und verarbeitete sie still in sich. So beherrschte er auch den Zorn, obwohl einige Neigung zu plötzlicher Erregung in seinem Temperament lag; Fremde werden kaum etwas davon gemerkt haben. Harte oder heftige Worte habe ich aus seinem Munde kaum gehört, es sei denn einmal über offenbare Unbilligkeit, deren Zeuge er war.

So war der Vater. Wenn er mit seinem festen, gewichtigen Schritt die Dorfstraße entlang am Sonntag früh zur Kirche ging oder am Nachmittag zu den Verwandten, dann blickte ich nicht ohne einigen Stolz auf ihn: ein Mann, dessen Ja und Nein galt, wo er sprach."[3]

Die Eltern der Mutter waren Bauern, die hart um ihre Existenz kämpfen mußten.

„Meine Mutter ist im Jahre 1818 geboren, zwei Jahre nach dem Bruder Ketel, sechs Jahre vor der Schwester Agathe Margarethe. Sie besaß ein sehr lebhaftes und fröhliches Temperament und eine nicht gewöhnliche geistige Regsamkeit; sie faßte leicht und lebhaft auf und hielt mit ihrem Urteil nicht zurück. Was die Schule des kleinen Dorfes, eine Nebenschule, die von einem Präparanden verwaltet wurde, ihr bot, war äußerst dürftig. Trotzdem hat sie sich ganz aus eigenem Vermögen eine sehr achtbare Leichtigkeit schriftlicher Mitteilung gewonnen. Ihr Interessenkreis war ursprünglich ein weiter, er hat sich dann mehr und mehr auf das Gebiet des Religiösen und der religiösen Schriftwelt gesammelt. Sie hatte viel Sinn für Kunst in jeder Gestalt; sie zeichnete, ohne jemals Unterricht erhalten zu haben, nicht ohne Geschick; sie sang gern und sicher ihre Choralmelodien, die einzigen, die sie je gehört hat; sie liebte es, auch selbst Verse zu machen, natürlich nach dem Muster ihrer Lieblingsgesänge. So schmückte sie auch ihr Haus: ich erinnere mich noch wohl der Ausstattung unsrer Wohnstube mit Bildern, damals eine beinahe unerhörte Neuerung; es waren fünf große Holzschnitte aus der Passionsgeschichte, die sie kaufte und rahmen ließ. Sie liebte ihre Blumen, die Fenster entbehrten nie des Schmuckes; ebenso ihren Garten: sie legte ihn so schön an, als es ihre Mittel möglich machten, und hatte große Freude daran.

Das große Erlebnis der Mutter war ihre Erweckung und Bekehrung. Am Anfang der Zwanzig war es über sie gekommen, nachdem sie bis dahin mit der Welt ehrbar und fröhlich gelebt hatte."[4]

Über die religiöse Gemeinschaft der „Stillen im Lande" wurde ihr späterer Mann auf sie aufmerksam.

„Der Bund fürs Leben ist für beide Teile glücklich gewesen. Zwar hat es auch an Schwierigkeiten nicht ganz gefehlt; Lebhaftigkeit der Gefühlsäußerung war dem Vater überhaupt nicht eigen, und so mag es auch der Gatte an den kleinen Zärtlichkeiten und Aufmerksamkeiten haben ermangeln lassen, wie sie von dem

Liebenden erwartet werden. Die Mutter war aus dem Elternhause an ein etwas
wärmeres Klima gewöhnt, als es in dem neuen Hause aufkommen wollte; so
rechtschaffen und gütig der Vater im großen war, so leicht konnte es ihm geschehen, über kleine Wünsche oder Abneigungen des andern sich mit einer gewissen
Rücksichtslosigkeit hinwegzusetzen: darauf kommt's ja doch nicht an. Er wußte
nicht, wieviel leichter oft eine große Einschränkung oder Entsagung ertragen wird,
als eine kleine Gleichgültigkeit. Mir sind diese Dinge sehr allmählich erst zum Bewußtsein gekommen. Als Kind habe ich gar nichts davon gemerkt; Streit zwischen
den Eltern kam nicht vor, Unstimmigkeiten wurden nicht in meiner Gegenwart
ausgeglichen. Eintracht und gegenseitige Achtung, das war es, was ich allein sah;
vor allem war die Mutter darin unbedingt sicher, dem Kinde Achtung vor dem
Vater und seinem Willen als dem selbstverständlich berechtigten einzuprägen.
Übrigens entsprach dies auch ganz und gar ihrer Empfindung; sie empfand vor
dem Vater und seiner Einsicht und Tüchtigkeit unbedingte Achtung. War sie einmal gekränkt, so wußte sie für ein freies Wort zur rechten Zeit Eingang zu gewinnen; die Gemeinsamkeit ihrer religiösen Lebensstimmung gab ihrem Wort Form
und Wirksamkeit. Fehlte es dem Verhältnis ein wenig an der Innigkeit des persönlichen Füreinanderseins, wie es durch größere natürliche Lebhaftigkeit des Gefühls oder feinere Kultur des Innenlebens gegeben wird, so fehlte es ihm zu keiner
Zeit an gegenseitiger wahrer Achtung; hierauf beruht der tiefe Friede, der den
Grundton in meinem elterlichen Hause ausmachte. Zorn und Zank gab es nicht;
und auch über einer inneren Verstimmung ließ die Mutter die Sonne des Tages,
die sie hervorgerufen hatte, nicht untergehen."[5]

Materielle und soziale Umwelt

In Friedrich Paulsens Kindheit gehörte Nordfriesland zu Dänemark. Die Landschaft lag damals noch ganz von den großen Verkehrswegen abgelegen, und es gab
viele Dorfbewohner, die nie im Leben eine Stadt sahen. Auch innerhalb der Landschaft war der Verkehr beschwerlich, weil die Chaussee erst gegen 1860 gebaut
wurde. In Langenhorn gab es auch keine eigene Postanstalt, die Post mußte nach
Bredstedt gebracht werden oder von dort abgeholt werden. Umgangssprachen
waren Friesisch und Plattdeutsch.
  „Die Folge von alledem war eine Abgeschlossenheit des Lebens, von der man
sich heutzutage kaum eine Vorstellung zu machen imstande ist. Das Dorf oder
vielmehr die Kirchgemeinde, die mehrere über etwa zwei Stunden zerstreute Dörfer zur Einheit zusammenfaßte, bildete einen durchaus in sich geschlossenen Le-
benskreis. Die Erwachsenen kannten noch die größeren Bauern aus den friesischen
Nachbardörfern im Süden und Norden, die Jugend sah nicht über die Grenzen
der Heimatgemeinde, wie sie allsonntäglich um die Kirche sich sammelte, hinaus.
Fremde kamen selten ins Dorf; war einer städtisch gekleidet, erkennbar an weißem
Halskragen und offener Weste, hatte er ,Weiß vor der Brust', so wurde er mit
einiger Scheu von uns betrachtet und durch Abziehen der Mütze geehrt, denn er

hatte die Vermutung für sich, ein Pastor aus einem Nachbardorf oder ein Beamter aus der Stadt zu sein; die Einheimischen trugen die Weste geschlossen und ein Tuch um den Hals.

Nur mit dem eine Stunde südlich gelegenen Bredstedt, dem Mittelpunkt der gleichnamigen Landschaft, war der Verkehr ein etwas regerer; es war der Markt und der Sitz des Postmeisters, des Landvogts und des Aktuars. Hierher wurden die Erzeugnisse der Landwirtschaft, soweit sie nicht an Ort und Stelle verzehrt oder abgesetzt wurden, zu Markt gebracht, von hier die notwendigen Geräte und Waren geholt. Es gehört mit zu meinen frühesten Erinnerungen, daß ich mit dem Vater auf einem mit Kornsäcken beladenen Wagen die langen Landwege nach Bredstedt gefahren und dort bei Kaufleuten, Käufern und Verkäufern eingekehrt bin, gelegentlich wohl auch auf einem Gang in das Bureau des Landvogts oder des Aktuars und Steuereinnehmers ihn begleitet habe. Ich war nicht wenig stolz, wenn der Herr fragte: ob ich der Sohn sei? und ein freundliches Wort an mich richtete."[6]

Paulsen beschreibt das Elternhaus und die elterliche Wirtschaft sehr ausführlich:

„Ungefähr in der Mitte des Orts liegt mein Elternhaus, ein langgestrecktes Bauernhaus, das, ebenso wie die übrigen, Wohn- und Wirtschaftsräume unter einem hohen Strohdach vereinigt. Es erstreckt sich von West nach Ost etwa 120 Fuß lang bei 25 Fuß Breite, wovon das östliche Drittel die Wohnräume enthält, der Rest kommt auf Stall, Tenne und Scheune.

Durch die Haustür unter dem Giebel tritt man in die mit Fliesen belegte Vordiele; die Tür zur Rechten führt in die Wohn- oder ‚Suderstube‘, eine Tür gradaus in die ‚Norderstube‘; jene ist im Winter, diese im Sommer der gewöhnliche Aufenthaltsort, wo die Mahlzeiten und auch die häuslichen Arbeiten, Spinnen, Nähen, stattfinden. Durch die Wohnstube geht's in den mit weißen Fliesen ausgelegten Pesel, der in der Regel nicht gebraucht wird: hier stehen die Koffer und Schränke. Durch die ‚Norderstube‘ geht man in die Küche, an die sich der tiefe Keller und darüber die Vorratskammer anschließen. Die glänzend hellblau gestrichene Wohnstube ist zugleich die Schlafstube der Eltern, das Bett, ein eingemauertes Wandbett, wie es damals noch überall Sitte war, abschließbar durch Vorhänge oder Holztüren. Hier steht der eiserne Ofen, anfänglich ein sogenannter ‚Beileger‘ der von der dahinter liegenden Küche aus geheizt wird, die Wände mit biblischen Darstellungen geziert, später ein moderner Aufsatzofen, in dem im Winter der Teekessel beständigt brodelt. Am Winterabend sammelt sich die ganze Familie um den großen Klapptisch am Fenster, auf dem eine Talgkerze brennt, welche die Mutter selbst gegossen hat. Der Vater liest die Zeitung, die Mutter näht oder spinnt, die Magd kardet Wolle, der Knecht liest oder raucht im Hintergrund seine Pfeife, dreht auch wohl einmal auf eigene Rechnung Strohseile, wie sie beim Dachdecken Verwendung finden, und ich mache Schularbeiten oder lese in einem Geschichtenbuch. Den Schluß macht um 9 Uhr ein Abschnitt aus Goßners ‚Schatzkästlein‘ oder einem anderen Erbauungsbuch, den der Vater vorliest. Im Sommer sitzt man am Abend in der Norderstube und plaudert, der Himmel bleibt hier bis gegen 10 Uhr so hell, daß ein Licht nicht nötig ist; um Mittsommer, wir sind unter dem 55. Breitengrad, bleibt es die ganze Nacht hindurch halbhell, bis gegen 11 Uhr kann man zur Not noch ohne Licht Gedrucktes lesen, nur zwischen 11 und 1 herrscht ein dämmeriges Halbdunkel. Der Schlaf wird im Sommer, vor allem wenn die Arbeit drängt, kurz gemacht, halb 10 zu Bett, 4 Uhr mit der Sonne wieder auf. Dazu 1 Stunde Mittagsschlaf. Im Winter kann man nachholen, da steht man erst nach 6 Uhr auf, immerhin noch so, daß auch am Morgen überall, in der Küche wie im Stall, Licht gebrannt werden muß. Denn die Sonne kommt spät und erhebt sich nur eben über den Horizont, manchen Tag sieht man sie überhaupt nicht."[7]

„Neben dieser eigentlichen Bauernstelle besaß der Vater noch ungefähr ebensoviel ‚auswärtiges' Land, einzelne Fennen in den Kögen, die er teils geerbt, teils durch Ankauf erworben hatte; sie sind fast alle noch in meinem Besitz. Er bewirtschaftete sie aber großenteils nicht selbst, weil er den Betrieb nicht vergrößern mochte: es hätte das Haus sehr erweitert und die Zahl der Leute vermehrt werden müssen. Sie wurden von Jahr zu Jahr verpachtet, es fanden sich immer Liebhaber dafür, zum Teil aus der Ferne, von der Geest her, wo man Weiden und Wiesen für den wachsenden Viehstand brauchte. So blieb es ein bequemer Mittelbetrieb, für dessen Besorgung, abgesehen von den eigenen Arbeitskräften, ein Knecht, ein ständiger Tagelöhner mit weiteren gelegentlichen Aushilfen zur Zeit der Ernte und eine Magd ausreichten. Die Leute waren selbstverständlich Einheimische, von ‚Leutenot' war noch nicht die Rede, wenn auch die Löhne rasch stiegen. Die Knechte wechselten öfter, dagegen waren die Tagelöhner mehr ständig; sie besaßen ihr eigenes Haus, waren verheiratet, hatten eine Kuh oder wenigstens ein paar Schafe. Regelmäßig war das Verhältnis so, daß sie vom Hause bezogen, was sie außer dem selbst Erzeugten brauchten, Korn, Fleisch, Speck, Butter, in laufender Rechnung gegen den Arbeitsverdienst. Die Dienstboten kamen vielfach von den inneren Geestdörfern; sie wurden durchaus als zur Familie gehörig angesehen und behandelt.

Längere Jahre diente ein Vetter der Mutter als Knecht bei uns, Andres Niß Ketelsen mit Namen. Er war ein ungewöhnlich tüchtiger Arbeiter und ein liebenswürdiger, gescheiter Mensch, dem ich mich mit leidenschaftlicher Zuneigung anschloß. Er hatte die Feldzüge von 49–50 mitgemacht und wußte sehr lebendig von seinen Erlebnissen, bei Gudsoe, Kolding, Idstedt, zu erzählen; an Willisen und Idstedt konnte er nicht ohne Grimm denken: wir hatten die Dänen geschlagen, dann kam der Befehl zum Rückzug, wir mußten die Zähne zusammenbeißen und ihnen den Rücken wenden. Nach dem Frieden hat er noch in Kopenhagen ein Jahr dienen müssen; er liebte es, davon zu erzählen, wie die alten Schleswig-Holsteiner den dänischen Unteroffizieren jeden Schabernack angetan hätten; der Deutsche fühlte sich persönlich dem Dänen durchaus überlegen. Bald nach der Rückkehr, es wird 1853 gewesen sein, kam er zu uns und blieb 3 Jahre; er hat mich, ich war damals ein Junge von 7–10 Jahren, alle ländlichen Arbeiten gelehrt; ich war, wo ich immer konnte, um ihn, im Hause und auf dem Felde. Ein strenger Lehrmeister, wußte er mich doch so an sich zu ziehen, daß ich meinen Eltern zeitweilig etwas entfremdet wurde. Es war mir ein tiefer Schmerz, als er uns verließ, um nach Amerika zu gehen, als einer der ersten, die damals aus unserer Gegend den Weg über den Ozean angetreten haben."[8]

In der Bauernwirtschaft wurden noch viele Güter für den Verzehr oder Verbrauch selber hergestellt: Gemüse, Milch, Brot, Käse, Fleisch, Fett, Bier, Wollstoffe, Leinwand, Federbetten usw. Die Jungen trugen Mütze und Halstuch als Schutz gegen den ständigen Wind, im Sommer liefen sie barfuß, im Hause wurden ledergefütterte Holzpantoffel getragen und im Winter Holzschuhe, in die man Stroh legte.

Lernen

„Zu Weihnachten 1849 wird es gewesen sein, daß ich eine Fibel neben meinem Teller fand; ich erinnere mich ihrer Bilder, des blauen Walfisches und des gelben Wickelkindes noch wohl. Wann ich begonnen habe, unter Leitung der Mutter die Buchstaben zu studieren, weiß ich nicht; vermutlich haben mir die krausen Zeichen nicht lange Ruhe gelassen. Jedenfalls konnte ich, als ich im fünften Jahr in die Schule kam, fertig lesen.

Auch die ersten Besuche der Kirche gehen in frühe Jahre zurück. Ich hole der Mutter aus dem Garten ein Sträußchen Rosen und Lavendel, sie legt sie mit dem weißen Taschentuch auf das Gesangbuch, nimmt mich an die andere Hand, und wir wandern den Steig zur Kirche hinauf, von wo die Glocken uns schon entgegenklingen. Ich sitze neben ihr auf der lehnenlosen Bank und warte der Dinge, die da kommen sollen. Die Orgel beginnt, ich lasse sie mir wohl gefallen; dann steigt ein schwarzgekleideter Mann auf die Kanzel und beginnt zu reden, was ich nicht verstehe, eintönig und anhaltend, ich werde müde und nicke ein, und die Mutter hat Mühe genug, mich auf der Bank zu halten. Noch ein anderes Bild taucht in verschwimmender Anschauung auf: Der kleine Tisch, in dessen Schublade ich meine Spielsachen hatte, steht nicht an seinem gewohnten Ort in der Stube, sondern im Pesel, wo ich ihn aufsuche, meine Sachen zu holen, und darauf liegt aufgebahrt im weißen Kleidchen ein kleiner Leichnam, mein erstes Brüderchen, das bei der Geburt gestorben ist."[9]

Über die Bildungseinflüsse seiner Umwelt schreibt Paulsen:

„Literarische Gegenstände, Theater, Musik, Kunst, Dichtung und was sonst das Hauptgericht auf der Tafel großstädtischer Geselligkeit bildet, fehlte natürlich ganz, es kam einfach im Vorstellungskreis nicht vor. Gelesen wurden nur ernsthafte Sachen, die es mit dem Wirklichen zu tun haben; alles, was die Engländer fiction nennen, wurde auch grundsätzlich verschmäht. Es gab auch damals Frauen in Langenhorn, von denen man sagte, daß sie ‚Geschichten‘ (Romane) läsen; es kam meiner Mutter unbegreiflich vor, wie jemand seine Zeit mit dem Lesen von ‚Geschichten, die nicht wahr sind‘, hinbringen könne. Gar plattdeutsche Geschichten und Erzählungen, wie sie in der Zeitung gelegentlich vorkamen, fand sie unaussprechlich läppisch: so was haben wir ja alle Tage zu Hause auch, und dabei kann es nicht einmal ‚richtig‘ geschrieben werden. Ihre Lektüre bewegte sich so gut wie ausschließlich im Kreis religiöser Stoffe: immer zur Hand waren

Bitte senden Sie uns ab sofort Ihre laufenden Informationen über neue Bücher zu den Themen:

Gewünschte Informationen bitte ankreuzen

02 Literatur- und Sprachdidaktik

03 Literaturwissenschaft

04 Pädagogik

05 Philosophie und Wissenschaftstheorie

07 Rechtswissenschaft

08 Sozialwissenschaften und Psychologie

09 Sprachwissenschaft

10 Wirtschaftswissenschaft

11 Theologie

12 Geschichte

☐ Außerdem bitten wir um regelmäßige Zusendung Ihrer zweimal im Jahr erscheinenden Prospekte »Vorankündigung«.

Antwortkarte

Verlagsgruppe
Athenäum-Hain-Scriptor-Hanstein
Postfach 1348

D-6242 Kronberg/Ts.

Absender:

Bibel und Gesangbuch und ihre Erbauungsbücher, von denen sie eine recht ansehnliche Zahl, namentlich Predigtbücher, zusammengebracht hatte. Mein
Schrecken darunter war eine Postille von dem alten August Hermann Francke, den
sie besonders hochschätzte; ich mußte am Sonntagnachmittag, wenn die Kameraden draußen spielten, eine Predigt vorlesen, das heißt es war nicht gerade Gebot,
aber es war der stille Wunsch, dem ich mich ungefähr ebenso ungern entzog als
fügte. Wurde nun der dicke Quartband von Francke geholt, dann kam ich gewiß
nicht unter einer Stunde frei, es konnten auch anderthalb werden, das 18. Jahrhundert hatte Zeit und hielt darauf, daß seine Prediger ihr Brot nicht müßig aßen. Ich
versuchte daher wohl die Wahl auf einen jüngeren zu lenken, L. Hofacker oder
L. Harms in Hermannsburg, der später durch seine Missionsarbeit ihre Gunst
vorzüglich gewonnen hatte: ich liebte ihn keineswegs, aber er tat's doch mit einer
halben Stunde. Der Vater las daneben nicht ungern geschichtliche und geographische Darstellungen, von denen er eine kleine Auswahl besaß. Ein seltenes Fest war
es, wenn er in meinen ersten Knabenjahren einmal die Karte von Europa aufrollte
und mir die Länder und Städte zeigte. Zuweilen geschah es auch, daß ich ihn dahin
brachte, von Napoleon zu erzählen: es war die große Erinnerung seiner Jugendjahre, wie der Gewaltige erst alle Länder Europas niedergeworfen hatte und dann
auf den Eisfeldern Rußlands von einem Stärkeren überwältigt worden war. Auch
Friedrich der Große und Peter der Große fanden sich in kleinen Volksdarstellungen in unserem Bücherschatz, ich hab sie mehr als einmal gelesen. Eine dänische
oder schleswig-holsteinische Geschichte besaßen wir nicht, so wenig als eine
deutsche oder Weltgeschichte. Dafür aber mehrere Geographiebücher; eines behandelte die dänische Monarchie; die ausführliche Darstellung von Island, Grönland und den Faröern machte es mir besonders wert. Später hat der Vater manches
Geschichtsbuch und auch wohl eine populäre naturwissenschaftliche Darstellung,
die ich mitbrachte, gelesen. Er war für jede Belehrung über die Wirklichkeit bis
in sein Alter hinein empfänglich. ‚Geschichten' dagegen, Romane, Erzählungen,
Dichtungen hat auch er sein Leben lang nicht gelesen, es sei denn John Bunyans
Pilgerreise, die einmal in winterlichen Abendstunden gelesen worden ist: ihr lehrhaft-erbaulicher, nicht ihr poetischer Charakter verschaffte ihr Beifall.

Dennoch ist mir manches von Unterhaltungslektüre in die Hände gekommen.
Das erste ein Robinson Crusoe; die Frau des Buchbinders in Bredstedt, der auch
für alle literarischen Bedürfnisse der Landschaft sorgte, hatte das Heftchen meinem Vater als Weihnachtsgeschenk für mich mitgegeben, ich weiß nicht, ob für
Geld oder aus gutem Herzen. Ich habe in meinem Leben nicht viel Bücher mit
solcher Leidenschaft gelesen; es steht mir noch mit seinem grauen Papier und den
paar bunten Holzschnitten vor Augen. Wenn ich ein Stück gelesen hatte, mußte
ich, ich mochte wohl 7 oder 8 Jahre sein, erst in die Dreschtenne gehen und den
Knechten erzählen, wie es Robinson nun weiter ergangen sei. Ich hatte überhaupt
einen starken Mitteilungsdrang; so erinnere ich mich, daß ich auch Onkel Ketel,
meinem sehr geliebten Mutterbruder, wenn wir unterwegs waren, das Vieh drau
ßen auf entfernten Weiden zu besehen oder umzuquartieren, allerlei Geschichten
erzählt habe, die mir irgendwie in die Hände gekommen waren, vielleicht durch

eine zirkulierende Lesebibliothek, die mein erster Lehrer eingerichtet hatte. Sammelte der Vater daraus landwirtschaftliche Kenntnisse, so war ich für die Erzählungen empfänglich, die in Volkskalendern und anderen ähnlichen Erzeugnissen mit verfrachtet waren. Später kam durch meinen zweiten Lehrer, den Küster Brodersen, manches andere dazu: Jugendgeschichten, Naturwissenschaftliches und Geschichtliches, auch erste Stücke aus der deutschen und nordischen Literatur. Ich hatte eine große Leselust und habe mir oft mit einem Buch drinnen oder draußen ein verborgenes Plätzchen gesucht, um nicht entdeckt und zur Arbeit oder einem Gang gerufen zu werden. Ein Lindenbaum am Hause, in dem ich mir hoch oben in den Zweigen einen Sitz gemacht hatte, bot ein vorzügliches Versteck.

Eine Bemerkung über die kirchlichen Verhältnisse und das Verhältnis des Elternhauses zur Kirche mag diese Betrachtungen beschließen. Die Eltern waren beide kirchlich gesinnt und, der Vater wenigstens, regelmäßiger Kirchgänger; die Mutter wurde durch ihre große Körperschwäche viele Jahre vom Kirchenbesuch so gut wie ferngehalten. So war es selbstverständlich, daß auch ich jeden Sonntag in die Kirche ging, wo ich anfangs als Kind neben der Mutter, dann als Junge neben dem Vater meinen Platz hatte, bis ich später als Schüler der Küsterschule auf dem Schülerchor zu erscheinen hatte. Das innere Verhältnis zu unserer Kirche war dabei kein enges; unsere Prediger genügten dem religiösen Bedürfnis, namentlich der Mutter, nicht. Sie wußte es daher bei dem Vater durchzusetzen, daß er hin und wieder am Sonntag trotz der Abneigung, den Pferden den Sonntag zu nehmen, den Wagen anspannte und uns in eine Nachbarkirche fuhr, wo ein durch Wärme und inneres Leben ihr mehr zusagender Prediger des Amts waltete. So sind wir öfters erst nach Bargum, dann nach Ockholm gekommen, wo wir eine sehr merkliche Vermehrung der meist so gut wie leeren Kirche brachten.''[10]

„Noch eines halte ich der Erwähnung wert: der Aberglaube ist meiner Jugend in jeder Gestalt fremd geblieben. Im Elternhause hatte er keinen Ort schon wegen seiner Unverträglichkeit mit dem religiösen Vorsehungsglauben. Und in der ganzen Umgebung machte die nüchterne, verständige, im besten Sinne aufgeklärte Denkweise der Bevölkerung ihm das Aufkommen schwer.''[11]

„Die Sprache in meinem Elternhause war die friesische; ich habe sie mit meinen Eltern und Verwandten gesprochen, solange sie lebten; es macht mir noch heute keine Mühe, wenn ich in die Heimat komme, friesisch zu sprechen, wenn auch hie und da ein selteneres Wort sich nicht gleich einstellen will. Daneben gewöhnte sich das Ohr und die Zunge von klein auf an das Plattdeutsche; es war in nicht wenigen Familien Haussprache; wo eine plattdeutsche Mutter einzog, verschwand das Friesische alsbald als Umgangssprache; natürlich, jeder Friese kann auch platt, aber nicht umgekehrt: es kommt überhaupt kaum vor, daß ein geborener Plattdeutscher, ein Städter etwa, Friesisch sprechen lernt; selbst die plattdeutsche Dienstmagd trägt ihre Sprache ins Haus. Es ist daher kein Zweifel, daß die friesische Sprache in nicht ferner Zeit an der Westküste Schleswigs ausgestorben sein wird. Der Verlust wird, abgesehen von dem, was die Sprachwissenschaft an altertümlichen Formen und Wörtern damit einbüßt, nicht zu groß sein; die friesische Sprache ist wirklich eine arme Sprache; das heißt sie ist reich an Ausdrücken für alle sinnlichen Dinge, die in dem Umkreis des bäuerlichen Lebens liegen; für Tätigkeiten und Zustände, Dinge und Geräte aus jener Anschauungswelt hat sie einen sehr reich entwickelten Wortschatz, so daß man bei der Übersetzung in die deutsche Buchsprache beständig zu Umschreibungen genötigt ist. Aber für die geistige Welt ist man immerfort genötigt, Anlehen beim Deutschen zu machen, wie es denn ja auch das Plattdeutsche nicht vermeiden kann.

Das Hochdeutsche habe ich wohl erst in der Schule sprechen gelernt; verstehen und lesen konnte ich es schon früher."[12]

„Der Vorstellungskreis des Elternhauses, wie er in der Unterhaltung zutage trat, bewegte sich natürlich zunächst um die Angelegenheiten des häuslichen und wirtschaftlichen Lebens. Mit Besuchern, die sich nicht selten einstellten, mit den Verwandten, mit denen man öfters am Sonntagnachmittag zusammenkam, wurden vor allem die Verhältnisse der Landwirtschaft, des Viehstandes, der Aussichten für Korn- und Heuernte durchgesprochen, selbstverständlich auch das Wetter, das für den Landbewohner und gar für den Landwirt eine so unermeßlich große Bedeutung hat: für den Städter ist es bloß eine Sache größerer oder geringerer Annehmlichkeit, für den Bauer ist es die Lebensfrage! Das ganze Gedeihen des Hauses, die Frucht langer und mühevoller Arbeit hängt davon ab. An diese Dinge schlossen sich die Gemeindeangelegenheiten, Dorf und Wege, Koog und Deiche, Kirche und Schule. Der Vater stand mitten in diesen Dingen drin und hatte ein lebhaftes Interesse dafür. Er besprach sie gern und eingehend mit sachkundigen Leuten; vor allem war es ein Nachbar, Carsten Oldsen, der oft auf eine Abendstunde herüberkam, ein sehr einsichtiger, ruhiger und rechtschaffen denkender Mann, mit dem man gern über alle Dinge des öffentlichen Lebens sich unterhielt."[13]

Spiel

„Ein friedliches Bild taucht neben dem kriegerischen auf. Es ist ein Winternachmittag; in der blauen Wohnstube sitzen die Mutter und das Mädchen spinnend in der Nähe des Ofens; der Vater hat seinen Platz bei seinen Papieren am großen Tisch an der Fensterwand. Ich tummle mich als unruhiger Geist in der Mitte, bald auf einem Stecken reitend, die Elle diente mir als Steckenpferd, bald auf dem Fußboden den Sand zu einem Häufchen zusammenkehrend und mit dem Fingerhut der Mutter Kuchen backend; dann klettere ich hinter der Mutter auf ihren Stuhl und schlinge ihr ein Tuch um den Kopf, wie ich es bei Halligfrauen gesehen hatte. Der ewig rege Tätigkeitsdrang des Kindes kann nur von einer Mutter ertragen werden.

Und wieder sehe ich mich im Bett liegen, der kleine Tisch steht davor, und an ihm sitzt die Mutter und schneidet mir aus Papier Pferde und Kühe, Schafe und Schweine aus. Ich war ihr blutüberströmt ins Haus getragen worden: das Pferd eines Nachbars, an das ich von hinten mit der Gerte herangetreten war, hatte mich mit dem Huf ins Gesicht geschlagen; die Oberlippe war ganz zerrissen, und an der Stirn war eine Wunde. Man hatte gleich angespannt und mich zum Doktor in Bredstedt gebracht, wo der Schaden geflickt wurde. Von alledem weiß ich nichts, wohl aber davon, daß ich nun im Bett lag und von der Mutter in der angedeuteten Weise getröstet wurde. Ich hatte zugleich einen kleinen Tuschkasten mitgebracht erhalten und malte nun die weißen Tiere rot und schwarz und blau an. Wenn man ihnen die Beine auseinanderspreizte, konnten sie trefflich stehen und gaben viel Beschäftigung. Später schnitt ich sie mir selber mit der Schere aus und kam so zu herdenreichem Besitz.

Ein andermal liege ich auf unserer Suderwerft in der Sonne: Mit einem alten Messer werden kleine Gräben im Rasen ausgehoben und Hecktore aus dicken Schwefelhölzern geflochten und eingesetzt. Die so entstehenden Fennen werden dann mit bunten Flintsteinen, gelben, blauen, weißen und schwarzen besetzt, die der Großvater mir von Stollberg mitgebracht hat: das sind nun meine Pferde und Kühe.

Und nun ist es Weihnachten. Lange ist davon gesprochen worden, daß das ‚Kindjen‘ dann vom Himmel herabkommt und die artigen Kinder beschenkt. Ich habe meine kleinen Gebetchen gelernt, vielleicht auch die zehn Gebote und das Vaterunser. ‚Am Nachmittag habe ich meinen Teller vor dem Fenster im ‚Pesel‘ aufgestellt. Nun sitzen wir abends am Tisch, der Reisbrei, das Weihnachtsgericht, ist gegessen, das Evangelium gelesen und ein Weihnachtslied gesungen: da, horch, ein Klingeln, leise beginnend, stärker anschwellend, eine Pause, ich sage meine Gebete mit beklommener Stimme, es klingelt nochmals, und dann ist's ganz still. Mit stockendem Atem öffne ich die Tür zum Pesel, da steht im Schein eines Lichts mein Teller, voll von Kuchen und Äpfeln und Nüssen, obenauf ein Reiter, aus weißem Teig gebacken, Sattel und Zeug mit allen Farben angestrichen. Und neben dem Teller liegt wohl auch noch ein Tüchlein oder eine kleine Peitsche, oder ein Messer und eine Gabel, ganz klein und zierlich, eigens für meine Kinderhand gemacht. Kein Tannenbaum, und sei er noch so reich geschmückt und behangen, kann größeren Eindruck machen, als dieser geheimnisvolle Vorgang auf mein Kindergemüt gemacht hat; ich kann die ängstlich gespannte, feierliche Stimmung noch heute nachfühlen, die mit den rätselvollen, an Glockenklang erinnernden Tönen über mich kam. Für die Prosabetrachtung war es die Magd, die an die Wände des Küchenmörsers klopfte und dann durch das geöffnete Fenster ihre Schürze auspackte.‘‘[14]

Arbeit

„Ich lasse noch einiges über die ländlichen Arbeiten draußen und meine Beteiligung an ihnen folgen, sie aufreihend nach den Jahreszeiten, durch die sie auch in der Wirklichkeit bestimmt wurden.

Wenn gegen Ende März die Sonne sich höher über den Horizont zu heben und Boden und Wetter für die Arbeit draußen aufzugehen beginnt, fängt das neue Jahr für den Landmann an. Die Winterarbeit ist abgeschlossen, das Ausdreschen des Korns beendigt; durch das sogenannte ‚Mäusebier‘, ein stattlicheres Mittagessen, wurde der Tag gefeiert, an dem die letzte Garbe vom Boden in die Tenne wanderte, damit wurde den Mäusen der letzte Unterschlupf entzogen, und manche fiel der lauernden Katze in die Klauen. Auch der Dienstbotenwechsel war durch altherkömmliche Ordnung in diese Zeit gelegt; am Petritag (22. Februar) zogen Knechte und Mägde in den neuen Dienst, meist mit stattlichem Koffer, der es notwendig machte, sie mit dem Wagen abzuholen. Übrigens rechnete der Vater, um das hier beiläufig zu bemerken, noch regelmäßig nach dem mittelalterlichen Heiligenkalender, Johanni, Jacobi, Simon Judä usw.

Die Außenarbeit begann mit der Düngung der Ackerfelder. Da der Vater regelmäßig noch einige Düngerstellen kleiner Leute aufkaufte, häufig auch gute Garten- und Stavenerde, so fing das Geschäft ziemlich früh an. Er ließ es sich nicht nehmen, selbst zu fahren, was ihm dann, bei den meist herrschenden scharfen Ostwinden, nach der winterlichen Verwöhnung beim warmen Ofen, Jahr für Jahr eine schwere Erkältung zuzog, die aber als ein Naturereignis, das sich nicht vermeiden läßt, hingenommen wurde. In den späteren Jahren bin ich hin und wieder auch zu dieser Leistung herangezogen worden, doch meist erst in vorgerückterer Jahreszeit: der Vater ließ fast den ganzen Sommer hindurch, wenn sonst keine Feldarbeit war, allerlei Erdarbeiten ausführen.

An der folgenden Ackerbestellung hab ich von klein auf teilgehabt. Zuerst wurde ich beim Pflügen als ,Pflugjunge' gebraucht, der die Pferde lenkt. Manchen langen Apriltag habe ich mit dem Vater draußen die entfernten Haferfennen gepflügt; eine Mittagpause wurde kaum gemacht, die Kälte ließ es nicht zu, Pferde und Menschen futterten nur rasch das Nötigste. Dann hatte ich, während der Vater die Aussaat besorgte, die er nie aus der Hand gab, zu eggen, eine mir bitter verhaßte Arbeit: es gibt wohl kaum etwas Ermüdenderes, als über die Furchen des frisch gepflügten Ackers den langen Tag hinzustolpern. Später hab ich auch den Pflug selbständig geführt, eine Sache, die mir viel besser zusagte.

Der Mai brachte die ersten Frühlingstage, freilich noch mit harten Rückfällen des Winters gemischt. Das Vieh, das bisher im Stall seinen Winterschlaf gehabt hatte, wurde auf die Weide getrieben: ein fröhlicher Tag, der als der eigentliche Sommeranfang mir in der Erinnerung steht. Auch von den Tieren selbst wurde der Auszug aus dem Stall mit ausgelassener Freude gefeiert, die sich in allerlei tollen Sprüngen und Ringkämpfen äußerte; manchmal ging bei dem Stoßen und Ringen ein Horn verloren, daher die Redensart: ,sich die Hörner ablaufen': was so in Verlust gekommen war, zog sich dann vor weiteren Kraftleistungen betrübt zurück. Den Kälbern, die zum erstenmal auf die freie Weide kamen, pflegte die Bedeutung der Wassergräben in einer praktischen Lektion eingeprägt zu werden: sie wurden herangeführt und dann unversehens von der Seite hineingestoßen. Der ausgestandene Schrecken hielt sie für lange Zeit, manche für immer, von dem Versuch der Grenzüberschreitung ab. Andere fröhliche Frühlingstage waren die Tage der Schafwäsche und der Schafschur, freilich nicht so sehr für die Nächstbeteiligten, die ziemlich jämmerliche Gesichter zu beiden Prozeduren machten.

Übrigens hatte ich zu den Schafen ein besonderes Verhältnis. Schon die Ankunft der Lämmer im April hatte ich zu überwachen, für jedes Lebende erhielt ich einen

Schilling; dafür mußte ich früh auf dem Felde nachsehen, ob was angekommen sei, und es, wenn es nötig schien, mitsamt seiner Mutter nach Hause bringen. Die armen Dinger fielen oft noch auf den Schnee, überstanden aber auch dies und konnten in der Regel schon nach ganz kurzer Zeit aufstehen und sich am Euter der Mutter erholen. Gefährlich wurden ihnen zuweilen die großen Raben, die ihnen, wenn die Mütter sie nicht abzuwehren vermochten, die Augen aushackten und sie dann anfraßen. Geschah es, daß die Mutter ums Leben kam, dann zog man die Lämmer wohl ‚mit der Flasche‘ auf: eine Federspule, in ein Leinwandläppchen gewickelt, wurde auf einen alten Teetopf gesetzt, und sie gewöhnten sich rasch daran. Sie kamen dann, wenn ich ihnen rief, schon von weitem gelaufen und blieben ihr Leben lang besonders zahm und anhänglich. Im Sommer wurden sie öfters auf den Äckern oder Stoppelfeldern süden vom Hause ‚getüdert‘, d. h. an einem 4–5 Meter langen Strick angepflöckt. Geschäft war es dann, ihnen dreimal am Tag einen neuen Weideplatz zu geben und für Wasser zu sorgen. Manchmal brachte ich ihnen dann auch sonst etwas mit, besonders waren Mohrrüben ein sehr geschätzter Leckerbissen, nach dem ein besonders zahmes oder intelligentes Tier mir wohl die Taschen durchsuchte.

Hin und wieder waren auch die Kühe auf einige Tage zu hüten, wenn etwa die Weide sonst knapp wurde. Es waren bequeme Tage, und über die Langeweile kam man durch allerlei Beschäftigung weg; meist waren auch Kameraden in der Nähe. Vor allem wurde eine Hütte aus Erdsoden und Hölzern mit einem Dach von Binsen gebaut, die gegen Regen Schutz gab. Es wurde Feuer angemacht, Bohnen oder Kartoffeln geröstet, Kaffee gekocht usw., natürlich auch geraucht. Feuerzeug hatten wir stets, meist in doppelter Gestalt, bei uns: Stahl und Stein und außerdem ein Brennglas, mit dem der Schwamm entzündet wurde. Als Feuerung dienten trockne Kuhfladen, auch trockenes Gras und Binsen.

Nach der Frühjahrsarbeit trat gegen Mitte Mai eine größere Pause in der Feldarbeit ein, die bis Anfang Juli dauerte. Für mich war dann kaum etwas zu tun, und ich ging einstweilen wieder in die Schule, die meist auf einen kleinen Bestand zusammengeschmolzen war. Die größeren Kinder, vom 12. Jahr ab, auch früher, Knaben und Mädchen, gingen nach Ostern entweder in Dienst auf den Sommer oder sie wurden zu Hause verwendet. Die ärmeren wurden meist als Hütejungen vermietet, oft weit weg auf die Geestdörfer, wo es Einfriedigungen der Felder damals noch gar nicht gab. Der kleine Rest rückte dann enger zusammen, und auch der Unterricht leistete wohl mehr als in der überfüllten Winterschule, wo sich der Lehrer vor allem mit den Zurückkehrenden beschäftigen mußte, um bei ihnen die Elemente wieder aufzufrischen oder zu befestigen.

Im Juli begann die Ernte, zuerst die Heu-, dann die Kornernte. Sie brachte auch mir wieder Arbeit im Freien; es sind in meiner Erinnerung schöne glänzende Tage, vor allem die langen sommerlichen Tage auf den Wiesen beim Heumachen. Das Mähen begann meist in der ersten Juliwoche; mir fiel dabei die Rolle des ‚Vorstreichers‘ zu, d. h. ich hatte mit der Harke die gemähte Schwade umzuwenden, um für den Mäher den Anschlag wieder frei zu machen; es war nämlich bei uns nicht, wie sonst meist üblich, ‚aus dem Gras‘ zu mähen. Wenn ich mich nicht irre, habe ich im 8. Jahr, vielleicht schon im 7., mit dieser Tätigkeit begonnen und sie bis zum 15. regelmäßig 2–3 Wochen im Jahr geübt, anfangs für einen, später auch für zwei Mäher. Mit Sonnenaufgang wurde aufgebrochen, die Morgenzeit, wo das Gras vom Tau naß ist, ist für den Mäher die günstigste, oft war erst ein Weg von einer Stunde zu den entfernteren Wiesen zu machen. Um 8 Uhr war Frühstücks-, um 11 Uhr Mittagspause. Der mitgebrachte Proviant, Butter, Brot, Speck und Käse, dazu ein Trunk kühlen Biers, schmeckte den auf dem frisch gemähten Gras Hingestreckten herrlich: zuweilen hatte die Mutter wohl auch noch irgendeine Überraschung eingepackt, besonders an meinem Geburtstag, den wir zufällig fast immer in der Fenne ‚Zwischenbrück' feierten. Nachdem noch die Sense frisch geschärft war, legten sich die Mäher zum Mittagsschlaf nieder; er gelang mir selten, und so benutzte ich die Stunde zum Umherstreifen: vor allem übte das Wasser auf mich eine unwiderstehliche Anziehungskraft; ich badete, stellte Fischen nach und hab manchen als gute Beute nach Hause gebracht. Auch Honigernten wurden öfters eingebracht: Hummelnester, auf der Erde und unter der Erde, wurden aufgespürt und ihrer gefüllten Honigtöpfchen beraubt. In kleereichen Jahren waren sie häufig und gut versehen. Ich erinnere mich besonders eines Jahres, wo wir fast bis zum Überdruß Honig von Erdhummeln hatten: ich folgte dem Flug des einzelnen Tieres bis zum Eingang zum Nest und grub es dann aus. Die Jagdfreude ließ die schmerzhaften Stiche, die es setzte, kaum fühlen. Länger als der Vormittag wurde oft der Nachmittag, die Hitze nahm zu, die Frische der Arbeiter ab, nicht selten ging an heißen Tagen das Getränk vor der Zeit aus; dann wurde ich wohl auf eine Wasserexpedition geschickt nach dem nächsten Hause oder fließenden Wasserlauf; auch das stehende lauwarme Wasser der sumpfigen Gräben wurde in der Not getrunken; es hat uns auch nicht geschadet. Um 6 Uhr, wenn die Betglocke schlug, wurde Feierabend gemacht, und nun kam noch der Nachhauseweg, oft allerdings nahm die Müden ein des Wegs kommender Wagen mit. Zu Hause gab's dann Mittagessen und frisches Bier, und nachdem man noch eine Stunde geplaudert oder den Garten heimgesucht hatte, in dem die Stachel- und Johannisbeeren jetzt reif wurden, ging's zu Bett. So folgte ein Tag dem andern.

Dazwischen kamen dann Tage, wo das Heu, das in der Regel 5–10 Tage in Schwaden zum Ausdörren und Trocknen liegen blieb, zusammengebracht und entweder gleich auf Wagen verladen oder in Diemen (ruk) aufgesetzt wurde, die man später nach Gelegenheit, zuweilen erst im Spätherbst holte. Zum ‚Schwälen' (friesisch swalle) wurden auch Mägde und Taglöhnerfrauen, soviel ihrer man kriegen konnte, mitgenommen; in hellen Kleidern und ‚Helgoländer' Hüten erscheinend, bildeten sie für die grünen Wiesen eine muntere Staffage, überhaupt pflegte es dabei sehr lustig zuzugehen; die Scherze wurden allerdings nicht auf die Goldwage gelegt.

Außer dem Wiesenheu wurde noch meist etwas Außendeichheu für den Winter eingebracht; das kurze Gras von stark salzigem Geschmack wurde vor allem von den Schafen gern gefressen. Das breite Vorland vor dem Louisenkoog war für uns der Gewinnungsort. Im Juni wurden die ‚Nummern', die durch Steinzeichen abgeteilt waren, auf das Jahr zum Mähen verpachtet; meist nahmen mehrere Haushaltungen eine zusammen. Früh um 2 Uhr wurde aufgebrochen, das zähe Gras läßt sich nur solange es naß ist mähen. Drei, vier Wagen voll Mäher stellten sich ein und es entwickelte sich auf dem grünen Meeresboden auf kurze Zeit ein buntes und bewegtes Treiben. Wir Jungens hatten inzwischen Zeit, uns die befremdliche Welt draußen zu besehen, wir wateten in den Schlick hinaus, Krabben und ‚Porren‘ (Garnelen) zu fangen, oder sammelten blaue Mies- und weiße Sternmuscheln, auch die seltsame Pflanzenwelt zog die Aufmerksamkeit auf sich, der stark duftende Strandwermut, die bläulichen Strandnelken usw. War es 8 oder 9 Uhr geworden, dann wurde das Gras, noch naß und grün, auf Wagen verladen und soviel als möglich gleich mit nach Hause genommen; denn immer drohte die Flut, die es wegschwemmen mochte. Es geschah doch ziemlich häufig, daß ein stärkerer Westwind, mit der Springflut zusammenwirkend, auch im Sommer das ganze Meedland draußen unter Wasser setzte, dann wurde alles, was die Flut draußen antraf, Heu und fliegende Brücken, wie sie für die Priele notwendig waren, weggeschwemmt, meist freilich am nahen Ufer wieder abgesetzt. Es fand dann eine Verteilung des angespülten Heus statt, das aber durch das lange Treiben in der trüben Salzflut an Wert sehr verloren hatte.

Wenn die Heuernte sich dem Ende näherte, begann die Kornernte; Roggen, Gerste, Hafer machten den regelmäßigen Bestand. Weizen, Raps und Bohnen, wie sie in den Außenkögen gesät werden, gediehen in der älteren Marsch weniger. Die Fenne im Louisenkoog, die der Vater in den ersten Jahren selbst gepflügt hatte, war später stets verpachtet. Das Kornschneiden, das bei uns damals noch durchaus mit der Hand verrichtet wurde, überließ der Vater so gut wie ausnahmslos einer Tagelöhnerfamilie; ich habe daher die Sichel kaum mehr als handhaben gelernt, nicht aber eigentlich damit gearbeitet. Dagegen war ich beim Einbringen des Korns regelmäßig mit tätig; ich besorgte das Verladen der Garben auf den Wagen. Ich habe viele Hunderte von Heu- und Kornladungen aufgebaut, mit der Freude, die eine kunstsichere Hand an ihrem Werk empfindet. Die Sache ist nicht ganz so einfach, wie sie der Laie sich vorstellen mag; Blick für Gleichgewicht und inneren Verband ist notwendig, um ein hochbeladenes Fuder gegen Umwerfen oder Ausrutschen einzelner Stücke auf tief ausgefahrenen, schlingrigen Wegen zu sichern. Der erste Wagen, ich erinnere mich des Tages noch wohl, war eine Roggenladung, die ich mit Andres Niß aufbauen sollte; die glatten Garben rutschten mir wiederholt reihenweis zur Seite herunter, und er war nicht ein Mann von sehr elastischer Geduld: so kostete es viel Mühe und Tränen, bis wir schließlich glücklich den Baum auf das Fuder bringen konnten. Und dann kam das Malheur nochmals auf dem Wege nach Hause.

War die Ernte eingebracht, dann gab es für mich wieder eine Pause, die der Schule gehörte, etwa von Anfang oder Mitte September ab. Erst die Herbstbestellung der Äcker gab mir wieder zu tun, meist aber nur ein paar Tage. Dann kam allmählich der Winter heran. Das Vieh, das den ganzen Sommer auf der Weide zugebracht hatte, wurde am Anfang November aufgestallt; oft waren die Weiden und die Wege dahin schon halb überschwemmt; die großen Herbstregen brachten zuweilen schon im August eine vorübergehende Überschwemmung der tieferen Marschen; von Ende November ab standen sie regelmäßig bis in den April hinein zu einem erheblichen Teil unter Wasser. Ich hab oft Vieh und Schafe durch knietiefes Wasser auf den überschwemmten Wegen nach Hause gebracht. Das verstand sich von selbst, man wußte es nicht anders.

Den Winter über gab es für mich in der Wirtschaft eigentlich nichts zu tun, außer daß ich gelegentlich einmal aushilfsweise die Pferde und das Vieh fütterte und tränkte, oder bei starkem Schneefall den Schafen, die sich im übrigen selbst durchschlugen, Futter brachte. Da der Vater sich um die Stallarbeit so gut wie gar nicht kümmerte, so kam auch ich wenig dazu, wenn nicht etwa der Knecht mich einmal bat, ihn zu vertreten. Der Tag gehörte dann der Schule und die Abendstunden der Arbeit und dem Lesen, oder auch einmal dem Spiel mit Nachbarskindern.

Zuweilen machte ich mich auch, als ich größer wurde, dem Vater nützlich durch eine hilfreiche Hand bei seinen vielen Schreib- und Rechnungsarbeiten. Er hatte einen für einen Landmann ungewöhnlich großen Umfang von derartigen Geschäften. Nicht nur hatte er die Vermögensverwaltung der Geschwister ganz in der Hand, sie scheuten sich vor jedem derartigen Geschäft: so leicht er die Feder führte, so schwer wurde es ihnen; dazu kamen allerlei mühvolle Gemeindeämter mit umständlicher Rechnungsführung und nicht selten auch allerlei Korrespondenz. Endlich noch eine ganze Reihe von Vormundschaftssachen: er hatte zeitweilig nicht weniger als vier Vormundschaften für zum Teil kinderreiche Familien."[15]

Anmerkungen

1 Friedrich Paulsen, Aus meinem Leben. Jugenderinnerungen, Jena 1909, S. 1.
2 A.a.O., S. 7f.
3 A.a.O., S. 11f.
4 A.a.O., S. 13f.
5 A.a.O., S. 15f.
6 A.a.O., S. 22f.
7 Ders., a.a.O., S. 34f.
8 A.a.O., S. 36f.
9 A.a.O., S. 19.
10 A.a.O., S. 28ff.
11 A.a.O., S. 31.
12 A.a.O., S. 26.
13 A.a.O., S. 27.
14 A.a.O., S. 17ff.
15 A.a.O., S. 47–53.

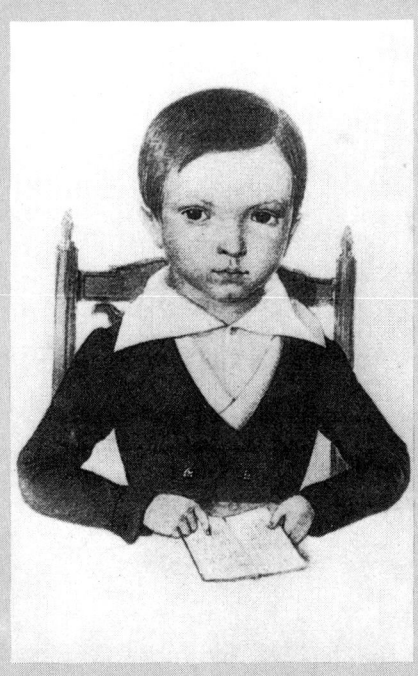

Bäckersohn, 1842 (Privat).

1

2

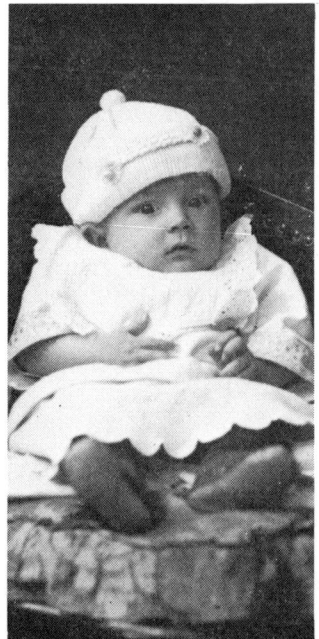

3

4

Georg Weber

Georg Weber, geboren 1808, war Direktor der Realschule in
Heidelberg und hat mehrere Darstellungen der Weltgeschichte verfaßt. Er schrieb und veröffentlichte seine Autobiographie wenige Jahre vor seinem Tod 1888.

Bezugspersonen, materielle und soziale Umwelt, Lernen, Spiel, Arbeit

Georg Weber wurde 1808 in Bergzabern geboren.

„Ich bin in einer Lebenslage emporgewachsen, wie man sie sich kaum ärmlicher
und ungünstiger denken kann, und bin ohne besondere Glücksfälle, ohne ungewöhnliche Begabung, ohne Protectionen oder Gönnerschaft, auf dem gewöhnlichen Wege arbeitsamer Thätigkeit und beharrlichen Fleißes zu einer bürgerlichen
Lebensstellung gelangt, die, wenn sie sich auch nur in mittleren Sphären bewegt,
doch Achtung und Anerkennung gebracht hat. Nach Rang und äußerer Auszeichnung habe ich nie gestrebt.

Im Jahre 1811 starb mein Vater, Conrad Weber, ein geringer Handwerker aus
einem birkenfeld'schen Dorfe, der sich in Bergzabern niedergelassen und meine
Mutter, Katharina Roll, geheirathet hatte, erst 28 Jahre alt, an einem typhösen Fie-
ber, das von den durchmarschirenden Soldaten eingeschleppt worden war. Er hinterließ seine Wittwe und mich, ihr einziges Kind, einen Knaben von drei Jahren,
in ärmlichen Umständen.

Vor Jahren habe ich einen kurzen biographischen Abriß veröffentlicht unter
dem Titel: ,Mein Leben und Bildungsgang'. Das Schriftchen wurde als Vorrede
zu mehreren Auflagen meines ,Lehrbuchs der Weltgeschichte' in weitere Kreise
verbreitet und auch als selbständige Broschüre ausgegeben. Es sei mir gestattet,
demselben einige Züge aus meiner frühesten Jugendzeit zu entnehmen und mit
einigen Zusätzen erweitert in diese Aufzeichnungen einzuflechten.

Ich verlebte eine harte Jugend voll Arbeit und Entbehrung, voll Mühe und Sorgen, nur erheitert durch die mütterliche Liebe und die schöne Gegend, wo grüne
Matten und waldige Höhen mit Rebhügeln und Ackerfluren abwechseln. Es war
natürlich, daß unter solchen Umständen der Knabe früh einen ernsten Sinn zeigte
und trotz eines weichen, empfindsamen Gemüthes und einer warmen Liebe zur
Natur und Einsamkeit, die ihn durch's ganze Leben begleitet haben, sich bald an
Selbstthätigkeit und praktisches Handeln gewöhnte. Zugleich erwarb ich mir den
männlichen Muth, der mich befähigte, allen Schwierigkeiten des Daseins kräftig
zu begegnen, allen Gefahren kühn entgegenzugehen, in allen Lagen meine eigenen
Wege zu suchen und ohne Menschenfurcht standhaft meine Ziele zu verfolgen.
Dieses Selbstvertrauen hat mich über manche ungünstige Lagen hinübergeführt.
Es wurde gestärkt durch das Bewußtsein, daß meine Zukunft nur auf die eigene

Kraft und Thätigkeit gegründet sei. Während sich andere Knaben an munteren Spielen ergötzten, mußte ich mich zur Unterstützung der Mutter mancherlei anstrengenden Arbeiten unterziehen und an Noth und Entsagung gewöhnen. So lange es die Witterung erlaubte, ging ich barfuß und in Hemdärmeln, und Sommer wie Winter trug ich dasselbe dünne Zeug. Ich sammelte Holz für den Winter, ich las Aehren in der Erntezeit. Ich suchte Beeren zum Verkauf in den ausgedehnten Wäldern der Umgegend, ich verrichtete leichtere Dienste um geringen Lohn. Der Wald war meine Heimath. Mittelst ‚Steigeisen‘, die ich mit Lederriemen an die Füße schnallte, und deren spitze Haken ich in die Baumrinde einstemmte, vermochte ich die höchsten glatten Stämme wie ein Eichhörnchen zu erklettern, um in deren Wipfel dürre Aeste mit einem Handbeil abzuhauen, die den Holzbedarf des Hauses lieferten. Wie oft habe ich einigen Kameraden, meistens älter als ich, selbst aber weniger energisch und unternehmend, bei der gleichen Arbeit Hilfe geleistet! Denn schon als Knabe pflegte ich jedes Geschäft, das ich in Angriff nahm, mit Kraft und Ausdauer durchzuführen, eine Eigenschaft, die mir durch mein ganzes Leben treu blieb und der ich meine meisten Erfolge zu danken hatte. Die Waldhüter waren mir sehr gram. Ich wurde öfters vor dem Stadtgericht eingeklagt und wohl auch manchmal, weil meine Mutter die Geldstrafe nicht aufbringen konnte, auf einige Tage in das ‚Stockhaus‘ eingesperrt, um die Schuld abzubüßen. Ich hatte keine Vorstellung, daß ich eine strafwürdige Handlung begangen hätte. Die Bewohner von Waldorten wissen nicht weiter, als daß der Wald dem Volke gehöre und daß Holzung zum Hausbedarf erlaubt sei. Ihnen den Wald verschließen, wo sie Holz und Beeren sammelten, erschien ihnen als ein großes Unrecht. Ich habe in späteren Jahren, wenn ich las, daß man strengere Gesetze zum Waldschutz erlassen habe, gar oft an meine Jugend gedacht, und wenn ich auch eingestehen mußte, daß im wirthschaftlichen Interesse eine schärfere Aufsicht nöthig sei, so konnte ich mich doch nicht einer stillen Wehmuth erwehren, daß das Waldleben, die einzige kleine Poesie der armen Umwohner, den unteren Volksklassen versagt oder erschwert werden solle. In der Vorstellung des Volkes ist der Wald ein Gemeingut Aller, wie Wasser und Sonnenlicht; es gilt als das Recht der Armen, die Spenden der Natur zum Lebensbedarf zu verwenden.

Ich unterzog mich um so williger und unverdrossener allen diesen Mühseligkeiten, als mir die wackere Mutter mit ihrem Beispiel voranging. Sie hatte den Grundsatz, daß keine ehrliche Arbeit zur Schande gereichen könne, und daß jeder eigene Erwerb fremder Unterstützung vorzuziehen sei, ein Grundsatz, dem der Sohn sein ganzes Leben hindurch treu geblieben ist. Aber waren auch die Jugendjahre schwer und trat auch das Schicksal frühe hart an mich heran, so waren meine Tage doch nicht freudenleer. Meine Mutter besaß einen heiteren, gehobenen Sinn und ein empfängliches Herz für alle Eindrücke. Sie hatte die Kriegsstürme der französischen Revolution mit angesehen, ein Bruder war unter den Streitern für ‚Freiheit und Gleichheit‘ in's Feld gezogen, um nie wieder in das elterliche Haus zurückzukehren; das weitläufige Schloßgebäude, einst, wie früher erwähnt, der stille, friedliche Sommersitz der pfalzgräflichen Familie von Zweibrücken, war nebst den daran stoßenden Gärten und Häusern der Hofbeamten und Hofdienerschaft verkauft und in Privatbesitzungen umgewandelt worden; alle diese Erlebnisse hatten sich ihrer Seele tief eingeprägt; sie bildeten den bedeutsamen Hintergrund ihrer lebhaften Erzählungen, wenn sie bei spärlicher Oellampe im kleinen, durchwärmten Stübchen die Winterabende im traulichen Gespräche mit dem Sohne zubrachte, zugleich mit emsiger Hand ihre Näharbeiten fördernd, womit sie den Lebensunterhalt erwarb. Ich entsinne mich noch eines Liedes, das aus jener Zeit stammte und mit den Worten schloß: ‚Soldat muß Alles werden, es sei Herr oder Knecht.‘ Ich habe es später oft mit heller Stimme nachgesungen, wenn ich in dunkler Abendstunde über die Straße ging. Ein feinerer Sinn und ein verständiges, besonnenes Wesen erhoben sie über den Kreis, dem sie ihrer gesellschaftlichen Stellung und ihren ärmlichen Vermögensverhältnissen nach angehörte. Sie kleidete sich sorgfältiger und setzte großen Werth darein, von den angeseheneren Familien mit Achtung und einer gewissen Auszeichnung behandelt zu werden, ein Bestreben, das nicht ohne Erfolg geblieben ist. Dabei war sie eine gottesfürchtige Frau, welcher Nichts über die Bibel ging.

Alle diese Eigenschaften und Charakterzüge gingen auf den Sohn über. Auch ich hatte von der ersten Jugend an den regen Trieb, mich über die Sphäre emporzuheben, in welche Geburt und Verhältnisse mich gestellt hatten, und war daher bemüht, den dürftigen Unterricht der geringen Volksschule, der einzigen mir zugänglichen Bildungsanstalt, durch Privatlectüre zu ergänzen. Aber ohne Rath und Anleitung las ich Alles, was mir unter die Hände kam und die dürftige Leihbibliothek des Ortes dem Verlangenden darbot. Da unter den Büchern, deren ich habhaft werden konnte, sich viele Romane aus der Zeit der Romantik befanden, so füllte sich meine jugendliche Phantasie mit einer Welt von wunderbaren Gebilden und Traumgestalten, die den Sinn lange umfangen hielten, bis in der Folge die Geschichte und das wirkliche Leben den Schleier zerrissen. Ich behalte mir über diese Zeit der Romantik einige Bemerkungen für die Jahre vor, da ich dieser Periode und ihren Einflüssen auf die Empfindungswelt näher trat. Mein Gemüths- und Gefühlsleben wurde dadurch allzu mächtig angeregt und in eine fast krankhafte Sentimentalität geleitet. Aber wie wunderlich auch die Vorstellungen und Phantasiegebilde in dem jungen Kopfe sich gestalteten, und wie empfindsam für alle Eindrücke mein Gemüth wurde, eine gute Folge hatte diese einseitige Ausbildung und Erregung einzelner Seelenkräfte durch unangemessene Lectüre: die Schwierigkeiten des wirklichen Lebens, die zwingenden Gewalten der Realtät, die tausend Hindernisse, die sich dem Dürftigen in den Weg stellen, blieben mir verborgen. Ohne Kenntniß der Welt und der menschlichen und gesellschaftlichen Verhältnisse, betrat ich mit einer Art Naivität eine Laufbahn, von der mich jede praktische Einsicht hätte zurückhalten müssen; und mein weiches Herz machte mich empfänglich für jeden Beweis der Liebe und Theilnahme und verschaffte mir in der Folge manchen theuern Freund und Gönner. Für den Augenblick hatte ich allerlei Anfechtungen und Spöttereien seitens meiner Altersgenossen zu erleiden, daß ich mich von der Heerde verlaufen wollte. Gar Mancher trägt aus den Widerwärtigkeiten und den Entbehrungen der Jugend ein mürrisches Temperament, eine verbitterte Stimmung für das ganze Leben davon: dank den liebevollen Eindrücken im Mutterhause habe ich stets einen menschenfreundlichen Sinn, ein heiteres, wenn auch etwas elegisch angewehtes Gemüth bewahrt. Ich betrachtete die Verschiedenartigkeit der Geschicke, die Ungleichheit der Lebensstellungen als eine natürliche oder göttliche Weltordnung, in die sich der Einzelne fügen und finden müsse. Je aufrichtiger und williger dies geschieht, desto froher gestaltet sich ihm das Leben.

Es ist ein erhebendes Gefühl, wenn man nach siegreich überwundenem Ringen um die Existenz auf die vergangenen Jahre der Noth und Armuth zurückblicken kann, wenn man mit Befriedigung sagen darf, daß man seines eigenen Glückes Schmied gewesen. Aber dennoch hat Jeder Ursache, sein günstiges Geschick zu preisen, der seine Kindheit in einer gebildeten Familie, in einem wohlgeordneten Hause verlebt hat. Nicht deshalb, weil sein Leben reicher an frohen Stunden und Genüssen ist, denn auch die Jugend des Armen ist nicht leer an Freuden, an Frohsinn und Heiterkeit; sondern weil er besser gerüstet und vorbereitet in den Kampf um's Dasein eintritt, weil er aus dem Elternhause Güter und Gaben als Erbtheil in die Welt mitnimmt, die der Arme und Geringe stets entbehren oder sich mühsam erwerben muß. Alle jene socialen Künste und Kenntnisse, alle jene feineren conventionellen Umgangsformen, welche dem Sohne eines gebildeten Hauses den Eintritt in die Welt erleichtern, ihm die Thüren in die gesellschaftlichen Kreise öffnen, waren mir völlig unbekannt. Ich mußte mir Alles selbst zu eigen machen."[1]

Anmerkung

1 Georg Weber, Jugendeindrücke und Erlebnisse, Leipzig 1887, S. 43–47.

Ferdinand Arlt

Ferdinand Arlt, geboren 1812, schrieb seine Erinnerungen 1885 auf Veranlassung eines Kollegen. Die Autobiographie erschien posthum. Zur Zeit der Niederschrift war Arlt emeritierter Professor der Augenheilkunde in Wien und litt unter Mangel an Beschäftigung. Er gab seinen trüben Stimmungen immer mehr nach und verbrachte ein freudloses Alter, obwohl er keine materiellen Sorgen hatte, gesund war und auf ein erfolgreiches Leben zurückblicken konnte.

Bezugspersonen, materielle und soziale Umwelt, Lernen, Spiel, Arbeit

„Ich wurde geboren am 18. April 1812 zu Obergraupen; einem Dorfe im Erzgebirge, an der südlichen Abdachung des sogenannten Mückenberges. Derselbe liegt 1 1/2 Stunden nördlich von dem bekannten Badeorte *Teplitz* und 1/2 Stunde von der alten Bergstadt *Graupen* (am Flusse des Gebirges), in welcher sich die Pfarrei und die Schule befinden. *Obergraupen*, welches damals aus 60–70 Häusern bestand, war fast nur von Bergleuten bewohnt, welche den in Gängen und Klüften vorkommenden Zinnstein abbauten, nebstdem aber, da der tägliche Lohn nicht hinreichte, für eine Familie auch nur das Nothwendigste beizuschaffen, etwas Feldbau (Korn, Hafer, Kraut, besonders Erdäpfel) betrieben. Als Lohn für 11 Stunden Arbeit im Bergwerke erhielt ein Mann des Tages 33 Kreuzer Wiener Währung (15 Kr. W. W. = 6 Kr. Conventionsmünze = 10 Kr. östr. Whg.).

Mein Vater, der Sohn eines Revierjägers im Dienste des Fürsten *Clary*, war durch seinen Stiefvater bestimmt worden, das Handwerk eines Bergschmiedes (Verfertigung und Instandhaltung der zum Bergbaue nöthigen Eisen- und Stahlwerkzeuge) zu ergreifen. Nachdem 1813 (vor der Schlacht bei Kulm) sein Stiefbruder, Schmied am Mückenberge, von französischen Plänklern erschossen worden war, hatte er die Schmiedearbeiten des Bergbaues allein zu besorgen. Obwohl er nebst der Schmiedewerkstätte noch ein Wohn- und Wirthschaftshaus mit circa 10 Joch Ackerland besass, konnte er doch für seine Familie (ich war unter 6 Kindern das viertgeborene) nur mit äusserster Anstrengung das zum Leben Nothwendige erwerben. Er war ein rechtschaffener, stiller, nur seiner Familie lebender Mann und genoss im Dorfe grosses Vertrauen, so dass er bald zum Gemeindevorstande gewählt wurde. Er war von zarter Constitution und erlag, wie wir sehen werden, relativ zeitig (im 59. Jahre) übermässiger körperlicher Anstrengung.

Meine Mutter, Tochter des Bergmannes *Kohlschütten*, hatte einige Jahre vor ihrer Verehelichung bei Bürgersleuten in *Graupen* gedient. Sie war von kräftiger Constitution und Jahr aus Jahr ein von 4, längstens 5 Uhr morgens bis abends 9 Uhr und darüber, theils im Hause, theils auf dem Felde unverdrossen thätig. Sie war von echter Religiosität und ertrug die herben Schicksalsschläge, welche sie später betrafen, mit wahrer Ergebung in die Fügung Gottes. Wenn sie in recht bedrängter Lage war, sagte sie: ‚Der Herr wird mir nicht mehr auferlegen, als ich ertragen kann' und war wieder guten Muthes. Sie war es, welche nicht nur durch ihr Beispiel, sondern auch durch ihre strenge Zucht auf uns Kinder den mächtigsten Einfluss übte. Sie hielt uns zu Arbeit, Genügsamkeit, Wahrhaftigkeit und Gottesfurcht an; ihre Mildthätigkeit gegen Arme, oft ihre Mittel überschreitend, weckte in uns frühzeitig Mitgefühl für fremdes Elend.

Unser Elternhaus, mitten im Dorfe gelegen, war eines der grössten daselbst, 1 Stock hoch, ausser den Wohnräumen noch mit einem Kuhstalle und einer Scheuer versehen. Aus der nach Süden gerichteten Wohn-, besonders aber aus der Oberstube, übersieht man einen grossen Theil des böhmischen Mittelgebirges (von der Stelle, wo die Elbe dasselbe durchbricht, bis zu den Bergen von Brüx und deren Abflachung gegen *Komotau*) und die breite, von Westen nach Osten ziehende Thalmulde, in welcher *Teplitz-Schönau* liegt, während von dem schmalen, tief einschneidenden Thale der Biela nur *Bilin* sichtbar ist. Die Oberstube (damals unheizbar) diente uns Kindern auch im Winter als Schlafstelle. Vor dem Hause lag ein kleiner Gemüse- und Blumengarten, weiter bergab etwas Wiesen- und Ackerland, letzteres auch mit Kirschen- und einigen Apfelbäumen bepflanzt (Pflaumen werden nicht mehr reif); die übrigen Felder lagen 1/4 bis 1/2 Stunde entfernt.

Bei Benützung aller Arbeitskräfte – auch 4- bis 5jährige Kinder fanden entsprechende Verwendung – und strenger Sparsamkeit (unsere Nahrung bestand grösstentheils in Brod, Erdäpfeln, Milch und Butter, an Sonntagen mit etwas Fleisch) hatte die Familie eben ihr Auskommen. Sobald ein Kind das 6. Lebensjahr vollendet hatte, wurde es bis Ende des 12. Jahres in die 1/2 Stunde entfernte Schule unten in Graupen geschickt, dabei aber so viel als möglich zu verschiedenen Arbeiten im Hause und auf dem Felde (z. B. Ausgraben von Kartoffeln, Holzverkleinern, Viehhüten u. dgl.) verwendet; Müssiggehen, Herumflaniren, Gesellschaft mit Cameraden aufsuchen u. dgl. war uns gewissermassen unmöglich. An Sonntagen wurde sehr oft der Nachmittag zum Vorlesen einzelner Abschnitte aus einer Bibel (lutherischer Uebersetzung) verwendet, welche der Vater wie ein Reliquium im Geheimen verwahrte.

Einmal, ich mochte 7 Jahre alt sein, beauftragte mich die Mutter, auf dem Heimwege von der Schule ein Krügel Blut mitzubringen. Das beim Schlachten von Kälbern aufgefangene Blut wird, bevor es gerinnen kann, mit einem Stäbchen rasch umgerührt und bildet dann eine gleichförmige Flüssigkeit, welche nach Beimengung von Semmelschnitten in einer Pfanne zu einer Art Wurst (in der Ofenröhre) gebacken wird. Als ich – es war an einem kalten Wintertage – gegen Abend mit dem Kruge eines der obersten Häuser von Graupen passirt hatte, glitt ich auf dem Glatteise aus, und – hin war das Blut und – begossen meine neuen kalbledernen Hosen. Da erbarmte sich des weinenden Knaben eine Bürgersfrau, nahm mich in's Haus und liess durch andere Schulknaben nach Hause sagen, dass sie mich über Nacht bei sich behalten werde. Diese Frau habe ich circa 40 Jahre später am grauen Staare operirt und dadurch, dass sie wieder in ihrem Gebetbuche lesen konnte (sie starb im 92. Jahre), glücklich gemacht."[1]

„Als ich eben das 8. Jahr zurückgelegt hatte, kam eines Tages ein Stiefbruder meines Vaters, *Dominik Schöttner*, Schullehrer zu *Weisskirchlitz* (bei Teplitz) zu uns und machte den Eltern den Vorschlag, meinen Bruder Dominik oder mich zu ihm zu geben; er brauche einen Knaben, der ihm bei Versehung des Messnerdienstes und als Chorsänger behülflich sein und dabei sich selbst zugleich zum Schullehrer heranbilden könne. Die Eltern gingen auf den Vorschlag ein, indem sie hauptsächlich auf den zarter gebauten, zu gröberer Arbeit minder geeigneten Bruder Dominik reflektirten. Als aber der Vetter dann betonte, er möchte doch lieber mich nehmen, da Dominik schon beinahe 11 Jahre alt sei, mithin sich nicht mehr so leicht abrichten lassen werde, willigten sie endlich ein, und somit wurde ich gegen eine mässige Entschädigung für die Kost nach Weisskirchlitz gegeben.

Wenige Monate darauf starb die seit langer Zeit schwer kranke Tante, eine Tochter in meinem Alter hinterlassend. Als dann der Vetter sich wieder verehelicht hatte, kamen über uns beide schwere Zeiten. Die zweite Frau war hochfahrend, hartherzig, der Tochter wie mir eine Stiefmutter im gewöhnlichen Sinne des Wortes und voll Affenliebe für ihre eigenen Kinder. Ich wurde ausser den Schulstunden zu allerhand häuslichen Verrichtungen verwendet, namentlich zum Kinderwarten und häufig zu Botengängen nach *Teplitz*. – Einmal im Spätherbste, wo der Boden morgens bereits gefroren war, musste ich, der noch keine Stiefel für den Winter erhalten hatte, barfuss – wie im Sommer durchaus – bei Anbruch des Tages nach *Teplitz* laufen, Seife zu holen, auf deren Besorgung zum Waschtage man vergessen hatte. Der Vetter selbst behandelte mich zwar strenge, aber nie hart, nie ungerecht. Selbst wenn er mich strafte – wir wurden mit einer Birkenruthe auf die vorgestreckte Hohlhand geschlagen – vermied er es, das Ehrgefühl abzustumpfen; nach der Strafe war er wieder ausgesöhnt. – Das war auch bei meinen Eltern der Fall.

Als ich an einem heissen Julinachmittage einmal von *Weisskirchlitz* nach *Obergraupen* gekommen war, um des anderen Tages mit Butter dorthin zurückzukehren, gebot mir die Mutter, das Vieh (einige Kühe und Kälber) auf die etwa $^1/_2$ Stunde entfernte Gutweide zu treiben. Meine Weigerung wurde mit Ruthenstreichen beantwortet. Flennend zog ich auf den Weideplatz. Dort schlief ich ein, und als ich bei Sonnenuntergang erwachte, hatte sich das Vieh in den angrenzenden Wald verlaufen. Erst gegen 10 Uhr nachts gelang es den herbeigerufenen älteren Geschwistern, das Vieh wieder zustande zu bringen. Die Eltern fanden mich durch die ausgestandene Angst wohl hinreichend bestraft.

Als ich einige Monate über 13 Jahre alt war, sagte der Vetter ganz unerwartet zu meinem Vater, ich eigne mich nicht gut zu einem Schullehrer, weil ich in der Musik keine rechten Fortschritte mache; er möge mich lieber studiren lassen. Ob dies aus seiner Ueberzeugung oder auf Antrieb der Tante geschehen, ist mir nicht klar geworden. Diese Erklärung des Vetters traf meine Eltern wie ein Blitz aus heiterem Himmel. Namentlich war es die Mutter, welche sich nicht fassen konnte. Woher sollten die Mittel kommen, mich an dem Gymnasium zu *Leitmeritz*

(6 Stunden von *Graupen* entfernt) mit dem Nothwendigsten zu versehen? Und doch sagte sich ihr praktischer Sinn, ich sei der schweren körperlichen Arbeit bereits entwöhnt, ich werde zur Erlernung eines Handwerkes mich nicht mehr eignen. Diese Erwägung und der Umstand, dass der 17 Jahre alte Sohn Joseph den Vater bereits in der Schmiede und in der Wirthschaft unterstützen konnte, mögen sie bewogen haben, ihre Einwilligung zu geben. Vielleicht tauchte auch der Wunsch auf, dass ich mich nach beendeten Studien dem geistlichen Stande widmen möchte, denn einen anderen Zweck des Studirens kannten die guten Eltern nicht."[2]

Anmerkungen

1 Ferdinand Arlt, Meine Erlebnisse, Wiesbaden 1887, S. 3–7.
2 A.a.O., S. 8–10.

August Bebel

August Bebel, geboren 1840, schrieb seine Erinnerungen 1910
in Berlin. Der Führer der deutschen Sozialdemokratie wollte
in seinen Erinnerungen nach Möglichkeit die historische
Wahrheit schreiben; er verließ sich nicht nur auf sein Gedächtnis, sondern zog Briefe, Notizen und Zeitungsartikel
hinzu.

Bezugspersonen, materielle und soziale Umwelt, Lernen, Spiel, Arbeit

August Bebel wurde 1840 in der Kaserne in Deutz-Köln geboren, wo sein Vater
Unteroffizier in einem Infanterieregiment war." Das ‚Licht der Welt', in das ich
nach meiner Geburt blickte, war das trübe Licht einer zinnernen Oellampe, das
notdürftig die grauen Wände einer großen Kasemattenstube beleuchtete, die zugleich Schlaf- und Wohnzimmer, Salon, Küche und Wirtschaftsraum war. Nach
der Angabe meiner Mutter war es abends Schlag neun Uhr, als ich in die Welt trat,
insofern ‚ein historischer Moment', als eben draußen vor der Kasematte der Hor-
nist den Zapfenstreich blies, bekanntlich seit ‚unvordenklichen Zeiten' das Zeichen, daß die Mannschaften sich zur Ruhe zu begeben haben.

Prophetisch angelegte Naturen könnten aus dieser Tatsache schließen, daß damit schon meine spätere oppositionelle Stellung gegen die bestehende Staatsord-
nung angekündigt wurde. Denn streng genommen verstieß es wider die militäri-
sche Ordnung, daß ich als preußisches Unteroffizierskind in demselben
Augenblick die Wände einer königlichen Kasemattenstube beschrie – und ich soll
schon bei meiner Geburt eine recht kräftige Stimme gehabt haben –, in dem der
Befehl zur Ruhe erlassen wurde.

Aber die so folgerten, täuschten sich. Es hat später noch geraumer Zeit bedurft,
ehe ich mich aus den Banden der Vorurteile befreite, in die das Leben in der Kasematte und die späteren Jugendeindrücke mich geschlagen hatten.
[. . .]

Eine preußische Unteroffiziersfamilie der damaligen Zeit lebte in erbärmlichen
Verhältnissen. Das Gehalt war mehr als knapp, wie denn zu jener Zeit überhaupt
in der Militär- und Beamtenwelt Preußens Schmalhans Küchenmeister war, und
so ziemlich jeder für Gott, König und Vaterland den Schmachtriemen anziehen
und hungern mußte. Meine Mutter erhielt die Erlaubnis, eine Art Kantine führen
zu dürfen, das heißt sie hatte das Recht, allerlei kleine Bedarfsartikel an die Mannschaften der Kasematten zu verkaufen, was in der einzigen Stube geschah, die wir
inne hatten. So sehe ich sie im Geiste noch heute vor mir, wie sie abends bei der
mit Rüböl gespeisten Lampe den Soldaten die steinernen Näpfe mit dampfenden
Pellkartoffeln füllte, à Portion 6 Pfennig preußisch.

Für uns Kinder – mir war im April 1841 der erste Bruder und im Sommer 1842 der zweite geboren worden – war das Leben in den Kasematten ein Leben voller Wonnen. Wir trieben uns in den Kasemattenstuben umher, verhätschelt oder auch gehänselt von Unteroffizieren und Mannschaften. Waren aber die Stuben leer, weil die Mannschaften zu Uebungen ausgerückt waren, so begab ich mich auf eine derselben und holte die Gitarre des Unteroffiziers Wintermann, der auch mein Taufpate war, von der Wand, auf der ich dann so lange musikalische Uebungen betrieb, bis keine Saite mehr ganz war. Um diesen ungezügelten Musikübungen und ihren bösen Folgen eine entsprechende Ablenkung zu geben, schnitzte er mir aus einem Brett ein gitarreartiges Instrument, das er mit Darmsaiten bezog. Ich saß nunmehr mit diesem in Gesellschaft meines Bruders stundenlang auf der Türschwelle zu einem Hof in der Deutzer Hauptstraße und malträtierte die Saiten, was die beiden Töchter eines gegenüberwohnenden Dragonerrittmeisters so ‚entzückte‘, daß sie uns öfter für meine musikalischen Leistungen mit Kuchen oder Konfekt regalierten. Natürlich litten unter diesen musikalischen nicht die militärischen Uebungen. Der Anreiz dazu lag ja in der ganzen Umgebung, er lag buchstäblich in der Luft. Sobald ich also die ersten Hosen und den ersten Rock anhatte, die selbstverständlich beide aus einem alten Militärmantel des Vaters gezimmert worden waren, stellte ich mich, ausgestattet mit der nötigen Bewaffnung, neben oder hinter die auf dem freien Platz vor der Kasematte übenden Mannschaften und ahmte ihre Bewegungen nach. Wie mir meine Mutter später öfter humorvoll erzählte, soll ich namentlich das rechts und links Aufrücken meisterlich fertig bekommen haben, eine Uebung, die den Mannschaften viel Schweiß verursachte und bei der ich ihnen manchmal von dem kommandierenden Offizier oder Unteroffizier als Muster hingestellt worden sein soll.

Meines Vaters Augen sahen aber allmählich das Kommißleben anders an wie sein Sohn. Er war zwar, wie uns meine Mutter öfter erzählte, gleich seinem Bruder ein außerordentlich gewissenhafter, pünktlicher und adretter Militär – ein sogenannter Mustersoldat –, aber er hatte zu jener Zeit bereits seine zwölf und mehr Jahre Militärdienstzeit auf dem Rücken, und stand ihm das Soldatenleben schließlich, wie man zu sagen pflegt, bis an den Hals. Der Dienst wurde damals wohl auch noch kleinlicher und engherziger betrieben als heute.

[. . .]

Meinem Vater schlug insofern die Erlösungsstunde, als ihm im Frühjahr 1843 der Posten eines Grenzaufsehers angeboten wurde, für welchen Dienst er sich seit langem gemeldet hatte. Er nahm den Posten an, und so zog die Familie teils zu Fuß, teils auf dem Frachtwagen sitzend, der die Möbel trug – denn eine Eisenbahn gab es zu jener Zeit in jener Gegend noch nicht –, nach Herzogenrad an der belgischen Grenze. Aber unseres Bleibens war hier nicht lange. Noch war die dreimonatige Probezeit nicht zu Ende, so hatte sich mein Vater infolge des anstrengenden Nachtdienstes eine schwere Erkrankung zugezogen. Muskelentzündung nannte es meine Mutter, ich vermute, es war Gelenkrheumatismus, wozu sich die Schwindsucht gesellte. Da durch den Nichtablauf der Probezeit mein Vater noch nicht aus dem Militärverhältnis entlassen war, mußten wir mit dem schwerkranken Manne dieselbe Reise in derselben Weise wieder nach Köln zurücklegen. Ein sehr schweres Stück für meine Mutter. In Köln angekommen, wurde der Vater in das Militärlazarett geschafft, und uns wurde wieder eine Stube in den Deutzer Kasematten, diesmal hinten nach dem Wallgraben hinaus, angewiesen. Nach dreizehnmonatiger Krankheit starb der Vater, 35 Jahre alt, ohne daß die Mutter die Berechtigung zum Bezug einer Pension hatte. Wir mußten kurz nach dem Tode des Vaters die Kasematte verlassen, und die Mutter wäre schon jetzt gezwungen gewesen, nach ihrer Heimat Wetzlar überzusiedeln, wenn nicht der Zwillingsbruder des Vaters, August Bebel, sich der Mutter und unserer annahm. Um diese Pflicht besser erfüllen zu können, entschloß er sich, Herbst 1844, meine Mutter zu heiraten.

Dieser mein Stiefvater war im September 1841 wegen Ganzinvalidität mit einem Gnadengehalt von zwei Talern monatlich aus dem Dienst im 40. Infanterieregiment entlassen worden. Ursache der Invalidität war der Verlust der Kommandostimme infolge einer Kehlkopfentzündung, die später ebenfalls in Schwindsucht ausartete. Er hatte nach Aufgabe seiner Stellung im Regiment nahezu zwei Jahre als Polizeiunteroffizier im Militärlazarett in Mainz fungiert und hatte alsdann provisorisch die Stelle eines Revieraufsehers in der Provinzial-Korrektionsanstalt Brauweiler bei Köln angenommen.

Wir siedelten im Spätsommer 1844 nach Brauweiler über. Mein nunmehriger Vater hatte hier in der großen Provinzialanstalt sicher den schwersten Dienst. Er war unter anderem auch Aufseher der Gefangenenanstalt, die sich dort für die Arbeitshäusler befand, die wegen Vergehen in der Anstalt zu Gefängnis verurteilt wurden. Die Anstalt bildete einen großen Komplex von Gebäuden und Höfen und umschloß auch Gartenland. Das alles war mit einer hohen Mauer umzogen. Männer, Frauen und jugendliche Insassen waren voneinander getrennt. Um nach dem Arresthaus zu gelangen, in dem sich auch unsere Wohnung befand, mußte man über mehrere Höfe schreiten, die durch schwere verschlossene Türen voneinander getrennt waren. Das Arresthaus war also von jeder menschlichen Umgebung abgeschieden. Allabendlich, sobald die Dämmerung eintrat, flogen Dutzende von Eulen in allen Größen mit ihrem Gefauche und Gekrächze um das Gebäude und jagten uns Kindern Angst und Schrecken ein. Der Aufenthalt dieser Eulen war der Turm der nahen Kirche. Auch sonst war dieser Aufenthalt für uns Kinder, und vermutlich auch für meine Eltern, kein erfreulicher. Der Dienst meines Vaters, der morgens um 5 Uhr begann und bis zum späten Abend währte, war ein sehr anstrengender und mit viel Aerger verknüpft. Die Art der damaligen Gefangenenbehandlung war eine grausame. Ich habe mehr als einmal mit angesehen, daß junge und ältere Männer, die extra schwer bestraft wurden, sich der scheußlichen Prozedur des Krummschließens unterziehen mußten. Dieses Krummschließen bestand darin, daß der Delinquent sich auf den Boden der Zelle auf den Bauch zu legen hatte. Alsdann bekam er Hand- und Fußschellen angelegt. Darauf wurde ihm die rechte Hand über den Rücken hinweg an den linken Fuß und die linke Hand ebenfalls über den Rücken an den rechten Fuß gefesselt. Damit noch nicht genug, wurde ihm ein leinenes Tuch strickartig um den Körper über Brust und

Arme auf dem Rücken scharf zusammengezogen. So als lebendes Knäuel zusammengeschnürt, mußte der Uebeltäter zwei Stunden lang auf dem Bauch liegend aushalten. Alsdann wurden ihm die Fesseln abgenommen, aber nach wenigen Stunden begann die Prozedur von neuem.

Das Gebrülle und Gestöhne der so Mißhandelten durchtönte das ganze Gebäude und machte natürlich auf uns Kinder einen schauerlichen Eindruck.

Hier in Brauweiler besuchte ich schon von Herbst 1844 ab, erst vierundeinhalb Jahre alt, die Dorfschule, und zwar wurde ich in diesem jugendlichen Alter als ‚Freiwilliger‘ aufgenommen. Kehrten wir Kinder aus dieser zurück, so mußten wir eines der Anstaltstore passieren, das eine Schildwache zu öffnen hatte. Eines Tages aber waren wir starr vor Ueberraschung, als der Posten die Tür öffnete und wir statt des bisher im Gebrauch gewesenen Tschakos einen glänzenden Helm von sehr bedeutender Höhe auf seinem Haupte thronen sahen. Diese ersten Helme waren im Vergleich zu ihren Nachfolgern in der Jetztzeit wahre Ungetüme und entsprechend schwer. Wir erholten uns von unserer Ueberraschung und unserem Staunen erst, als der Posten uns zuherrschte: ‚Jungs, macht, daß ihr hereinkommt, oder ich schlage euch die Tür vor der Nase zu!‘

Das Leben für uns Kinder war in der Anstalt nicht sehr abwechslungsreich. Es spielte sich in der Hauptsache innerhalb eines Teiles der Anstaltsmauern ab. Auch wurde unser Vater, der ein sehr strenger Mann war und dem es an Aerger nicht fehlte, immer reizbarer, eine Reizbarkeit, die durch die mittlerweile bei ihm zum Ausbruch gekommene Schwindsucht immer mehr zunahm. Die Mutter und wir Kinder hatten darunter viel zu leiden. Mehr als einmal mußte die Mutter dem Vater in die Arme fallen, wenn dieser in maßloser Erregung schwere körperliche Züchtigungen an uns vollzog. Sind Prügel der höchste Ausfluß erzieherischer Weisheit, dann muß ich ein wahrer Mustermensch geworden sein. Aber was ich geworden bin, wurde ich wohl trotz der Prügel.

Andererseits wieder war der Vater aufs emsigste für unser Wohl bemüht, denn er war trotz alledem ein gutherziger Mann. Konnte er uns zum Beispiel zu Weihnachten, Neujahr oder Ostern eine Freude bereiten, so geschah es, soweit es die bescheidenen Mittel erlaubten. Und sehr bescheiden waren diese. Neben freier Wohnung (zwei Stuben), Heizung und Licht empfing der Vater monatlich etwa acht Taler Gehalt. Damit mußten fünf, später vier Menschen auskommen, da mein jüngster Bruder, ein bildhübsches Kind und der Liebling des Vaters, Sommer 1845 starb.

Die Krankheit meines Vaters machte unterdes rapide Fortschritte. Bereits am 19. Oktober 1846 starb er nach etwa zweijähriger Ehe. So war meine Mutter binnen drei Jahren zum zweitenmal Witwe und wir vaterlose Waisen. Auch aus dieser Ehe hatte die Mutter keinen Anspruch auf staatliche Unterstützung. Nunmehr blieb ihr nichts übrig, als nach ihrer Heimat Wetzlar überzusiedeln. Anfang November wurden abermals die Siebensachen auf einen Wagen geladen – die heutigen Möbelwagen gab es wohl zu jener Zeit noch nicht – und wurde die Reise nach Köln angetreten. Das Wetter war häßlich. Es war kalt und regnerisch. In Köln wurde der Hausrat am Rheinufer unter freiem Himmel aufs Pflaster gesetzt, um von dort per Schiff nach Koblenz und von dort wieder per Wagen das Lahntal hinauf nach Wetzlar transportiert zu werden. Als wir abends gegen 10 Uhr die Schiffskajüte zur Fahrt nach Koblenz betraten, war diese mit Menschen überfüllt und herrschte ein Tabaksqualm zum Ersticken. Da uns niemand Platz machte, legten wir zwei Jungen, todmüde wie wir waren, uns dicht an der Tür auf den Fußboden und schliefen, wie nur müde Kinder schlafen können. Den fünften oder sechsten Tag kamen wir endlich in Wetzlar an, in dem damals noch meine Großmutter und vier verheiratete Geschwister – drei Schwestern und ein Bruder – meiner Mutter lebten.

Unsere eigentliche Jugendzeit verlebten wir jetzt hier. Wetzlar, eine kleine, romantisch gelegene Stadt, besaß damals eine ganz vortreffliche Volksschule. Zunächst kamen wir beide in die Armenschule, die sich in einem großen Gebäude, dem Deutschen Haus, das ehemals den deutschen Ordensrittern gehörte, befand.
[. . .]

Mit der Schule und den Lehrern fand ich mich im ganzen sehr gut ab, nur mit dem Kantor nicht, der mir nicht hold war. Ich gehörte zu den besten Schülern, was namentlich unseren Lehrer der Geometrie, ein kleiner prächtiger Mann, veranlaßte, mich mit noch zwei Kameraden extra vorzunehmen und uns in die Geheimnisse der Mathematik einzuweihen. Wir lernten mit Logarithmen rechnen. Neben Rechnen und Geometrie waren meine Lieblingsfächer Geschichte und Geographie. Religion, für die ich keinen Sinn hatte – und meine Mutter, eine aufgeklärte und freidenkende Frau, quälte uns zu Hause nicht damit –, lernte ich nur, weil ich mußte. Ich war zwar auch hier mit an der ersten Stelle, aber das verhinderte nicht, daß ich namentlich in der Katechumenenstunde dem Oberpfarrer einigemal Antworten gab, die gar nicht ins Schema paßten und mir kleine Strafpredigten eintrugen.

Wenn ich aber fleißig lernte und überall im Können mit an der Spitze stand, so stand ich auch an der Spitze der meisten losen Streiche, die nun einmal bei Jungen, die ein größeres Maß Bewegungsfreiheit haben, unausbleiblich, ja selbstverständlich sind. Das brachte mich in ,sittlicher' Beziehung in einen üblen Ruf. Namentlich genoß ich diesen bei unserem Kantor, der das Departement des Aeußern zu vertreten hatte, das heißt, der all die bösen Streiche, die der Schule gemeldet wurden, an den Attentätern zu bestrafen hatte. Wieso er, statt des Rektors, zu dieser Rolle kam, weiß ich nicht. Vielleicht daß sein Dienstalter oder seine Körperfülle oder ein Gewohnheitsrecht ihn dazu prädestinierte. Auch wußte er mit unnachahmlicher Grazie und sehr wirksam den Bakel zu schwingen. Weniger schmerzte es, wenn er mit seinen kleinen fetten Händen uns rechts und links ins Gesicht fuhr, daß es nur so klatschte. Aber auch in einem solchen Moment konnte ich nicht unterlassen, die kleinen fetten Hände zu bewundern.

Unsere Haupttummelplätze waren die nächste Umgebung des Domes, das alte Reichskammergerichtsgebäude, dessen große Räume jahrelang als Lagerplatz einem Gastwirt dienten, die große Burgruine Kalsmunt vor der Stadt, die Felsenpartien an der Garbenheimer Chaussee – der Ort Garbenheim besitzt ebenfalls Erinnerungen an Goethe –, auf deren Felsplatten wir unsere ‚Festungen' errichteten, die alte Stadtmauer und vor allem die auf einem Hochplateau gelegene Garbenheimer Warte, von der aus wir im Herbste unsere Raubzüge in die Kartoffelfelder unternahmen, um Kartoffeln zum Braten zu holen. Eines Tages mußten wir dafür eine mehrstündige Belagerung durch eine Bauernfamilie aushalten, die wir aber siegreich abschlugen. Die Streifereien durch Wald und Flur, namentlich während der Ferien, waren zahllos.

Auch war das Obststrippen, wie wir es nannten, eine Lieblingsbeschäftigung im Sommer und Herbste, denn die Umgebung Wetzlars ist sehr obstreich. Die Lahn, ein ganz respektabler Fluß, gab im Sommer die gewünschte Badegelegenheit und im Winter die Möglichkeit zum Schlittschuhsport. Bei einer solchen Gelegenheit passierte es, daß mein Bruder hart neben mir in ein leicht zugefrorenes Loch einbrach und unzweifelhaft unter das Eis geraten und ertrunken wäre, breitete er nicht unwillkürlich die Arme aus, die ihn oben hielten. Ein Kamerad und ich zogen ihn aus dem Wasser und brachten ihn auf eine Felsplatte an der Garbenheimer Chaussee. Hier mußte er sich entkleiden, wir borgten ihm einzelne Kleidungsstücke von uns und rangen dann seine Kleider aus, die wir in der ungewöhnlich warmen Februarsonne trockneten. Die Mutter erfuhr erst nach Monaten den Unfall ihres Zweiten, was dadurch ermöglicht wurde, daß wir unsere Kleider selbst reinigten, auch, so gut es ging, selbst flickten, um die Risse dem Auge der Mutter zu verbergen.

[. . .]

Unsere materiellen Verhältnisse konnten sich in Wetzlar nicht bessern. An Pension konnte meine Mutter keinen Anspruch erheben. Die einzige Unterstützung, die sie später vom Staat erhielt, bestand in 15 Silbergroschen pro Monat und Kopf von uns zwei Jungen. Diese waren ihr gewährt worden, weil sie trotz des Abratens ihres ersten Ehemannes uns beide als Kandidaten für das Militärwaisenhaus in Potsdam angemeldet hatte. Es war die Not, die sie dazu zwang; sie hatte zwar von ihrer mittlerweile gestorbenen Mutter fünf bis sechs Parzellen Land geerbt, die in den verschiedensten Gemarkungen um Wetzlar herum zerstreut lagen. Und sie hatte, der Not gehorchend, auch mehrere davon bereits verkauft, um leben zu können. Aber dieser Verkauf fiel ihr herzlich schwer. Ihr ganzes Dichten und Trachten war darauf gerichtet, uns den noch vorhandenen Besitz zu erhalten, damit wir nicht gänzlich mittellos in der Welt stünden. Was eine Mutter für ihre Kinder opfern kann, habe ich an der eigenen erfahren. Einige Jahre lang hatte meine Mutter für ihren Schwager – einen Handschuhmacher – weiße Militärlederhandschuhe genäht, das Paar für 6 Kreuzer, ungefähr 20 Pfennig. Mehr als ein Paar im Tag konnte sie aber nicht fertigen. Dieser Verdienst war zum Leben zu wenig, zum Sterben zu viel. Aber auch diese Arbeit mußte sie nach einigen Jahren aufgeben, denn auch sie war mittlerweile von der Schwindsucht ergriffen worden, die ihr in den letzten Lebensjahren jede Arbeit unmöglich machte. Ich als Aeltester mußte die Ordnung des kleinen Hauswesens, Stube und Kammer, übernehmen. Ich hatte Kaffee zu kochen, Stube und Kammer zu reinigen und sie samstäglich zu scheuern;

ich mußte das Zinn- und Blechgeschirr putzen, unser Bett machen usw., eine Tätigkeit, die mir nachher als Handwerksbursche und politischer Gefangener sehr zustatten kam."[1]

Anmerkung

1 August Bebel, Aus meinem Leben, Stuttgart 1910, Bd. 1, S. 2–17.

Karl Fischer

Die „Denkwürdigkeiten und Erinnerungen eines Arbeiters"
wurden 1903 von dem Pfarrer und Sozialdemokraten Paul
Göhre im Eugen Diederichs Verlag veröffentlicht. Das Originalmanuskript war von dem Herausgeber um ungefähr die
Hälfte gekürzt worden, weil es zu umfangreich für den Druck
war.

Paul Göhre berichtet in einem Vorwort über den Autor der „Denkwürdigkeiten":
„Er heißt Karl Fischer, ist heute 61 Jahre alt, Junggeselle, und wohnt seit einigen Jahren,
Halbinvalide, ohne Invalidengeld zu beziehen, im Anhaltischen bei armen Verwandten, bei
denen er, dazwischen ihr Gärtchen und das kleine Feld bestellend, sein Buch in den letzten
zwei Jahren geschrieben hat, ohne Anregung von außen, aus eignem Drang und Wunsch. Er
ist auch heute noch kein Sozialdemokrat, nimmt noch heute eine starke religiöse Gesinnung
für sich in Anspruch, und ist noch heute voller Ehrfurcht für den Kaiser."[1]
Karl Fischers Autobiographie schildert weder den sozialen Aufstieg durch Bildung noch
das ideologische Hineinwachsen in die Arbeiterbewegung. Sie ist eine der ganz wenigen
Autobiographien ohne Happy-End und ohne Hoffnung auf eine bessere Zukunft. Karl
Fischer schreibt am Ende der Erinnerungen über seine Lage als vierundvierzigjähriger Tagelöhner in einem Hüttenwerk: „Da vergingen die Jahre weiter, da war auch jene Zeit schon
längst vergangen, an welcher alles gut war, da verging mir alle Lust, noch länger das mitanzu-
sehen und zu hören, denn meine Arbeit nützte mir schon jahrelang gar nichts mehr. Denn
man hatte sich in den letzten Jahren mit der harten Masse die Arme vollends kaputt geworfen, und wußte des Nachts nicht, wo man sie hinstrecken sollte, und konnte vor Reißen nicht
in den Schlaf kommen, und beim besten Willen konnte man es den jungen Kerls in der
Schnelligkeit nicht gleich thun, wenn man auch die Lust dazu gehabt hätte; auf Schnelligkeit
aber war Alles abgesehen."[2]

Bezugspersonen

Karl Fischer wurde 1841 in Grünberg (Schlesien) geboren als erstes Kind seiner
Eltern. Der Vater war Bäckermeister und führte ein eigenes Geschäft, das er gepachtet hatte.
„Ich hätte nun wunders was meinen können, wie vorsichtig ich in der Wahl
meiner Eltern gewesen wäre, aber ehe sie noch sehr lange bei einander waren, da
stellte sich schon heraus, daß sie sich nicht vertragen wollten, oder konnten, und
das war sehr betrüblich, besonders später für uns Kinder. Meine Eltern haben al-
lerhöchstens ein halbes Jahr Bekanntschaft zusammen gehabt; ob das zu wenig
war, ich kanns nicht sagen. Übrigens braucht Keiner zu denken, daß mein Vater

oder meine Mutter etwa wären Wege gegangen, die das sechste Gebot verbietet; nein, das war ganz ausgeschlossen, und es freut mich ungemein, daß ich mich darüber nicht zu beschweren brauche, so wenig, als sich da jemals mein Vater oder meine Mutter darüber beschwert hat. Da muß ich mich auf Alle berufen, die meine Eltern näher gekannt haben; denn es ist immerhin möglich, daß irgend Jemand das besser wüßte als ich, und mich anders belehren könnte.

Wenn sich zweie streiten, so hat nicht Einer allein die Schuld, aber hier hatte mein Vater sicherlich die meiste; es war einfach scheußlich, wie er sich gegen meine Mutter betragen hat, und wie er sie behandelte, oft weder menschlich noch viehisch, sondern einfach teuflisch. Es fällt mir gar nicht schwer, das von meinem Vater zu sagen, aber es fällt mir schwer, meinen Vater und meine Mutter richtig zu beschreiben, damit sich Niemand eine falsche Vorstellung davon macht; denn mein Vater hat das mit der Wahrheit bei mir immer sehr genau genommen.

Meine Mutter war sicher mehr als hinlänglich geschult für meinen Vater, und sie konnte nicht leichter und nicht schwerer zu Worte kommen, wie jede andere ordentliche Frau, und hatte doch auch ihre Vorstellungen von Wahrheit und Lüge, von Gerechtigkeit und Ungerechtigkeit. Und wenn mein Vater dann bei der geringsten Kleinigkeit anfing zu spektakeln, was sich allermeistens so anhörte, als ob meine Mutter das allerverworfenste Frauenzimmer auf Gottes Erdboden sei, dann kam das, nicht allemal, aber doch oft vor, daß sie meinem Vater Antwort gab, je länger, je heftiger, und wenn sie ihn dann mit ihren Worten gut traf, dann langte mein Vater schnell, was er zuerst kriegen konnte, entweder einen Stock, oder einen Backspreißel, oder das erste beste Stückchen Langholz, und dann schlug er damit auf meine Mutter los, und hielt solcher Weise das jüngste Gericht ab; und schlimmer wirds den Leuten dabei auch nicht zu Muthe sein, als mir und meinen beiden ältesten Schwestern, die nach mir kamen, und die wir gewöhnlich dabei Zeugen waren. Denn darnach war allemal Ruhe; wir hörten unsere Mutter noch ein Weilchen leise weinen, und wenn das auch vorbei war, dann war bei uns im Hause Todtenstille, dann sagte keiner mehr ein lautes Wort; das konnte manchmal wochenlang dauern, so lange, bis das meinem Vater auch nicht mehr paßte, dann fing das Stück wieder von vorn an."[3]

Der Vater ging regelmäßig zum Kartenspielen ins Wirtshaus. Wenn er aber zu Hause blieb, dann las er, und die Kinder durften kein Wort sprechen und mußten sich ganz ruhig verhalten.

„Aber bei Wintertag, nachmittags, wenn die Dämmerung kam, und er hatte Zeit, dann holte er regelmäßig seine Guitarre vom Nagel, die hatte er sich in seiner Gesellenzeit angeschafft, und dann spielte er wohl eine Stunde lang Guitarre, wozu er öfters sang, dann hörten wir gerne zu, und waren von selber ruhig. Denn er konnte viele, viele Stückchen spielen, und hatte auch ein paar große dicke Notenbücher, jedes wohl einen halben Meter lang, die standen Blatt für Blatt voller Noten und Lieder, die hatte mein Vater während seiner Gesellenjahre da Alle hinein geschrieben, die nahm er sich noch Sonntags nachmittags manchmal zu seiner Guitarre vor. Außerdem aber, des Abends, wenn er da blieb, wenn sich da Eins rührte oder lachte, dann sah er auf, dann rührte sich keins mehr, dann rief er noch: Euch hängt wohl der Himmel voller Geigen? Ich will Euch gleich den Übermuth austreiben! Und das war ihm bitterer Ernst, wehe dem, der es wagte, sich noch zu rühren; dann hockten wir so lange still, bis er sagte: marsch, zu Bett, dann waren wir froh, wenn der Abend vorbei war."[4] Der Vater ging auch zum Kegeln und nahm überhaupt an den örtlichen Geselligkeiten teil.

„Dahingegen meine Mutter, die kam anders nicht aus dem Hause, als wenn sie mußte die Jahrmärkte besuchen, um da Zucker- und Pfefferküchlerwaaren zu verkaufen, Sommer und Winter. Nie ging mein Vater mit ihr aus oder nahm sie irgend wohin mit."[5] Wollte die Mutter zur Kirche, „. . . dann sagte mein Vater: ‚Ich gehe rein', und dann mußte meine Mutter das Haus besorgen. Denn sie war meinem Vater sein Geselle, und sein Knecht, und sein Lehrjunge, und seine Laden- und Marktfrau, und seine Dienst- und Kindermagd, und seine Wasch- und Scheuerfrau, und sein Flickschneider und was weiß ich noch; aber sie stand weit unter diesen Allen in der Behandlung, und sie bekam weiter nichts dafür, als das bischen kärgliches Futter, und mehr als einmal wußte es mein Vater so einzurichten, daß sie das zu Mittag auch noch nicht bekam. Wir hatten ausreichend Wohnung, genügend und ordentliche Betten, die hatte meine Mutter mitgebracht. Aber in Kleidung, und ganz besonders in Nahrung ging das bei uns so ärmlich zu, wie das nur irgend wo beim armen Manne möglich war. Im Sommer lief ich barfuß, aber im Winter, wenn ich meine Stiefel wieder anziehn mußte, da waren sie zu klein, und dann half mir mein Vater dabei mit dem Stocke. O, diese Pein, und meine Mutter konnte mir da auch nicht helfen."[6] Das schlechte Verhältnis zwischen den Eltern verhinderte jedoch nicht, daß sich die Kinderzahl in der Familie ständig vermehrte. Ein kleiner Bruder starb mit sechs Monaten: Er erstickte, als Vater und Mutter in der Backstube arbeiteten.

„Ich habe schon davon geschrieben, daß mein Vater einigermaßen strenge mit mir verfahren ist, und es gab häufig mehr Schläge, als Brod. Freien Willen hatte ich nicht den geringsten, ich durfte nichts thun, als was mir mein Vater zu thun befohlen hatte, dafür gab er mir aber Arbeit genug. Sprechen durfte ich nur, wenn er mich etwas fragte; um Alles mußte ich meinen Vater um Erlaubniß bitten, erhielt aber sehr selten welche. Ueberaus gerne lief ich mit den andern Jungens umher, aber ich gewann mir dadurch jedesmal so viel Schläge von meinem Vater, daß ich das ließ, wenn ich aber fragte, dann bekam ich keine Erlaubniß. Da bin ich ein Mal trotzdem weggelaufen 1–2 Stunden lang, das bekam mir aber so schlecht, wie nie zuvor. Da sah ich ein, daß ich mich immer noch besser stand, wenn ich gar nicht fragte. Denn wenn ich etwa eine Woche lang gar nicht war raus gekommen, als bis in die Schule, und hatte die übrige Zeit in der Backstube gesessen, und etwa ein Dutzend Pfund Zucker, harten, im kleinen Mörser recht fein gestoßen, oder mehr als 1000 Pfennigstückchen, bestehend aus Hasen, Hühner, Eichhörnchen, Fischen u. drgl. m. schön mit rother und gelber Farbe angemalt, oder sonst in dergleichen meinen Vater behülflich gewesen war, dann sehnte ich mich wieder mächtig raus, nach den andern Jungens, und lief wieder weg."[7]

„Aber trotz alledem braucht Keiner zu denken, daß mich mein Vater nicht hätte lieb gehabt; o nein, mein Vater hatte mich ganz lieb, und meine Mutter auch, aber Beide auf ihre Art. Mit Streicheln, Küssen oder Spielen oder in den Arm nehmen freilich nicht, denn da ist mir auch nicht das Allergeringste davon bewußt; aber doch kann ich mich noch erinnern, daß mein Vater mich früher, als ich noch leicht war, wohl in oder unter den Arm nahm; aber wenn er dazu Anstalt machte, da war mir niemals wohl dabei, denn dann hatte ich ein schlechtes Gewissen, und mein Vater hatte sich von Birkenreis eine Ruthe gemacht, und damit kriegte ich denn Haue, und es war dann meinem Vater wahrscheinlich bequemer, wenn er mich dabei im Arm hatte. Aber wenn mein Vater ab und an Zeit dazu hatte, dann ging er mit mir raus nach dem Nettker See zum Baden, oder er nahm mich mit durchs Feld, oder in die Haide, oder in den Oderwald; oder wenn meine Mutter mir etwa zuweilen einen alten Salzkuchen, oder eine altbackene Semmel, extra, außerhalb der Essenszeit, gab, dann konnte ich die Liebe wohl merken, und wie gut sie mich kannten.

Aber wenn dann der Spätherbst kam, und es war naß und kalt, und rauh und Nordwind, da war ich immer krank und mußte zu Bett liegen. Das Essen schmeckte mir wohl dabei, aber nicht das Trinken, denn ich mußte immer Thee trinken, bittern, und da hatte ich anfänglich viel Langeweile. Aber als mein Vater das merkte, da setzte er sich zu mir, gegen Abend gewöhnlich, wenn er Zeit hatte, und dann erzählte er mir schöne Geschichten. Denn mein Vater konnte viele schöne Geschichten; vom goldenen Schloß, und vom goldenen Zahn und von Hans Fürchtedichnicht und alle so was. Aber als ich den nächsten Winter wieder krank lag, da erzählte er mir keine Geschichten mehr, sondern da brachte er mir die Bibel, und gewöhnte sich an, daß er mir da alle Tage etwas draus vorlas. Weil die Bäcker müssen früh aufstehn, so schlafen sie gewöhnlich nach Tische ein paar Stunden, und so kam mein Vater denn gewöhnlich nach 3 Uhr, und setzte sich auf einen Stuhl neben mein Bett, und dann las er vor, langsam, und deutlich, so lange wie er sehen konnte; dann gab er mir die Bibel, und zeigte mir die Stelle, wie weit er gelesen hatte, und verlangte, daß ich darüber nachdenken sollte, bis zum nächsten Tage, bis er wiederkam, dann mußte ich ihm die Stelle wieder zeigen, und dann fing er da wieder an, und las mir wieder weiter vor, und so ging das den ganzen Winter fort.‟⁸

Materielle und soziale Umwelt

Der Vater Karl Fischers führte eine Bäckerei erst in Grünberg, dann etwa ab 1846 in Rothenburg a. d. Oder. Gesellen wurden in dem Betrieb nicht beschäftigt. Rothenburg a. d. Oder hatte etwa 800 Einwohner, die sich meist von der Tuchmacherei ernährten oder in der Tuchfabrik arbeiteten.

„Da mußte mein Vater nun zusehen, wie er mit seinen Kenntnissen da durchkam. Des morgens zum Kaffe waren es nicht ganz viel, die sich Semmeln oder Brödchen holten; die meisten aßen da Brod dazu, aber das backten sie selber. Und viele machten das so, wie wir auch, die tranken gar keinen Kaffe. Denn als meine Mutter ein Mal keine Kaffebohnen mehr hatte, und mein Vater sollte mir Geld geben, damit ich welche holen sollte, da sagte er zu meiner Mutter: Von morgen ab wird kein Kaffe mehr gekocht, da kochst Du jeden morgen Mehlsuppe. Brod konnten die armen Leute da auch nicht viel essen, da gings akkurat wie bei uns auch: Mittags Kartoffeln, und Abends Kartoffeln, denn das Getreide war dazumal gar theuer, und zu den Kartoffeln gabs auch nicht viel dazu. Meistens mußte ich dazumal einen Häring holen, da nahm mein Vater die Hälfte davon, und die andre Hälfte gab er meiner Mutter, die mußte sie aber mit uns Kinder theilen, und wer damit nicht auskam, dafür stand das Salzfäßchen auf dem Tische; sonst gabs da entweder Butter oder Fett dazu, aber das Salzfäßchen war immer die Hauptsache. Und Leute, die womöglich noch ärmer waren wie wir, die holten sich beim Kaufmann für einen oder zwei Pfennige Heringslake zu ihren Kartoffeln.

Unser Sonntagsessen, das kann ich auswendig; das war ein Mal wie alle Mal; da mußte ich ³/₄ Pfund Reis holen, und meine Mutter holte ³/₄ Pfund Rindfleisch, das war die Regel. Das war ein Vergnügen für uns Kinder, wenn es so weit war, daß meine Mutter den Tisch deckte. Ehe wir aber uns niedersetzten zum Essen, da mußte ich das Tischgebet sprechen, jeden Tag, und nach dem Essen wieder, und wenn man seinen Teller abgegessen hatte, da durfte man nicht sich selber was aufschöpfen, sondern dann mußte man allemal ‚bitte schöne' sagen, dann schöpfte uns der Vater oder die Mutter wieder was auf. So wars auch zum Frühstück, wenn man eine Schnitte Brod haben wollte, die legte uns mein Vater nicht etwa vorher von selber hin, sondern da mußte man sich melden, und dabei bitte schöne sagen, denn ohnedem gabs nichts, und das ist alles so geblieben, bis ich bin aus dem Hause gekommen.‟⁹

Lernen

Karl Fischer kam ein Jahr später zur Schule als die andern Jungen und besuchte bis zum zehnten oder elften Lebensjahr die Schule auch nur im Sommer, weil er im Winter immer krank im Bett lag.

„Indessen war die Zeit gekommen, wo ich zur Schule mußte. Aber ich konnte schon vorher fix lesen, und rechnen, und schreiben, denn das hatte mir alles mein Großvater schon beigebracht, ehe ich in die Schule ging, und zwar so früh, daß ich mich da nur noch ziemlich dunkel dran erinnern kann. Also mußte ich eines Morgens, nachdem mich meine Mutter ganz besonders gestriegelt hatte, meine Schiefertafel, meinen Griffel, und mein Abc- oder Lesebuch unter den Arm nehmen, und in die Schule gehn. Der erste Tag, da verlangte der Lehrer nichts, das ich mich erinnern könnte, als daß ich mich hinten auf die vorletzte Bank setzen mußte, und etwas Instruktion erhielt. Aber am zweiten Tage, da rief mich der Lehrer, der vorne vor der ersten Bank stand, laut bei Namen und fragte mich, ob ich mein Lesebuch mitgebracht hätte; nachdem ich ja gesagt hatte, sagte er ich sollte aufstehen, und das Lesebuch vornehmen. Als ich nun da stand, fragte er mich: lautirst Du, oder buchstabirst Du? Ich erschrak ungeheuer, denn ich konnte nicht antworten, denn das eine Wort, das hatte ich in meinem Leben noch nicht gehört; wenn er mich doch blos gefragt hätte, ob ich lesen könnte; denn ich konnte ja mein Lesebuch auswendig. Da that er noch ein Mal die nämliche Frage, da rief ich in heller Angst: buchstabiren. Denn ich war daran gewöhnt: ich durfte bei meinem Vater nichts sagen, aber prompt antworten, das verlangte mein Vater von mir durchaus. Da sagte der Lehrer: Na, dann buchstabire! Dieses Wort verstand ich zwar, aber ich war sehre verlegen, was ich buchstabiren sollte; also machte ich mein Buch auf, aber auf der ersten Seite, da standen groß und deutlich lauter einzelne große Buchstaben; da kriegte ich große Angst, denn die hätte ich vorlesen müssen, und ich sollte doch buchstabiren, denn ich war das von meinem Vater gewöhnt, denn der nahm so etwas bei mir alles sehr genau. Da klappte ich mein Buch mitten auseinander, und da stand ein Gedicht, da fing ich dabei an: e, i, ei, n, e, ne, eine; k, l, e, i, klei, n, e, ne, kleine, eine kleine; G, r, i, l, Gril, l, e, le, Grille, eine kleine Grille; s, a, n, g, sang, eine kleine Grille sang; da rief der Lehrer, der dabei immer vorne vor der ersten Bank stand, mir zu: ich sollte grade stehen. Da erschrak ich wieder sehr, denn ich war dazumal schon grade so kurzsichtig wie heute noch; also stellte ich mich grade; aber da konnte ich in meinem Buche nichts mehr erkennen, alles war verschwommen; aber zum Glück konnte ich das Lied, wie fast alles, was in meinem Buche stand, schon auswendig, und so kam ich gar nicht aus dem Texte, und während ich nun grade stand, und nach meinem Buche sah, buchstabirte ich aus meinem Gedächtnisse glatt weiter, und nach einigen Zeilen weiter, da rief der Lehrer, daß es gut wäre, und daß ich mich wieder niedersetzen sollte. So hat Das bei mir in der Schule angefangen."[10]

Spiel und Arbeit

Der Junge hatte wenig Gelegenheit, mit den anderen Jungen des Ortes zu spielen. Über Spiele mit den Geschwistern während der Kleinkindzeit wird nichts berichtet. Er wurde als ältestes Kind seiner Eltern früh zu Hilfsarbeiten in der Backstube herangezogen.

Anmerkungen

1 Denkwürdigkeiten und Erinnerungen eines Arbeiters, Herausgegeben und mit einem Geleitwort versehen von Paul Göhre, Leipzig 1903, S. XI.
2 A.a.O., S. 368.
3 A.a.O., S. 14f.
4 A.a.O., S. 68f.
5 A.a.O., S. 71.
6 A.a.O., S. 72.
7 A.a.O., S. 54.
8 A.a.O., S. 30f.
9 A.a.O., S. 21ff.
10 A.a.O., S. 23ff.

Adolf Damaschke

Adolf Damaschke, geboren 1865, veröffentlichte seine Erinnerungen 1924. Damaschke war ehemaliger Lehrer und Führer der Bodenreformbewegung.

Bezugspersonen, materielle und soziale Umwelt, Lernen, Spiel, Arbeit

Adolf Damaschke wurde 1865 als Sohn eines Handwerkers in Berlin geboren.

„Rosenthaler Straße 39

Die Rosenthaler Straße, die am Hackeschen Markt beginnt, ist eine der belebtesten
Straßen des Berliner Zentrums. Das Haus Nr. 39 bestand aus einem Vorderhaus,
in dem sich im Erdgeschoß das Möbellager von Dessin befand, darüber einige
Wohnungen. Aus dem Hausflur ging eine tiefe Treppe hinab zu einem Budiker-
keller. Trotzdem wir die ersten zehn Jahre meines Lebens in dem Hause wohnten,
kann ich mich nicht entsinnen, mehr als zweimal in diesem Keller gewesen zu sein,
und dann auch nur, um Bestellungen auszurichten. An das Vorderhaus schloß sich
ein langer Seitenflügel. Der Hof war schmal. Er wurde gegen das Nachbarhaus
durch eine hohe, kahle Mauer, die heute niedergelegt ist, abgeschlossen. Am Ende
des Hofes, der uns Kindern endlos lang vorkam, war geradezu der Eingang zu
‚Fritz Kellers Gartenlokal‘, links davon bildete ein zweiter Hausflur die Verbindung zum hinteren Hof. Von diesem dunklen Hausflur führte links eine Treppe,
die auch beim lichtesten Tage nie von einem Lichtstrahl erreicht wurde. Auf ihr
kam man zunächst in eine große Tischlerwerkstatt, dann zur Wohnung und
Werkstatt eines Tapezierers. Im zweiten Stock lag unsere Werkstatt und Wohnung. Auf dem zweiten Hof war eine Wagenremise, der Stall für die Pferde des
Möbellagers Dessin, ein Heuboden und eine Reihe von Aborten; denn Wasser-
klosetts wie heute gab es noch nicht, am wenigsten in Hofwohnungen.

Von unseren Nachbarn in diesem Hinterhause kann ich aus frühester Jugend
mich noch eines Schlossers *Sommer* erinnern. Sein einziger Sohn war wohl fünf
oder sechs Jahre älter als ich. Der Mann verunglückte tödlich, und die Leiche
wurde in dem Waschkeller aufgebahrt. Ich weiß noch, wie es mir durch und durch
ging, als ich mit dem Sohne des Toten durch die halbgeöffnete Tür zu dem Sarg
hinübersah und der Junge weiter nichts zu sagen hatte als: ‚Jetzt kann ich mir
Bonbons kaufen und Zigarren, soviel ich will; jetzt kann er es nicht mehr verbieten!‘

Geschwister

Meinen Eltern wurde 1860 ihr ältester Sohn Gustav geboren. Ein Zwillingspaar, ein Knabe und ein Mädchen, folgte 1862. Der Knabe starb nach einigen Monaten; die Schwester Anna nach zwei Jahren. Mutter hat an diesem Verlust schwer getragen. Oft erzählte sie, Anna sei so schön gewesen, daß die Leute auf der Straße sich nach ihr umgesehen hätten, wenn sie mit dem Kinde vorübergegangen wäre. Ich habe es immer als einen großen Mangel empfunden, daß ich keine Schwester hatte. Es wird ein ganz anderes Verhältnis zum anderen Geschlecht, wenn man schon in derselben Familie etwas von dem Kriegführen unter den Geschlechtern von früh auf lernt. Mit manchem Nimbus verschwindet doch auch manche verzerrte Auffassung in solchem Kleinkrieg geschwisterlicher Liebe.

Kurzsichtig

Als ich geboren war, weinte Mutter laut auf: ‚Der Junge hat ja keine Augen!' Aber die Hebamme beruhigte sie: Ich wäre nur so dick, daß die Augen zugequollen wären. Ich weiß nicht, ob es damit irgendwie zusammenhängt, aber die Tatsache blieb: von Jugend an war ich als einziger in der Familie kurzsichtig. Ich empfand es lange als eine Art Unrecht, dessen ich mich zu schämen hätte, und verbarg es, leugnete es wohl ab, obgleich daraus in steigendem Maße Schwierigkeiten erwuchsen. Ich konnte die Normaluhr auf dem nahen Hackeschen Markt nicht erkennen, ebensowenig die Uhr der nahen Sophienkirche vom Rosenthaler Garten aus, was die Freunde einmal benutzten, mich vom Besuch der Nachmittagsschule abzuhalten, indem sie immer wieder beteuerten, es sei noch nicht Zeit. In der 58. Schule schickte mich der Lehrer als Klassenersten einmal auf den Flur, um zu sehen, ob die Schuluhr schon vier sei. Ich konnte sie nicht erkennen; aber ich schämte mich, es zu sagen, und da meine Neigung stark für Schulschluß war, erklärte ich: es wäre Zeit. Darauf wurde geläutet; alle Klassen traten zusammen. Aber es stellte sich heraus, daß noch eine Viertelstunde fehlte. Die Klassen brachten diese Zeit auf dem Hofe zu. Ich selbst aber konnte keine Erklärung für meine irreführende Angabe geben, da ich, wie gesagt, die Tatsache meiner Kurzsichtigkeit ängstlich verbarg. In der Schularbeit hat mir das insoweit geholfen, als ich von vornherein auf jedes Absehen von dem Nachbarn verzichten mußte, was mir auf die Dauer zugute kam.

Wo sollte man sein?

Eigentlich hatte ich – wie wohl jedes Kind der Mietkaserne – keine Stätte, wo ich von rechtswegen sein durfte. In der engen Wohnung war für ein gesundes Kind mit seinem Bewegungs- und Betätigungstrieb natürlich kein Raum. Auf dem Hofe fand sich der übliche Anschlag: ‚Der Aufenthalt auf dem Hofe und das Spielen sind verboten!'
Auf die Straße zu gehen, hatte Mutter untersagt wegen der Gefahren in dieser lebhaften Verkehrsgegend. Ja, wo sollte man denn sein? Überall, wo man war,

verstieß man gegen Vorschriften, und es unterliegt keinem Zweifel, daß die Autoritätslosigkeit unserer Großstadtjugend zum guten Teile auf diese Verhältnisse zurückzuführen ist, die sie geradezu nötigt, sich jede Lebensmöglichkeit im Kampfe gegen irgendeine Autorität zu erzwingen.

[. . .]

Spiele

Eins unserer liebsten Spiele war das Reifenspiel, und es war Ziel löblichen Ehrgeizes, einmal seinen Reifen von unserem Hause bis zur nächsten Querstraße, der Sophienstraße, hin und zurück zu treiben, ohne daß er von einem der vielen Fußgänger umgestoßen wurde. Am schönsten konnte man diesen Sport in den Hallen der Nationalgalerie treiben.

[. . .]

Im Winter, wenn wir nicht auf dem Hofe und auf der Straße sein konnten, war das Kriegsspiel beliebt. Am Feierabend oder Sonntags, wenn die langen Hobelbänke leer waren, wurden unsere Bleisoldaten vorgenommen. Jeder bekam die gleiche Anzahl, und dann wurde entweder mit Erbsen aus kleinen Kanonen geschossen oder mit ‚Murmeln' versucht, die gegnerischen Streitkräfte umzuschieben. Waren die Hobelbänke besetzt, so wurde auch, nicht immer zur Freude der Mutter, der Fußboden dazu in Anspruch genommen, sei es bei uns oder bei Fritz Veits großen Schwestern. – Sonntags sahen wir wohl einen sogenannten Guckkasten an, den Vater hergestellt hatte. Man sah allerlei Wunder der Welt. Die blaue Grotte von Capri sehe ich noch vor mir. Daneben waren Schlachtenbilder von 1870/71 bevorzugt.

In jedem Jahre ging es auf den Weihnachtsmarkt. Er bedeckte noch den ganzen Schloßplatz und den ganzen Lustgarten, und seine Schätze waren den Augen eines kleinen Menschenkindes unermeßlich. Das erste, was man erbettelte, war eine Knarre oder ein ‚Walddeibel'. Die Freude des Weihnachtsmarktes wäre nur halb gewesen, wenn man sich selbst nicht nach Kräften an der Hervorbringung des allgemeinen Lärms beteiligt hätte.

Alle Brettspiele lernte ich früh und brachte es in ihnen zu einiger Fertigkeit. Vaters liebstes Spiel war Schach. Von meinem siebenten bis neunten Jahre habe ich wohl täglich mit ihm spielen müssen. Oft mußte die Partie abgebrochen und auf den nächsten Tag verschoben werden, wenn Vaters so karg bemessene Freizeit vorüber war, ohne daß wir im Spiele zu einer Entscheidung gekommen waren. Mit acht und neun Jahren hatte ich einen gewissen Ruf als Schachspieler, und es kam ziemlich häufig vor, daß Fritz Keller von seinem Vater heraufgeschickt wurde: unten wäre ein Gast, der von mir gehört hätte; ob ich nicht hinunterkommen und mit ihm Schach spielen wolle. Ich habe später jahrelang nicht Zeit und Kraft gefunden für die Pflege dieses königlichen Spiels. Aber noch vor einigen Jahren, vor dem Straßburger Bodenreformtag, hat es mir Freude gemacht, die Gattin eines bekannten Redakteurs, die sich als besonders gute Schachspielerin ausgab und mich herablassend aufforderte, in wenigen Zügen matt zu setzen.

Im Wasser

Im Sommer badeten wir, wenn irgend möglich, täglich in der Spree. In den Volksbadeanstalten kostete ein Bad fünf Pfennig oder wie wir, die wir noch den alten Groschen zu zwölf Pfennig kannten, natürlich sagten: einèn ‚Sechser‘. Aber das war zu teuer. Und so bewarb man sich, meist mit Erfolg, um eine städtische Freikarte. Unsere Sechser-Badeanstalt lag in der Burgstraße und hatte durch die Nähe des Mühlendammes verhältnismäßig guten Wellenschlag und reines Wasser. Ich weiß nicht, in welchem Jahre ich mit dem Baden in der Spree begann. Es war gewiß sehr früh.

[...]

Erster Ehrgeiz

Wie verschieden Ziele doch der Ehrgeiz sich in verschiedenen Lebensaltern setzt! Eine Zeitlang bestand unter uns ein stark ausgeprägtes Streben nach Ehre darin, die dicksten Schnitten zu haben und diese – Schnitten ist natürlich kein Berliner Ausdruck, es muß Stullen heißen! – Stullen nicht von der Mutter direkt zu holen, sondern sie möglichst umständlich zu erhalten. Am stolzesten war man, wenn man sie vom Fenster im zweiten Stockwerk durch eine Schnur hinuntergelassen erhielt. Das geschah natürlich erst, wenn das viele Geschrei: ‚Mutta, ich habe Hunga!‘ eben so unausstehlich wurde, daß die Vielgeplagte sich entschloß, in dieser umständlichen Art die soziale Frage ihres Jüngsten zu befriedigen. Einmal allerdings mußte ich meine Vesperstulle mit herunternehmen. Ich stand in der offenen Tür der Werkstatt. Die Gesellen ruhten wohl. Vater war noch an seiner Hobelbank beschäftigt. Ich war höchst unzufrieden, weil die Stulle nicht meinen Ansprüchen auf Dicke genügte. Immer wieder hob ich sie beschwörend in die Höhe: ‚So ne olle dünne!‘ Ich wagte damit gar nicht, meinen Spießgesellen unter die Augen zu kommen. Zunächst wollte Vater gut zureden; aber als mein Geklöne nicht aufhörte, sah er sich um: ‚Ist denn hier keine Latte?‘ – ein Zauberwort, darob ich sofort mit Mutters Stulle verschwand. Ich habe sie dann voller Scham auf der dunklen Treppe rasch verschlungen. Später hat der Ehrgeiz etwas andere Ziele gesucht.

[...]

Der Bettkasten

Unsere Wohnung im Hinterhaus bestand aus Stube, Kammer und Küche. Die Kammer wurde ‚natürlich‘ vermietet. Wir begnügten uns mit der einen Stube. Sie konnte unsere Betten nicht fassen. So habe ich denn in den ersten zehn Jahren meines Lebens nie ein Bett gehabt. Ich schlief in einem ‚Bettkasten‘, der auf Rollen lief, abends unter dem Bett hervorgezogen und mit den Kissen, die am Tage auf dem Bett lagen, zurechtgemacht wurde. Kinder haben eben kein Bett! Das war eine Sache, die selbstverständlich schien, weil man es nicht anders kannte. Nun war es in diesem Falle nicht gar so schlimm, weil man morgens und abends noch die geräumige Werkstatt zur Verfügung hatte. Als aber bei der letzten Friedenszählung am 2. Dezember 1910 in Klein-Berlin 41 968 Wohnungen festgestellt wurden, die nur *ein* einziges heizbares Zimmer aufwiesen, aber von fünf bis dreizehn Menschen verschiedenen Alters und Geschlechts dauernd bewohnt waren – da mußte jedem, der solche Verhältnisse überhaupt durchdenken konnte, ein Gefühl quälender Angst um die Zukunft unseres Volkes aufsteigen!

Unser ‚möblierter Herr'

In unserer Kammer wohnte jahrelang ein merkwürdiger Mensch. Er stammte aus einer der bekanntesten Familien Brandenburgs. Sein Vater soll in einer Nacht sein großes Gut im Trunk verspielt haben. Ich sah den verarmten Großgrundbesitzer einmal später in einer Mietwohnung des Ostens und habe den Mann scheu betrachtet, der so namenloses Unglück über die stille Frau, die bei ihm in dem armen Zimmer saß, und über die Kinder gebracht hat. Der jüngste Sohn, der bei uns wohnte, hatte den glühenden Wunsch, wenigstens seine Schulbildung abzuschließen. Er trug stets einen langen, abgetragenen Schlafanzug, an dem Mutter manchmal heimlich flickte, damit er nicht ganz auseinanderfiel. Abends spielte er mit Vater oder mir Schach und aß dazu trockenes Brot, das er aus der Tasche seines Schlafrocks stückweise nahm. Mutter suchte irgendwelche Gelegenheit, ihn zum Mitessen zu bewegen; aber er war sehr scheu, und es gelang nicht immer. Er hätte gern den geringen Mietzins für die Kammer abverdient, indem er mir lateinischen Unterricht gab. Wir begannen auch damit. Aber wenn die anderen Jungen unten riefen, wurde es mir zu langweilig, und die Eltern waren so schwach nachzugeben, was ich später oft bedauert habe. Was hätte es einem gesunden Jungen, der den Tag frei hatte, geschadet, wenn er ein Jahr oder zwei fest zum Lernen gezwungen worden wäre, und wie mannigfachen Vorteil hätte ich in meinem Leben von einer Grundlage in der lateinischen Sprache unmittelbar und mittelbar haben können!

Vaters Krankheit

Aber das soll natürlich kein Vorwurf sein – Vater und Mutter hatten wirklich ein Recht, müde zu sein und alles abzulehnen, was über den Kampf ums tägliche Brot hinaus Willen und Kraft forderte. Dieser Kampf wurde immer schwerer. Vater war nicht gesund. Er litt an Krampfanfällen. Es waren oft bange Stunden, wenn er von einem Geschäftsgang nicht wiederkam, und dann endlich gebracht wurde – meist von der Polizei, die ihn irgendwo auf der Straße in Krämpfen gefunden hatte. Diese schwere Hemmung wurde überwunden, als ich etwa neun Jahre alt war. Vater mußte sich einen Zahn ziehen lassen. Ob irgendein Fehler dabei vorkam, weiß ich nicht. Jedenfalls war das Bluten nach dem Zahnziehen nicht zu stillen. Auch ein in der Angst herbeigerufener Arzt vermochte es erst zum Stillen zu bringen, als er feststellen mußte: ‚Nun noch einen Fingerhut voll, und das Leben ist verloren!' Nach diesem Blutverlust lag Vater lange Zeit krank. Als er sich aber erholte, waren die Krampfanfälle verschwunden.

Unsere Gesellen

Von den Gesellen, die bei uns tätig waren, habe ich später zwei kennengelernt. Der eine heiratete eine wohlhabende Witwe, die ein größeres Möbelgeschäft besaß, und der andere errichtete eine größere Werkstatt, aus der mein Schreibtisch und mein Bücherschrank stammen. Viel erzählt wurde von einem Gesellen, der als der begabteste unserer Werkstatt galt, der aber überaus leichtfertig war, namentlich sich leicht betrank. Er arbeitete in der Woche höchstens vier oder fünf Tage; doch verdiente er allerdings in dieser Zeit mehr als die Durchschnittsgesellen in der Woche. Er hatte in der Nähe der Schönhauser Straße eine Tante wohnen. Als er einmal wieder halb betrunken von der alten wohlhabenden Frau Geld forderte und sie es ihm nicht gab, hat er sie erwürgt. Er wurde hingerichtet. Die Geschichte dieses sonst so liebenswürdigen und begabten Menschen war lange ein Hauptgespräch in unserer Werkstatt.

Handwerkersorgen

Am häufigsten und zuletzt wohl ausschließlich wurden in unserer Werkstatt sogenannte Sofatische hergestellt. Das kostbarste an ihnen war ihre dünne Mahagonischicht. Es war jedesmal eine große Aufgabe, diese teure Holzschicht so aufzulegen, daß keinerlei Unebenheiten entstanden. Vater war darin wohl übergenau. Von Kennern wurden seine Tische besonders geschätzt. Aber die Kenner bilden immer die Minderheit. Nach dem siegreichen Krieg von 1870/71 kamen die Neureichen jener Zeit auf, und Dessin, an den er die meisten Tische lieferte, sagte immer häufiger: ,Sie müssen billiger arbeiten, Meister! Die Leute, die Tische kaufen, haben wirklich kein Urteil über die Akkuratesse, die Sie darauf verwenden – billig, billig!' Und dann kam der Jammer, daß die Möbelfabriken die gelieferten Tische nicht gleich bezahlten, sondern auf Lager nahmen, während Vater den Gesellen jeden Sonnabend den Lohn auszahlen mußte. Wie oft ist da Mutter gegangen, Freitag oder Sonnabend, und hat Wertgegenstände versetzen müssen, nur damit am Sonnabend der Lohn zur rechten Zeit vorhanden war. Es ist heute noch eine der erbärmlichsten Pflichtverletzungen auf sozialem Gebiet, wenn Leute die Bezahlung der Dienste des Handwerkers ,vornehm' vergessen und hinausschieben. Sie wissen gar nicht, wieviel Verlegenheit, wieviel wirkliche Not sie dadurch verbreiten! Das Wort der Bibel, daß man mit dem Auszahlen des Lohnes nicht länger zögern dürfe, als bis die Sonne untergehe, sollte viel mehr als eine ernste soziale Pflicht erkannt und geübt werden.

Und dazu kam der ungeheuerliche Zwischenverdienst. Als ich einmal mit Vater über den Gendarmenmarkt ging und einen Neuaufbau des Möbelgeschäfts von Pfaff sah, fuhr er bitter auf: ,Das wird zum Teil auch aus unseren Knochen erbaut!' Es ist ja noch eine große Frage, wie der Weg vom Erzeuger zum Verbraucher gewonnen werden kann, ohne daß der Zwischenhandel den Hauptteil des Verdienstes beschlagnahmt. Das Problem wird wohl noch manche Geschlechter beschäftigen. Irgendwie aber muß es einmal in anderer Weise gelöst werden, als es heute noch der Fall ist."[1]

Eine bittere Erinnerung

Es ist merkwürdig: die frohen Bilder der Jugend rauschen schnell vorüber; aber die, die von Unrecht zeugen, bleiben, und brennend steigt auch nach einem halben Jahrhundert noch mit ihnen ein bitteres Gefühl in uns auf. Ich mußte in der Woche etwa zweimal eine Familie Friedrich besuchen, entfernte Verwandte aus Lehnin, die in der Fischerstraße ein Haus und ein gutgehendes Milchgeschäft besaßen. Manchmal in den Ferien nahm mich der Onkel mit, wenn morgens in aller Frühe die Milchfässer vom Bahnhof geholt werden mußten. Für Mutter mußte ich in der Regel für einen Groschen Milch holen. Gewöhnlich nahm ,Tante' den Groschen gar nicht, oder sie nahm ihn und gab das Doppelte oder Dreifache des gewöhnlichen Maßes. Einmal aber muß sie irgendeinen Ärger gehabt haben – und sie hatte in Geschäft und Familie mancherlei zu tragen. Der Laden stand voll Menschen. Ich reichte ihr meine Kanne. Tante: ,Ach, du bezahlst ja doch nicht.' Ich fühlte, wie ich rot wurde: ,Doch, hier ist mein Groschen!' ,Dann will ich dir für einen Groschen Milch geben!' Und sie füllte wohl so viel ein, wie dem Geldwert entsprach. Ich machte, blutrot vor Scham, die Kanne zu und eilte hinaus, obwohl die Tante rief: ,Aber Junge, es ist doch nur ein Spaß, bleib doch!' Ich aber sah mich nicht um, obwohl die Tante mir nachkam, sondern rannte mit meiner Kanne nach Hause, wo Mutter zuerst gar nicht glauben wollte, daß ich von Tante Friedrich käme. Darauf wurde der Familienverkehr natürlich abgebrochen. Meine törichte Empfindlichkeit hat der Tante und vor allen Dingen der Mutter gewiß schwere Stunden bereitet und ihr Ringen mit dem so kargen Wirtschaftsgeld unnötig erschwert. Auf der anderen Seite aber soll man vorsichtig sein mit derartigen Scherzen. Vater, der, soweit seine Heftigkeit es zuließ, mit den Verwandten mütterlicherseits stets auf gute Freundschaft hielt, sagte mir einmal, als wir an der Spree standen und die großen Obstkähne sahen: ,Als ich jung verheiratet war, hatte Onkel Wilhelm solchen großen Kahn voll Holz nach Berlin gebracht. Mutter und ich besuchten ihn. Da sagte er zu mir: ,Nun, Schwager, wie ist's, willst du nicht diese Ladung Holz kaufen?' obwohl er wußte, daß ich dazu nicht in der Lage war. Das ist mir durch und durch gegangen. Ich habe ihn nie mehr besucht; ich habe ihn nicht mehr gesehen bis zu seinem Tode. Junge, denke daran, wie weh man armen Leuten tut, wenn man ihnen ihre Armut vor Augen führt."[2]

Anmerkungen

1 Adolf Damaschke, Aus meinem Leben, Leipzig und Zürich 1924, S. 15–32.
2 A.a.O., S. 35 ff.

VIII. Bürgerliche Kinder im 19. Jahrhundert

Arztsohn um 1864 (Privat).

Fanny Lewald

Fanny Lewald, geboren 1811, schrieb ihre Kindheitserinnerungen 1858, als sie schon eine bekannte Schriftstellerin war.

Bezugspersonen

Fanny Lewald wurde 1811 in Königsberg geboren als Tochter einer jüdischen
Kaufmannsfamilie, die damals noch den Namen Markus führte. 1831 nahm der
Vater den Namen Lewald an. Fanny Lewalds Eltern mußten um die Niederlas-
sungserlaubnis in Preußen kämpfen, die damals für Juden zur Heirat notwendig
war. Die Mutter, die aus einem frommen Elternhaus stammte, sah es als Unglück
an, Jüdin zu sein. Der aufgeklärte Vater nahm ebenfalls wenig am Leben der jüdischen Gemeinde teil.

Während der Vater gebildet war, hatte die Mutter gar keine Erziehung außer
der zur Hauswirtschaft genossen. Daher fühlte sich die Tochter mehr zum Vater
hingezogen, der ihre Interessen teilen konnte, als zur Mutter.

Der Vater war 24 Jahre alt, als er heiratete, die Mutter 21 Jahre. Fanny war ihr
erstes Kind; die Tochter betrachtete das immer als ein besonderes Glück, ebenso
wie das Glück, junge Eltern zu haben. Sie blieb gut zwei Jahre lang das einzige
Kind der Eltern; Mutter und Amme beschäftigten sich viel mit dem Kind.

„Seit ich mich zu erinnern weiß, hatte ich zwei Brüder. Der mir im Alter am
nächsten stehende, war am zweiten Mai achtzehnhundert und dreizehn, am Tage
der Schlacht von Lützen, und der jüngere am ein und dreißigsten März achtzehnhundert und fünfzehn, am Tage des Einzuges der verbündeten Heere in Paris geboren. Mein Vater prägte uns solche Data auf diese Weise ein, und damit ich auch
eine Erinnerung für meinen Geburtstag hätte, erzählte er mir, daß schon am
Abend desselben, am vier und zwanzigsten März, die Nachricht von der am zwanzigsten März erfolgten Geburt des Herzogs von Reichstadt in Königsberg bekannt
geworden wäre.

Diese beiden Brüder waren meine eigentlichen Lebensgenossen durch meine
ganze Jugend. Mit ihnen habe ich gespielt, mit ihnen gelernt, mit und an ihnen
die ersten Erfahrungen des Lebens gemacht. All unsere Leiden und Freuden haben
wir getheilt, die Entwickelung des Einen von uns ist immer auch eine Entwicke-
lungsstufe in dem Leben des Andern geworden, und meine Erinnerungen auf-
zeichnen, heißt ihrer im Geiste fortdauernd gedenken."[1]

Die Kindheit verbrachte Fanny Lewald in einem großen Haushalt, zu dem außer den immer zahlreicher werdenden Kindern auch ein Onkel und ein Vetter gehörten, die im Geschäft mitarbeiteten, und eine Tante.

„Meine Eltern waren damals sehr vermögend, ja reich zu nennen. Sie waren
glücklich mit einander, hatten keine Sorgen, liebten uns auf das Zärtlichste, und

wir sahen nur heitere Gesichter um uns. Prachtliebe oder Verschwendung lagen
außer dem Wesen meiner Eltern, aber der Zuschnitt der Haushaltung war damals
breit und reichlich. Wir hatten drei weibliche Dienstboten, eine Kinderfrau, die
gewiß nicht viel über dreißig Jahre alt war, die uns aber natürlich sehr alt erschien,
und die wir nur die alte Anne nannten. Meine frühere Amme war als Köchin im
Hause geblieben, und daneben hatten wir noch ein Hausmädchen Regine, das
nicht ganz jung und immer etwas verdrießlich war, und einen großen dicken
Hausknecht, mit sehr hübschem Gesichte, der Mankatz hieß und zugleich einen
der Comptoirboten abgab. Alle diese Personen waren lange in den Diensten meiner Eltern. Die Kinderfrau durch dreizehn Jahre, Regine sieben Jahre, meine
Amme bis zu ihrer Verheirathung, und ebenso die beiden Comptoirboten Mankatz und Hermann Kirschnik, und die Commis meines Vaters.

Das gab unserm Leben einen festen Boden. Wir hatten uns nicht an immer neue
Eindrücke zu gewöhnen, wir wurden mit unseren Gedanken nicht von Einem zu
dem Andern fortgezogen. Diese Menschen waren die Unsern, eins mit uns, und
wie die Menschen um uns dieselben blieben, so wechselten wir auch unsere äußere
Umgebung bis in mein elftes Jahr nur ein einziges Mal, als mein Vater die Mutter
und uns auf einer Reise nach Memel mit sich nahm. Alljährlich Sommerwohnun-
gen zu beziehen, sah man in jenen Tagen noch nicht als eine Nothwendigkeit an,
und meine Mutter oder eines von uns Kindern hätte schon schwer krank sein müssen, ehe die Eltern sich zu einer Trennung von einander entschlossen haben würden. Denn sie hatten sich aus Liebe verbunden, und lebten des guten Glaubens,
daß die Menschen sich verheirathen, um möglichst viel bei einander zu sein.‘‘[2]
Die Eltern empfingen Besuch und gingen zu Gesellschaften:

„Ruhig, wie unser Leben war, bot es aber doch Abwechslungen dar, welche uns
sehr groß erschienen. Meines Vaters Banquiergeschäfte brachten ihn besonders
mit russischen und polnischen Häusern in Verbindung. Mein ältester Onkel war
viel in Petersburg, unser Vetter August Lewald viel in Warschau, und es kamen,
von meinem Onkel empfohlen, viel russische Kaufleute in unser Haus. Bisweilen
hatten sie ihre Frauen mit sich, ein Paarmal kamen auch hübsche Kinder mit. Für
diese russischen und für andere Gäste wurde dann der Saal aufgemacht, ein fremder Diener deckte die Tafel mit Silbergeräth, welches nicht im täglichen Gebrauch
war, er legte die Servietten in Fächer und Schiffchen und Sterne zusammen,
drückte blätterartige Streifen in die Auflege-Servietten, es wurden Früchte auf den
Tisch gestellt, die blauen Vasen mit den Ansichten von der Bastei und vom König-
stein mit Blumen gefüllt, und wenn der Saal dann auch noch eiskalt war und der
geschäftige Diener uns auch alle Augenblicke auf die Seite schob, ‚weil wir ihm
immer unter den Füßen waren‘ – so war es doch eine Wonne, sich ein großes Tuch
hinten zubinden zu lassen, und mit rothen frierenden Händen im Saale zu stehen,
um abwechselnd die Servante mit ihren Herrlichkeiten zu betrachten, oder die Tafel anzustaunen, auf welcher der silberne Kuchenlöffel und die Glasschaalen voll
Früchte und Eingemachtem die ganze Wollust verkündeten, welche das Dessert
uns zu gewähren hatte.

Wenn dann im Saale Alles fertig war und die Thüren bis zur Mahlzeit geschlossen wurden, so ging es hinunter zu ebner Erde in die Küche. Sie war, wie in allen den alten Königsberger Häusern, klein, kalt und finster; aber das Feuer brannte an solchen Tagen auf dem Heerde dreifach heller als gewöhnlich, denn der Braten hing am Spieße. Ueber und unter der großen kupfernen Tortenpfanne glühten die Kohlen, die ‚Kochfrau,‘ neben welcher unsere sonst sehr despotische Köchin dann ganz zum Schatten zusammenschrumpfte, reichte mit ihren Augen und Armen überall zugleich hin, und der Hauptgenuß bei diesen Küchenbesuchen war es eigentlich, daß wir dort noch viel mehr im Wege waren und noch viel öfter bei Seite geschoben wurden, als in dem Saale, daß also viel größere Beharrlichkeit dazu gehörte, in die Küche einzudringen, oder gar sich eine kleine Weile darin zu behaupten.

War nun die Eßzeit da und mit ihr die Fremden gekommen, dann holte die Kinderfrau ihr erfrornes und verwildertes Kinderhäufchen zusammen, wir wurden auf's Neue gewaschen, zogen hübsche Kleider an, mußten oft recht lange artig sitzen bleiben, um uns nichts zu verderben, und wenn wir dann endlich gerufen wurden, wenn man uns in den Saal hineinbrachte, der uns mit seinen Lichtern immer fremd und feierlich erschien, dann war das Vergnügen auch ganz außerordentlich groß. Wir wurden bewundert, geliebkost, gefüttert, sahen die geputzten Leute, und wurden dann wieder entfernt, um in der stillen Kinderstube von den Erlebnissen des Tages zu reden und zu träumen.

Dann wieder kamen Tage, an denen die Eltern in Gesellschaft gingen, und wir zusehen durften, wie die Mutter sich ankleidete. Sie war eine feine, mittelgroße Gestalt, sehr schlank und so zierlich gewachsen, daß sie noch als fünfzigjährige Frau jugendlich in Gang und Haltung erschien. Zu dem schönsten Teint hatte sie starkes, schwarzes Haar und hellblaue Augen, dabei eine feine Gesichtsbildung und ein ungemein liebliches Mienenspiel. Ihr ganzes Wesen war Anmuth und Geschmack, und diese beiden Eigenschaften, verbunden mit einem sehr gesunden Verstande und großer Güte, ersetzten in ihr für das Haus wie für den Verkehr mit Fremden, was ihr an Wissen und an Kenntnissen gebrach. Sie war zu klug, um scheinen zu wollen was sie nicht war, und während ihre Kenntnisse wirklich kaum über das Elementare hinausgingen, wußte sie den bedeutendsten Männern ihr Haus angenehm zu machen, und deren Verehrung und Freundschaft zu verdienen.

In ihren kleinen Schmuckkasten hineinzusehen, aus welchem ein Fläschchen Rosenöl starken Duft verbreitete, sie selbst zu bewundern, wenn sie im schwarzen Sammetkleide mit einem kleinen Brillantkamm und einer rothen Rose im Haar, Perlen um den Hals und schöne Pointspitzen um Nacken und Busen, zum Ball fuhr, das war uns eben so amüsant, als der Einzug einer Prinzessin verwöhnteren Kindern nur sein kann: denn es ist überall mehr der Sinn, mit welchem man die Eindrücke aufnimmt, als die Beschaffenheit der Gegenstände, von dem unser Genuß bedingt wird."[3]

Das tägliche Leben im Haus verlief einfacher. Die Eltern widmeten ihren Kindern viel Zeit. Fanny Lewald litt bis zur Schulzeit unter Ängsten und mußte vor dem Einschlafen getröstet werden.

„Meine Eltern hatten große Geduld mit mir. Die Mutter saß oft stundenlang an meinem Bette, mich zu beschwichtigen, der Vater redete mir mit Ernst zu, so weit ich mit meinen sechs Jahren für Vernunftgründe zugänglich war. Half dann Nichts, so schalt er mich und gab mir bisweilen, was jedoch nie aus Heftigkeit, sondern aus voller Ueberlegung geschah, ein Paar Schläge, welche in diesen Fällen bei Kindern ebenso wirksam sind, als irgend ein ableitendes Blasenpflaster. Ich hörte im Schreck über die Schläge zu sprechen auf, und das war die Hauptsache, denn Kinder überreizen sich oft mit ihren eigenen Reden. Die Schläge gaben meinen Gedanken eine natürliche Richtung; ich fing vor Schmerz zu weinen an und weinte mich so still in den Schlaf.

Waren aber die Eltern, wenn ein solcher Anfall über mich kam, nicht zu erreichen, so ging es mir allerdings nach meinen Begriffen noch weit schlimmer. Der Kinderfrau, welcher ein sehr altkluges, sehr ernsthaftes und dabei ihr oftmals unbegreifliches Kind eben keine angenehme Pflegebefohlene sein konnte, war es unerträglich, wenn meine Phantastik ihr die letzte stille Abendstunde verdarb, auf welche sie sich den Tag über vertröstet haben mochte, oder wenn ich sie gar hinderte, sich niederzulegen, weil ich sie bei der Hand an meinem Bette festhielt. Sie fuhr mich dann sehr heftig an, deckte mich fest zu, weil ich manchmal vor Angst bald kalt bald heiß war, und sagte drohend nach dem uns gegenüber liegenden Hause des Schulz hinweisend: ‚warte nur! der Herr Peppel kommt!'

Das Entsetzen, welches diese Worte mir und gelegentlich auch meinen Geschwistern einflößten, vermag ich so wenig zu beschreiben, als ich jetzt zu begreifen vermag, wie und weshalb der gute Herr Peppel uns dasselbe erregen konnte. Es gehört für mich zu den räthselhaften Erscheinungen in der Phantastik der Kinder, denn Nichts, auch nicht das Geringste bot einen Anlaß dar, den Mann furchtbar für uns zu machen.‘‘[4]

Der Haushalt wurde streng patriarchalisch geleitet.

„Meines Vaters Redeweise war im Ganzen knapp und sehr bestimmt, sein Verkehr mit den Handlungsgehilfen, die ganz in unserm Hause lebten, nur auf das Sachliche gestellt; und obschon das in Preußen nicht mehr die allgemeine Sitte war, redete er unsere männlichen und weiblichen Dienstboten mit Er und Sie an, wenn er zu ihnen sprach. Aber gerade die kurze Bestimmtheit seines Ausdruckes machte es, daß er nicht leicht mißverstanden werden konnte, daß er also meist gut bedient war, und daß er für sein Theil äußerst selten in die Lage gerieth, Verweise zu geben, oder zu heftigen Aeußerungen zu kommen. Heftig gegen Frau und Kinder habe ich ihn nie gesehen, und Allen denen, welche ihm dienten, galt er für einen strengen, aber gerechten und guten Herrn. Es sind übrigens meist die Unkultur und die Würdelosigkeit des Befehlenden, welche die schlechten Diener hervorbringen.

Ein Mann, welcher es dahin gebracht hat, daß seine Frau und seine Diener ihm vertrauensvoll gehorchen, hat es im Allgemeinen gar nicht mehr nöthig, seine Kinder noch besonders zum Gehorsam zu erziehen. Der Gehorsam war uns eingeimpft mit der Luft, die wir athmeten. Weil aber alle Tugend Sache der Uebung ist, und weil der Mensch, und vor allem das Kind, einer stetigen Zügelung gegen seine Aufwallungen und Launen bedarf, so war es feststehendes Gesetz, daß wir die Eltern nie anreden durften, ohne dem Worte Vater oder Mutter das Beiwort ‚lieber‘ oder ‚liebe‘ hinzu zu fügen. Unbedeutend wie diese Maßregel scheinen kann, ist sie von großer Wichtigkeit, und ich selbst habe in spätern Jahren ihren erziehenden Einfluß auf Andre hinlänglich erprobt. Wen ich mit einem freundlichen Worte angesprochen habe, dem kann ich in solchem Augenblicke nichts Unerehrbietiges oder Trotziges sagen; und die Form der Rede wird so zu der Schranke, hinter welcher Heftigkeit und Uebereilung zurückbleiben müssen, abgesehen davon, daß an und für sich Gewöhnung an bestimmte Formen eine Wohlthat für das Zusammenleben in der Familie ist. So war uns z. B. die Sitte, den Eltern, bei der Begegnung am Morgen, nach den Mahlzeiten und bei dem Schlafengehen die Hand zu küssen, so sehr zum Bedürfniß gemacht worden, daß es eine unserer Strafen war, wenn man uns diese Gunst entzog.“[5]

Materielle und soziale Umwelt

Bis zu Fannys achtem Lebensjahr lebte die Familie in wohlhabenden Verhältnissen. Geschäfts- und Lagerräume des Vaters befanden sich zum Teil im Hause, wo sich das ganze Geschäftsleben abspielte.

„Meine eigenen und sehr deutlichen Erinnerungen beginnen in der Zeit zwischen meinem vierten und fünften Jahre, und sind Alle rein sachlich. Wir wohnten damals nicht mehr in dem zweifenstrigen Hause, welches meine Eltern während der Retirade inne gehabt, sondern waren im Frühjahr von achtzehnhundert und vierzehn in das gegenüberliegende dreifenstrige Haus, Nummer vierzehn, gezogen, das wir erst im Jahre achtzehnhundert und zwanzig verlassen, und in welchem ich also meine ganze glückliche Kindheit zugebracht habe.

Es steht mir noch mit allen seinen Einzelnheiten vor Augen, als wäre ich gestern erst darin gewesen, und doch habe ich es, nachdem wir es aufgaben, niemals wieder betreten. Der ganze Theil der Brodbänkengasse, in welcher es gelegen war, hatte damals noch Wolme, d. h. etwa zehn Fuß hohe, in die Straße hinausgebaute Vorgebäude, zu denen in ihrer Mitte eine Treppe hinaufführte so daß dieselben also unter den Fenstern des hohen Parterres zu beiden Seiten der Hausthüre einen Balkon bildeten. Diese Balkons waren mit Eisengittern einfachster Art umgeben, aber die Eisengitter und das Treppengeländer hatten große Messingkugeln, schlechtweg ‚die blanken Kugeln‘ genannt, welche mit den großen Messing-Thürklopfern übereinstimmten, und die spiegelblank zu erhalten eine Ehrensache der Hausfrauen war. Im Sommer wurden diese Wolme mit Markisen überspannt, man setzte Bänke darauf hin, und wie die Erwachsenen dadurch einen Ort hatten, auf dem sie im Laufe des Tages und namentlich an den Sommerabenden Luft schöpfen konnten, so besaßen wir Kinder in unserm Wolm einen Spielplatz, der selbst im Winter, so eng er war, täglich von uns benutzt ward.

Die Hausthür öffnete in einen raumigen Flur. Ihr gegenüber ging es in das große und dunkle Comptoir, das, wie alle diese großen Parterrestuben der auf den Handel berechneten Häuser an der Nordküste von Deutschland, nur ein großes, breites, vielscheibiges Fenster hatte; und aus dem Comptoir führte eine Treppe in ein paar dunkle Zimmerchen, in die Kasse hinauf. Vorn im Hause lag an der linken Seite der Thüre eine einfenstrige Stube, das Entree. Es war rosa angestrichen, mit dunklen Mahagonimöbeln eingerichtet, und es hingen eine Anzahl sehr guter Kupferstiche darin, welche bis in mein elftes, zwölftes Jahr für mich den ganzen Bereich der Kunst repräsentirten.

Es waren theils moderne englische Kupferstiche, und diese hatten keinen besonderen Werth, theils sehr gute Blätter nach alten Meistern, deren Originale ich später mit großer Rührung in den Gallerien von Frankreich und Italien wiedergesehen habe. Meine Vorliebe galt außer einem englischen Kupferstich, auf welchem eine Mutter auf den hohen Alpen neben ihrem im Schnee erstarrten Töchterchen händeringend kniete, der Madonna von Hannibal Caracci, welche den kleinen Christus schlafend in ihrem Arme hält, und dem vor ihm stehenden Johanniskinde ein Zeichen macht, den kleinen Schläfer nicht zu wecken. Ein Paar Kirschen und andere Früchte lagen auf dem Boden neben ihr ausgebreitet, und erhöhten für meine Vorstellung die Schönheit des Bildes ungemein.

Dann war das Opfer des Abraham in zwei kleinen Blättern da. Das eine stellte den Patriarchen dar, wie der Engel ihm erschien, ihm das Opfer zu befehlen. Er hatte den kleinen Isaak neben sich, der nur mit einem Schurz bekleidet, inbrünstig mit gefalteten Händen betend, neben dem Vater kniete. Auf dem andern Bilde war der Holzstoß aufgerichtet. Die Flamme loderte empor, Isaak kniete gebunden vor demselben, und mit dem zum Opfer erhobenen Messer trat Abraham wie erschöpft zurück, als er in den Zweigen des Gebüsches, vor dem der Altar sich befand, das ihm von Gott gesendete Opferthier gewahrte. Als ich später die Iphigeniensage kennen lernte, stellten sich mir die Vorgänge immer unter den Formen dieser Abrahamsbilder dar, und ich war sehr verwundert, im Griechenthume und im Judenthume dergleichen Sagen so unverändert zu begegnen.

Endlich erfreuten mich in diesem Entree noch eine Reihe von drei, vier Männerportraits in mittelalterlichem Costüm. Wen sie darstellten – das eine war ein Portrait von Titian, das andere das Holbeinsche Portrait des Morel, des Goldarbeiters von Heinrich VIII., dessen Original sich in Dresden im Saale der Holbeinschen Madonna befindet – wenn sie darstellten, das ahnte ich damals nicht. Aber das war mir nur um so bequemer, denn dadurch galten sie mir je nach meinem Bedürfniß für biblische Helden oder für Zauberer und Ritter, und unter jeder Voraussetzung waren sie mir schön und werth. Was hätte mir das auch geholfen, wenn man mir einen Namen genannt hätte, mit dem ich keinen Begriff verbunden, oder wenn man mir einen Namen und einen Begriff beigebracht hätte, mit denen ich keinen innern Zusammenhang haben konnte? Es kommt bei Kindern nur darauf an, daß sie nichts Häßliches sehen; wofür sie das, was sie sehen, halten, das ist ganz gleich, und je unbefangener man ihre Phantasie walten läßt, um so mehr Genuß haben sie davon.

Zu diesem Entree hatten wir Kinder freien Zutritt. Meine Mutter benutzte es wenig. Es diente meinem Vater zu Privatbesprechungen in Geschäftsangelegenheiten, und da es aus diesem Grunde im Winter auch geheizt wurde, hatten wir einen Spielplatz und eine Abwechselung mehr für unsere Existenz.

Oben im ersten Stock nahm der sogenannte Saal die ganze Fronte nach der Straße ein. Er wurde nur an Gesellschaftstagen geöffnet, und obschon ich jedes Stück in demselben auf das Genaueste kannte, hatte er, wenn die weißen Gardinen an der Glasthür nach dem Flur herabgelassen waren, für mich einen so geheimniß-vollen Reiz, daß es mir schon ein Vergnügen gewährte, durch das Schlüsselloch oder durch eine Spalte in der Gardine hineingucken zu können. Er war kornblau und hatte, da die Eltern ihn nicht von einem gewöhnlichen Stubenmaler, sondern von einem Professor Huhn hatten ausführen lassen, achtzig Thaler zu malen geko-stet. Am Plafond war eine Göttin, ich glaube eine Viktoria oder Fama, in gelben Bronzefarben dargestellt, von der große vergoldete Sonnenstrahlen über die ganze Decke ausgingen. Oben an der Wand zog sich eine Borte von Vögeln hin, weiße Fasanen, die aus Bronzekörben sehr hölzerne Früchte aßen, und die mir wie die größten Wunderwerke der Malerei erschienen. Zwei große Spiegel zwischen den Fenstern hatten Tischchen von weißem Marmor vor sich, die von Bocksfüßen in Holzschnitzerei getragen wurden. Auf den Marmorplatten standen blaue Vasen mit Ansichten aus der sächsischen Schweiz, und in der Ecke eine Art runder Etagère, deren Bretter, sie hatte ihrer drei in abnehmender Größe, zu drehen wa-ren. Man nannte dies Möbel damals eine Servante, besetzte es mit schön gemalten Tassen und kleinen andern Geräthen, und meine Mutter besaß eine große Anzahl zum Theil sehr schöner Tassen. Die Möbel des Saals waren ganz im Geschmack des Kaiserreichs, hart gepolstert und sehr unbequem. Vor dem Sopha lag ein sehr großer englischer Teppich mit breiter Blumenborte, und dann umschloß dieser Saal noch zwei Prachtstücke: eine Tischdecke von grauem Kasimir, auf der ein großes Hortensienbouquet mit schönen grünen Blättern in petit point gestickt war, und ein kaum spannhohes rundes Tischchen von grauem Marmor, das auch auf der Servante stand und das, wenn man die geheime Feder drückte, sich aufthat und einen Nähapparat unter einem rosenduftigen, rosaseidenen Kissen enthielt. Hob man den Nähapparat heraus, so lag darunter auf dem Boden ein Blatt in Spie-gelschrift geschrieben. Es standen darauf die Verse aus dem Tasso:

> Willst du genau erfahren, was sich ziemt,
> So frage nur bei edlen Frauen an.
> Denn ihnen ist am meisten dran gelegen,
> Daß Alles wohl sich zieme, was geschieht.
> Die Schicklichkeit umgiebt mit einer Mauer
> Das zarte, leicht verletzliche Geschlecht.
> Wo Sittlichkeit regiert, regieren sie,
> Und wo die Frechheit herrscht, da sind sie nicht.
> Und wirst Du die Geschlechter beide fragen:
> Nach Freiheit strebt der Mann, das Weib nach Sitte.

Ich verstand von diesen Versen kein Sterbenswort, aber sie zu hören war mir ein großer Genuß, und sie hingen in meiner Phantasie so genau mit dem Rosenduft und mit der geheimen Feder, welche den Deckel des Tisches öffnete, zusammen, daß mir das Ganze wie ein einziges großes Mysterium däuchte, dem dann und wann durch die Vermittlung meiner Mutter nahen zu dürfen, mir als ein wahres Glück erschien. Ja die ganze Servante war durch den grauen Marmortisch für mich geheiligt, und ich empfand es als eine Ehre, daß zwei Paar kleine gemalte Tassen, die mein Eigenthum waren, mit unter all' den großen erwachsenen Tassen auf der wundervollen Servante stehen durften.

Diese beiden Zimmer, das Entree und der Saal, waren unsere Museen, und in dem Letzteren durften wir, wie in einem wirklichen Museum, auch gar Nichts anrühren. Dafür hatten wir aber in der Hinterstube, welche jenseits eines kleinen dunklen Hausflurs dem Saale gegenüber lag, und im zweiten Stocke, in der Schlafstube meiner Eltern, in unserer Kinderstube, auf den Hausfluren, und auf den Treppen und Treppchen, die aus den Fluren nach den einzelnen Zimmern führten, wie in den Kammern, deren das Haus ein Paar recht große enthielt, völlig freien Spielraum. Die Wohnstube mit ihren breiten, mit schwarzem Roßhaarzeug überzogenen Möbeln, mit ihren gelben Kattungardinen, auf denen Pagoden und Chinesen gedruckt waren, war so wohnlich als möglich, und es stand Nichts darin, was wir hätten verderben können."[6]

Das Haus besaß einen engen Hof, in dem Geflügel gehalten wurde. Fanny Lewald beschreibt die bürgerliche Haushaltsführung, die an dem Grundsatz festhielt, soweit wie möglich im Haus herzustellen und einzulagern.

„Eine ordentliche Königsberger Familie legte sich also im Herbste ihre zehn, zwanzig Scheffel Kartoffeln in den Keller. Einige Scheffel Obst wurden im Sommer geschält und aufgereiht und bei dem Bäcker getrocknet, Pflaumen- und Kirschmus im Hause gekocht. Von allen Gemüsearten wurde der nöthige Vorrath im Herbste für das ganze Jahr angeschafft, und in Beeten von grobem Sand, je nach ihrer Art, in den Kellern untergebracht, was man Einkellern nannte. In gleicher Weise wurden ganze Fässer voll Sauerkohl und Gurken, Töpfe voll rother Rüben und marinirter Häringe eingemacht, der feinern Früchte und der für Krankheitsfällen nöthigen Gelees und Fruchtsäfte nicht erst zu gedenken. Selbst Kamillen, Hollunder und Kalmus, wurden für vorkommende Fälle im Sommer von den Kräuterleserinnen gekauft, und als Vorrath für den Winter aufbewahrt.

Aber das genügte noch nicht. Allwöchentlich wurde das Roggenbrod zu Hause angeteigt, mußte zu Hause säuern und besonders bei dem Bäcker gebacken werden. Gab es einen Geburtstag oder ein Fest, so wurde der Kuchen im Hause gebakken. Die Milch kaufte man, wie sie von der Kuh kam, um selbst die Sahne abzuschöpfen, das Bier ließ man in Fässern kommen und füllte es selbst auf Flaschen. Wurst wurde, wenn man es haben konnte, wenigstens einmal im Jahre im Hause gemacht, Schinken und alle Pöckel- und Rauchfleischwaaren galten für besser, wenn sie nicht vom Schlächter besorgt waren. Um sich vortheilhafter einzurichten, kaufte man je nach der Jahreszeit halbe Hämmel, halbe Kälber und halbe Schweine. Daß bei solchen Ansichten alles Federvieh im Hause gemästet, im Hause gerupft wurde, daß man die Federn sammelte und sie schleißen ließ, und daß also natürlich auch Alles was irgend möglich war, im Hause gestrickt, genäht und geschneidert wurde, braucht nicht erst erwähnt zu werden. Die Grille der Selbstfabrikation ging so weit, daß man die Töchter nicht nur im Schneidern und Putzmachen unterrichten ließ, was in so fern sehr vernünftig war, als es uns geschickt und unabhängig machte, sondern man ließ eine Zeit hindurch auch Schuhmacher in die Familien kommen, um das Schuhmachen zu lernen, um die Damen- und Kinderschuhe im Hause verfertigen zu können.

Wahr ist's, solch ein Haushalten im Großen und Ganzen hatte seine Reize. Es lag ein Vergnügen in dem weiten Voraussorgen, wenn man die Mittel hatte, ihm zu entsprechen. Die gefüllten Speisekammern und Keller mit ihren Steintöpfen, Fässern, Kasten und Schiebladen, waren hübsch anzusehen. Das Backobst auf den Schnüren, der Majoran und die Zwiebeln verliehen, im Verein mit den Gewürzen, der Speisekammer einen prächtigen Duft, das aussprossende Gemüse in den Kellern roch vortrefflich. Man hatte ein Gefühl des Behagens, wenn nun Alles beisammen war. Nun konnte der Winter in Gottes Namen kommen! Der Besuch eines unerwarteten Gastes genirte auch nicht im Geringsten. Wie überall, wo man aus dem Vollen wirthschaftet, war man eher geneigt, einmal Etwas daraufgehen zu lassen; und für die Kinder gab es bei all dem Backen und Obsttrocknen, Einkellern, Einkochen und Wurstmachen, vielerlei Vergnügen, auf das man sich im Voraus freute. Die Männer bezahlten in vielen Fällen diese Art der Wirthschaft nur mit mehr Geld als nöthig, die Frauen mit einem Aufwande von Kraft, der oft weit über ihr Vermögen ging, und zu irgend einem nicht auf den Haushalt und die Familie bezüglichen Gedanken, blieb Denjenigen, die wie wir bei Allem selbst Hand anlegen mußten, wenn ihr Sinn nicht entschieden auf Höheres gerichtet war, kaum noch Zeit übrig. –

Daß nach diesen Angaben eine Königsberger Familie viel Raum haben mußte, daß Keller, Boden, Kammern und ein Hof unerläßlich, daß mehr Dienstboten dafür nöthig waren, versteht sich von selbst. Rechnet man nun noch die fanatische Reinlichkeit meiner Landsmänninnen dazu, für die es damals ein Dogma war, alle Zimmer wöchentlich einmal scheuern zu lassen, eine Gunst, welche den Fluren und Treppen zweimal in der Woche wiederfuhr; rechnet man dazu, daß die Spiegel und sogar die Fenster, so lange die Kälte dies bei den Letztern nicht unmöglich machte, wöchentlich geputzt, die Stuben jeden Morgen feucht aufgewicht, und nach dem Mittagessen, wo es thunlich war, noch einmal gekehrt und abgestäubt wurden, so entstanden mit dem nothwendigen Reinhalten der Küche, der Kammern und des vielen für alle diese Vorräthe nöthigen Geschirres, eine nicht endende Arbeit und Unruhe, und eine Athmosphäre feuchter Reinlichkeit, in welcher Orchideen und Wasservögel, je nach der Jahreszeit, eigentlich besser an ihrem Platze gewesen wären, als wir Menschenkinder.

Rastlos wie die Frauen es auf diese Weise wurden, waren es die weiblichen Dienstboten noch viel mehr, und alle Theile klagten gelegentlich darüber. Indeß wer es den damaligen Hausfrauen – ich spreche von einer Zeit, die ein Menschenalter hinter uns liegt – zugemuthet hätte, irgend einer ihrer wirthschaftlichen Gewohnheiten zu entsagen, wer ihnen zugemuthet hätte, ihr Brod vom Bäcker, ihr Backobst vom Kaufmann, ihren Bedarf an eingesalzenem Fleische von einem

Schlächter zu beziehen, den hätten sie als einen Ketzer angesehen, als einen Frevler, der ihre hausfraulichen Pflichten beschränken wolle, um ihrer Würde und Bedeutung damit Abbruch zu thun, und so das Glück der Ehen und der Familien allmählich zu untergraben."[7]

Lernen

Fanny Lewald, in deren Elternhaus die jüdischen Riten nicht praktiziert wurden, fühlte sich hingezogen zu einer frommen jüdischen Familie, die in derselben Straße wohnte.

„Ich ging oftmals zu Madame Japha hinüber, das heißt eigentlich zu der Tochter, die unverheirathet im Hause ihrer Eltern lebte, und mit ihrer Händearbeit die Familie unterhalten half. Sie galt für eine der geschicktesten Näherinnen der Stadt, hatte theilweise auch die Ausstattung meiner Mutter genäht, und diese sah es gern, daß ich spielend von dem guten Mädchen die erste Anleitung zu Handarbeiten empfing. Ich war sehr gern bei ihr. Denn erstens ließ sie mich immer ihr gegenüber auf dem Stuhle am Fenster, nicht wie ich es zu Hause gewöhnt war, auf einem Kinderstuhle oder Bänkchen sitzen, und ich kam mir also bei ihr viel erwachsener als zu Hause vor. Zweitens konnte ich bei ihr unser Haus und die andere Seite der Straße sehen, und drittens gab sie mir auf eine Menge Fragen Bescheid, auf welche ich zu Hause keine Antwort erhielt.

Von ihr erfuhr ich, daß wir Juden wären, und daß man mir dieses zu Hause verschweige, weil die andern Leute die Juden nicht leiden könnten. Von ihr erfuhr ich auch die Namen und die Bedeutung und die Ceremonien der jüdischen Feiertage. Sie zeigte mir eine kleine blecherne Kapsel an ihrer Stubenthüre und sagte, darin wären die zehn Gebote, und die seien dort angehängt, damit man sie immer vor Augen und im Herzen habe. Dann ließ sie mich ein Gewebe von blau und weißer Wolle sehen, das ihr Vater auf dem Körper trug, und das auch die zehn Gebote bedeuten sollte. Sie zeigte mir einen Gebetmantel und ein langes weißes Hemde, das sie den Kittel nannte, und erzählte mir, das ziehe ihr Vater an dem größten Feiertage, an dem Tage der langen Nacht in der Synagoge an, wenn der liebe Gott sich mit den Menschen wieder für ein Jahr versöhne, und wenn ihr Vater sterbe, werde er in diesem Hemde begraben werden.

Als ich zu Hause von diesen Dingen zu sprechen anfing, verwehrte man es mir nicht eigentlich, aber man ließ mich doch nicht recht damit aufkommen. Und als ich dann dringlich wurde, erhielt ich den Bescheid, daß ich solche Sachen noch nicht verstehen könne, ich würde das später einmal Alles erfahren. Auf die ganz bestimmt gethane Frage: ‚sind wir wohl Juden?' – versetzte mein Vater: Du bist unser Kind, und weiter geht Dich nichts an!

Damit war äußerlich die Angelegenheit abgethan, aber innerlich beschäftigte sie mich um so mehr, und die Juden und ihre Feiertage und Gebräuche wurden mir unheimlich und mystisch, anziehend und widerwärtig zugleich. Daß wir Juden wären, und daß es schlimm sei, ein Jude zu sein, darüber war ich aber mit fünf, sechs Jahren, noch ehe ich in die Schule gebracht wurde, vollkommen im Klaren. So hübsch wir in unsern seidenen Pelzchen auch angezogen waren, und so gut unsere stattliche Kinderfrau uns auch spazieren führte, so erlebten wir es doch manchmal, daß ganz zerlumpte, schmutzige Kinder uns im Tone eines Schimpfes: Jud'! nachriefen, und die Kinderfrau sagte dann immer, daran sei nur ich mit meinem schwarzen Haare schuld.

Ich weiß nicht, weshalb ich zu Hause von solchen Ereignissen auf der Straße nie etwas erzählte. In den Kindern ist das Bewußtsein oft so umnebelt und so unvollständig, und doch die Einsicht, welche sie zum Handeln oder zum Unterlassen von manchen Dingen antreibt, so weit über ihr bewußtes Verständnis hinaus, daß sie oft klüger handeln als sie wirklich sind. Man möchte sagen, sie handeln aus einem Instinkte, der sie mehr und mehr verläßt, je nachdem das Bewußtsein in ihnen lebendig wird."[8]

Fanny Lewald kam 1817 in die Schule. Sie hatte zu hause von der Mutter das ABC und einige Gedichte gelernt. In der Schule lernte sie leicht, und der Vater half ihr bei den Schularbeiten. Die Schule war eine kleine Privatanstalt für Jungen und Mädchen aus dem Bürgertum.

„Wir waren täglich sechs Stunden in der Schule beschäftigt, hatten zu Hause reichlich eine Stunde zu arbeiten, und da man mich zeitig in Musik zu unterrichten angefangen, und ich also auch täglich eine Weile Klavier zu üben hatte, so belief sich, als ich sieben, acht Jahre alt war, meine tägliche Arbeitszeit, mit Ausnahme des Sonntags Mittwochs und Sonnabends, doch immer auf sieben bis acht Stunden. Ich lernte daher schon früh eine recht ernste Arbeit und mit ihr die Wonne des Feierabends kennen. Im Sommer ging es an den Tagen, an deren Nachmittagen wir Schule hatten, erst um halb sechs Uhr Abends in das Freie, und weil dann für große Wege unsere Zeit und unsere Kräfte nicht ausreichten, so wurden wir meist nach dem Kneiphöfischen Junkergarten gebracht, der nur einige hundert Schritte von unserer Wohnung entfernt lag."[9]

Spiel

„Wir waren zu bestimmten Stunden und viel, aber nicht immer, bei unserer Mutter, und solch eine Gewöhnung an eine bestimmte Zeiteintheilung ist Kindern schon in ihrer frühesten Jugend heilsam. Daß wir in verschiedenen Etagen wohnten, kam dieser Anordnung zu Statten. Jede der Etagen hatte aus Vorsicht für uns vor der Treppe ein kleines hölzernes Gitter erhalten, und war dies zugemacht, so waren wir eben auf unser Terrain angewiesen. Es blieb uns dann nichts übrig, wenn wir nicht mit einander spielen mochten, als aus dem Fenster zu sehen, und wie ich im Hause nicht müde wurde, jeden Winkel und jede Schieblade zu untersuchen, so konnte ich stundenlang am Fenster auf einem Stuhle knien und drüben die Häuser und die Nachbarschaft betrachten.

Von der Weise, welche man jetzt hat, die Kinder zu beschäftigen, von den sinnreichen Spielen, von der Fröbelschen Theorie, wußte man damals, oder doch min-

destens in unserem Hause, noch nichts. Wir hatten allerlei Spielzeug, Häuser-
schachteln, Puppen, Festungen die zum Theil sehr schön und kostbar waren, und
die wir meist von unserm ältesten Onkel erhalten hatten, wenn er von Petersburg
oder sonst von Reisen zurück kam. Aber mit fertigem Spielzeug läßt sich nicht
lange spielen, und bis ich groß genug war, um selbst für die Puppen nähen und
schneidern zu können, hatte all unser Spielzeug, hatten selbst meine kostbarsten
Puppen nur das Interesse der Neugier für mich. Ich wollte wissen, wie die Dinge
gemacht wären, wie sie von Innen aussähen, und um das zu ergründen, arbeitete
ich so lange an ihnen herum, bis ich sie zerbrochen hatte.

Meine Eltern, welche uns nur einfachere Dinge gaben, schalten mich dann immer. Sie thaten mir aber damit, ohne es zu wollen und zu wissen, Unrecht, und
die Kinderfrau, welche mich nicht besonders liebte, bestärkte sie darin, denn sie
versicherte, daß ich mir auch aus dem Allerschönsten gar nichts mache, daß kein
Abmahnen bei mir helfe und daß ich nicht Ruhe hätte, bis Alles zerbrochen und
verdorben sei. Sie sahen dem angebornen Thätigkeits- und Forschungstriebe der
Kinder gar nichts nach oder vielmehr, sie verstanden denselben gar nicht. Sie dachten nicht, welch einen Eindruck es auf ein Kind macht, wenn es seiner ganzen kleinen Erfahrung entgegen ein todtes Ding, einen hölzernen Vogel, einen hölzernen
Hund Töne von sich geben hört und sie räthselhafte Bewegungen machen sieht.
Warum bellt der Hund im Bilderbuche nicht? fragt das Kind. – Der ist ja nur gemalt! heißt es dann. Aber warum bellt denn dieser hölzerne Hund? forscht es weiter, ohne sich bewußt zu sein, daß es mit diesem Schlusse von dem gemalten auf
den hölzernen und auf den lebendigen Hund, den Begriff des Lebendigen und des
Leblosen gefunden und in sich festgestellt hat. Das ist von Innen so gemacht! giebt
man ihm zur Antwort, und bedenkt nicht, wie man das Kind damit wirklich
zwingt, die Sache zu untersuchen.

Heute noch erinnere ich mich des Schreckens, mit dem ich einmal vor einer kleinen zerbrochenen Leier dastand, auf welcher sich ein Vogelbauer mit einem gelben
Vogel in die Runde drehte, während kleine klimpernde Töne erklangen. Ich hatte
mit voller Ueberlegung das Innere sehen wollen, und deshalb das weiße Leder
zwischen dem Brettchen der Leier ein wenig gelockert, aber das half mir nichts.
Ich konnte nichts sehen, ich mußte etwas mehr losreißen. Nun hatte ich das gethan, ich drehte die Leier wieder, sie klang nicht mehr recht. Die Ahnung, daß
ich wieder etwas verdorben hätte, kam über mich.“[10]

„Was wir aber spielten? Meist Nachahmungen dessen, was wir gesehen hatten.
Wir spielten Brettschneider, wenn wir auf einem Holzplatz gewesen waren. Man
hatte uns zu einer Vorstellung von Kunstreitern mitgenommen, und wir machten
den ganzen Winter hindurch die Kunstreiter. Hunderte von Malen habe ich von
der Schwelle, welche aus der Wohnstube in das Kabinet führte, als Mademoiselle
Rosalie meinen Salto Mortale gewagt und das Bravo meines Vaters erhalten, hundertmal haben meine Brüder den Trampolin-Sprung über eine Fußbank gemacht.
– Wir sahen eine Menagerie mit einem dressirten Elephanten, und mein Vater lag
allabendlich als unser Elephant flach auf dem Boden, ließ uns auf sich herumklettern, und hob uns mit seinen lieben Armen über sich fort, wie wir es den Elephan-

ten mit seinem Rüssel an Kindern hatten thun sehen. Wir besuchten eine Bude mit sogenannten Wilden, und stürzten auf das Kommando meines Vaters eine lange Zeit hindurch an jedem Abende, mit aufgelöstem Haar aus der Hütte hervor, die wir uns aus Sophakissen unter dem Klaver erbauten, um mit wildem Geschrei unsern Kriegstanz zu beginnen. – Aber all dies Spiel währte nicht eben lange. Es verstummte auf das erste Wort meines Vaters, und gerade seine kurze Dauer erhöhte das Vergnügen, denn daß für die Größe des Genusses nicht die Masse desselben bestimmend sei, ist ein Grundsatz, welchen man bei der Erziehung nicht fest genug im Auge behalten kann."[11]

Arbeit

Wird nicht erwähnt.

Anmerkungen

1 Fanny Lewald, Im Vaterhause, Bd. 1, 1. Teil, Berlin 1861, S. 64.
2 A.a.O., S. 65 ff.
3 A.a.O., S. 69–73.
4 A.a.O., S. 93–95.
5 A.a.O., S. 157–159.
6 A.a.O., S. 55–63.
7 A.a.O., Bd. 1, 2. Teil, S. 38–43.
8 A.a.O., S. 86 ff.
9 A.a.O., S. 132 f.
10 A.a.O., S. 75 ff.
11 A.a.O., S. 151 f.

Adolf Erman

Adolf Erman, geboren 1854, hatte seine Erinnerungen ursprünglich nur für seine Kinder und Enkel geschrieben. Erman war Ägyptologe und leitete das Ägyptische Museum in
Berlin.

Bezugspersonen

Adolf Erman wurde 1854 in Berlin geboren. Der Vater war Naturwissenschaftler
und lehrte als außerordentlicher Professor, verdiente den Lebensunterhalt aber als
Lehrer am Französischen Gymnasium in Berlin.

Über die Mutter heißt es:

„Die Bildung, die meine Mutter erhalten hatte, war die, die in ihrer Jugend für
‚Töchter höherer Stände‘ üblich war. Sie hatte Geschichte und Geographie aus
Nösselts Büchern gelernt, sie las Französisch und spielte Klavier. Ihre religiösen
Anschauungen waren die des Rationalismus und alles Überschwengliche im Glauben oder Unglauben war ihr zuwider. Ebenso maßvoll stand sie zur Politik und
an der leidenschaftlichen politischen Erregung meines Vaters nahm sie wenig Anteil; sie behielt auch dabei ihr ruhiges Urteil.

Zehn Kinder wurden ihr gegeben und sie waren wahrlich nicht alle leicht zu lenken, aber sie erzog sie und leitete musterhaft einen Haushalt, in dem in meiner
Kinderzeit täglich elf Personen an dem großen Eßtische saßen; daneben unterhielt
sie einen beständigen Briefwechsel mit ihren Verwandten und Freunden und hatte
doch noch immer Zeit zum Lesen und Lernen. Noch 1852, als meine älteste
Schwester Unterricht im Englischen nahm, hielt meine Mutter es für richtig, selbst
daran teilzunehmen und wirklich lernte sie so gut Englisch, daß sie es verstand
und las.

Allabendlich saß sie mit ihren vier Töchtern zusammen und es wurde beim
Handarbeiten vorgelesen; in der Regel waren es neue Romane, deutsche, englische
und französische, wie sie die Leihbibliothek von Skulski lieferte. Die Schmutzlite-
ratur von heute existierte ja noch nicht, und wenn einmal in einem der Bücher eine
etwas bedenkliche Stelle vorkam, so ließ sie sie mit einem ‚das liest wohl jeder
besser allein‘ beim Vorlesen aus. Wir Jungen gaben natürlich gern dabei Gastrol-
len und ich erinnere mich, wie Auerbach, Freytag, Spielhagen, Reuter und Dickens
gelesen wurden. Auch mein Vater erschien zuweilen oder blieb doch nach dem
Abendbrot dabei. Um 10 Uhr ging alles dann zu Bett, nur meine Mutter blieb noch
auf und legte fort, was etwa herumlag. Überhaupt tat sie keinen Schritt, ohne etwas
zurechtzurücken oder ein herrenloses Gut ihrem Schlüsselkorbe anzuvertrauen,
der sie nie verließ. Diese Ordnung zeigte meine Mutter in allem; in den Schiebla-

war umschnürt und mit einer Notiz in ihrer schönen Schrift versehen. Alles bewahrte sie so auf und wußte auswendig, wo sie es bewahrte; wenn irgendeine Kleinigkeit gebraucht wurde, so ging sie still fort und brachte etwas, was sich dafür
verwenden ließ.

Sie selbst war, wie das ihrem Wesen entsprach, einfach, aber geschmackvoll gekleidet, denn sie verstand die Kunst, mit wenigem auszukommen. Selbst in den
Zeiten der größten Bedrängnis bewahrte sie sich und ihrem Hausstand ein gutes
Äußere. Und nicht ohne kleinen Stolz erzählte sie einmal, ein Herr von der Steuer
sei zu ihr gekommen, um sie zu fragen, ob sie denn wirklich nur das geringe Einkommen habe, das sie angegeben hatte.

Wie sie in allem gleichmäßig und still war, so hatte auch ihre Stimme einen
freundlichen Klang; sie liebte es nicht, ihre Gefühle in vielen Worten zu äußern,
aber was sie sagte, war immer echt, denn eine Unwahrheit war ihrer Natur unmöglich. Vor der Lüge empfand sie einen solchen Abscheu, daß sie nicht einmal
das Wort ‚lügen‘ bei uns Kindern duldete. Ebenso fern lag ihr alles Unreine und
Schlüpfrige, und es war merkwürdig, wie empfindlich sie darin auch im Alter noch
war. Als ich bei der Taufe unseres ältesten Kindes für die jungen Ehepaare sehr
harmlose Tischkarten mit Klapperstörchen gezeichnet hatte, lächelte sie zwar darüber, bemerkte aber doch, daß zu ihrer Zeit derartige Scherze nicht erlaubt gewesen wären.

Lebhaft war ihre Freude an der Natur, aber diese Freude hatte nichts Sentimen-
tales und Ungesundes. Ihren Garten pflegte sie und nahm an der Entwicklung jeder Pflanze Anteil. Auch alle Vorgänge in der Natur betrachtete sie mit ihren
scharfen Augen und machte sich ihre klugen Gedanken darüber. Wie freute sie
sich, daß sie 1863 in Saßnitz Nebensonnen gesehen hatte, und nicht minder freute
es sie, daß sie es zweimal in Pleiske erlebt hatte, wie sich unzählige Störche auf
der Gandernschen Wiese zum gemeinsamen Flug nach Süden gesammelt hatten.

Mit allen Menschen kam sie aus, denn sie behandelte sie zuerst mit freundlicher
Kühle, die dann, wenn sie sie näher kannte, einer ruhigen Herzlichkeit wich. Auch
in der Behandlung ihrer Mädchen verfuhr sie mit großem Geschick; sie hatte ihnen
gegenüber einen ruhigen, gleichmäßigen Ton, ohne Härte, aber auch ohne zu
große Vertraulichkeit. Daneben ließ sie ihnen ihre kleinen Freuden, frug sie doch,
solange wir in der Friedrichstraße zwischen vier Kasernen wohnten, jedes neue
Mädchen, ob sie schon einen Schatz habe. Wenn die dann leugnete, so sagte sie
ruhig: ‚Das tut mir leid, denn es ist mir lieb, wenn meine Mädchen ordentlich sind
und einen Bräutigam haben.‘ Der Erfolg war natürlich, daß bald ein Artillerist
oder Grenadier zur Staffage unserer Küche gehörte und so war auch darin Ordnung und Vernunft.“[1]

Adolf Erman wurde als neuntes Kind seiner Eltern geboren.

„Meine erste Erinnerung – und sie ist mir noch lange lebendig gewesen – war die
an die Taufe meines Bruders Henri; ich erinnerte mich deutlich, daß ich neben einer Dame in einem schwarzseidenen Kleide stand, das war in der grauen Stube,
und auf dem Tisch stand unser silberner Kuchenkorb – es war natürlich ein silber-
nes Taufbecken. Das muß im Frühjahr 1857 gewesen sein; ich war damals etwa

zweieinhalbes Jahr alt. Aus meinem vierten Jahre rührt eine andere Erinnerung her: über den Himmel zieht sich gewaltig ein Komet, und wir gehen einen Abend, ihn zu sehen, auf den kleinen Platz, der vor unserm Hause lag. Es war der große Komet von 1858. Auch von einem Einzug, bei dem die Handwerker prächtig zu Pferde saßen und ihre Fahnen hochwarfen und wieder auffingen, weiß ich noch und ebenso von einer Illumination mit bunten Ballons – beides mag 1858 beim Einzug der Kronprinzessin gewesen sein.

Jeden Morgen, ich fürchte zu sehr früher Stunde, kletterten mein Bruder Henri und ich in das Bett meiner Mutter, und sie erzählte uns dann Märchen oder auch eine selbsterfundene Geschichte, die sich immer weiter spann, von zwei kleinen Jungen. Daneben schwebt mir meine Mutter vor, wie sie an ihrem Nähtisch sitzt, und ich stehe hinter ihr auf ihrem Stuhle und darf auf die Straße sehen. Oder ich darf auch die Schätze ihrer Knopfschachtel ansehen, eines runden Schildpattkästchens, das nach meiner Meinung die herrlichsten Dinge enthielt.

Auch bunte Perlen darf ich bei meiner Mutter aufziehen, und ich muß auch stikken; ein kleines Nähnadelkissen mit bunten Quadraten, das sie lange benutzte, war ein Werk von mir.

Mein höchster Schatz in diesen Jahren war mein ‚Russisches Buch‘, eine russische Reisebeschreibung, die einige Kupferstiche enthielt und in grüner Seide gebunden war; ich sehe mich noch mit diesem Buche und einer hölzernen Fußbank als kleinen Kerl in der Stube herumziehen.

Später trat das Schaukelpferd ‚Palmyra‘ an die Stelle des russischen Buches; es war ein großer Apfelschimmel, der eine richtige Decke hatte, die über Kopf und Ohren ging.

Eine große Rolle in unserm Kinderleben spielte Mutters alte Amme, Frau Zwick. Sie kam nachmittags und ging mit uns Kleinen spazieren, meist ‚auf den Grand‘, wie sie auf ostpreußisch sagte, das heißt wir gingen hinten an der ‚Kommunikation‘ entlang zum neuen Tor und auf das sandige Terrain, wo heut der Humboldthafen liegt. Dort gruben wir mit kleinen Spaten, die sie uns aus Holz schnitt. Auch lehrte sie uns ‚Fenster‘ aus Holzstäbchen zu flechten und war überhaupt immer freundlich, gut und treu – ganz im Gegensatz zu den Dienstmädchen, die, wenn sie mit uns spazieren gingen, schon am Gitter der Kaserne in der Karlstraße strandeten.

Von Frau Zwick hörten wir auch Geschichten aus alter Zeit. Von einer großen Hungersnot, wo die armen Leute in Preußen Gras aßen; von einer Zeit, wo sie in ihrer Not versuchten, die Wolle des Wollgrases zu spinnen und vor allem die Geschichte vom Wolf, der Frau Zwicks Großmutter begegnet war. Die sollte als Kind einmal einen Kessel nach einem Nachbardorfe tragen, im Wald aber kam ein großer Wolf auf sie zu. Da kauerte sich das Kind unter den Kessel; der Wolf versuchte vergebens ihn umzudrehen und begnügte sich schließlich damit, sich nach Hundeart an ihm zu versündigen.

Eine andere treue Gehilfin meiner Mutter war die ‚alte Mine‘, die Amme meines Bruders Wilhelm. Die liebte diesen, ‚ihr Schilleken‘, zärtlich, aber wir beiden Kleinen hatten nicht mehr viel mit ihr zu tun.

Nach der Meinung meiner Schwestern war ich ein ‚schönes Kind' und die Sage ging, daß ich mich selbst so bezeichnet hätte, damals als ich noch mein ‚Sternenkleid' trug; auch später, als ich schon in die Schule ging, mußte ich für weibliche Begriffe gut aussehen, denn ich erlebte es, daß größere Schulmädchen mich Kleinen in einem Hausflur küßten, was mich höchst entrüstete.

Mein Bruder Henri und ich bildeten ein zusammengehöriges Gespann, das die ‚kleinen Jungen' hieß, im Gegensatz zu dem ähnlichen Gespann der ‚großen Jungen', meinen Brüdern Georg und Wilhelm. Wir kleinen Jungen waren unzertrennlich, und ich erinnere mich noch, wie seltsam es mir vorkam, daß dieses Zusammensein ein Ende hatte, als ich 1860 zur Schule kam. Ich sehe noch wie ich nach Hause komme, von dem verlassenen Bruder, der auf der Erde hockt, freudig begrüßt.

Aus derselben Zeit etwa mag ein Bild stammen, das uns kleine Jungen mit unsern höchsten Schätzen darstellt, Henri mit einer roten Pferdeleine und mich mit einer Flinte, die nach der Schwärmerei der damaligen Zeit ein ‚Garibaldi-Karabiner' hieß.

Da ich vier ältere Schwestern besaß, fehlte es mir nicht an Erziehung, und insbesondere Elise, die dritte und begabteste von ihnen, suchte mich zum Wunderkinde auszubilden. Wenn sie mich morgens wusch und anzog, lernte ich von ihr allerlei Gedichte, die ich freilich nicht immer verstand. So habe ich z. B. lange Zeit mit Eifer und gutem Glauben aufgesagt: ‚da will ich liegen und schlafen still wie eine Schildkröt' im Grabe", trotzdem mir doch die Schildwache von der benachbarten Kaserne eigentlich bekannter war als die Schildkröte. Diesem Erlernen aller möglichen Gedichte werde ich es wohl verdanken, daß ich von Kindheit an ein lebhaftes Gefühl für Rhythmus und Verse gehabt habe.

Auch Lesen und Schreiben brachte mir Elise bei, viel früher als es wohl gut war, denn mit vier Jahren konnte ich bereits beide Künste. Ich habe oft gedacht, ob mein klägliches Versagen in der Schule nicht die Folge dieses Experimentes gewesen ist.

Ob ich selbst an diesem Lernen Freude hatte, weiß ich nicht, aber zwei Erinnerungen daran lebten in der Familie lange fort. Die eine, daß ich eines Tages an Mutters ‚Sekretär' schreiben sollte und vergnügt verkündete: ‚Mutters Sekretär ist zugeschlossen', das war nach meiner kindlichen Vorstellung ein Umstand, der mich rechtfertigte, wenn ich nun gar nicht schrieb. Das wurde dann ein geflügeltes Wort bei uns und wurde mir immer entgegengerufen, wenn ich mich später von einer Arbeit drücken wollte. Die andere Erinnerung war, daß ich mich eines Tages – wie alt ich war, weiß ich nicht – an den besagten Sekretär setzte und ein Schauspiel zu schreiben anfing. Es begann so: Graf: Jäger, schieße meine Frau tot, sie hat schon wieder Gäste eingeladen. – Gott weiß, was mir dabei vorschwebte."[2]

Materielle und soziale Umwelt

„Unsere Wohnung lag in der Großen Friedrichstraße Nr. 122, dicht an dem hübschen Oranienburger Tor. Die Oranienburger Straße und die Linienstraße vereinigten sich uns gegenüber in einem kleinen Platze und wir sahen die ganze Oranienburgerstraße herunter. Als meine Eltern, die vorher in der Heiligen-Geist-Straße und in der Spandauer Straße gewohnt hatten, 1847 dorthin zogen, war in der Familie ein allgemeines Entsetzen; sie zogen ja so weit heraus, daß eigentlich niemand mehr zu ihnen kommen konnte. Am Tor und an der Stadtmauer hörte eben wirklich damals die eigentliche Stadt auf; draußen lagen die großen Eisengießereien, die Kirchhöfe und das Arbeiterviertel.

Unser Haus hatte den großen Vorzug, nach hinten einen Garten zu haben, der sich an andere, noch weit größere anschloß, besonders an den des französischen Waisenhauses und an den Park der Tierarzneischule. So war da hinter den Häusern der geräuschvollen Friedrichstraße eine große Oase mit Bäumen und Vögeln. Auch als wir 1874 in die Michaelkirchstraße zogen, hatten wir wieder das Glück, einen großen Garten zu haben, so daß ich das Leben ohne Garten nie kennengelernt habe, denn auch später ist dies mir und den Meinen immer erspart geblieben. Unser Haus gehörte einem alten erblindeten Eisenhändler, Herrn Hoffelt, dessen einzige Freude sein Garten war, den er trotz seiner völligen Blindheit wundervoll pflegte. Wir hatten aber, zum Glück, einen eigenen kleinen Teil darin, wo wir Kinder uns frei bewegen konnten, zwei Beete mit Blumen und Buchsbaumeinfassung, eine Laube mit wildem Wein, einen alten hohen Fliederbusch, in dem man sogar sitzen konnte, und einen Platz zum Graben und Spielen. An dem hatten wir dann noch ein kleines Kinderbeet, wo wir hauptsächlich junge Bäume zogen, die wir uns aus dem Tiergarten mitbrachten.

Auf diesem Platz neben der Laube machten wir Kinder, was wir wollten und was immer man mit schwarzer Erde und Wasser machen kann: Burgen, Wasserfälle, und vor allen Dingen ‚Poddax‘, einen schwarzen Brei, der uns aber wegen zu großer Schmutzerei nur am Sonnabendnachmittag erlaubt wurde.

Unsere Wohnung, die im zweiten Stock lag, war geräumig, aber für moderne Begriffe war sie ein Unding, denn die meisten Zimmer waren auch Durchgangsräume, und sie waren als Schlafzimmer nur brauchbar, wenn man einen Vorhang oder einen Bettschirm in ihnen anbrachte. Wollte das Mädchen z. B. die Entréetür aufmachen, so mußte sie durch zwei Schlafzimmer und das Eßzimmer hindurchgehen.

Der Prachtraum für unsere Begriffe war ‚Mutters Stube‘, mit dem Nähtisch, der auf einem Tritt am Fenster stand, einem grünen Sofa und einem runden Tisch mit drei Säulen. Auch ihr Sekretär und ihr Bücherspindchen standen darin; auf dem letzteren prangte eine Standuhr aus Alabaster, die einen kleinen Gipsabguß von Danneckers Ariadne trug. Die Eßstube dahinter war der größte Raum, ein langes halbdunkles ‚Berliner Zimmer‘, in dem der große Eßtisch stand. Hier stand auch unser Klavier, auf dem Mutter in meiner Kinderzeit manchmal noch spielte; ich saß dann auf einem Stuhle daneben und hörte zu, denn es kam mir gar zu schön vor. Am Fenster auf einem Tritt pflegte eine der Schwestern zu sitzen und alles das zu nähen, was wieder zerrissen war. Das nächste Zimmer war Mutters Schlafzimmer, in dem auch wir kleinen Jungen schliefen. Am Tage spielten wir darin vor dem grünen Bettschirm, der es der Länge nach teilte. Später, als wir größer wurden, wurde das Zimmer unser eigenes Reich.

Dahinter lagen dann ein kleines Zimmer der jüngeren Schwestern, die Küche und das Mädchenzimmer, und dann, jenseits eines Korridors, die Speisekammer, die Stube der drei größeren Brüder und endlich das Zimmer, wo die beiden älteren Schwestern schliefen. Dieses letztere Zimmer war das einzige in der langen Reihe, das nicht Durchgang war; das konnte es nicht, denn da war eben das Haus zu Ende. Wasserleitung und ähnliche nützliche Dinge gab es natürlich nicht.

Vorn, neben dem Zimmer meiner Mutter, lag eine ‚graue Stube‘ mit Büchern und Instrumentenschränken, die meines Vaters Reich, ein kleines Arbeitszimmer und ein Schlafzimmer, von dem Geräusch der übrigen Wohnung trennte. Da saß er vor seinem großen Pult am Fenster und arbeitete vom Morgen bis zum Abend. Wir Kinder kamen in dieses von Tabaksgeruch erfüllte Zimmer fast nur, wenn wir mittags dahin einen Wettlauf machten, um ihm fröhlich: ‚Vater, die Suppe ist drin‘, zuzurufen.

Außer diesen zwölf Zimmern hatten wir oben im dritten Stock noch eine besondere kleine Wohnung von drei Zimmern, die das ‚Museum‘ hieß. Darin standen die Instrumente meines Großvaters und seine Bibliothek; der erste kleine Küchenraum diente meinem Vater als Laboratorium. Die riesigen alten Elektrisiermaschinen und die andern alten Instrumente, die alten Schränke und Bücher, die kalte Staubluft und der Geruch der Chemikalien gaben diesem ‚Museum‘ einen seltsamen Charakter, der etwas an die Alchymistenküche erinnerte. Es ist ein Jammer, daß alle diese Sammlungen, als wir 1874 auszogen, in unserer damaligen Not verkauft und zerstreut sind; sie hätten als Ganzes aufbewahrt werden müssen. Auch eine besondere Reliquie war unter den Instrumenten, Napoleons Fernrohr, das, wenn ich nicht irre, einen ‚Distanzmesser‘ hatte, ein berühmtes Stück, das Großvater von einem der Husaren gekauft hatte, die nach Belle-Alliance Napoleons Wagen erbeutet hatten.“[3]

„Als mein Bruder Henri 1857 geboren war, bestand unsere Familie aus elf Köpfen, darunter vier erwachsenen Mädchen und fünf Jungen in allen Altersstufen. Es muß für meine Eltern schwer genug gewesen sein, diese Horde zu ernähren und in Ordnung zu halten. Aber als Kind merkt man ja von solchen Schwierigkeiten nichts, und so lebten wir sehr vergnügt. Die großen Schwestern sorgten für uns Kleinste; Helene, die zugleich meine Patin war, betrachtete mich fast als ihr Kind; Johanne schneiderte für uns, und Elise und Clara hielten uns reinlich und bemühten sich, uns zu bilden.

Die Lebenshaltung war in diesen guten Zeiten bei uns reichlich, wenn sie auch natürlich für moderne Begriffe sehr einfach war. Zum Kaffee und zum ‚Mitnehmen‘ in die Schule gab es nie etwas anderes als trockene Semmel; zu Mittag gab es Suppe und ein Fleischgericht mit einem großen Quantum Gemüse oder Kartoffeln; abends erschienen Kartoffeln mit Hering, Bratkartoffeln u. ä. Dazwischen verlangten und erhielten wir um sechs Uhr Äpfel oder anderes Obst, und die Speisekammer war auch sonst nicht vor Raubanfällen von uns Jungen sicher. Auch wenn wir mittags aus der Schule kamen und etwa vor der Speisekammer noch den vollen Marktkorb stehen fanden, erleichterten wir ihn gern.

Die beiden Markttage (Dienstag und Freitag), wo uns gegenüber in der Oranienburger Straße und in der Friedrichstraße die Marktweiber saßen und wo Helene mit einer ‚Tragefrau' reich beladen ankam, waren auch sonst für uns von großem Interesse, denn da gab es auf dem Markte ja auch Kaninchen, Tauben, Kanarienvögel, Laubfrösche und andere Dinge, die wir beim Heimweg aus der Schule sehnsüchtig bewunderten.

Auch andere merkwürdige Tage gab es, wo die Hausordnung etwas gestört wurde. Vor allem die Waschtage, wo die Waschfrauen noch in der Nacht anrückten und die Mädchen ebenso nächtlich in den Keller zogen; am Vormittage wurde dann am Brunnen geblaut und gespült, bis der Rinnstein des Hofes dunkelblau floß. Dann die Plättage, wo Mutter und die Schwestern hinten in der Stube der großen Jungen unendliche Quantitäten Wäsche legten und plätteten. Hübscher für uns waren die seltenen Tage, wo Holz gefahren wurde, denn in diesen glücklichen Zeiten heizte man noch mit Holz, wozu als Aushilfe dann noch Torf kam. An diesen Tagen erschien frühmorgens der alte Holzhauer Flämert mit seiner Frau, und den ganzen Tag über hörte man vom Hof her den eigentümlichen Laut des Sägens; ich kann ihn noch heut nicht hören, ohne an meine Kindheit zu denken.

Einmal, alle Monat etwa, wurde es abends um elf Uhr noch einmal auf dem Hofe lebendig, und im ganzen Hause wurden eiligst die Fenster geschlossen; dann wirkten nämlich die Mistbauern, die die Gruben reinigten, denn Kanalisation gab es ja noch nicht, und es ging in allen diesen Dingen höchst primitiv und ländlich zu. Gab es ja doch auch in keinem Hause – aber buchstäblich in keinem – ein Badezimmer, und Waschnäpfe und Wasserkrüge hatten eine merkwürdige Kleinheit, wenn sie auch nicht mehr so klein waren wie einst in der Empirezeit.

Bier und Wein spielten in unserem Hause keine Rolle. Mein Vater trank wohl beim Spazierengehen zuweilen ein Glas Bier, aber in unser Haus ist es nicht vor dem Ende der sechziger Jahre gekommen. Von Wein trank Mutter vormittags ein kleines Glas, das zur Hälfte aus Wasser bestand, und nur wenn mittags Herrenbesuch da war, erschien zuweilen eine Flasche Rotwein auf dem Tisch.

Größere Gesellschaften gab es kaum bei uns, ausgenommen die ‚Kaffees', in denen Mutter ihre Verwandten und Freundinnen nach der damaligen Sitte mit Kaffee und Kuchen bewirtete; danach gab es dann noch Butterbrot und Bischof, und da erschienen dann auch wohl die Gatten der Damen, um sie abzuholen. An solchen Abenden wurden die großen Moderateurlampen angezündet, die Anfang der sechziger Jahre angeschafft waren, und es erschienen all die schönen alten Tassen und die alten gelben Fayenceteller mit den Bildern napoleonischer Soldaten und französischen Witzen, die wir nicht verstanden. – Auch meine Schwestern hatten ihre Kaffees für ihre Kränzchenfreundinnen.

Im übrigen ging es still bei uns zu, und die harmlos fröhliche Geselligkeit, die man in einem Hause erwarten würde, in dem vier junge Mädchen waren, wollte nicht recht gedeihen. Daran waren zum guten Teil gewiß wir fünf jüngeren Brüder schuld; wir brachten unsern Schwestern und unserer Mutter Arbeit die Fülle und gaben dem Hause etwas von der Unruhe einer Kinderstube.

Zu ,Vergnügungen' im üblichen Sinne gab es bei uns weder Zeit noch Geld. Das Theater verdiente kaum je etwas von uns, und fast nur, wenn eine französische Truppe spielte, wurde diese pflichtmäßig besucht; es war das wohl ein Rest französischer Tradition.

Im Sommer gingen wir öfter nachmittags in den damals so stillen Tiergarten und beendeten diese Unternehmung dann in dem oben (S. 23) erwähnten Albrechtshof oder in einem ähnlichen Garten. Eine Zeitlang schloß sich an den Spaziergang dann auch ein Besuch des Zoologischen Gartens, für den wir damals ein Abbonnement hatten; es kostete im Jahre für die ganze Familie fünf Taler – gewiß ein billiges Vergnügen.

Allsommerlich kam es wohl auch zu einer Kremserfahrt, einem Vergnügen, das heute leider in den gebildeten Kreisen vergessen ist. Ein Kremser (d. h. ein langer omnibusartiger Wagen, der an den Seiten offen war) wurde gemietet und fuhr morgens vor dem Hause vor; die Speisen mit dem Wein wurden in Körben mitgenommen, und was von alt und jung zu der Fahrt geladen war, wurde in dem langen Fuhrwerk gestaut, was immer schon eine fröhliche Stimmung hervorrief. Dann fuhr man hinaus, wir gern nach Tegel oder Schulzendorf oder Schönhausen, all diese Orte waren damals ja rein ländliche Dörfer. In der Vorstadt pflegten Straßenjungen neben dem Wagen herzulaufen und Rad zu schlagen, was mit einem Groschen belohnt wurde. An Ort und Stelle wurde dann spazierengegangen, es wurde gespielt und im Walde gelagert. Das schönste aber war die abendliche Heimfahrt, bei der im Wagen gesungen und gespielt wurde, bis wir ans Oranienburger Tor kamen; da frug dann der Steuereinnehmer zu größter Freude der Jugend, ob wir auch nichts Steuerbares hätten. In der Stadt mußte der Kremser dann wohl auch noch Umwege machen, um die einzelnen Damen vor ihrem Hause abzusetzen. Es war eine der besten Arten von Geselligkeit, und es ist schade, daß sie so ganz aus der Mode gekommen ist. Wenn man heute überhaupt noch einen Kremser sieht, so ist er mit johlenden Arbeitern und Fabrikmädchen gefüllt und unten hängt an ihm ein Bierfaß.''[4]

Lernen

,,Michaelis 1860 wurde ich in die Schule gebracht, und zwar in eine, wie sie es heute schwerlich noch gibt. Ein alter Lehrer, Herr Dr. Tappe, unterrichtete ganz allein in einem großen Zimmer an zwei Tischen gleichzeitig etwa 30 Jungen, die er in vier Jahren von den ersten Elementen an so weit brachte, daß sie für die Quarta des Werderschen Gymnasiums reif waren. Meine erste Monatszensur lautete: ,Adolf hat einen guten Anfang gemacht'; sie ist mir in Erinnerung geblieben, da es die einzige gute Zensur war, die ich in den vierzehn Jahren meiner Schullaufbahn erhielt. Auch bei Tappe ging es bald recht kläglich mit mir, und als ich 1864 seine Schule beendet hatte, wurde ich im französischen Gymnasium nicht nach Quarta, sondern knapp in die Quinta aufgenommen; die fehlenden Sextanerkenntnisse habe ich nie nachgeholt.

Ob Herr Tappe ein guter Lehrer war, weiß ich nicht; ich habe nur zwei unangenehme Erinnerungen an ihn behalten. Die eine, daß er mit einem Mitschüler, der elternlos und verderbt war, vor uns andern Kindern große Züchtigungsszenen vornahm. Die andere, daß er mir ungerechterweise eine Ohrfeige gegeben hat; ich hatte einen hübschen opalartigen Glasknopf in der Tasche, als einen großen Schatz, und als ich das Taschentuch herauszog, fiel er auf die Erde. Tappe hörte auf meine Entschuldigung nicht, obgleich sie wahr war, schlug mich und warf den Knopf aus dem Fenster in den Garten. Heute geht die Stadtbahn über diesen Garten der Marienstraße fort und jedesmal, wenn ich da lang fahre, muß ich denken, daß da mein schöner Knopf liegt, und daß Tappe ungerecht war.

Schöner als diese Schule war mein Schulweg. Der führte über den ungepflasterten Tierarzneischulplatz, wo in der Mitte ein flacher Rinnstein mit großen Pfützen war; heute ist dieser Platz längst zugebaut und verschwunden. Dann an den Holzplätzen der Karlstraße vorbei, wo uns Schaubuden mit dem ‚Buschweib Afandi‘ oder dem ‚Panorama von Paris‘ lockten; über die Panke, in der die Gerber arbeiteten und dann durch die stille Albrechtstraße und die Marienstraße. In der letzteren wohnte eine alte Dame, die, wenn die Schuljungen nach Hause gingen, zuweilen einen zahmen Affen auf den Kellerhals vor ihrem Fenster setzte; der war dann unser höchstes Entzücken. Dazu kamen dann noch andere stille Freuden, vor allem das Besehen der Schaufenster der kleinen Läden, wo es Federhalter aus buntem Blech, ‚Papeterien‘, Porzellanfiguren und ähnliche Schätze gab.

Einmal, als ich wegen Unwohlseins aus der Schule nach Hause geschickt war, bin ich auf dem Heimwege auch überfahren worden, von einem Brauerwagen, der aus einem Hause der Friedrichstraße herauskam. Es war nicht so schlimm, wie das sich sammelnde Publikum es machte – ich weiß noch, daß ein altes Weib an mir demonstrierte, das Rad sei dem armen Kind über den Bauch gegangen – aber eine Narbe habe ich noch am Hinterkopf. Ein Schneider spielte dann den Lebensretter und brachte mich nach Hause.

Etwas anderes, was ich auf diesem Schulwege verübte – oder war es schon der Weg zum Gymnasium? – will ich doch hier festhalten, weil es ein lehrreicher Beitrag zur Frage des Religionsunterrichts der Kinder ist. Zu dem, was man uns in der Schule von Religion beibrachte, gehörten auch die Vorstellungen von der ewigen Seligkeit und der ewigen Verdammnis. Die müssen mich nun sehr beschäftigt haben, und ich wollte erfahren, welche der beiden Eventualitäten mir einmal beschieden sein würde. Das probierte ich denn auf dem Schulweg aus; gelang es mir über einen breiten Pflasterstein hinweg zu treten, so wurde ich selig, gelang es nicht, so wurde ich verdammt. Und ich weiß noch, daß ich es völlig ernst damit meinte. Es ist doch frevelhaft, Kinder mit solchen Phantasien zu beunruhigen.

Meine Mitschüler bei Dr. Tappe waren zum großen Teil Kinder aus den Offiziersfamilien, die ja in unserer Gegend mit ihren drei Kasernen in Menge wohnten.

Es waren wohlerzogene, einfache Jungen; meine besonderen Freunde waren Oskar von dem Knesebeck, ein Buddenbrock und Hugo Witte-Helden von Sarnadsky. Bei dem letzteren war ich im Winter 1864 zum Geburtstag, und ich erinnere mich noch deutlich, wie die anwesenden Offiziersfrauen vom Krieg sprachen und von dem bevorstehenden Sturm auf die Düppeler Schanzen. Mein Hauptfreund aber war Richard Ewald, der später Professor der Physiologie in Straßburg war. Ich habe ihn nie wieder gesehen, da ich dann auf das französische Gymnasium kam und damit von allen bisherigen Genossen getrennt wurde. Ewalds Vater war Maler (er war der Bruder meines späteren Kollegen vom Kunstgewerbemuseum), und ich empfand auch als Kind schon, daß zwischen diesem Hause und dem unsern ein Unterschied in den Interessen war.

Neben diesen zivilisierten Kindern gab es dann bei Tappe auch einige weniger zivilisierte. So ‚Icke‘ Deichmann, dessen Vater einen Tanzboden in der Schumannstraße hatte und der so berlinerisch sprach, daß wir ihm danach seinen Vornamen (icke = ich) gaben."[5]

Spiel

„Zu unserm Hause gehörte ein schmaler, gepflasterter Hof, auf dem ein Nußbaum stand. Das war unser eigentlicher Tummelplatz, und jeden Nachmittag, ehe wir unsere Schularbeiten machten, spielten Henri und ich auf ihm. Unser Spielgefährte war Emil Otto, der Sohn eines Borsigschen Schlossers, der im Hinterhaus wohnte. Wir drei machten genügenden Lärm und wurden dann von Ehrenrieke Kläger, einer alten Verwandten des Wirtes, die auf dem Hof zu ebener Erde wohnte, zurecht gewiesen. Auf die Straße oder in andere Häuser durften wir nicht entwischen, aber, wenn man von der Straße her Musik hörte, liefen wir doch einmal durch den Torweg, um die Soldaten oder eine ‚große Leiche‘ zu sehen.

Zu den eigentlichen Rennspielen auf dem Hof müssen sich dann noch andere Kinder angefunden haben, denn sonst hätten manche sich nicht spielen lassen. Sehr beliebt war: ‚Wer fürchtet sich vorm schwarzen Mann?‘ mit dem Antwortgeschrei: ‚Noch lange nicht‘. Und ebenso schön war das hinkend gespielte ‚Fuchs aus Loch‘ mit dem Zuruf: ‚Keile kriegste doch‘. Das beste aber war doch zu allen Zeiten Anschlagversteck, das zu meiner Freude auch heute noch ebenso gespielt wird wie damals.

Im Frühjahr spielten wir natürlich Murmel, und die Freude an einer solchen glatten blauen oder roten Kugel ist mir bis heute nicht geschwunden.

Später spielten wir auch Räuber oder Ritter, wobei unsere Phantasie frei schalten konnte. Besonders als wir Klödens ‚Quitzows‘ kennengelernt hatten, wurden die beiden Treppen auf dem Hof zu unsern Burgen, und ein blecherner Harnisch und ein Helm, die wir von den großen Jungen geerbt hatten, wurden eifrig dabei benutzt.

Aber das beste Spielen war doch oben in unserer Stube. Da waren wir zu Schiff auf dem Meere, und die Wetterrouleaux waren unsere Segel, und auf allen Möbeln kletterten wir als Matrosen umher. Oder wir spielten, anfangs noch mit meinem Bruder Wilhelm, mit Zinnsoldaten und Papierschiffen. Diese Schiffe wurden mit krummen Stecknadeln ‚geentert'. Henris Lieblingsschiff hieß ‚Thetis'; es war nicht gut geknifft, galt uns aber als uneinnehmbar. Als ich es denn doch einmal enterte, sangen meine Soldaten zum Spott: ‚Die Thetis ist aus Borke gebaut'.

Auch unsere Festung, die eigentlich eine Burg war, und unsere Stadt wurden bei diesen Soldatenspielen beständigt benutzt und mit Erbsen aus unsern kleinen Kanonen beschossen; wir lebten ja auch in einer Zeit der Kriege. Einmal, es wird wohl 1866 gewesen sein, spielten wir auch feierlichen Einzug; auf dem Markt der Stadt stand unser kleiner Brunnen, der mit wirklichem Wein gefüllt war, und wir machten eine Illumination und ein knallendes Feuerwerk mit ‚Amorce'papieren. Mir ist das in Erinnerung geblieben, weil wir zum Schluß anfingen, uns zu zanken, und meine Schwester Elise diese böse Stimmung sehr unberechtigterweise dem Mirza Schaffy zuschreiben wollte, den ich zwischen dem Spielen gelesen hatte.

Eine Zeitlang – ich las gerade Kanes Polarreise – spielten wir auch eifrig Nordpolarexpedition. Wir hatten von meinen großen Brüdern ein hübsches Schiffsmodell ererbt, und ich hatte überdies zwei kleine Holzboote, die zum weiteren Vordringen im Eise dienen mußten. Das eine hieß wie Kanes Schiff ‚Advance', was ich freilich ‚Adwanze' sprach.

Auf andere Erforschungsreisen führte uns dann mein Bruder Wilhelm. Auf dem Terrain zwischen der Unterbaumbrücke und der heutigen Moltkebrücke war im Anfang der sechziger Jahre eine große Wildnis, auf der Beifuß und allerlei anderes hohes Gestrüpp wucherte. Hier spielten wir mit Wilhelm, der Petermanns ‚Geographische Mitteilungen' las, Reisen im Innern von Australien, wobei das Gestrüpp den ‚Scrub' vertrat. Es war herrlich.

Auch sonst war das Spazierengehen mit Wilhelm sehr bildend für uns, und ich verdanke diesem Bruder unendlich viel; er war mein bester Lehrer. Nur das Käfersammeln, das er und Georg mit großem Eifer und Erfolg betrieben, schlug bei uns Kleinen nie recht an, wenn wir auch pflichtschuldigst die mit Spiritus gefüllte Käferflasche bei allen Spaziergängen in der Tasche hatten und uns daran gewöhnten, daß unser Frühstück danach schmeckte; uns war das Gehen an sich die Hauptsache und wir trieben es mit Eifer, während andere Jungen es damals noch gar nicht übten."[6] Ich wundere mich noch heute, wie gut wir damals schon gegangen sind.

Arbeit

Wird nicht erwähnt.

Anmerkungen

1 Adolf Erman, Mein Werden und mein Wirken. Erinnerungen eines alten Berliner Gelehrten, Leipzig 1929, S. 39f.
2 A.a.O., S. 46–49.
3 A.a.O., S. 54ff.
4 A.a.O., S. 56–59.
5 A.a.O., S. 49f.
6 A.a.O., S. 51–53.

Theodor Lessing

Theodor Lessing, geboren 1872, war achtzehn Jahre lang Pri-
vatdozent der Philosophie an der Technischen Hochschule
Hannover. 1926 wurde er gezwungen, auf die akademische
Lehre zu verzichten, nachdem er in Aufsätzen gegen die Ver-
herrlichung des „fröhlichen Heldentods" und gegen die Kan-
didatur Hindenburgs zum deutschen Reichspräsidenten auf-
getreten war. Theodor Lessing gehörte keiner politischen
Partei an. 1933 mußte er Deutschland verlassen und wurde im
selben Jahr von Agenten der Gestapo im Exil ermordet. Die
Autobiographie widmete er in einer Vorrede seinen Enkeln
und Urenkeln, sowie einem kleinen Kreis Eingeweihten und
Kennern. Theodor Lessing schrieb seine Erinnerungen im
Lauf von zwanzig Jahren (1912–1932) dreimal völlig um.
Seine erste Autobiographie verfaßte er siebzehnjährig. Die
Autobiographie wurde posthum in Prag veröffentlicht.

Bezugspersonen, materielle und soziale Umwelt

Theodor Lessing wurde 1872 in Hannover geboren. Seine Schwester Sophie war
eineinhalb Jahre jünger. Der Vater war Arzt und heiratete eine ungeliebte Ban-
kierstochter, um mit Hilfe der Mitgift seinen bankrotten Vater zu sanieren. Die
Neigung des Vaters galt seiner jungen Schwägerin. Beide Eltern Theodor Lessings
stammten aus religiös indifferenten jüdischen Familien. Von diesen Eltern fühlte
sich der Junge Theodor Lessing ungeliebt, ihre Auseinandersetzungen versetzten
ihn in Schrecken. Er verachtete die Mutter und betete um den Tod des Vaters.
Über den Vater schreibt er:
„Er fuhr in seinem Doktorwagen in den Straßen des alten Hannover. Er gehörte
zu der Stadt. Er trug kurze Gehröcke aus feinem dunklen Tuch und einen hohen
Zylinderhut aus schwarzem Seidenglanzstoff. Immer steckte die rechte Hand im
Handschuh und schlenkerte mit dem koketten Doktorstock wie mit einem Feld-
herrnstab. Zu Hause, ein cholerischer Rechthaber, saß er am Schreibtisch im
schwarzem Sammet und rauchte aus ellenlangen Pfeifen, die in einem Kopf aus
Meerschaum endigten. Er war unter Mittelgröße aber von strammer Haltung,
hatte dunkelblonde Haare, graublaue Augen, helle Haut, schmale Hände. Er trug
nach Sitte der Zeit kurzen Backenbart, sogenannte Koteletten und einen kleinen
Schnurrbart. Kinn und Mund blieben frei. Das Kinn war energisch, der Mund
grausam.
Wenn ich heute, sechzig Jahre alt, nachsinne, wie ich das längst entschwundene
Bild sichtbar machen könnte, so, wie ein unbeteiligtes Auge es vielleicht sachlich

zu sehn vermocht hätte, dann scheinen mir drei Wesensseiten am geeignetsten, um den Versuch einer Charakteristik an sie anzuknüpfen: Ichbezüglichkeit, Reizsamkeit, Sinnlichkeit."[1]

„Wenn er von Krankenbesuchen heimkam, so herrschte bei Frau, Kindern, Diener und Magd ängstliche Stimmung. ‚Wird Herr Doktor an diesem Mittage zufrieden sein? Wird er wegen irgend eines Fehlers Krach schlagen?' Die Mahlzeit war die Qualzeit. Denn er gehörte zu der Gattung ‚Straßenengel aber Hausteufel'. In Gesellschaft ein liebenswürdiger Schwerenöter und guter Unterhalter, war er in seinen vier Wänden ein übellauniger Allesbenörgler, der durch galligen Mißmut sich und andern das Leben unfroh machte.

Neben dem, was ich Eigenbezüglichkeit nenne, stand als meines Vaters zweite Wesensseite: eine Beweglichkeit der Stimmung, für welche Worte wie Reizbarkeit oder Beeindruckbarkeit schon darum schlecht gewählt wären, weil dieses Auf und Ab seiner Zustände nicht von außen kam, sondern aus unbekannten Untergründen einer Natur, die unbegreiflich umschlagen konnte. Eben noch in heiterer Verfassung, trifft ihn irgendeine geringfügige Unannehmlichkeit (etwa: ein Kind soll ihm aus der Kiste auf dem Wandschränkchen eine Zigarre holen, faßte die Zigarre ungeschickt an und verletzt ein wenig das Deckblatt), sofort verwandelt sich die Heiterkeit des Augenblicks in Mißmut, und indem dieser sich in Schelten entlädt, treiben ihn die Worte immer mehr in Groll hinein und schließlich, wenn etwa ein unbedachtes Widerwort erfolgt, geht der Groll über in tobenden Zorn, in schäumende Wut, welche im nächsten Augenblick jäh münden kann in den kalten, grausamen Entschluß eines das ganze Wesen des Kindes erschütternden Strafbefehles oder aber auch (etwa, wenn nun das Kind verzweifelt losweint) sich wieder auflösen kann in leichte Rührung, aus der heraus das soeben abgestrafte Kind nun ebenso willkürlich gestreichelt oder beschenkt wird.

So war er denn, wenn man ihn nicht ‚diplomatisch' zu behandeln wußte, wie das sein Liebling, meine kluge hübsche Schwester Sophie am besten verstand, der bedauernswerte Spielball vieler krankhafter Stimmungen, mit denen er jedes Fest und jede gute Stunde sich selber verdarb. Denn immer schoß er nach Spatzen mit Kanonen. Immer lebten wir auf einem Pulverfaß. Daß sein Wille unberechenbar sei, war das einzige, was wir sicher von ihm wußten, so daß bei Anliegen und Bitten wir immer das Gefühl hatten, in die Lotterie zu setzen.

Wir wagten als Kinder nie, uns auf etwas zu freuen, denn dann wurde es im letzten Augenblick sicher gestört. Wollten wir etwa einen Ausflug machen, so war das klügste, trotzig zu tun und zu maulen, daß wir zu dem Ausflug keine Neigung hätten, dann wurde er vom Widerspruchsgeist des Vaters uns anbefohlen. Er konnte gewähren, er konnte verbieten, konnte Verbotenes nachträglich gewähren oder auch etwas Gewährtes nachträglich wieder verbieten. Über die Privathölle ‚Kindheit' schwebten die Launen eines kranken Despoten."[2]

„Wenn es abends schlafen ging, so war eine große Gebrauchsordnung von Gewohnheiten zu erledigen: Nachfühlen, ob alle Türen verschlossen seien. Aufziehen etlicher Uhren. Zurechtrücken der Pantoffeln. Fälteln der Beinkleider. Ein Glas Wasser wurde getrunken; eine Rhabarberpille geschluckt. Das alles ging nie ab, ohne zahllose Poltereien, Redensarten, Ermahnungen.

Morgens, nachdem er ausgeschlafen hatte, war er zumeist wohlgelaunt, dann nahm er die zwei Kinder zu sich ins Bett und spielte ‚Märsche machen'. Das Spiel bestand darin, daß er alle ihm bekannten Opernmelodien pfiff oder sang und dazu den Takt auf unsern Rücken trommelte. Wir mußten erraten, aus welcher Oper die Melodie stamme, und wie der Komponist heiße. Wußten wir es, dann bekamen wir eine ‚Ehrensalve', das heißt verstärkte Prügel. Wußten wir es nicht, so bekamen wir erst recht Prügel. Aber im ersteren Falle fühlten wir uns durch Schläge geehrt, und nur im zweiten Falle heulten wir.

In einer vorbestimmten Schublade seines Schreibtisches lagen jahrein-jahraus anisbestreute Chokoladeplätzchen, von denen Sonnabends um fünf (um sechs brachte Bodenstein von der Buchhandlung Schmorl die ‚neuen Journale' für das Wartezimmer), eine frische Düte aus der Chokoladefabrik Sprengel geschickt wurde. Das war ‚für die Kinder aus der Praxis'. Jedes Kind, das in seine Sprechstunde kam, erhielt zunächst ‚zwei Anisplätzchen von Sprengel'. An guten Tagen durften auch die eigenen Kinder jedes zwei Plätzchen fordern, doch mußte das nach streng vorgeschriebenem Zeremoniell geschehen. Wir setzten uns wartend in das Wartezimmer, wenn es leer geworden war. Öffnete er endlich die Türe und sagte ‚Rin in die Kabuse' oder ‚Ist da wer?' dann hatten wir nichts zu sagen als ‚Zwei hungrige Krähen'. Darauf erfolgte, falls er uns nicht hinauswarf, von seiner Seite der zustimmende Ruf: ‚Versammelt euch im Sturmschritt der Gefühle.' Worauf wir zu erwidern hatten: ‚Und wartet der Dinge, die da kommen werden.' Darauf wurden wir ins Allerheiligste, sein ‚Studierzimmer' eingelassen. Er ging zum Schreibtisch, öffnete die ersehnte, stets verschlossene Schublade und sagte: ‚Mund auf, Augen zu.' Wir mußten die Augen schließen und mit offenem Mäulchen uns vor ihn hinstellen. Er schob in jeden Mund zwei Plätzchen und sagte: ‚Verduftet.' Worauf wir abzugehn hatten, das eine Kind sprechend ‚Mit traurigen Schritten', das andere mit den Worten: ‚Zu unsern heimatlichen Hütten'. Diese Reihenfolge der Geschehnisse stand ein für allemal fest. Ebenso regelmäßig erfolgte morgens beim Waschen der ‚Gorillentanz'. Wir mußten ihn umtanzen und dazu singen: ‚Gorillen waren im Wald. Da wars ihnen bitterlich kalt. Da tranken sie ein Glas Milch. Dideldum.'

Kam morgens der Kutscher Lambach mit dem rotgepolsterten Wagen, so erschien auf ein bestimmtes Klingelzeichen die bildhübsche Christiane, stellte sich gegen die schalldämpfende grüne Vortüre und fragte: ‚Was befehlen Herr Doktor?' Darauf antwortete er etwa so: ‚Tuchrock Nebukadnezar zwei. Stiefel Amanda Samarkand. Die ledernen Handschuhe Aron Werner, der Bandit.' Alle seine Sachen, nämlich Kleider, Stiefel, Handschuhe trugen Namen, welche die Mädchen auswendig zu lernen hatten. Meistens steckten hinter diesen Namengebungen seltsame Zu- und Abneigungen. Nannte er zum Beispiel die neuen Stiefel ‚Amanda Samarkand', so dachte er dabei an eine Schauspielerin und ihre Rolle, die er dadurch ehren wollte, daß er nach ihr die neuen Stiefel nannte. Hießen die alten, schon abgetragenen Handschuhe ‚Aron Werner, der Bandit', so wollte er dadurch Rache nehmen an einer Person, über die er sich geärgert hatte.

Abends vor Schlafengehen kam die Köchin Luise ins Studierzimmer und nahm

319

Befehle in Empfang für den Küchenzettel des folgenden Tages. Das war der feierliche Augenblick, der wichtigste des Tages. Die Ausgabenbücher wurden vorgelegt. Es wurde Rechenschaft gegeben über die Vorräte an Reis, Gries, Kakao, Soda, Sago, Eiern und Butter, über Servietten, Handtücher, Staubtücher, Scheuertücher und Besen, über Messer, Löffel, Geschirr und Salzfässer. Kein Pfund Salz, kein Töpfchen mit Senf, keine Düte Pfeffer, keine Tasse und kein Linnentuch wurde angeschafft, ohne daß davon der Hausherr genau wissen mußte. Er überwachte täglich das gesamte Triebwerk des Hausbestandes. Vielleicht wäre ein so hoher Grad von Topfguckerei und Pütcherei nicht möglich gewesen, wenn meine Mutter eine gute Hausfrau, ja wenn sie überhaupt nur Hausfrau gewesen wäre. Aber sie war in ihren jüngeren Jahren maßlos gleichgültig und ergeben und ließ, mit Vergnügungen oder Kleidern beschäftigt, alles laufen wie es laufen wollte und auch gegen ihren Willen gelaufen wäre."³

Die Mutter und sein Verhältnis zu ihr schildert er folgendermaßen:

„Gab es Tränen, so wurde reichlicher gekocht. Wenn Tragödien am Himmel standen, so duckte sie sich wie der Vogel während des Gewitters und flog wieder auf, wenn der Schauer vorüberging. Wohl nahm sie in ihren besten Stunden Anläufe zu höherem Flug. Aber das dauerte nicht lange. Trägheit und Behagen waren zu mächtig. Es war der Erfolg, die Macht und das Geld, was beide Eltern herzensträge machte. Es war das Geld, die Macht und der Erfolg, darum sie warben, dahin sie wollten, und was ihnen das im Menschenleben Entscheidende war. Darin unterschied sich mein Elternhaus in nichts von Millionen andern Häusern des Zeitalters. Ich habe nichts so verachten gelernt wie den Erfolg, das Geld und die Macht. Jede Macht ist böse, auch meine Macht. Jeder Erfolg verdummt, auch mein Erfolg. Menschen gibt es nur unter Besitzlosen. Besitzende sind Tiere!

Sie war nicht gut und sie war nicht böse. Und man kann auch nicht sagen, daß sie, wie die Mehrzahl der Menschen, sowohl das Eine war als auch das Andere. Nein, sie war wirklich weder das Eine noch auch das Andere. Sie hatte alle Eigenschaften und keine. Denn sie war nichts als das Gefäß, dahinein wechselnde Stunden wechselnde Inhalte schütten. Nichts als das Sprachrohr, durch welches ein Irgendetwas redet, das stärker ist als sie selber. Denn ihre Bestätigung empfing sie immer von Etwas, das außerhalb ihrer selber lag, aber zu dessen Träger sie sich machte, wobei sie Opferkraft und Hingabe bewies, aber immer nur bis zur äußersten Grenze eines trägen Dämmerlebens."⁴

„Meine Mutter war während des Jahres der Schwangerschaft zum Schatten abgemagert. Mit ihrer Rückkehr zum Gatten begann ein Gift- und Würgekrieg, der sechsundzwanzig Jahre dauerte. Ich war ein kaum lebensfähiges Kind von zweiundeinhalb Pfund Gewicht, mit blauen, wie man anfangs fürchtete, blinden Augen, verschrumpft und winzig. Daß ich am Leben blieb war um so erstaunlicher, als ich in den ersten Monaten eine Alkoholvergiftung erlitt, denn die Mutter hatte keine Milch und die hinzugezogene Amme, eine Ungarin, war, was zu spät sich herausstellte, Trinkerin. Erst als nach drei Monaten die Amme gewechselt wurde, begann ich mich zu erholen, ich weiß nicht ob zur Freude des Vaters, der mich vom ersten Tage an mit unfrohen Gefühlen betrachtete, weil er in mir durchaus das Abbild der Mutter und der ihm verhaßten Familie Ahrweiler sah.

Die neuere Seelenkunde hat viel Licht getragen in die Vorgänge der frühesten Kindheitstage. Wir wissen, daß alle Gefühle der Kindheit, welche später in die Weite ausströmen, insbesondere die frühesten Liebesregungen, sich zunächst an die kleine Nestwelt des Hauses heften. Wenn dem so ist, dann ist jedenfalls sehr früh in meine Welt der Riß gekommen. Zwar kann ich mich nicht erinnern, ob ich als kleines Kind mich mit der Mutter eng verbunden fühlte, aber genau weiß ich, daß ich, sobald ich anfing bewußt zu werden (und da ich frühe litt, so ward ich auch frühe bewußt), schon meine Loslösung zu wirken begann, eine seelische nicht minder wie eine körperliche Loslösung von beiden Eltern, welche gegenüber der Mutter sich auch als leiblicher Widerwille, ja als starker Ekel kundgab, gegenüber dem Vater aber vorwiegend ein Grauen war, Entsetzen und blasse Furcht. Der Austausch von Zärtlichkeiten war mir von seiten beider Eltern stets zuwider. Küsse, Streicheln, selbst freundliche Worte waren mir stets eine Pein. Ich begann früh mich zu verkriechen. Ich suchte immer nach Ecken, wo ich keinen zu sehn, keinen zu hören brauchte. Die Zerklüftung, die dies abnorme Wachstum in mir zuwege brachte, war so stark, daß es mir heute scheint, als sei mein Leben auf eine einzige Aufgabe draufgegangen, einzig allein auf die Aufgabe, diesen Abgrund zu durchlichten und Herr zu werden und Meister der in mir selber liegenden Schwierigkeit."[5]

Theodor Lessing und seine Schwester blieben viel dem Personal überlassen: „Das Leben war eine Wildnis! Alle Tage kamen zahllose Leute. Man mußte ‚artig sein‘. Mußte ‚Händchen geben‘. Mußte ‚Diener machen‘. Bekam Kuchen. Mußte ‚Danke sagen‘. Durfte endlich wieder ins Kinderzimmer, wo ich in meine ‚Ecke‘ kroch. Denn immer hatte ich die Neigung, mir eine Höhle zu baun. Dahinein kroch ich, dort verwahrte ich Habseligkeiten: Ausgeschnittene Bilder, Abziehbilder, Liebesmarken, farbige Murmeln und einen Haufen silberglänzenden Staniolpapiers.

Vater und Mutter kamen ins Kinderzimmer, tadelten, schalten, verboten und gingen wieder. Gott sei Dank! Wir waren dem Personal anvertraut.

An den Abenden kamen Gäste. Es wurde nach englischer Tagesordnung gespeist. Abends gegen sieben war die Hauptmahlzeit. Dann steckten die Eltern wie die Mädchen in guten Kleidern. Die Kinder wurden ins Bett gebracht. Die Erwachsenen tafelten. Man musizierte, man sang. Zum Kinderzimmer, hintenhinaus nach der Andreasstraße, drangen Gerüche und Geräusche. Ich wußte, jetzt ist mein Vater aufgeräumt, und meine Mutter sitzt da in brauner Seide mit vielen Diamanten.

Etwa im sechsten Lebensjahre kurz vor Beginn der Schulzeit kamen Ereignisse, die mich wach machten. Zuerst die Geburt einer zweiten Schwester. Sie wurde am 13. Mai 1877 geboren aber starb schon gegen Ende des Juni. Die Ereignisse bei ihrer Geburt und bei ihrem Tode wirkten noch lange in meinem Gemüt. Sophie, oder wie ich sie nannte ‚Uwau‘ und ich spielten seither immer ein Spiel, das wir nannten ‚Gertrud begraben‘. Wenn wir in der Eilenriede, im Georgengarten, im

Logengarten an der Herrenstraße spielen durften, dann nahmen wir ein Hölzchen, das nannte wir Gertrud. Wir schaufelten Löcher in den Sand, begruben das Hölzchen und pflanzten Blümchen oder legten Blätter aufs Grab. Viel sann ich über diesen Tod. Das Kind in der Wiege, welches eine Düte Zuckerplätzchen neben sich hatte, die es mir angeblich mitgebracht hatte aus dem ‚Kinderteich', aus dem der Storch es holte, beschäftigte die Phantasie. Das Erscheinen des Kindes war so umgestaltend für mein Leben, daß ich nun nicht begriff, wie es auch ohne Gertrud weiterging. Meine Mutter trug Trauerkleider. Sie weinte viel. Aber es wurde weiter gegessen und gezankt. Es wurde viel Musik gemacht und immerfort wurde gesprochen, was ich ja doch nicht verstand. Aber seit dieser Zeit, glaub ich, war ich ein Grübler.

Bald nach der kleinen Gertrud Tode kam ein neues Kindermädchen ins Haus, sie hieß Anna Oppermann, hatte rotblondes Haar und war ein wüstes, aufgeregtes aber sehr schönes Geschöpf. Ich bemerkte, daß mein Vater die Anna zuweilen streichelte und fühlte auch, daß sie ihn irgendwie ausnutze und lenke, und daß weder bei Mutter noch Vater ein Schutz gegen Anna zu finden sei. Die rothaarige Bestie wurde mein Teufel. Noch heute im Alter kann ich nicht ohne einen Widerwillen jene Erinnerungen ans Licht stellen, die mich früh leidend und mithin früh denkend machten.

Der Vater immer in Geschäften; die Mutter immer in Vergnügungen. Wenn wir Kinder auf eine Stunde hergenommen wurden zu Spaß und Spiel, wie zwei Tierchen, wie zwei Hündchen, so war das alles, was wir wünschen konnten. Wir hatten unsre Bonne. Außerdem war das Hausmädchen Frieda da und die Köchin Emilie. Übertags kam auch oft der auswärts wohnende verheiratete Diener Borchers. An Aufsicht also fehlte es niemals.

In dem roten Großstadthause, damals einem der schönsten der Stadt, war immer großer Betrieb. Es wurde viel Geld verdient und viel Geld ausgegeben. Mein Vater redete gern von ‚Leben und Lebenlassen' und hatte seine unbesiegbare Leidenschaft für Glücks- und Börsenspiele. Alle Frauen waren seine Dienerinnen. Meine Mutter haßte und verknechtete er und übertrug seine Despotenlaune auf mich, denn ich sah der Mutter ähnlich, während meine hübsche Schwester, blond und blauäugig wie er, als sein Ebenbild bevorzugt wurde. Die Dienstboten wechselten beständig. Sie waren raffig, habgierig, selbstsüchtig. Manche waren liederlich, manche auch unzüchtig. Und wären sie nicht so gewesen, dann hätte das Goldgräberlager, in dem sie dienten, dies Familienidyll, bei dem die Freundinnen des Hausherrn am selben Tische mit der Hausfrau speisten, dann hätte das Pascharegiment sie schlau und verschlagen machen müssen. Es gab kein anderes Band, das sie an das Haus fesselte, als ihr hoher Lohn. Sie dauern in meinem Gedächtnis als eine Reihe entarteter Quäler. Wahrhaft zerstörend aber wirkte das rotblonde junge Kindermädchen, die ‚Bonne', der wir auf Gnade und Ungnade Tag und Nacht anvertraut waren, ohne daß jemand über unsre Entwicklung nachsann."[6]

„Manche Angstträume haben mich lange verfolgt. Im Hause ist Gesellschaft. In dem großen parkettierten Saal nach dem Georgenwall sitzt die Mutter im Seidenkleid und der Vater schmausend und trinkend mit den Bankiers und Bühnensternen. Wir beiden Kinder sind mit dem roten Mädchen hinten in der kleinen Stube, wo sie mit uns schläft. Auf dem langen schmalen, immer von einer Küchenlampe beleuchteten Flur, klappern Geschirre und Gläser. Der Diener Borchers lacht und poltert mit der Köchin. Nebenan in der Küche werden die Speisen- und Weinreste abgesetzt, und alle Augenblicke steckt das Hausmädchen Frieda den Kopf mit dem starren Häubchen durch die Türspalte und bringt den Rest einer Pastete, ein Stückchen Puter, Krachmandeln und Weintrauben oder eine nur halb geleerte Weinflasche. Das Kindermädchen Anna nascht und trinkt, überfüttert auch die Kinder mit Resten und gießt Rotwein ein. Die ganze Etage dröhnt von Gelächter und Lärm. In den vorderen Räumen vergnügen sich die Herrschaften. In den hinteren freut sich die Dienerschaft. An solchen Tagen gibt es keine Aufsicht. Meine Mutter kümmert sich nicht um den Haushalt. Mein Vater, wenn er bei guter Laune ist, läßt Fünfe grade sein und erkundigt sich wohl noch leutselig bei den Mädchen, ob denn auch sie ordentlich lustig gewesen seien. Wir liegen in unsern umgitterten Kinderbetten. Meine kleine Schwester schlafend, während um mich die Welt zu kreisen beginnt und es mir wird, als wolle Feuer alles verschlingen. Schließlich höre ich Gekreisch und Geschirrklappern in der Küche, Tafellärm und das Klavier vom Saale her nur wie aus weiter Ferne. Es wird ruhig und dunkel. Aber da sind die kurzen Atemstöße der rothaarigen Anna. Sie nimmt den Knaben aus den Kissen, wirft ihn auf das Plumeau ihres Betts und wirft würgend und drückend ihren Körper auf den kleinen Leib, so daß ich vor Schrecken gelähmt bin. Ich sehe mich im Grauen im Nachtkittel den schmalen vom Petroleumlämpchen erleuchteten Gang entlang stürzen, das Haus zusammenheulend. Ich schreie, als wenn der Tod hinter mir stehe. In der Erinnerung dauert noch der Augenblick, wo ich ein schmerzhaftes Lichtermeer vor mir hatte und zum ersten Male die Erwachsenen an ihrer Festtafel prangen sah. Da saßen mein Vater, meine Mutter, die ich unter allen den geputzten Leuten sogleich herausfand. Das gelbe Licht, der Gaskronleuchter mit den vielen Glasprismen, lange flackernde Stearinlichte in hohen silbernen Leuchtern, Orchideen und Rosen auf der breit ausgezogenen Harmonikatafel, der weiße Damast, das viele Silber und die unendlichen goldenen Gipsrahmen der vielen Ölgemälde, dazu der Lärm und das Lachen, es war ein Feuer- und Glanzmeer, in das ich angstverzweifelt mich stürzte, unter dem unaufhörlichen Geheul: ‚Mama, Mama', für die hinter mir herstürzenden Mägde nicht zu bändigen. Auf die Mutter eile ich zu und berge mich in die seidenen Bauschen ihres Gesellschaftskleides. An der Tafelrunde ersteht Aufstand. Mein Vater, unwirsch, ruft: ‚Was ist mit dem Jungen?' und befiehlt, mich ins Bett zu tragen. Jede der anwesenden Damen aber will den heulenden Hemdenmatz beruhigen, auf den Schoß nehmen, ihm eine Rosine oder ein Pralinee spenden. Die Szene ist für die Leute nur erheiternd. Das Kindermädchen harrt an der Tür und wird herangewinkt. Sie erzählt Unverständliches, daß ich unartig gewesen sei, daß ich mich nicht habe zu Bett bringen lassen. Schließlich wird das aufgeregte Betragen des Kindes darauf geschoben, daß Frieda ihm Wein zu trinken gab. Aber ich will nun durchaus nicht von dem Kindermädchen mich zurückbringen und ins Bett legen lassen, sondern bestehe darauf, daß meine Mutter mitgehe, die ich ängstlich an ihrem Kleide festhalte. Sie mußte sich an mein Bett setzen und lange meine Hand in der ihren halten, bis ich über all der ausgestandenen Angst endlich einschlief. Dies war die erste einer Reihe ähnlicher Szenen, die ich nur wie Bruchstücke erinnere und die in Wirklichkeit, da dies Mädchen nicht lange im Hause blieb, vielleicht verteilt waren über kaum mehr als ein halbes Jahr, aber sich so in das Gedächtnis eingeätzt haben, daß mir ist, als hätte ich eine nie endende Hölle durchlaufen . . .

So lange diese Person im Hause war, wurde ich auf eine mir unverständliche Weise gemißbraucht und jeden Abend, wenn ich ins Bett gesteckt war, hatte ich Angst, ob sie nochmals ans Bett kommen werde. Und dann kam sie, wenn alles still geworden war, dennoch herein, rüttelte mich wach und fragte, ob ich auch nicht vergessen habe zu beten, wie sie es uns gelehrt hatte: ‚Hab ich Unrecht heut getan, sieh es lieber Gott nicht an.' Betete ich nun, dann schien es ihr entweder zu langsam oder zu leise, und sie begann mit der gefürchteten Rute oder mit der Hand zu drohen, zuletzt dann immer sich auf mich zu werfen. Bei besserer Aufmerksamkeit hätte es den Eltern auffallen müssen, daß der Körper des Kindes stets blaue und braune Flecken aufwies, denn ihre abscheuliche Eigenart war, überallhin zu kneifen. Ich meinte, das müsse so sein. Ich glaube zwar, es hieß immer: ‚Anna ist zu streng', ‚Anna darf den Jungen nicht strafen'. Aber es geschah nichts, um Anna zu beaufsichtigen. Ich lebte vor ihr in beständiger Angst, aber größer doch war die Angst vor dem Vater. Meinem Vater war zweifellos das Betragen des Mädchens aufgefallen, aber sie hatte ihm zugetragen, daß sie an dem sechsjährigen Knaben onanistische Neigungen bemerkt habe, und mein Vater hatte vermutlich selber sie beauftragt, die Kinder zu beobachten und strenge Maßregeln zu treffen. Eine Zeitlang, so erinnere ich mich, wurden, mit ganz unsinniger Pädagogik, beiden kleinen Kindern, wenn sie zu Bett gelegt waren, die Händchen an die Gitterpfosten des Bettes gebunden. Die schlimmste Teufelei aber war ein hie und da verübter Trick des Mädchens, durch den sie jeden Verdacht von ihrer Person ablenken konnte. Es geschah, daß sie an dem sechsjährigen Knaben ihr krankhaftes Gelüste ausließ, dann ihn in sein Bett packte und zum Vater hinüberging mit der Klage, Onanie an dem Kinde beobachtet zu haben. Kam sie nun seinem Befehl gemäß zu ihm, um sich Rat zu holen, so geriet mein Vater, seiner jähen Natur nach, sogleich in Jähzorn und glaubte, wie er das nannte ‚ein Exempel statuieren zu müssen'. Er ergriff die Reitgerte oder die gefürchtete Rute, ließ mich von dem Mädchen festhalten und schlug polternd und scheltend drauflos, ohne daß ich klarstellen konnte, daß mir Unrecht geschah, ja ohne daß ich überhaupt einen Zusammenhang zu sehen vermochte oder auch nur hätte begreifen können, was man denn von mir wollte und wohin ich mich retten solle. Schlug mich der Vater, so schrie ich nach Anna. Schlug mich Anna, so schrie ich nach dem Vater. Nur nach der Mutter schrie ich nicht. Denn die Mutter, im Haushalt ohne Stimme, lag auf der Chaiselongue, Romane lesend aus der Nordmeyerschen Leihbibliothek oder verhandelte mit Frau Buchterkirchen, der Schneiderin, oder wollte just ins Abonnementskonzert, oder hatte gerade Damenbesuch, oder machte gerade Toilette und sagte in ihrer dauernden Abhängigkeit doch immer nur dasselbe: ‚Du

324

mußt Papa gehorchen', ,Du darfst Papa nicht ärgern', „Wenn du bös bist, wird Papa uns verstoßen'.[7]

„Für die Leiden der Kinder im guten Bürgerstand gab es damals immer dieselben schönen Formeln: Blutarmut, Anämie, Chlorose, etwas skrofulös, etwas nervös. Dagegen verordnete man ,Stärkungsmittel'. Und für Stärkungsmittel hielten die Ärzte: Tokayer, schweren alten Rotwein, Schlageier und Schinkenbrötchen. Damit wurde auch ich behandelt, so lange bis sich Herzklopfen und Nasenblutungen einstellten. Es wurde unhygienisch gekocht; viel zu fett und viel zu süß, gesalzt und gewürzt. Es wurde unregelmäßig gegessen. Mittags just vor der Nachmittagsschule und abends just vor dem Schlafengehen wurde der Magen überstopft. Der Vater examinierte: ,Hattest du heute Verdauung? Wie lange nicht?' Und dann verordnete er ,Wiener Tränkchen' oder ,Hermannsthee'. Und wenn das nicht nutzte, ein Warmwasser-Klistier. Das wurde schließlich zur täglichen Gewohnheit. Und als gar nichts mehr nutzte, handelte er wieder ebenso wie im Falle Grahn. Er wollte die Verantwortung für den ihm verdrießlichen Jungen gern zur Seite schieben. Daß er Geld hergab, erschien ihm gering. Neben unserem Hause befand sich eine Apotheke. Der alte Apotheker Kohli bekam drei Mark im Monat. Dafür übernahm er es, den Jungen von der Stuhlträgheit zu befreien. Das geschah so: täglich, meist kurz vor dem Mittagessen, trat ich an im Arzneiladen und bekam ein Tränkchen. Immer etwas anderes, ,damit sich der Darm nicht gewöhnt'. Lange Monate ging das gut. Dann aber wollte überhaupt nichts mehr wirken, und es trat eine Stuhlverhaltung ein, die vierundzwanzig Tage lang anhielt, ohne daß es gelang, die verhärtete Masse zu entfernen. Mein Vater führte seine ganze Kollegenschaft an das Krankenbett. Jeder klopfte weise den Leib ab und konstatierte, wo die Verhärtung saß und versuchte es mit neuen Einläufen oder anderen Abführmitteln. Zur Nahrung bekam ich nur Kaffee und Honigkuchen. Schließlich aber war mir so übel, daß ich nicht mehr essen wollte. Man lauerte ängstlich auf das Eintreten des Erbrechens, und mein Vater ließ von Berlin den Chirurgen Körte kommen. Der versuchte durch Belladonna den Darm zu erweitern. Da es nicht half, sollte zur Öffnung geschritten werden. Die Wahrheit aber war, daß ich keine Lust hatte, weiterzuleben. Ich lag lammsgeduldig und hatte nur den einen Wunsch, nie wieder aufstehn, nie mehr zur Schule und nie mehr zu Grahn zu müssen. Ich beschäftigte meinen Geist mit dem Abfassen eines Testamentes. Darin sagte ich den Eltern, daß ich gern stürbe und daß sie meine Gedichte gut bewahren möchten. Denn da in die Gedichte meine ganze Seele eingegangen war, so hielt ich naiv sie für außerordentlich. Nahe vor dem zur Operation vorgesehenen Termin brachte mein Vater auch noch den Direktor der Gebäranstalt an mein Krankenbett. Er hieß Hartwig, war ein Fettwanst, ein Ungeheuer von Mann. Zunächst befahl er mir, so schwach ich auch auf den Beinen war, aufzustehen und dreimal den Rasen im Garten zu umlaufen. Darauf – ich war totmatt und in Schweiß – massierte er mit seinen ungefügen Pratzen den Leib, daß ich schrie. Schließlich ließ er zwei Liter heißes Öl einlaufen und befahl, es so lange festzuhalten, als ich irgend vermochte. Aber als ich zu platzen glaubte, konnte ich das Öl nicht mehr verkneifen und mit ihm kamen die verhärteten Massen. Damals war schon bei uns die Frau auf Besuch, die mich fortan unter ihre Fittiche nahm, Grete Ehrenbaum, meine Pflegemutter. Ohne sie wäre ich nicht am Leben gelieben."[8]

Lernen

Religiöse oder ethische Werte werden den Kindern von den Eltern nicht vermittelt, aber Reichtum, Erfolg und Macht werden von den Eltern anerkannt und angestrebt.

„Etwa im sechsten Lebensjahr begann das Licht des Wissens in die Schreckenshölle zu dringen. Es war dieselbe Kindsmagd, die den Knaben verdarb und ihm half, indem sie ihm die ersten Gebete, Märchen und Buchstaben vermittelte. Es zeigte sich nun von Früh an der auffallende Gegensatz zu meiner Schwester. Diese, hübsch und frisch, war weniger gefährdet und viel geschonter. Sie spielte über alle Abgründe der Umgebung unbewußt hinweg. Sie lernte schneller. Alles wurde ihr leicht. Bei allen Gelegenheiten erwies sie sich als anstelliger, klüger und geschickter. An mir dagegen erfuhr jedermann und jedes vorweg Widerstand. Ich war scheinbar stumpf und stur, sah in allen Menschen rundum Feinde und in allen Dingen ringsum Gefahren. Ich wurde völlig in mich hineingeprügelt, verstockte und verkroch mich, sprach wenig und ungern und war nicht nur ungewillt etwas zu lernen, sondern schlechthin unfähig dazu. Auch körperlich zeigte ich mich ungelenk und ungeschickt, ängstlich und ohne Begabung des Auges und der Hand. In allem und jedem, nicht nur im Schreibenlernen und Lesenlernen, sondern auch beim Singen, Turnen und Musizieren, beim Versteckenspielen und beim Kriegspielen, beim Indianer- und Pfänderspiel, sogar bei den ruhigsten Spielen mit Puppen und Bildern war die um mehr als ein Jahr jüngere Schwester mir stets überlegen. Durch meine ganze Jugend bis hin zum zwanzigsten Lebensjahr zog sich als ewiger Endreim meiner Eltern der Stoßseufzer: ‚Wäre doch nur das Mädchen ein Junge.' ‚Wäre doch nur dieser Junge ein Mädchen.' ‚Mit dem Jungen ist kein Staat zu machen.' ‚An dem Jungen ist Hopfen und Malz verloren.' ‚Was soll aus dem mißratenen Kinde werden?' ... Woran lag das?

Es lag einfach. Ich war von früh an übermüdet, in den Nerven geschwächt, ja zerrüttet. Ich schützte mich so gut es eben ging durch Stumpfheit. Was mir nicht beim ersten Anlauf glückte, das konnte ich nicht bewältigen. Grade weil ich für jeden seelischen Eindruck überempfänglich war und allzu reizbar, mußte ich mich verschließen.

Ich kann mir gar nicht vorstellen, daß jemals einem Menschen ein schulgemäßes Erlernen so sauer geworden ist wie für mich es war. Obwohl ich stundenlang am Klavier in wirren Tönen phantasieren und klimpern mochte, war doch Notenlernen und die Finger üben mir nichts als unsägliche Pein. Ich habe diese ganze Möglichkeit meiner Natur brach liegen lassen, vielleicht nur darum, weil Musik mich völlig zerrüttet hätte. Das Zeichnen nach der Vorlage, wie das Schreiben nach der Vorlage, das Auswendiglernen von Vokabeln und vollends gar Zählen und Rechnen war mir unsagbar widerwärtig. Ja, das alles blieb mir verschlossen. Unmöglich, jemals eine geforderte Schulleistung anders als mit Qual und innerem Widerstreben abzuleisten! Diese Schwierigkeiten dauerten bis ins einundzwanzigste Lebensjahr, wo ich immer noch die Schulbank drückte, immer noch zu geregelter Arbeit untauglich war, und es immer noch unfaßlich erschien, wohin ich steuere, was man mit mir machen solle und was ich überhaupt auf dieser Welt zu suchen habe. Es war eine dauernde Niederlage."[9]

„Meine Mutter erlitt Schläge mit der Reitpeitsche; wenn ich ihr zu Hilfe kommen wollte, dann erhielt auch ich Schläge, aber nicht vom Vater, sondern von ihr selber, denn das war ihre Weise, sich beim Mann einzuschmeicheln und an ihn heranzuwinseln. Und ich sollte Namen und Schlachten toter Könige lernen? Ein Kindermädchen tat dunkle, verbotene und quälende Dinge, mein Vater küßte dieses Mädchen, und ich sollte das kleine Einmaleins aufsagen und die Wochentage wissen? Alles was mich umgab und anging, blieb ungeklärt und schrecklich. Aber gefordert wurden lauter Dinge, die mich nicht angingen. Es war auch niemand da, an dem ich mich hätte aufranken können. Keiner, der mein Vertrauen gefesselt hätte. Gewiß, die Erwachsenen, jeder neue Lehrer, jede neue Erzieherin, näherten sich dem Kinde mit warmer Freundlichkeit, und vertrauensselig und lenkbar fiel das Kind immer wieder herein und glaubte. Aber das Ende waren jedesmal Forderungen, die über meine Kraft gingen, Ansprüche, in denen ich nichts sehn konnte als Quälereien. Ich habe nie etwas zu lernen vermocht, was nicht mein Inneres förderte, nie etwas zu machen, was nicht Ausdruck inneren Lebens war."[10]

„Als ich sechs Jahre alt geworden war, ein zarter Knabe mit bleichem Teint und blauschwarzen Locken, hieß es eines Tages: ‚Nun kommst du in die Schule.' Darauf soll ich gefragt haben, ob ich nun auch wie die Großen an den Sonntagen frei bekäme, und da man mir diese Freiheit verhieß, so hatte ich den innigen Wunsch, in die dritte Vorklasse aufgenommen zu werden. Der Ranzen mit Seehundsfell, die hellgraue Federbüchse und vor allem die Butterbrotdose, gelb lackiert, mit der Aufschrift ‚Guten Appetit' verlockten zu herrlichen Aussichten.

Ein eisgraues Männchen trat eines Morgens in das Spielzimmer, um mich für die neue Welt vorzubereiten. Er zog eine Handvoll vergoldeter Nüsse aus der Tasche, legte eine Nuß vereinzelt und dann eine zweite dazu und fragte, wie viele Nüsse das seien, und da ich antwortete ‚zwei Nüsse', so lobte er mich und sagte: ‚Jetzt kannst du rechnen.' So dachte ich mir das Rechnen leicht und bestätigte auch willig, daß eine weitere Nuß zu den zweiten hinzugefügt, der Nüsse drei ergäbe. Aber als die Fragen vertrackter wurden, da begann ich zu ermüden, und als er zu fragen nicht aufhörte, heulte ich und entschied: ‚Rechnen will ich nicht.'

Aber auch mit dem Lesen erging es nicht anders. Der bunte Apfel und das komische Eselein lockten zwar in die Fibel, aber als aus der Bilderschau wieder nur unangenehme Fragen heraussprangen, da merkte ich, daß die Großen den Kindern nur darum schöne Bilder zeigen, um sie in das Dickicht des Denkens zu verstoßen.

‚Es wird im Klassenunterricht besser gehn', meinte der Alte, aber als ich nun am Georgenwall in der Schulklasse unter dreißig andern Knaben saß, da begann erst das richtige Trauerspiel. So oft Herr Meier mich auch ermahnte: ‚Paß auf', immer blickte ich grade dorthin, wohin ich nicht blicken sollte. Nach dem Vogel vor dem Fenster, nach der Wolke, die sich im Fensterglas spiegelte, nach den Feuerfunken, den Wassertropfen, und die Verträumtheit erwies sich als unaustreibbar. Ich war der Klassenpluck und blieb es durch vierzehn Jahre, wunderlich unbelehrbar. Als ein Beispiel dieser eigentümlichen Unbelehrbarkeit bekam ich in späteren Jahren oft das folgende Geschehnis vorgehalten. Der Straßenübergang von unserm Hause zu dem gegenüber liegenden Café Robby (Heute Café Kröpcke) galt als gefährlich für einen kleinen Knaben, denn an dieser Ecke kreuzten viele Pferdebahnen. Darum wurde ich von Fräulein Mohwinkel über den Platz hinübergeleitet, und es war mir anbefohlen, vormittags nach Schulschluß so lange zu warten, bis das Fräulein komme und mich hole. Nun geschah es aber einmal, daß aus irgend einem Grunde der Unterricht um eine Stunde früher beendet wurde, und da kein Fräulein da war, so ging ich allein bis vor unser Haus; dort aber erinnerte ich mich an das Verbot, ging zur Schule zurück und von der Schule wieder ans Haus und so hinüber und herüber, bis endlich das Fräulein kam, auf das warten zu müssen mir eingeprägt war.

Wenn ich solcher Züge von Dumpfheit mich später schämte, so denke ich an ein anderes Ereignis, das in mein siebentes Lebensjahr fällt, mit großem Vergnügen, denn bei ihm offenbarte sich der wachgewordene Wille.

Im Jahre 1879 kam der greise Kaiser Wilhelm I. zum ersten Male nach Hannover, empfangen von allen Behörden, Verbänden und Vereinen der Stadt. Es waren dreizehn Jahre seit der Angliederung an Preußen verflossen. Der siegreiche Krieg gegen Frankreich hatte Preußen an die Spitze des deutschen Reiches gebracht. Die Menschen vergessen schnell. Die Bevölkerung Hannovers war zum größeren Teil für Kaiser und Reich gewonnen. Der achtzigjährige Monarch eroberte alle Herzen, als er die Stadt zu seiner zweiten Residenzstadt ernannte. Als sein Statthalter wohnte Prinz Albrecht im Leineschloß. Ihn besuchten Kaiser und Kaiserin mit sämtlichen Prinzen, mit Reichskanzler, Kriegsminister und Generalität. Die Straße zum Bahnhof, deren Mitte eine schöne Akazienalleee schmückte, war den Schulen eingeräumt. Unsere Lehrer waren ja alle gute Preußen, ‚Kuckucks‘, wie die alten Hannoveraner sagten, indem sie den preußischen Adler, den die Soldaten als Korkarde an der Mütze trugen, als einen Kuckuck deuteten, ‚der in fremde Nester seine Eier legt‘, wonach noch heute in Hannover eine Fluchformel üblich blieb: ‚Scheer dich zum Kuckuck.‘

Versunken in Träumerei konnte ich von all den deutschen Heldengeschichten immer nur das Eine auffassen, daß Bismarck unserm Könige die Pferde, die Springbrunnen, die Gärten von Herrenhausen fortgenommen habe, das Gewächshaus, das Schloß mit den blauen Jalousien und alle die mir vertrauten Herrlichkeiten. Alles hatte Bismarck fortgenommen. Bloß weil der gute König nicht beim Kriegführen hatte helfen wollen. Was ging mich denn eigentlich der Krieg mit Frankreich an? Ich träumte, daß wenn ich erst groß und stark geworden wäre, Bismarck zum Zweikampf gefordert werden solle. Ich würde ihn besiegen, dann aber edel sein und ihm sein Leben schenken. Und um die Hohenzollern auszusöhnen, gedachte ich die Prinzessin Margarete zu heiraten, die jüngste Enkelin des Kaisers. Mit der wollte ich in Herrenhausen wohnen und über Hannover herrschen. Wenn ich, wie es damals üblich war, von den Erwachsenen gefragt wurde: ‚Hast du auch eine Braut?‘ dann antwortete ich stets ‚Prinzessin Margarete‘. Sie war die Erwählte meiner Träume, hat aber später den König von Griechenland vorgezogen.

Vor dem Einzug des alten Kaisers wurden wir im Schulhof an der Prinzenstraße versammelt und dort erhielt jeder Junge ein Eichenreis, das wir an die bunte Klassenmütze steckten. Von Herrn Meier, dem ungeheuer dicken Lehrer, wurde uns eingeprägt: ‚Bei jedem Prinzen schwenkt ihr die Mützen und ruft ‚Hurrah‘. Aber wenn Bismarck kommt, dann schreit jeder so laut er schreien kann: ‚Hurrah Bismarck‘! Wer kann am lautesten?‘ Mein Entschluß stand fest: ich werde nicht mitschreien. Ich werde keinen Prinzen grüßen. Und wenn Bismarck kommt, dann werde ich ihn spüren lassen: ‚Ich verachte dich.‘ Dieses Stückchen Fronde war für einen sechsjährigen Knirps keine Kleinigkeit. Wir zappelten durch die Akazienallee. Wir warteten auf die Equipagen, die zum Leineschlosse fuhren. Die Straßen waren schön mit Wappen und Guirlanden geschmückt. Aus den Fenstern hingen Teppiche. In manchen Fenstern brannten am hellen Tage Lichter. Über den Dächern wehten Fahnen schwarz-weiß oder schwarz-weiß-rot, aber gelb-weiß war nicht dabei, und das war die Farbe meines Herzens. Und dann kam der alte Kaiser mit dem schneeweißen Vollbart, an der Seite des schönen Prinzen Albrecht, und im zweiten Wagen die alte Kaiserin Augusta. Sodann Kronprinz Friedrich Wilhelm und Kronprinzessin Viktoria und die jungen Prinzen Wilhelm und Heinrich. Erst als der Hof vorüber war, kamen Bismarck und Moltke. Langsam, ganz langsam fuhr Bismarcks Wagen, so daß wir ihn deutlich sehen konnten. Und während alle jubelten und die bunten Mützen schwenkten, drückte ich die meine trotzig in die Stirn, nachdem ich das Eichenlaub heruntergerissen hatte, ballte in der Tasche die Faust und warf Bismarck einen verachtenden Blick zu, durchbohrend, fest überzeugt, daß er alle meine Vornahmen bemerke und nun Bescheid wisse für die Zukunft; achtete auch nicht auf den Tadel Herrn Meiers und auf die Püffe von Seiten der Kameraden, sondern hatte unter dem johlenden Pöbel das Gefühl: ‚Der einzige Gerechte.‘

Solche Unarten hatte ich an meinen Haaren zu büßen, die Qual des ersten Schuljahres, denn die Mitschüler zerrten gern an den langen Locken und sagten ‚Mädchen‘, die schlimmste Beleidigung, die man mir antun konnte, und auf die ich, sonst lammfromm, blindlings mit einem Wutanfall erwiderte, auf Tod und Leben gegen den Beleidiger stürzend. Es war ein Augenblick der Erlösung, als der halbblinde uralte Sehring bestellt wurde, um die verhaßten Locken abzuschneiden.

Schon auf der Vorschule begann jenes unheimliche Nachhilfe-System, das während der ganzen Schuljahre anhielt. Man konnte meinem Vater nicht verdenken, daß er an der Tauglichkeit des Sohnes verzweifelte, denn es war nicht möglich, daß mehr für die Nachhilfe eines Schülers getan wurde als für mich geschah. Die Primaner, Lehramtskandidaten, Privatlehrer, Bonnen, denen meine Nachhilfe anvertraut wurde, dürften eine kleine Legion bilden. Bis zum dreizehnten Lebensjahr, bis Untertertia, wurde ich immer noch grade eben mitgeschoben. Zwar blieb ich stets der schlechteste in der Klasse, wurde aber dann zu Ostern unter etwelchen Bedingungen der Nachhhilfe doch noch eben mitversetzt. Denn entweder waren meine Lehrer Patienten des Vaters oder waren mit irgendwelchen Klienten verwandt oder sie wurden von meinem Vater aufgesucht – (er nannte das „Kanossagänge" machen) – und gebeten, mir Nachhilfestunden zu geben oder wenigstens einen Hilfslehrer zu empfehlen. Mit dem einen spielte er Billard, mit dem zweiten trank er Frühschoppen, der dritte dankte ihm eine Gefälligkeit. Unser Haus galt als angenehm und für den unbrauchbaren Jungen verwendete sich bald mal Oberbürgermeister Rasch und bald mal Senior Flügge und schließlich gar der Herr Regierungspräsident."[11]

Spiel

„Umrissener, doch ungefühlter als die ganz frühen Erinnerungen werden Bilder aus dem dritten und vierten Jahr. Da waren hundert Spiele, verbunden mit dem Persönchen der kleinen Schwester. Das war eine süße blonde Maus, welche Stirnfransen, sogenannte Ponnis trug, die abends mit der Schere gerade geschnitten wurden. Und hinten hing ihr mit blauen oder roten Bändern geflochtenes Zöpfchen, Rattenschwäzchen genannt, woran ich zog bis sie heulte. Sie wurde von mir befehligt und geknufft; das machte ich dem Vater nach. Sie nannte mich ‚Tete'. Als sie sprechen lernte, da legten die Eltern ihr gern die Frage vor: ‚Wem hat ein gutes Kind zu gehorchen? Und dann sagte sie: ‚Dem lieben Gott, Papa, Mama, Tete.' Wenn wir Papa und Mama spielten, so kratzten wir uns blutig.

Besonderen Zauber hinterließen unreife Pflaumen. Wir suchten sie auf den Gartenwegen, wuschen sie im Becken der ‚Zucke' und bissen hinein. Dafür bekamen wir die Rute zu spüren, welche im Kinderzimmer hinterm Spiegel steckte. Es wurde viel geschimpft und geschlagen. Bei den Zankszenen der Großen krochen wir unter den Tisch und zogen die Tischdecke möglichst tief herunter.

Sehr viel beschäftigten uns die Sonnenstäubchen. Wenn in der Stadtwohnung die Sonne in die mit prunkvollen Möbeln überstopften Räume schien, dann kreisten Milliarden Stäubchen wie kleine Sterne. Sie zu beobachten hat viele Stunden unsrer Kindheit gefüllt. Später ging dieses wunderliche Spiel über in ein leidenschaftliches Betrachten der Wolken.

Großes Weh überschattete die Kindheit. Auf allen Dingen lag Traurigkeit. Die kargen Freuden mußten zusammengestohlen werden.

Der Vater liebte mich nicht. Die Mutter liebte mich in ihrer Art, so wie man eine Puppe liebt. Das große Liebesbedürfnis des Kindes verknüpfte mich weniger mit den Eltern als mit vertrauten Gegenständen oder Spielzeug. Da gab es Bauklötzchen, Zinnsoldaten, Fische und Frösche aus Blech und Zelluloid, da waren Figuren an Springbrunnen, bestimmte Mauerstellen und Steine, an denen ich zärtlich teilnahm und denen ich auch mein Leid zubringen konnte. Ein alter Pappelbaum, welcher auf der Chausee nahe dem Hause in Herrenhausen stand, bannte mich, wenn ich ausspähend in das Zitterspiel seiner Blätter versank. Bei dem

Worte ‚Mutter' dachte ich an diesen Baum und winters in der Stadt hatte ich ‚Sehnsucht nach der Mutter.' Es schuf ein furchtbares Erschrecken als der Baum, in den der Blitz eingeschlagen hatte, gefällt wurde.

Etwa im vierten Lebensjahr hatte ich eine schmerzlich süße Liebe für ein in wunderbar vergoldetes Grün gebundenes Buch, aus dem mir vorgelesen worden war. Es waren die Märchen von Hans Christian Andersen. Noch heute könnte ich die Bilder dieses Buches Blatt für Blatt aus dem Kopfe nachzeichnen. Auf dem Buchdeckel in Gold gepreßt, stand das geliebte Bild der ‚Kleinen Seejungfer. Das schöne stumme Mädchen mit dem Fischleib'. Wohl ein Jahr lang und länger forderte ich an jedem Abend beim Schlafengehn das für mich unverständliche Buch. Es wurde zu mir in das Gitterbett gelegt. In dem danebenstehenden Bettchen meiner Schwester lag ihre Puppe. War es dunkel und ich allein, dann tastete ich, ob das Buch bei mir sei. Durch das Buch fühlte ich mich geborgen. Das Buch war ‚heilig'. Was an schönen Geschichten während meiner Krankheit daraus gelesen wurde, das schrieb ich dem Buch zu als Eigenschaft.

Es stand im Herrenhäuser Garten unter Unkraut eine die Welt spiegelnde mit Quecksilber überzogene blaue Kugel, welche ebenfalls ‚heilig' war. Zu der schlich ich, um ‚anzubeten'. Keineswegs betete ich zu Gott, sondern die Kugel war ein Gott. Meine besten Gespielen aber waren Wolken, wenn ich im Grase auf dem Rücken lag. Angesichts der fabelhaften Jagden und Berge, ihrer Farben und zackigen Schlünde wurde die ekelhafte Wirklichkeit zu Nichts.

Das erste Wort, das ich lernte und sprach, war selbstgebildet und hieß: Didisch. Damit meinte ich Bewegtes. Wolken, Blätter und Wagenräder. Bienen, Surren von Käfern, auch die Beine des Pferdes wenn sie galoppierten, ferner auch die Hand, die ich greifen wollte und die man lachend schnell entzog.

Mein Vater sang am Klavier. Wenn die Sänger der Oper kamen, dann wurde musiziert. Ich habe viele altmodische Melodien im Kopf, die aus diesen frühen Jahren stammen. Die Stimme Eugen Degeles und die Max Stägemanns habe ich noch im Ohr.

An zwei junge Mädchen haftet frühe Erinnerung. Die eine, Franziska Ellmenreich, eine junge Schauspielerin, war die Freundin des Vaters. Kam sie in den Garten, so riß sie mich so hart und stürmisch an sich, daß ich mich ängstete und mich vor ihr versteckte. Die andere, Adele Grantzow, fremdländisch aussehend, in einem weißen Strohhut mit langen blauen Bändern, warf mich in die Luft und fing mich auf oder stellte mich auf ihre Schulter. Sie war eine Tänzerin, die Tochter des Ballettmeisters."¹²

„Die Winter in der Stadt sind für das Erinnern eine Kette von Angst und Krankheit. Die Hälfte des Jahres lag ich hustend zu Bett. Es war ein laut bellender Krupphusten, der jeden Winter sich einstellte; dazu alle erdenklichen Infektionen: Diphterie, Scharlach, Skorbut, Masern, Wundrose, Gürtelrose. Ich lag geduldig, bekam alle Stunde von der blauen Medizin, von der roten Medizin, ich bemalte Bilderbögen, schnitzelte Hexentreppen, spielte mit Schäfereien aus Holz oder mit den vielen Zinnsoldaten, wurde gegen Ende jedes Winters regelmäßig von den Ärzten aufgegeben und erholte mich dann erstaunlich rasch während des Sommers im Garten.

Einzelne Stadtfiguren blieben haften im Gedächtnis: Unangenehme quälende Gesichter. Ein dicker runder Makler namens Blank, ein langer dürrer, namens Nathan, eine unaufhörlich redende Besucherin, die heranwachsend wir Tante Rabbula nannten, ein alter Bankier, der unten im Hause sein Komptoir hatte, unserm Kinderfräulein nachging und immer wenn er mich auf der Straße traf, fragte: ‚Hast du deine Bonne recht lieb?‘ Dieser alte Herr nannte mich: ‚Kleiner Herr Doktor‘, ich mußte ihm den Puls fühlen und sagte dann: ‚Zeigen Sie die Zunge.‘ Das hatte ich dem Vater abgeguckt."[13]

Arbeit

Wird nicht erwähnt.

Anmerkungen

1 Theodor Lessing, Einmal und nie wieder (1935), Gütersloh 1969, S. 59f.
2 A.a.O., S. 61f.
3 A.a.O., S. 68ff.
4 A.a.O., S. 76.
5 A.a.O., S. 77.
6 A.a.O., S. 88f.
7 A.a.O., S. 91ff.
8 A.a.O., S. 148ff.
9 A.a.O., S. 93ff.
10 A.a.O., S. 96.
11 A.a.O., S. 104–107.
12 A.a.O., S. 84ff.
13 A.a.O., S. 87

IX. Adelige Kinder im 19. Jahrhundert

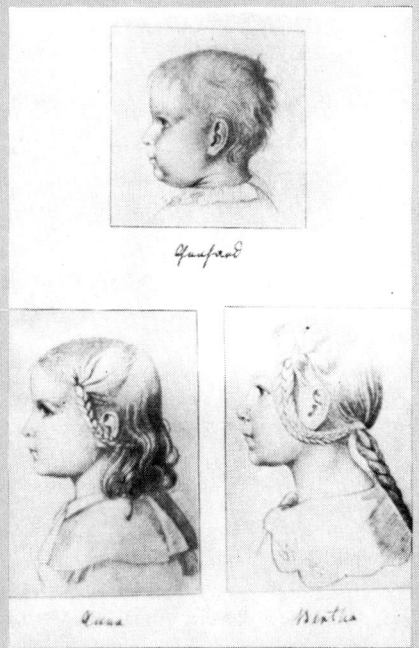

Gumprod

Anna   Bertha

Wilhelm von Kügelgen, Die Kinder Bertha, Anna und Gerhard von Kügelgen, 1834 (Privat).

1

2

3

4

Wilhelm von Kügelgen

Wilhelm von Kügelgen, geboren 1802, begann mit der Nie-
derschrift seiner Jugenderinnerungen 1854 oder 1855. Das
Manuskript wurde 1864 oder 1865 vollendet, aber erst nach
Kügelgens Tod im Jahre 1867 veröffentlicht. Zur Zeit der
Niederschrift der Autobiographie war Wilhelm von Kügel-
gen Hofmaler und Kammerherr des Herzogs von Anhalt-
Bernburg in Ballenstedt.

Die Erinnerungen führen bis in das Jahr 1820, in dem der
Vater, mit dem ihn ein inniges Verhältnis verband, das Opfer
eines Raubmordes wurde. Der Sohn fand seinen erschlagenen
und entkleideten Vater in einer kalten Märznacht. Dieses Erlebnis verdüsterte sein ganzes späteres Leben, das ein ständiger Kampf gegen Ängste und Depressionen war. Wilhelm von
Kügelgen war sehr religiös und gehörte zu den „Stillen im
Lande", den Pietisten. Die „Jugenderinnerungen eines alten
Mannes" waren wahrscheinlich die meistgelesensten Kindheitserinnerungen des 19. Jahrhunderts, die immer wieder
neu heraugegeben wurden.

Über die Entstehung dieser Autobiographie schrieb Wilhelm von Kügelgen an seinen
Bruder Gerhard 1856:
„Ich plage mich jetzt seit etwa einem Jahre mit der Aufzeichnung meiner Lebensgeschichte herum. Es ist so lange her mit den alten Geschichten, sie müssen alle von neuem
erfunden werden, und wenn ich gewußt hätte, wie schwer das ist, so würde ich mich gar
nicht damit befaßt haben. Nun habe ich aber einmal angefangen und, wenn Gott mich leben
läßt, will ich's auch vollenden, d. h. wenigstens die erste Jugendgeschichte. Später müßte
ich zu sehr in mein inneres Leben steigen, wozu Männer keine Lust haben, und von meinen
äußeren Erlebnissen müßte ich das Interessanteste verschweigen. Solche Rückblicke sind
ebenso süß als bitter, besonders beschwerlich aber in Beziehung auf schriftliche Darstellung.
In meiner Erinnerung schwimmt alles noch chaotisch durcheinander und muß vorerst ge-
sondert und geordnet werden, wobei mir mein geistiges Tastvermögen hilft. Ich wundere
mich selbst, wie ich mich so zurechtfinden kann. Auch der Stil macht mir weit mehr Not
als bei den beiden kleinen Schriften abstrakten Inhalts, die ich bereits verfaßt habe; vielleicht
weil bei meinen unbedeutenden Erinnerungen Alles auf die Darstellung ankommt. Nicht
das Was, sondern das Wie ist hier die Hauptsache. Ganz nichtige Begebenheiten können
durch die Art der Relation interessant werden. Meine Aufgabe ist, aus Nichts etwas zu
machen, ohne der Wahrheit zu nahe zu treten. Es geht langsam, und im besten Falle schreibe
ich in vierzehn Tagen einen Bogen. Könnte ich Dir's doch vorlesen!"[1]

Bezugspersonen

Alexander Georg Wilhelm von Kügelgen wurde 1802 in Petersburg geboren als Sohn des Malers Gerhard von Kügelgen und der baltischen Gutsbesitzerstochter Helene Zoege von Manteuffel. Den Eltern war kurz vor der Geburt des Sohnes eine Tochter gestorben. Wilhelm von Kügelgen, das zweite Kind seiner Eltern, war ein Siebenmonatskind. Kurz nach seiner Geburt verließen die Eltern Petersburg. Er schreibt dazu: „So kam es, daß ich meinen Geburtsort schon nach einigen Monaten wieder verlassen mußte und in einem Alter auf Reisen ging, da andere Kinder eben erst geboren werden."[2]

Nach Aufenthalten in Estland und im Rheinland ließ sich die Familie in Dresden nieder, wo der Vater später als Professor an der Kunstakademie lehrte. Mit der Familie reiste und lebte das Mädchen Leno, das die Mutter in Estland als Leibeigene zum Geburtstag geschenkt bekommen hatte und später freiließ.

„In Dresden mieteten meine Eltern die erste Etage des Tepmannschen Hauses, das vor dem Seetore in der ,Halben Gasse' gelegen war. Diese Halbe Gasse führte den Namen mit der Tat, denn sie erfreute sich nur einer Reihe Häuse, die eben deswegen freie Aussicht auf die gegenüberliegenden Gärten gewährten, und meine Mutter, die auf dem Lande aufgewachsen städtischem Lärme abhold war, fühlte sich wohl in dieser blühenden Umgebung. Die Besitzerin des Hauses, eine Witwe Tepmann, trieb Landwirtschaft, hielt Pferde, Kühe, Schweine und Geflügel, wodurch der Aufenthalt im Hofe für mich genußreich wurde. Aus dem Hofe trat man in den Garten, der von der Katzbach, einem schmalen, aber tiefen Wasser durchschnitten war. Diesseits des Wassers war ein ausgedehntes Gemüsewesen, jenseits Wiesen, Obstbäume und Gebüsch. Über die alte Gartenmauer erhob sich aus Holundersträuchen ein Lusthaus, und daneben führte ein Pförtchen aufs Feld hinaus und weiter nach den Höhen von Räcknitz und Plauen.

Noch steht mir das alles in so zauberischem Lichte vor der Seele, als wäre es ein rechtes Paradies gewesen, und das war es auch. Es war der schöne Garten Eden, in welchem ich den Morgentraum der ersten Kindheit träumte.

Meine erste einigermaßen deutliche Erinnerung beginnt mit dem 20. November 1805, an welchem Tage ich drei Jahre alt wurde. Als ich am Morgen die Augen aufschlug, strahlten mich drei kleine Wachskerzen an, die auf weißgedecktem, mit Immergrün garniertem Tische um einen prachtvollen Kuchen standen. Daneben lagen bunte Sachen, unter denen mir eine Arche Noae und besonders ein Bilderbuch erinnerlich ist, dessen Hauptstück den Onkel Nachtwächter mit Spieß und Laterne zeigte. Das Entzücken, das ich empfand, mag Ursache der Unvergeßlichkeit jenes großen Augenblicks gewesen sein. Meine Mutter gab mir die Hand und sagte, daß mein Geburtstag sei. Dann wusch sie mich, scheitelte mir das Haar mit Sorgfalt und kleidete mich an. Der offnen Weste wurden ein Paar weite Hosen angenestelt, die hinten offen und mit Schleifen versehen waren; darüber kam ein türkischer Spenzer mit kurzen Ärmeln und an die Füße ein Paar Schnallenschuhe. So war der Anzug vollendet, der übrigens im Sommer wie im Winter Hals, Brust und Arme bloß ließ.

Nichts in der Welt ist Kindern schmeichelhafter, als sich bei allem, was Pflege heißt, in der Hand der Mutter zu wissen; mir wenigstens war es ein Hochgenuß, wenn meine Mutter mich selbst anzog oder mich zu Bette brachte, was sie auch in der Regel tat, wenigstens solange ich noch das einzige Kind blieb. Später freilich mußte ich es mir gefallen lassen, daß mir dergleichen Dienste von einer Kinderfrau geleistet wurden, welche Frau Venus hieß. Diesen hochberühmten Namen führte sie übrigens keineswegs wegen irgendeiner Ähnlichkeit mit jener Göttin, sondern bloß deshalb, weil ihr seliger Eheherr ‚Herr Venus‘ geheißen hatte.

Frau Venus war eine ehrsame Witwe und wurde bisweilen von ihren beiden Söhnen besucht, welche, obgleich bedeutend älter als ich, doch ganz willig mit mir spielten. ‚Die andern Jungens‘, wie ich sie im Gegensatze zu mir selber nannte, waren meine ersten Freunde. Ich bewunderte ihre Kraft und Unerschrockenheit, und ich liebte es, mich in ihrer Gesellschaft auf der Straße zu zeigen; doch entwuchsen sie mir schnell und ich verlor sie wieder aus den Augen.

Näher stand mir bald ein anderer Knabe von meinem Alter, mit dem ich fortan täglich spielte. Seine Mutter, die Witwe eines Predigers aus dem Erzgebirge namens Engelhard, welcher auf einer winterlichen Berufswanderung seinen Tod im Schnee gefunden hatte, war ebenfalls ins Tepmannsche Haus gezogen, wo sie wie eine rechte Witwe still und eingezogen lebte und ihren Sohn mit Strohhutflechten ernährte.

Mein Freund Ludwig Engelhard erschien mir in jeder Hinsicht vorzüglicher als ich und als die ‚andern Jungens‘, denn meine Mutter stellte mir ihn stets als Beispiel vor. Ich schloß mich ihm daher sehr herzlich an und wir verkehrten miteinander aufs verträglichste. Nur eines einzigen Streits entsinne ich mich, der auch sogleich in Prügelei ausartete; und allerdings war es empörend, wenn Ludwig behaupten wollte, daß sein Vater den meinigen wie nichts bezwungen haben würde, wenn er noch lebte. Meinen Vater! mein Ideal von Kraft und Würde! Frau Venus riß uns auseinander, und Ludwig ging zerzaust zu seiner Mutter. Die meinige aber stellte mir das begangene Unrecht so beweglich vor und wußte mich dermaßen zu erweichen – zumal sie mir zu bedenken gab, wie so gar elendiglich der Vater des armen Jungen im Schnee erstickt sei –, daß ich, von Leno geleitet, reumütig zu Engelhards hinaufging und wegen meiner Heftigkeit Abbitte tat. Seit der Zeit waren wir erst rechte Freunde, und überhaupt gibt's keine wahre Freundschaft, die sich nicht erst wund gerissen und wieder ausgeheilt hätte an dem Bewußtsein gesühnter Schuld.

Zur Sommerzeit spielten wir, von Leno und, seit diese in die Küche avanciert war, von Frau Venus beaufsichtigt, in Hof und Garten; im Winter war das Zimmer meiner Mutter oder die angrenzende Kinderstube unser Tummelplatz. Hier stellten wir unsere Tiere auf, kutschten, balgten, und was uns ganz besonderes Vergnügen machte, hier ‚schinderten‘ wir auch. Dies ‚Schindern‘ ist ein Dresdner Ausdruck, den mich sowie die ganze Sache Ludwig lehrte, und bedeutet soviel, als auf dem Eise hingleiten. Nun war im Kinderzimmer zwar kein Eis; wir hatten aber zum Verdruß der Kinderfrau eine Planke der Diele durch fleißiges Glitschen so abgeglättet und poliert, daß sie von Erwachsenen nur mit Vorsicht betreten werden konnte. Diese Planke nannten wir ‚die Schinder‘, und noch sehe ich meinen Freund Ludwig, wie er mit hochgerötetem Gesicht und fliegenden Haaren als Meister darauf hinglitt. Auf diese Weise lernte ich frühzeitig, noch ehe ich aufs Eis kam, mich darauf behaben, ähnlich wie man in französischen Schwimmschulen ohne Wasser schwimmen lernt."[3]

Über die Mutter und ihren Umgang mit den Kindern heißt es:

„Ich erinnere mich ihrer aus jener Zeit als einer jungen, sehr wohlgebildeten Frau mit edlen Gesichtszügen, hellen, geistvollen Augen und einer großen Fülle des schönsten blonden Haares. Ihre Gestalt war von mittlerer Größe und proportioniert, ihr Wesen und Benehmen einfach und wahrhaftig, ihr Urteil treffend. Sie hatte eine sorgfältige Erziehung genossen, war ungewöhnlich kenntnisreich, und ihre vielseitige Bildung befähigte sie, nicht nur die Vorzüge einer guten Gesellschaft zu würdigen, sondern auch das Gespräch der ausgezeichneten Männer, die ihr Haus besuchten, anzuregen und zu beleben.

Letzteres geschah indessen mit soviel weiblicher Zurückhaltung, daß die wenigsten ihrer Gäste die ganze Fülle ihres geistigen Reichtums ahnen mochten; und von ihrer hohen künstlerischen Begabung, deren sie sich als einer vorzugsweise männlichen Eigenschaft fast schämte, wußten kaum die allernächsten Freunde. Ihre schönen Sepiabilder, die sie noch als Mädchen zu eigner Lust und meist nach eigenen Ideen ausgeführt, schmückten die Wände der Schlaf- und Kinderzimmer, die nur von Hausgenossen betreten wurden, und ihre Harfe wie ihr Flügel tönten nur vor Mann und Kindern.

Diese liebe Mutter strebte nach keiner anderen Ehre, als der einer guten Frau und Mutter. Mit ihren Kindern beschäftigte sie sich treu und unablässig und war gewissenhaft bemüht, nichts zu versäumen, was zu unserer Menschenbildung dienlich schien. Aus diesem Grunde studierte sie auch fleißig die gepriesensten pädagogischen Werke ihrer Zeit, aus denen sie freilich wenig Nutzen ziehen mochte; denn eine halbwegs gescheite Mutter weiß schon allein, wie sie ihre Kinder zieht – wo nicht, so lernt sie es schwerlich, weder von Campe noch von Pestalozzi. Sie mochte vielmehr von dieser unerquicklichen Lektüre den Nachteil einer fast krankhaften Steigerung ihrer ohnedem schon allzu regen Sorglichkeit haben, denn sie lernte alle erdenklichen Jugendfeinde Leibes und der Seele kennen, eine Legion unablässig anstürmender Teufel, vor denen ihre Kinder zu bewahren die Kraft der besten Mutter doch nie ganz ausreicht.

Was sie indessen konnte, tat sie mit Treue. Sie lehrte uns die Hände falten und beten, leitete uns zu gewissenhaftester Wahrheitsliebe an, belog uns nie, auch nicht im Scherz und Spiele, und ließ uns ganz besonders niemals müßig gehen. Den Reiz des Spieles zu schärfen, mußten wir von frühester Kindheit an sogar schon arbeiten, d. h. täglich einige Stunden mit sogenannten nützlichen Beschäftigungen, nämlich mit Garnwickeln, Schnurenmachen, Läppchenzupfen und dergleichen üblen Dingen hinbringen. Und hier erinnere ich mich mit ganz besonderem Vergnügen noch einer allerliebsten, von meinem Großvater selbst verfertigten Phiole aus Elfenbein, durch die das Garn – damit es nicht beschmutzt werde – beim Wikkeln durchlief, und deren ich mich zur Belohnung für besondere Artigkeit bedienen durfte, da in der Regel nur eine buchsbaumene verabfolgt wurde.

Diese nützlichen Beschäftigungen nahmen natürlich, je nach dem Grade unserer geistigen Entwicklung, auch einen geistigeren Charakter an. Die Mutter lehrte mich nach der Lautiermethode lesen, und ehe ich das fünfte Jahr erreicht hatte, konnte ich meinen Vater an seinem Geburtstage bereits mit Vorlesung einer Gellertschen Ode überraschen. Desgleichen wurden Schreibübungen beliebt, gezählt, gerechnet und ein kleiner Anfang in der Geographie gemacht.

Hatte ich dann das Meinige getan und die Mutter war zufrieden, so ging sie etwa mit mir an jenen Schrank, der so viel Köstliches enthielt, und langte dies und jenes daraus hervor; am besten ihren schönen englischen Farbenkasten, der das Aussehen eines Buches hatte und die saubersten Utensilien enthielt, elfenbeinerne Palette, silbernen Zirkel, Parallel-Lineal, Maßstab und eine Auswahl der appetitlichsten Farben. Von letzteren rieb die Mutter mir das Nötige auf die Palette, während ich mich an sie drängte und mit Lust den Rundlauf des Farbenstückchens auf dem weißen Elfenbein verfolgte. Dann zeichnete sie mit leichter Hand ein Tier, einen Soldaten, eine Landschaft und überließ die Farbengebung mir. O, wie entzückte mich namentlich das Gummi-Gutti, schon beim Aufreiben und vollends beim Gebrauch! ich wandte es übermäßig an und erfuhr die tadelnde Kritik der Mutter, die in Allem Maß gehalten wissen wollte.

In ihrem Wesen blieb meine Mutter sich immer gleich. Es lag nicht in ihrer Natur, die Zärtlichkeit zu zeigen, die sie im Herzen trug; sie tändelte nie mit mir und ließ mir keine Unart durch, aber sie erschreckte mich auch nie durch Launen und Heftigkeit und gab mir das Bewußtsein, daß niemand in der Welt mich lieber habe als sie. Zum höchsten Lohn für außerordentliche Tugend durfte ich einen Kuß auf die Stirn von ihr erwarten, und dieser war denn auch von so durchgreifender Wirkung, daß mein Vater ihn mir gleich anzusehen pflegte, wenn er ins Zimmer trat.

Nur selten strafte meine Mutter, suchte mich aber immer zur Einsicht meines Unrechts zu bringen und war ein so geschickter Bußprediger, daß ich mich stets beschämt und ganz geneigt fand, Abbitte zu tun. Für dies Verfahren danke ich ihr noch heute, denn es lehrte mich jene Reste im Gewissen tilgen, die der Offenheit des Charakters so schädlich werden können. Mußte ein Vergehen ernstlicher gesühnt werden, so wurde ich auf ein Stündchen oder darüber an ein Tisch- oder Stuhlbein angekettet, zwar nur mit einem Zwirnsfaden, den ich aber nimmer zu zerreißen wagte, so groß war der Respekt vor meiner Mutter; und selbst dann löste diese solche Fessel nicht, wenn mittlerweile Besuch eintrat. Oder auch sie band mir nach Maßgabe des Vergehens ein paar lange, aus steifem Notenpapier gefertigte Eselsohren um den Kopf, welche ich auch während des Mittags- und Abendtisches umbehalten mußte.

Kam mein guter Vater dann zum Essen, so sah er mir freilich diese Midasohren noch mit leichterer Mühe als jenen Stirnkuß an und wußte dann seinen edlen Gesichtszügen einen so bekümmerten Ausdruck zu geben, daß es mir immer durch die Seele ging. Namentlich einmal, als er wegen Zahnweh mit verbundenem Kopf erschien, rührte mich jener Ausdruck bis zu Tränen. Der arme Vater! er hatte

Schmerzen und mußte obendrein an seinem Sohne solche Schmach erleben. Ich konnte keinen Bissen essen, obgleich es Dampfnudeln nach echtem bayrischen Rezept gab; aber meine Mutter ließ die Ohren sitzen."[4]

Seinen Vater schildert Wilhelm von Kügelgen folgendermaßen:

„Mein Vater war das gerade Gegenteil von seiner Frau, schon nach der äußeren Erscheinung. Zwar waren sie beide, was man schöne Leute nennt; aber wie die Mutter durchweg den Norden repräsentierte, so er den Süden, denn er war brünett mit schwarzem Haar, mit feurigen, sehr dunkelbraunen Augen, und sein schmales geistvolles Gesicht erinnerte an Spanien.

Der innere Unterschied war dem entsprechend. Die liebe Mutter, zwar unausgesetzt tätig und mit einem Herzen voll warmer Menschenliebe, war dennoch eine vorwaltend kontemplative und kritische Natur, überall ihr Richtmaß anlegend, an sich selbst, an Andere und vorzugsweise an ihre Kinder. Der durchweg produktive und wenig wählerische Vater konnte dagegen über eignem Schaffen die Schattenseiten an Menschen und Dingen leichter übersehen und war in der Regel mit jedermann zufrieden, der ihm nicht gerade auf die Füße trat. So übersah er denn auch meist die Sünden seiner kleinen Kinder und zeigte wenig Neigung, die Abnormitäten unseres Verhaltens ernstlich nach Grund und Folgen zu beachten. Zwar wenn er sich belästigt fühlte, fuhr er wohl einmal dazwischen, doch weniger um uns zu fördern, als sich selber Ruhe zu verschaffen. Im allgemeinen schien er unsere Ausschreitungen mehr von der lächerlichen Seite aufzufassen, und es mag seinem harmlosen, für das Komische äußerst empfänglichen Sinne oft bitterböse angekommen sein, bloß aus Gefälligkeit gegen meine Mutter jenes bekümmerte Gesicht zu erzwingen, dessen ich oben gedacht habe. Indessen hatten wir Kinder doch einen heiligen Respekt vor ihm, hüteten uns, ihn zu erzürnen und gehorchten ihm aufs Wort. Es war eben ein anderes Genre von Edukation.

In der Tat, wenn es möglich wäre, willkürliche Wege bei Erziehung von Kindern einzuschlagen, so fragte es sich, welches Verfahren den Vorzug verdiene, das der Mutter oder des Vaters. Ich genoß inzwischen beides und hätte demnach jedenfalls recht wohl geraten können; aber es sprachen bei der Erziehung noch ganz andere Faktoren mit, das sind die äußeren Lebensverhältnisse, die man nicht machen kann und die sehr häufig gerade da am nachteiligsten influieren, wo sie vorher am günstigsten erschienen.

Mein Vater war als Künstler hochbegabt, und sein eiserner, durch Nichts, selbst nicht durch Krankheit unterbrochener Fleiß hatte ihm schon bei jungen Jahren zu einem hohen Grade öffentlicher Anerkennung verholfen. Dazu war er ein Mann von seltener Herzensgüte und von so überaus einnehmendem Wesen, daß ihm trotz seines leicht aufflammenden Temperaments überall, wo er sich zeigte, die Freunde und Verehrer wie Tau aus der Morgenröte geboren wurden. Den Kurfürsten etwa ausgenommen, erschien mir daher mein Vater als der vornehmste und verehrungswürdigste Mann in der sächsischen Residenz, und wenn's ihm einfiel, sich mit mir abzugeben, fühlte ich mich hoch erhoben.

So war ich denn auch sehr glücklich, wenn ich ihm ausnahmsweise, z. B. an meinem Geburtstage, im Atelier Gesellschaft leisten durfte. Da gab es so viel Herrlichkeiten, Statuen, Bilder, Kupferstiche, alte Knochen, Gliederpuppen, sonderbare Geräte und Stellagen. Ich sah dann der Arbeit zu und durfte fragen, was ich wollte; oder auch der Vater gab mir irgendwas zu meiner Unterhaltung preis. Dann setzte ich mich kreuzbeinig auf die Diele wie ein Türke und spielete mit zum Teil sehr wertvollen Sachen oder ich durchblätterte die schönsten Kupferhefte, am liebsten die Raphaelischen Logen von Chapron, ein Werk, das mit seinen biblischen Objekten die Ähnlichkeit hat, sowohl Kinder als Weise anzuziehen und zu befriedigen.

Adam und Eva, die Arche Noae, die Geschichten der Erzväter und des Moses, diese uralten, ewig neuen Sachen erfüllten mich mit Teilnahme und mit Staunen. Am merkwürdigsten war mir Gott Vater über der Erdkugel schwebend, nicht nur wegen dieses beneidenswerten Schwebens, sondern ich war auch bemüht, mir seine Gesichtszüge einzuprägen, damit ich wisse, wie er aussehe, wenn ich mein Gebet hersagte.

Da kam mir einst ein sehr natürlicher Gedanke, den freilich eben wie das folgende Gespräch mehr das Gedächtnis meines Vaters als das meinige bewahrt hat. Ich fragte nämlich, woher man es denn wisse, daß Gott die Welt erschaffen habe.

Ob ich denn glaube, erwiderte der Vater, daß das Bild, an dem er male, ebensogut auch von sich selbst entstehen könne? ‚Nein – sagte ich – du mußt es malen.‘ – ‚Nun denn, wenn ein so kleines Ding nicht ohne Meister sein kann, wie sollte da die ganze große Welt von selbst entstanden sein?‘

Ich wandte ein, ob sie nicht jemand anderes gemacht haben könne? Aber der Vater sagte, der Meister sei allezeit größer als sein Werk; wer aber größer als die ganze Welt wäre, könne niemand anderes als der liebe Gott sein.

Ein Blick auf mein Bild bestätigte mir die Wahrheit dieser Worte, denn allerdings war Gott hier größer als der angedeutete Kreisabschnitt der Erde, über der er schwebte.

‚Wer aber – fragte ich weiter – wer hat denn eigentlich den lieben Gott gemacht?‘ Da antwortete mein Vater, der sei von Ewigkeit, ohne Anfang und ohne Ende, wandte sich herum und malte weiter.

Diese Worte imponierten mir. Ohne Anfang, ohne Ende! – Ich sah mein Bild genau darauf an und war sehr nachdenklich geworden. Endlich sagte ich: ‚Das wäre aber eine schöne Geschichte, Vater! wenn wir nun sterben und in den Himmel kommen, und am Ende wäre gar kein lieber Gott da!‘

Dafür nannte mich mein Vater einen dummen Jungen, jedenfalls das Gescheiteste, was er gesprochen hatte, und die gelehrte Unterhaltung war zu Ende. Später aber, da er durch Gottes Gnade seinen damaligen Standpunkt überwunden hatte, gestand er, wie jener Kindereinfall, so natürlich aus seiner Deduktion hervorgegangen, ihn in Verlegenheit gebracht, da er nichts anderes enthalten habe, als seinen eignen Hintergedanken.

Glücklicherweise beruht auch unser Glaube nicht auf klugen Folgerungen und Schlüssen, die, wenn sie ihn auch oft bestätigen mögen, ihn ebenso oft auch widerlegen und nach Kant nichts anderes sind als Fehlschlüsse. Ein besseres Zeugnis gibt

Gott selbst von seinem Namen auf allerlei Weise, und gerade in jener ernsten Zeit, von der ich schreibe, hat er sich in vieler Menschen Herzen offenbart."⁵

An die Geburt des Bruders Gerhard, der dreieinhalb Jahre jünger war, konnte sich Wilhelm von Kügelgen nicht erinnern. Dieser Bruder tauchte plötzlich in der Erinnerung auf als lieber Spielgefährte. 1808 wurde die Schwester Adelheid geboren.

„Ich spielte eines schönen Morgens oben bei Engelhards mit meinem Freunde Ludwig und war eben im Begriff, ein sehr wohlgeborenes Exemplar von Seifenblase zu vollenden, als mein Vater eintrat und mich abrief. Ich konnte mich aber nicht wohl entschließen, die köstliche, sich immer noch steigernde Farbenpracht eines Werkes zu zerstören, das an meinem Atem hing, und bat daher durch Nasentöne und Zeichen mit der linken Hand um Aufschub, bis ich erfuhr, es sei soeben ein Schwesterchen vom Himmel angekommen, das ich begrüßen solle.

Da ließ ich die Seifenblase platzen und ging an der Hand des Vaters hinab zur Mutter, deren Bette ich mich leise mit verhaltenem Atem nahte. Sie strich mir die Haare aus der Stirn und zeigte mir das Angesicht der Schwester, die ich mit Ehrfurcht betrachtete, weil sie so frisch aus Gottes Hand hervorgegangen. Die weiß gewiß noch, dachte ich, wie es im Himmel bei der seligen Maria aussieht.

Danach ward auch mein Bruder hergeführt, die Novität in Augenschein zu nehmen; und da es Nacht ward, stieg vielleicht ein seliger Geist vom Himmel nieder, um bei der Begrüßung der Geschwister nicht zurückzustehen."⁶

Mit dem „seligen Geist" bezieht sich Wilhelm von Kügelgen auf die vor seiner Geburt gestorbene Schwester, an deren Erscheinung unter den Lebenden die Mutter glaubte.

In Dresden gewann die Familie von Kügelgen viele Freunde, Künstler, hohe Beamte, Adelige und Pastoren, mit denen in zwangloser Geselligkeit verkehrt wurde, in die die Kinder einbezogen waren. Als die Mutter nach der Geburt der Schwester Adelheid einige Zeit leidend war, zogen die Kinder für kurze Zeit zu Freunden. Anschließend begleiteten sie die Mutter bei einer Badereise, an der auch eine befreundete Familie mit ihren Kindern teilnahm.

„Wir waren sämtlich nach der Stadt zurückgekehrt, gekräftigt und gebräunt, und meine Mutter fand sich so gebessert, daß sie sich einem unbequemen Werke, das ihrer wartete, gefahrlos unterziehen konnte. Die kleine Schwester nämlich schien mehr Platz zu brauchen als wir andern alle; unsere Wohnung war wenigstens zu eng geworden, und man hatte sich nach einer anderen umsehen müssen, was übrigens mit um so leichterem Herzen geschehen konnte, als unsere bisherigen lieben Hausgenossen schon früher ausgeflogen waren. Schuberts waren abgereist, Engelhards umgezogen und Leis seiner Kränklichkeit erlegen. Ich hatte daher beim Abschied nur Fritz Petzold zu umarmen, der mich jedoch des Sonntags noch ab und zu besuchte.

So bezogen wir denn im Spätsommer des Jahres 1808 die zweite Etage des Brelingschen Hauses an der Neustädter Allee, der schönsten und freundlichsten Straße Dresdens. Dies Haus, vor etwa hundert Jahren vom Grafen Zinzendorf erbaut, trug mit großen goldenen Buchstaben die an dem ganzen Sims hinlaufende

Inschrift: ,An Gottes Segen ist Alles gelegen' und wurde kurzweg ,der Gottessegen' genannt, den wir auch sämtlich drin gefunden haben.

Wir Kinder waren mit dem Wechsel sehr zufrieden, wir durchrannten mit Geschrei die neuen Räume, und da das Gebäude sich im Viereck um den Hof zusam-
menschloß, war es ein Staatsvergnügen, so immerzu zu laufen und doch unfehlbar
wieder am Ausgangspunkte anzulangen wie Weltumsegler. Auch bot die schöne
Promenade vor den Fenstern willkommenen Raum zum Spielen, so wie der wüste,
mit Wegerich bewachsene kleine Garten, in dem wir wühlen und machen konnten,
was wir wollten. Nicht sehr entfernt am Wiesentore wohnten Volkmanns, und Eltern und Kinder verkehrten täglich miteinander, je mehr und mehr zu einer einzigen Familie verwachsend.

Das alles war nicht übel; in andrer Art aber hätte ich mich beklagen können,
wenn ich den Verstand dazu gehabt hätte. Die regelmäßigen Beschäftigungen
nämlich, zu denen ich früher angehalten worden, hatten wegen Krankheit der
Mutter schon im Tepmannschen Hause einer Unterbrechung erlitten. Vielfache
Zerstreuungen waren nachher hinzugekommen, der Badeaufenthalt, neue Be-
kanntschaften, endlich der Umzug. Da nun die treue Mutter ihren Unterricht wieder beginnen wollte, zeigte es sich, daß ich Alles vergessen hatte und überhaupt
nicht mehr der alte war. Wieder vorne anzufangen, machte Unlust, man plagte sich
von beiden Seiten, ich lernte nichts, und als die Mutter obendrein von neuem erkrankte, kam ich aus Rand und Band, nahm zu an Torheit und Ungunst bei den
Menschen, ganz besonders bei Frau Venus.

Diese arme Kinderfrau mochte damals bittere Tage haben. Die Mutter meist
bettlägerig, der Vater von seiner Arbeit absorbiert, sollte sie allein nicht nur die
Schwester warten, sondern auch auf mich und meinen kleinen Bruder achten, der
ebenfalls den Sündenpfad der Ungezogenheit zu betreten anfing. In der Tat
mochte es allein schon eine Aufgabe sein, nur das mit einem Saugschwamm verse-
hene Milchfläschchen zu hüten, aus dem die Schwester genährt ward, denn die
gute Frau brauchte eben nur den Rücken zu wenden, so waren wir wie die Kälber
drüber her und sogen's aus. Schalt sie, so lachten wir und dachten auf neuen Un-
fug, versteckten ihre Sachen, brannten Papier und Haare an und prüften ihre Geduld auf jede Weise. Kurz, der alte Adam entfaltete sich dermaßen, daß es mir
selbst bisweilen leid tat, doch konnte ich's nicht wohl ändern.

Solcher Leichtsinn ward durch einen Trauerfall gedämpft, der mir zu Herzen
ging. Ein Schüler meines Vaters nämlich, der schon genannte Kraft, den ich sehr
liebte, war schwer erkrankt. Mein Vater, meine Mutter und alle Freunde taten alles,
was sie konnten, ihn zu erhalten; doch starb er schon nach einigen Tagen, und
zwar infolge eines Wäschewechsels, den er in einem unbewachten Augenblicke
gegen das Gebot des Arztes unternommen hatte. Er wurde in unserem Hause be-
trauert wie ein Sohn und Bruder.

Einige Tage nach dieser Katastrophe fiel mein Geburtstag. Als ich des Morgens
früh erwachte, war mein erster Gedanke an Kraft, der heute begraben werden
sollte. Dann bemerkte ich Licht im Zimmer und wie die Mutter leise herumwirt-
schaftend bereits das Bett verlassen hatte. Nun fiel mir auch der Geburtstag ein

und der Gedanke, daß die mütterliche Liebe für mich ungezogenen Jungen schon so früh bemüht sei, rührte mich nicht wenig. Ich lag mit dem Gesicht gegen die Wand, um aber der geliebten Mutter die Freude der Überraschung nicht zu verderben, kniff ich die Augen noch obendrein gewaltsam zu und hütete mich, mein Wachsein zu verraten.

Endlich rief die Mutter, ich solle aufstehen, es wäre Sieben – und von den verschiedenartigsten Gefühlen bewegt wandte ich mich herum. Aber in der Erwartung geburtstaglichen Glanzes war ich freilich sehr überrascht, nichts als ein heruntergebranntes Talglicht zu finden, bei dem die Mutter sich angekleidet hatte. Vom Geburtstag schien gar keine Rede sein zu sollen. Ich tröstete mich indessen mit der Wahrscheinlichkeit, daß bei einem alten Knaben von sechs Jahren, wie ich nun einer war, die bisherige Bettbescheerung unstatthaft geworden und ich am Frühstückstische beschenkt werden würde, wie der Vater. Als ich indes auch dort nichts fand und die Mutter mir statt der Geburtstagsschokolade gleichgültige Milch vorsetzte, mußte ich mir Gewalt antun, um meinen Schreck nicht zu verraten. Es war ein kummervolles Beieinander. Keiner sprach etwas und genossen wurde wenig.

Endlich ließ die Mutter sich vernehmen: ‚Du armer Junge! Du hast heute einen traurigen Geburtstag!'

Ach ja wohl! das war es eben. Meine Mutter hatte dem Faß den Boden ausgestoßen und das Salzwasser schoß mir aus den Augen. Jene fuhr fort, erzählte mir von Kraft, wie der diesen Morgen begraben werde, und wie das keine Stunde sei für Lust und Festlichkeit. Übrigens würde ich es ja wohl selbst am besten wissen, ob mein Betragen seit Lotzdorf so gewesen, daß man Freude an mir gehabt und wünschen könne, mir welche zu machen; sie hoffe aber, ich würde von nun an Sorge tragen, mich zu bessern, dann würden auch die Geburtstage wieder besser werden.

Die Mutter sprach sehr ernsthaft und ausführlich, und ich armer Schächer fühlte mein Unrecht äußerst lebhaft, so daß es mir unnatürlich vorgekommen wäre, noch obendrein beschenkt zu werden. Ich faßte aber die trefflichsten Vorsätze, und wenn diese auch mannigfach zu meiner Beschämung ausliefen, so mag doch Hinfallen und Wiederaufstehen uns armen Menschenkindern dienlicher sein als Aufstehen und nicht wieder Hinfallen.

Unterdessen stieg allgemach der Tag auf über die Dächer der gegenüberliegenden Häuser, die Lichter auf dem Frühstückstische verloren ihren Schein, und von der stillen Straße herauf dröhnte das dumpfe Rollen eines sich schwerfällig fortbewegenden Fuhrwerks. Wir traten ans Fenster und sahen eine lange Reihe dunkler Gestalten, den Vater an der Spitze, hinter dem Sarge des Freundes vorüberziehen. Meine Mutter trocknete sich die Augen, und auch ich weinte, denn ich hatte ihn sehr lieb gehabt.

Als am Abend desselben Tages Volkmanns mit noch anderen Freunden kamen und meine Mutter den Tee bereitete, schickte sie mich ins Nebenzimmer nach der vergessenen Zuckerdose. Ich nahm ein Licht und öffnete die Türe. Aber – wie soll ich das Außerordentliche einer solchen Überraschung schildern? Ich stand wie geblendet von der Herrlichkeit der Lichter, der Blumen und Geschenke, die auf weißgedeckter Tafel vor mir ausgebreitet waren. Ich mußte nach Luft schnappen, dann warf ich mich der Mutter in die Arme.

Die gleichfalls überraschte Gesellschaft drängte nun heran, man bewunderte, man freute sich mit mir, untersuchte die einzelnen Gegenstände und amüsierte sich ein Weilchen, ihren Gebrauch zu prüfen: als auf einmal die Stimme meines Bruders laut ward. Er hatte die ganze Zeit über, die Fäuste in den dicken Backen und die Ellbogen auf den Tisch gestemmt, vor dem Kuchen gestanden und seine Blicke in dem Zuckergusse wurzeln lassen, bis er nun endlich in die langsam akzentuierten Worte ausbrach: ‚Geht denn das Essen noch nicht los?‘

Das war Allen aus der Seele gesprochen, der Kuchen wurde abgeschlachtet, und uneingedenk der Eindrücke des Morgens schmauste ich behaglich mit den Andern und wußte nicht, welch ein Komplott die Großen unterdes an ihrem Teetisch machten. Sie waren nämlich übereingekommen, einen Informator anzunehmen, der bei uns wohnen, die kleinen Volkmänner aber mit unterrichten und uns Kinder allesamt in Zucht halten sollte. Den rechten Mann zu solchem Werke glaubte Vater Volkmann in einem jungen Theologen namens Senff in Leipzig bereits zu kennen und eröffnete mit ihm sofort die nötige Unterhandlung. Gleich nach Ostern sollte der neue Lehrer bei uns eintreffen, und wir Kinder sahen ihm als etwas Neuem gern entgegen, nicht ahnend, daß dieser Senff auch seine Schärfe haben könne."[7]

Wilhelm von Kügelgen beschreibt ein harmonisches Elternhaus und eine glückliche Kindheit, die aber nicht ohne Probleme verlief: Der Junge litt unter Halluzinationen und Ängsten einerseits im Zusammenhang mit Spielen, andererseits wohl hervorgerufen durch die Tatsache, daß er mit den Eltern in einem Zimmer schlief und dort ihre sexuellen Kontakte miterlebte, ohne sie zu verstehen.

„Ganz unvergeßlich in dieser Beziehung ist mir eine Nacht geblieben, deren Eindrücke und Gesichte mir noch heute nach 56 Jahren so lebendig vorschweben, als wenn alles erst gestern vorgefallen wäre. Mitten in der Nacht erwachte ich und schlug die Augen auf. Das Nachtlicht war erloschen, doch konnte ich die Umrisse der Dinge deutlich sehen. Mir zunächst standen die Betten meiner Eltern, welche, von einem gemeinschaftlichen Vorhange umzogen, ein besonderes Sanktuarium im Schlafzimmer darstellten. Hinter der halb verschobenen Gardine unterschied ich noch die Züge des mir zunächst liegenden Vaters.

Bald aber unterschied ich auch noch etwas ganz anderes. Unter dem Bette der Eltern begann es sich zu regen und zu bewegen und – siehe da! – ein scheußliches Gesicht erschien, das eines Bären. Dann folgte eine ungeheure Tatze, und im Umsehen war die ganze Ungestalt des Raubtieres vorgekrochen. Ihm folgten andere Tiere, und es war unglaublich, was aus dem engen Raume unter den Betten alles vorquoll. Da waren Wölfe, Panther, Löwen, Vielfräße, Ameisenlöwen, Dachse, ja der ganze Inhalt meiner Arche Noae war zu natürlicher Größe angeschwollen.

Das größte Entsetzen flößte mir ein Kalb ein. Es nahte sich meinem Bett auf sehr bedenkliche Weise, und die Schandtat sah ihm aus den Augen. Ich wollte schreien; doch mußte ich fürchten, mich dieser Bestie nicht noch bemerklicher zu machen, und hielt ein Weilchen an mich. Bald aber steigerte sich die Angst dermaßen, daß ich, mit Hintansetzung aller klugen Rücksicht, dennoch laut und vernehmlich in die Lärmtrompete stieß.

Mein guter Vater hatte sich in der Regel während des Tages so weidlich abgearbeitet, daß er einer ungestörten Nachtruhe sehr bedürftig sein mochte; doch schalt er nicht, suchte mich vielmehr sehr freundlich zu beruhigen. Ich hätte geträumt, sagte er, und weiter wäre es nichts.

Das fatale Kalb aber strafte ihn Lügen; es drängte immer näher und glotzte mich jetzt mit mehr als Kalbsaugen an. Da schrie ich laut, und der Vater verließ das Bett, um Licht zu machen. Zu diesem Behufe mußte er aber, weil kein Feuerzeug vorhanden, ins Nebenzimmer gehen, und als ich nun die väterliche Gestalt im kurzen Hemdchen durch das Gedränge der Quadrupeden hinschreiten sah, vergaß ich über der seinigen die eigene Gefahr und bat ihn flehentlich zurückzukommen.

Da! – hatt ich's der ruchlosen Bestie doch gleich angesehen: das Kalb sprang zu, und in dem Augenblicke, als der teure Vater die Klinke ergriff, um die Türe zu öffnen, schnappte es nach ihm und biß ihn mitten durch. Der ganze Oberkörper samt Hemd und Nachtmütze sank lautlos zur Erde nieder, die Beine aber entwischten mit besonderer Behendigkeit durch die sich rasch wieder schließende Türe.

Nun brach der gerechteste Schmerz bei mir erst recht aus, so daß die Mutter, welche mittlerweile ebenfalls aufgestanden war, mich tröstend in die Arme schloß. Aber was konnte das jetzt helfen! Da lag er ja, der unvergleichliche Vater, mitten durchgebissen, drei Schritte vor uns am Boden, beschnopert von dem siegreichen Kalbe, das alle Neigung zeigte, ihn vollends zu verschlingen. Die Mutter zwar wollte es in Abrede stellen; aber gegen den Augenschein ist schlecht zu predigen. Wir stritten lebhaft, bis sich die Türe wieder auftat und der ganze, vollständig gegliederte Vater im blendendsten Lichtschein eintrat.

Freudigeres Entzücken erinnere ich mich später niemals wieder empfunden zu haben. Mit dem hellen Glanz des Lichtes war der ganze Spuk verschwunden; ich hatte meinen geliebten Vater wieder und entschlummerte süß an seiner Seite."[8]

Materielle und soziale Umwelt

„Meine Kindheit fällt in eine der mörderischsten Geschichtsperioden. Während unsere kleine Familie auf der Halben Gasse ein Friedensbild häuslichen Glücks darstellte, trank die weite Erde das Blut ihrer Kinder in Strömen, und entsetzliche Hekatomben wurden dem Ehrgeiz eines Einzelnen hingeopfert, vor dessen Hauche alles Leben welkte wie das Gras vor dem Samum der Wüste. Das alte tausendjährige Römische Reich war in Scherben zerfallen, Preußen mit den Mittelstaaten in den Staub getreten oder abhängig gemacht worden, und nur Österreich fristete sich noch eine Art von kümmerlicher Selbständigkeit.

Meine Eltern litten schwer hierunter, allein wir Kinder empfanden es nicht. Wir saßen warm und wohlig im mütterlichen Nest, und ich erinnere mich, daß jener fürchterliche Krieg mir damals nur als Hindernis unserer Reise nach Rußland beklagenswert erschien."9

Die Familie lebte in gesicherten materiellen Verhältnissen, denn der Vater hatte als Portraitmaler in Petersburg ein Vermögen erworben. Gesellschaftlich zählte die Familie zum Adel, obwohl der Vater einen bürgerlichen Beruf ausübte. Die Familie verkehrte in Künstler-, Beamten- und pietistischen Adelskreisen. Sie lebte in Mietwohnungen und hatte weder Land, noch Hausbesitz. Die Haushaltsführung blieb den Mägden überlassen, so daß sich die Mutter ganz der Erziehung ihrer Kinder widmen konnte. Der Vater hatte sein Atelier in der Wohnung, war allerdings öfter auf Reisen.

„Inzwischen war gegen Ende der Abwesenheit meines Vaters die Mutter erkrankt, wahrscheinlich infolge verfrühten Wochenbettes. Wir Kinder erfuhren nur, daß sie unpaß sei und größte Schonung nötig habe; wenigstens verlangte der Arzt von uns, wir sollten da sein, als existierten wir nicht, und da das seine Schwierigkeiten hatte, so ward beschlossen, wenigstens mich und meinen Bruder einstweilen ganz aus dem Hause zu tun. Volkmanns, die allerdings das nächste Anrecht zu solcher Belästigung gehabt hätten, waren damals nicht vorhanden, indem sie einen vorübergehenden Aufenthalt in Leipzig machten, aber die Hofrätin Näcke nahm uns gern in ihre Hütten auf.

An ihrer Hand zogen die kleinen Exulanten in dem altehrwürdigen Amthause in der Pirnaischen Gasse ein, wo sie alles anders als zu Hause fanden, nämlich schlechter, wie sie meinten. Der Unterschied lag, abgesehen davon, daß das Amthaus nicht der Gottessegen und Näckes nicht unsere Eltern waren, vorzüglich in der Einrichtung. Meine Mutter bewohnte ihre besten Zimmer selbst, helle, luftige Räume mit einfarbigen Wänden, deren Schmuck sich auf wenige gute Bilder beschränkte. Nichts war bei uns verhangen, verschleiert und verkramt, keine Vögel, keine Blumen, keine Gerüche und nichts, was bloß des Putzes wegen dagewesen wäre. Sehr einfach waren auch die Möbel, im rechtwinkligen Kastenstil der Zeit, den man griechisch nannte und der mich ganz befriedigte.

Anders war es im Amthaus. Die heiteren, nach der Straße gelegenen Räume der schönen Wohnung wurden nicht bewohnt und schienen nur ihrer selbst wegen da zu sein. Es waren glänzende Putzgemächer, zu schade zum Gebrauch. Die Familie beschränkte sich vielmehr auf einige enge Zimmer, die nach dem düstern, von hohen Gebäuden umstellten Hofe sahen, dessen Ödigkeit sich durch das eintönige Plätschern eines Röhrbrunnens noch bemerklicher machte. Die Fenster gaben daher nur wenig Licht, das überdem noch durch bunte Gardinen gebrochen war. Die gedrängten Möbel, im Zopfstil phantastisch gespreizt und ausgeschweift, waren mit Porzellan, mit Muscheln und allerlei unnützen Nichtswürdigkeiten besetzt. Auf den Fensterbrettern standen Balsaminen, Geranien und Nelken; gelangweilte Goldfische in gläsernen Kugeln zierten die Spiegeltische, abwechselnd mit Potpourris, welche die Zimmeratmosphäre mit starken Gerüchen füllten. Das Hauptstück aber und die Krone aller Langweiligkeit war ein Vogelbauer von Golddraht, dessen Insasse, ein alter Dompfaffe, unablässig den Anfang des Dessauer Marsches pfiff."10

Lernen

„Geschlagen ward ich nur für gröbliche Widersetzlichkeiten. Doch mochte dies einmal, wenn wirklich die Sache so zusammenhing, wie ich mich ihrer erinnere, ziemlich unzweckmäßig geschehen sein, denn gerade mittelst dieser Strafe setzte ich meinen Willen durch.

Aus mir gänzlich unbekannten Gründen hielt es meine Mutter für geraten, mich etwa in meinem fünften Jahre eine öffentliche Schule besuchen zu lassen und sonderbarerweise zwar eine Mädchenschule. Möglich, daß die genaue Kenntnis von den Lastern kleiner Knaben, die sie aus ihrer Erziehungslektüre schöpfte, diesen sonst so unerklärlichen Gedanken erzeugt hatte; kurz die Sache war fest beschlossen. Ich wurde weiter nicht befragt und wußte überhaupt nicht recht, was mir bevorstand, als meine Mutter mir eines schönen Morgens ein wohleingewickeltes Butterbrot mit Gewalt in die zu enge Hosentasche bohrte, mich bei der Hand nahm und mit mir abzog. Sie konnte sich ja auf mich verlassen, da ich wahrscheinlich der gehorsamste Knabe war, der damals in Dresden existierte.

Jene Schule oder Privatanstalt befand sich auf der Seegasse in einem hohen düsteren Hause und in den Händen einer gewissen Mamsell Claß, die, mit der Hofrätin Näcke sehr befreundet, von dieser als geeignete Persönlichkeit empfohlen worden war. Schon auf der Treppe, die nach Dresdner Art stockdunkel und unsäglich stinkend war, wurde mir das Ding bedenklich und ich schlug vergeblich vor, ob wir nicht lieber umkehren und in unser schönes helles Haus in der Vorstadt zurückgehen wollten. Als wir nun aber erst in die Zimmer traten und ich die vielen Mädchen sah, die gleich ihrer Lehrerin sämtlich Titusköpfe hatten und mich mit den Augen fast verschlangen, wurde es mir gelb und grün und jämmerlich ums Herz, und ich bat die Mutter flehentlich, mich wieder mitzunehmen. Mamsell Claß nahm mich indessen in die Arme, herzte mich, sprach mir auf sächsisch zu, und währenddessen war meine Mutter weg.

Worauf es nun bei dieser Sache eigentlich abgesehen war, kann ich nicht sagen, genug, die Lehrerin gab mir Spielsachen, und während ich an einem Seitentischchen meine Tränen verschluckend einen kleinen Meierhof aufbaute, setzte jene ihren Unterricht mit den Mädchen fort. Soweit ging alles leidlich; ich nahm die Sachen wie sie waren, schickte mich in die Zeit und wurde endlich so vertraut mit meiner Lage, daß ich sogar Versuche machte, mein Butterbrot hervorzuziehen, was jedoch nicht gelang. In der Freiviertelstunde aber, als Mamsell Claß uns auf kurze Zeit verließ, drangen die kleinen Mädchen mit ihren Pudelköpfen lachend und kreischend auf mich ein, ja, sie fielen recht eigentlich über mich her wie Bacchantinnen über einen Orpheus, rissen sich um mich, und wer mich erwischen konnte, liebkoste mir und küßte mich. Ich spreizte meine Glieder wie ein Mistkäfer, den man in hohler Hand hält, hieb und stieß mit allen Vieren um mich, bis die Lehrerin wieder eintrat und der Greuel sich legte.

Man mag hieraus ersehen, daß ich eben noch ein dummer Junge war, ein Idiot, ohne jede Würdigung der großen Güte, die man mir erzeigte, denn ohne Zweifel waren alle diese Mädchen von sehr mütterlichen Gefühlen gegen mich erfüllt. Vergessen habe ich sie freilich nicht; sie hinterließen mir einen so unauslöschlichen Eindruck, daß ich die Physiognomien von mehreren der kleinen Plagegeister noch heute im Gedächtnis habe.

Als mich nun meine Mutter am andern Morgen wieder in diesen Türkenhimmel versetzen wollte, erklärte ich sehr entschieden, daß ich nicht wolle. Die Mutter redete mir freundlich und mit den überzeugendsten Gründen zu, dann auf sehr ernste Weise, und befahl mir schließlich, ihr zu folgen: ich blieb bei meinem Satze. Endlich, bestürzt über so unerhörte Renitenz, führte sie ihre Kerntruppen ins Feuer und fragte mich, was ich lieber wolle, ein Produkt Ruten – wie sie sich ausdrückte – oder in die Schule gehen? und damit hatte sie das Spiel verloren. Ein Blick im Geiste auf die vielen Mädchen und ihre Zärtlichkeiten ließ mich nicht schwanken – ich wählte das ‚Produkt'. Das mochte zwar gehörig ‚anziehen' – wie man in Dresden sagt –, ja, ich erinnere mich, daß es sogar über 'Erwarten anzog, doch aber konnte es im Vergleich zu jenem, mir so überaus widerwärtigen Mädchenzwinger nicht in Betracht kommen. Ich war nun frei, und meine Mutter stellte mir nie wieder dergleichen Alternative."[11]

Mit sechs Jahren erhielt Wilhelm von Kügelgen einen Hauslehrer, der ihn gemeinsam mit den Kindern einer befreundeten Familie unterrichtete. Lesen, Schreiben, etwas Rechnen und Geographie hatte er schon bei der Mutter gelernt.

„Mein Umgang mit dem alten Freunde Talkenberg war freilich jetzt so ziemlich auf nichts reduziert, denn für Feier- und für Arbeitsstunden war ich dem Lehrer übergeben, wohnte mit auf seinem Zimmer, ging mit ihm aus und ein und spielte auch gewöhnlich unter seiner Aufsicht. Das alles war kein Nachteil, denn Senff war ein trefflicher und frischer Mensch, und nichts konnte verfehlter sein als Talkenbergs Annahme, daß ich unter seiner Zucht verprinzeln und die Anwartschaft auf einen rechten Kerl verlieren würde. Senff hatte vielmehr ganz entschiedenen Widerwillen gegen jede Art von Verweichlichung, gegen alles verschrobene und gemachte Wesen wie gegen Affektation und angelernte Manieren. Er wollte, daß wir uns zeigen sollten, wie wir eben waren, gewöhnte uns an strenge Wahrheit unserer Ausdrucksweise und duldete keine Äußerung, die nicht im Einklange mit unserer Empfindung und Einsicht gewesen wäre. Fiel dergleichen bei anderen Kindern vor, so machte er uns aufmerksam und lachte darüber. Freilich wurden bei solchen Wahrheitsbestrebungen so manche hergebrachte Formen konventioneller Höflichkeit mit anderen Affektationen in einen Topf geworfen, und ich wuchs unvermerkt in eine Richtung hinein, die mir im späteren Verkehr mit Menschen hinderlich geworden; denn die Gesellschaft will nichts weniger als Wahrheit, mit der sie nicht bestehen kann. Dafür blieben wir aber auch allesamt von jenem gemachten Wesen frei, das, bei Männern wie bei Frauen widerwärtig, jede freundschaftliche Annäherung unmöglich macht.

In solcher Natürlichkeit verstanden wir Kinder uns vollkommen mit unserem Lehrer und machten es ihm daher auch ganz vollkommen zu Dank. In anderer Hinsicht mußte namentlich ich mich erst gewöhnen lernen. Zwar daß Senff beim Unterricht auf Ordnung halten, mich meistern und durch Besserwissen molestieren würde, hatte ich anders nicht erwartet, daß er aber auch die Anmaßung haben würde, meine Spiele zu beherrschen, das war mir überraschend und außerordentlich zuwider. Doch mochte er gerade damit den besten Einfluß üben, indem er nicht nur eine mir angeborene unstete Leidenschaftlichkeit in meinen Liebhabereien zu zügeln und mir durch sein tätliches Eingreifen allerlei praktische Kenntnisse und manuelle Geschicklichkeiten beizubringen wußte, sondern mich auch nötigte, bei allem, was ich tat, mir meines Tuns bewußt zu werden und mit der gewissenhaftesten Akkuratesse zu verfahren.

Inzwischen war mir die Unbequemlichkeit solchen Zwanges einleuchtender als dessen Nutzen. Ich fühlte mich in der gewohnten Freiheit allzusehr beschränkt, und da Senff noch obendrein seiner Neigung, mich bei den Ohren zu zausen, nicht immer Einhalt tat, mich auch hin und wieder mit Püffen und Kopfnüssen regalierte, so vereinigten sich alle diese Umstände, mich irre an ihm zu machen, und ich fing nachgerade an, ihn in meinem Herzen für einen Bösewicht zu halten.

Diese Annahme wurde jedoch beizeiten durch eine seltsame Erscheinung paralysiert. Es traf sich nämlich, da ich meinem Lehrer in der Rechenstunde gerade gegenüber saß, daß ich einen wunderbaren Schein um seinen Kopf bemerkte. Vielleicht daß der Kontrast seiner dunkelbraunen Locken zu dem hellerleuchteten Hintergrunde einer gelben Wand an der Grenze beider den Anschein einer Lichtverstärkung bewirkte, oder was es sonst sein mochte, genug, ich sah eine Glorie wie um gemalte Heiligenbilder und geriet darüber in die eigentümlichsten Vermutungen.

Die besten Menschen waren bei ihren Lebzeiten für Bösewichter gehalten und hingerichtet worden, das wußte ich aus einem die Martern der Heiligen darstellenden Kupferwerke meines Vaters, und war es daher nicht denkbar, daß auch Herr Senff ein Heiliger und nur von mir verkannt sei, wie jene von ihren Zeitgenossen?"[12]

Spiel

„In reiferen Jahren sind Altersgenossen die genußreichsten Gefährten, in der Kindheit keineswegs; man gibt und nimmt zu wenig von einander. Daher schließen sich Kinder auch am liebsten an Erwachsene an, wo sie bei diesen nur einige Neigung finden, sich mit ihnen zu bemengen. Solche Neigung aber zeigten mir zwei treffliche Mitbewohner unseres Hauses.

Es war ein großer Vorteil dieses Hauses, daß unsere besten Freunde gleich mit darin wohnten, und zwar nicht nur kleine Leute, wie Ludwig Engelhard und Fritz Petzold, sondern auch solche, an denen sogar die Eltern aufzusehen hatten. Ich nenne hier zuvörderst den nachmals durch seine Schriften sehr bekannt gewordenen Naturphilosophen Gotthilf Heinrich Schubert, welcher sich als junger Ehemann mit seiner Frau und seinem kleinen Töchterchen Selma damals vorübergehend in Dresden aufhielt. Schubert wohnte gerade über uns, und im täglichen Verkehr der Hausgenossen gestaltete sich eine Freundschaft, welche bis ans Grab gehalten hat und an welcher auch ich mein Teilchen fand. Wer jenen überaus liebenswürdigen Gelehrten, namentlich in jüngeren Jahren, gekannt hat, wird es begreifen, daß ein kleiner Junge mit schwärmerischer Neigung an ihm hängen konnte. Oft saß ich stundenlang mit Selma auf seinen Knien, den wundersamen Geschichten horchend, die er zum besten gab; dann wieder lehrte er mich Purzelbäume schießen oder ich ritt auf seinen breiten Schultern und schrie Zeter, wenn er mit mir durch den Garten raste.

Ein zweiter, ebenfalls literarischer Hausgenosse, den meine Eltern schon von Petersburg her kannten, wo er sich früher als Erzieher aufgehalten, hieß Onkel Leis. Obgleich noch ein junger Mann, lebte Leis kränklichkeitshalber doch sehr zurückgezogen. In seinem Dachstübchen war er immer anzutreffen, studierend oder für Journale schreibend, in Mußestunden aber oder des Abends suchte er Aufheiterung in unserem Familienkreise und gab sich dann namentlich gern mit mir ab. Er machte Feuerwerk, Papierlaternen, Drachen, lehrte mich Kartenschlösser bauen, mit der Armbrust schießen und dergleichen Kurzweil mehr. Das Beste entstand jedoch an traulichen Winterabenden. Während meine Mutter vorlas und mein Vater kleine Götter- und Heroengestalten aus Wachs modellierte, pappte Leis für mich eine elegante Ritterrüstung, die er mit Silberpapier beklebte und welche sehr viel schöner ausfiel als alles, was man damals für Geld kaufen konnte. Dazu wurden Schwert und Lanze und ein ausgelassenes Steckenpferd gefertigt, das nur mit Mühe zu regieren war.

So ausgerüstet pflegte Onkel Leis den jungen Ritter des Abends durch dunkle Zimmer und Gänge nach den entferntesten Regionen der Wohnung auszusenden, um gewisse Ungeheuer, die sich dort aufhalten sollten, zu erlegen. Dann freute er sich an den lebendig dargestellten Erlebnissen des allezeit siegreich Zurückkehrenden und war unerschöpflich in neuen Aufträgen und Erfindungen.

Meine Mutter warnte des öftern aus mehrfachem Grunde. Ihr waren die kolossalen Lügen, zu denen ich gewissermaßen genötigt wurde, sehr bedenklich; besonders aber fürchtete sie eine zu frühzeitige Überreizung der Phantasie, wie ihr den überhaupt jede aufregende Unterhaltung für Kinder nachteilig zu sein schien. Leis bestritt ihre Gründe als Pädagog vom Fach. Er wollte ja nur Mut und Nerven stählen und behauptete, daß das Edelste im Menschen, der schaffende Geist, nicht frühzeitig genug und am besten spielend zu wecken sei. So nahmen denn jene abendlichen Unterhaltungen ihren Fortgang, und Leis teilte schließlich das Schicksal der meisten gelehrten Pädagogen seiner Zeit, indem er so ziemlich das Gegenteil von dem erreichte, was er wollte.

Ich ritt allabendlich meine dunklen Wege mit größter Zuversicht, weil ich sehr wohl wußte, daß alles doch nur Spiel war und die Feinde, die ich zu bestehen hatte, nicht existierten; doch wurde meine Phantasie in unnatürliche Spannung gesetzt, und es fehlte fortan nur ein Anstoß, sie vollends krank zu machen. Diesen herbeizuführen, stand auch Leis nicht lange an.

Als ich eines Abends von meiner abenteuerlichen Fahrt zurückkehrend ein dunkles Zimmer zu passieren hatte, barst plötzlich jener Mentor aus einem Verstecke vor, grunzend und auf allen Vieren laufend wie ein wilder Eber. Er mochte erwartet haben, daß ich sogleich vom Leder ziehen und ihm zu Leibe gehen würde;

statt dessen aber bestand ich die Probe schlecht und hatte fast den Tod vor Schreck. Von da an blieb ich lange Zeit ein Hase. Ich traute mich in kein dunkles Zimmer mehr und war unvermögend, des Abends einzuschlafen oder auch nur in meinem Bette auszudauern, wenn nicht jemand bei mir blieb."[13]

„In Dresden gingen die Spitzblattern um, und wir drei Geschwister erkrankten gleichzeitig daran. Das war nun keine sonderliche Freude, doch hatten gerade wir Patienten die wenigste Unbequemlichkeit davon. Es ging uns in der Tat nichts ab; unsere kleinen Betten, gegen das Herausfallen mit Geländern versehen, standen gesellig nebeneinander in einem freundlichen, mit unterhaltenden Bildern versehenen Zimmer. Die pflegende Mutter war immer bei uns, der Vater ab und zu, und während das Schwesterchen mit seinen eignen Händen spielte oder an der von Weimar mitgebrachten Kinderklapper kaute, besahen wir andern die vom Vater mit großer Munifizenz gespendeten Kupferwerke, schnitten Papierfiguren aus und kneteten allerlei Blumen und Gestalten aus buntem Wachs, mit denen wir die Ränder unserer Bettstellen beklebten. Unter solchen Umständen läß sich's schon krank sein, und ich hätte auch heute nichts dagegen, wenn Spitzblattern das einzige Übel wären, was den Menschenleib betreffen könnte.

Die angenehmste Erinnerung aus jener Krankheitsperiode knüpft sich an die Abendstunden, wenn die Rouleaux herabgelassen, die Lichter angezündet waren und die Schwester schlief. Dann fand die Mutter Ruhe, sich mit ihrem Strickstrumpf zwischen uns zu setzen, und wir plauderten von allem, was uns einfiel. Am liebsten war's uns, wenn die Mutter was erzählte, namentlich von ihrer fernen Heimat, die wir auch als die unsrige betrachteten, von jenem abgelegenen Küstenlande mit seinen dunkeln Wäldern und schimmernden Wiesenflächen, mit seinen frischen Quellen und ewigen Morästen, durchirrt von Elentieren, Bären, Wölfen, wo auch die Großeltern hausten und zahlreiche liebe Verwandte unsrer dachten und wohin wir selbst auch bald zurück sollten.

Die wilden Bestien waren jedoch das Beste, und namentlich wußte meine Mutter von Wölfen sehr effektvoll zu berichten."[14]

Arbeit

Um den Reiz des Spiels zu verstärken, mußten die Kinder jeden Tag einige Zeit „arbeiten", d. h. mit nützlichen Beschäftigungen wie Garnwickeln, Schnurenmachen und Läppchenzupfen verbringen.

Anmerkungen

1 Wilhelm von Kügelgen, Jugenderinnerungen eines alten Mannes, Leipzig 1924, S. XV
2 A.a.O., S. 2
3 A.a.O., S. 8ff.
4 A.a.O., S. 22ff.
5 A.a.O., S. 26ff.
6 A.a.O., S. 29
7 A.a.O., S. 35–38
8 A.a.O., S. 13f.
9 A.a.O., S. 28
10 A.a.O., S. 39
11 A.a.O., S. 24ff.
12 A.a.O., S. 48f.
13 A.a.O., S. 11ff.
14 A.a.O., S. 42f.

Fürstin Marie zu Erbach–Schönberg Prinzessin von Battenberg

Marie Prinzessin von Battenberg, geboren 1852, veröffentlichte ihre Autobiographie 1920. Sie wollte in ihren Erinnerungen in erster Linie das Erwachen der Kinderseele beschreiben.

„Die Zeit, an die ich in diesen Blättern gedenke, scheint sehr fern zu liegen, im Spiegel der heutigen gesehen, und dennoch birgt sie schon die Keime in sich zu der erschütternden Tragik unserer jetzigen Tage.

Wie ein schwarzes Band zog das Unheil – Politik genannt – durch die Schicksale der Meinen und verflocht uns eng und schmerzhaft, und dennoch schuldlos, mit den Geschicken fremder Völker und des eigenen Volkes.

Die dunkeln Riesenflügel der Gegenwart und Zukunft beschatten die Heimathöhe meiner Seele.

Reines Licht aber erstrahlt mir aus der Kinder- und Jugendzeit."[1]

Bezugspersonen, materielle und soziale Umwelt, Lernen, Spiel, Arbeit

Die Eltern waren Alexander Prinz von Hessen und bei Rhein und Julie Prinzessin von Battenberg, geborene Gräfin von Hauke. Da die Mutter als geborene Gräfin nicht ebenbürtig war, durften sie und ihre Kinder nicht den Namen des Mannes bzw. Vaters tragen. Die kleine Stadt Battenberg wurde aus unbekannten Gründen ausgewählt, um der Mutter einen hessischen Namen zu geben. Der Vater wiederum nahm nicht den Namen seiner Frau an, um nicht von der Thronfolge ausgeschlossen zu werden. Der Vater war österreichischer Offizier. Seine Tochter schreibt: „In meinen Kinderjahren fühlte ich mich überhaupt ganz als Österreicherin, das hessische Bewußtsein kam erst viel später."

Und weiter berichtet sie über ihre Kindheit:

„Mit Kanonendonner und den üblichen Freudenbezeugungen loyaler Untertanen bin ich nicht bei meiner Ankunft in der Welt empfangen worden – ich glaube sogar, daß außer meinen Eltern niemand an der Geburt des kleinen Mädchens große Freude empfand, das dort in der schönen Schweiz zum ersten Male die Augen öffnete. Für meinen Vater aber, dem ich an seinem eigenen Geburtstage zum ersten Male in die Arme gelegt wurde, bin ich ein Gottesgeschenk gewesen. Er hat mir später erzählt, wie er mit Freudentränen hinausgestürzt sei an den blauen See und sich immer wieder selbst zugerufen habe: ‚Ich habe eine Tochter und an meinem Geburtstage ist sie mir geschenkt worden.' Daß ich eine junge und sehr schöne Schweizerin, die Martha hieß, als Amme bekam, ist das einzige, das ich je über mein erstes Lebensjahr in Genf erfuhr.

Meine Liebe zu den Bergen, zur Freiheit und manche etwas republikanische Neigungen schreibe ich meiner Schweizer Geburt und Ernährung zu und freue mich darüber. Als ich ein Jahr alt war, trat meine spätere treue Erzieherin und Freundin, Fräulein Adele Bassing, schon ihr Amt bei mir an. Ihr Bild, das meiner Eltern und der guten treuen Diener des Hauses, des Ehepaares Illert und der Kammerfrau Büchler, tauchen erst viel später in meiner Erinnerung auf. – Ich muß etwa zwei Jahre alt gewesen sein, als wir nach Graz kamen. Dort wurde mein Bruder Ludwig geboren, und ich glaube mich an seine Taufe zu erinnern. Da ich mich aber dabei in einem wollenen Unterröckchen sehe, kann es wohl nur der Moment sein, als ich für diese Feier angekleidet wurde, der mir vorschwebt. – Von Graz erinnere ich mich *deutlich* nur einer Brücke, auf der ich stand an der Hand meiner Bonne und eines alten Herrn, der in späteren Jahren eine sehr beliebte Rolle in unserem Kinderleben spielte und Baron Drachenfels hieß. Er hatte mich angefaßt und drohte mir, daß er mich über die Brücke hinunter in den Fluß werfen wolle. Die furchtbare Angst und den Trotz, den ich bei diesem dummen Spaß empfand, fühle ich heute noch in der Erinnerung. – Das gute runzlige Gesicht einer alten Kinderfrau, die Evi hieß und aus Steiermark war, ist mir aus jenen ersten Lebensjahren noch im Gedächtnis; sie hatte aber mehr mit meinem Brüderchen zu tun als mit mir. Als ich etwa vier Jahre alt war, lebten wir in Verona, und dort wurde Sandro geboren. *Seiner* Taufe erinnere ich mich mit Bestimmtheit: ich sehe einen Prediger im Chorrock, ein großes Zimmer, einige Damen und Offiziere und einen uralten weißhaarigen General mit gebeugtem, zittrigem Haupte und triefenden roten Augen, der das kleine Kind auf den Armen hielt und den alle mit der größten Ehrfurcht behandelten. Es war der große Feldmarschall Österreichs, Radetzky, und nach ihm wurde der Kleine Josef genannt. Alexander hieß er nach dem russischen Kaiser. Sandro nannte ihn seine Amme, die schöne Italienerin Corona, deren Kranz von silbernen Nadeln auf dem Hinterkopfe ich immer sehr bewunderte, und die vor Jahren, als ihres Pflegekindes Ruhm bis in ihr fernes Dorf gedrungen war, nach Deutschland pilgerte, um ihren Principino wiederzusehen und ihm zu huldigen.

Von Verona selbst weiß ich an nichts anderes mich zu erinnern, als einen Spaziergang auf Festungswällen und die melancholischen Trompetensignale der dort stationierten ,Jäger'. Auf den Wällen wuchs weicher Rasen, der in mir immer den Wunsch erweckte, mich darauf ausstrecken zu dürfen, und mit dem ich den Begriff von ,Landleben und Freiheit' verband. Ludwig und ich waren damals gleichmäßig gekleidet – karierte Wollenkleidchen und weiße Hüte – der meinige mit Rosen – der seinige mit Gänseblümchen garniert. Als *er* dann das russische Kostüm bekam mit hohen Stiefeln, weiten Beinkleidern und gestickten Blusen und ich meine Kleidchen weiter tragen mußte, war mir das gar nicht recht. Wir waren ein Herz und eine Seele, Tag und Nacht unzertrennlich, und als Sandro zu sprechen anfing, nannte er uns: ,Der Puppi – Luli.' Puppi wurde ich von allen genannt wegen meiner Kleinheit.

In die Zeit, als ich vier oder fünf Jahre alt war, muß ein Aufenthalt meiner Eltern in Jugenheim gefallen sein und ein Besuch in Bad Brückenau bei meiner Tante und Patin, der Kaiserin Marie von Rußland, Gemahlin Alexanders II. Ich erinnere mich an Alleen, wie sie in Italien nicht vorkamen, an ein Hotel oder Kurhaus, an das ernste, liebevolle Gesicht einer vornehm aussehenden Frau, die Papas Schwester war, wie man mir sagte, und die ‚Majestät‘ genannt wurde, an ein kleines Mädchen, das so alt war wie ich und blonde Haare hatte, und mit dem ich, schön geputzt, im Eßzimmer erscheinen mußte, wenn die großen Leute noch bei Tisch saßen. Da war auch ein Junge in weißem Anzuge, der sehr ausgelassen war und mich neckte und den ich schrecklich beneidete, weil er schon sieben Jahre alt war, mit am Tische saß und nicht hereinzukommen brauchte. (Es war der Großfürst Alexis.)

Dieses zum Dessert ‚Hereinkommenmüssen‘ war noch viele Jahre eine der ‚Prüfungen‘ meiner Kindheit. Unaussprechlich habe ich dabei gelitten, weil es meinem innersten Wesen widerstrebte, erst an der Türe eine Verbeugung zu machen, die jedesmal linkisch ausfiel und mir einen französischen Verweis von Mama zuzog, und dann, verlegen, den einzelnen fremden Leuten guten Tag zu sagen. Ohne Tränen ging es fast nie ab, und ich erinnere mich genau, daß recht häßliche und unfreundliche Gefühle in meinem Kinderherzen aufstiegen gegen die Gäste meiner Eltern, denen zu Ehren ich mich dieser ‚Pein‘ unterziehen mußte. Ludwig hingegen, der lächelnd und freundlich alle begrüßte, erregte sehr bald meinen Neid; je unbefangener er sich gab, je mehr er bewundert wurde, um so verschlossener und unfreundlicher wurde ich. Es gibt ein Bild von mir aus jener Zeit, als ich vielleicht fünf Jahre alt war, ein Daguerreotyp, auf dem ich ganz finster vor mich hinsehe, mir kurzen, gescheitelten dunklen Haaren, einem karierten Kleidchen und ausgespreizten Händchen – recht wenig hübsch und mit einem Nolimetangere-Ausdruck, der es begreiflich macht, daß Ludwigs ‚sonniges‘ Wesen neben der ernsten kleinen Schwester sehr vorteilhaft abstach. Warum ich für sogenannte ‚fremde Leute‘ – und zu dieser Kategorie rechnete ich alle, die nicht in das Haus gehörten – in diesen jungen Jahren so wenig Wohlwollen empfand, obschon jedermann freundlich gegen mich war, kann ich mir nicht erklären. Es lag wohl in meiner Natur, denke ich mir, gar keine Neugier für andere zu empfinden und die teilnehmenden Blicke fremder Menschen wie einen Eingriff in meine Rechte zu betrachten. Es ist mir auffallend, daß ich mich jetzt, nach so vielen Jahren, der äußerlichen Erlebnisse jener fernen Zeiten nicht deutlich erinnere und dafür mit voller Klarheit mir der Empfindungen bewußt bin, die meine Kinderseele bewegten. Ich kann es deswegen auch nicht ertragen, wenn man Kinder neckt oder über ihren Gesichtsausdruck Bemerkungen macht. Welche Fülle von stürmischen, gehässigen, leidenschaftlichen und liebevollen Regungen in einem solchen kleinen Herzen Raum haben – das weiß ich nur zu gut.

Während der zwei oder drei Jahre, die wir in Verona zubrachten, ist mir ein Aufenthalt zu heißer Sommerszeit in einem alten Landhause, Chievo genannt, in Erinnerung. Die Gegend muß nicht schön gewesen sein – Maisfelder und wenig Schatten, eine weite Ebene und ein ewig blauer Himmel, an dem wir Abend für

Abend vergeblich nach einem Regenwölkchen spähten – ein düsteres, winkeliges Haus und ein dunkler Saal mit einer Bühne darin, auf der wir Kinder mit Wonne uns herumtummelten – das sind so ziemlich die einzigen Eindrücke, die mir geblieben. Dann weiß ich noch, daß die Cholera in dem Dorfe herrschte, das zum Landhause gehörte, und daß auch in unserer allernächsten Nähe Fälle vorkamen und Illert, der spätere Haushofmeister, wegen seiner übertriebenen Angst etwas verspottet wurde.

Von meinen Eltern erinnere ich mich nicht viel in jenen Jahren; wir Kinder lebten mit Adele und der Bonne, erst Evi, die alte Kinderfrau, später Hortense, eine Schweizerin, und Harriet, eine Engländerin, ganz für uns. Papa sahen wir meist in Uniform und zu Pferd – es war aber immer ein Jubel, wenn er zu uns kam, mit uns lachte und spaßte. Er war und blieb der Sonnenschein in unserem Leben, sowohl in der Kindheit als in späteren Zeiten, und ich kann mich keines einzigen Augenblicks entsinnen, an dem er anders als liebevoll, freundlich und gütig gegen uns gewesen wäre. Vor Mama fürchteten wir uns immer etwas, weil sie streng war und verlangte, daß wir französisch mit ihr sprächen. Sie hatte uns jedenfalls alle gleich lieb, aber es lag in ihrer Art, gegen das *jüngste* Kind stets am zärtlichsten zu sein, und ich erinnere mich, daß wir Ältesten uns manchmal darüber aufhielten. Wenn sie uns lobte, machte es uns immer großen Eindruck.

Der kurzen Aufenthalte in Jugenheim in jenen Jahren kann ich mich fast gar nicht erinnern – es müssen wohl nur sehr flüchtige Eindrücke gewesen sein, die ich damals empfing, und das Heimatsgefühl für unseren schönen lieben Berg muß erst erwacht sein, als wir 1859 einige Monate dort zubrachten. Im Jahre 1857 wurde Papa nach Mailand versetzt. Dort wohnten wir in einem schönen großen Hause, Casa Somailow; es gehörte einer russischen Dame, von der allerhand merkwürdige Geschichten erzählt wurden. Sie selbst wohnte aber nicht darin, sondern war immer auf Reisen. In dem schattigen Garten lagen mehrere Hunde der Gräfin Somailow begraben, und ihre Grabsteine mit darauf eingravierten Namen interessierten uns Kinder sehr. In diesem Garten verbrachten wir glückselige Stunden, besonders als wir zwei schwarze Schafe zum Geschenk erhalten hatten, die an einen kleinen Wagen angespannt wurden.

In dem Hause waren prachtvolle Räume: ein Tanzsaal mit himmelblauseidenen Möbeln und viel Gold, ein Eßzimmer, dessen Decke und Wände mit pausbackigen Kindern bemalt waren, die Früchte und Gemüse, Geflügel und Wildbret in ihren Händen trugen. Unser Kinderschlafzimmer war ein sehr großer, hoher Raum – den Boden bedeckte ein glatter grüner Teppich, der mir wie eine Wiese vorkam, und an der Decke wimmelte es von Göttern und Göttinnen. Es stellte den Olymp dar, wie man uns erzählte. (Dabei fällt mir ein, daß ich doch erwähnen sollte, daß ich, dank eines Lesekartenspiels, das Adele mit mir trieb, schon mit *vier* Jahren fließend lesen konnte, und daß man mir, um meiner Lesewut zu steuern, mit sechs Jahren die Bücher zeitenweise wieder wegnahm. Geschrieben habe ich auch schon in sehr jungen Jahren, aber das Rechnen war mir ein Greuel. Das Klavierspielen fing ich auch im siebenten Jahre an, und als ich neun Jahre alt war, konnte ich schon mit Papa vierhändig die Ouvertüre zur ‚Stummen von Portici‘ spielen.)

Um zur Beschreibung des Mailänder Hauses zurückzukehren, muß ich noch ein kleines, heimliches, dunkles Zimmer erwähnen, in dem meine Eltern nach Tisch zu sitzen pflegten. Papa saß dann rauchend am Kamin, nahm Ludwig und mich auf die Knie, ließ uns reiten und hinunterfallen, schenkte uns die Strohnadeln, die in seinen langen Virginiazigarren staken, und las dann immer zum Schluß eine Zeitung. Geduldig warteten wir Tag für Tag, bis er sie zu Ende gelesen – und dann kam der große Moment, wo er das Blatt, völlig entfaltet, auf die Flammen des Kamins warf. Mit täglich neuer Freude und Spannung verfolgten wir dann, vor dem Kamin kniend, die Krümmungen und seltsamen Figuren, die das brennende Papier machte, bis es endlich zu einem Häuflein Asche zusammensank.

In dieser Stunde nach Tisch waren wir aber selten allein mit den Eltern; es war meistens noch einer oder der andere Adjutant dabei, und einiger Gesichter erinnere ich mich noch ganz deutlich. Einen Baron Riesenfels, der persönlicher Adjutant war, seine Frau und sein Töchterchen, das manchmal zu mir kam, sehe ich noch vor mir. Ich glaube aber, daß diese Gestalten noch nach Verona gehören, und daß in Mailand Baron Rotsmann schon im Hause war. Wenigstens sehe ich ihn in seiner weißen Uniform in jenem kleinen Zimmer sitzen; er neckte mich oft, und ich hatte ihn nicht besonders gern. Dann war manchmal ein ganz junger Offizier da, der Leutnant Bauer hieß, der mir einmal in einem Obstgarten vor der Stadt Pflaumen von den Bäumen holte, und den ich deswegen in mein Herz geschlossen hatte. – Es tat mir sehr leid, als ich hörte, daß er bei Solferino gefallen sei. Hier und da tauchte auch ein sehr lustiger Offizier in weißer Uniform auf, der sehr wenig Haare hatte und einen großen Schnurrbart, der uns Kindern Faxen vormachte und sich viel mit uns abgab. Es war Hugo v. Erbach-Fürstenau, mein späterer Schwager. Dann erinnere ich mich eines Generals Marsano, der ein gutes ernstes Gesicht hatte und eine mit mir gleichaltrige Tochter namens Guiseppina besaß. Dieses etwas derbe und nicht sehr hübsche kleine Mädchen wurde mir öfters zum warnenden Beispiel aufgestellt, und die merkwürdigsten Geschichten kursierten über sie. Eine davon ist mir im Gedächtnis geblieben, und ich glaube, daß ich sie nicht von Mama oder Adele, sondern von irgend sonst jemand im Hause hörte. Es wurde erzäht, daß sie im Vorzimmer ihres Vaters auf dem Schoße einer Ordonnanz gesessen habe, als Besuch hereinkam. Übrigens vertrat diese Ordonnanz im Marsanoschen Hause die Stelle der Bonne, und die arme Guiseppina wurde recht wunderlich erzogen.

Von der Stadt Mailand selbst weiß ich nicht mehr viel – nur an den Dom erinnere ich mich deutlich, weil ich seine weißen, spitzenartigen Verzierungen grenzenlos bewunderte. Die Spaziergänge beschränkten sich täglich auf den Giardino publico, und dort erwachten die ersten Eitelkeitsregungen in mir, wenn ich unter den vielen vornehmen Kindern, die dort spazierengingen, herumwandelte. Ich trug damals einen rotbraunen Samtmantel, der mein Kleid ganz zudeckte und von oben bis unten mit wunderschönen rotseidenen Klunkern zugeknöpft ward; darauf einen Kragen vom gleichen Samt mit weißem Atlas gefüttert und ein Kapotthütchen von weißer Seide mit einem Rosenknöspchen daran. Der Anzug gefiel mir ausnehmend, und ich fühlte mich ganz hochmütig darin und weiß noch, welchen Stoß mein Hochmut erlitt, als eine kleine Italienerin, die auch schön angezogen war und mit der ich täglich musternde, bewundernde Blicke wechselte, eines Tages, so beim Vorübergehen, eine kleine *Uhr* herauszog und mich triumphierend ansah. Eine *Uhr* besaß ich noch nicht, und sie wurde von da an der Gegenstand meiner heftigsten Sehnsucht. (Ich war schon zwölf Jahre alt, als ich die *erste* Uhr bekam, eine kleine, von dunkelblauer Emaille, die der Großherzogin Mathilde gehört hatte – aber leider nicht gehen wollte.) – In Mailand wurde unser dritter Bruder *Heinrich* geboren, der von seiner italienischen Amme, einer Bauersfrau aus der Umgegend, Enrico, Rico genannt wurde, woraus Sandro, der das R nicht aussprechen konnte, *Liko* machte, wie er in der Familie dann immer genannt wurde.

Ein Sommeraufenthalt in der Nähe Mailands, in einem Ort, der *Somma* hieß, ist mir noch erinnerlich – besonders ein verwilderter Obstgarten mit vielen Bäumen, an denen große gelbe Pflaumen hingen, und Weinrebengänge mit prachtvollen Trauben, schien mir ein paradiesischer Aufenthalt. Ein freundlicher Abbate, dem der Garten gehörte, führte uns darin herum und beschenkte uns reichlich mit den schönen Früchten. Daß Trauben *Uva* benannt wurden, erfuhr ich damals; wir sprachen wohl italienisch ziemlich geläufig, aber nur mit der Dienerschaft.

Im Frühjahr 1859 hörten wir oft und viel von Kriegsmöglichkeit sprechen, und eines Tages hieß es, nun müßten wir so rasch als möglich nach Deutschland reisen und von dem geliebten Papa Abschied nehmen. Ludwig hatte damals gerade Mumms und wurde aus dem Bett in den Reisewagen gebracht. Alle weinten, das ganze Haus war in Unordnung, überall Soldaten, Koffer, Aufregung und Jammer. Von der langen Fahrt in einem geschlossenen Wagen, die bis Trient ging, weil die Eisenbahn nicht benützt werden konnte, habe ich noch heute den lebhaftesten Eindruck trostlosester Ungemütlichkeit. Es war tief in der Nacht, als wir endlich an einem Wirtshaus anlangten; der Regen hatte stundenlang geströmt, und als ich aus dem Wagen gehoben wurde, entdeckte man, daß der Vordersitz, auf dem wir Kinder gesessen hatten, vom Regen durchnäßt war."[2]

Der Vater des Kindes, der „österreichische Held", wurde von seiner Tochter geliebt und bewundert, die Mutter, eine polnische Gräfin, wurde eher gefürchtet. Während der frühen Kinderjahre sah die Tochter ihre Eltern selten.

„Mama sprach reines und fließendes Deutsch, natürlich mit einem Anflug von russischem Akzent, und nur selten kam einmal ein Fehler vor. [. . .] Sie las viel deutsch, alle Klassiker mit Vorliebe. Ebenso gut und fließend las sie den Dante auf italienisch, den Shakespeare in englisch; dazu russisch, polnisch und französisch als Muttersprachen.

Mit uns Kindern sprach sie aus pädagogischen Gründen französisch. Mit *Adele Bassing*, meiner Erzieherin, sprach sie aber nur deutsch, obschon diese ihr schönes Französisch immer gerne angebracht hätte.

Über die Letztgenannte, meine geliebte, treue Gouvernante, die von 1853 bis zu ihrem Ende 1898 eine sich immer gleichbleibende einflußreiche Rolle in meinem Leben spielte, möchte ich an dieser Stelle einige Worte sagen.

Sie war eine geborene Darmstädterin und wurde meinen Eltern, als ich ein Jahr alt war, durch Frau Dr. Heidenreich-Siebold empfohlen.

Sie hatte eine schwere Jugendzeit hinter sich und war hochgebildet und bedeutsam als Persönlichkeit. Bevor sie zu uns kam, war sie einige Jahre Gesellschafterin bei einer alten Mme. de Lassence, von der sie mir oft erzählte, und die mich in meiner lebhaften Kinderphantasie außerordentlich interessierte.

Adele übernahm mich als kleines, einjähriges Kind und war bald diejenige Person meiner Umgebung, nächst meinem Vater, die ich über alles liebte. Ihr Einfluß erstreckte sich auch nach und nach auf alle meine Brüder. Sie war eine Pädagogin ersten Ranges, und ihr verdanke ich ganz unendlich viel von dem, was ich in jungen Jahren an Bildung des Herzens und des Verstandes gewann. Sie verstand es, alle in mir schlummernden Interessen und Talente zu wecken und mich frühe an Selbstbeherrschung und Opferfreudigkeit zu gewöhnen.

Eine Klippe all dieser Vorzüge war, wie es so oft der Fall ist, daß sie bei unserem sehr auf die Kinder- und Lernstube angewiesenen Leben mich ganz und gar an sich zu fesseln verstand, und die leidenschaftliche Liebe und Bewunderung, die ich für sie empfand, mich oft in inneren Konflikt mit meiner Mutter brachte. Dies zeigte sich in besonders schwieriger Weise, als ich älter wurde und sie es nicht ertragen konnte, wenn ich irgend etwas ohne sie mit den Eltern unternehmen sollte. Sie peinigte mich dann geradezu und machte meiner Mutter Szenen.

In allem übrigen aber war ihr Einfluß ein sehr heilsamer und segensreicher für mich, denn ich habe dadurch früh gelernt, nicht zu erwarten, daß die Sonne im Leben mir wolkenlos scheinen würde, oder daß man Rosen pflücken könne, ohne sich zu ritzen.

In den Tagebüchern, aus denen ich kleine Auszüge geben werde, merkt man, welch durchgreifende Rolle sie in all meinen Erlebnissen und Empfindungen spielte.

Von Adele erhielt ich vom vierten Lebensjahr an Unterricht, später, als verschiedene Lehrer einige Fächer übernahmen, besonders Dr. *Hager*, der neun Jahre als Erzieher der Brüder bei uns lebte und heute noch als hessischer Kirchenrat in großer geistiger Frische steht, waren es hauptsächlich Sprachen und die verschiedenen Literaturstudien, die sie mit mir trieb. Auch das Klavierspiel, das später – von 1864 an – Professor Philipp *Schmitt* leitete, blieb stets unter ihrer Aufsicht und begeisternden Anregung."[3]

Anmerkungen

1 Fürstin Marie zu Erbach-Schönberg Prinzessin von Battenberg, Entscheidende Jahre 1859 – 1866 – 1870. Aus meiner Kindheit und Mädchenzeit, Braunschweig 1921, S. 4
2 A.a.O., S. 7–17
3 A.a.O., S. 47 ff.

Bibliographie

Die Bibliographie nennt ohne Anspruch auf Vollständigkeit eine Auswahl von Autobiographien, die Aufzeichnungen über Kindheiten im 18. und 19. Jahrhundert enthalten. Eine vollständige Bibliographie von deutschsprachigen Arbeiter-Lebenserinnerungen findet man in W. Emmerich, Hg., Proletarische Lebensläufe, 2 Bde., Reinbek 1975.

Kindheiten des 18. Jahrhunderts

Arndt, Ernst Moritz, Erinnerungen aus dem äußeren Leben. Hrsg. von August Leffson, Berlin usw. o. J.

Baczko, Ludwig von, Geschichte meines Lebens. Königsberg 1824.

Bahrdt, Carl Friedrich, Geschichte seines Lebens, seiner Meinungen und Schicksale. Hrsg. von Felix Hasselberg, Berlin 1922.

Bayreuth, Friederike, Sophie Wilhelmine Markgräfin von, Memoiren, Leipzig 1889.

Bernd, Adam, Eigene Lebens-Beschreibung, München 1973.

Bernstorff, Elise, Gräfin von, geborene Gräfin von Dernath. Ein Bild aus der Zeit von 1789 bis 1835. Aus ihren Aufzeichnungen. Berlin 1897.

Bohlen, Dr. Peter von, Autobiographie, hrsg. von Johannes Voigt, Königsberg.

Boyen, Hermann von, Generalfeldmarschall, Denkwürdigkeiten und Erinnerungen 1771–1813, Stuttgart 1899.

Bräker, Ulrich, Der arme Mann im Tockenburg, hrsg. von H. H. Füßli, München 1965.

Bronner, Franz Xaver, Leben von ihm selbst beschrieben, Bd. I., Zürich 1795.

Bruch, Dr. Fr. Kindheit- und Jugenderinnerungen. Aus seinen schriftlichen Aufzeichnungen mitgetheilt von Th. G., Straßburg 1889.

Büsching, D. Anton Friedrich, Eigene Lebensgeschichte, Halle 1789.

Burdach, Karl Friedrich, Selbstbiographie, Rückblick auf mein Leben, Leipzig 1848.

Chézy, Helmina von, Unvergessenes, Leipzig 1858.

Creuzer, Dr. Friedrich, Aus dem Leben eines alten Professors, Leipzig, Darmstadt 1848.

Crome, Dr. August Friedrich Wilhelm, Selbstbiographie. Ein Beitrag zu den gelehrten und politischen Memoiren des vorigen und gegenwärtigen Jahrhunderts, Stuttgart 1833.

Dinter, Gustav, Bearbeitet von Dr. G. Fröhlich, Greßlers Klassiker der Pädagogik, Bd. XXI, Langensalza 1902.

Edelmann's, Joh. Chr., Selbstbiographie. Geschrieben 1752. Hrsg. von Dr. C. R. W. Klose, Berlin 1849.

Eilers, Dr. Gerd, Meine Wanderung durchs Leben. Ein Beitrag zur inneren Geschichte der ersten Hälfte des 19. Jahrhunderts. Leipzig 1856.

Feder, J. G. H., Leben, Natur und Grundsätze, Leipzig, Hannover, Darmstadt 1825.

Fessler, Dr., Rückblicke auf seine siebzigjährige Pilgerschaft. Ein Nachlaß an seine Freunde und an seine Feinde, Breslau 1824.

Frank, D. Johann Peter, Biographie von ihm selbst geschrieben, Wien 1802.

Goswin, Heinrich, Leben und Schicksale eines noch lebenden Mannes, Stuttgart 1792.

Grillparzer, Franz, Selbstbiographie. in: Werke, Bd. 2, München 1950.

Grimm, Ludwig Emil, Erinnerungen aus meinem Leben. Herausgegeben und ergänzt von Adolf Stoller, Leipzig 1911.

Grimm, Wilhelm, Selbstbiographie, in: Kleinere Schriften, hrsg. von Gustav Heinrichs, Bd. 1, Berlin 1881.

Günther, Anton, Eine Biographie von Peter Knoodt, Wien 1881.

Hamann, Johann Georg, Gedanken über meinen Lebenslauf, in: Hamann's Schriften, hrsg. von Friedrich Roth, Berlin 1821.

Harms, Dr. Claus, Lebensbeschreibung, Kiel 1851.

Harnisch, Wilhelm, Mein Lebensmorgen. Zur Geschichte der Jahre 1787–1822. Hrsg. von H. E. Schmieder, Berlin 1865.

Henckel von Donnersmarck, Wilhelm Ludwig Victor, Graf, Erinnerungen aus meinem Leben, Herbst 1846.

Herschel, Caroline, Memoir and Correspondence of, by Mrs. John Herschel, London 1876.

Heyne, Christian Gottlieb, Biographisch dargestellt von A. H. L. Heeren, Göttingen 1813.

Hippel, Theodor Gottlieb, Lebensläufe nach aufsteigender Linie, Leipzig 1846.

Holtei, Karl von, Vierzig Jahre, Neu herausgegeben und durchgesehen von Max Grube, Schweidnitz 1898.

Hoven, Dr. Friedrich Wilhelm von, Biographie. Von ihm selbst geschrieben und wenige Tage vor seinem Tode noch beendigt, hrsg. von einem seiner Freunde und Verehrer. Nürnberg 1840.

Huber, D. (Johann Ludwig), Etwas von meinem Lebenslauf und etwas von meiner Muse auf der Vestung, Stuttgart 1798.

Hurter, Friedrich von, Geburt und Wiedergeburt, Erinnerungen aus meinem Leben und Blicke auf die Kirche, Schaffhausen 1867.

Jakobs, Friedrich, Personalien, in: Vermischte Schriften Bd. 7, Leipzig 1840.

Jung-Stilling, Johann Heinrich, Lebensgeschichte, München 1968.

Kästner, Abraham Gotthelf, A. G. Kästners Selbstbiographie und Verzeichnis seiner Schriften nebst Heyne's Lobrede auf Kästner, hrsg. von R. Eckart, Hannover o. J. (1909).

Charlotte. Gedenkblätter von Charlotte von Kalb, hrsg. von Emil Palleske, Stuttgart 1879.

Kerner, Justinus, Das Bilderbuch aus meiner Knabenzeit. Erinnerungen aus den Jahren 1786 bis 1804, Stuttgart 1886.

Klöden, Karl Friedrich von, Jugenderinnerungen. Hrsg. von Max Jähns, Leipzig 1874.

Knonau, Ludwig Meyer von, Lebenserinnerungen, hrsg. von Gerold Meyer von Knonau, Frauenfeld 1883.

König, Heinrich, Auch eine Jugend, Erinnerungen und Bekenntnisse, Leipzig 1861.

Kohlrausch, Fr., Erinnerungen aus meinem Leben, Hannover 1863.

Krug, Wilhelm Trangott, Meine Lebensreise. In sechs Stazionen zur Belehrung der Jugend und zur Unterhaltung des Alters, beschrieben von URCEUS, Leipzig 1825.

Krummacher, Friedrich Wilhelm, Eine Selbstbiographie, Berlin 1869.

Lang, Karl Heinrich, Ritter von, Memoiren, Skizzen aus meinem Leben und Wirken, meinen Reisen und meiner Zeit, Braunschweig 1842.

Laukhard, Friedrich Christian, Magister, Laukhards Leben und Schicksale, von ihm selbst geschrieben. Bearbeitet von Dr. Viktor Petersen. Stuttgart 1908.

Lorinser, Carl Ignatius, Eine Selbstbiographie. Vollendet und herausgegeben von seinem Sohne Franz Lorinser. Regensburg 1864.

Lübke, Peter, Aus dem Leben eines Volksschullehrers, in: Wilhelm Lübke, Lebenserinnerungen, Berlin 1891.

Martius, Dr. Ernst Wilhelm, Erinnerungen aus meinem neunzigjährigen Leben, Leipzig 1847.

Marx, Adolf Bernhard, Erinnerunen aus meinem Leben, Berlin 1865.

Menzel's, Wolfgang, Denkwürdigkeiten, hrsg. von dem Sohne Konrad Menzel, Bielefeld und Leipzig 1877.

Merkel, Dr. Gottlieb, Darstellungen und Charakteristiken aus meinem Leben, Leipzig 1839.

Michaelis, Johann David, Lebensbeschreibung von ihm selbst abgefaßt, mit Anmerkungen von Hassencamp, Rinteln, Leipzig 1793.

Mohl, Robert von, Lebenserinnerungen 1799–1875, Stuttgart, Leipzig 1902.

Moritz, Karl Philipp, Anton Reiser, Stuttgart 1972.

Nettelbeck, Joachim, Bürger zu Colberg. Eine Lebensbeschreibung von ihm selbst aufgezeichnet, Halle 1821.

Nieritz, Gustav, Selbstbiographie, Leipzig 1872.

Oetinger, Friedrich Christoph, Selbstbiographie. Genealogie der reellen Gedanken eines Gottesgelehrten, hrsg. u. m. Einführung und Anmerkung versehen von Dr. theol. J. Roessle, Metzingen (Württ.) 1961.

Pahl, Johann Gottfried von, Denkwürdigkeiten aus meinem Leben und aus meiner Zeit, Tübingen 1840.

Parthey, Gustav, Jugenderinnerungen. Handschriften für Freunde. Berlin 1907.

Paulus, Dr. Heinrich Eberhardt Gottlob, Skizzen aus meiner Bildungs- und Lebensgeschichte zum Andenken an mein 50jähriges Jubiläum, Heidelberg und Leipzig 1839.

Perrin-Parnajon, Friedr. Christ. v., vormaliger Hauptmann, Lebenserfahrungen, Unglücksfälle, Feldzüge und Reisen eines Weltbürgers, Leipzig 1820.

Pfaff, Christoph Heinrich, Lebenserinnerungen. Mit Gregorii Guilielmi Nitzschii Memoria Christophori Henrici Pfaffii und mit Auszügen aus Briefen, Kiel 1854.

Pichler, Caroline, geborene von Greiner, Denkwürdigkeiten aus meinem Leben, Hrsg. von Emil Karl Blümmel, München 1914.

Probst, Johann Gottfried August, Handwerksbarbarei oder Geschichte meiner Lehrjahre, Ein Beitrag zur Erziehungsmethode deutscher Handwerker, Halle, Leipzig 1790.

Puchta, Dr. Wolfgang Heinrich, Erinnerungen aus dem Leben und Wirken eines alten Beamten, Nördlingen 1842.

Pütters, Johann Stephan, Selbstbiographie zur dankbaren Jubelfeier seiner 50jährigen Professorstelle zu Göttingen, Göttingen 1798.

Raumers, Friedrich von, Lebenserinnerungen und Briefwechsel, Leipzig 1861.

Raumer's, Karl von, Leben von ihm selbst erzählt. Stuttgart 1866.

Recke, Elisa von der, Aufzeichnungen und Briefe aus ihren Jugendtagen, hrsg. von Paul Rachel, Leipzig 1900.

Reichard, H. A. O., Selbstbiographie, hrsg. von Hermann Uhde, Stuttgart 1877.

Reichels, Carl Rudolph, Lebenslauf von ihm selbst abgefaßt, hrsg. von Johann Georg Pech, Herrnhut, Leipzig 1797.

Reimarus, Johann Albert, Lebensbeschreibung von ihm selbst aufgesetzt, Hamburg 1814.

Reimmanns, Jacob Friedrich, Eigene Lebens-Beschreibung oder historische Nachricht von sich selbst, Braunschweig 1745.

Reiskens, D. Johann Jacob, von ihm selbst aufgesetzte Lebensbeschreibung, Leipzig 1783.

Schad, Johann Baptist, Schad's Lebensgeschichte, von ihm selbst beschrieben, Altenburg 1828.

Scheffner, Johann George, Mein Leben wie ich es selbst beschrieben, Leipzig 1816.

Schmid, Christoph von, Kindheit und Jugendjahre, in: Erinnerungen und Briefe, hrsg. von Hans Pornbacher, München 1968.

Schopenhauer, Johanna, Jugendleben und Wanderbilder, in: Gedansia, Beiträge zur Geschichte Danzigs, Bd. III, Danzig 1884.

Schubart, Christian Friedrich Daniel, Leben und Gesinnung von ihm selbst, im Kerker aufgesetzt, Stuttgart 1791.

Schubert, Gotthilf Heinrich von, Der Erwerb aus einem vergangenen und die Erwartungen von einem zukünftigen Leben. Eine Selbstbiographie, Erlangen 1854.

Schwartze, Carl, Wahre und abenteuerliche Lebensgeschichte eines Berliners, hrsg. von Alexander von Gleichen-Rußwurm, München 1921.

Selig, Johann Friedrich Heinrich, Eines Bekehrten aus dem Judentum, eigene Lebensbeschreibung, Leipzig 1783.

Seidler, Louise, Erinnerungen, hrsg. von Hermann Uhde, Weimar 1962.

Semlers, D. Johann Salomo, Lebensbeschreibung von ihm selbst abgefaßt, Halle 1781.

Seume, Johann Gottfried, Mein Leben, in: Prosaschriften, Darmstadt 1974.

Silberschlag's Johann Esaias, Leben von ihm selbst beschrieben, Berlin 1792.

Spenn, Joseph, Lebensbeschreibung Joseph Spenns, ehemalige Katholiken und Augustinermönchs, jetzigen Protestanten und Arztes. Magdeburg 1803.

Strombeck, Friedrich Karl von, Darstellungen aus meinem Leben und aus meiner Zeit, Braunschweig 1835.

Trenck, Friedrich, Freiherr von der, Merkwürdige Lebensgeschichte, Wien Leipzig 1787.

Weikard, M. A., Denkwürdigkeiten aus der Lebensgeschichte, Frankfurt, Leipzig, 1802.

Weinbrenner, Friedrich, Denkwürdigkeiten aus meinem Leben, von ihm selbst geschrieben, hrsg. von K. E. Eberlein, Potsdam 1920.

Wendeborn, Gebhard Friedrich August, Wendeborn's Erinnerungen aus seinem Leben, hrsg. von E. D. Ebeling, Hamburg, 1913.

Wiedemann, Luise, geb. Michaelis, Erinnerungen, hrsg., von Julius Steinberger, Göttingen 1929.

Zahn, Adolph, Meine Jugendzeit, Hagen i. W. und Leipzig 1882.

Zelter, Carl Friedrich, Darstellungen seines Lebens, hrsg. von Johann-Wolfgang Schottländer, Weimar 1931.

Zschokke, Heinrich, Eine Selbstschau, Aarau 1842.

Kindheiten des 19. Jahrhunderts

Adelmann, Helene, Aus meiner Kinderzeit, Berlin o. J. (1908).

Arlt, Ferdinand, Meine Erlebnisse, Wiesbaden 1887.

Arneth, Alfred Ritter von, Aus meinem Leben, Stuttgart 1893.

Bartels, Adolf, Kinderland. Erinnerungen aus Hebbels Heimat, Leipzig o. J. (1914).

Bebel, August, Aus meinem Leben. Stuttgart 1910.

Benjamin, Walter, Berliner Kindheit um 1900, Frankfurt/Main 1950.

Berend-Corinth, Charlotte, Als ich ein Kind war, Hamburg-Bergedorf 1950.

Bernhardi, Theodor von, Aus dem Leben Theodor von Bernhardis, Leipzig 1893.

Beseler, Dr. Georg, Erlebtes und Erstrebtes, Berlin 1884.

Beyschlag, Willibald, Aus meinem Leben. Erinnerungen und Erfahrungen der jüngeren Jahre, Halle a. S. 1896.

Biedermann, Karl, Mein Leben und ein Stück Zeitgeschichte, Breslau und Leipzig 1886.

Bismarck, Hedwig von, Erinnerungen aus dem Leben einer 95jährigen, Halle 1925.

Blaas, Karl, Selbstbiographie des Malers Karl Blaas, 1815–1876, hrsg. von Adam Wolf, Wien 1876.

Bluntschli, J. C., Denkwürdigkeiten aus meinem Leben, hrsg. von Dr. Rudolf Seyerlein, Nördlingen 1884.

Bodelschwingh, Friedrich von, Aus einer hellen Kinderzeit, Bethel bei Bielefeld 1953.

Bosse, Dr. D. Robert, Aus der Jugendzeit. Erinnerunen, Leipzig 1904.

Brackel, Ferdinande von, Mein Leben, Köln o. J.

Brincken, Gertrud von den, März, Leipzig, Wien o. J. (1937).

Bücher, Karl, Lebenserinnerungen, Tübingen 1919.

Christ, Lena, Erinnerungen einer Überflüssigen, München 1970.

Conzett, Verena, Erstrebtes und Erlebtes, Leipzig, Zürich 1929.

Corvin, Otto von, Erinnerungen aus meinem Leben, Leipzig 1880.

Dahn, Felix, Erinnerungen, Leipzig 1890.

Dalton, Hermann, Lebenserinnerungen, Berlin 1906.

Damaschke, Adolf, Aus meinem Leben, Leipzig, Zürich 1924.

Dennert, Eberhard, Hindurch zum Licht! Erinnerungen aus einem Leben der Arbeit und des Kampfes, Stuttgart o. J.

Deussen, Paul, Mein Leben, Leipzig 1922.

Devrient, Therese, Jugenderinnerungen, Stuttgart 1924.

Ebers, Georg, Die Geschichte meines Lebens. Vom Kind zum Manne, Stuttgart 1893.

Eberty, Jugenderinnerungen eines alten Berliners, Geleitwort von Georg Hermann, Berlin 1925.

Ebner-Eschenbach, Marie von, Meine Kinderjahre, Berlin 1906.

Ebrard, Dr. A. Lebensführung. In jungen Jahren, Gütersloh 1888.

Enters, Hermann, Die kleine, mühselige Welt des jungen Hermann Enters. Erinnerungen eines Amerikaauswanderers an das frühindustrielle Wuppertal, Wuppertal 1971.

Erbach-Schönberg, Marie Fürstin zu, Prinzessin von Battenberg, Entscheidende Jahre. Aus meiner Kindheit und Mädchenzeit, Braunschweig 1921.

Erman, Adolf, Mein Werden und mein Wirken, Erinnerungen eines alten Berliner Gelehrten, Leipzig 1929.

Ermantinger, Emil, Richte des Lebens. Geschichte einer Jugend, Frauenfeld, Leipzig 1943.

Felder, Franz Michael, Aus meinem Leben, hrsg. von Anton E. Schönbach, Wien 1904.

Fischer, Karl, Denkwürdigkeiten und Erinnerungen eines Arbeiters, herausgegeben und mit einem Geleitwort versehen von Paul Göhre, Leipzig 1903.

Freytag, Gustav, Erinnerungen aus meinem Leben, in: Gesammelte Werke, Bd. 1, Leipzig 1887.

Gabele, Anton, Talisman, Leipzig 1937.

Ganghofer, Ludwig, Lebenslauf eines Optimisten, München 1953.

Gerok, Karl, Jugenderinnerungen, Bielefeld, Leipzig 1876.

Gervinus, Geog Gottfried, G. G. Gervinus' Leben, von ihm selbst, Leipzig 1893.

Gottschall, Rudolf von, Aus meiner Jugend, Erinnerungen, Berlin 1898.

Gutzkow, Karl, Aus der Knabenzeit, Frankfurt am Main 1852.

Haack, Ernst, Führungen und Erfahrungen. Lebenserinnerungen aus 70 Jahren, Schwerin 1925.

Haarhaus, Julius R., Ahnen und Enkel. Erinnerungen, Ebenhausen bei München o. J.

Hackländer, Friedrich Wilhelm, Der Roman meines Lebens, in: Ausgewählte Werke Bd. 19, Stuttgart o. J.

Hamerling, Robert, Stationen meiner Lebenspilgerschaft, Hamburg 1889.

Hansjakob, Heinrich, Aus meiner Jugendzeit. Erinnerungen, Kassel 1903.

Hase, Karl, Ideale und Irrthümer, Jugenderinnerungen, Leipzig 1872.

Haun, Ernst, Jugenderinnerungen eines blinden Mannes, Stuttgart o. J. (1918).

Haym, Rudolf, Aus meinem Leben. Erinnerungen, Berlin 1902.

Heyl, Hedwig, Aus meinem Leben, Berlin 1925.

Heyse, Paul, Jugenderinnerungen und Bekenntnisse, Berlin 1900.

Huggenberger, Alfred, Die Brunnen der Heimat. Jugenderinnerungen, Leipzig 1928.

Hunnius, Monika, Mein Weg zur Kunst, Heilbronn, 1927.

Jocham, Dr. Magnus, Memoiren eines Obskuranten. Eine Selbstbiographie, Kempten 1896.

Kalisch, Ludwig, Bilder aus meiner Knabenzeit, Leipzig 1872.

Keil, Wilhelm, Erlebnisse eines Sozialdemokraten, Stuttgart 1947.

Knapp, Georg Friedrich, Eine Jugend, hrsg. von Elly Heuss-Knapp, Stuttgart 1926.

Kombst, Gustaf, Erinnerungen aus meinem Leben, Leipzig 1848.

Krille, Otto, Unter dem Joch. Die Geschichte einer Jugend, Berlin 1914.

Kügelgen, Wilhelm von, Jugenderinnerungen eines alten Mannes (1802–1820), hrsg. von Prof. Dr. Johannes Werner, Leipzig 1924.

Kurz, Isolde, Aus meinem Jugendland, Stuttgart und Berlin 1918.

Kußmaul, Adolf, Jugenderinnerungen eines alten Arztes, Stuttgart 1899.

Lange, Helene, Lebenserinnerungen, Berlin 1921.

Leinburg, Gottfried von, Das Paradies meiner Kindheit. 1825–1840, Lübeck 1909.

Lenz, Gustav, Ein pommersches Pastorenleben aus dem vorigen Jahrhundert. Selbstbiographie, Berlin 1910.

Lessing, Theodor, Einmal und nie wieder. Lebenserinnerungen, Gütersloh 1969.

Lewald, Fanny, Im Vaterhause, Bd. 1, 1. und 2. Teil, Berlin 1861.

Leyden, Ernst von, Lebenserinnerungen, hrsg. von seiner Schwester Clarissa Lohde-Boetticher, Stuttgart 1910.

Lienhard, Friedrich, Jugendjahre. Erinnerungen, Stuttgart 1918.

Litzmann, Berthold, Im alten Deutschland, Berlin 1923.

Litzmann, Karl, Lebenserinnerungen, Berlin 1927.

Ludwig, Paula, Buch des Lebens, Leipzig 1936.

Luthard, D. Christoph Ernst, Erinnerungen aus vergangenen Tagen, Leipzig 1889.

Meinardus, Ludwig, Ein Jugendleben, Gotha 1874.

Meysenburg, Malwida von, Memoiren einer Idealistin, Berlin 1882.

Moser, Julius, Erinnerungen, fortgeführt, erläutert und herausgegeben von Dr. Max Zschommler, Plauen i. V. 1893.

Nathusius, Marie, geb. Scheele, Lebensbild der heimgegangenen. Für ihre Freunde nah und fern. Samt Mitteilungen aus ihren noch übrigen Schriften, Halle 1867.

Niese, Charlotte, Von Gestern und Vorgestern. Lebenserinnerungen, Leipzig 1924.

Nietzsche, F. W., Aus meinem Leben 1844–58, in: Der werdende Nietzsche. Autobiographische Aufzeichnungen, hrsg. von Elisabeth Förster Nietzsche, München 1924.

Nissel, Franz, Mein Leben, Aus dem Nachlaß herausgegeben von seiner Schwester Caroline Nissel, Stuttgart 1894.

Nolde, Emil, Mein Leben, mit einem Nachwort von Martin Urban, Köln 1976.

Oetker, Dr. Friedrich, Lebenserinnerungen, Stuttgart 1877.

Oppermann, A., Ernst Rietschel, Leipzig 1873.

Otte, D. Dr. Christoph Heinrich, Aus meinem Leben. Nach dem Tode des Verfassers herausgegeben von seinen Söhnen

Rich. Otte und Gustav Otte, Leipzig 1893.

Otto, Louise, Frauenleben im deutschen Reich. Erinnerungen aus der Vergangenheit mit Hinweis auf Gegenwart und Zukunft, Leipzig 1876.

Pantenius, Theodor Hermann, Aus den Jugendjahren eines alten Kurländers, Leipzig o. J.

Passarge, L. Ein ostpreußisches Jugendleben. Erinnerungen und Kulturbilder, Leipzig 1903.

Paulsen, Friedrich, Aus meinem Leben. Jugenderinnerungen, Jena 1909.

Piper, Otto, Jugend und Heimat, München o. J. (1942).

Polack, Friedrich, Brosamen, Erinnerungen aus dem Leben eines Schulmannes, Wittenberg 1885.

Popp, Adelheid, Die Jugenderinnerungen einer Arbeiterin. Mit Vorwort und August Bebel, München 1927.

Pulitz, Gustav zu, Mein Heim, Erinnerungen aus Kindheit und Jugend. Berlin 1885.

Rank, Josef, Erinnerungen aus meinem Leben, Bd. 5 der Bibliothek deutscher Schriftsteller aus Böhmen, Prag, Wien, Leipzig, 1896.

Ranke, Friedrich Heinrich, Jugenderinnrungen mit Blicken auf das spätere Leben, Stuttgart 1877.

Rauschenbusch, August, Leben und Wirken, angefangen von ihm selbst, vollendet und hrsg. von seinem Sohne Walther Rauschenbusch, Cassel 1901.

Rehbein, Das Leben eines Landarbeiters, herausgegeben und eingeleitet von Paul Göhre, Jena 1911.

Reuter, Gabriele, Vom Kinde zum Menschen, Geschichte meiner Jugend, Berlin 1921.

Reyscher, Ludwig August, Erinnerungen aus alter und neuer Zeit (1802–1880), Freiburg, Tübingen 1884.

Richter, Ludwig, Lebenserinnerungen eines

deutschen Malers, hrsg. von Max Lehrs, Berlin 1922.

Ring, Max, Erinnerungen, Berlin 1905.

Roloff, Ernst M., In zwei Welten. Aus den Erinnerungen und Wanderungen eines deutschen Schulmannes und Lexikographen, Berlin, Bonn 1920.

Roquette, Otto, Siebzig Jahre. Geschichte meines Lebens, Darmstadt 1894.

Rosegger, Peter, Waldheimat. Erzählungen aus der Jugendzeit. Bd. I. Das Waldbauernbübel, Leipzig 1943.

Rosenkranz, Karl, Von Magdeburg bis Königsberg, Berlin 1873.

Ruge, Arnold, Aus früherer Zeit, Berlin 1862.

Sans Gène, Marie, Jugenderinnerungen eines armen Dienstmädchens, Bremen o. J.

Schieber, Anna, Doch immer behalten die Quellen das Wort. Erinnerungen aus einem ersten Jahrsiebent, Heilbronn 1932.

Schleich, Carl Ludwig, Besonnte Vergangenheit. Lebenserinnerungen, Berlin 1921.

Schneider, Louis, Aus meinem Leben, Berlin 1879.

Schorn, Karl, Lebenserinnerungen, Bonn 1898.

Schücking, Levin, Lebenserinnerungen, Breslau 1886.

Schumacher, Fritz, Stufen des Lebens, Erinnerungen eines Baumeisters, Stuttgart, Berlin 1935.

Schumacher, Tony, Was ich als Kind erlebt, Stuttgart, Leipzig 1901.

Schumann, Eugenie, Erinnerungen, Stuttgart 1925.

Schurz, Carl, Lebenserinnerungen. Bis zum Jahre 1852, Berlin 1906.

Seidel, Heinrich, Von Perlin nach Berlin. Aus meinem Leben, Leipzig 1894.

Settegast, H., Erlebtes und Erstrebtes, Berlin 1892.

Severing, Carl, Mein Lebensweg, Köln 1950.

Siedel, Dr. Ernst, Wie einer jung war und jung blieb. Lebenserinnerungen eines alten Seelsorgers. Aus seinem Nachlaß herausgegeben und ergänzt von A. Volk, Dresden 1908.

Skowronnek, Fritz, Lebensgeschichte eines Ostpreußen, Leipzig 1925.

Spielhagen, Friedrich, Finder und Erfinder. Erinnerungen aus meinem Leben, Leipzig 1890.

Spitteler, Carl, Autobiographische Schriften, Gesammelte Werke Bd. 6, Zürich 1947.

Stelter, Karl, Erlebnisse eines Achtzigjährigen, Elberfeld o. J., (1903).

Strohmeyer, Dr. Georg Friedrich Louis, Erinnerungen eines deutschen Arztes, Hannover 1875.

Stutterheim, Kurt von, Zwischen den Zeiten. Erinnerungen, Berlin 1938.

Stutzer, Gustav, Lebenserinnerungen. In Deutschland und Brasilien, Braunschweig 1919.

Tews, J. (Johannes), Aus Arbeit und Leben. Erinnerungen und Rückblicke, Berlin, Leipzig 1921.

Thoma, Ludwig, Erinnerungen, München 1931.

Tiedemann, Christoph von, Aus sieben Jahrzehnten, Erinnerungen, Leipzig 1905.

Trojan, Johannes, Erinnerungen, Berlin 1912.

Varchim, Friedrich Wilhelm von, Im Verkehr mit Leuten gottseligen Wandels und frommen Herzens. Jugendeinnerungen und Alterserfahrungen, Köstritz 1888.

Vierordt, Heinrich, Das Buch meines Lebens. Erinnerungen, Stuttgart o. J. (1927).

Vogt, Carl, Aus meinem Leben. Erinnerungen und Rückblicke, Stuttgart 1896.

Waser, Maria, Sinnbild des Lebens, Stuttgart, Berlin 1936.

Weber, Georg, Jugendeindrücke und Erlebnisse, Leipzig 1887.

Weber, Marianne, Lebenserinnerungen, Bremen 1948.

Wiese, Ludwig, Lebenserinnerungen und Amtserfahrungen, Berlin 1886.

Wilbrandt, Adolf, Aus der Werdezeit. Erinnerungen, Stuttgart und Berlin 1907.

Wildermuth, Ottilie, Ottilie Wildermuths Leben, nach ihren eigenen Aufzeichnungen zusammengestellt und ergänzt von ihren Töchtern Agnes Willms und Adelheid Wildermuth, Stuttgart o. J. (1891).

Winter, Max, Ich suche meine Mutter. Die Jugendgeschichte eines „eingezahlten Kindes". Diesem nacherzählt. München 1910.

Woermann, Karl, Lebenserinnerungen eines Achtzigjährigen, 1. Bd., Leipzig 1924.

Wolff, Marianne, Leben und Briefe, hrsg. in Verbindung mit Walter Birnbaum von Dr. Felix Wolf, Hamburg 1925.

Zeller, Eduard, Erinnerungen eines Neunzigjährigen, Stuttgart 1908.

Zobelitz, Fedor von, Ich hab so gern gelebt. Die Lebenserinnerungen, Berlin 1934.